Daisy Weßel
Bild und Gegenbild.
Die USA in der Belletristik der SBZ und der DDR (bis 1987)

Meinen Eltern

Daisy Weßel

Bild und Gegenbild: Die USA in der Belletristik der SBZ und der DDR (bis 1987)

Leske + Budrich, Opladen 1989

CIP-Titelaufnahme der Deutschen Bibliothek

Weßel, Daisy:
Bild und Gegenbild. Die USA in der Belletristik der SBZ und der DDR (bis 1987) / Daisy Weßel
ISBN: 3-8100-0768-4

© 1989 by Leske + Budrich, Opladen
Satz: Leske + Budrich
Druck und Verarbeitung: Druckpartner Rübelmann, Hemsbach
Printed in Germany

Großes hat das amerikanische Volk in seiner Geschichte geleistet. Vieles hat die amerikanische Bourgeoisie als Bannerträger des Fortschritts zur Entwicklung der gesellschaftlichen Verhältnisse beigetragen. Grauenhaft ist der Verfall der herrschenden Klasse der USA in der Periode der Allgemeinen Krise des Kapitalismus und insbesondere in den Jahren nach dem Zweiten Weltkrieg.
Heroisch sind die Kämpfe der fortgeschrittensten Teile des amerikanischen Proletariats gegen das raubgierige, verkommene, die Menschheit bedrohende amerikanische Monopolkapital.

(Jürgen Kuczynski: Darstellung der Lage der Arbeiter in den Vereinigten Staaten von Amerika von 1775 bis 1897, 1966, S. 1)

Vorwort

Bei dem vorliegenden Band handelt es sich um eine Doktorarbeit, die im Oktober 1987 bei der Ludwig-Maximilian-Universität in München eingereicht wurde. Das Buch will das Amerikabild in der Belletristik der SBZ und der DDR von 1945 bis 1987 wiedergeben. Zu diesem Zweck wurden Werke verschiedener Genres und unterschiedlicher Qualität gleichberechtigt untersucht: Kinder- und Jugendbücher, Theaterstücke und Hörspiele, Gedichte, Romane, Novellen und Kurzgeschichten, Memoiren und Reiseberichte, Bücher von hohem literarischen Niveau und Trivialliteratur, Werke von staatstreuen Schriftsteller/innen/n und Werke von Dissidenten. So konnte, wie ich hoffe, ein möglichst repräsentativer Überblick über das Amerikabild in der Schönen Literatur der DDR gegeben werden.

Die Zusammenstellung der Themen aus der US-amerikanischen Geschichte und Gegenwart mag manchen Leser verwundern, doch es handelt um die tatsächlich bevorzugten Topoi, die mit erstaunlicher Gleichförmigkeit vom Ende des zweiten Weltkrieges an bis 1987 immer wieder in der Literatur der SBZ und DDR auftauchen. Die Ereignisse des 9. November 1989 geben zur Hoffnung Anlaß, daß diese „genormten" Topoi in Zukunft obsolet sein werden.

Ich möchte all denen danken, die mir geholfen haben: meinen Eltern, Herrn Götz Weiß, Herrn Bernhard Braddatsch und Herrn Jürgen Lohrmann (vom Leibniz-Rechenzentrum in München), die mir bei der Eingabe des Textes in einen *Personal Computer* und beim Ausdruck geholfen haben; den Mitarbeiterinnen und Mitarbeitern des Gesamtdeutschen Instituts in Bonn, des Gesamteuropäischen Instituts in Vlotho/Weser und der Internationalen Jugendbibliothek in München, mit deren Hilfe ich an schwer erhältliche Werke gekommen bin; Frau Antje Fleischmann-Feuerer M.A. für ihre freundschaftliche Unterstützung; sowie allen, die mir mit Rat und Tat zur Seite standen.

Inhalt

1.	Einleitung	13
1.1.	Problemstellung	13
1.2.	Sekundärliteratur zum Thema Amerikabild in der DDR-Belletristik	19
1.3.	Der Beruf des Schriftstellern in der DDR	22
1.3.1.	Ausbildung	22
1.3.2.	Verlagswesen	22
1.3.3.	Einkommen der Schriftsteller/innen	24
1.3.4.	Der Schriftstellerverband der DDR	25
1.3.5.	Berufserlaubnis, Zulassungsnummer, Besteuerung	26
1.3.6.	Zensur	27
1.4.	Literatur und Literaturpolitik in der DDR	29
1.5.	Beziehungen zwischen DDR und USA	39
1.5.1.	Politische Beziehungen	39
1.5.2.	Wirtschaftliche Beziehungen zwischen der DDR und den USA	44
1.5.3.	Ostdeutsch-amerikanischer Austausch auf den Gebieten Wissenschaft, Kultur, Kirche	45
1.5.3.1.	Wissenschaft	45
1.5.3.2.	Kultur	47
1.5.3.3.	Kirche	55
1.6.	Die Selbstdarstellung der DDR in der USA	56
1.7.	Amerikaforschung in der DDR	59
	Exkurs: DDR-Forschung in den USA	63
2.	Darstellung der inneramerikanischen Verhältnisse	69
2.1.	Die Darstellung Nordamerikas vom 18. bis zum frühen 20. Jahrhundert	71
2.1.1.	Die amerikanische Revolution	72
2.1.2.	Der Bürgerkrieg	78
2.2.	Die Darstellung der Indianer	82
2.3.	Besondere Kapitel der US-Innenpolitik des 20. Jahrhunderts	95
2.3.1.	McCarthyismus, Atomkriegshysterie, Arbeitskampf	95

2.3.2.	Darstellung der Afroamerikaner	104
2.3.3.	Verschiedene nicht-zentrale Themen	118
2.3.3.1.	Kriminalität	119
2.3.3.2.	Armut	119
2.3.3.3.	Massenmedien	120
2.3.3.4.	Wissenschaft und Technik	121
2.3.3.5.	Amerikanischer Film	122
2.3.3.6.	Freiheitsstatue und American Way of Life	123
2.3.3.7.	New York	124
2.3.3.8.	Die Amerikanerin	126
3.	**Darstellung der US-Außenpolitik**	129
3.1.	Die USA im zweiten Weltkrieg	132
3.1.1.	Kriegseintritt in Europa	132
3.1.2.	Die zweite Front	133
3.1.3.	Die Eroberung Deutschlands	135
3.1.4.	Materialschlacht und Flächenbombardements	136
3.1.5.	Die Zerstörung Dresdens	137
3.1.6.	Die amerikanische Besatzungsmacht	141
3.1.6.1.	Bereicherung, Plünderung, Mitnahme von Experten	142
3.1.6.2.	Vernachlässigung der Besatzungszone	143
3.1.6.3.	Belästigung und Vergewaltigung	144
3.1.6.4.	Behandlung der Kriegsgefangenen	146
3.1.6.5.	Demütigung der Besiegten	147
3.1.6.6.	Parallelen zwischen Nationalsozialisten und Besatzern	148
3.1.6.7.	Aussehen und Gebaren der Besatzer	150
3.1.6.8.	Positiv geschilderte Amerikaner	151
3.1.7.	Kriegseintritt in Asien und Abwurf der Atombomben auf Hiroshima und Nagasaki	154
3.2.	Die Rolle der USA bei der Spaltung Deutschlands und der Remilitarisierung der Bundesrepublik	160
3.3.	Diversion, Spionage, Sabotage	169
3.3.1.	Ideologische Diversion durch Trivialliteratur, Filme, Musik, Tanz und Mode	173
3.3.1.1.	Schmutz- und Schundliteratur	173
3.3.1.2.	Musik, Tanz, Kleidermode	178
3.3.2.	Diversion, Spionage und Sabotage der US-Geheimdienstes in der DDR	188
3.3.3.	Vorbereitung der Konterrevolution: der 17. Juni 1953	194
3.3.4.	Amerikanische Diversion, Spionage und Sabotage in anderen sozialistischen Staaten	204
3.4.	Vorbereitung des dritten Weltkriegs	208

3.5.	Der Koreakrieg	220
3.6.	Die USA und Lateinamerika	228
3.7.	Der Vietnamkrieg	234
3.7.1.	Lyrik	238
3.7.2.	Dramatik	244
3.7.3.	Prosa	245
3.7.3.1.	Kinder- und Jugendbücher	245
3.7.3.2.	Prosa für Erwachsene	246
4.	Science fiction	257
5.	Das Bild der USA in autobiographischen Romanen, Autobiographien, Tagebüchern und Reiseberichten	279
6.	Schluß	325
Literaturverzeichnis		339
Register		372

Abkürzungsverzeichnis

ADN	Allgemeiner Deutscher Nachrichtendienst
ANZUS	Pakt zwischen Australia, Newzeeland, USA zur Verteidigung des Pazifik
ASSGDR	American Society for the Study of the GDR
CENTO	Central Treaty Organization
CIC	Counter Intelligence Corps
CORE	Congress of Racial Equality
DEFA	Deutsche Film AG
DFD	Demokratischer Frauenbund Deutschlands
FDGB	Freier Deutscher Gewerkschaftsbund
FDJ	Freie Deutsche Jugend
GDR	German Democratic Republic
HUAC	House Committee on Un-American Activities
IIB	Institut für Internationale Beziehungen
IPW	Institut für Internationale Politik und Wirtschaft
IREX	International Research Exchange Board
LPG	Landwirtschaftliche Produktionsgenossenschaft
MDN	Mark der Deutschen Notenbank (bis 1967, dann: Mark der DDR)
MLA	Modern Language Association
NDL	Neue Deutsche Literatur
NÖSPL	Neues Ökonomisches System der Planung und Lenkung
NVA	Nationale Volksarmee
RBI	Radio Berlin International
BZ	Sowjetische Besatzungszone
SEATO	South East Asia Treaty Organization
SMAD	Sowjetische Militäradministration in Deutschland
s.v.	sub voce = Verweis auf ein Stichwort in einem Lexikon
UCC	United Church of Christ
USCFGDR	US Committee for Friendship with the GDR
ZAA	Zeitschrift für Anglistik und Amerikanistik

1. Einleitung

1.1. Problemstellung

Die Nationenbildforschung (Imagologie) ist ein interdisziplinärer Forschungszweig, der sowohl der Politologie und den Kommunikationswissenschaften als auch der Germanistik, Komparatistik und Amerikanistik angehört. Die beiden letztgenannten Fachrichtungen befassen sich vornehmlich mit der Untersuchung des literarischen Amerikabildes.

Eine einheitliche Definition des Terminus „Bild" existiert nicht. Sara Markham hat in ihrer Studie *Workers, Women, and Afro-Americans: Images of the United States in German Travel Literature, from 1923 to 1933* einen Teil der Begriffsbestimmungen von Erforschern des literarischen Amerikabildes zusammengestellt (S.1f.) Außer den dort erwähnten Titeln sei auf Wolf Michael Iwands Unterscheidung zwischen folgenden Begriffsgruppen in seiner kommunikationswissenschaftlichen Arbeit *Politische Aspekte des Amerikabildes in der überregionalen westdeutschen Presse* hingewiesen:

a) Image, Bild, Vorstellungsbild, Leitbild, Gesamterlebnis
b) Vorurteil, Stereotyp, Klischee, Attitude
c) Imago, Tiefenbild, Archetyp
d) Anmutung, Eindruck
e) Ruf, Aura, Reputation, *good/bad will*
f) Psychotyp
g) Ikonik. (S.12)

Im Unterschied dazu setzt der Geschichtswissenschaftler und Amerikanist Knud Krakau in seinen „Einführenden Überlegungen zur Entstehung und Wirkung von Bildern, die sich Nationen von sich und anderen machen" (in Adams/Krakau, S.9-18) Bild mit Stereotyp gleich.

Am überzeugendsten erscheint mir die Definition von *Images* (= Bildern) in Jörg Peter Mentzels und Wolfgang Pfeilers politikwissenschaftlicher Untersuchung *Deutschlandbilder: Die Bundesrepublik aus der Sicht der DDR und der Sowjetunion*: „Images sind Analogiemodelle der Außenwelt." (S.47) Die

Bedeutung dieser Begriffsbestimmung erhellt aus dem Textzusammenhang: Mentzel / Pfeiler legen zunächst dar, wie ein *Image* oder Bild zustandekommt, nämlich im Gehirn des einzelnen Menschen, das als Informationsspeicher eigene und durch Kommunikation vermittelte fremde Erfahrungen aufnehme und diese Informationen der Außenwelt koordiniere. Die Außenwelt sei für den zivilisierten Menschen nicht mehr die Natur, sondern die soziale Umwelt. Je höher der Zivilisationsgrad einer Gesellschaft sei, um so wichtiger seien „sozialkommunikative Prozesse" (S.43) für das Individuum und um so geringer werde der Einfluß der selbstgemachten Erfahrung.

> Die Objekte der Außenwelt werden im Gedächtnis in Form von Analogiemodellen gespeichert. [...] Auf der Grundlage der Modellfunktion ist es dem Individuum dann möglich, unter Einbeziehung aktueller Informationen Prognosen zu gewinnen. (S.43f.)

Den Objekten der Außenwelt würden bestimmte Eigenschaften zugeordnet, und sie würden in Relationen zueinander gesehen. Wenn die einmal vorgenommene Einordnung so fixiert werde, daß sie eine Anpassung an veränderte Situationen erschwere, spreche man von einem Stereotyp oder einer fixierten Einstellung (S.45).

Aus der Vielzahl der Erfahrungen erwachse ein *Image*:

> Die Umwelt ist für einen Menschen nur in dem Maße präsent, wie er über die entsprechenden Wahrnehmungskategorien bereits verfügt, und unbekannte Objekte können nur in dem Maße Informationsquellen sein, wie sie mit dem vorhandenen Wissen, den Zielen und Aufgaben in Verbindung stehen. (S.45)

Es entstehe ein System von Einstellungen, das das Handeln des Menschen, seine Wahrnehmung und die Zuordnung neuer Erfahrungen beeinflusse. „Die Gesetze der Logik gelten bei ihrer (= der *Images*, D.W.) Funktionsweise nicht." (S.47) Nicht die Übereinstimmung mit der objektiven Realität, „sondern die erfolgreiche Bewältigung der natürlichen und der sozialen Umwelt" (S.48) sei das Kriterium für die „Richtigkeit" oder „Wahrheit" von *Images*.

Was bisher über das Individuum gesagt worden sei, gelte auch für Gruppen:

> Alle Nationen haben Bilder von anderen Nationen und von sich selbst. Diese Bilder werden über Generationen hin tradiert, mit der Erziehung vermittelt und durch Prozesse sozialer Symmetrie gleichgerichtet. Sie haben also in einer Gesellschaft zwei Hauptfunktionen zu erfüllen: Bewältigung der Umwelt und Gruppenstatusmerkmal. (S.48)

Auf Übereinstimmung von *Image* und Realität komme es überhaupt nicht an:

Die existierenden Images von Nationen sind mehr durch allgemeinen Consensus, soziale Symmetrie als durch individuelle Erfahrung zustanden gekommen. Sie werden meist ohne Kontakt zum Objekt entwickelt, allenfalls durch Bekannte, Literatur, Massenmedien. (S.49)

Einfache, undifferenzierte *Images* erfüllten am besten die Funktion eines Gruppenstatusmerkmals. Ein realer historischer Hintergrund, wie z.B. wirtschaftliche Konkurrenz oder Kriege zwischen verschiedenen Nationen, verstärkten die negativen Komponenten in einem *Image* und führten zum Feindbild. Beeinflußt werden könne die Entstehung, Fortführung bzw. Änderung eines Nationen-*Images* durch Informationssteuerung durch die Massenmedien und die Multiplikatoren „sowie direkte Agitation über eben diese Kommunikationssysteme" (S.55), wobei den Kommunikationseliten, den *Opinionleaders*, die größte Bedeutung zukomme (S.55).

Diesen *Opinionleaders* sind die Schriftsteller/innen zuzurechnen, die, wie Mentzel/Pfeiler im obigen anführen, neben Bekannten und Massenmedien ein Nationenbild prägen. Sie sind selbst jedoch von dem schon existierenden Bild eines anderen Landes beeinflußt, so daß ihre Wahrnehmung nicht unvorbelastet ist, sich also auch durch Reisen in das andere Land nicht unbedingt ändern muß. Peter Boerner hat in seinem Aufsatz „Das Bild vom anderen Land als Gegenstand literarischer Forschung" (in *Sprache im technischen Zeitalter* 56, [1975] S.313-324) folgende Begründung für das Interesse der Wissenschaft an literarischen Nationenbildern gegeben:

[...] sind es doch die literarisch tätigen Angehörigen eines Volkes, die, bewußt oder unbewußt, einschlägige Beobachtungen über andere Völker zusammentragen und diese Beobachtungen in Worte fassen. Ich muß nur Tacitus und Montesquieu, Madame de Staël, Henry James und Thomas Mann erwähnen, um zu verdeutlichen, in welchem Ausmaß Schriftsteller bei der Gestaltung der Bilder einzelner Völker, einschließlich ihrer eigenen, eingespannt sind.(S.316f.)

Boerner wie Mentzel/Pfeiler interessieren sich besonders für den Vergleich zwischen dem Eigen- und dem Fremdbild einer Nation, inwieweit das „Autostereotyp" vom „Heterostereotyp" (Mentzel/Pfeiler, S.15) abweicht bzw. mit ihm übereinstimmt.

Die Erforschung des deutschen Amerikabildes hat eine lange Geschichte, die Hans Galinsky in seinem Aufsatz „Deutschlands literarisches Amerikabild: Ein kritischer Bericht zu Geschichte, Stand und Aufgaben der Forschung" (Ritter, S.4-27) zusammenfaßt. Die Anfänge dieser Forschung datieren im vorigen Jahrhundert: Galinsky nennt Julius Goebel von der *Stanford University* als frühesten Erkunder des deutschen literarischen Amerikabildes. Die umfangreiche weitere Forschungsgeschichte soll hier nicht wiedergegeben werden. Es sei lediglich auf einige wichtige Untersuchungen des deutschen literarischen Amerikabildes hingewiesen: Sigrid Bauschinger, Horst

Denkler und Wilfried Malsch (Hgg.): *Amerika in der deutschen Literatur*, 1975; Manfred Durzak: *Das Amerika-Bild in der deutschen Gegenwartsliteratur*, 1979; Manfred Henningsen: *Der Fall Amerika: Zur Sozial- und Bewußtseinsgeschichte einer Verdrängung*, 1974; Wolfgang Paulsen (Hg.): *Die USA und Deutschland: Wechselseitige Spiegelungen in der Literatur der Gegenwart*, 1976; Alexander Ritter (Hg.): *Deutschlands literarisches Amerikabild*, 1977.

Die vorliegende Arbeit soll das literarische Amerikabild eines Landes untersuchen, das erst seit 38 Jahren existiert. Dieses Amerikabild griff nach 1945 nicht auf in der Vergangenheit gewachsene Strukturen zurück, sondern wurde von den Vertretern des Marxismus-Leninismus gleichsam importiert. Um das alte deutsche *Image* der USA zu überlagern, mußte das neue ständig propagiert und in den Schulen gelehrt werden, die Reste des alten Amerikabildes aber mußten verdrängt oder, soweit sie in den Rahmen der Ideologie paßten, übernommen und eingefügt werden. So wurde z.B. der Antiamerikanismus der Nationalsozialisten nicht akzeptiert, da, wie es in der Verfassung der DDR heißt, ,,Militaristische und revanchistische Propaganda in jeder Form, Kriegshetze und Bekundung von Glaubens-, Rassen- und Völkerhaß" (S.49) dem sozialistischen Humanismus-Ideal widersprechen und als Verbrechen geahndet werden. Die Verklärung der Vereinigten Staaten als Land der unbegrenzten Möglichkeiten, der Freiheit und der Demokratie konnte gleichfalls nicht befürwortet werden, da sie der Kapitalismus- und Imperialismustheorie widerspricht.

Wie aus den Ausführungen von Mentzel / Pfeiler erhellt, haben Nationen-*Images* kaum etwas mit der objektiven Realität zu tun. Das Amerikabild der DDR bestätigt diese These vollauf, denn bis 1974 bestanden keinerlei Beziehungen zwischen beiden Staaten, und der Prozentsatz derjenigen DDR-Bürger (einschließlich der DDR-Politiker), der in die Vereinigten Staaten reisen konnte, war äußerst gering. Der einzige Kontakt, den Bewohner der SBZ und später der DDR zu Amerikanern hatten, bestand zur US-Besatzungsmacht, war jedoch nach der Teilung Deutschlands und der Gründung der DDR im Jahre 1949 reduziert. Später, vor allem nach dem Mauerbau, lieferte außer den DDR-Massenmedien und der DDR-Literatur das Westfernsehen die wichtigsten Informationen, zu einem geringeren Anteil auch amerikanische Filmimporte in die DDR und Übersetzungen amerikanischer Literatur. Von starken Bezügen des DDR-Amerikabildes zur amerikanischen Realität kann also nicht die Rede sein.

Wichtiger für das Entstehen eines DDR-Amerikabildes waren hingegen die Beziehungen zur Sowjetunion und zur BRD. Die Sowjetunion als Führungsmacht der sozialistischen Staaten wurde zum Vorbild, die BRD unter der Führungsmacht der imperialistischen Staaten, den USA, zum Hauptgegner. Diese Konstellation bestimmte das in der DDR neu entstehende Amerikabild maßgeblich.

Es handelt sich um keine einfache Übernahme des sowjetischen Amerikabildes, wenngleich dieses am Anfang der Entwicklung gestanden haben dürfte. Das Amerikabild der DDR mußte den DDR-spezifischen Gegebenheiten angepaßt werden, das heißt vor allem der Nachbarschaft der BRD. Im literarischen Amerikabild der Sowjetunion und der DDR sind Parallelen deutlich erkennbar, doch wandelte sich das sowjetische literarische Amerikabild (vgl. Alayne P. Reilly: *The Image of America in Soviet Literature of the Sixties*) in den sechziger Jahren erheblich, ohne das literarische DDR-Amerikabild im geringsten zu beeinflussen. Der DDR diente ihr Amerikabild zur Abgrenzung gegen die BRD, während die Sowjetunion eine solche Legitimation durch Abgrenzung nicht nötig hatte.

So entstand, was ich ein „Gegenbild" nennen möchte, ein Bild, das eine Antwort auf das allgemeine deutsche Amerikabild bis 1945, auf das Amerikabild des Konkurrenzstaates BRD und auf das Autostereotyp der USA werden sollte, aber auch eine Erwiderung auf das Bild von den sozialistischen Staaten, wie es im Westen besteht. Es existieren also zwei verschiedene Formen eines Gegenbildes.

Die Grundthese der vorliegenden Arbeit lautet folglich, daß das Amerikabild der DDR ein Gegenbild ist, nicht auf eigenen Erfahrungen und Bewertungen basierend, sondern auf denen anderer, antagonistischer Länder wie der BRD und der USA, und zwar ein Gegenbild sowohl zu dem Amerikabild der anderen Seite als auch zu deren Feindbild von den sozialistischen Staaten. Zum Beweis dieser These wird das Amerikabild aus den obengenannten Gründen speziell in der DDR-*Literatur* untersucht. Ohne Kenntnis der ideologischen und politischen Prämissen, der allgemeinen Voraussetzungen für ein DDR-Amerikabild und der Bedingungen für Schriftsteller/innen im sozialistischen Teil Deutschlands wäre es schwer verständlich, weshalb zu Beginn der Analyse ein Überblick über die wichtigsten Einflußfaktoren gegeben werden soll. Daran schließt sich die Darstellung des DDR-Amerikabildes, nach „Leitmotiven" (Boerner S.30) geordnet, an. Im Schlußteil soll die Gegenbildthese anhand der gewonnenen Erkenntnisse verifiziert bzw. falsifiziert werden.

Das der vorliegenden Arbeit zugrundeliegende Material besteht aus Werken der Schönen Literatur der DDR, die sich in der Hauptsache mit den USA und/oder den Amerikanern befassen. Die Materialsuche wurde dadurch erschwert, daß außer einem Artikel von Jack Zipes („Die Freiheit trägt Handschellen im Land der Freiheit: Das Bild der Vereinigten Staaten von Amerika in der Literatur der DDR". Bauschinger/Denkler/Malsch, S.329-52) keine Vorarbeiten zu diesem Thema bestehen und daß die Titel der meisten Werke der DDR-Belletristik nicht verraten, ob ihr Inhalt in Bezug zu den USA steht. Daher habe ich zunächst die weiteren Werke der von Zipes genannten Autoren untersucht, dann diejenigen von Schriftstellern, die während des Dritten Reiches im Exil in den USA lebten.

Die meisten Hinweise fanden sich jedoch in dem Lexikon *Schriftsteller der DDR*, herausgegeben von Günter Albrecht et al., 1974, in der *Geschichte der Deutschen Literatur*, 11. Bd.: *Literatur der Deutschen Demokratischen Republik* von einem Autorenkollektiv unter Leitung von Horst Haase et al., 1977, sowie für die späten siebziger und achtziger Jahre in den jahrweise erscheinenden Sammelbänden *Kritik: Rezensionen zur DDR-Literatur*, herausgegeben von Eberhard Günther et al., 1975 ff. Weitere Hinweise enthielt die Zeitschrift *Deutschland Archiv*. Zufallsfunde aus den beiden DDR-Literaturzeitschriften *Sinn und Form* und *Neue Deutsche Literatur* wurden ebenfalls aufgenommen. Schließlich wurde west- wie ostdeutsche Sekundärliteratur über die DDR-Belletristik durchgesehen, insbesondere Monographien über Kinder- und Jugendliteratur, Dramen und Hörspiele, Kriminal- und Abenteuerliteratur sowie *Science fiction*.

Da sich herausstellte, daß das zu untersuchende Material sehr umfangreich war, wurde Heftreihenliteratur ausgegrenzt, zumal sie kaum von Bibliotheken gesammelt wird und schwer erhältlich ist (vgl. Anita M. Mallinckrodt: *Das kleine Massenmedium: Soziale Funktion und politische Rolle der Heftreihenliteratur in der DDR*). Aus diesem Grund mußte auch die Kriminalliteratur größtenteils entfallen, da sie weitestgehend zur Heftreihenliteratur zählt (vgl. Anselm Dworak: *Der Kriminalroman der DDR* und Manfred Jäger: „Zeitlassen beim Absterben: Die Metamorphosen des DDR-Krimi". Schütz, S.86-112).

Eine Untersuchung des Amerikabildes Bertolt Brechts wurde unterlassen, da bereits eine ausführliche und informative Monographie von Helfried W. Seliger vorliegt.

Zeitlich wurde die gesamte Schöne Literatur der SBZ und DDR von 1945 bis 1986 berücksichtigt. Da nach der Ausbürgerung Wolf Biermanns im Jahre 1976 eine Reihe von DDR-Schriftsteller/inne/n in den Westen gingen — manche endgültig, andere mit zeitlich begrenzte Visen — und seither der Begriff „DDR-Autor/in" unklar in der Bestimmung geworden ist, sollen hier nur die Werke solcher DDR-Schriftsteller/innen berücksichtigt werden, die entweder nach 1945 ihren Wohnsitz in der SBZ/DDR nahmen und dort für den Rest ihres Lebens blieben und publizierten oder die in der SBZ/DDR geboren sind und dort den größten Teil ihres Werkes veröffentlichten (nicht behandelt werden soll z.B. das Werk Uwe Johnsons, der außer *Mutmaßungen über Jakob* nichts in der DDR herausgegeben hat, die er 1959 verließ, oder das Werk Wolfgang Hegewalds, dessen erstes Buch im Jahre 1984 nach seiner Übersiedlung in die Bundesrepublik erschien).

Das Material ist nach Leitmotiven unterteilt und innerhalb dieser Unterteilung chronologisch geordnet. Vorarbeiten zur Ermittlung der Leitmotive habe ich in meiner Magisterarbeit *Das Amerikabild von Schriftstellern der DDR* geleistet (dort noch als „Komplexe" bezeichnet). Sie ergaben sich aus der systematischen Ordnung eines umfangreichen gesammelten Materials mit Hilfe der Methode der qualitativen Inhaltsanalyse. Für die vorliegende Arbeit wurde systematisch anhand der Leitmotive neues Material gesucht, das alte revidiert und ergänzt, neue Leitmotive kamen hinzu. Da sich die Leitmotive weitestgehend auf historische Ereignisse beziehen, sind sie chronologisch geordnet.

Schwierigkeiten ergaben sich, wenn Entstehungszeit und Veröffentlichungsdatum eines DDR-Werkes stark divergierten oder wenn die Entstehungszeit nicht angegeben war — wie häufig bei Lyrik, die meist in Sammelbänden eines Autors/einer Autorin zusammengefaßt erscheint. Im ersten Fall wurde das betreffende Werk nach seinem Entstehungsdatum in die Chronologie eingegliedert. Im zweiten Fall wurde versucht, die ungefähre Entstehungszeit aus dem Inhalt zu erschließen. War dies nicht möglich, wurde das Werk aufgrund des Erscheinungsdatum des Sammelbandes eingereiht.

Aus der Chronologie herausgenommen sind die Werke derjenigen Schriftsteller/innen, die in den USA gewesen sind, sei es als Exilanten, Kriegsgefangene, Reisende, sei es als gebürtige Amerikaner. Anhand dieser Werke soll in einem gesonderten Kapitel festgestellt werden, ob der reale Kontakt tatsächlich keine Änderung im Amerikabild der/des jeweiligen Schriftstellerin/Schriftstellers bewirkt hat.

Der Terminus „Amerikabild" wird hier verwendet, obgleich die generalisierende Bezeichnung „Amerika" für die USA ansonsten vermieden wird — er hat sich eingebürgert. Korrekterweise müßte ein vollständiges Amerikabild auch das Bild Mittel- und Südamerikas sowie Kanadas einschließen. Es wird von den USA oder den Vereinigten Staaten die Rede sein, allerdings in adjektivischer Form von „amerikanisch", da „US-amerikanisch" recht mühsam wirkt. Die Begriffe „Schöne Literatur" und „Belletristik" werden synonym verwendet. Als Adjektiv zu „DDR" soll „ostdeutsch" gelten.

1.2. Sekundärliteratur zum Thema Amerikabild in der DDR-Belletristik

Jack Zipes' Aufsatz „Die Freiheit trägt Handschellen im Land der Freiheit: Das Bild der Vereinigten Staaten von Amerika in der Literatur der DDR", 1975 (in Bauschinger/Denkler/Malsch, S.329-352) ist die einzige mir bekannte Untersuchung des Amerikabildes in der DDR-Belletristik. Zipes gibt eine kurze Einführung in das offizielle Amerikabild der SED-Ideologen (S.329-335), nennt einige Kritiker und übt selbst Kritik daran. Anschließend stellt er, nach den Genres „Kinder- und Jugendliteratur", „Theater", „Lyrik" und „Prosa" unterteilt, einige prototypische Werke der Schönen Literatur der DDR vor, in denen die USA direkt oder indirekt behandelt werden.

Zipes' wichtigste These lautet, daß das Amerikabild ein Zweckbild der DDR zur Selbstlegitimation sei, weshalb detaillierte USA-Beschreibungen oder andere politische Theorien als die Kapitalismus-Theorie des Marxismus-Leninismus nicht erwünscht seien, da sie „die unveränderten oder nur teilweise modifizierten Produktionsverhältnisse in der DDR in Frage stellen" könnten (S.333). Das Amerikabild solle erst in zweiter Linie die wirklichen Zustände in den USA widerspiegeln, die wichtigste Funktion sei die Selbstdarstellung:

> Amerika wird zu einem gewissen Grad der Maßstab für die Verwirklichung des Sozialismus in der DDR. Je mehr das Amerikabild dazu dient, die Veränderung sozialer und produktiver Verhältnisse in den Blick zu bekommen, und je mehr es von dem offiziellen Amerikabild abrückt, desto offener wird der DDR-Staat für Kritik und Veränderung im sozialistischen Sinne. Ein strategisches Amerikabild, das nur Staats- und Parteipolitik bestätigt, kann auch nur eine statische DDR-Gesellschaft widerspiegeln. (S.335)

Das DDR-Amerikabild sei auch nicht durch die Anerkennung des ostdeutschen Staates durch etliche westliche Länder und durch die Aufnahme der DDR in die UNO geändert worden. Ebenso würden die ab Anfang der siebziger Jahre möglichen Reisen verschiedener DDR-Schriftsteller/innen in die Vereinigten Staaten kein neues Amerikabild zur Folge haben. Es werde bei der Beschreibung der kapitalistischen Oberfläche der USA bleiben, solange nicht auch der eigene Staat von der DDR-Autor/inn/en kritisiert werden könne.

Paradoxerweise wird Amerika erst dann so gesehen werden, wie es wirklich und in seiner Totalität ist, wenn man in der DDR die Augen öffnet und die eigene Gesellschaft kritisch zu sehen lernt. Ein neues Amerikabild hängt davon ab, bis zu welchem Grad der Sozialismus in der Deutschen Demokratischen Republik verwirklicht wird. (S.349)

Zipes kritisiert an der DDR, sie habe seit 1945 nur „inkonsequent-halbsozialistische Änderungen" zustande gebracht und befasse sich mehr mit der staatlichen Lenkung der Arbeiter als mit Arbeiterselbstbestimmung. Aus diesem Grunde müsse sie die Lage der amerikanischen Arbeiter möglichst negativ darstellen, um den eigenen Werktätigen zu zeigen, wieviel besser es ihnen unter dem Sozialismus ergehe. Die wirklichen Gesellschafts- und Produktionsverhältnisse in den USA würden verwischt, sie beruhten auf „Halbwahrheiten oder Propaganda" (S. 329)

Zipes' Erörterung führt zur Gegenbildthese hin, da sie klarstellt, daß das Amerikabild der DDR wenig Realitätsbezug besitzt und der Funktion der Selbstlegitimation dient. Seine Erkenntnisse werden sich, wie noch zu sehen sein wird, als richtig erweisen.

In einigen Punkten konnte ich Zipes nicht folgen, z.B. wenn er schreibt, es werde in der Schönen Literatur der DDR nichts Positives beschrieben, die positiven Aspekte der amerikanischen Lebensweise wie ,,Originalität, Fleiß, Erfindungsgeist und Humor" fehlten (S.339). Dies trifft nicht zu, widmet sich doch ein Teil des DDR-Amerikabildes dem sogenannten ,,anderen Amerika", d.h. den Werktätigen, progressiven Intellektuellen und Kommunisten, die durchaus positiv dargestellt werden und die genannten Eigenschaften besitzen können. Problematisch fand ich ferner gelegentlich Zipes' Materialauswahl. Die Dramen *Prozeß in Nürnberg* von Rolf Schneider oder *Der Dra-Dra* von Wolf Biermann haben meines Erachtens keinen eindeutigen Bezug zu den USA, sondern sind allgemein Imperialismus-kritisch. Die Hauptfigur des Romans *Beschreibung eines Sommers* von Karl-Heinz Jacobs kann meiner Meinung nach nur bedingt als ,,amerikanisiert" angesehen werden.

Zipes' unbestritten erkenntnisreiche Analyse befaßt sich nur mit einer Funktion des DDR-Amerikabildes, der Selbstdarstellung. Daraus ist jedoch nicht zu entnehmen, warum ein DDR-spezifischer Themenkanon in bezug auf die USA entstanden ist und welche weiteren Funktionen dieses Amerikabild darüber hinaus haben kann.

Nicht in direkter Verbindung mit der vorliegenden Arbeit steht Alayne P. Reillys Dissertation *The Image of America in Soviet Literature of the Sixties*, 1969, doch ist ein Vergleich des sowjetischen mit dem DDR-Amerikabild interessant, da die Sowjetunion vor allem in den fünfziger Jahren einen starken kulturellen Einfluß auf die DDR ausübte. Reilly gibt zunächst einen Überblick über das Amerikabild der russischen Literatur vor 1960 und behandelt die USA-Beschreibungen von Maksim Gorkij (Gorki)[1], Vladimir Majakovskij (Majakowski), Boris Pilnjak sowie von Ilja Ilf und Evgenij Petrov, die alle in die Vereinigten Staaten gereist waren (Gorkij 1906, Majakovskij 1925, Pilnjak 1931, Ilf und Petrov 1935). Gorkij, Majakovskij und Pilnjak äußerten sich sehr negativ über die USA, es war für sie das Land des Kapitalismus, in dem der Dollar wie ein Gott verehrt wurde und ein krasser Materialismus herrschte. New York erschien den drei Reisenden als Moloch, häßlich, schmutzig, menschenfeindlich, chaotisch und voller Kriminalität. Ilf und Petrow dagegen berichteten nüchtern und relativ positiv über die Vereinigten Staaten und ihre Bewohner.

Die sowjetischen Schriftsteller der sechziger Jahre dagegen, die in die USA reisten, Andrej Voznesenskij (Wosnessenski), Victor Nekrasov (Nekrassow), Valentin Kataev (Katajew) und Evgeni Evtusenko (Jewtuschenko), gewannen alle nur positive Eindrücke von den Vereinigten Staaten, einige äußerten sich sogar enthusiastisch, was im Vergleich mit der DDR-Amerikabild der sechziger Jahre wichtig sein wird.

---

1 Die Transkriptionen der russischen Namen sind dem *Lexikon fremdsprachiger Schriftsteller von den Anfängen bis zur Gegenwart*, Hgg. Gerhard Steiner, Herbert Greiner-Mai und Wolfgang Lehmann, Leipzig 1977, entnommen. Hierin werden die älteren, gängigeren Transkriptionsweisen in Klammern nach den modernen, in der Wissenschaft gebräuchlichen angegeben.

1.3. Der Beruf des Schriftstellers in der DDR

1.3.1. Ausbildung

Den Beruf eines Schriftstellers kann man in der DDR am Leipziger „Institut für Literatur Johannes R. Becher" erlernen, das 1955 gegründet und nach dem Tod des Dichters und Kulturministers Johannes R. Becher im Jahre 1959 nach ihm benannt wurde. Das Institut untersteht dem Ministerium für Kultur und arbeitet mit dem Schriftstellerverband der DDR zusammen. Direktoren waren bis 1957 Alfred Kurella, bis 1964 Max Zimmering, bis 1983 Max Walter Schulz und seit Herbst 1983 Rudolf Gehrke als kommissarisch betrauter Leiter (*DDR-Handbuch*, s.v. „Institut für Literatur J.R. Becher", S.655). Das Institut bietet dreijährige Lehrgänge, in denen den Studenten die literarischen Gattungen, Literaturgeschichte und sozialistischer Realismus sowie Marxismus-Leninismus vermittelt werden. Neben den dreijährigen Lehrgängen wird auch ein kurzfristigeres Sonderstudium (Dauer: neun Monate) angeboten. Schreibenden Arbeitern ist ein Fernstudium möglich. Junge Autor/inn/en können eine zweijährige Aspirantur am Institut antreten. Bis 1969 haben 113 angehende Schriftsteller/innen das Institut absolviert, darunter Kurt Bartsch, Adolf Endler, Karl-Heinz Jakobs, Sarah und Rainer Kirsch, Erich Loest (vgl. auch *DDR-Handbuch*, s.v. „Literatur und Literaturpolitik", S.834). Es ist jedoch nicht nötig, am J.R.Becher-Institut studiert zu haben, um Schriftsteller/in zu werden. Wichtig sind die Annahme eines Werkes durch einen Verlag und die Aufnahme des Autors/der Autorin in den Schriftstellerverband der DDR.

1.3.2. Verlagswesen

Die DDR-Verlage beschäftigen im Verhältnis drei- bis viermal so viele Lektor/inn/en wie etwa die Verlage der Bundesrepublik (Schmitt 1975, S.173). Es ist in der Regel üblich, daß ein Autor/eine Autorin bei einem Verlag bleibt und jahrelang von demselben Lektor bzw. derselben Lektorin betreut wird. Diesem/dieser obliegt die Vorzensur der eingereichten Werke. Ist ein Manuskript von dem/der Lektor/in genehmigt, so kann es vom Cheflektorat des Verlages trotzdem abgelehnt werden. Lektor/inn/en erlernen ihren Beruf am Leipziger „Institut für Verlagswesen" in einem einjährigen Fernstudium und werden von diesem Institut laufend weitergebildet.

Die Verlage werden von der „Hauptverwaltung Verlage und Buchhandel" im Ministerium für Kultur kontrolliert und angeleitet. Die Hauptverwaltung gibt Verlagslizenzen heraus, bestimmt die Themen, koordiniert die Verlagsprogramme, sorgt für Arbeitsteilung zwischen den Verlagen und kontrolliert die Erfüllung der gestellten Pläne. Sie begutachtet Manuskripte, verteilt die Druck- und Papierkapazitäten, erteilt Druckgenehmigungen und führt Verlegerkonferenzen durch. Darüber hinaus ist sie auch für Buchhandel und Bibliothekswesen zuständig (Emmerich 1981, S.29).

1979 gab es in der DDR 78 Verlage, wovon sich 22 auf Belletristik spezialisiert hatten (40 waren Verlage für Fach- und wissenschaftliche Literatur, sieben für Musikalien und Musikliteratur, drei für Kunst). Ca. sechzig der 78 Verlage waren volks- oder organisationseigen, d.h. sie gehörten entweder dem Staat oder einer Masseninstitution oder Partei wie z.b. dem Kulturbund der DDR, der FDJ, dem FDGB etc. (*DDR-Handbuch*, s.v. ,,Verlagswesen", S.1430). ,,Die Buchproduktion brachte 1982 (einschließlich Broschüren und Nachauflagen) 6130 Titel in einer Auflage von über 140 Mill. Exemplaren auf den Markt." (S.1431) Somit steht die DDR neben der Sowjetunion und Japan an der Weltspitze in bezug auf die Buchproduktion. Pro DDR-Bürger erscheinen jährlich im Durchschnitt sieben bis acht neue Bücher (was nicht unbedingt bedeutet, daß dort mehr gelesen wird als anderswo. Vgl. Emmerich 1981, S.21f.).

Der größte Verlag, der Schöne Literatur herausbringt, ist der Aufbau-Verlag in Berlin und Weimar mit jährlich ca. 450 Titeln. Alle anderen belletristischen Verlage (z.B. Hinstorff-Verlag Rostock, Verlag Neues Leben Berlin, Mitteldeutscher Verlag Halle — Leipzig, Henschel-Verlag Berlin) haben sich jeweils auf eine bestimmte Richtung spezialisiert, z.B. auf Kinderbücher oder Übersetzungen aus dem Ausland (Emmerich 1981, S.28). ,,Mischprogramme, [...] also Programme, die von der Belletristik bis zum Sach- und Fachbuch reichen, gibt es in keinem der DDR-Verlage." (Schmitt 1975, S.171)

Der Vertrieb der gedruckten Bücher erfolgt durch ein zentrales Auslieferungslager in Leipzig ohne Zwischenhandel direkt an die Einzelhandlungen. Der private Buchhandel (nur möglich mit staatlicher Beteiligung) ist beschränkt, der staatseigene Volksbuchhandel verkauft in ungefähr 800 Buchläden ca. 80 % aller Bücher. Buchwerbung, in der DDR ,,Literaturpropaganda" genannt, wird von den Verlagen nur in geringem Maße betrieben, wichtiger sind Buchausstellungen, Buchbasare, ,,Wochen des Buches", Literaturfestivals und Kulturwettbewerbe von Produktionsbrigaden. Darüberhinaus verkaufen ehrenamtliche Vertriebsmitarbeiter Bücher in Fabriken und öffentlichen Einrichtungen und erhalten dafür 10 % des Erlöses. Auf dem Land sind Buchverkaufsstellen meist an Landwirtschaftliche Produktionsgenossenschaften (LPGs) angeschlossen (Emmerich 1981, S.23).

1.3.3. Einkommen der Schriftsteller/innen

Buchpreise sind geringer als in der Bundesrepublik, Autorenhonorare (10 bis 15 % des Ladenpreises) und Auflagen höher (bei der ersten Auflage zwischen 10.000 und 25.000 Exemplare, bei Bestsellern 10-15 Auflagen; vgl. *DDR-Handbuch*, s.v. „Literatur und Literaturpolitik", S.833). Bei Vertragsabschluß mit einem Verlag erhält ein Autor/eine Autorin das erste Drittel seines/ihres Honorars, das zweite bei Annahme des Manuskriptes durch den Verlag, das letzte bei Erscheinen des Werkes „,nach Maßgabe der Abrechnung' (die vierteljährlich erfolgt)" (Seyppel, S.233). Sollte das Manuskript zwar angenommen, aber nicht gedruckt werden, besteht für den/die Schriftsteller/in nicht die Pflicht zur Rückzahlung des geleisteten Vorschusses.

Theaterautor/inn/en erhalten hohe Tantiemen für ihre Stücke, „die im günstigsten Fall über 20 — 50 Bühnen gehen können" (*DDR-Handbuch*, s.v. „Literatur und Literaturpolitik", S.834). Umstrittene Schriftsteller/innen, deren Werke nicht gedruckt werden, haben die Möglichkeit, ihren Lebensunterhalt mit der Überarbeitung von Stücken vergangener Jahrhunderte zu verdienen. Fernsehspiele, Hörspiele und Filmszenarien werden gleichfalls gut bezahlt. Viele Autor/inn/en schreiben solche Skripts, um mit diesem Einkommen eine größere schriftstellerische Arbeit zu finanzieren. Eine andere Möglichkeit zu schnellem Verdienst besteht im Schreiben von Kinderbüchern, was diesem Genre zugutekommt, da einige der prominentesten DDR-Autor/inn/en Kinderbücher verfaßt haben (z.B. Franz Fühmann, Sarah Kirsch etc.).

Lyriker werden teilweise aus dem Kulturfonds der DDR gefördert. Viele leben davon, daß sie ausländische Lyrik, die von Fachübersetzern in Interlinearversion ins Deutsche gebracht wurde, nachdichten und so in eine angemessene lyrische Form bringen (Emmerich 1981, S.28).

Über Autorenhonorare hinaus existiert noch eine Reihe von anderen Einkommensquellen: Zum einen durch Lesungen, die von einem gesellschaftlichen Auftragswesen vermittelt werden. Auftraggeber können Kultureinrichtungen (Theater, DEFA), gesellschaftliche Organisationen (FDGB, FDJ, DFD, Gesellschaft für Deutsch-Sowjetische Freundschaft etc.), Investträger (z.B. Betriebe) und staatliche Organe (Ministerium für Kultur, Ministerium für Nationale Verteidigung etc.) sein. Die Mittel für gesellschaftliche Aufträge stellen Kulturfonds des Staates und der gesellschaftlichen Organisationen zur Verfügung, darüberhinaus auch Betriebe und Träger von Investitionsvorhaben (*Kulturpolitisches Wörterbuch*, s.v. „Auftrag, gesellschaftlicher", S.65). Ein Autor/eine Autorin schließt mit einer der genannten Organisationen einen Werkvertrag ab, wodurch er/sie oft dazu verpflichtet wird, sich durch Kollektive von Werktätigen, Aktivs der Volksvertretungen oder den

Schriftstellerverband beraten zu lassen. Lesungen in Betrieben und Fabriken oder anderen der genannten Einrichtungen helfen den Schriftsteller/inne/n nicht nur, ihren Lebensunterhalt zu bestreiten, sondern erlauben ihnen auch Werbung für ihre neuen Bücher und Publikmachung von strittigen Passagen, die vom Lektorat moniert worden sind oder werden könnten, ganz abgesehen davon, daß die Diskussionen darüber ihnen Einblick in die Wirkung ihres Werkes verschaffen.

Zum anderen hat ein Autor/eine Autorin die Möglichkeit, Geld zu verdienen, indem er/sie seine/ihre Werke im Ausland drucken läßt, sofern es das Büro für Urheberrechte genehmigt (wer es übergeht, muß mit einer empfindlichen Geldstrafe rechnen).

Wer Mitglied der Akademie der Künste ist, bezieht eine monatliche Zuwendung in Höhe von 800 MDN (Emmerich, 1981, S.28).

Eine umfangreiche Anzahl von Literaturpreisen (zwölf staatliche und 38 nichtstaatliche), die mit finanzieller Zuwendung verbunden sind, stellt zusätzliche materielle Anreize für Künstler/innen dar: Z.B. verleiht die Regierung der DDR den Nationalpreis für Kunst (1.Klasse: 100.000 MDN, 2.Klasse: 50.000 MDN, 3.Klasse: 25.000 MDN), weitere Literaturpreise sprechen das Ministerium für Kultur, die Akademie der Künste und Massenorganisationen wie DFD, FDGB und FDJ zu, und schließlich auch die meisten größeren Städte der DDR. Für sorbische Literatur wird der Ćisinski-Preis vergeben (*DDR-Handbuch*, s.v. „Literatur und Literaturpolitik", S.834; Emmerich 1981, S.28).

Schließlich können Schriftsteller/innen durch Vermittlung des Schriftstellerverbandes auch zeitlich begrenzte Tätigkeiten als Dramaturg/inn/en, Verlagslektor/inn/en oder wissenschaftliche Mitarbeiter/innen übernehmen.

1.3.4. Der Schriftstellerverband der DDR

Der Schriftstellerverband der DDR wurde am 22.5.1952 auf dem III. Deutschen Schriftstellerkongreß gegründet. Er ist in Bezirksverbände und in Sektionen sowie Aktivs untergliedert. Es existieren Fachsektionen für Dramatik, Film und Funk, Kinder- und Jugendbuch, Prosa, Lyrik, Übersetzungen und Kulturpolitik.

Höchstes Organ ist der Kongreß. Er wird vom Vorstand einberufen. Der Vorstand besteht aus den vom Kongreß gewählten Mitgliedern sowie den Vorsitzenden der Bezirksverbände und den Verbandssekretären. Der Vorstand wählt aus seiner Mitte den Präsidenten und die Vizepräsidenten. [...] Der Vorstand wurde 1978 von 65 auf 82 Mitglieder erweitert. (*DDR-Handbuch*, s.v. „Schriftstellerverband der DDR", S.1137)

Erste Präsidentin war von 1952 bis 1978 Anna Seghers, ihr Nachfolger wurde Hermann Kant, der dieses Amt bis heute innehat.[2]

Der Schriftstellerverband gibt die Monatsschrift *Neue Deutsche Literatur* heraus, neben *Sinn und Form* die zweite große Literaturzeitschrift der DDR. Er organisiert Schriftstellerkongresse, die in ungeregelmäßigen Abständen stattfinden.

Die Zugehörigkeit zum Schriftstellerverband ist für DDR-Autor/inn/en nicht Pflicht, doch empfehlenswert:

> Die Angehörigen der freischaffenden künstlerischen Intelligenz (Maler, Bildhauer, Komponisten, Schriftsteller) müssen — wenn sie einen gesicherten Zugang zu Verlagen, Rundfunk- und Fernsehsendern usw. haben und an den durch die Verbände gewährten Vergünstigungen partizipieren wollen — organisiert sein (*DDR-Handbuch*, s.v. „Freie Berufe", S.451).

Der Austritt oder Ausschluß aus dem Verband (seit 1976, dem Jahr der Biermann-Ausbürgerung: über 30 Autor/inn/en) bedeutet „zwar kein vollständiges Berufsverbot, aber praktisch doch eine gravierende Einschränkung ihrer Publikationsmöglichkeiten und unter anderm auch den Verlust einer Altersrente von ca. 700 MDN." (Emmerich 1981, S.193)

1.3.5. Berufserlaubnis, Zulassungsnummer, Besteuerung

Der 1972 aus der Bundesrepublik in die DDR übergesiedelte Schriftsteller Joachim Seyppel, der 1979 in den Westen zurückkehrte, schreibt in seinen Erinnerungen *Ich bin ein kaputter Typ*, daß er als erstes nach seiner Ankunft in der DDR von der Sachbearbeiterin beim Magistrat, Abteilung Steuern-Finanzen, gefragt worden sei, ob er eine Zulassungsnummer besitze, d.h. eine Nummer, die ein Autor/eine Autorin nach Antrag auf Berufserlaubnis erhält. Hinzu kommt eine Steuernummer. Wird einem Schriftsteller/einer Schriftstellerin die Berufserlaubnis, die Zulassungs- oder Steuernummer entzogen, wird er/sie arbeitslos ohne Unterstützung. Seyppel schreibt dazu:

> Ich kenne zahlreiche Fälle unter Berufskollegen, die jahrelang keinen Pfennig verdienten und auf private Almosen angewiesen waren, weil sie politisch in Ungnade gefallen waren (S.231).

Er erläutert auch die Besteuerung von DDR-Schriftsteller/inne/n: Rund zwanzig Prozent des Bruttoverdienstes würden schon bei der Überweisung

---
2 Obwohl es im Dezember 1984 hieß, er sei aus gesundheitlichen Gründen zurückgetreten. Als Nachfolger wurde Gerhard Holtz-Baumert gewählt. Trotzdem fungierte Hermann Kant bald wieder als Präsident. Offenbar hatten interne Streitigkeiten seine Entmachtung verursachen sollen, die dann jedoch wieder zurückgenommen wurde.

des Honorars abgezogen. Eine Jahres-Endabrechnung sei erforderlich, jedoch nur als Formalität, die meist geringfügige Korrekturen betreffe.

Bei der Besteuerung werden auch freiwillige Zusatzrenten-Leistungen, Leiden aus der Zeit des Nationalsozialismus, Arbeitsunfähigkeit und ähnliches berücksichtigt. Der zugelassene Schriftsteller erhält seine Pauschale für berufsbedingte Ausgaben. Abgezogen werden ihm Beträge zur Sozialversicherung. (S.232)

Krankenhausbehandlung und -aufenthalt seien nicht kostenlos, sondern die Preise dafür seien nach Verdienst gestaffelt, Zahnersatz, orthopädische Schuhe und bestimmte Medikamente kosteten eine Extrasumme (S.232).

1.3.6. Zensur

Nach der Besetzung des Territoriums der heutigen DDR durch sowjetische Truppen führte die Sowjetische Militäradministration in Deutschland (SMAD) offiziell die Zensur ein, schaffte sie jedoch 1949, im Jahr der Gründung der DDR, wieder ab. In der DDR besteht offiziell keine Zensur, es findet sich im DDR-Gesetzbuch kein entsprechender Paragraph. Indirekt baute die SED allerdings sofort ein Zensursystem für alle Publikationen und Massenmedien auf, das bis heute existiert. Eingriffsmöglichkeiten hat die SED durch ihre Kaderpolitik,

die die Besetzung aller Entscheidungspositionen, auch der in den staatlichen Kulturinstitutionen, Massenmedien, Verlagen, im Filmwesen, in den Künstlerverbänden usw., mit loyalen Anhängern der SED garantiert (*DDR-Handbuch*, s.v. „Zensur", S.1536),

durch ihre Medienpolitik, durch staatliche Lizenzpflicht und Druckgenehmigungen für alle Publikationen, durch Einfuhrbeschränkungen für Zeitungen und Bücher aus dem Westen, durch Post- und Paket-Zensur und durch das politische Strafrecht.

Ein Schriftsteller/eine Schriftstellerin muß vier verschiedene Zensoren überzeugen, wie Erich Loest in seinem Bericht *Der vierte Zensor: Vom Entstehen und Sterben eines Romans in der DDR* aus dem Jahre 1984 dargelegt hat:

1) die Selbstzensur, über die Christa Wolf schrieb:
   Der Mechanismus der Selbstzensur [...] verinnerlicht Forderungen, die das Entstehen von Literatur verhindern können, und verwickelt manchen Autor in ein unfruchtbares und aussichtsloses Gerangel mit einander ausschließenden Geboten: daß er realistisch schreiben soll zum Beispiel und zugleich auf Konflikte verzichten, daß er wahrheitsgetreu schreiben soll, aber sich selbst nicht mehr glauben, was er sieht, weil es nicht „typisch" sei (*Weimarer Beiträge* 6 [1974], S.102);

2) das Lektorat des Verlages, bei dem er/sie sein/ihr Buch drucken lassen will. Die Lektor/inn/en betreuen oft über Jahre dieselben Schriftstel-

ler/innen und handeln mit ihnen die Streichungen aus (vgl. die Schilderung eines Gesprächs zwischen Autor und Lektorin in Loests *Der vierte Zensor*, S.27f.). Manche Autor/inn/en haben Strategien entwickelt, um die Einwände des Lektorats zu umgehen, indem sie z.b. überzogene und nie zur Publikation bestimmte Passagen vorlegen, um diese bereitwillig zu streichen, dafür aber andere, ihm/ihr wichtige Stellen im Tausch für die inkriminierten beibehalten zu dürfen (Seyppel nennt dies den „Porzellanhund", den der Lektor zerschlagen dürfe, S.236f.);
3) die Hauptverwaltung Verlage und Buchhandel des Ministeriums für Kultur, die die Druckgenehmigung erteilen oder verweigern kann;[3]
4) den ominösen „vierten Zensor", der eingreift, nachdem ein Buch bereits gedruckt und erschienen ist, es aus dem Verkehr zieht, Auflagen einstampfen oder in Lagerhäusern verstauben läßt und der nicht zu identifizieren ist.

Der Philosophieprofessor Franz Loeser nennt in seinen Erinnerungen *Sag nie, du gehst den letzten Weg* aus dem Jahre 1986 (nach Loesers Übersiedlung in den Westen in der BRD erschienen) sogar zehn Hürden, die ein Werk nehmen müsse, wobei er den „inneren" und den „vierten" Zensor noch nicht einmal einberechnet. Laut Loeser wird ein Buch, wenn sich ein Verlag für es interessiert und das Lektorat es passieren läßt, von drei Experten auf „Korrektheit und Parteilichkeit" geprüft (S.183), dann begutachten es der „Verlagsdirektor oder einer seiner Stellvertreter sowie der Cheflektor, alles ausgesuchte Parteifunktionäre". Es folgen weitere Experten aus den jeweils zuständigen Ministerien (z.B. bei einem Buch über Außenpolitik Experten aus dem Ministerium für Auswärtige Angelegenheiten), dann die Hauptverwaltung Verlage und Buchhandel, dann, falls dort Unstimmigkeiten entstehen, Abteilungen des Parteiapparates, dessen oberste Instanz Politbüromitglied Kurt Hager ist. Die letzten Hürden lauten Papierzuteilung — unliebsame Werke, für die sich gleichwohl keine Begründung zur Ablehnung fand, können so am Papiermangel scheitern — und Druckkapazität. Die letzte Hürde schildert Loeser folgendermaßen:

> Ist das Buch gedruckt, so erscheint es noch lange nicht! Da der geschilderte Entscheidungsprozeß üblicherweise einige Jahre in Anspruch nimmt, können sich seit Abgabe des Manuskripts wichtige Veränderungen in der Parteilinie vollzogen haben. Dann muß der Inhalt neu bearbeitet und alle zehn Hürden müssen aufs neue genommen werden. (S.184)

Ein Druckmittel gegen Autor/inn/en, die ihre Werke im Westen drucken lassen wollen, übt das Büro für Urheberrechte aus, das eine Lizenz vergeben oder verweigern kann. Umgeht ein Schriftsteller/eine Schriftstellerin dieses

---

3 Diese Aufgabe hatte 1951-1956 das Amt für Literatur- und Verlagswesen inne.

Büro, droht ihm/ihr eine Freiheitsstrafe bis zu fünf Jahren oder eine Geldstrafe aufgrund des Paragraphen 219, 1979 von der Volkskammer beschlossen und im selben Jahr gegen Stefan Heym und Robert Havemann angewandt — Havemann wurde zu einer Geldstrafe von 10.000 MDN, Heym zu einer von 9000 MDN verurteilt (Emmerich 1981, S.192). Die Handhabung dieses Paragraphen ist jedoch höchst unterschiedlich, nach Heym und Havemann wurde meines Wissens kein weiterer Autor/keine weitere Autorin mehr deswegen verurteilt, obwohl etliche ihre Werke ohne Lizenz im Westen drucken ließen.

Härtere Strafen sieht das gleichfalls 1979 eingeführte 3. Strafrechtsänderungsgesetz vor, das staatsfeindliche Hetze, ungesetzliche Verbindungsaufnahme und öffentliche Herabwürdigung des sozialistischen Staates mit Freiheitsstrafen von drei bis acht Jahren belegt und das gegen einige Schriftsteller angewandt wurde (Emmerich 1981, S.192f.)

1.4. Literatur und Literaturpolitik in der DDR

Ich möchte an dieser Stelle nicht in den Fehler vieler Literaturhistoriker, die über die DDR arbeiten, verfallen und die DDR-Literatur in allzu enger Verbindung mit der SED-Literaturpolitik sehen. Andererseits ist eine Betrachtung der DDR-Literatur unter Auslassung einiger Bemerkungen zur Literaturpolitik schon deshalb unsinnig, als von der Literaturpolitik nicht Gutgeheißenes nicht erscheinen kann bzw. geändert werden muß.

Die Literaturpolitiker der SED gingen schon in der SBZ von der ideologischen Prämisse aus, daß die Intellektuellen mit der Arbeiterklasse solidarisch seien, ergo ein Staat, der die Interessen der Arbeiterklasse durchsetze, auch den Beifall der Intellektuellen finden müsse. Dementsprechend versuchten sie, durch bestimmte Vorgaben und Reglements diese Schicht im Sinne der Partei zu lenken. Ein weiterer Sinn dieser Maßnahmen lag darin, die Intellektuellen und Künstler bei der Etablierung der DDR als eigener Staat und eigener Nation mit einer Nationalkultur, die sich von der des anderen deutschen Staates abheben sollte, zur Mithilfe zu bewegen. Der Wert der Literatur ist dabei von den SED-Kulturpolitikern immer hoch eingeschätzt worden. Man war sich der Macht des geschriebenen Wortes bewußt und versuchte, die Autor/inn/en für den jungen Staat zu begeistern, kritische Impulse jedoch zu unterdrücken. Dies ist in der ganzen Geschichte der SBZ und DDR jedoch stets mißlungen. Die heftigen Debatten um einzelne Werke der Literatur zeigen, daß sich viele DDR-Autor/inn/en durchaus nicht zu „Kaisergeburtstagsdichtern" (Wolf Biermann) entwickelten. Es hat in der DDR-Literatur immer wieder Werke gegeben, die nach ihrem Erscheinen oder nach ersten Vorabdrucken in Literaturzeitschriften von den Kulturpolitikern attackiert und später zu Meisterwerken der Nationalliteratur emporgehoben wurden (z.B. Erwin Strittmatters *Ole Bienkopp* oder Christa Wolfs *Nachdenken über Christa T.*). Dies zeigt wiederum eine gewisse Anpassungsfähigkeit der DDR-Kulturpolitik an die reale Literatursituation. Es beweist aber auch, daß die Literatur eigene Wege geht, selbst wenn ihr andere vorgeschrieben werden.

Die DDR-Literatur hat trotz aller Isolierung und Beschränkungen auch Kontakte zur internationalen Literaturszene gehabt, sei es durch ausländische Bekannte, sei es durch leichteren Zugang der Schriftsteller/innen zu internationalen Literatursammlungen in der DDR wie der Deutschen Bücherei in Leipzig, sei es via Literatursendungen im westdeutschen Rundfunk und Fernsehen, sei es durch Reiseerleichterungen ab den siebziger Jahren. Man kann nicht von einer provinziellen, isolierten Literatur sprechen, wenn auch viele Entwicklungen, die im westlichen Ausland stattfanden, in der DDR erst später einsetzten, wie z.B. die sexuelle Revolution in der Literatur, im Westen durch Henry Miller begründet, die in der DDR erst Anfang der siebziger Jahre einen, wenn auch gemäßigten, Niederschlag gefunden hat.

Des weiteren kann man auch nicht, wie in der Auseinandersetzung in der westdeutschen Literaturkritik um die Existenz einer eigenständigen DDR-Literatur z.T. geschehen, kategorisch eine DDR-spezifische Literaturentwicklung von der Hand weisen und nur noch den Terminus „deutschsprachige Literatur" zulassen wollen. Es sollte berücksichtigt werden, was Wolfgang Emmerich in seiner *Kleinen Literaturgeschichte der DDR* aus dem Jahre 1981 formuliert hat:

> Literatur (als Produkt von individuellen Urhebern, die in einer bestimmten Gesellschaft leben) teilt strukturell die Grundeigenschaft einer Gesellschaftsformation, eines Zivilisationstyps und seiner je konkreten historischen Ausprägung — wie (zeitlich) verschoben, variiert oder verkehrt auch immer. In diesem Sinne ist, auch in der DDR, Literatur *Dokument, „Zeuge" des historischen Prozesses*, bildet ihn nicht nur äußerlich (widerspiegelnd) ab, sondern gleichsam auch seine Innenwelt: die für diese oder jene Gesellschaft charakteristischen Weisen zu produzieren, zu handeln, sich zu verhalten, zu lieben, zu kommunizieren, bei Bewußtsein zu sein. Damit teilt sie, zumindest phasenweise, auch die Deformationen einer Gesellschaft, hilft zu verdrängen, so wie die Gesellschaft als ganze sich im Verdrängen übt. (S.16; Hervorhebungen im Original)

Betrachtet man z.B. Christa Wolfs *Kassandra*, so wirkt das Buch auf den ersten Blick allgemeingültig, bei genauerer Betrachtung stellt man jedoch fest, daß das Werk, wenn man es in den Bezugsrahmen der gegenwärtigen Situation in der DDR stellt, zusätzliche Deutungsmöglichkeiten gewinnt. Die gesellschaftliche Situation, aus der heraus DDR-Bücher entstanden sind, sollte nie unberücksichtigt bleiben, weshalb für die Annahme der Existenz zweier deutscher Literaturen meines Erachtens einiges spricht.

Eine Phaseneinteilung der SED-Literaturpolitik wie im *DDR-Handbuch* erscheint angesichts der unterschiedlichen Staffelungsmöglichkeiten nicht sinnvoll (vgl. Gert-Joachim Glaeßner: „Schwierigkeiten beim Schreiben der Geschichte der DDR: Anmerkungen zum Problem der Periodisierung" *DA 6*, 17.Jg. [Juni 1984], S.638-650).

Unter der Ägide der „Abteilung für Information" bei der SMAD, geleitet von Oberst Sergej Tulpanow, und deren Unterabteilung (von insgesamt zehn Unterabteilungen) für Literatur unter Alexander Dymschiz wurde im Juli 1945 der „Kulturbund zur demokratischen Erneuerung Deutschlands" gegründet, dessen erster Präsident Johannes R. Becher wurde. Der Kulturbund, interzonal und überparteilich geplant, zog Intellektuelle und Künstler aller Richtungen an. Sein Gründungsmanifest enthielt „in komprimierter Form alle Komponenten der Kulturpolitik der Volksfront" (Emmerich 1981, S.39), an deren Tradition er anknüpfen sollte: „Antifaschismus, Antimilitarismus, breite Bündniskonzeption, Orientierung am bürgerlich-humanistischen Kulturerbe" (S.39). Seine erste Bundestagung hielt der Kulturbund im Mai 1947 ab.[4]

Die Sowjets hatten bereits ab Mai 1945 den deutschen Kulturbetrieb in ihrer Zone wieder in Gang gesetzt (Theater, Ausstellungen, DEFA) und sahen es als Prestigeobjekt an, möglichst viele der Schriftsteller/innen, Künstler/innen und Intellektuellen aus dem inneren und äußeren Exil in ihrer Zone zu versammeln. Aus diesem Grund gab sich die SBZ-Kulturpolitik weltoffen und allen Strömungen zugänglich. Auf dem Ersten Deutschen Schriftstellerkongreß vom 4. bis 8.10.1947 war das Konzept der liberalen Vielfalt noch gegeben, doch es begannen Widersprüche aufzutreten. Die Sowjetliteratur wurde auf diesem Kongreß zum Vorbild für die deutschen Schriftsteller/innen erhoben. Im November 1948 wurde der Kulturbund im amerikanischen und französischen Sektor Berlins verboten. Im November 1948 hielt Alexander Dymschiz seine richtungsweisende Rede „Über die formalistische Richtung in der deutschen Malerei" (in *Dokumente I*, S.97-103), die den stalinistischen Dogmatismus auf die DDR-Kunst- und Kulturpolitik zu übertragen empfahl. Eine der letzten noch im systemübergreifenden Sinne gegründeten Zeitschriften wurde *Sinn und Form*, 1949 ff., deren Cheflektor, der Lyriker Peter Huchel, das Prinzip der Weltoffenheit und Meinungsvielfalt garantierte, bis er 1962 entlassen wurde und in den Westen ging. Mit der Teilung Deutschlands im Jahre 1949 war die Phase der „antifaschistisch-demokratischen Umwälzung", wie sie in der DDR-Geschichtsschreibung heißt, beendet.

In der ersten Phase der DDR-Geschichte hatte der junge Staat gegen zahlreiche Mißstände und Widrigkeiten zu kämpfen: Eine am Boden liegende In-

---

4 Im August 1945 gründete der Kulturbund den Aufbau-Verlag, ab September erschien dessen Monatsschrift *Aufbau*, ab 1946 die gleichfalls vom Kulturbund initiierte Wochenschrift *Sonntag*. Darüber hinaus wurden verschiedene andere kulturelle Zeitungen und Zeitschriften in jener Zeit herausgebracht, deren bekannteste wohl Alfred Kantorowicz' *Ost und West* (Juli 1947 bis Ende 1949) gewesen sein dürfte.

dustrie mußte aufgebaut, die Trümmer des Kriegs mußten beseitigt werden. In der Landwirtschaft sollte eine Kollektivierung durchgeführt werden, der sich viele Neubauern widersetzten, die durch Aufteilung des Großgrundbesitzes infolge der Bodenreform vom September 1945 zu Land gekommen waren. Die Demontage der Eisenbahnschienen und industrieller Anlagen durch die sowjetische Siegermacht hatte das Land zusätzlich zurückgeworfen, zudem mußten Reparationen an die Sowjetunion gezahlt werden. Erforderlich war daher die Motivierung der Bevölkerung zu harter Arbeit, selbst zu Arbeit mit unzulänglichen Mitteln. Dementsprechend forderten die Literaturpolitiker jener Zeit die Schriftsteller/innen zur Lobpreisung der neuen „Helden der Arbeit", der Solidarität, der Identifikation mit dem neuen Staat — dem ersten Arbeiterstaat auf deutschem Boden —, der Notwendigkeit der Kollektivierung in der Landwirtschaft usw. auf und wünschten gleichzeitig von ihnen die Verurteilung von Verschwendung von Produktionsmitteln, Bummelei am Arbeitsplatz, Normenbetrug, Schieberei etc. Darüber hinaus sollte die Literatur zum Stärken des Wir-Gefühls im neuen Staat beitragen. Neben der Verkündung dieser primären Aufgaben wurde der Dogmatismus in der Kulturpolitik verschärft: Der Sozialistische Realismus wurde zur einzig gültigen Kunstform erhoben, und dem Formalismus in den Künsten wurde der Kampf angesagt.

Die Frage, was Sozialistischer Realismus eigentlich sei, ist bisher noch nicht befriedigend geklärt, noch nicht einmal zu seiner Entstehungszeit in den dreißiger Jahren in der Sowjetunion herrschte Klarheit darüber. Hier seien nur die wichtigsten Prinzipien des Sozialistischen Realismus genannt: Lebensechtheit, Volkstümlichkeit, Darstellung des Typischen, sozialer Optimismus. Jeder dieser Begriffe ist von den stalinistischen Kulturpolitikern mit einer speziellen Bedeutung versehen: „Lebensechtheit" bezieht sich auf naturgetreue Wiedergabe, durch die aber das Künftige sichtbar sein muß (dies kann nach sozialistischem Verständnis nur eine Vorwärtsentwicklung in Richtung auf Sozialismus bzw. Kommunismus sein); „Volkstümlichkeit" bedeutet Breitenwirkung, Verständlichkeit für die arbeitenden Massen; „Darstellung des Typischen" heißt nicht Darstellung des Gängigen, häufig Verbreiteten, sondern „der erstrebenswerten Ausnahme, die sich im Sinne der ‚Lebensechtheit' im Einklang mit der aufsteigenden Entwicklung der Gesellschaft zum ‚Sozialismus' befindet" (*Dokumente I*, S.41) — bzw. die Darstellung des Klassenfeindes als negativer Held; „sozialer Optimismus" schließlich ist dann gegeben, wenn ein Schriftsteller/eine Schriftstellerin sich bei der Schilderung historischer oder aktueller Begebenheiten an die Lehre des Historischen Materialismus hält, die Dialektik der Geschichte aufzeigt und deren einstmaliges Münden in den Kommunismus betont. „Sozialer Optimismus" erfordert ebenfalls ein positives Ende eines Werkes.

Aufgrund dieser Prinzipien wurde alles abgelehnt, was in der modernen Literatur an Gestaltungsprinzipien neu eingeführt worden war, wie z.B. innerer Monolog, Montagetechnik und andere künstlerische Experimente. Religiöse oder sexuelle Themen wurden verworfen. Eine tiefer gehende Psychologisierung der Hauptfiguren, vor allem des Klassenfeindes, war unerwünscht. Ein Abweichen von den vorgegebenen Normen des Handlungsablaufes eines Romans löste zumindest heftige Kritik aus (so im Fall von Erwin Strittmatters *Ole Bienkopp*, 1963, an dem moniert wurde, daß der Held am Schluß stirbt).

Der Begriff des Sozialistischen Realismus gilt bis zur Gegenwart, doch ist er heute eine Leerformel, durch zahlreiche Neubestimmungen und Zurücknahmen derart verwässert, daß keine allgemeinverbindlichen Prinzipien mehr geblieben sind.

Eng zusammen mit der frühen Definition des Sozialistischen Realismus gehörte der Kampf der SED in den fünfziger Jahren gegen Formalismus, Dekadenz, Naturalismus, Modernismus und Kosmopolitismus in der modernen Literatur und Kunst. Das wichtigste dieser Schlagworte ist „Formalismus", dem sich die meisten der anderen Begriffe unterordnen. Als „formalistisch" wurde alles bezeichnet, was nach Auffassung der SED-Kulturpolitiker den Akzent stärker auf die Form als auf den Inhalt legte. Dies zeige „die Inhaltsleere der kapitalistischen Gesellschaft, ohne ihre Ursachen kenntlich zu machen." (*DDR-Handbuch*, s.v. „Formalismus", S.423). Die formalistische kapitalistische Kunst vermittle ein verzerrtes Menschenbild und versuche, dies auch der sozialistischen Gesellschaft aufzudrängen, um sie in den eigenen Niedergang einzubeziehen. Damit sich aber in der DDR eine eigene, sozialistische Nationalkultur herausbilden könne, müßten derartige Einflüsse entschieden abgewehrt werden (vgl. *Dokumente I*, z.B. Dokument 46: „Der Kampf gegen Formalismus in Kunst und Literatur", S.178-186). Der Formalismusvorwurf richtete sich primär gegen die Hauptmacht des Kapitalismus, die USA:

Der Formalismus ist [...] der malerische, musikalische, literarische Ausdruck des imperialistischen Kannibalismus, er ist die ästhetische Einleitung der amerikanischen Götterdämmerung. (Stephan Hermlin, zitiert nach Emmerich 1981, S.79)

Die Reden der Kulturpolitiker der frühen fünfziger Jahre sind voller Verbalinjurien gegen Kunst und Literatur des Imperialismus, sogar der von den Nationalsozialisten überstrapazierte Begriff „Entartung" wurde ohne Scheu verwendet.

Nach den Vorstellungen der sozialistischen Kulturpolitiker jener Zeit war der Formalismus in Kunst und Literatur Zeichen für das nahe bevorstehende Ende des Imperialismus (der Höchstphase des Kapitalismus), der, sich dagegen wehrend, noch einmal seine negativsten Eigenschaften voll entfalte. Mit der Verzerrung des Menschenbildes in Kunst und Literatur gehe die Vorbereitung eines neuen Krieges Hand in Hand, wobei Selbstzerstörung zynisch einkalkuliert werde. Die formalistische Kunst und Literatur diene daher der Kriegsvorbereitung.

Mit dem „Kosmopolitismus" komme eine als „‚Weltbürgertum' getarnte Ideologie der Zersetzung und Versklavung der Nationen zugunsten des Machtanspruchs des anglo-amerikanischen Imperialismus" hinzu (Ostausgabe des *Duden,* 1951, zitiert nach DA 2 [1969], S.192), d.h. der Imperialismus versuche, den Nationalkulturen nationale Wurzellosigkeit, Überfremdung und ihnen fremde, ja feindliche Elemente aufzuoktroyieren, die die jeweilige Kultur bedrohten.

Der Sog, den die Elemente der amerikanischen Kultur in der BRD auf die DDR ausübten, mußte mit allen Mitteln bekämpft werden. So folgten die Kampagnen gegen „Schund und Schmutz", d.h. Trivialliteratur und Comics, gegen Jeans, Kaugummi, Jazz, Boogie-Woogie und andere populäre amerikanische Musik und Tanzweisen etc.

Als Positivum dagegen gesetzt wurde zum einen das Anknüpfen an das kulturelle Erbe, d.h. an die Literatur der bürgerlichen Epoche seit der frühbürgerlichen Revolution im 16.Jahrhundert, an die Literatur der Aufklärung, an die Weimarer Klassik, an die Literatur des Vormärz und den bürgerlichen Realismus des 19.Jahrhunderts. Diese Literaturepochen wurden als direkte Vorläufer des Sozialistischen Realismus in der DDR angesehen. Typisch für diese Frühzeit ist zum anderen die Aufbau- und Produktionsliteratur, d.h. Literatur, die den Aufbau in Industrie und Landwirtschaft in der DDR beschreibt. Mit der Einführung des Neuen Kurses und den Unruhen des 17.Juni 1953 ist diese erste Etappe der DDR-Literaturpolitik beendet.

Der Tod Stalins im März 1953 hatte eine Liberalisierung der sowjetischen Politik und die Einführung des sogenannten Neuen Kurses im Juni 1953 gegen den Willen Walter Ulbrichts zur Folge. Mit Normenerhöhungen und anderen Mißständen unzufrieden und durch den Neuen Kurs verwirrt, dessen Erleichterungen von der SED noch nicht bekanntgegeben waren, legten ab dem 15. Juni 1953 die Arbeiter vieler DDR-Betriebe die Arbeit nieder und formierten sich in Demonstrationszügen, um ihrer Unzufriedenheit Ausdruck zu verleihen. Den Umzügen schlossen sich Protestierende aus anderen Schichten und z.T. aus dem Westen an, bis sowjetischen Panzer auffuhren und den Juniaufstand beendeten. Die Intellektuellen und Künstler waren indes von der Entwicklung überrascht worden und reagierten hilflos. Sie wurden jedoch Nutznießer einer anschließenden „Tauwetterphase" in der DDR-Politik, die die SED zur Beruhigung der Gemüter einräumte. Auf dem IV. Schriftstellerkongreß im Januar 1956 konnte folglich Kritik an der bisherigen Literaturentwicklung geübt werden, vor allem an der Aufbau- und Produktionsliteratur, die als öde, hölzern, kleinbürgerlich und dogmatisch empfunden wurde. Der im selben Jahr stattfindende XX. Parteitag der KPdSU, auf dem der Stalinismus erstmals kritisiert wurde, beeinflußte die Liberalisierung zusätzlich. Diese Entwicklung beendeten die Aufstände in Polen und Ungarn im Oktober 1956. In der DDR wurde die Gruppe um Wolfgang Harich verhaftet (darunter der junge Schriftsteller Erich Loest) und zu jahrelanger Haft verurteilt. Der Ungar Georg Lukács, einer der heftigen Verfechter des Sozialistischen Realismus und schärfsten Angreifer des Formalismus, wurde wegen seiner Teilnahme am Ungarnaufstand zur Unperson. Eine beträchtliche Anzahl von Schriftsteller/inne/n, Künstler/inne/n und Intellektuellen ging aus Angst vor Verfolgung in den Westen.

Die SED bereitete eine neue Kulturpolitik vor, deren Grundzüge auf ihrem V. Parteitag im Juli 1958 verkündet wurden: Die Trennung zwischen Hand- und Kopfarbeit sollte aufgehoben werden. So entstand der „Bitterfelder Weg", benannt nach der Kulturkonferenz des Mitteldeutschen Verlages am 24. 4. 1959 im Industrieort Bitterfeld, wo die Devise „Greif zur Feder, Kumpel!" ausgegeben wurde. Nunmehr wurden die schriftstellerische Tätigkeit von Arbeiter/inne/n und das Schreiben von Brigadetagebüchern angeregt, Zirkel schreibender Arbeiter/innen gegründet. Umgekehrt wurden die professionellen Schriftsteller/innen aufgefordert, in die Betriebe zu gehen und die Arbeitswelt aus eigener Anschauung zu beschreiben oder aufs Land in eine LPG zu ziehen. Der Bitterfelder Weg führte jedoch nicht zu der angestrebten Aufhebung der Trennung zwischen Laienkunst und professionellem Schreiben, zwischen Hand und Kopf. Die Ergebnisse waren zu dürftig, wenigen Arbeiter/inne/n gelangen qualitative Werke. Besser war es um Werke von Autor/inn/en bestellt, die in Betriebe oder aufs Land gegangen waren (z.B. Brigitte Reimann, Franz Fühmann). In dieser Zeit entstand die „Ankunftsliteratur", benannt nach Brigitte Reimanns Roman *Ankunft im Alltag*, womit die Schriftstellerin die Ankunft junger Menschen im Sozialismus meinte.

Das nächste größere kulturpolitische Ereignis war der V. Schriftstellerkongreß im Mai 1961, an dem erstmals westdeutsche Autoren wie Günter Grass und Martin Walser teilnahmen und eine heftige Diskussion auslösten. Der Bitterfelder Weg wurde offen kritisiert, das Spektrum der DDR-Literatur erweiterte sich anschließend mit Duldung der SED.

Nach dem Mauerbau am 13. August 1961 nahm die Kritik der Schriftsteller/innen an Literatur- und allgemeiner Politik zu. Die SED reagierte darauf mit Repressalien: Immer häufiger wurden Bücher nicht gedruckt, Theaterstücke nicht aufgeführt, der Chefredakteur der Literaturzeitschrift *Sinn und Form* wurde entlassen. Ende 1962 fand ein öffentlicher Lyrikabend in der Deutschen Akademie der Künste statt, deren damaliger Sekretär, Stephan Hermlin, Gedichte junger Lyriker (unter anderem Sarah Kirsch, Volker Braun, Wolf Biermann) vortrug sowie die Dichter selbst lesen und mit dem Publikum diskutieren ließ, was ihm und mehreren jungen Lyrikern schwere Kritik der SED einbrachte.

Die zweite Bitterfelder Konferenz im April 1964 setzte offiziell dem Bitterfelder Weg ein Ende und versuchte, die Kulturpolitik mit der neuen Wirtschaftspoltik, dem „Neuen Ökonomischen System der Planung und Leitung",

(NÖSPL), und der „wissenschaftlich-technischen Revolution" zu verbinden. Das NÖSPL strebte vor allem Modernisierung und Rationalisierung des Wirtschaftssystems der DDR, eine bessere Steuerung und Leitung sowie mehr Effizienz und Produktivität an. Eine wichtige Rolle spielte die neue philosophische Wissenschaft „Kybernetik", zu der unter anderem der Begriff des „dynamischen Systems" gehört. Dieser Systembegriff wurde auch auf Kultur und Literatur angewandt: Kultur wurde nunmehr als Teilsystem der Gesellschaft betrachtet. Die neue Kulturpolitik sollte Kultur als Komplex fördern. In der Praxis bedeutete dies zunächst, daß kulturelle Einrichtungen wie Theater und Verlage nicht mehr, wie bisher, automatisch finanziell vom Staat gefördert, sondern leistungsabhängig bezuschußt wurden. Schriftsteller/innen sollten nun nicht mehr bevorzugt die einfachen Werktätigen, sondern Planer und Leiter darstellen.

Sie reagierten jedoch eher skeptisch. Auf der Konferenz anläßlich des 80. Geburtstags von Franz Kafka im Mai 1963 in der Tschechoslowakei, an der auch DDR-Autor/inn/en teilnahmen, wurde die Entfremdung des Menschen in den hochtechnisierten Ländern, auch in den sozialistischen, thematisiert. Diese Skepsis gegenüber der wissenschaftlich-technischen Revolution kam in den Werken von DDR-Schriftsteller/inne/n vermehrt zum Ausdruck, und die Kritik an der Literaturentwicklung der DDR wurde stärker. Die SED versuchte daraufhin auf ihrem 11. Plenum im Dezember 1965, „in einem polemischen Rundumschlag mit allen für schädlich gehaltenen Tendenzen auf(zu)räumen" (Jäger 1982, S.115). Nihilismus, Ausweglosigkeit, Zersetzung, Halbanarchismus, Pornographie „oder andere Methoden der amerikanischen Lebensweise" (W.Ulbricht, zitiert nach Jäger 1982, S.116) wurden den Schriftsteller/inne/n vorgeworfen. Die Verbreiter und Anhänger von Beatmusik wurden gerügt, da diese Rowdytum und amerikanische Lebensweise unter der DDR-Jugend verbreite und eine Waffe des Klassenfeindes sei. Eine Reihe von DEFA-Filmen, die angeblich nur die Mängel des sozialistischen Staates, nicht aber die guten Seiten zeigten, wurde auf den Index gesetzt. Schließlich erhielt der Lyriker und Sänger Wolf Biermann von da an Berufsverbot. „Das Ergebnis des 11. Plenums war ein lang anhaltender Vertrauensverlust bei den Künstlern." (Jäger 1982, S.125) Dies zeigte sich bei der Lyrikdiskussion im Jahre 1966, die von der FDJ-Zeitschrift *Forum* initiiert worden war: Dichter wie Karl Mickel, Heinz Czechowski, Rainer Kirsch, Günter Kunert und Volker Braun bekannten sich zur Subjektivität und sprachen sich gegen die sozialistische Gebrauchslyrik über Produktionsthemen oder den Vietnamkrieg aus.

Die Unbotmäßigkeit der Schriftsteller/innen konnte von der SED nicht mehr korrigiert werden. Der an sich 1965 fällige Schriftstellerkongreß fiel aus, die Polemik der Kulturpolitiker wurde schärfer, vor allem auf der ersatzweise einberufenen Jahreskonferenz des Schriftstellerkongresses im November 1966. Der Prager Frühling 1968 verstärkte den Repressionskurs der SED gegenüber Künstlern und Intellektuellen, die ihren Unmut auf dem VI. Deutschen Schriftstellerkongreß im Mai 1969 durch passiven Widerstand kundtaten: „Kaum ein Autor von Bedeutung ergriff das Wort, wirkliche Diskussion blieb aus." (Jäger 1982, S.134)

Im Mai 1971 trat Walter Ulbricht vom Amt des Ersten Sekretärs der SED zurück, Erich Honecker wurde an seiner Stelle gewählt. Richtungsweisend für die neue Poltik Honeckers wurde der VIII. Parteitag der SED (15.-19.Juni 1971), wo Ulbrichts Thesen von der sozialistischen Menschengemeinschaft und vom Sozialismus als relativ eigenständiger sozialökonomischer Formation zurückgenommen wurden (*DDR-Handbuch*, s.v. „Geschichte der DDR", S.540f.). Stattdessen war nun von einer entwickelten sozialistischen Gesellschaft und von einer nichtantagonistischen Klassengesellschaft die Rede (Emmerich 1981, S.180). Honecker erklärte es zur Hauptaufgabe der SED, „alles zu tun für das Wohl des Menschen, für das Glück des Volkes, für die Interessen der Arbeiterklasse und aller Werktätigen." (zitiert nach *DDR-Handbuch*, s.v. „Geschichte der DDR", S.541).

Betont wurde ferner die ökonomische Pflicht der SED, das materielle und kulturelle Lebensniveau der Bevölkerung durch kontinuierliche Entwicklung der Produktivkräfte zu erhöhen. Die Staatsorgane sollten nun flexibler auf Vorstellungen und Wünsche der Bevölkerung reagieren. Schriftsteller/innen und Künstler/innen rief Honecker zum „offenen, sachlichen, schöpferischen Meinungsstreit" auf und versprach ihnen volles Verständnis für ihre „Suche nach neuen Formen" (*DDR-Handbuch*, s.v. „Kulturpolitik", S.770). Auf der 4.Tagung des Zentralkomitees der SED am 16./17.Dezember 1971 erklärte Honecker:

> Wenn man von der festen Position des Sozialismus ausgeht, kann es meines Erachtens auf dem Gebiet von Kunst und Literatur keine Tabus geben. Das betrifft sowohl die Fragen der inhaltlichen Gestaltung als auch des Stils (*Dokumente II*, S.287).

Jenes berühmte Zitat wurde allgemein als Beginn einer weitgreifenden Liberalisierung in der Kulturpolitik angesehen.

Die Politik der DDR feierte in der ersten Hälfte der siebziger Jahre ihre bis dahin größten Triumphe: Die westdeutsche Regierung Brandt/Scheel ging vom Alleinvertretungsanspruch der BRD ab, Verhandlungen zwischen beiden deutschen Staaten führten zum Grundlagenvertrag vom 21.12.1972, infolgedessen wurde die DDR von vielen westlichen Staaten anerkannt und zusammen mit der BRD 1973 in die UNO aufgenommen.

Die angekündigte Liberalisierung der Kulturpolitik wurde jedoch nur teilweise verwirklicht. Einerseits erschienen viele literarische Werke, die früher nicht gedruckt worden wären bzw. waren, auch solche, die die DDR-Gesellschaft kritisierten. Es war den DDR-Schriftsteller/inne/n nun möglich, sich vorher verpönten Genres wie *Science fiction* oder *Fantasy* zuzuwenden, formale Experimente zu wagen, Sexszenen zu beschreiben etc. Andererseits nahmen Honecker und der einflußreiche SED-Kulturpolitiker Kurt Hager die angekündigte Lockerung in ihren Reden zur 6. Tagung des ZK der SED im Juli 1972 (Hager) und zur 9. Tagung dieser Institution im Mai 1973 (Honecker) teilweise wieder zurück.

Das Auf und Ab der DDR-Kulturpolitik in jenen Jahren ausführlich darstellen zu wollen, führte hier zu weit. An wichtigen Ereignissen seien die Lyrikdebatte, die der Dichter Adolf Endler in *Sinn und Form* durch seine Kritik am Provinzialismus der DDR-Germanistik 1972 entfachte, und die Diskussionen im Jahre 1973 um Ulrich Plenzdorfs Stück *Die neuen Leiden des jungen W.* erwähnt, das 1972 ebenfalls in *Sinn und Form* abgedruckt worden war und den Unmut vieler SED-Kulturpolitiker auf sich lenkte.

In der Folgezeit vertiefte sich die Kluft zwischen Partei und Schriftsteller/innen wieder: „Die SED-Führung wehrte sich [...] gegen die fortgesetzte Kritik durch verstärkte Anwendung administrativer Kontrollen, z.B. über die Verlage." (*DDR-Handbuch*, s.v. „Literatur und Literaturpolitik", S.836) Der Lyriker Reiner Kunze wurde im Oktober 1976 wegen der Veröffentlichung seines Buches *Die wunderbaren Jahre* in der BRD aus dem Schriftstellerverband der DDR ausgeschlossen. Im November desselben Jahres wurde Wolf Biermann, der zu einem Konzert nach Köln hatte ausreisen dürfen, in absenti die Staatsbürgerschaft der DDR aberkannt und die Wiedereinreise in die DDR verweigert. Über siebzig Schriftsteller/innen und andere Künstler/innen (darunter fünf Vorstandsmitglieder des Schriftstellerverbands: Volker Braun, Franz Fühmann, Stephan Hermlin, Sarah Kirsch und Christa Wolf) solidarisierten sich mit Biermann und unterzeichneten eine Petition an die Parteiführung mit der Bitte, den Beschluß noch einmal zu überdenken. Die folgenden Repressalien gegen die Unterzeichner führten zu einer Auswanderungswelle von DDR-Schriftsteller/inne/n und Künstler/inne/n (um nur einige zu nennen: Thomas Brasch, Jürgen Fuchs, Bernd Jentzsch, Sarah Kirsch, Reiner Kunze, Bettina Wegener).

Gegen Stefan Heym und Robert Havemann wurden im Jahr 1979 Verfahren wegen Devisenvergehen eingeleitet, wogegen ein Jahr später acht DDR-Autoren (Kurt Bartsch, Jurek Becker, Adolf Endler, Erich Loest, Klaus Poche, Klaus Schlesinger, Dieter Schubert, Martin Stade) protestierten sowie Zensur und Rufmord anprangerten. Sie wurden, soweit sie Mitglieder waren, aus dem Schriftstellerverband der DDR ausgeschlossen, außerdem noch Stefan Heym, Karl-Heinz Jakobs, Rolf Schneider und Joachim Seyppel. Andere Autoren wurden verhaftet: Thomas Erwin, Sigmar Faust, Jürgen Fuchs, Lutz Rathenow etc.

Die Schriftsteller/innen spalteten sich in der Folge der Biermann-Ausbürgerung in drei Gruppen: die Parteitreuen, die sich z.T. ausfällig über ihre gemaßregelten Kolleg/inn/en äußerten (z.b. Otto Gotsche, Peter Hacks, Erik Neutsch, Dieter Noll, Heinz Sakowski etc.); die Dissidenten, die sich größtenteils vom DDR-Literaturbetrieb unabhängig gemacht haben, soweit sie noch im Lande leben (Stefan Heym, Lutz Rathenow etc.); und die Unabhängigen, die den Staat kritisieren, von ihm aber geduldet werden (Christa Wolf, Volker Braun, Heiner Müller etc.).

Seit Beginn der achtziger Jahre ist die DDR-Kulturpolitik vor allem von Irrationalismus gekennzeichnet. Die Maßnahmen gegen Schriftsteller/innen und Künstler/innen erfolgen wahllos (wie die Ausreiseverbote gegen Lutz Rathenow und Monika Maron). Anderseits werden manche mißliebige Autor/inn/en trotzdem zu Vortragsreisen u.ä. ins westliche Ausland gelassen (z.B. Gabriele Eckart, die wegen ihres Reportagenbandes *So sehe ick die Sache*, 1984, erheblichen Zwangsmaßnahmen ausgesetzt war). Sehr kritische Bücher, wie Volker Brauns Roman *Hinze und Kunze*, werden gedruckt, andere, wie Wolfgang Hilbigs Lyrik und Prosa, können nur im Westen erscheinen. Einige Autor/inn/en und Künstler/innen, die die Ausreise aus der DDR beantragten, werden erst nach unterschiedlich langer Haft in den Westen entlassen, andere erhalten die Ausreisegenehmigung ohne Probleme.

Insgesamt haben sich, so muß betont werden, „die Grenzen des Sagbaren" in der DDR erweitert, doch sind gleichzeitig „die Ansprüche auf freie literarische Äußerung" gestiegen, wie es W. Emmerich formulierte (S.194).

1.5. Beziehungen zwischen DDR und USA

1.5.1. Politische Beziehungen

Zwischen USA und DDR bestanden bis Mitte der siebziger Jahre keinerlei politische Beziehungen. Die USA hatten zuvor stets ihre enge Verbundenheit mit der BRD bezeugt und sich nach deren Hallstein-Doktrin gerichtet. Erst als sich die Beziehungen der beiden deutschen Staaten zueinander in der Ära Brandt/Scheel besserten und es zum Abschluß der Ostverträge (3.6.1972) und des Grundlagenvertrages (21.12.1972) kam, wurde die Hallstein-Doktrin obsolet, zahlreiche westliche Staaten nahmen diplomatische Beziehungen zur DDR auf, darunter am 4.9.1974 die USA als 111. Staat (Lindemann, S.623). Am 18.9.1973 wurde die DDR in die UNO aufgenommen, am 4.5.1979 schloß sie mit den USA ein Postpaketabkommen, am 4.September 1979 einen Konsularvertrag.

Die Beziehungen zwischen beiden Staaten sind jedoch bis heute nicht problemlos. Belastet werden sie von der Tatsache, daß die DDR sich weigert, Wiedergutmachungsleistungen an Verfolgte des Naziregimes, die heute in den

USA leben, zu zahlen und auch zu keiner Entschädigung für amerikanisches Eigentum bereit ist, das von den Nationalsozialisten auf dem heute zur DDR gehörenden Territorium enteignet wurde. Die DDR sieht sich als vollkommen neuer Staat ohne Verantwortung für die Untaten ihres Vorgängerstaates an. Ein Gespräch über die Wiedergutmachungs- und Entschädigungsfrage zwischen SED-Chef Erich Honecker und dem damaligen Präsidenten des Jüdischen Weltkongresses, Nahum Goldmann, kam im Herbst 1975 nicht zustande (Lindemann, S.627). Ein im November 1976 von DDR-Seite unterbreitetes Angebot an die Konferenz für jüdische Ansprüche gegenüber Deutschland in New York, bedürftigen US-Bürgern jüdischen Glaubens, die vom Naziregime verfolgt wurden, einmalig eine bestimmte Summe aus humanitären Gründen zukommen zu lassen, erschien der Konferenz inakzeptabel:

> Dieses Angebot wurde nach Mitteilung von Goldmann als unannehmbar abgelehnt, weil die DDR lediglich die Summe von einer Million Dollar zur Verfügung stellen wollte, während die Bundesrepublik Deutschland an Naziopfer jüdischen Glaubens Wiedergutmachungszahlungen von 25 Milliarden Dollar geleistet habe. (Lindemann, S.627)

Die USA machen von der befriedigenden Lösung der Wiedergutmachungs- und Entschädigungsfrage das Zugeständnis einer Meistbegünstigung im Außenhandel mit der DDR und eines Handelsabkommens abhängig.[5]

Von DDR-Seite wird das amerikanische Beharren auf dem Vier-Mächte-Status von ganz Berlin moniert. Die Sowjetunion und die DDR lassen das Abkommen jedoch nur für West-Berlin gelten und wollen den Ostteil der Stadt als Hauptstadt der DDR nicht einbezogen wissen. Die USA dagegen bestehen darauf, ihre Vertretung in Ost-Berlin als „Botschaft bei der Deutschen Demokratischen Republik" zu bezeichnen, um zu unterstreichen, daß sie Ost-Berlin nicht als Hauptstadt der DDR anerkennen (S.625).

Eine weitere strittige Frage betrifft die Ausreisegenehmigungen für DDR-Bürger, die zu Verwandten in die USA emigrieren wollen:

> Ost-Berlin hatte zwar 60 Bürger im Wege der Familienzusammenführung in die USA ausreisen lassen, jedoch keine Erklärung dazu abgegeben, wie es künftig über Ausreiseanträge seiner Bürger in die USA entscheiden werde. Auch hatte es nichts dar-

---

5 Auf diesem Gebiet hat sich seit Fertigstellung der vorliegenden Arbeit einiges getan: Die DDR bot der jüdischen *Claims Conference* als „symbolische Wiedergutmachung" etwa 100 Millionen Dollar für humanitäre Härtefälle an. Erich Honecker empfing den Präsidenten des Jüdischen Weltkongresses, Edgar Bronfman, im Oktober 1988, verlieh ihm den Orden „Großer Stern der Völkerfreundschaft" und versprach ihm die baldige Aufnahme von diplomatischen Beziehungen zwischen der DDR und Israel. Diese Ereignisse werden in der westdeutschen Presse zum einen mit dem gestiegenen Interesse der DDR an der Meistbegünstigung in Verbindung gebracht, zum anderen mit dem Wunsch Honeckers, einen Staatsbesuch in die USA machen zu können (Angaben nach *Der Spiegel*, Nr. 44, 42. Jg., 31. Oktober 1988, S. 125).

über ausgesagt, ob es zeitweilige Reisen nach Amerika zum Besuch alter oder kranker Verwandter gestatten wolle. (S.28; Stand von 1977)

Darüberhinaus belasten tagespolitische Ereignisse die Beziehungen zwischen beiden Ländern zusätzlich.[6]

Seit der Aufnahme diplomatischer Beziehungen zwischen beiden Staaten haben die Botschafter mehrfach gewechselt:

Erster Botschafter der DDR in den USA war der Wirtschaftswissenschaftler Rolf Sieber. Er wurde Mitte 1978 von Horst Grunert (bis dahin stellvertretender Außenminister) abgelöst, dieser wiederum am 12.7.1983 von Gerhard Herder. (*DDR-Handbuch*, s.v. „Außenpolitik", S.116)

Erster Botschafter der USA in der DDR wurde der ehemalige Senator John Sherman Cooper, der von Honecker mehrfach zu Gesprächen empfangen wurde. Cooper folgte am 22.August 1977 David B. Bolen, der wiederum am 26.Januar 1983 von Rozann L. Ridgway abgelöst wurde. Als die in Ost-Berlin angesehene Botschafterin in der Nachfolge von Richard Burt zum *Assistant Secretary of State for European Affairs* ernannt wurde, folgte ihr am 16.September 1985 Francis Joseph Meehan im Amt (Angaben nach der DA-Chronik).

Keines der beiden Staatsoberhäupter hat bislang das andere Land besucht, Begegnungen fanden meist in Drittländern anläßlich internationaler Konferenzen statt.[7] Verhandlungen zwischen Politikern beider Staaten spielten sich überwiegend auf der Ebene der stellvertretenden Außenminister ab.

Der Rat für auswärtige Beziehungen in New York (Vorsitzender: David Rockefeller) widmete zwei seiner Veranstaltungen der DDR und lud im September 1977 den DDR-Außenminister Oskar Fischer ein. Im Juni trafen sich Fischer und Rockefeller (Gransow 1972, S.1315). Erst 1984 erfolgte ein wichtiger Besuch eines hochrangigen US-Diplomaten in Ost-Berlin: Richard Burt, damals *Assistant Secretary of State for European States and Canada*, wurde im Februar desselben Jahres von SED-Politbüromitglied und ZK-Sekretär Hermann Axen und DDR-Außenminister Oskar Fischer empfangen.

---

6 Z.B. kritisierte die DDR die Stationierung von *Cruise missiles* und *Pershings two* sowie die Lagerung neuer amerikanischer C-Waffen in der Bundesrepublik, das amerikanische Engagement in Grenada und Nicaragua, den Bombenangriff auf Libyen und Präsident Reagans Besuch des Soldatenfriedhofs in Bitburg. Die USA machten der DDR immer wieder Verletzungen der Menschenrechte zum Vorwurf. Auch die ständigen Schwierigkeiten, die den alliierten Militärmissionen, besonders aber der der USA, auf DDR-Gebiet gemacht wurden, wirkten sich ungünstig auf die Beziehungen aus. Vgl. Peter Probst: „Die alliierten Militärmissionen in Deutschland". *DA* 5, 18.Jg. (Mai 1985), S.470f.

7 Z.B. trafen Honecker und Präsident Ford auf der KSZE-Gipfelkonferenz in Helsinki am 30.Juli 1975 zusammen.

Danach häuften sich die Besuche amerikanischer Politiker in der DDR. Am 22.11.1985 informierte Präsident Reagans Sonderberater für Rüstungskontrolle, Botschafter Edward Rowny, Vertreter des DDR-Außenministeriums über die Bewertung des Genfer Gipfeltreffens durch die US-Administration. Im Dezember desselben Jahres fanden im DDR-Außenministerium Konsultationen über Rüstungsbegrenzung und Abrüstung statt. Im Januar 1986 reisten elf Mitglieder des amerikanischen Repräsentantenhauses unter Leitung von Thomas P. Lantos in die DDR und wurden von Erich Honecker zu einem mehr als dreistündigen Gespräche über aktuelle weltpolitische Probleme und Fragen zu den Beziehungen beider Länder empfangen.

Den amerikanischen Massenmedien haben sowohl Walter Ulbricht als auch Erich Honecker Interviews gewährt, Ulbricht am 13.Mai 1960 der amerikanischen Fernsehgesellschaft *Columbia Broadcasting System*, Honecker am 22.November 1972 der *New York Times* und am 12.Dezember 1986 der *U.S. News and World Report*. Ulbrichts Aussagen verärgerten die amerikanische Öffentlichkeit und verbauten den Weg zu entspannteren Beziehungen (Lindemann, S.623). Honecker dagegen bemühte sich, um Verständnis für die DDR-Politik zu werben, und betonte nochmals das Interesse der DDR an der Gewährung einer Meistbegünstigung im Handel mit den USA (vgl. *DA* 2, 20.Jg. [Februar 1987], S.215-217).

Die einzige Partei in den USA, mit der die SED in ständiger Verbindung steht, ist die moskautreue Kommunistische Partei der USA, deren langjähriger Vorsitzender Henry Winston und deren Generalsekretär Gus Hall mehrfach in die DDR reisten und dort hohe Auszeichnungen verliehen bekamen. Auch die schwarze Kommunistin und Bürgerrechtlerin Angela Davis besuchte am 10.September 1972 die DDR und wurde von Walter Ulbricht mit dem „Großen Stern der Völkerfreundschaft" in Gold geehrt. Ebenso wie die schwarze Bürgerrechtsbewegung in den USA interessierte die DDR die amerikanische Indianerbewegung, die im Oktober 1977 einige Vertreter (darunter Russell Means) in die DDR sandte.[8] 1978 reiste eine Gruppe „meist links gerichteter" amerikanischer Juden auf Einladung in die DDR, um dort unter anderem die Gedenkstätte des ehemaligen KZ Buchenwald zu besuchen (Mallinckrodt 1980, S.259). Ab Anfang der achtziger Jahre hielten sich auch verschiedene Gruppen der amerikanischen Friedensbewegung in der DDR auf.

Des weiteren engagierte sich die DDR auch in „fortschrittlichen Angelegenheiten" (Mallinckrodt 1980 S.258) wie der Rehabilitierung des Ehepaars

---

8 Russell Means: Einer der Führer des *American Indian Movement* (*AIM*), das 1968 in Minneapolis gegründet wurde und die indianischen Interessen vertritt; das *AIM* organisierte Anfang der siebziger Jahre Protestmärsche und die Besetzung von Orten, die für die indianische Geschichte von Bedeutung waren (z.B. die Insel Alcatraz, Wounded Knee etc.).

Rosenberg[9] und der Freilassung von Ben Chavis, eines schwarzen Bürgerrechtlers. Der Friedensrat der DDR lud einen der Rosenberg-Söhne und den mit den Rosenbergs verhafteten, zu einer langen Gefängnisstrafe verurteilten und inzwischen freigelassenen Morton Sobell sowie einen der Anwälte, die an dem Rehabilitierungsverfahren arbeiteten, Mitte April 1976 ein und verlieh ihnen die „Friedensmedaille der DDR". Im Fall des Bürgerrechtlers Ben Chavis organisierten der Friedensrat, das Paul-Robeson-Komitee und andere Institutionen der DDR Unterstützungsappelle und Solidaritätsmeetings. Chavis' Schwester studierte in Ost-Berlin. Als Chavis entlassen wurde, lud ihn der Friedensrat ebenfalls in die DDR ein und verlieh auch ihm die „Deutsche Friedensmedaille" im Juli 1981.

Insgesamt kann man Ronald D. Asmus zustimmen, der in dem Artikel „Bonn und Ost-Berlin aus Washingtoner Sicht" (*DA* 2, 18.Jg. [März 1985], S.256-263) ein gestiegenes Interesse der USA an der DDR feststellen zu können glaubt. Die USA fühlten sich, so Asmus, von der Verpflichtung befreit, auf die Bonner Interessen Rücksicht nehmen zu müssen, und hätten

die wachsende politische und ökonomische Bedeutung der DDR im Warschauer Pakt erkannt und außerdem die Tatsache, daß die DDR nicht nur ökonomisch, sondern in zunehmendem Maße auch politisch Moskaus wichtigster Verbündeter in Osteuropa (S.260f.)

sei. Schließlich sei den US-Politikern klar geworden, daß die DDR ihre eigenen Interessen innerhalb des Warschauer Pakts und des COMECON vertreten und durchsetzen könne, mithin nicht mehr als unbedingt moskauhöriger Satellitenstaat anzusehen sei. Asmus spricht von einer amerikanischen Ostpolitik der *differentiation* gegenüber der DDR und Osteuropa im allgemeinen („Eine Erwiderung an Anita Mallinckrodt", *DA* 6, 18.Jg. [Juni 1985], S.606-608)[10]. Ost-Berlin, so Asmus, habe seinerseits freundlich auf die amerikanische Annäherung reagiert und sei an einer Verbesserung der Handelsbeziehungen mit den USA interessiert.

---

9 Ethel und Julius Rosenberg: Das Ehepaar Rosenberg wurde wegen angeblicher Atomspionage für die Sowjetunion verurteilt und 1953 auf dem elektrischen Stuhl hingerichtet.
10 Die Kritik an Asmus' erstem Artikel, die Anita Mallinckrodt in „Bonn und Ost-Berlin: Andere Sichten aus Washington" in *DA* 4, 18.Jg. (April 1985), S.385-389, übte, hat Asmus m.E. in seinem zweiten Artikel überzeugend widerlegt.

1.5.2. Wirtschaftliche Beziehungen zwischen der DDR und den USA

Erste Wirtschaftsbeziehungen zwischen DDR und USA wurden im Zuge der Vorbereitungen zur Aufnahme diplomatischer Beziehungen zwischen beiden Ländern geknüpft. Im Spätherbst 1972 reiste Gerhard Beil vom DDR-Außenwirtschaftsministerium in die USA auf Einladung amerikanischer Wirtschaftskreise, um für Handel mit der DDR zu werben. Sein Besuch wurde von dem einer repräsentativen US-Wirtschaftsdelegation erwidert, die von DDR-Ministerpräsident Stoph empfangen wurde. Infolge dieser Kontakte nahmen die wirtschaftlichen Beziehungen zwischen beiden Staaten noch vor der Aufnahme diplomatischer Beziehungen einen beachtlichen Aufschwung: Die Vereinigten Staaten wurden 1973 der viertwichtigste westliche Lieferant der DDR (Lindemann, S.624f.).

Der erste Botschafter der DDR in den USA, Prof.Dr. Rolf Sieber, ein Wirtschaftswissenschaftler, warb ebenfalls für Handel mit der DDR. Auch US-Botschafter John S. Cooper, gleichfalls ein Wirtschaftsfachmann, trug zu engeren Außenhandelsbeziehungen zwischen beiden Staaten bei.

Tatsächlich war in den Jahren 1975 und 1976 ein spürbarer Aufschwung der Wirtschaftsbeziehungen zu verzeichnen; ihm folgte allerdings 1977 ein beträchtlicher Rückschlag. 1975 waren die USA der fünftwichtigste westliche Handelspartner der DDR, während sie 1976 sogar den dritten Platz (nach der Bundesrepublik Deutschland und Großbritannien) einnahmen und sich unter sämtlichen Handelspartnern der DDR auf dem neunten Platz befanden, von dem sie 1977 auf den 17.Rang abrutschten. (Lindemann, S.628f.)

1978 stiegen sie jedoch wieder höher (Kuppe, S.1302). DDR-Exporte blieben stets weit hinter den Importen in die USA zurück.

1975 nahmen die USA erstmals an der Leipziger Frühjahrsmesse teil. Anfang Juni 1975 besuchte der Präsident der New Yorker *Chase Manhattan Bank*, David Rockefeller, Ost-Berlin zu Verhandlungen über Wirtschaftsbeziehungen und amerikanische Bankkredite für Futtermittel- und Getreidebezüge der DDR in den USA (Lindemann, S.628). Seit Ende 1975 reiste DDR-Staatssekretär Gerhart Beil regelmäßig zu Wirtschaftsverhandlungen in die USA, und auch amerikanische Wirtschaftskreise schickten mehrfach Delegationen nach Ost-Berlin. In Folge dieser Verhandlungen kamen zwischen 1976 und 1978 langfristige Lieferverträge mit zwei amerikanischen Chemiekonzernen (*Standard Oil of Indiana, Dow Chemical Company Midland*) zustande: „Die Dow Chemical Company durfte als erster amerikanischer Konzern sogar eine Repräsentanz in Ost-Berlin eröffnen." (S.630)

Im November 1976 wurde ein Wirtschafts- und Handelsrat DDR-USA gegründet, der jährlich tagt und von Staatssekretär Beil geleitet wird. Parallel dazu entstand der Handels- und Wirtschaftsrat USA-DDR unter Vorsitz von

Jerome Ottmar, dem Präsidenten der *Amtel Inc.* (S.630). Die dritte Tagung dieser beiden Handels- und Wirtschaftsräte am 17./18.Mai 1979 in Washington brachte für die Außenhandelsbetriebe der DDR Verträge „u.a. mit so renommierten und leistungsfähigen amerikanischen Konzernen wie Honeywell, Phillip Brothers und der Standard Oil Company" (Kuppe, S.1302).Im Mai 1978 konnte die DDR in New York, Chicago und Los Angeles ihren ersten Wirtschafts- und Technologiekongreß in den USA veranstalten. Im selben Jahr folgten technische Verkaufsseminare der USA in der DDR (Lindemann, S.631).

Das wichtigste DDR-Importgut aus den USA sind Getreide und Futtermittel. Anfang der siebziger Jahre führte die DDR eine Million Tonnen Getreide jährlich ein, wegen Fehlernten mußte sie ab 1975/76 die US-Importe auf 2,5 Millionen Tonnen Getreide und Futtermittel steigern. So wurden die USA für die DDR zum wichtigsten kapitalistischen Einkaufsmarkt für landwirtschaftliche Produkte (Kuppe, S.1301). Dadurch entstand ein erhebliches Ungleichgewicht zwischen Importen aus den USA und Exporten in die USA, so daß die Westverschuldung der DDR wuchs. Seit 1983 bezieht die DDR Futtergetreide nicht mehr primär aus den Vereinigten Staaten, sondern aus Kanada. Die US-Importe gingen merklich zurück, die USA sanken im DDR-Westhandel (ohne innerdeutschen Handel) vom 7.Platz im Jahre 1982 auf den 11.Platz im Jahre 1984 (vgl. die Wirtschaftsberichte von Maria Haendcke-Hoppe in *DA* 1982ff. Vgl. auch dies.: „Die außenwirtschaftlichen Beziehungen der DDR", in: Gutmann/Haendcke-Hoppe, S.61-119).

Solange der DDR im Handel mit den USA keine Meistbegünstigung eingeräumt wird, wie es Kanada getan hat, werden sich die Außenhandelsbeziehungen zwischen beiden Ländern wohl nicht wesentlich ändern.

1.5.3. Ostdeutsch-amerikanischer Austausch auf den Gebieten Wissenschaft, Kultur, Kirche

1.5.3.1. Wissenschaft

Lange Zeit war es DDR-Wissenschaftlern nicht möglich, in die USA einzureisen:

> Als Gegenmaßnahmen gegen das in der DDR seit dem 13.August 1961 bestehende Verbot von Westreisen für Privatpersonen hatte das für die Visa-Erteilung zuständige Alliierte Reisebüro in West-Berlin die Ausgabe von Visa für die im Auftrag der DDR-Regierung in die Mitgliedstaaten der NATO reisenden Personen stark eingeschränkt. Da die amerikanische Seite in dieser Frage eine besonders harte Haltung zeigte, war es einigen Wissenschaftlern aus der DDR erst ab 1968 möglich, Reisen in die USA zu unternehmen. (Lindemann, S.623f.)

So kamen auf Einladung verschiedener amerikanischer Universitäten im Jahre 1969 der DDR-Staatsrechtler Herbert Kröger, 1970 der damalige Chefredakteur der Ost-Berliner Zeitschrift *Deutsche Außenpolitik* und USA-Spezialist Klaus Bollinger, 1971 der Philosoph und Lehrstuhlinhaber für Marxismus-Leninismus an der TU Dresden Erwin Herlitzius und 1972 der Staatsrechtler Claus Montag von der Akademie für Staats- und Rechtswissenschaften in Potsdam-Babelsberg und der Pädagoge Hans-Dieter Schaefer in die USA. Vor Aufnahme diplomatischer Beziehungen konnten vereinzelt amerikanische Wissenschaftler als Privatpersonen Archive, Bibliotheken und Forschungszentren in der DDR aufsuchen.

Ende der sechziger Jahre begann das halbstaatliche *International Research Exchange Board (IREX)*, eine von der *Ford Foundation* gegründete amerikanische Koordinierungsstelle für Austauschabkommen, mit Verhandlungen über einen Wissenschaftleraustausch mit der DDR (Mallinckrodt 1980, S.254). Aus diesem Grunde besuchte im Oktober 1969 John P.C. Matthews als Abgesandter des *IREX* die Akademie der Wissenschaften der DDR, sodann 1970 Allen Kassof, der Generaldirektor des *IREX*. Die DDR war jedoch vor allem an amerikanischen Naturwissenschaftlern interessiert, während die USA mehr den Austausch von Sozialwissenschaftlern wünschte. Die Verhandlungen zogen sich bis zum Jahre 1975 hin, in dem ein Abkommen geschlossen werden konnte:

> Für beide Seiten waren je 20 Mann-Monate (d.h. 20 Wissenschaftler für einen Monat oder 1 Wissenschaftler für 20 Monate) an Austauschvolumen vorgesehen. Die DDR mußte ihr Kontingent auf sechs Wissenschaftler für den Zeitraum 1975/76 aufteilen (vier Naturwissenschaftler bzw. technische Wissenschaftler, zwei Gesellschaftswissenschaftler); aus den USA sollten ebenfalls sechs Wissenschaftler (ein Musikwissenschaftler, ein Mediziner, ein Historiker und drei Vertreter von Departments für deutsche Literatur) zu Studienzwecken in die DDR reisen können. (S.254)

1977/78 wurde das Kontingent auf beiden Seiten verdoppelt, im März 1979 das Abkommen verlängert. Im Mai und Ende Oktober 1978 wurden zwei offizielle Abkommen zwischen den Leitern der Akademie der Wissenschaften der DDR und der amerikanischen *National Academy of Science* unterzeichnet, die einen Austausch von Natur- und Gesellschaftswissenschaftlern zur Forschungsaufenthalten im jeweils anderen Land von einer Dauer bis zu zwölf Monaten vorsah (vgl. Gransow 1978, S.1315; Kuppe, S.1302).

Amerikanische Wissenschaftler nehmen seit Aufnahme der diplomatischen Beziehungen an wissenschaftlichen Kongressen in der DDR teil.[11] Von privater Seite organisiert wurde ein gemeinsames Forschungsprojekt zwi-

---

11 Z.B. an medizinischen Symposien wie dem Symposium über Krebs- und Herz-Kreislauferkrankungen am 21. April 1976 in Neubrandenburg, vgl. *DA* 5, 9.Jg. (Mai 1976), S.559; oder dem XIV. Kongreß der DDR-Gesellschaft für Urologie, vgl. *DA* 6, 11.Jg. (Juni 1978), S.671.

schen Nierenspezialist Dr. Horst Klinkamann vom Rostocker Krankenhaus und Dr. Koloff aus Salt Lake City, Utah, dem Erfinder der künstlichen Niere (Mallinckrodt 1980, S.353, Anm.1004). Auf Einladung der Liga für Völkerfreundschaft, der Akademie der Wissenschaften und der Astronautischen Gesellschaft gelangte der amerikanische Astronaut G. Carr im Jahre 1976 in die DDR.

Seit den achtziger Jahren nehmen des öfteren DDR-Wissenschaftler an DDR-Fachtagungen in den USA teil: 1984 sprachen auf der Tagung *GDR Politics and Society* der *Harvard University* Karl-Heinz Röder und Harry Maier, beide von der Akademie der Wissenschaften in Ost-Berlin, sowie Irene Runge von der Humboldt-Universität in Ost-Berlin. Auf dem *XI. New Hampshire Symposium on the GDR* in Conway im Jahre 1985 waren als Vertreter der DDR Claus Montag von der Akademie für Staats- und Rechtswissenschaften der DDR in Potsdam-Babelsberg, Irene Dölling von der Humboldt-Universität und Karl-Heinz Röder anwesend. Ein Jahr später nahmen an der XII. Tagung in Conway neben Röder Lothar Bisky und Alfred Loesdau von der Akademie für Gesellschaftswissenschaften beim ZK der SED und Rainer Saupe von der Humboldt-Universität teil. Auf der 10. Jahrestagung der *German Studies Association* in Albuquerque/New Mexico 1986 erschienen Hans Schleier, Historiker, und Olaf Gröhler, Militärhistoriker, beide von der Akademie der Wissenschaften der DDR (vgl. Tagungsberichte in *DA* 1984-1986).

Zwischen einzelnen Universitäten in USA und DDR wurden Austauschprogramme vereinbart: zwischen Rostock und Brown (Rhode Island), Leipzig und Kent (Ohio), Ost-Berlin und Minneapolis (Minnesota), Jena und Colby College (Maine; Mallinckrodt 1980, S.742).

1.5.3.2. Kultur

Auf dem Gebiet der auswärtigen Kulturpolitik kann die DDR einige Erfolge verzeichnen.

Die First Lady des politischen Liedes aus Ost-Berlin, Gisela May, hält sich seit 1972 regelmäßig einmal jährlich in den USA auf und findet bei dem großen Interesse an Brecht-Songs beim Publikum immer wieder Anklang. (Lindemann, S.631)

Frau May trat 1974 auch in der beliebten morgendlichen Nachrichten-Magazinsendung *Today Show* auf und wurde als erste DDR-Künstlerin vom amerikanischen Fernsehen interviewt (Mallinckrodt 1980, S.264).

1972 gastierte Kammersänger Theo Adam aus der DDR an der *Metropolitan Opera* in New York. 1974 trat das Leipziger Gewandhausorchester zu einer Gastspielreise durch die USA von New York nach Dallas und zurück an und gab innerhalb von fünf Wochen 22 Konzerte. Zwei Jahre später wurde Gewandhauskapellmeister Kurt Masur zum ersten Gastdirigenten des *Dallas*

Symphony Orchestra für vier Jahre ernannt. Der Weimarer Kirchenmusikdirektor und Organist an der Herder-Kirche, Johannes Ernst Köhler, kam 1975 auf Einladung der *Rice University* in die USA, gab mehrere Konzerte und wurde 1976 wieder eingeladen. 1976 gab Siegfried Lenz im *New York Lincoln Center* einen Schubert-Abend, 1978 folgte eine weitere Tournee des Leipziger Gewandhausorchesters durch die USA und Kanada, und „die Leipziger Sopranistin Roswitha Traxler war drei Monate in den USA, wo sie Gesangsvorstellungen gab und Vorträge hielt." (S.265)

Die DDR holte ihrerseits Lawrence Foster aus Houston in der Konzertsaison 1975/76 als Gastdirigenten an die Dresdner Staatskapelle. Am 12. Internationalen Musikseminar in Weimar nahmen auch amerikanische Musiker teil. (alle Angaben nach Mallinckrodt 1980, S.264f.; Lindemann, S.632; Lindemann/Müller, S.184)

Auch auf den Gebieten Film und Theater hat die DDR Interesse in den USA finden können. Bis 1975 waren DEFA-Filme in den USA völlig unbekannt. Im Frühjahr 1975 reiste der Filmregisseur und Präsident der Akademie der Künste Konrad Wolf auf Einladung amerikanischer Universitäten in die USA, um dort einige seiner Filme vorzustellen. Daraufhin interessierte sich eine kommerzielle Firma, *Audio Brandon*, für DDR-Filme. Im November und Dezember 1975 wurden im *Museum of Modern Art* in New York 21 DEFA-Filme vorgeführt und in einem informativen Katalog kommentiert. Nach der New Yorker Aufführung gingen die Filme nach Kalifornien, „wo sie im Januar und Februar in den ‚Pacific Film Archives' des ‚University Art Museum' von Berkeley, im März an der Film-Akademie in Beverly Hills und auf der ‚International Film Exposition' in Hollywood liefen." (Mallinckrodt 1980, S.259f.) Seither werden DEFA-Filme auch vom allgemeinen Verleih in den Vereinigten Staaten gezeigt. „Der Streifen ‚Jakob der Lügner', Anfang 1977 in New York City vorgeführt, war einer der ausländischen Filme, die einen ‚Oscar' gewinnen konnten." (S.260)

Über den Import von US-Filmen in die DDR waren kaum Angaben zu finden. In erster Linie dürfte es ein finanzielles Problem für die DDR sein, da der Erwerb begehrter amerikanischer Filme Devisen kostet. Den Hauptanteil an Filmimporten in die DDR stellt die Sowjetunion (*DDR-Handbuch*, s.v. „Filmwesen", S.390). Filme aus dem kapitalistischen Ausland müssen schon vor Aufnahme der diplomatischen Beziehungen gezeigt worden sein, soweit es sich um „progressive, humanistische und realistische" Filme handelte (*Kulturpolitisches Wörterbuch*, s.v. „Lichtspielwesen", S.453), auch solche aus den USA. Laut Mallinckrodt (1980) hat die DDR nach ihren Erfolgen mit DEFA-Filmen in den USA rund ein Dutzend amerikanischer Streifen eingekauft, darunter Roman Polanskis *Chinatown*, George Roy Hills *The Sting* und Peter Bogdanovichs *The Last Picture Show* (S.354, Anm.1039). In den achtziger Jahren wurden auch besonders populäre Bestseller wie *Tootsie* oder *Close*

Encounter of the Third Kind erworben (vgl. H.Kersten: „West-Importe gegen Kinosterben", *DA* 4, 18.Jg. [April 1985], S.352f.).

Beziehungen zwischen ostdeutschen und amerikanischen Theatern sind bislang kaum vorhanden. Den einzigen Kontakt dieser Art stellt die Inszenierung von Brechts *Der Kaukasische Kreidekreis* im Jahre 1978 durch Fritz Bennewitz, den Intendanten des Deutschen Nationaltheaters in Weimar, am New Yorker *La Mama Theatre* dar, der auch Vorträge über Theaterprobleme in der DDR hielt und ein Jahr später in New York den ersten Teil von Goethes *Faust* inszenierte. „Er half auch dem Museum of Modern Art bei der Vorbereitung eines Brecht-Filmfestivals." (Mallinckrodt 1980, S.265) Die USA-Theaterpublikum konnte sich auch mit einigen DDR-Dramen vertraut machen: Ulrich Plenzdorfs *Die neuen Leiden des jungen W.* wurde 1976 vom *German Department* der *University of Connecticut* in einer zweisprachigen Bearbeitung gezeigt. Dieselbe Institution brachte im Jahre 1978 *Eine Brecht Fibel* auf die Bühne. Im selben Jahr wurde in Berkeley Heiner Müllers *Zement* aufgeführt (S.356, Anm.1061).

Als Höhepunkt der ostdeutsch-amerikanischen Kulturkontakte wird allgemein die Ausstellung *The Splendor of Dresden/Die Pracht Dresdens — Fünf Jahrhunderte Kunstsammlungen* gewertet, die auf Initiative des Bankiers David Rockefeller zustande kam und die größte derartige Veranstaltung der DDR im Ausland war (Lindemann, S.632). Sie wurde am 1.6.1978 in Washington D.C. eröffnet, lief dort ein Jahr lang und ging dann für je drei Monate nach New York und San Francisco. Die über 700 Exponate aus den Museen der Staatlichen Kunstsammlungen Dresdens erregten großes Aufsehen in den USA: Mehr als 1,5 Millionen Besucher konnte die Austellung verzeichnen. Zusätzliche Informationen konnten kunstinteressierte Amerikaner einem Fernsehfilm entnehmen, der Szenen aus dem heutigen Dresden und Eindrücke von der laufenden Ausstellung wiedergab. Reproduktionen der Exponate und 80.000 Kataloge wurden verkauft. Die *University of California* in Berkeley veranstaltete ein internationales Symposium über die Ausstellung (Mallinckrodt, S.358, Anm.1075. Vgl. auch Kurt-Jürgen Maaß: „Ein zweites deutsches Gesicht? Zur auswärtigen Kulturpolitik der DDR", *DA* 13, 12.Jg. [Dezember 1980], S.1282-1287). Die Hoffnung des Kulturministers der DDR, Hans-Joachim Hoffmann, die Ausstellung werde dazu beitragen,

mit den Mitteln der Kunst ein wahres Bild von der DDR und ihrer Pflege des kulturellen Erbes der Menschheit zu vermitteln — und Vorurteile oder antikommunistische Klischee-Vorstellungen über unser Land und seine Kultur abzubauen (Maaß, S.1284),

hat sich zumindest teilweise erfüllt:

Selbst die sonst eher zurückhaltenden großen amerikanischen Tageszeitungen äußerten sich teilweise geradezu enthusiastisch [...], alle überregionalen Fernsehanstalten — eine Seltenheit für eine ausländische Ausstellung — berichteten ausführlich und lobend über die Qualität der Dresdner Sammlungen, dabei zum großen Teil auch über die Geschichte Dresdens [...]. Ein angesehenes amerikanisches Magazin (*National Geographic* Nr.11 [November 1978] D.W.) widmete gar 16 seiner Seiten der Rolle Dresdens als Kunst- und Universitätsstadt (Kuppe, S.1302f.).

Auf Einladung verschiedener amerikanischer Universitäten kamen ab Beginn der siebziger Jahre immer wieder DDR-Schriftsteller in die USA. Den Anfang machte Günter Kunert, der vom September 1972 bis Januar 1973 als *poet in residence* an der *University of Texas at Austin* weilte. Ihm folgten im April 1974 Christa und Gerhard Wolf, die vom *Oberlin College* in Ohio eingeladen worden waren. An dasselbe College wurde 1975 Ulrich Plenzdorf geholt, während Heiner Müller im selben Jahr an die *University of Texas at Austin* ging. Jurek Becker besuchte im Frühling 1978 das *Oberlin College*, Eberhard Panitz las im November desselben Jahres an neun US-Universitäten, Stefan Heym konnte ebenfalls 1978 an die *University of Pittsburgh* gehen. Der Präsident des DDR-Schriftstellerverbandes, Hermann Kant, begann im November 1979 eine Lese- und Vortragsreihe durch die USA an der *University of West-Virginia* in Morgantown. Außerdem bereisten Sarah Kirsch, Wolfgang Kohlhaase, Erich Loest, Monika Maron, Irmtraud Morgner, Helga Schütz, Liselotte Welskopf-Henrich u.v.a.m. die Vereinigten Staaten (Angaben nach Mallinckrodt 1980, S.253; Kuppe, S.1303; J.Bilke: ,,DDR-Literatur in den Vereinigten Staaten", *Deutsche Studien* 46, XII.Jg. [Juni 1974], S.164-169; P.Herminghouse: ,,Studien zur DDR-Literatur in den USA", DA 8, 19.Jg. [August 1986], S.838).

Man könnte sagen, daß DDR-Schriftsteller/innen einen Nachholbedarf bezüglich Reisen in die Vereinigten Staaten haben, da vor 1972 nur solche Autor/inn/en die Möglichkeit zum USA-Besuch hatten, die einen westlichen Paß besaßen (wie z.B. Walter Kaufmann oder Edith Anderson). Außer diesen und Schriftsteller/inne/n, die ihre Exilzeit während des Dritten Reiches in den Vereinigten Staaten verbracht hatten, kannten die meisten die führende imperialistische Nation nicht aus eigener Anschauung.

In bezug auf Übersetzungen wichtiger DDR-Werke der Schönen Literatur ist es in den USA nicht gut bestellt. 1974 schrieb Jörg Bernhard Bilke in einem Artikel über ,,DDR-Literatur in den Vereinigten Staaten":

> Dem mit der deutschen Sprache nicht vertrauten Amerikaner sind nur die beiden Romane Christa Wolfs[12] [...] zugänglich, die zum Teil in der mangelhaften Übersetzung des Ostberliner Verlags ,Seven Seas Publishers' vorliegen, und eine durch Eric Bentley besorgte Auswahl der Lieder Wolf Biermanns [...]. Daneben gibt es nur noch die 1973 in New York durch Michael Hamburger edierte Lyrikanthologie ,East German Poetry' (S.164).

12 Ich konnte nur einen übersetzten Roman Wolfs entdecken: *Divided Heaven (Der geteilte Himmel)*. Darüber hinaus ist m.W. nur der Essayband *Lesen und Schreiben (The Reader and the Writer: Essays, Sketches, Memories)* 1977 ins Englische übertragen worden.

Des weiteren nennt Bilke die frühen Romane Stefan Heyms, die dieser noch als US-Bürger in Englisch verfaßt hat.

Laut Mallinckrodt (1980) konnten 1976 nur sieben Buchlizenzen der DDR in die USA verkauft werden, während die DDR 38 amerikanische Lizenzen erwarb (S.260). Seither muß sich die Situation der DDR-Literatur auf dem amerikanischen Buchmarkt etwas gebessert haben. Die Bibliographie von Margy Gerber und Judith Pouget *Literature of the German Democratic Republic in English Translation*, 1984, kann 1250 übersetzte Titel von 129 Autor/inn/en (bis 1983) feststellen, doch handelt es sich meist um Lyrik, wobei einzelne Gedichte separat gezählt wurden. Obwohl das Gesamtwerk einiger Schriftsteller/innen fast vollständig übersetzt ist (Johannes Bobrowski, Peter Huchel, Günter Kunert, Reiner Kunze, Christa Wolf), sind andere bekannte DDR-Autor/inn/en vernachlässigt worden (z.B. Volker Braun, Peter Hacks, Hermann Kant).

Zu dem Mangel an Übersetzungen von Romanen und Stücken kommt die Tatsache, daß die Auswahl für Übersetzungen meist unter den Autoren getroffen wird, deren Werke im Westen als Lizenzausgaben oder als Dissidentenliteratur erschienen sind. (Herminghouse 1986, S.838)

Eine repräsentative Auswahl von DDR-Schriftsteller/inne/n, die dem interessierten US-Lesepublikum vorgestellt werden sollten, traf Günter Kunert als *guest editor* einer Sondernummer der Literaturzeitschrift *Dimension* (Austin), die im Herbst 1973 erschien.

Ungleich größer ist das Interesse in der DDR an Übersetzungen amerikanischer Literatur. Schon auf einer *100-Titel-Liste für den Grundbestand der kleinsten Büchereien* aus der SBZ der frühen Nachkriegszeit erscheinen je ein Roman von Howard Fast, Albert Maltz und Mark Twain sowie Agnes Smedleys Autobiographie *Eine Frau allein (Daughter of Earth)* und ihr Bericht *China kämpft (China's Red Army Marches)*. Eine 1956 vom Zentralinstitut für Bibliothekswesen in Leipzig zusammengestellte Bibliographie (*USA im Spiegel der Literatur*) nennt 91 Titel,[13] wonach Mitte der fünfziger Jahre große Teile des Werkes von James Fenimore Cooper, Stephen Crane, Theodore Dreiser, Howard Fast, Jack London, Albert Maltz, Herman Melville und Mark Twain in der DDR erhältlich waren. Mit einzelnen Titel vertreten waren auch Bret Harte, Nathaniel Hawthorne, Ernest Hemingway, Sinclair Lewis, Carson McCullers, Frank Norris, Edgar Allan Poe, Walt Whitman, Thomas Wolfe und die Politiker Benjamin Franklin und Thomas Paine. Ferner wurden bevorzugt Werke über Sklaverei und Rassismus in den USA übersetzt, z.B. Romane schwarzer Autor/inn/en wie Shirley Graham, Lloyd L.Brown, John

---

13 Wovon zwei kanadischen Ursprungs sind, zwei Werke von Stefan Heym in der DDR erstveröffentlicht wurden, ein Titel von der Amerikanerin Edith Anderson in der DDR herausgegeben wurde und einer von dem Völkerkundler Julius Lips stammt.

O. Killens und weißer Schriftsteller/innen wie Harriet Beecher-Stowe, Cedric Belfrage, Barbara Giles. Weitere Themenschwerpunkte waren Korruption, Geheimdienstwesen, Justizirrtümer und -verbrechen, Armut und Ausbeutung in den USA. Neben Romanen wurden auch vier Bände amerikanischer *Short Stories* herausgegeben.

Die genannte Literatur erschien teils in deutscher Übersetzung, so z.b. in *Reclams Universalbibliothek*, teils im Original. Der List-Verlag gab in den fünfziger Jahren eine Reihe anglo-amerikanischer Werke unter dem Titel *Panther Books: A Collection of British and American Writers* heraus, der Deutsche Verlag der Wissenschaften in Ost-Berlin begann ebenfalls in dieser Zeit eine Serie mit dem Titel *Englisch-Amerikanische Bibliothek*. Der DDR-Verlag *Seven Seas Publishers* bringt seit 1958 die *Seven Seas Books: A Collection of Works by Writers in the English Language* heraus, wobei es sich teils um Werke amerikanisch- und englischsprachiger Autor/inn/en handelt, teils um Übersetzungen von DDR-Büchern ins Englische.[14]

Sieht das Angebot amerikanischer Literatur in der DDR der fünfziger Jahre recht umfangreich aus, so handelt es sich doch um ausgewählte Werke, auf die im weitesten Sinne der Begriff „Sozialistischer Realismus" angewendet werden konnte. Die zeitgenössische Entwicklung in der US-Literatur dagegen wurde größtenteils abgelehnt. Vor allem Thornton Wilders *Wir sind noch einmal davongekommen (The Skin of Our Teeth)* wurde als kriegsverherrlichend abgelehnt, ebenso sein Drama *Our Town*. Ein ähnliches Verdikt traf John Dos Passos, Ernest Hemingway, dessen kritische Darstellung von kommunistischen Spanienkämpfern in *For Whom the Bell Tolls* mißfiel, Norman Mailer, dessen *The Naked and the Dead* als zu „naturalistisch" empfunden wurde, und William Faulkner — alles „formalistische" Autoren. Als der „Formalismus"-Begriff nach dem Tod Stalins im Zuge der Entstalinisierung obsolet wurde, wurden Ablehnungen prominenter Schriftsteller/innen anders begründet. Jack Kerouac und die *beat generation* wurden wohl in erster Linie in der DDR nicht verstanden und als zu unkritisch abgetan. Howard Fast verfiel einer *damnatio memoriae*, nachdem er sich, tief beeindruckt von den Enthüllungen über Stalins Gewaltregime auf dem XX. Parteitag der KPdSU im Jahre 1956, zum Kritiker der sozialistischen Staaten gewandelt und die Niederschlagung des Ungarn-Aufstandes verurteilt hatte (Rühle, S.467-469). Henry Miller wurde der Dekadenz und des „literarischen Obskurantismus" (H.Wüstenhagen: „Die Dekadenz Henry Millers", *ZAA* 1, 22.Jg. [1974] S.41-65) geziehen. John Steinbeck wurde ab 1966, dem Jahr der dritten DDR-

---

14 Bis 1980 wurden Werke von Bruno Apitz, Johannes R. Becher, Johannes Bobrowski, Willi Bredel, Günter de Bruyn, Jurij Brězan, Franz Fühmann, Louis Fürnberg, Margot Heinemann, Stephan Hermlin, Stefan Heym, Walter Kaufmann, Herbert Otto, Rolf Schneider, Rosemarie Schuder, Anna Seghers, Jeanne und Kurt Stern, Erwin Strittmatter, Bodo Uhse, Fred Wander, F.C. Weiskopf, Christa Wolf, Arnold Zweig übersetzt.

Auflage von *Früchte des Zorns*, nicht mehr verlegt, was mit seinem Vietnamkrieg-bejahenden Engagement zusammenhängt.

Das Jahr 1965, so Eberhard Brüning in seinem Artikel „US-amerikanische Literatur in der DDR seit 1965" (*ZAA* 4, 28.Jg. [1980], S.293-319), bedeutete eine Zäsur:

> Das höhere Niveau des gesellschaftlichen wie individuellen Bewußtseins ermöglichte [...] nicht nur die differenziertere Erfassung der eigenen, komplizierter gewordenen Umwelt, sondern förderte auch die Fähigkeit zur kritischen Distanz und klassenmäßigen Wertung von Werken ganz anderer sozialer Strukturen und ideologischer Positionen. (S.293f.)

Mit zunehmender Etablierung des Staates DDR öffnete man sich den vorher bekämpften westlichen Strömungen. Besonders in den siebziger Jahren wurde viel amerikanische Gegenwartsliteratur übersetzt und vor allem vom Verlag *Volk und Welt*, Ost-Berlin, herausgebracht, der von 1971-1978 insgesamt 51 Neuausgaben verlegte (zum Vergleich: 1960-1970 waren es 44).

Bereits in der zweite Hälfte der Sechziger wurde in der DDR Henry James entdeckt, und 1966 entwickelte sich ein regelrechter Hemingway-Boom. 1967 konnte endlich *Wem die Stunde schlägt* in der DDR erscheinen. William Faulkner fand gleichfalls in dieser Zeit die Aufmerksamkeit der DDR-Verlage, wenn er es auch „im Vergleich zu Hemingway doch noch sehr viel schwerer (hat), sich voll durchzusetzen" (S.299). Nathanael West, Francis Scott Fitzgerald, John Dos Passos, Katherine Anne Porter, Henry Miller[15] und Thornton Wilder wurden seit der zweiten Hälfte der sechziger Jahre erstmals verlegt, ebenso die nächste Generation von US-Schriftsteller/inne/n wie Saul Bellow, Truman Capote, John Cheever, James Dickey, Joseph Heller, John Hersey, Jack Kerouac (dessen *On the Road* 1978 in der DDR erschien), Ken Kesey, Norman Mailer, Bernard Malamud, Reynolds Price, Philip Roth, Jerome D. Salinger, John Updike, Kurt Vonnegut und Richard Yates.

Besonderes Interesse fanden weiterhin proletarische und afroamerikanische Schriftsteller/innen: Die Werke von Vertretern der Arbeiterliteratur wie Jack Conroy, Victor Jerome, Thomas McGrath, Katrya und Bert Gilden, Lars Lawrence (= Philip Stevenson) und von den Schwarzen James Baldwin, John Oliver Killens, Hugh Mulzac, Chester Himes erschienen, *The Autobiography of Miss Jane Pittman* und die Memoiren Muhammad Alis wurden verlegt, Anthologien mit Lyrik, Protestdramen und Kurzgeschichten schwarzer Autor/inn/en kamen heraus. Die Dramen der schwarzen Autorin Lorraine Hansberry sind in der DDR sämtlich übersetzt worden.

Zu den Neuentdeckungen ab den sechziger Jahren gehören auch die „Klassiker" des amerikanischen Kriminalromans Raymond Chandler,

---

15 Henry Miller freilich erst 1978 mit einem Auswahlband Prosatexte *(Mademoiselle Claude)*.

Dashiell Hammett, Erle Stanley Gardner, Rex Stout sowie einige Werke der gehobenen amerikanischen Unterhaltungsliteratur (von William Saroyan, John O'Hara, Irwin Shaw, James Thurber).

Im Hinblick auf die amerikanische Lyrik hat sich in der DDR bis 1966 nicht viel getan: Walt Whitmans *Leaves of Grass*, Carl Sandburgs *The People, Yes* und einige afroamerikanische Gedichte waren übersetzt worden. Seit 1966 wird US-Lyrik etwas stärker beachtet: Edgar Lee Masters' *Spoon River Valley*, Auswahlbände mit Gedichten von T.S.Eliot, Robert Frost und Robert Lowell, Werke von Walter Lowenfels sowie eine von ihm zusammengestellte Anthologie amerikanischer Gegenwartsdichter, *Poets of Today,* und einzelne Arbeiten von Allan Ginsberg, Langston Hughes, Walt Whitman, William Carlos Williams erreichten nunmehr die DDR-Leserschaft.

Eine wesentlich prominentere Position haben amerikanische Dramen in der DDR eingenommen. Alle Tabus der Vorjahre scheinen gefallen zu sein, Thornton Wilders *Our Town* ist ebenso inszeniert worden wie die Stücke schon früher anerkannter Dramatiker/innen wie Albert Maltz und Arthur Miller. Auf den DDR-Spielplänen erschienen Namen wie Edward Albee, James Baldwin (*Blues for Mr Charlie*), William Gibson, Lorraine Hansberry, Lillian Hellman, William Inge, Clifford Odets, Eugene O'Neill, John Patrick, Neil Simon, Tennessee Williams sowie Dramatisierungen bekannter Prosavorlagen wie Ketti Frings' *Look Homeward, Angel* (nach Thomas Wolfe), Frances Goodrichs und Albert Hacketts *Diary of Anne Frank* sowie Dale Wassermans *One Flew over the Cuckoo's Nest* (nach Ken Kesey). Drei Sammelbände amerikanischer Stücke sind herausgekommen.[16]

Die Einflüsse amerikanischer Literatur auf manche DDR-Schriftsteller/innen lassen sich nicht verleugnen. In den fünfziger Jahren wurde eine direkte Bezugnahme auf amerikanische Autor/inn/en nur gestattet, wenn es sich um „fortschrittliche" Schriftsteller/innen handelte, wie z.B. bei dem Theaterstück von Hanuš Burger und Stefan Heym *Tom Sawyers großes Abenteuer*, 1937 geschrieben, 1953 in Ost-Berlin aufgeführt, nach Motiven von Mark Twain, bei Maximilian Scheers Hörspiel *Schüsse vor der Wahl*, 1954, nach Albert Maltz' und George Sklars *Merry go round* oder bei Heiner Müllers und Hagen Müller-Stahls Drama *Zehn Tage, die die Welt erschütterten*, 1957, nach John Reeds Reportage *Ten Days That Shook the World*.

Doch auch in der DDR-Frühzeit regten von Kulturpolitikern der SED nicht gern gesehene amerikanische Einflüsse verschiedene DDR-Schriftsteller/innen an: Stephan Hermlins Kurzgeschichte *Der Leutnant Yorck von Wartenburg*, 1946, geht z.B. auf eine *Short Story* von Ambrose Bierce zurück

---

16 *Amerikanische Dramen aus fünf Jahrzehnten*, herausgegeben von Eberhard Brüning, 1968; *Amerikanische Protestdramen*, ebenfalls von Brüning herausgegeben, 1972; *Amerikanische Stücke*, herausgegeben von Hans Petersen, 1973.

(über den Hermlin im Jahre 1969 ein Essay in *Sinn und Form* veröffentlichte). Derselbe US-Autor beeinflußte auch Franz Fühmanns Novellen *Das Gottesgericht* und *Kapitulation*, 1959. Eduard Claudius' Werk ist an dem Ernest Hemingways und anderer Amerikaner geschult (Reich-Ranicki 1963, S.451; Anderle 1965, S.135f.), Harry Thürks Kriegsroman *Die Stunde der toten Augen*, 1957, macht Anleihen bei Norman Mailer, Karl-Heinz Jakobs orientiert sich an modernen Amerikanern und Engländern (Anderle 1965, S.220), und Günter Kunert beruft sich auf Carl Sandburg, Edgar Lee Masters und Walt Whitman. Die Liste ließe sich fortführen, es seien hier nur einige Beispiele genannt.

Einige fortschrittliche amerikanische Schriftsteller/innen und Künstler/innen leben bzw. lebten in der DDR: Der prominenteste ist Stefan Heym, der 1952 aus Protest gegen McCarthyismus und Koreakrieg in die DDR übersiedelte und seine Auszeichnungen aus dem zweiten Weltkrieg in die USA zurücksandte. Außer ihm kam ebenfalls 1952 der Journalist und Jugendbuchautor Victor Grossman in die DDR, auch er auf der Flucht vor dem McCarthyismus (Grossman war Mitglied der KPdUSA). Edith Anderson, Publizistin und Kinderbuchautorin, heiratete den Exilanten Max Schroeder und zog mit ihm 1947 nach Ost-Berlin. Seit über zwanzig Jahren ist Ollie Harrington, ein früherer Karikaturist des kommunistischen *Daily Worker*, in Ost-Berlin wohnhaft. Ab 1972 lebte der amerikanische Sänger und Schauspieler Dean Reed in der DDR, der sich dort im Jahre 1986 das Leben nahm.

Zum Abschluß sei noch erwähnt, daß dem afroamerikanischen Sänger und Schauspieler Paul Robeson ein von der Akademie der Künste betreutes Archiv gewidmet ist, die beste und größte Sammlung von Materialien über Robeson, der im Oktober 1960 die DDR besuchte und den „Stern der Völkerfreundschaft" in Silber verliehen bekam. Außer dem Archiv besteht ein Paul-Robeson-Komitee (langjähriger Vorsitzender: Franz Loeser), das sich für aus politischen oder rassischen Gründen Verfolgte in aller Welt einsetzt (Mallinckrodt 1980, S.235, 258).

1.5.3.3. Kirche

Auch kirchliche Kontakte werden von der DDR genutzt, um ihr Bild im Ausland zu verbessern. Bereits Anfang der siebziger Jahre wurde ein prominenter amerikanischer Geistlicher, Dr. Ralph Abernathy, in die DDR eingeladen. Abernathy ist Bürgerrechtskämpfer und Führer der *Southern Christian Leadership Conference*. Er traf mehrfach mit Vertretern des DDR-Friedensrates zusammen. Im Herbst 1974 reiste er erneut in die DDR ein, führte Gespräche mit hohen Partei- und Staatsfunktionären und wurde mit der Ehrennadel der Liga für Völkerfreundschaft ausgezeichnet (Mallinckrodt 1980, S.256).

Als erste offizielle Delegation wurde eine Gruppe protestantischer Geistlicher Ende 1974 in der DDR empfangen, Abgesandte der *United Church of*

Christ (UCC) unter Leitung von Robert Moss, dem Präsidenten der *UCC* (laut Mallinckrodt, 1980, eine der liberalsten Kirchen in den USA, S.257). Sie verbrachten zehn Tage in der DDR und knüpften Kontakte mit dem DDR-Staatssekretär für Kirchenfragen, mit Bischöfen, Kirchenführern, Superintendenten, Kirchenrechtlern, theologischen Fakultäten, Vertretern der Frauenorganisation DFD und der Presse, besuchten kirchliche Ausbildungsstätten und hielten öffentliche Ansprachen.

Die erste Kirchendelegation der DDR reiste unter Leitung des Greifswalder Bischofs Horst Gienke im Sommer 1975 in die USA, um Gespräche mit dem *National Council of Churches* und der *UCC* zu führen.

Danach häuften sich die gegenseitigen Besuche. Der aufsehenerregendste Besuch eines amerikanischen Kirchenmanns in der DDR dürfte der Billy Grahams gewesen sein, der auf Einladung des Bundes Evangelischer-Freikirchlicher Gemeinden im Oktober 1982 für mehrere Tage in die DDR reiste, vom Staatssekretär für Kirchenfragen Klaus Gysi empfangen wurde und auch mit dem Präsidenten des Nationalrats der Nationalen Front der DDR, Lothar Kolditz, zu einem Gespräch zusammentraf.

Wichtige kirchliche Verbindungen zwischen DDR und USA bestehen vor allem über die *Association for the Study of the GDR*, die eng mit dem *Methodist Office for the US* zusammenarbeitet und Beziehungen zum *Methodist Committee for Social Action* sowie zum „Kirchenzentrum für die UNO" herstellte (S.229).

1.6. Die Selbstdarstellung der DDR in den USA

Auslandspropaganda und Imagewerbung im Ausland sind für die DDR wichtige Instrumente der Außenpolitik (alle Angaben dieses Unterkapitels sind, soweit nicht anders angegeben, Mallickrodt 1980, S.228-241, entnommen). Besonders im westlichen Ausland, wo das Image der DDR in der Regel negativ ist, dient die Auslandspropaganda dazu, politische Entscheidungsträger und Meinungsmacher günstig zu beeinflussen. Eine weitere Aufgabe besteht in der deutlichen Abgrenzung zur BRD (*DDR-Handbuch*, s.v. „Auslandspropaganda", S.101-103).

In den USA haben im wesentlichen drei Organisationen die Imagepflege der DDR übernommen: 1. die *American Society for the Study of the GDR (ASSGDR)*; 2. die DDR-Diplomaten in Washington; 3. das *U.S. Committee for Friendship with the GDR*.

Die *ASSGDR* wurde im Jahre 1966 von einigen an der DDR interessierten Amerikanern gegründet. Die Initiatoren waren Dr. Paul Wohl vom Ressort Osteuropa beim *Christian Science Monitor*, zugleich erster Vorsitzender der

ASSGDR, und Charles R. Allan jr., ehemaliger dienstältester Redakteur von *The Nation* und Sachbuchautor. Die beiden Journalisten waren im Frühjahr 1966 einer Einladung des Friedensrates der DDR gefolgt und bei ihrem DDR-Aufenthalt mit Walter Ulbricht, Willi Stoph, Erich Honecker, Albert Norden, Hermann Axen und Otto Winzer zusammengetroffen. Weitere wichtige Mitglieder der *ASSGDR*, der vor allem linke amerikanische Intellektuelle angehören, sind Carl Soule, Generalsekretär des *Methodist Office for the US*, zweiter Präsident der *ASSGDR*, W. Christoph Schmauch, ab 1970 Präsident der Gesellschaft, ein deutschstämmiger Methodistenpfarrer, Philip Oke, Generalsekretär der *ASSGDR* und Wirtschaftsprofessor an der *Columbia University*, und Vizepräsidentin Annette Rubinstein, Literaturwissenschaftlerin, die unter anderem Vorlesungen an der Karl-Marx-Universität in Leipzig hielt. Innerorganisatorische Schwierigkeiten führten Ende 1974 dazu, daß mehrere Mitglieder der Führungsspitze ausgetauscht wurden, darunter Oke und Schmauch.

Die Gesellschaft sieht ihre Hauptaufgabe im Erziehungs- und Bildungsbereich und stellt vier spezifische Aktionsbereiche für ihre Tätigkeit besonders heraus:

1. Förderung freundschaftlicher Beziehungen zwischen den USA und der DDR,
2. Verbreitung von mehr Kenntnis über die DDR, Förderung von mehr Verständnis für die DDR,
3. Verstärkung von Austausch und Kontakten auf allen Ebenen zwischen amerikanischen Institutionen, Organisationen und
4. Ausweitung des bilateralen Handels, des Tourismus und des Kulturaustausches mit der DDR. (Mallinckrodt, 1980, S.229)

Die *ASSGDR*, die in dem politischen Klima der sechziger Jahre in den USA nicht viel Anklang fand, nahm nach Aufnahme diplomatischer Beziehungen zwischen beiden Ländern einen beachtlichen Aufschwung. Trotz geringer Mitgliederzahl, begrenzten Mitteln aus freiwilligen Mitgliederspenden und Beschränkung ihres Wirkungskreises auf das Stadtgebiet von New York kann sie auf Erfolge in der Öffentlichkeitsarbeit für die DDR verweisen. Sie organisiert vor allem Diskussionen und Vorträge über Kultur, Religion und Wirtschaft in der DDR und lädt zu diesem Zweck wichtige ostdeutsche Wissenschaftler, Schriftsteller/innen und Künstler/innen ein (Lindemann/Müller, S.184). So erhielt im Dezember 1977 erstmals eine Delegation der Liga für Völkerfreundschaft aus der DDR eine Einreisegenehmigung aufgrund einer Einladung der *ASSGDR*. Anläßlich des 25. Jahrestages der Gründung der DDR veranstaltete die Gesellschaft im Oktober 1974 eine Feier. Sie verschickt auch kulturpolitisches Propagandamaterial der DDR, das sie über Kanada erhält.

Das offizielle Personal der DDR kommt auf Anfrage den Informationswünschen der US-Amerikaner nach. Aufgrund diplomatischer Gepflogenheiten betreibt es keine aktive Imagepflege, sondern beschränkt sich darauf, Informationsmaterial zu verteilen und „falsche Images vom und Vorurteile über den Sozialismus zu korrigieren" (S.232). Der personelle Stab ist klein: Verantwortlich für Informations- oder Pressepolitik ist Hannsgerd Protsch (vormals Diplomat in Norwegen), für die Kulturpolitik ist Sonja Elm (ebenfalls früher Diplomatin in Skandinavien) zuständig, für den Bildungsbereich Waldemar Damp vom Institut für Internationale Beziehungen in Potsdam-Babelsberg (IIB). Sie sind dem Botschaftsrat Claus Montag verantwortlich, der „seinerseits in vielen Jahren als Angehöriger des IIB die Grundlagen für die Tätigkeit der DDR-Botschaft in den USA geschaffen hatte." (S.232) Die Mittel der Botschaft sind ebenso gering wie die der *ASSGDR*, weshalb sie dem Informationsbedürfnis der Amerikaner oft nicht nachkommen, kaum Redner aus der DDR vermitteln und über Studienmöglichkeiten in der DDR nicht ausreichend informieren kann.

Das *U.S. Committee for Friendship with the GDR (USCFGDR)* wurde im Mai 1975 als „Sprößling" der *ASSGDR* gegründet (S.237). Es handelt sich um eine der zahlreichen Freundschaftsgesellschaften, die auf DDR-Initiative in der ganzen Welt ins Leben gerufen werden und in der Dachorganisation „Liga für Völkerfreundschaft" in der DDR zusammengefaßt sind (*DDR-Handbuch*, s.v. „Freundschaftsgesellschaften", S.476f.). Die Freundschaftsgesellschaften sollen „in enger Abstimmung mit der Außenpolitik der DDR vor allem in nichtsozialistischen Ländern ein dem Selbstverständnis entsprechendes DDR-Bild fördern" (S.476).

Das *USCFGDR* ist eine nationale Institution, es hat ca. 500 Mitglieder, darunter „Journalisten, Schriftsteller, Gewerkschafter, Geistliche, Künstler und Lehrer" (Mallinckrodt 1980, S.239). Zu den Gründungsmitgliedern zählten amerikanische Sozialisten und Kommunisten (darunter Angela Davis) sowie die nach der Spaltung der *ASSGDR* verbliebenen Führungsmitglieder. Generalsekretär des Komitees ist Max Kurz, aktiver Gewerkschaftler und Flüchtling aus Nazideutschland. Er steht einem Lenkungsausschuß von dreizehn Personen vor.

Die Aufgaben des Komitees sind vielfältig: Seine verschiedenen Abteilungen beschäftigen sich mit Gewerkschaftsfragen, Kunst und Wissenschaft, Berufsgruppen, Jugend, Handel, Entwicklung etc. Angesprochen werden sollen Werktätige, Jugendliche, ältere Bürger/innen und Künstler/innen der USA. Darüber hinaus beschäftigt sich das Komitee mit dem Verleih von Filmen, der Organisation von Photoausstellungen, mit der Vermittlung von Vortragsrednern und mit der Verteilung von Büchern, Zeitschriften, Zeitungen und Broschüren. Es gibt einen *Newsletter* heraus. Auch den Tourismus in die DDR will es fördern.

Die DDR veröffentlicht zum Zwecke der Auslandspropaganda verschiedene Zeitschriften in Englisch: neben dem schon erwähnten *USCFGDR News-*

letter die monatlich erscheinende *GDR Review*; die Zeitschrift *Neue Heimat* der gleichnamigen Gesellschaft (eine „Vereinigung in der DDR für Verbindungen mit Bürgern deutscher Herkunft im Ausland", *DDR-Handbuch*, s.v „Gesellschaft 'Neue Heimat'", S.548), die kostenlos vor allem in Nord- und Südamerika verteilt wird; das alle zwei Monate herauskommende Jugendmagazin *Kontakt*, das in Toronto auf Deutsch und Englisch herausgegeben und auch in den USA vertrieben wird; sowie eine Fülle von Spezialzeitschriften (*Sports in the GDR, GDR Export, FDGB Review, Women of the Whole World, Isotope Titles, Jena Review, NTB Journal of Information Processing, News, Monthly Technical Review, Magazin der Konsumwissenschaften, Dresden heute*[17]). Zudem werden auch deutschsprachige DDR-Publikationen in den USA vertrieben: das *Neue Deutschland*, die theoretische Monatszeitschrift der SED *Einheit* und die beiden auf außenpolitische Themen spezialisierten Monatsschriften *Horizont* und *Deutsche Außenpolitik* (welche dreizehn Jahre lang, bis 1975, auch eine englische Ausgabe herausbrachte). Diese beiden Zeitschriften veröffentlichen des öfteren Artikel oder Serien über die USA (vgl. auch *DA* 1, 13.Jg. [Januar 1980], S.54).

Ein weiteres Mittel der DDR zur Auslandspropaganda stellt ihr englischsprachiges Kurzwellenprogramm *Radio Berlin International (RBI)* dar. Es wird täglich 90 Minuten lang in Englisch und 45 Minuten lang in Deutsch an der Westküste ausgestrahlt. Der Empfang war lange Zeit nicht optimal, da die *Deutsche Welle*, der Kurzwellensender der BRD, das Programm des *RBI* überlagerte. Erst als die *Deutsche Welle* ihre Sendezeit in den USA kürzte, verbesserten sich die Empfangsbedingungen für das RBI. Hauptaufgabe des Senders ist es, die Unterschiede zwischen beiden deutschen Systemen hervorzuheben:

> Themen wie Arbeitslosigkeit, soziale Sicherheit, Gesundheitsvorsorge, Erwachsenenbildung sowie Erziehungs-, Bildungs- und Schulfragen allgemein sind beliebte Topoi der „Mailbag"- und „Letterbox"-Sendungen. (Mallinckrodt 1980, S.263)

1.7. Amerikaforschung in der DDR

Das Fach Amerikanistik (als literaturwissenschaftliche Disziplin) hat an den Universitäten der DDR eine alte Tradition. Im Falle der Humboldt-Universität in Ost-Berlin datiert sie auf die Zeit vor der Gründung der DDR bzw. der SBZ (Leiter nach 1945: Georg Kartzke). Spätestens in der zweiten Hälfte der fünfziger Jahre wurden an der Karl-Marx-Universität in Leipzig, der Friedrich-Schiller-Universität in Jena und der Wilhelm-Pieck-Universität in Rostock amerikanistische Abteilungen eingerichtet (Anzahl der amerikanistischen

---

17 Hat eine englischsprachige Beilage.

Dissertationen von 1945 bis 1959: 16. Vgl. Christa Hofmann: „Die Anglistik-Amerikanistik in der Deutschen Demokratischen Republik", ZAA 2, 8.Jg. [1960], S.179f.). An der Ernst-Moritz-Arndt-Universität in Greifswald werden im Fach Anglistik auch amerikanistische Abschlußarbeiten angenommen, und auf dem Gebiet der Lehrerausbildung ist es an der Pädagogischen Hochschule „Karl Liebknecht" in Potsdam möglich, Amerikanistik zu studieren.

Die Amerikaforschung konzentriert sich auf die Universitäten Leipzig, Jena und Ost-Berlin. Die bedeutendsten DDR-Amerikanisten haben hier gelehrt bzw. lehren hier: Karl-Heinz Wirzberger (gestorben 1976) in Ost-Berlin; Karl-Heinz Schönfelder in Jena; Eberhard Brüning in Leipzig.[18] Von diesen wurde der wissenschaftliche Nachwuchs ausgebildet, der heute das Fach Amerikanistik an den Hochschulen der DDR vertritt, wie Rosemarie Gläser (Leipzig), Horst Ihde (Ost-Berlin), Erich Leitel (Jena) und Heinz Wüstenhagen (Potsdam).

In einem Referat auf dem *VIII. International New Hampshire Symposium* in Conway (18.-25.Juni 1982) hat Elfi Schneidenbach von der Universität Jena das Fach Amerikanistik vorgestellt: Sie bezeichnete die sprachliche Ausbildung als noch unzureichend, die landeskundliche und literarische dagegen als gut (vgl. *DA* 11, 15.Jg. [November 1982], S.1190).

Im Oktober 1976 fand an der Karl-Marx-Universität in Leipzig die erste zentrale Arbeitstagung der DDR-Amerikanisten statt, deren Ergebnisse unter dem Titel *200 Jahre USA — Fortschritt und Reaktion in Literatur und Gesellschaft* 1977 veröffentlicht wurden. Seither werden in der DDR in unregelmäßigen Abständen immer wieder Amerikanistentreffen abgehalten.

Die beiden wichtigsten Publikationsmöglichkeiten für DDR-Amerikanisten sind die Zeitschrift *Weimarer Beiträge* und die *Zeitschrift für Anglistik und Amerikanistik (ZAA)*, die ursprünglich (ab 1953) von Anglisten herausgegeben wurde und relativ wenig amerikanistische Artikel enthielt. Die meisten

---

18 Eine weitere wichtige Amerikanistin, Hildegard Schumann, wurde Mitte der fünfziger Jahre an die Universität Rostock berufen. — Wirzberger, der über die *American short story* promovierte und über Theodore Dreiser habilitierte, wurde 1967 Rektor der Humboldt-Universität. Er verfaßte unter anderem eine Studie über „Probleme der Bürgerrechtsbewegung in der amerikanischen Prosaliteratur der Gegenwart", 1967, und zusammen mit K.-H.Schönfelder *Amerikanische Literatur im Überblick: Vom Bürgerkrieg bis zur Gegenwart*, 1968, und *Literatur der USA im Überblick: Von den Anfängen bis zur Gegenwart*, 1977. Schönfelder promovierte über Sinclair Lewis und wandte sich in seiner Habilitationsschrift den Problemen der Völker- und Sprachmischung zu. Außer den genannten Überblickswerken, die er mit Wirzberger zusammen verfaßte, schrieb Schönfelder unter anderem *Mark Twain Leben, Persönlichkeit und Werk*, 1961. Brüning promovierte über Albert Maltz und wandte sich in seiner Habilitationsschrift dem amerikanischen Drama und Theater zu. 1966 veröffentlichte er den Band *Das amerikanische Theater der dreißiger Jahre*. Sein Hauptinteresse gilt weiterhin diesem Thema und zunehmend auch der progressiven amerikanischen Literatur der Zeit von 1917-1945.

derartigen Artikel der fünfziger Jahre drehten sich um die beiden fortschrittlichen amerikanischen Schriftsteller Howard Fast und Albert Maltz[19] sowie um Mark Twain. Hinzu kamen noch einige amerikanistische Artikel mit sprachwissenschaftlichem Inhalt.

Ab 1968, seit die Zeitschrift unter Leitung eines Amerikanisten (erst Wirzberger, dann Brüning) herauskommt, hat der Anteil der Artikel über US-Literatur erheblich zugenommen, und es werden immer mehr Artikel auf Englisch bzw. Amerikanisch veröffentlicht. Gelegentlich finden sich auch kulturhistorische Abhandlungen darunter. Bei den Artikeln über USA-Literatur fällt auf, daß frühere „heiße Eisen" seit den siebziger Jahren angefaßt werden, z.B. die Romane Henry Millers. Die Entwicklung in der zeitgenössischen amerikanischen Literatur, wie z.B. der „Postmodernismus", wird aufmerksam verfolgt.

Die ZAA stellt darüber hinaus laufende Forschungsprojekte und abgeschlossene Hochschulschriften vor, teilt Berufungen in den Fächern Anglistik und Amerikanistik mit, gibt Tagungsberichte und bespricht Neuerscheinungen auf dem Buchmarkt der DDR, USA, Großbritanniens, der BRD, der Sowjetunion und anderer sozialistischer Staaten sowie gelegentlich auch Fachliteratur aus Skandinavien, den Niederlanden, Frankreich und Italien. Am Schluß der Zeitschrift steht stets eine Liste von Bucheingängen aus aller Welt.

Auch an der Akademie der Wissenschaften der DDR, die verantwortlich ist

für die Festlegung der inhaltlichen Schwerpunkte der Grundlagenforschung, deren planmäßige Durchführung, insbesondere für die Koordinierung der Arbeit der verschiedenen Forschungsinstitutionen und die Gewährleistung einer schnellen praktischen Nutzung der Forschungsergebnisse (*DDR-Handbuch*, s.v. „Akademie der Wissenschaften der DDR [ADW]", S.31),

beschäftigt man sich mit der Amerikanistik (vor allem Robert Weimann, der sich mit amerikanischer Literatur befaßt, und Karl-Heinz Röder, Spezialist für amerikanische Innenpolitik).

Am 1971 gegründeten Institut für Internationale Politik und Wirtschaft (IPW) konzentriert man sich vor allem auf Imperialismusforschung. Das IPW, das eng mit der Abteilung für Westarbeit des Zentralkomitees der SED zusammenarbeitet, soll die Westpropaganda verbessern und vereinheitlichen sowie zur Abgrenzung der DDR gegenüber der BRD beitragen. Somit ist es

einerseits zeitgeschichtliches, wirtschaftswissenschaftliches und gesellschaftspolitisches Forschungsinstitut und gleichzeitig ein Instrument der Westpropaganda. (*DDR-Handbuch*, s.v. „Institut für Internationale Politik und Wirtschaft [IPW]", S.654)

---

19 Einzelne auch um Theodore Dreiser, Eugene O'Neill, Bret Harte, John Howard Lawson, John Steinbeck und J.F.Cooper.

Am IPW sind Arbeitsgruppen tätig, die sich speziell mit den USA befassen, z.B. mit der amerikanischen Außenpolitik. An wichtigen Mitarbeitern wären Gerhard Basler und Karl-Heinz Plagemann zu nennen. Schließlich arbeiten am Institut für Internationale Beziehungen (IIB), das formal zur Akademie für Staats- und Rechtswissenschaft der DDR in Potsdam-Babelsberg gehört, dem Ministerium für Auswärtige Angelegenheiten zugeordnet ist und Ausbildungsstätte für Diplomaten sowie Leitinstitut für die gesamte außenpolitische Forschung in der DDR ist, USA-Experten wie Claus Montag oder Klaus Bollinger in einer regionalen Abteilung für Nordamerika (*DDR-Handbuch*, s.v. ,,Ministerium für Auswärtige Angelegenheiten", S.900).

Veröffentlichungsmöglichkeiten für auf die USA spezialisierte DDR-Wissenschaftler bieten vor allem die *IPW-Berichte*, eine monatlich erscheinende Zeitschrift, und die seit 1973 vierteljährlich herauskommenden *IPW-Monatshefte* sowie die beiden außenpolitischen Zeitschriften *Deutsche Außenpolitik* (erscheint monatlich) und *Horizont* (erscheint wöchentlich).

Politologische, soziologische oder historische Fachliteratur über die USA wird in der DDR wenig verfaßt, die Grenzen zur Propagandaliteratur sind oft fließend.[20] Was sonst zum Thema USA in der DDR veröffentlicht wurde, gehört eher zur populärwissenschaftlichen[21] oder zur Propagandaliteratur[22].

---

20 Zu erwähnen wären vor allem die beiden Bände der *Geschichte der Arbeiter unter dem Kapitalismus* von Jürgen Kuczynski, die sich der *Lage der Arbeiter in den Vereinigten Staaten von Amerika* widmen (Band 29: 1775-1897; Band 30: seit 1898) und 1949 noch in einem Band zusammengefaßt waren, 1966 aber in einer überarbeiteten und erweiterten Version in zwei Bänden erschienen; Kuczynskis Lincoln-Biographie aus dem Jahre 1985; Karl Obermanns *Die Beziehungen des amerikanischen Imperialismus in der Zeit der Weimarer Republik*, 1952; Gerhart Hass' *Von München bis Pearl Harbor: Zur Geschichte der deutsch-amerikanischen Beziehungen*, 1965. Anläßlich der 200-Jahr-Feier der USA im Jahre 1976 erschienen: Fritz Klein (Hg.): *Die USA und Europa 1917-1945: Studien zur Geschichte der Beziehungen zwischen den USA und Europa von der Großen Sozialistischen Oktoberrevolution bis zum Ende des zweiten Weltkrieges*, ein Sammelband mit Aufsätzen von DDR-Historikern; der Quellenband *Anspruch und Wirklichkeit: Zweihundert Jahre Kampf um Demokratie in den USA: Dokumente und Aussagen*, herausgegeben und kommentiert von E.Brüning; Autorenkollektiv unter Leitung von Karl-Heinz Röder: *USA: Aufstieg und Verfall bürgerlicher Demokratie* — dieses Werk kam in stark überarbeiteter Fassung 1980 unter dem Titel *Das politische System der USA: Geschichte und Gegenwart* neu heraus -; und Harald Müller: *Die Entstehung der USA*.
21 Z.B. Horst Ihde: *Von der Plantage zum schwarzen Ghetto: Geschichte und Kultur der Afroamerikaner in den USA*, 1975.
22 Z.B. die zahlreichen Werke von Julius Mader über die CIA: *Die Killer lauern — ein Dokumentarbericht über die Ausbildung und den Einsatz militärischer Diversions- und Sabotageeinheiten in den USA und in Westdeutschland*, 1961; *Gangster in Aktion: Aufbau und Verbrechen des amerikanischen Geheimdienstes*, 1961; *Who's who in CIA*, 1968; *CIA in Europa: Wesen und verbrecherisches Wirken des Geheimdienstes der USA*, 1982.

Exkurs: DDR-Forschung in den USA

Es stellt sich die Frage, inwieweit eigentlich in den USA von der DDR überhaupt Notiz genommen wird, ob also ein adäquates DDR-Bild in den Vereinigten Staaten besteht. Das kleine sozialistische Land konnte lange Zeit kaum die Aufmerksamkeit der antikommunistischen Weltmacht finden, für die *Germany* allemal die Bundesrepublik bedeutete und *GDR* nur einer von mehreren moskauhörigen, unselbständigen Satellitenstaaten war.

Die Berichterstattung in amerikanischen Zeitungen über die DDR hat A.Mallinckrodt 1980 als „diskontinuierlich" bezeichnet (S.248). Nur wenn in einem der größeren Blätter ein sensationeller Bericht erschienen sei, hätten sich bislang die kleineren Zeitungen angeschlossen. Zudem sei noch kein amerikanischer Korrespondent in Ost-Berlin akkreditiert.

Gelegentliche Berichte über Ostdeutschland in einigen größeren Blättern wie *The New York Times, Christian Science Monitor* und *Washington Post* sind im allgemeinen eher Geschichten von allgemeinmenschlichem Interesse als gründliche politische oder sozioökonomische Reportagen. (S.248)

Im Fernsehen werde in der Regel nur über spektakuläre Ereignisse im Zusammenhang mit der DDR berichtet (wie z.B. über dramatische Fluchtversuche).

Besser sieht es im wissenschaftlichen Bereich aus. Bis Ende der sechziger Jahre haben amerikanische Wissenschaftler die DDR freilich kaum beachtet.[23] An amerikanischen Universitäten wurde nicht speziell über die DDR geforscht, vor allem deshalb nicht, weil „die DDR aufgrund ihrer politisch-geographischen Lage weder zu ‚Eastern Europe' noch zu ‚Germany' noch zu ‚Western Europe' gezählt wird." (P.C.Ludz: „DDR-Forschung und vergleichende Deutschland-Forschung in den USA", *DA* 2, 3.Jg. [Februar 1970], S.115) Ferner hatte die DDR-Forschung in den USA bis zur Aufnahme diplomatischer Beziehungen kein hohes Prestige. Wer damals über *East Germany* arbeitete, hatte meist vorher auf anderen Gebieten geforscht.

1968/69 erschienen in rascher Folge vier angloamerikanische Studien über die DDR, die das wachsende Interesse an diesem Land bekundeten.[24]

23 Mit Ausnahme von Melvin Croans Dissertation *Dependent Totalitarianism*, 1960. Weitere Ausnahmen nennt Peter Christian Ludz' Artikel „DDR-Forschung und vergleichende Deutschlandforschung in den USA", *DA* 2, 3.Jg. (Februar 1970), S.113-127.
24 Es handelt sich um die Studien des Briten David Childs *East Germany*, New York und Washington 1969, des Amerikaners John Dornberg *The Other Germany*, Garden City/New York 1968, seines Landsmanns Arthur M. Hanhardt, jr. *The German Democratic Republic*, Baltimore 1968 und des Kanadiers Jean Edward Smith *Germany Behind the Wall*, Boston und Toronto 1969.

Sie gehören dem politologisch-soziologischen Bereich an, doch auch auf ökonomischem und juristischem Gebiet erschienen Ende der sechziger Jahre fundierte Analysen über die DDR. Einige der heute angesehendsten politologischen DDR-Forscher in den USA promovierten gerade in jenen Jahren,[25] verschiedene Arbeiten amerikanischer Wissenschaftler/innen über Teilaspekte der DDR-Gegenwart und auf dem Gebiet vergleichende Deutschlandforschung wurden zu dieser Zeit erstellt (vgl. Ludz: „DDR-Forschung ...", S.121-126).

In den frühen siebziger Jahren kümmerte sich in den USA nur das *Institute of German Studies* der *Indiana University* in Bloomington unter Leitung von Louis F. Helbig um die Erforschung der DDR und lud z.B. die Historikerin und Schriftstellerin Liselotte Welskopf-Henrich, den Pädagogen Hans-Dieter Schaefer und den Philosophen Erwin Herlitzius aus der DDR zu Gastvorlesungen ein. Das Institut hielt im März 1972 eine Tagung über das Thema *Teaching Postwar Germany in America* ab (vgl. Bilke, S.164).

Die früheste amerikanische Dissertation über DDR-Literatur wurde 1971 von John Flores vorgelegt (*Poetry in East Germany: Adjustments, Visions, and Provocations 1945-1970*). Sammlungen von DDR-Literatur legten die *University of Massachusetts at Amherst*, das *Kenyon College* in Gambier/Ohio und die *University of Texas at Austin* an. An der letztgenannten Universität las 1972 der DDR-Schriftsteller Günter Kunert als Gastreferent und gab dort im Herbst 1973 eine Sondernummer der Literaturzeitschrift *Dimension: Contemporary German Arts and Letters* heraus.

Im Herbst 1973 brachten amerikanische Germanisten an den *Universities of Wisconsin* in Madison und Milwaukee die erste Fachzeitschrift heraus, die sich mit Themen der DDR befaßt, die vierteljährlich erscheinende, neomarxistische *New German Critique* (Auflage: 1500 regelmäßig verkaufte Exemplare, vgl. Mallinckrodt 1980, S.250).

Die erste Konferenz, die sich ausschließlich mit der DDR beschäftigte, wurde im März 1974 von der *American Association of Teachers of German* an der *Fairfield University Connecticut* abgehalten. Ihre Schwerpunkte waren Erziehungs- und Bildungssystem, Kultur und Religion in der DDR (Mallinckrodt 1980, S.230). Einen Monat später veranstaltete die *Washington University* in St.Louis/Missouri eine *East German Conference* (5.-7.4.1974) über das Thema *The Humanities and Socialism: The German Democratic Republic in the Sixties and Seventies*, an der über 200 Wissenschaftler/innen teilnahmen.

---

25 Z.B. Henry Krisch am *Russian Institute* der *Columbia University* über *German Politics Under Soviet Occupation: The Unification of the Communist and Social Democratic Parties in the Soviet Zone, April 1945 to May 1946*, 1968; Thomas A. Baylis an der University of California in Berkeley über *Communist Elites and Industrial Society: Technical Intelligentsia in East German Politics*, 1968; Anita Dasbach, später Mallinckrodt, an der *George Washington University* über *Propaganda Behind the Wall: A Case Study in the Use of Propaganda as a Tool of Foreign Policy by Communist Governments*, 1968.

Auch die *Modern Language Association* (Vereinigung von Literatur- und Sprachwissenschaftlern der USA) in New York begann ab der Jahre 1974, auf ihren Jahrestagungen und auf Sondersitzungen das Thema DDR zu behandeln. Die *MLA* regte 1974 die Herausgabe des *GDR Bulletin* an, das seit Januar 1975 vierteljährlich an der *Washington University* in St.Louis erscheint. Das Bulletin dient vor allem der Information von DDR-Forschern über die neuesten Entwicklungen auf ihrem Gebiet (A.Mallinckrodt: „DDR-Forscher in englischsprachigen Ländern", *DA* 7, 18.Jg. [Juli 1985], S.740-748). Das Bulletin wurde zunächst kostenlos verteilt, ist inzwischen aber in Geldnöte geraten, kann nur mehr zweimal pro Jahr herausgegeben werden und wirbt um Abonnenten, die die finanzielle Basis sicher sollen (S.836).

Die *MLA*-Seminare, die sich über längere Zeit jährlich der DDR-Literatur widmeten, sind inzwischen eingestellt worden, da „die MLA nicht mehr bereit war, diese Tradition weiter zu unterstützen" (S.836). Seither haben regionale *MLA*-Tagungen diese Tradition fortgesetzt.

1974 organisierte Christoph Schmauch, einer der Präsidenten der *ASSGDR*, die erste DDR-Tagung im *World Fellowship Center* in Conway / New Hampshire, dessen Direktor er war. Das *World Fellowship Center* ist eine Einrichtung zur politischen Bildung, die Seminare über Themen wie Rassenfragen, Frauenbewegung und Umweltprobleme veranstaltet. Schmauch begründete die Tradition der DDR-Tagungen in Conway, die zunächst dem Schwerpunkt DDR-Literatur und den Geisteswissenschaften allgemein gewidmet waren, unter der jetzigen Leiterin Margy Gerber (Germanistin von der Universität *Bowling Green/Ohio*) jedoch interdisziplinär und international wurden. Seit 1980 werden ausgewählte Referate der Konferenzen in Sammelbänden unter dem Obertitel *Studies in GDR Culture and Society* publiziert.

1977 fand die erste Jahreskonferenz der *Western Association for German Studies* statt, die sich der Literatur und Gesellschaft der DDR widmete. 1983 wurde diese Assoziation in die *German Studies Association* umgeformt, die sich nun nicht mehr auf den amerikanischen Westen beschränkte, sondern eine nationale Organisation wurde. Es handelt sich um einen Fachverband der amerikanischen Deutschlandforscher mit ca. 600 Mitgliedern, wovon 40 % Hochschullehrer/innen für europäische oder deutsche Geschichte, 40 % Germanist/inn/en und der Rest Politikwissenschaftler/innen sind. Das Forschungsgebiet umfaßt den gesamten deutschsprachigen Raum. Auf den Jahrestagungen, die jeweils in einer anderen Stadt der USA abgehalten werden, wird mindestens ein DDR-Thema angeschnitten. Zwischen den Konferenzen erscheint die Zeitschrift *German Studies Review*.

Vom 14. bis zum 17.April 1983 fand im *Wingspread Conference Center* in Racine/Wisconsin „die erste internationale fast rein sozialwissenschaftliche Konferenz in den USA speziell über die DDR" statt (Mallinckrodt: „DDR-Forscher", S.743), finanziert von der Johnson-Stiftung sowie organisiert von

Charles R. Foster von der *Conference Group on German Politics* und Michael Sodaro von der *George Washington University* in Washington/D.C. Zu den etwa 30 Teilnehmern gehörten Politologen, Soziologen und Historiker aus den USA, Kanada, Großbritannien, Israel und beiden deutschen Staaten. Als Ergebnis dieser Konferenz wurden die *German Democratic Republic Studies of the USA* gegründet. Es ist eine weitere derartige Konferenz geplant (S.743).

Im Mai 1984 lud die *Harvard University* in Cambridge zu einer Fachtagung über *GDR Politics and Society* ein und konnte fast alle wichtigen DDR-Forscher der USA versammeln, was als „eine gewisse Aufwertung der DDR-Forschung in den USA" angesehen werden kann (C.Lemke, C.Meyer: Tagungsbericht „GDR Politics and Society", *DA* 10, 17.Jg. [Oktober 1984], S.1081). Für eine Aufwertung spricht auch die Gründung des *American Institute for Contemporary German Studies* Ende 1983 in Washington/D.C., das der *John S. Hopkins University* angeschlossen ist und sich hauptsächlich der BRD-Forschung widmet, aber auch Entwicklungen in der DDR berücksichtigt (Mallinckrodt: „DDR-Forscher", S.743).

Wer sich als US-Student/in auf die DDR spezialisieren will, hat 267 Deutsch-Programme an den verschiedenen US-Colleges und Universitäten zur Auswahl (Stand von 1985), die mit einem *Bachelor* abgeschlossen werden können, 62 davon auch mit einem Magister oder *Ph.D.* Über DDR-Literatur wird an den Germanistik-Abteilungen der *Ohio State University* und der Universitäten von Minnesota, Rutgers, Wisconsin, Michigan und Illinois bevorzugt gelehrt (S.744).

38 der Ph.D.-Departments erklären, DDR-Literaturforschung auf der Ebene von Dissertationen betreuen zu können, doch haben im letzten Jahrzehnt nur rund 20 Abteilungen die ungefähr 35 auf diesem Gebiet verliehenen Doktortitel vergeben, wobei die Höchstzahl pro Institution drei war. (P.Herminghouse: „Studien zur DDR-Literatur in den USA. Ein Überblick", *DA* 8, 19.Jg. [August 1986], S.831)

Eine Untersuchung der Forschungsprojekte amerikanischer DDR-Forscher durch Anita Mallinckrodt ergab, daß interdisziplinäre Ansätze überwiegen: „67 % der Soziologen; 57 % der Historiker; 42 % der Kulturwissenschaftler; 40 % der Ökonomen" (zitiert nach B. und V.Gransow: „Berliner Gespräche zu DDR und USA", *DA* 7, 18.Jg. [Juli 1985], S.752). Seit der diplomatischen Anerkennung wurden speziell über DDR-Literatur drei bis vier Dissertationen pro Jahr abgeschlossen.

Allgemein klagen die amerikanischen DDR-Forscher über mangelnde institutionelle Förderung, fehlende Zentren der DDR-Forschung in den USA, Isolierung der Forscher (die meist vereinzelt an den Deutsch-Abteilungen verschiedener Universitäten und Colleges arbeiten) und über Schwierigkeiten, für eine Reise in die DDR Stipendien zu erhalten (die *IREX*-Austauschprogramme sind daher begehrt, werden aber nicht ausreichend geboten). Auch

Publikationsmöglichkeiten für DDR-Forscher sind in den USA beschränkt, es fehlt an Fachzeitschriften und Fachverlagen (S.832-835). Rigorose Sparmaßnahmen in den achtziger Jahren haben zudem bewirkt, daß wissenschaftlicher Nachwuchs ausbleibt, da keine festen Stellen mehr in Aussicht stehen (Mallinckrodt: „DDR-Forscher", S.744).

Insgesamt betrachtet, ist es immerhin erstaunlich, wieviel Aufmerksamkeit ein Land in den USA erfahren konnte, das bis Ende der sechziger Jahre für die Amerikaner kaum zu existieren schien, das als sozialistischer Staat dem anderen politischen Lager zuzurechnen ist und das nicht englischsprachig ist. Die Haltung der amerikanischen Wissenschaftler/innen zur DDR scheint eher positiv zu sein (Norman Naimark hat in einem Artikel seinen Kolleg/inn/en sogar „eine außerordentliche Leichtgläubigkeit" bei der Übernahme der DDR-offiziellen Selbstdarstellung vorgeworfen, vgl. T.Baylis: „Amerikanische Studien über die DDR: Eine kritische Einschätzung", *DA* 8, 19.Jg. [August 1986], S.830), ist in keinem Fall aber von jenem undifferenzierten Antikommunismus geprägt, wie er in der Zeit des kalten Krieges in den Vereinigten Staaten üblich war.

2. Darstellung der inneramerikanischen Verhältnisse

Die USA werden in DDR-Sachbüchern von Beginn der amerikanischen Geschichte an bis ins 19.Jahrhundert als kapitalistisches Land bezeichnet, ab Ende des 19.Jahrhunderts gelten sie als imperialistischer Staat. „Kapitalismus" bedeutet die Ausbeutung der Werktätigen durch eine Schicht, die das privatkapitalistische Eigentum an Produktionsmitteln innehat. In seiner ersten Phase bilden sich kapitalistische Kooperationen und Manufakturen heraus, wird Kapital wird akkumuliert.

Das zweite Stadium, der Kapitalismus der freien Konkurrenz, ist charakterisiert durch die Herausbildung und Entwicklung des kapitalistischen Fabriksystems, das sich auf der Grundlage der industriellen Revolution entwickelt. (*Kleines Politisches Wörterbuch*, s.v. „Kapitalismus", S.426)

Dem folgt der Imperialismus, das höchste und letzte historische Stadium des Kapitalismus, „der Imperialismus ist: 1. monopolistischer Kapitalismus; 2. parasitärer oder faulender Kapitalismus; 3. sterbender Kapitalismus." (Lenin, zitiert nach *Kleines Politisches Wörterbuch*, s.v. „Imperialismus", S.362f.) Zu Beginn der US-amerikanischen Geschichte habe sich ein Kapitalismus der freien Konkurrenz herausgebildet, der sich um die Wende des 19. zum 20.Jahrhundert zum Imperialismus gewandelt habe.

Wichtigster Grundzug des Imperialismus ist nach Lenins Lehre die unumschränkte ökonomische und politische Herrschaft des Monopols zur Gewinnung und Sicherung von Profit.

Ökonomische Hauptmerkmale des Imperialismus sind: 1. Konzentration der Produktion und des Kapitals und Bildung von Monopolen, von denen jeweils wenige ganze Industriezweige beherrschen; 2. Verschmelzung der Monopole in der Industrie und dem Bankwesen zum Finanzkapital, Entstehung der Finanzoligarchie; 3. der Kapitalexport gewinnt gegenüber dem Warenexport vorrangige Bedeutung; 4. Herausbildung internationaler Monopole und Monopolistenverbände, die die Welt unter sich in Einflußsphären und Märkte aufteilen; 5. die territoriale Aufteilung der Welt unter die imperialistischen Großmächte ist abgeschlossen; infolge des Wirkens des objektiven Gesetzes der ungleichmäßigen ökonomischen und politischen Entwicklung des Kapitalismus entbrennt zwischen ihnen der Kampf um die Neuaufteilung der Welt. (S.363)

Politische Folgen des Imperialismus seien Reaktion, Unterdrückung der bürgerlich-demokratischen Rechte und Freiheiten sowie Bekämpfung aller demokratischen Bewegungen, besonders der Arbeiterbewegung (im Extremfall, dem Faschismus, werde eine offene Diktatur errichtet).

Mit zunehmender Konzentration der Produktion und des Kapitals in den Händen einiger weniger Monopole und wachsender Verflechtung der Macht zwischen Monopolen und Staat (= staatsmonopolistischer Kapitalismus) sei auch der Grundwiderspruch des Kapitalismus größer geworden, d.h. der Antagonismus zwischen Bourgeoisie und Arbeiterklasse, denn die Übel des Kapitalismus/Imperialismus wie Inflation, Preissteigerungen, Arbeitslosigkeit, Armut, soziale Unsicherheit und zyklische Krisen trügen zur verschärften Ausbeutung der Arbeiterschaft bei und schürten die Unzufriedenheit.

Die Verbindung von wirtschaftlicher Stagnation mit inflationistischer Preisbewegung („Stagflation"), die permanente Währungskrise des Kapitalismus, zunehmende Schwierigkeiten im kapitalistischen Welthandel, grassierende Kriminalität, zunehmende Brutalisierung des öffentlichen Lebens, geistige Manipulierung im Interesse der herrschenden Klasse, der Verfall der Kultur und eine tiefe moralische Krise kennzeichnen das Gesicht des I[mperialismus] von heute. (S.365)

Das gelte besonders für die USA, wo das Entstehen eines militärisch-industriellen Komplexes, d.h. einer Machteinheit von Rüstungskapital, Militärhierarchie und Staatsbürokratie zu einer Militarisierung des gesellschaftlichen Lebens, wuchernder Rüstungswirtschaft und zum Mißbrauch von Wissenschaft und Technik zur Waffenherstellung geführt habe.

Konsequentester und stärkster Gegner der Monopole sei die Arbeiterklasse, wenn auch ihre Oberschicht in den USA vom Kapital bestochen worden sei und zum Opportunismus tendiere. Der verschärfte Grundwiderspruch des Kapitalismus und das „Wachstum der Bewußtheit und Organisiertheit der Arbeiterklasse" (S.364) im Bündnis mit der Bauernschaft und unter Führung der Kommunistischen Partei schaffe die notwendigen subjektiven Voraussetzungen für den Übergang vom Kapitalismus zum Sozialismus. Die Monopole bekämpften die Arbeiterbewegung und die Kommunistische Partei mit ihrem aggressiven Antikommunismus:

Der Inhalt des A[ntikommunismus] besteht vor allem in der [...] Verfälschung des Marxismus-Leninismus und der wahren Ziele der kommunistischen Parteien sowie deren Verunglimpfung als „totalitär", in der Behauptung, der Kommunismus sei mit dem Humanismus unvereinbar, und ähnlichen Erfindungen. Seine Argumente sind die Lüge, die Verleumdung, seine Gefühle der blinde Haß, der selbst Verbrechen toleriert, wenn sie gegen Kommunisten gerichtet sind. (*Kleines Politisches Wörterbuch*, s.v. „Antikommunismus", S.49)

Auf die Dauer hindere dies jedoch die amerikanische Arbeiterklasse nicht am Zusammenschluß und Kampf gegen die Monopole.

Diese ideologischen Vorgaben werden in der Sachliteratur der DDR über die USA ernst genommen (vgl. z.B. Röder 1976 und 1980). Die auf die USA spezialisierten Wissenschaftler/innen des Instituts für Internationale Politik und Wirtschaft in Ost-Berlin veröffentlichen in den *IPW-Berichten* laufend Analysen der US-Wirtschaft, die eine ständige Verschärfung der wirtschaftlichen Krise und der Widersprüche in der amerikanischen Gesellschaft vermelden, so daß sich der/die Lesende fragt, warum der Übergang zum Sozialismus in den USA nicht längst erfolgt ist.

Die Schöne Literatur der DDR übernimmt von dieser ideologischen Sichtweise vor allem die Darstellung der krassen Unterschiede zwischen Arm und Reich in den USA, des Antikommunismus gegen alle fortschrittlich Denkenden, der Unterdrückung bürgerlich-demokratischer Rechte und Freiheiten (Polizeiwillkür, Klassenjustiz, Verbote von Gewerkschaften und kommunistischen Parteien etc.), der Meinungsmanipulation und der wachsenden Brutalisierung des gesellschaftlichen Lebens (Kriminalität, Konkurrenzkampf).

2.1. Die Darstellung Nordamerikas vom 18. bis zum frühen 20. Jahrhundert

Die Vergangenheit Nordamerikas wird, mit Ausnahme des Themengebietes „Verdrängung und Vernichtung der Indianer", in der Schönen Literatur der DDR stiefmütterlich behandelt. Trotz der offiziellen Interpretation der amerikanischen Revolution als erster bürgerlicher Revolution, trotz Marx' und Engels' lebhaftem Interesse am amerikanischen Bürgerkrieg, trotz eines Frühkapitalismus und einer Arbeiterausbeutung, deren Ausmaße die Kapitalismusdarstellung in marxistischen Lehrbüchern uneingeschränkt bestätigen, hat sich die DDR-Belletristik eher der Vergangenheit und den Revolutionen Europas zugewandt.[1]

Außer der Indianerliteratur, die in einem gesonderten Kapitel betrachtet werden soll, weil sie an die Tradition des idealistischen europäischen Indianerbildes anknüpft und weil sie sich vorwiegend an ein jugendliches Publikum wendet, sind mir aus der DDR-Belletristik acht Titel bekannt, die ein historisches Thema abhandeln, vier zum Thema „amerikanische Revolution" und

---

1 Vgl. z.B. die Titelliste in *Literatur der DDR*, S.306-308.

vier zum Thema „Bürgerkrieg".[2] Bei diesen Werken handelt es sich teils um historische Romane, teils um Biographien, die mit fiktiven Szenen ausgeschmückt sind, teils um Jugendbücher. Es gibt auch ein Gedicht von Helmut Preißler, das die amerikanische Revolution und den Bürgerkrieg preist, „Bericht des Delegierten der Vereinigten Staaten von Nordamerika" aus dem Zyklus „Berichte der Delegierten 1959 zu den Weltfestspielen in Wien" (in *Gedichte 1957/1972*, S.36-38)[3], einer Umsetzung von Vorträgen in lyrische Form. Der Delegierte der USA rühmt George Washington, die Unabhängigkeitserklärung, die darin verbürgten Grundrechte, die Verfassung, Abraham Lincoln, die Proklamation der Sklavenbefreiung und die Gesänge Walt Whitmans, doch gleichzeitig betont er, daß „in den Staaten/zweierlei Recht herrscht und zweierlei Freiheit" (S.37), daß von den USA Kriegsgefahr ausgehe, daß Rassenhaß in den Südstaaten wüte. Zum Abschluß beschwört er das Bild eines friedlichen und hilfreichen Nordamerika herauf, das alle anderen Länder der Welt als gleichgestellt betrachte: „Dieses Amerika rühme ich./Dieses Amerika liebe ich./Und nur für dieses Amerika spreche ich." (S.38)

2.1.1. Die amerikanische Revolution

In der Historiographie der DDR wird die amerikanische Revolution als die erste einer Reihe von bürgerlichen Revolutionen angesehen. Als Ursachen der Revolution werden vor allem ökonomische Gründe angegeben, die wirtschaftliche Unterdrückung der Kolonien durch das britische Mutterland. Dagegen hätten sich einfache Leute, d.h. Handwerker, Arbeiter, kleine Farmer, und Teile der Oberschicht zu Wehr gesetzt und sich gegen die Briten verbündet. Die Oberschicht der Kolonien sei in drei Gruppen zerfallen, die Loyalisten

---

2 Ein neuntes Werk, Christoph Heins Revue *Die Geschäfte des Herrn John D.*, ca. 1982, beschäftigt sich im Stil von Brechts *Dreigroschenoper* oder *Mahagonny* mit dem Aufstieg John D. Rockefellers. Es ist eine Schilderung des amerikanischen Raubkapitalismus, des *Gilded Age*. Heins Revue steht thematisch vollständig für sich, es gibt meines Wissens keine vergleichbaren Texte außer Brechts Stücken, die es jedoch qualitativ nicht erreicht. Es scheint sich um eine Gelegenheitsarbeit des Autors zu handeln. — Rudolf Bartschs Roman *Aufruhr in Bangsville* spielt zwar im Jahre 1903, gehört aber von der Thematik (Rassenkämpfe in den USA) zu den zeitlosen Stoffen. Es wird nicht ersichtlich, warum der Autor seine Geschichte zu einem so frühen Zeitpunkt angesiedelt hat. Der Roman soll daher in Kapitel 2.3.2. „Darstellung der Afroamerikaner" behandelt werden.

3 Um umständliche Wiederholungen zu vermeiden, werden künftig bei den Nachweisen in den Klammern die Autorennamen nicht wiederholt. Nur wenn sich der genannte Titel in einem Band von einem/einer anderen Autoren/Autorin befindet, wird dessen/deren Namen angegeben werden.

(Großgrundbesitzer, englische Beamte, höhere anglikanische Geistlichkeit), die gemäßigte Bourgeoisie (Kaufleute und Gewerbetreibende, ein Teil der Großgrundbesitzer) und die bürgerlich-demokratischen Kräfte (Großbürgerliche, Vertreter der südlichen Siedler). Die eigentlich treibende Kraft seien jedoch die Werktätigen gewesen. Die Revolution habe auch soziale Ziele verfolgt, doch sei die Bourgeoisie an die Macht gekommen, die die soziale Gleichheit verworfen und die Sklaverei beibehalten habe. Das Volk sei nach dem Krieg verelendet und habe sich unter Leitung von Daniel Shays im Jahre 1787 erhoben[4]. Dieser Aufstand, der mit Gewalt niedergeschlagen worden sei, habe die Verfassungsväter, unter denen keine Vertreter der Arbeiter, kleinen Farmer, Schwarzen oder Indianer gewesen seien, zur Schaffung einer starken Bundesexekutive und zur Teilung der Gewalten veranlaßt, um ähnliche Revolten sofort unterdrücken zu können.

In der Schönen Literatur wurde die amerikanische Revolution von zwei Romanen, einem Jugendbuch und einer Biographie behandelt.

In Alex Weddings (d.i. Grete Weiskopf) *Das große Abenteuer des Kaspar Schmeck: Ein Roman für die Jugend*, 1956, und in Ferdinand Mays *Heinrich Cróssmanns große Fahrt: Eine historische Erzählung*, 1958, ist der Held ein Deutscher, einer jener hessischen Söldner, die von ihrem Landesfürsten an die Briten zur Niederschlagung der amerikanischen Insurrektion verkauft worden waren. Alex Weddings Jugendbuch sagt am wenigsten über die amerikanische Revolution aus, die Erzählung beschäftigt sich in erster Linie mit dem Schicksal der hessischen Söldner und zeigt anschaulich, wie schlecht diese verpflegt und entlohnt wurden, wie sie unter der strengen bis grausamen Führung der Offiziere litten und für eine Sache ihr Leben lassen mußten, die sie nicht im mindesten betraf. Die Sympathien der Autorin und ihrer Hauptfiguren liegen bei den Aufständischen. Der vierzehnjährige Titelheld Kaspar Schmeck und seine Freunde laufen am Schluß zu den Amerikanern über, die als Hoffnungsträger einer neuen, menschlicheren Welt erscheinen. Ihr Anführer, General Washington, wird idealisiert. Im wesentlichen handelt es sich um eine abenteuerliche Geschichte vor dem Hintergrund einer Revolution.[5]

4 *Shays Rebellion*: Bewaffneter Aufstand von Farmern in Massachusetts im Jahre 1787 unter Führung des ehemaligen Offiziers Daniel Shays; Gründe: rapide Geldentwertung, rigorose Eintreibung von Hypotheken, Gefängnisstrafen für Schuldner, infolgedessen Verelendung der kleinen Farmer; Aufstand wurde von der Miliz niedergeschlagen.
5 Im Vorwort zur Neuauflage 1958 zieht Alex Wedding Parallelen zwischen den hessischen Söldnern und westdeutschen Soldaten, die „als Söldner in fremden Diensten auf den Kriegsschauplätzen von Vietnam und anderwärts Gesundheit und Leben lassen mußten" (S.7). Die zeitgenössischen Machthaber der USA klagt sie an, „dem Geist von 1776" untreu geworden zu sein und daher „die gleiche schimpfliche Rolle wie die Engländer und ihre hessischen Söldnertruppen" zu spielen (S.7). Diese Interpretation ist erst nachträglich aufgesetzt worden, im Jugendbuch selbst finden sich keine Anspielungen auf moderne Verhältnisse.

Intensiver befaßt sich Ferdinand May in seiner historischen Erzählung *Heinrich Crössmanns große Fahrt*, 1958, mit dem Thema „amerikanische Revolution". Nach dem Vorbild des Entwicklungsromans gibt May den Lebensweg seines Helden Heinrich Crössmann wieder, der wie Kaspar Schmeck als hessischer Söldner nach Amerika verkauft wird. Im Unterschied zu diesem ist Crössmann dank seines französischen Lehrers Cordier mit dem Gedankengut der Aufklärung aufgewachsen und sieht in Amerika das Land der Zukunft, in dem die Ideale der Aufklärung verwirklicht werden können. Crössmann entflieht den Grausamkeiten der britischen Offiziere und schließt sich den Aufständischen an, wird als Bote George Washingtons von Loyalisten angeschossen, von befreundeten Indianern in deren Lager gesundgepflegt und wegen Kriegsuntauglichkeit infolge der Verletzung und wegen seiner guten Beziehungen zu Indianern zum Grenzkommissar im Westen ernannt. Es gelingt ihm durch rationale und moralische Argumente einige Zeit lang, zwischen den sich feindlich gegenüberstehenden weißen Siedlern und den Indianern zu vermitteln. Als Crössmann jedoch geltendes Gesetz auf Weiße wie Indianer gleichermaßen anwendet und weiße Vergewaltiger und Mörder hängen läßt, wird er seines Amtes enthoben und seinerseits des Mordes angeklagt. Als seine Frau tödlich verunglückt, flieht Crössmann und schließt sich, lebensmüde und desillusioniert, für die nächsten zehn Jahre den Indianern an. Erst zur Zeit der Verfassungsgebung (1787) kehrt er in die Zivilisation zurück. Die Aufzeichnungen, die er über Lebensweise und Kultur der Indianer gemacht hat, interessieren niemanden, bis sie Thomas Jefferson für das *William and Mary College* in Williamsburg erwirbt. Crössmann verläßt die USA, geht zunächst ins revolutionäre Frankreich, dann nach Mainz, wo er den badischen Aufstand miterlebt, und schließlich in sein Heimatdorf, wo er als Schullehrer arbeitet und im Jahre 1800 stirbt.

Mays Erzählung vom Werdegang Heinrich Crössmanns vom jungen Idealisten zum abgeklärten, resignierten alten Mann zerfällt in vier Teile, deren erster das politische und soziale Klima im Deutschland jener Zeit schildert, der zweite konzentriert sich auf die amerikanische Revolution, der dritte widmet sich der Darstellung der ungerechten Behandlung und Verdrängung der Indianer (d.h. der Rücknahme der revolutionären Ideale durch die Realpolitik). Im vierten, kürzesten Teil werden Crössmanns Rückkehr nach Europa und sein Tod abgehandelt.

Statt historische Fakten aneinanderzureihen, läßt der Autor Mitteilungen über politische Ereignisse, den Fortgang des Krieges, Kritik an sozialen Verhältnissen, geistesgeschichtliche Diskurse und ähnliches beiläufig in Gespräche oder Briefe von historischen Gestalten (wie Thomas Jefferson, Samuel Adams etc.) und einfachen Menschen (kleinen Farmern, Soldaten, Arbeitern, Seeleuten) einfließen. Das so vermittelte Amerikabild hält sich an die Thesen der offiziellen Geschichtsschreibung in der DDR: Das Volk treibt die Revolution voran und vertritt die Ideale der Aufklärung. Die reiche Oberschicht, Anwälte, Kaufleute und Plantagenbesitzer, die im Kongreß das Sagen haben, sind für das Scheitern der revolutionären Ideale und den Weg der jungen Vereinigten Staaten in den Kapitalismus verantwortlich. Crössmann sagt einmal: „Die einen sehnen sich nach der Menschenwürde [...], die anderen nach den ungehemmten Möglichkeiten zum Moneymachen." (S.231) Da letztere die Macht errungen haben, wird die Sklaverei in Nordamerika nicht beseitigt, die Indianer werden immer brutaler verfolgt, das Volk gerät durch Geldentwertung und Verschuldung in Not, der Aufstand unter Daniel Shays' Führung wird gewaltsam niedergeschlagen.

Mehrere historische Persönlichkeiten treten in dem Roman auf: Thomas Jefferson, Samuel Adams, George Washington, Alexander Hamilton[6]. Auch sie werden als Klassenvertreter dargestellt, Hamilton und Washington als Vertreter der reichen Oberschicht, elitär und hochmütig, Adams und Jefferson als Vertreter der bürgerlich-demokratischen Kräfte. Vor allem Jefferson erhält stark idealisierte Züge.

Identifikationsfiguren sind einfache Leute wie Crössmann, Intellektuelle wie der Lehrer Cordier (der Jeffersons Sekretär wird), Angehörige von unterdrückten Rassen wie Cordiers schwarze Haushälterin oder die Indianer. Auf der anderen Seite stehen Angehörige der gemäßigten Bourgeoisie wie Washington und Hamilton oder Loyalisten und betrügerische Heereslieferanten, die „Bösewichter" des Romans, meist gesichts- und namenlos.

Nach demselben Verfahren geht Helmuth Miethke in dem historischen Roman *Es begann in Boston*, 1959, vor: In diesem Werk erscheinen keine fiktiven Personen mehr, sondern nur historische Gestalten, denen der Autor z.T. fiktive Dialoge in den Mund legt, die meist auf Reden, Zeitungsartikeln oder Briefen dieser Persönlichkeiten beruhen oder zumindest sinngemäß ihre historisch belegte Haltung wiedergeben. Die wichtigsten Personen in Miethkes Buch sind Paul Revere, Thomas Paine, Benjamin Franklin, Samuel Adams,

---

6 Thomas Jefferson (1743-1826): einer der Führer der amerikanischen Revolution, Verfasser der Unabhängigkeitserklärung, Außenminister unter Präsident George Washington, 1801-1809 dritter Präsident der USA. Samuel Adams (1722-1803): einer der radikalsten Führer der amerikanischen Revolution. George Washington (1732-1799): Oberbefehlshaber der Revolutionstruppen im Unabhängigkeitskrieg 1775-1783; Leiter des Verfassungskonvents 1787; 1789-1797 erster Präsident der USA. Alexander Hamilton (1757-1804): einer der Väter der amerikanischen Verfassung, unter Präsident Washington Finanzminister, politischer Gegenspieler Thomas Jeffersons.

John Hancock und George Washington⁷. Aus ihrer Sicht (vor allem Paines *Common Sense* und *Crisis* werden ausführlich zitiert) werden Rückblicke auf die amerikanische Geschichte vor 1776 sowie Ausbruch und Verlauf der Revolution bis zum Ende des Krieges wiedergegeben. Auch Miethke folgt der DDR-Geschichtsschreibung, läßt einfache Leute auf die Reichen im Kongreß schimpfen, verweist auf die Sklaverei und die Tapferkeit der Schwarzen im Unabhängigkeitskrieg, erwähnt betrügerische Heereslieferanten, schildert Shays' Rebellion als Aufbegehren der einfachen Leute gegen die Herrschaft der Reichen etc.

Am Schluß seines Buches läßt Miethke Thomas Paine und Samuel Adams die Hoffnung auf eine bessere Zukunft aussprechen. Paine sagt: „[...] ich blicke weiter, hinweg über das Unvollkommene, über das, was noch im Dunkeln liegt, und suche in der Ferne das aufkommende Morgenrot einer neuen Zeit." (S.199) Mit Samuel Adams' Worten schließt der Roman:

> Neue Menschen werden heranwachsen; sie werden unsere Ideen weitertragen. Und eines Tages wird unser Wunsch in Erfüllung gehen: Dann wird in den Vereinigten Staaten von Amerika das Wirklichkeit werden, was in Boston begann. (S.211)

Dies sind Hinweise auf eine sozialistische Zukunft, wie sie nach der Geschichtssicht des Marxismus/Leninismus gesetzmäßig auf den Kapitalismus folgen muß. Bei May übernimmt diese Funktion die kurze Schilderung der französischen Revolution und des badischen Aufstandes, bei Wedding steht am Ende des Buches noch die Hoffnung auf die revolutionären Ideale der amerikanischen Revolution. Alle drei Werke folgen mit ihrem „Happy end" trotz aller vorher geschilderten Widrigkeiten den Maximen des Sozialistischen Realismus.

In Miethkes Buch tritt neben anderen eine geschichtliche Persönlichkeit auf, die vor allem wegen ihrer Gründlichkeit und Beharrlichkeit positive Züge erhält: Friedrich Wilhelm von Steuben, der aus der schlecht organisierten, verwahrlosten und undisziplinierten amerikanischen Armee ein funktionstüchtiges Heer machte. Diesem Mann hat ein weiterer DDR-Autor, Frank Fa-

---

7 Paul Revere (1735-1818): amerikanischer Patriot, berühmt geworden durch seinen Ritt von Charleston über Lexington nach Concord in der Nacht vom 18. auf den 19. April 1775; Revere meldete, daß britische Truppen auf amerikanischem Boden gelandet seien und in Richtung Lexington und Concord vordrängten; der Miliz von Massachusetts gelang infolgedessen der erste Sieg im Unabhängigkeitskrieg. Thomas Paine (1737-1809): Verfasser des Pamphlets *Common Sense* (1776), der wichtigsten Propagandaschrift der Revolution, und anderer revolutionärer Texte. Benjamin Franklin (1706-1790): einer der wichtigsten geistigen Führer der amerikanischen Revolution, entscheidend an der Verfassung von 1787 beteiligt; Schriftsteller, Erfinder. John Hancock (1737-1793): einer der Führer der amerikanischen Revolution; Präsident des zweiten Kontinentalkongresses (zur Koordinierung der aufständischen Kolonien); unterzeichnete als erster die Unabhängigkeitserklärung.

bian, ein Buch gewidmet, *Die Schlacht von Monmouth: Friedrich Wilhelm von Steuben in Amerika*, 1961. Fabian idealisiert seinen Titelhelden bis zur Verherrlichung, selbst die Hochstapelei Steubens, der sich selbst zum preußischen Generalleutnant ernannte, wird vom Autor damit entschuldigt, Steuben hätte mit seinem eigentlichen Offizierstitel beim amerikanischen Kongreß keinen Eindruck hinterlassen können. Steuben verkörpert preußische Ideale: Er ist gerecht, diszipliniert, streng, aber nicht unmenschlich, lebt wie die einfachen Soldaten und verlangt für sich nichts. Seine Hinwendung zur amerikanischen Revolution wird aus seinem Idealismus erklärt: Er habe den Gedanken der französischen Aufklärung zugestimmt und sei von Paines *Common Sense* „ergriffen" und „zutiefst aufgewühlt" (S.48) gewesen.

In der Deutung der Ursachen und Klassenzusammenhänge der Revolution und des Unabhängigkeitskrieges weicht Fabian nicht von der sozialistischen Geschichtssicht ab, doch fällt auf, wie „konservativ" seine Steuben-Biographie ist: Es handelt sich im Grunde um eine Kriegs- und Personengeschichte, in der das Gewicht auf der Darstellung von Schlachten und der Würdigung preußischer Tugenden liegt.[8] Die Tatsache, daß das eher schwerfällige und langatmige Buch veröffentlicht wurde, läßt sich am wahrscheinlichsten aus dem Stolz der DDR auf einen Mann erklären, der auf ihrem Territorium geboren wurde und in einer Revolution eine wichtige Rolle spielte.

Alle Autoren, trotz kleiner Unterschiede in der Gewichtung und Bewertung einzelner Persönlichkeiten, folgen der marxistischen Geschichtsauffassung: Alle sehen in der amerikanischen Revolution einen großen Fortschritt in der Geschichte, verweisen jedoch auf den hemmenden Einfluß der Großgrundbesitzer und Großkaufleute. Alle betonen den revolutionären Eifer der kleinen Farmer, Arbeiter und Handwerker. Die beiden Romane, die die Entstehung der amerikanischen Verfassung erwähnen (*Heinrich Cróssmanns große Fahrt* und *Es begann in Boston*), kritisieren daran das Festhalten an der Sklaverei und die einseitige Ausrichtung im Interesse der herrschenden reichen Schicht.

---

8 Dies verwundert angesichts der landläufigen Ansicht, daß Preußen erst im Jahre 1981 von der DDR-Geschichtsschreibung positiv bewertet wurde. Doch Fabian hatte bereits 1954 eine Clausewitz-Biographie, *Feder und Degen*, vorgelegt, diese wurde 1957 ein zweitesmal aufgelegt, 1971 erfolgte eine Neuauflage der Steuben-Biographie, und danach erschien das Werk 1975, 1980 und 1983 wieder. Die Preußen-Ablehnung kann also vor 1981 (diesen Termin nennt das *DDR-Handbuch*, s.v. „Kulturelles Erbe", S.767, für die Wiederentdeckung Preußens in der DDR) nicht so heftig gewesen sein.

2.1.2. Der Bürgerkrieg

Die DDR-Lehrbuchmeinung sieht den Bürgerkrieg als zweite bürgerliche Revolution an, in deren Verlauf sich der Kapitalismus endgültig herausgebildet habe. Die Sklaverei, obsolet geworden, habe der Lohnarbeit weichen müssen. Betont werden der Anteil der Schwarzen an der eigenen Befreiung, die vorhergehenden Sklavenaufstände (von denen die bekanntesten Anführer Nat Turner und Denmark Vesey waren) und ihre Teilnahme am Bürgerkrieg auf Seiten der Nordstaaten. Wieder, wie bei der amerikanischen Revolution, sei das Volk die wichtigste „Schubkraft" des Krieges gewesen, die Bourgeoisie dagegen Hauptnutznießer. Nach Lincolns Ermordung hätten sich zunächst fortschrittliche Kräfte politisch durchgesetzt und die *Reconstruction*-Gesetzgebung eingeleitet[9], doch sei die geforderte Enteignung der Plantagenbesitzer und die Umverteilung des Bodens an befreite Sklaven unterblieben, als sich die Industriebourgeoisie des Nordens mit den ehemaligen Sklavenhaltern im Kampf gegen die sich organisierenden Schwarzen und Arbeiter zusammengetan habe. Somit sei auch der Erfolg der zweiten amerikanischen Revolution zunichte gemacht, die Schwarzen seien in neue Abhängigkeitsverhältnisse getrieben worden. Die herrschende Klasse habe sich des Rassismus (z.B. durch Gründung des Ku-Klux-Klan) bedient, um ein Zusammenschließen der Neger- und der Arbeiterbewegung zu verhindern.

Über das Thema „amerikanischer Bürgerkrieg" fanden sich vier Werke, eine Erzählung, zwei biographische Romane und ein Jugendbuch. Der ideologische Ansatz der DDR-Lehrbücher ist hier nur noch bedingt gegeben, am meisten in Otto Bonhoffs Heftreihenerzählung[10] *Geheimauftrag Ford-Theater*, 1964. Sie setzt mit der Schlacht bei Appomattox, dem Ende des Bürgerkrieges, ein und schließt mit der Wahl des Präsidenten Rutherford B. Hayes im Jahre 1877 und dem Ende der *Reconstruction*. Stark simplifizierend stellt Bon-

---

9 *Reconstruction* (1865-1877): Periode nach dem Bürgerkrieg, in der die besiegten Südstaaten wieder in die Union aufgenommen wurden; die Südstaaten wurden infolge des *Reconstruction Act* von 1867 in fünf Militärbezirke unterteilt und unter Militäraufsicht gestellt. Wieder in die Union aufgenommen wurden die einzelnen Staaten nur, wenn sie den Schwarzen Wahlrecht zugestanden und den 14. Verfassungszusatz ratifizierten, der den Schwarzen die Staatsbürgerschaft verlieh. Unter Militärherrschaft regierten in den Südstaaten in den Parlamenten Schwarze, weiße Nordstaatler und weiße Südstaatler, die zur Zusammenarbeit bereit waren. Die Mehrheit der Bevölkerung in den Südstaaten empfand diese Regierungen als aufgezwungen und lehnte sie ab. Infolgedessen entstanden radikale Organisationen wie der Ku Klux Klan. Als 1877 die letzten Bundestruppen aus dem Süden abgezogen waren, herrschten in allen Parlamenten wieder konservative Demokraten, die für die Rassentrennung eintraten.

10 Ausnahmsweise sei hier eine Heftreihenerzählung herangezogen, da das Material zum Thema spärlich ist.

hoff den Sieg der Nordstaaten als Ergebnis des Kampfeseifers von freiwilligen schwarzen und Arbeiterregimentern dar. Auch die Solidaritätskundgebungen englischer Arbeiter spielen eine Rolle in der Erzählung: Sie verhindern ein Eingreifen der englischen Bourgeoisie auf Seiten der Südstaaten.

Im Zentrum der Erzählung steht eine Verschwörung der besiegten Südstaatler und der Industriellen des Nordens gegen Präsident Lincoln, da ihm erstere den Krieg gegen den Süden zum Zwecke der Abschaffung der Sklaverei anlasten, letztere aber in ihm den Vertreter des einfachen Volkes sehen. Den größten Teil der Handlung nimmt die spannungsreiche Schilderung der Mordvorbereitungen, des Mordes und der Verfolgung der Attentäter ein, vor allem des krankhaft geltungssüchtigen Schauspielers John Wilkes Booth, des Mörders Lincolns. Er gilt in Bonhoffs Werk nur als ausübendes Werkzeug bourgeoiser Hintermänner, die nicht namentlich bekannt werden. Der Epilog der Erzählung spielt mehrere Jahre später und zeigt das Scheitern der *Reconstruction* nach dem Tode Lincolns: Die Schwarzen haben keine Gleichberechtigung durchsetzen können, der neugegründete Ku Klux Klan terrorisiert die Freigelassenen und ihre weißen Sympathisanten, die trotzdem weiter gemeinsam für die Rechte der Schwarzen kämpfen.

Bonhoffs Geschichte unterliegt den Gesetzen der Massenliteratur, sie ist knapp und spannend auf Kosten historischer Genauigkeit aufgebaut. Die Behauptung, Plantagenbesitzer und Industrielle hätten sich gegen den Volkshelden Lincoln verschworen, kann mit mit J. Kuczynski als „Vulgärmarxismus" bezeichnen werden (1966 I, S.271). Sie entspringt dem Wunsch, eindeutige Identifikationsfiguren bzw. „Bösewichte" nach sozialistischem Ideal zu schaffen, so daß auf der „guten" Seite Arbeiter, Schwarze und der Volksrepräsentant Lincoln stehen, auf der „schlechten" aber Vertreter der herrschenden Klassen des Südens und Nordens und ihre willfährigen Werkzeuge wie Booth. Dies ist das didaktische Element der Erzählung, die dem Leser eine Anleitung zur Geschichtsdeutung geben soll.

Anders verfährt der religiöse DDR-Schriftsteller A.O. Schwede, der vor allem Werke mit biblischer Thematik verfaßt hat.[11] In *Glory glory hallelujah: Das Lied von Old John Brown*, 1967, und *Die Abraham Lincoln Story*, 1971, verfolgt er den Lebensweg seiner Titelhelden von der Geburt bis zum Tod, schmückt ihn mit Anekdoten und kulturhistorischen Schilderungen aus und unterstreicht die Religiosität beider Männer, deren Kindheit und Jugend sich in Schwedes Darstellung gleichen: Beide haben als Kinder Schlüsselerlebnisse, die ihre spätere Abneigung gegen die Sklaverei und ihr Überzeugtsein von der Gleichheit aller Menschen bestimmen. Beide wachsen in relativ unberührter Natur auf, müssen schon als Kinder hart arbeiten, werden zu Ein-

---

11 *Einer von des Rabbis Söhnen; Die den Erdkreis erregten: Geschichten von den Aposteln* etc. Ansonsten hat Schwede Reiseberichte über Skandinavien geschrieben.

zelgängern und Sonderlingen, sind anständig, ehrlich, enthaltsam und leben nach den christlichen Grundsätzen. Beide sind Autodidakten, die ihr Wissen durch ihre „Lesewut" erworben haben. Imgrunde entsprechen Brown und Lincoln in Schwedes Darstellung dem protestantischen Ideal des arbeitsamen, in seiner Lebensführung kargen, religiös bedingter Ethik anhängenden Menschen.

John Browns Lebensweg vom Kriegs- und Militärgegner zum militanten Verfechter des Abolitionismus erscheint bei Schwede als der eines tiefreligiösen Mannes mit extremem Gerechtigkeitssinn, der durch die Verhältnisse zur Gewalttätigkeit getrieben wird und sich in ein mystisches Verhältnis zu Gott hineinsteigert, aus dem er die Überzeugung gewinnt, ein zweiter Moses zu sein, der die Schwarzen aus der Knechtschaft befreien müsse, selbst mittels eines heiligen, gerechten Krieges. Der Überfall auf das Waffenarsenal in Harper's Ferry soll der Anfang dieses heiligen Krieges werden, Brown will damit die Schwarzen der Umgebung zum Aufstand ermutigen und bewaffen. Er überschätzt jedoch das revolutionäre Potential der Sklaven um Harper's Ferry, hauptsächlich Haussklaven, die, relativ gut behandelt und privilegiert unter den Schwarzen, eher auf Seiten der Plantagenbesitzer stehen. Große Baumwollfelder — und damit Feldsklaven — gibt es in der Umgebung nicht. So scheitert Browns Unternehmen, er wird vom Militär zur Kapitulation gezwungen und in einem ungerechten Schauprozeß zum Tode verurteilt.

Schwede stilisiert Brown zu einer Figur alttestamentarischen Ausmaßes, zu einem Gottesstreiter wider Unrecht und Unmenschlichkeit, ohne dessen Hang zur Gewalttätigkeit zu kritisieren. Er schreibt von der „Größe des eigenwilligen Mannes [...], der bestes Nordamerikanertum, Yankeetum, verkörperte" (S.189), und stellt ihn in eine Reihe mit Franklin, Jefferson, Adams, Washington und Lincoln. Als einzige Alternative zu Browns Radikalismus erscheinen die Ansichten des gemäßigteren schwarzen Publizisten Frederick Douglass, der für gewaltfreies Vorgehen und Aufklärung der Menschen über die Grausamkeiten und Ungerechtigkeit der Sklaverei plädiert, jedoch nur eine Randfigur ist.

Schwedes Amerikabild ist positiv, er nennt die USA mehrfach ein herrliches Land, doch mit dem Makel der Sklaverei behaftet. Mit dem sozialistischen Geschichtsbild hat Schwedes Roman kaum etwas gemein. Als wichtigste Informationsquelle für sein Werk nennt er eine religiöse Schrift von A. Prowe mit dem Titel *John Osawatomie Brown, der Negerheiland* aus dem Jahre 1876. Des weiteren kann er sich auf die John-Brown-Elogen von Thoreau, Emerson und Victor Hugo berufen, die in der emotional aufgeheizten Stimmung ihrer Zeit John Brown zum Märtyrer erhoben, während er in den Südstaaten verteufelt wurde.

Religiös motiviert war nach Schwedes Darstellung auch Abraham Lincoln, obwohl er keiner Kirche angehörte, sondern sich — wie es Schwede sieht — zu einer Art Urchristentum bekannte, einem Leben nach den Grundsätzen der Bibel. Für seine *Abraham Lincoln Story* gibt Schwede keine Quellen an, doch dürfte ihm Carl Sandburgs Lincoln-Biographie bekannt gewesen sein. In ähnlich gefühlvoller Manier wie Sandburg zeichnet er das Leben Lincolns nach, setzt es aus einer Mischung von Anekdoten und geschichtlichen Abrissen zusammen und zeigt eine große Detailkenntnis der amerikanischen Geschichte des 19.Jahrhunderts, verfällt jedoch oft in einen kitschig-religiösen Stil. Lincoln erscheint als skurriler, humorvoller Sonderling, rechtschaffen wie John Brown und wie dieser ein entschiedener Gegner der Sklaverei. Schwede erwähnt zwar, daß Lincoln nicht für eine radikale Abschaffung der Sklaverei plädierte, sondern den Erhalt der Union für wichtiger hielt, rückt jedoch die Äußerungen Lincolns gegen die Sklaverei stärker in den Vordergrund, was entgegen den geschichtlichen Tatsachen den Anschein erweckt, als sei dies sein Hauptanliegen gewesen. Lincolns politischen Gegner Stephen Douglas stellt Schwede einseitig als Vertreter von Südstaatlerinteressen hin.

Die *Abraham Lincoln Story* orientiert sich mehr an der sozialistischen Geschichtssicht als *Glory glory hallelujah*, sie enthält öfter Verweise auf die amerikanische Arbeiterbewegung, die Solidarität der englischen Arbeiterschaft, das Engagement von Karl Marx in englischen Zeitungen zugunsten der Nordstaaten und die Beteiligung der Schwarzen an ihrer Befreiung. Im großen und ganzen krankt Schwedes Lincoln-Biographie an Ungereimtheiten, historischen Ungenauigkeiten und der Neigung des Autors zu Rührseligkeit und Anekdoten.

Mit John Brown befaßt sich auch Sigmar Schollaks Jugendbuch *Sturm auf Harpers Ferry*, 1975. Es vermittelt in einfacher Form die DDR-Geschichtssicht: Die Plantagenbesitzer des Südens und die Händler des Nordens bilden eine von Profitgier bestimmte Interessengemeinschaft. Die Sklaverei hat ökonomische, systembedingte Gründe. John Brown, ein human gesinnter Mensch, selbst Opfer unehrlicher Händler, Held im Kampf gegen gewalttätige Sklavereibefürworter in Kansas, durchschaut das System und will dagegen vorgehen, scheitert jedoch an der Schwierigkeit, die Sklaven von dem Anschlag auf das Waffenarsenal rechtzeitig zu benachrichtigen, da die weißen Plantagenbesitzer über bessere Kommunikationsmittel als die armen Schwarzen verfügen und die Rebellion unterdrücken können. Browns Hauptfehler besteht in Schollaks Buch darin, daß er die Entwicklung durch eine Einzeltat forcieren will, anstatt eine Solidarisierung der Massen abzuwarten. In der sozialistischen Literatur werden solche Einzelleistungen grundsätzlich verurteilt — wenn auch die gute Absicht anerkannt wird — da nur die Handlung des Kollektivs zum Ideal erhoben wird.

Alle vier Werke unterliegen dem Schematismus, die amerikanische Nation in „Gute" (Gegner der Sklaverei, Schwarze, Arbeiter) und „Böse" (Plantagenbesitzer, Händler, Industrielle) zu unterteilen. Auf diese Weise wollen sie humanistisch-sozialistische Moral vermitteln. Der Sklavereigegner Lincoln wird zur Gestalt mythischer Größe verklärt, der Realpolitiker Lincoln tritt dagegen kaum in Erscheinung. Auch John Brown wird zum Märtyrer stilisiert, sein brutales Vorgehen in den Kämpfen in Kansas heruntergespielt oder entschuldigt mit der Grausamkeit seiner Gegner.

2.2. Die Darstellung der Indianer

Im Vergleich zu solchen Werken der DDR-Belletristik, die sich mit anderen Themen aus der Geschichte der USA befassen, ist die Anzahl der Indianerliteratur beträchtlich: Neben Nachdichtungen von Indianermärchen[12], Ausgaben „klassischer" Indianerliteratur[13] und Jugendsachbüchern über Indianer[14] fand ich 25 Romane über die Indianer Nordamerikas, größtenteils Jugendbücher. Das verhältnismäßig große Interesse am Schicksal der nordamerikanischen Indianer dürfte zum einen auf die deutsche Tradition in der Abenteuerliteratur Friedrich Gerstäckers, Karl Mays[15], Charles Sealsfields (= Karl Postl) und Fritz Steubens zurückgehen. Zum anderen wird das Interesse an Indianerliteratur in der DDR von Günter Ebert in *Ansichten zur Entwicklung der epischen Kinder- und Jugendliteratur in der DDR*, 1976, folgendermaßen begründet:

Die Beliebtheit des Indianersujets bei Kindern und Jugendlichen beruht nicht nur in erster Linie auf einer unmittelbaren Solidarität mit den unterdrückten und verfolgten Indianern in Nordamerika; sie ist vielmehr aus einem psychologischen Verhältnis der Kinder zu dem „Indianer", wie ihn eine Literatur aufgebaut hat, zu erklären: Dieser Indianer ist naiv wie ein Kind, mit ihm kann es sich leicht identifizieren; gleichzeitig verfügt diese Identifikationsfigur über eine natürliche Stärke, die es ihm erlaubt, letztlich doch mit allen Gegnern fertig zu werden. Der Indianer trifft Sehnsüchte, die das Kind tief im Herzen trägt. (S.45)

---

12 Z.B. Edith Klatt: *Ildini*, 1961; dies.: *Bunthaut und Hadako: Nach Indianermärchen erzählt*, 1963; dies.: *Adlers Dank: Nach Indianermärchen erzählt*, 1965; dies.: *Verzaubert ins Reich der Lachse*, 1986; Liselotte Welskopf-Henrich: *Der Steinknabe*, 1952.
13 Z.B. von J.F.Cooper, Friedrich Gerstäcker, Charles Sealsfield und seit 1983 auch von Karl May.
14 Z.B. Eva Lips: *Sie alle heißen Indianer*, 1974; Gerda Rottschalk: *Die ersten Indianer*, 1977; Miloslav Stingl: *Indianer ohne Tomahawk*, 1977.
15 Karl May war in der DDR seit den fünfziger Jahren als Vertreter bürgerlicher Unkultur verpönt. Erst 1983 brachte der Verlag *Neues Leben* in Ost-Berlin eine Winnetou-Ausgabe auf den Markt. Vgl. Günter Ebert: *Ansichten zur Entwicklung der epischen Kinder- und Jugendliteratur in der DDR*, S.43; Heinrich Pleticha: „Winnetou auf der Briefmarke", SZ vom 14./15.2.1987, S.149.

Auch eignet sich die Indianerliteratur für didaktische Zwecke, vor allem für die „Herausbildung sozialistischer Persönlichkeiten". Die sozialistischen Kinder- und Jugendbuchautoren erhalten einen Erziehungsauftrag, sie müssen hohe Anforderungen erfüllen, nämlich Kindern und Heranwachsenden behutsam und gleichzeitig belehrend die Zusammenhänge in der Geschichte nach den Maximen des Historischen Materialismus erläutern. Das Thema der Unterwerfung und teilweisen Ausrottung der Indianer läßt nicht nur Identifikation mit den Unterdrückten und moralische Empörung gegen die Unterdrücker aufkommen, sondern verdeutlicht vorbildhaft den Zusammenhang zwischen ökonomischen Interessen und Unmenschlichkeit.

Ein weiterer Grund für die Beliebtheit des Themas Indianer in der DDR-Belletristik mag darin zu finden sein, daß ein bewußtes Gegenbild zur westlichen Indianerdarstellung der fünfziger und sechziger Jahre geschaffen werden sollte. In dieser Zeit war in Westernliteratur, Film und Fernsehen der USA und BRD eine positive Darstellung der nordamerikanischen Indianer in der Regel nicht üblich, die Indianerfrage wurde eher aus der Sicht der weißen Opfer von Indianerüberfällen behandelt, was sich besonders anhand des amerikanischen Films verfolgen läßt:

> In den meisten Filmen waren die Indianer eine gesichtslose Masse, die als stereotypes Gefahrenmoment in die Filme eingebaut wurde und ein vollkommen verzerrtes Bild des Indianers gab. Die Eingeborenen traten fast immer in großen Massen auf, sie griffen Wagenburgen an, setzten einsame Gehöfte in Brand und trieben unschuldige weiße Männer und Frauen davon, um sie grausam zu martern. (Jeier, S.184)

Ähnliches findet sich in der Heftreihen- und Westernliteratur. In der DDR wurde dieses Indianerbild gerügt:

> Bis heute arbeitet eine zweckgesteuerte, im Dienste der herrschenden Klasse stehende Geschichtsschreibung an einem verzerrten Bild des Ureinwohners des nordamerikanischen Kontinents, und vor allem die modernen Massenmedien in den USA verbreiten unentwegt (besonders in Form des „Western") den Mythos vom wilden, grausamen, heimtückischen und unkultivierten Indianer, der sich beharrlich den Segnungen der weißen Zivilisation widersetzt. (Brüning 1976, S.186)

Dieses Bild erreichte vor allem via Westfernsehen die DDR, die sich mit ihren Jugendbüchern und ab Mitte der sechziger Jahre auch mit ihren Indianerfilmen (die absichtlich nicht als „Western" bezeichnet wurden)[16] bewußt dagegen wehrte. Die Filme sind bemüht, die Indianerfrage als Klassenfrage zu definieren:

---

16 Die DEFA-Streifen sind z.T. Literaturverfilmungen nach L.Welskopf-Henrich (*Die Söhne der großen Bärin*, 1965/66), J.F.Cooper (*Chingachgook, die große Schlange*, 1966), W.Püschel (*Osceola*, 1972/73) und A.Jürgen (*Blauvogel*, 1979), z.T. fiktive Schilderungen von Indianerschicksalen (*Spur des Falken*, 1968; *Tödlicher Irrtum*, 1970; *Tecumseh*, 1972; *Apachen*, 1973; *Ulzana*, 1974; *Der Scout*, 1983; *Atkins*, 1985. Vgl. *Westernlexikon* und *unidoc-Kataloge*).

Der Zuschauer kann und soll sich nicht darüber beruhigen, daß die Besitznahme des Landes durch die Weißen mit größter Brutalität geschah, daß die kapitalistische Kolonialpolitik eine Politik der Ausrottung der Völker war — und heute noch ist ... Ein Indianerfilm, der dem historischen Hintergrund gerecht werden soll, kann nicht erzählt werden, ohne die Interessengegensätze zwischen Indianern, Siedlern und Kapitalisten wahrheitsgemäß darzustellen. Historische Prozesse lassen sich nicht auf die einfache Formel von Gut und Böse bringen, denn sie erklärt nicht die Tragik des Untergangs der Indianer. Eine hohe Moral, Heimatliebe, Opfermut und Treue in den Beziehungen zu Freunden und Verbündeten zeichnen die indianischen Helden unseres Films aus, aber auch die Einstellung der weißen Siedler zum Indianerproblem und ihre moralischen Haltungen sind differenziert dargestellt. Schließlich aber ist in der Größe und dem Heroismus des Widerstandskampfes der Indianer, den sie trotz unzulänglicher Mittel und Kenntnisse führten, die Romantik zu finden, die auch heute noch die Zuschauer begeistert, ohne sie zu falschen Illusionen zu verführen. (Programmheft zu *Spur des Falken*, zitiert nach J.Hembus: *Westernlexikon*, S.740)

Was hier über den Indianerfilm gesagt wurde, gilt auch für die Indianerliteratur. Anna Jürgens *Blauvogel* und Liselotte Welskopf-Henrichs sechsbändiges Werk *Die Söhne der großen Bärin* gelten in der DDR-Literaturgeschichtsschreibung als herausragende Werke (sie sind auch in anderen Ländern in hoher Auflage erschienen).

Hauptfigur in Anna Jürgens *Blauvogel, Wahlsohn der Irokesen*, 1950, ist ein weißer neunjähriger Junge, der 1755 in die Hände der Irokesen fällt, vom Häuptling an Sohnes Statt angenommen wird und den Namen „Blauvogel" erhält. Blauvogel fügt sich bald in die Gemeinschaft der Irokesen ein, deren Alltag die Autorin ethnographisch genau darzustellen versucht. Mit den Augen des weißen Jungen lernt der/die Lesende die irokesische Gesellschaft kennen, das Leben der Großfamilien in Langhäusern, ihr Gemeinschaftseigentum anstelle von Privateigentum, den höflichen Umgang miteinander, die Gastfreundschaft, die Kindererziehung ohne Schelten und Schläge, die relative Gleichberechtigung zwischen bodenbauenden Frauen und jagenden Männern und die Matrilinearität, die Integration alter Menschen in die Gemeinschaft, die Naturverbundenheit der Indianer und ihre Friedfertigkeit. In den Jahren 1755 bis 1763, die Blauvogel bei den Irokesen verbringt, erlebt er ein Stück amerikanischer Geschichte: Es ist die Zeit des *French and Indian War* (1754-1763), der mit dem Sieg der Engländer über die Franzosen und deren Vertreibung aus Nordamerika endete, und von Pontiacs Aufstand (dem Ottawa-Häuptling Pontiac gelang eine Föderation von achtzehn indianischen Stämmen, die er 1763 in den Krieg gegen die Engländer führte). Die Irokesen, bei denen Blauvogel lebt, beziehen nicht Stellung für Engländer oder Franzosen, da sie beide als landhungrig und indianerfeindlich kennen. Von den Kriegsfolgen bleiben sie trotzdem nicht verschont: Blauvogel erlebt einen Überfall weißer Skalpjäger auf irokesische Frauen und Kinder mit.

Nachdem Pontiac besiegt ist, fordern die Engländer die Herausgabe aller weißen Gefangenen und Adoptivkinder von den Indianern, und so wird Blauvogel, inzwischen ca. 17 Jahre alt, gezwungen, zu seinen Verwandten zurückzukehren. Er kann sich in das auf Erwerb eingestellte, naturferne Leben der Weißen nicht mehr einpassen, sie erscheinen ihm roh, egoistisch und grausam, alles und jeder, ob Gegenstand, Tier oder Mensch, wird nach seiner Zweckmäßigkeit eingeschätzt. Indianer sind für die Weißen nur „Pack" oder „rote Hunde". Am Schluß flieht Blauvogel zurück zu seiner irokesischen Familie.

Die DDR-Literaturgeschichtsschreibung hat das Buch sehr gelobt, gibt aber L. Welskopf-Henrichs Werken den Vorzug. Jürgens Blauvogel habe die „Ablösung der Urgesellschaft" nicht genau geschildert und die „natürliche Idylle der Urgemeinschaft" romantisiert, jedoch nicht die „soziale Stagnation, in der sich die Indianer befanden" gezeigt (Ebert, S.44), weshalb das Werk „bei allen Bemühungen doch im bürgerlich-humanistischen Rahmen" bleibe (S.45). Erstaunlich an dieser Kritik ist, daß sie sich gegen einen Roman wendet, der dieselbe „Urgemeinschaft" darstellt wie Friedrich Engels in *Vom Ursprung der Familie* (der sich für die urtümliche Demokratie und den Ursozialismus der Irokesen begeisterte) und der von Engels' Sicht nicht abweicht.

Teile von Liselotte Welskopf-Henrichs umfangreichem Werk *Die Söhne der großen Bärin*, bestehend aus sechs Einzelbänden, *Harka, Der Weg in die Verbannung, Die Höhle in den Schwarzen Bergen, Heimkehr zu den Dakota, Der junge Häuptling* und *Über den Missouri*, wurden erstmals 1951 publiziert. Die Autorin, Professorin für Alte Geschichte an der Humboldt-Universität in Ost-Berlin, hatte die Grundkonzeption für das Werk schon lange zuvor entworfen, Material über die Dakota mit Unterstützung des Museums für Völkerkunde in Berlin gesammelt und zuerst Band 5 und 6 im Jahre 1940 vollendet. Die vier vorhergehenden wurden in den späten fünfziger und frühen sechziger Jahren verfaßt.

Sie beschreibt den Lebensweg eines jungen Dakota-Indianers von seinem 11. bis zu seinem 24. Jahr. Er ist Angehöriger der Bärenbande, einer Untergruppe der großen Stammesfamilie Dakota-Oglala-Teton, die sich auf eine mythische Bären-Ahnfrau zurückführt. In der Gegend um die Black Hills beheimatet, gerät der Stamm in Auseinandersetzungen mit goldgierigen Weißen. Der Häuptling, Vater der Hauptfigur, wird vom Stamm verbannt, weil er betrunken das Geheimnis des Goldverstecks der Bärenbande an die Weißen verraten haben soll, das sich in der den Indianern heiligen Höhle der Großen Bärin in den Black Hills befindet. Vater und Sohn, der sich freiwillig angeschlossen hat, verdingen sich erst beim Zirkus, werden dann von den Siksikau (Schwarzfüßen), Feinden der Dakota, aufgenommen und gehen später als Kundschafter zum Eisenbahnbau der *Union Pacific*. Als der Vater von betrunkenen Weißen ermordet wird, kehrt der Sohn zur Bärenbande zurück, wird

Häuptling und zieht mit seiner Stammesgruppe auf der Seite von Tashunkawitko (*Crazy Horse*) und Tatanka-yotanka (*Sitting Bull*) in den Krieg gegen die Weißen. Von deren Übermacht besiegt, zieht die Bärenbande in die Reservation und erleidet Demütigungen, Hunger, Durst und Krankheiten. Der Häuptling erkennt, daß das ursprüngliche Leben der Indianer als Jäger wegen der Ausrottung der Büffel nicht mehr möglich ist. Er bewegt seine Stammesgruppe dazu, aus der Reservation nach Kanada zu fliehen, um dort mit Gold Land und Vieh zu erwerben und als freie Bauern und Viehzüchter zu leben.

Der Lebensweg des jungen Indianers gibt der Autorin Raum zur Schilderung der amerikanischen Geschichte. Der Inhalt der Romanfolge beginnt um 1865 und endet ca. 1877. Er umfaßt den Bürgerkrieg, die Besiedlung der Prärie, den *Homestead Act*, den Bau von *Union Pacific* und *Central Pacific*, den Krieg um die Black Hills 1875-1877[17], alles aus der Sicht der Indianer. Die historischen Ereignisse bilden jedoch nur den Hintergrund der Geschichte, sie werden nicht ausführlicher behandelt.

Das Leben der Prärie-Indianer wird von der Autorin weniger ethnographisch genau als von Anna Jürgen gezeichnet, sie legt mehr Wert auf spannende Jagd- und Kampfepisoden. Als Quelle dürften ihr sicherlich vor allem die Erinnerungen des Häuptlings *Buffalo Child* gedient haben (*Long Lance by Chief Buffalo Child*, 1929), denen sie offenbar manche Episoden entnommen hat.

Die Begegnungen des Helden mit den Weißen verlaufen weitestgehend negativ. Als Zirkusreiter lernt er die menschenverachtende Profitgier der Weißen kennen: Die Artisten werden zu immer gefährlicheren Kunststücken gezwungen, um sich ihren Arbeitsplatz zu erhalten. Als Kundschafter für den Eisenbahnbau wird er Zeuge der Ausbeutung weißer Arbeiter. Als Häuptling wird der Held mit der Vertragsbrüchigkeit und Hinterlist der Weißen konfrontiert, und immer wieder muß er sich gegen ihre Goldgier zur Wehr setzen. Große Gesellschaften stehen hinter den Handlungen der Weißen, Pelzgesellschaften, die die Felle von Indianern und Trappern zu Schleuderpreisen kau-

---

17 *Homestead Act* (1862): gewährte jedem Siedler für wenig Geld 160 *acres* Land (1 *acre* = 40,467 Ar) unter der Bedingung, daß er das Land fünf Jahre lang bebaute; sollte der schnelleren Besiedlung der Prärie dienen. *Union Pacific / Central Pacific*: zwei Eisenbahngesellschaften; führten 1869 den Bau der ersten transkontinentalen Eisenbahnlinie durch, die für die Erschließung des Landes wichtig war, aber auch die Ausrottung der Büffel zur Folge hatte, da Jäger von der Bahn aus ganze Herden abschossen und so den Prärieindianern die Lebensgrundlage nahmen. Krieg um die Black Hills: Die Sioux hatten das Gebiet um die Black Hills von der US-Regierung vertraglich zugesprochen bekommen; als Mitte der 1870er Jahre dort Gold gefunden wurde, drangen Weiße unter dem Schutz von amerikanischem Militär in das Gebiet ein. Die Sioux wehrten sich und führten Krieg gegen die US-Truppen, 1876 gelang ihnen der Sieg über General Custer am Little Big Horn; 1877 wurden die Sioux besiegt und in die Reservation geschickt.

fen, Eisenbahngesellschaften, zu deren Gunsten die Indianer vertrieben und die Büffel ausgerottet werden, damit die Gesellschaften ihr billig von der Regierung erworbenes Land teuer an Siedler verkaufen können, und Bergbaugesellschaften, die die Ausbeutung der Bodenschätze in den Black Hills anstreben. Die entrechteten und betrogenen Indianer solidarisieren sich schließlich und begraben die alten Stammesrivalitäten, um gegen die Weißen zu kämpfen. Der Held hat als einer der ersten begriffen, daß er nicht mehr in den Kategorien Dakota — Siksikau — Pani (*Pawnee*) usw. denken darf, sondern sich als Indianer fühlen muß, wenn er und sein Volk überleben wollen. Die Autorin entwirft sogar das Idealbild einer Solidarisierung aller Unterdrückten: Zwei schwarze Sklaven flüchten im Laufe des Bürgerkriegs zu den Indianern und werden als gleichberechtigte Krieger aufgenommen; der Held versöhnt seine Dakota mit ihren Todfeinden Pani, Siksikau und Absaroka (*Crow*); als Kundschafter beim Eisenbahnbau rettet er einen Führer eines Arbeiterstreiks vor dem Erschossenwerden und verhilft ihm später zur Flucht vor der Polizei; mit einigen indianerfreundlichen Weißen verbündet sich der Häuptling (mit Pelzjägern, einem verschuldeten Kleinfarmer, einem Maler) trotz seiner schlechten Erfahrungen mit Weißen.

Jene ,,guten" Weißen sind jedoch deutlich in der Minderzahl. Wesentlich größer ist die Zahl der ,,bösen", indianerfeindlichen Weißen, Vertretern der reichen Oberschicht, Kapitalisten des Eisenbahnbaus, Bankiers, korrupten Indianeragenten, betrügerischen und karrieresüchtigen Offiziere und vor allem der brutalen, skrupellosen Grenzer. Sie tragen phantasievolle Namen (wie ,,Hahnenkampf-Bill", ,,zahnloser Ben", ,,Pitt mit der Stummelnase" etc.), gehen keiner Arbeit nach, sondern leben von Diebstahl, Betrug, Raub, Mord, und sind bei jeder Aktion gegen die Indianer dabei, wobei sie deren Frauen und Kinder nicht verschonen. Anführer dieser Leute ist ein ,,Red Fox" genannter Mann, das personifizierte Böse, der schlechthin alles Unglück über die Bärenbande bringt: Er macht den Vater des Helden zum Trinker, um ihm das Geheimnis der Goldhöhle zu entlocken; er bringt Vater und Sohn zum Zirkus, mit dessen Tageskasse er dann verschwindet; er holt den Vater von den Siksikau zum Eisenbahnbau, wo er den Streik niederschlagen hilft; er tötet den Vater, als er merkt, daß er von dem Verbannten die genaue Lage des Goldverstecks nie erfahren wird; er sorgt für die Gefangennahme des jungen Häuptlings; er verwaltet stellvertretend die Reservation und verschiebt die für die Indianer bestimmten Lebensmittel; und er leitet die Verfolgung der Bärenbande bis zur kanadischen Grenze, wo ihn der Held besiegt und tötet. Die Figur des Red Fox, dessen Beschreibung von Band zu Band abstoßender wird, vereinigt in sich alle negativen Züge der Weißen, wie der Held alle positiven Eigenschaften der Indianer in sich vereinigt. Beide werden so zur Symbolfigur.

Schon äußerlich sticht Red Fox hervor: Er ist rothaarig und hat angewachsene Ohrläppchen, wie immer wieder betont wird. Im Unterschied zur genauen Schilderung der Entwicklung des Helden wird der Lebensweg des Red Fox nur in groben Zügen skizziert: Er ist Waisenkind, wuchs bei asozialen, prügelnden Pflegeeltern auf und schloß sich schon als Halbwüchsiger einer Bande an, bei der er Diebstahl, Raub und Mord lernte. Ansonsten fehlt jegliche Psychologisierung seines Charakters, er ist einfach der „Verbrecher" an sich, worauf auch seine Haarfarbe und die angewachsenen Ohrläppchen hinweisen, nach altem Aberglauben Merkmale des Verbrechers.

Welskopf-Henrichs Romanfolge entspricht eher den DDR-Vorstellungen, weil sie die Indianerfrage als Klassenfrage darstellt. Die Bärenbande verharrt nicht in urgemeinschaftlichen Traditionen, sondern entwickelt sich gesellschaftlich fort, indem sie zu Bodenbau und Viehzucht übergeht, dem „einzig zukunftseröffnenden" Weg (Wallesch, S.165). So gibt die Autorin „ein genaues Bild der Klassenlage, die sich hinter dem Verteidigungskampf der Indianer verbirgt." (Ebert, S.45)

Liselotte Welskopf-Henrich hat betont, daß es die Bärenbande und ihren Häuptling wirklich gegeben habe, ihre Nachfahren lebten heute in den Woodmountains in Kanada als Viehzüchter. Auf historischen Gegebenheiten basieren auch viele andere Indianerbücher aus der DDR:

— Rudolf Daumanns *Tatanka yotanka*, 1955, und der Fortsetzungsband *Der Untergang der Dakota*, 1957, befassen sich mit dem Schicksal der Sioux (Dakota) unter Tatanka yotanka (*Sitting Bull*) von den Auseinandersetzungen um die Black Hills und Custers Niederlage am Little Big Horn bis zur unbarmherzigen Vernichtung des Stammes durch weißes Militär und der Vertreibung der wenigen Überlebenden nach Kanada (1875-1877).
— Hans Schönrocks *Mein Freund Chinino*, 1955, erzählt aus der Sicht eines mitziehenden Weißen von dem Exodus der Cheyenne aus ihrer Reservation in Oklahoma im Jahre 1878, von ihrem Versuch, ihre alte Heimat am Yellowstone River trotz Hunger, Kälte und weißer Verfolger zu erreichen, von ihrer Kapitulation und Gefangennahme und schließlich von der historisch verbürgten Tatsache, daß die Cheyenne im Winter in eine ungeheizte Militärbaracke gesperrt und tagelang nicht mit Nahrung und Wasser versorgt wurden, bis sie einen verzweifelten Ausbruchsversuch unternahmen, bei dem die meisten von ihnen erschossen wurden.
— Rudolf Daumanns *Die vier Pfeile der Cheyenne*, 1957, stellt den Kampf der Cheyenne um ihre Rechte und ihr Land dar. Beschrieben wird, wie es zum *Sand Creek Massacre* kam, das der fanatische Indianerhasser John M. Chivington mit seinen Leuten unter hilflosen, unbewaffneten Cheyenne, fast nur alten Leute, Frauen und Kinder, anrichtete (1864).
— Walter Püschels *Osceola oder Seminolenkrieg in Florida*[18], 1961, wendet

---

18 Dieses Buch veröffentlichte der Autor unter dem Pseudonym „Walter Schell", alle weiteren unter seinem eigentlichen Namen.

sich der Kultur der bodenbauenden Seminolen in Florida zu, die entflohene Sklaven in ihre Stämme aufnahmen. Wie die friedliebenden Seminolen durch Ungerechtigkeiten, Betrug und Landgier der Weißen in den Krieg (1835-1842) getrieben wurden, verdeutlicht Püschel anhand des Schicksals des Häuptlings Osceola aus der Sicht eines weißen Kleinbauern, der ebenso wie die Indianer von Großgrundbesitzern und Militär um die Existenzgrundlage gebracht wird und sich am Ende den Indianern anschließt.

— Auch der Fortsetzungsband, *Robin und die Häuptlingstochter*, 1964, spielt bei den Seminolen. Erzählt wird das Schicksal eines jungen schwarzen Sklaven, der sich um 1835 zu den Seminolen flüchtet, ihren Oberhäuptling Osceola kennenlernt, die hinterhältige Ermordung vieler Seminolen durch weißes Militär und die gewaltsame Rückführung von Schwarzen in die Sklaverei miterlebt, die sich den Seminolen angeschlossen und Familien gegründet hatten. Am Schluß entflieht er abermals der Sklaverei und nimmt am Kampf der Indianer gegen die Weißen teil.

— Wolf Durian widmet sich in *Der Mann im Biberbau: Die Abenteuer des Jägers John Colter* einer historischen Figur, dem Weißen Colter, der Ende des 17.Jahrhunderts bei den Omaha aufwuchs, später als Kundschafter an einer Expedition zur Erforschung des amerikanischen Westens jenseits der Rocky Mountains teilnahm, auf der Flucht vor feindlichen Blackfeet das Gebiet des heutigen Yellowstone-Parks entdeckte und schließlich bei den Crow lebte. Durian zeigt Colters Leben als einen ständigen Kampf gegen die großen Pelzhandelskompanien, die in ihrer Geldgier die Tiere dezimieren, damit das natürliche Gleichgewicht zerstören, indianische Gesetze verletzen und ganze Stämme in wirtschaftliche Abhängigkeit und Ruin treiben.

— In Walter Püschels *Crazy Horse*, 1979, sind zwei verschiedene historische Ereignisse das Thema: der Kampf der viehhaltenden Rancher gegen die bodenbauenden Farmer und der Kampf der Dakota unter Führung von *Crazy Horse* und anderen Indianerhäuptlingen um ihre Freiheit. Püschel läßt etliche historische Personen auftreten, neben den Häuptlingen die Generäle Crook, Sheridan und Mackenzie, den Schriftsteller Ambrose Bierce und die Zirkusartistin Ann Bailey (*Annie get your gun*), die vom Helden des Romans, einem Kleinbauern, sogar geheiratet wird. Das Buch endet nach dramatischen Kämpfen mit der Ermordung der beiden Hauptfiguren, des im Kampf gegen den herrschenden Rinderkönig siegreichen Farmers und des gefangenen, von seinen eigenen Leuten verratenen Häuptlings.

Weniger an historische Einzelheiten halten sich Rudolf Weiß in *Der Rote Jim: Das Ende der Dakota-Indianer*, 1956, sowie Günter Karl und Karl Heinz Berger in ihren drei Abenteuerromanen *Spur des Falken*, 1968, *Weiße Wölfe*,

1970, und *Tödlicher Irrtum*, 1972. Sie zeigen eher die generellen Züge der Indianervernichtung in Nordamerika auf. In den drei erstgenannten Romanen dringen verbrecherische Weiße im Auftrag großer Gesellschaften im Osten (Landspekulanten in *Der Rote Jim* und *Spur des Falken*, eine *General Mining Inc.* in *Weiße Wölfe*) in Indianergebiet in den Black Hills ein, führen landsuchende Siedler und Goldgräber dorthin, töten die Büffel, die Lebensgrundlage der Indianer, und verdrängen die Stämme allmählich von ihrem Land. Die Indianer, in allen drei Büchern Dakota, greifen schließlich zur Gewalt, um die Weißen zu vertreiben. Dies dient jenen zum Vorwand, Militär zu Hilfe zu holen und die Indianer endgültig zu besiegen, in Reservationen abzuschieben oder zu töten. Deutlich wird unterschieden zwischen den Vertretern des Großkapitals und ihren Helfershelfern, Verbrechern, Säufern und *gunmen*,[19] auf der einen Seite und den Siedlern auf der anderen, die wie die Indianer zu Leidtragenden der Land- und Goldgier der Gesellschaften werden: Sie werden als Werkzeug benutzt, lenken den Zorn der Indianer auf sich und werden anschließend von den Kapitalisten zu Märtyrern erklärt, die grausam gerächt werden müssen.

Der letzte Band der beiden Autoren Karl und Berger ist zeitlich etwas später angesiedelt, im Jahre 1894. Auch der Schauplatz hat gewechselt, statt in den Black Hills spielt die Handlung in Wyoming in einer Shoshonen-Reservation, wo Öl gefunden wurde. Eine große Ölgesellschaft schließt betrügerische Verträge mit den Shoshonenhäuptlingen ab und beginnt Öl zu fördern, ohne eine Bohrkonzession von der Bundesregierung zu besitzen. Nach und nach läßt der Vertreter der Ölgesellschaft durch gedungene Mörder die Häuptlinge umbringen, die ihren vertragsmäßigen Anteil am Geschäft fordern. Als einige Indianer und Weiße, die über die Methoden der Gesellschaft empört sind, die Morde an den Häuptlingen aufzuklären beginnen, läßt der Vertreter der Gesellschaft die Ölfelder anzünden und schiebt die Schuld an der Brandstiftung den Indianern zu, so daß die Gesellschaft einen Vorwand hat, den Vertrag mit den Shoshonen für null und nichtig zu erklären. In den Wirren des Brandes sind die meisten Gegner der Ölgesellschaft umgekommen oder ermordet worden.

Dieser Roman zeigt, wie die vorhergehenden, die Indianerfrage als Klassenfrage. Die in der Reservation lebenden Shoshonen sind verelendet, hoffnungs- und arbeitslos und dem Alkohol ergeben, sie könnten den Gewinn der Ölförderung zum Erlernen von Ackerbau und Viehzucht sowie zur Errich-

19 Die Grenzer, Banditen, Wegelagerer, Betrüger, Mörder etc. sind Angehörige des „Lumpenproletariats": „Das Lumpenproletariat, diese passive Verfaulung der untersten Schichten der alten Gesellschaft, wird durch eine proletarische Revolution stellenweise in die Bewegung (d.i. die revolutionäre Bewegung des Proletariats, D.W.) hineingeschleudert, seiner ganzen Lebenslage nach wird es bereitwilliger sein, sich zu reaktionären Umtrieben verkaufen zu lassen." (*Kommunistisches Manifest*, S.55)

tung von Schulen brauchen, wie es einer der Helden des Buches, ein Häuptlingssohn, plant. Diese Hoffnung wird durch die kapitalstarke, rücksichtslose Ölgesellschaft zunichte gemacht.

Auffällig an den drei Romanen von Karl und Berger ist vor allem ihre rein äußerliche Anlehnung an westliche Westernliteratur: Das Autorenteam veröffentlichte zunächst unter dem Pseudonym „Charles P. Henry", angeblich, um namentlich ins geschilderte Milieu der Black Hills zu passen (laut Buchrückseite von *Spur des Falken*). Das Cover der Romane erinnert sehr an ein Westernheft. Die dritte Ähnlichkeit mit westlichen Gepflogenheiten besteht in der Tatsache, daß alle drei Romane auf Filmszenarien beruhen, wie in den USA, wo nach besonders erfolgreichen Filmen oft Bücher gleichen Titels geschrieben werden.[20] Hier zeigt sich augenfällig der Trend in der DDR-Literatur ab Mitte der sechziger, vor allem aber ab Anfang der siebziger Jahre, sich westlicher Muster zu bedienen, um die Verkäuflichkeit ihrer Produkte zu erhöhen, ohne dabei auf die Vermittlung sozialistischer Geschichtssicht und Werte zu verzichten. Die drei Romane sind gut geschriebene, spannende Abenteuerliteratur, qualitativ höherstehend sowohl als die westliche Westernheftreihenliteratur (die es in der DDR nicht gibt) als auch als unbeholfene, schematische DDR-Vorgänger wie *Der Rote Jim*.

Auch in der Belletristik, die nicht für Kinder oder Jugendliche geschrieben ist, finden sich Indianerdarstellungen: Franz Fabian, Christoph Hein, Ferdinand May und Alfred Otto Schwede lassen in ihren oben besprochenen Werken Indianer auftreten, ebenso Peter Hacks in zwei Dramen, *Columbus, oder: Die Weltidee zu Schiffe* (auch: *Columbus, oder: Die Eröffnung des indischen Zeitalters*), 1954, und *Polly oder Die Bataille am Bluewater Creek*, 1963.

In Heins Revue beklagt, stellvertretend für alle Indianer, der Häuptling der Oglala-Teton *Red Cloud* die widerrechtliche Landnahme der Weißen und den Betrug an den Indianern. Bei May erscheinen die Indianer zum einen als „edle Wilde", deren Welt wohltuend verschieden von der der Weißen ist, zum anderen als Opfer, rechtlos, mißhandelt, verdrängt aus ihrem Lebensgebiet. Ebenso treten sie in beiden Romanen Schwedes auf (der eine besondere Verehrung für Tecumseh hegt).

In Peter Hacks' Columbus-Drama, das streng genommen nicht zum Material über das Bild der USA in der DDR-Literatur gehört, zeichnet sich anhand des Verhaltens der Spanier gegenüber den westindischen Indianern bereits das kommende Unheil für alle Indianer Nord- und Südamerikas ab. *Polly oder Die Bataille am Bluewater Creek* ist eine Bearbeitung des Stücks von John Gay aus dem Jahre 1728/29, einer Fortsetzung der *Beggar's Opera*

---

20 Zumindest die *Spur des Falken* und *Tödlicher Irrtum* sind meines Wissens vor der Buchausgabe als Filme erschienen. Für *Weiße Wölfe* fehlt mir ein entsprechender Beleg.

(1728). Während Gays *sentimental comedy* eine Satire auf die englische Gesellschaft des 18.Jahrhunderts ist und auf den Westindischen Inseln spielt, hat Hacks das Stück in die amerikanischen Kolonien verlegt und daraus eine Satire auf die moderne kapitalistische Gesellschaft in altertümlichem Gewand gemacht. Vordergründig geht es um weiße Pflanzer, die Indianern ein Tal fortnehmen wollen, weil das Land fruchtbar ist und der Fluß dort Gold enthält. Zu diesem Zweck verbünden sich die Pflanzer sogar mit Piraten, die sie sonst bekämpfen. Folgender Dialog entwickelt sich zwischen dem Pflanzer Ducat und dem Piratenführer Morano:

Ducat [...] Mr. Morano, was wissen Sie von den Indianern?
Morano Sie sind Wilde. Grausam, blutrünstig, verschlagen.
Ducat Also nichts. Die Indianer [...] sind keine Wilden, sie sind Irre. [...] Sie sagen grundsätzlich die Wahrheit, und aunter Wahrheit verstehen sie nicht, was ihren Zielen dient, sondern was mit dem, was sie Wirklichkeit nennen, übereinstimmt.
Morano Das ist merkwürdig.
Ducat Sie heiraten aus Liebe.
Morano Das ist kaum glaublich.
Ducat Sie tun, was sie für das Rechte halten, auch wenn es sie geradenwegs auf die Folter bringt.
Morano Das ist unmöglich.
Ducat Sie verachten das Gold [...] und erklären, daß allein die Tugend den Wert eines Mannes ausmache.
Morano Mr. Ducat, ich entschuldige Ihre Verleumdungen, da Sie über Feinde sprechen. (S.279f.)

Auch hier sind die Weißen wieder verschlagen, geldgierig, ohne sittliche und moralische Werte, die Roten jedoch edel, tapfer, ethisch denkend und handelnd.

Das einzige mir bekannte Werk, in dem Indianer in negativem Kontext auftauchen, ist Frank Fabians *Die Schlacht von Monmouth*, wo mehrfach erwähnt wird, daß von Briten aufgehetzte Indianer aufständische Kolonialisten ermorden, skalpieren und ihre Häuser brandschatzen (S.77, 127, 144). Da der Autor die Revolutionäre als Identifikationsfiguren darstellt, erscheinen diese Indianerüberfälle in ungünstigem Licht, doch betont er jedesmal, daß die Briten die Indianer dazu angestiftet hätten.

Das Leben der Indianer in moderner Zeit beschreiben Hans-Günter Krack in *Hein auf Indianerjagd*, 1951, und Liselotte Welskopf-Henrich in dem fünfbändigen Werk *Das Blut des Adlers (Nacht über der Prärie*, 1966; *Licht über weißen Felsen*, 1967; *Stein mit Hörnern*, 1968; *Der siebenstufige Berg*, 1972; *Das helle Gesicht*, 1980). In Kracks Jugendbuch folgt ein ostdeutscher Junge einem Wanderzirkus quer durch die DDR, um die dort arbeitenden nordamerikanischen Indianer für eine Klassenarbeit zu befragen. Er erfährt von ihnen, daß das Leben in der Reservation armselig sei, die jungen Leute keine Arbeit fänden, unfähige oder betrügerische Agenten die Reservationen verwalteten, der Rassismus der Weißen empfindlich spürbar sei und viele Indianer der Trunksucht anheimfielen.

Dieselben Probleme zeigt auch Liselotte Welskopf-Henrich in ihrer Fortsetzungspentalogie zu den *Söhnen der großen Bärin* (der Held in *Das Blut des Adlers* ist ein Nachfahre des Häuptlings aus *Die Söhne der großen Bärin*). Schlechter Boden in der Reservation, Trunksucht, Arbeitslosigkeit, mangelhafte Schulbildung, hohe Kindersterblichkeit, eine lähmende Bürokratie und der Rassismus der Weißen sind die größten Schwierigkeiten in der hier beschriebenen Dakota-Reservation. Der Held, der sich in jugendlichem Alter in der benachbarten Stadt einer *Gang* angeschlossen hatte und als Krimineller gilt, wird durch seine Ehe mit einer indianischen Malerin resozialisiert und kämpft gegen die Widrigkeiten in der Reservation an, vor allem dadurch, daß er seinen resignierten Stammesbrüdern und -schwestern mit seiner Familie und seinen Freunden eine Alternative zum Dahinvegetieren auf Staatsrente vorlebt: Er züchtet *bucking horses* für Rodeos und Büffel, seine Frau bemüht sich, das indianische Kunsthandwerk wiederzubeleben. Auch in der Stammespolitik wird der Held aktiv, er muß sich hier vor allem gegen die Traditionalisten durchsetzen, die sich mit den Weißen arrangiert haben und keinerlei Veränderungen wünschen.

Diese Grundthematik hat die Autorin durch eine Fülle von *Action*szenen zu fünf dickleibigen Romanen ausgeweitet (keiner hat unter rund 500 Seiten). Rivalitäten mit anderen Indianern, die sich der Lebensweise der Weißen angepaßt haben, immer wieder Konflikte mit den ehemaligen Mitgangstern des Helden, infolgedessen Schwierigkeiten mit der Polizei, Verhaftungen, Verhöre, Gerichtsverfahren, Jagdabenteuer und vieles andere mehr erlebt der Held, der geradezu zum übermenschlichen Heroen hochstilisiert wird, der fast immer siegt und alles überlebt — bis zum fünften Band. Hier scheint die Autorin ihres Helden überdrüssig geworden zu sein und die nächste Generation bevorzugt zu haben, denn er wird zu Beginn des Bandes *Das helle Gesicht* bei einer Veranstaltung des *American Indian Movement*[21] erschossen. Neue Helden sind sein Pflegesohn und dessen Freundin, die den Kampf der Indianer um ihre Rechte fortführen. Sie nehmen an der großen Aktion des *Indian Movement* am Wounded Knee teil, erleben die wochenlange Belagerung durch Bundestruppen mit und lernen Russell Means, eine der führenden Persönlichkeiten des *Indian Movement*, kennen. Schon in *Der siebenstufige Berg* hatte die Autorin begonnen, die Ideen und Aktionen des *Indian Movement* (hier anhand der indianischen Besetzung der Insel Alcatraz) in die Romanhandlung einzubeziehen. Ebenso wie in *Die Söhne der großen Bärin* läßt sie es in *Das Blut des Adlers* zu einer Solidarisierung aller Unterdrückten kommen.

---

21 vgl. Fußnote 8, Seite 42

Das Blut des Adlers ist deutlich schwächer als Die *Söhne der großen Bärin*, nicht so sehr deshalb, weil der fünfte Band im Vergleich zu den übrigen Bänden stilistisch stark abfällt und nicht vollendet wurde (er entstand kurz vor dem Tod der Autorin), sondern weil die Heroisierung der Hauptfigur und der Konservativismus Welskopf-Henrichs schwer erträglich sind. Vor allem in den drei Romanen, die in den sechziger Jahren geschrieben sind, zeigt sich die Abneigung der Schriftstellerin gegen die aufkommende Jugendbewegung: Das Konzert einer Beatband wird zum wahren Hexenkessel; Männer mit langen Haaren hält sie für weibisch (obwohl die Indianer ihr Haar ursprünglich auch lang trugen — Welskopf-Henrichs Figuren tragen es kurz), und Hippies stellt sie als zwar gutartige, doch letztlich unrealistische Naive dar. Merkwürdig mutet auch die geradezu manische Abneigung der Autorin gegen Homosexuelle und ihre Haltung gegenüber Gangstern an, die allesamt als so grundschlecht dargestellt sind, daß ihre Tötung befürwortet wird.

Gegen die verkommene weiße US-Kultur mit all ihren Gangstern, brutalen Polizisten, Ausgeflippten, sturen Bürokraten, effekthascherischen Künstlern etc. wirkt die indianische Kultur „gesund" und als Insel der Hoffnung in einem Meer von Kulturverfall, Zynismus und Hoffnungslosigkeit. Mit dieser Haltung entsprach Welskopf-Henrich durchaus den Vorstellungen der SED-Kulturpolitiker, die auch die Jugendbewegung mißtrauisch beobachteten und als ziellosen Protest ansahen, der zu keinem Ergebnis führen könne, da er nicht die Veränderung der Produktionsverhältnisse anstrebe. Letztlich werde die Bewegung von der Industrie aus kommerziellen Gründen gezielt unterstützt, um mit der damit zusammenhängenden Musik, Kleidung etc. ein Geschäft zu machen, sei also nur eine Modebewegung.

Ganz anders führt Günter Kunert den modernen Indianer in dem kurzen Prosatext „Indianer", 1978 (in: *Camera obscura*, S.52), vor: Die Mythen vom wilden Indianer bestehen fort, die Gegenwart jedoch ist entromantisiert, sie besteht in Anpassung an die moderne Industriegesellschaft und an die Erfordernisse der Touristikbranche („Hinter dem Schreibtisch raucht man hin und wieder heimlich das Kalumet"). Kunert ironisiert hier das Indianerbild seines Landes.

Wenn in einem Sachbuch über Jugendliteratur in der DDR die bürgerliche Indianerliteratur der „pseudoromantisch idealisierenden" Indianerdarstellung geziehen wird (Emmrich, S.177), so trifft dieser Vorwurf auch auf das Indianerbild der DDR-Literatur zu: Indianer sind edle Wilde oder Opfer und Unterdrückte, zur Gewalt greifen sie nur, wenn sie von den Weißen dazu gezwungen werden (Ausnahme: Fabian). Schwarzweißzeichnung der Charaktere, Romantisierung, Idealisierung der indianischen Helden und eine Vorliebe für *Action*-Szenen sind Eigenschaften sowohl der sozialistischen als auch der bürgerlichen Indianerliteratur.

Insgesamt betrachtet, geben die Werke der DDR-Belletristik über die nordamerikanische Geschichte kein sonderlich differenziertes Bild, wenn sie sich auch weitgehend an historische Tatsachen halten. Es herrscht die Neigung zur Herstellung einfacher Zusammenhänge vor, hinter allem Negativen steht die amerikanische Oberschicht, Handlangerdienste leistet das Lumpenproletariat, das Gute wird vom einfachen Volk oder Angehörigen unterdrückter Rassen personifiziert. Diese schematische Einteilung wird nicht in Frage gestellt: So sind z.B. in der DDR-Belletristik über die amerikanische Revolution die Loyalisten immer Angehörige der Oberschicht, obwohl tatsächlich die Treue zum britischen Königshaus bei Angehörigen aller Schichten zu finden war. Lincoln erscheint stets als überzeugter Abolitionist, obwohl historisch belegt ist, daß er den Erhalt der Union über die Lösung des Sklavenproblems stellte.

Das Interesse für die amerikanische Revolution, den Bürgerkrieg, Indianer erklärt sich aus der Relevanz dieser Themen für die sozialistische DDR: Erstere leitet die bürgerlichen Revolutionen ein, die für den Übergang vom Feudalismus zum Kapitalismus von Bedeutung sind und daher gutgeheißen werden; für den Bürgerkrieg interessierten sich Karl Marx und Friedrich Engels lebhaft und kommentierten seine Etappen in Zeitungsartikeln; um Rassenprobleme in aller Welt kümmert sich die DDR, da sie sich aufgrund ihrer Prinzipien des „proletarischen Internationalismus" und des „sozialistischen Humanismus" als Anwalt der Unterdrückten in aller Welt fühlt.

2.3. Besondere Kapitel der US-Innenpolitik des 20.Jahrhunderts

2.3.1. McCarthyismus, Atomkriegshysterie, Arbeitskampf

Diese drei Themen sind in der DDR-Belletristik der fünfziger Jahre untrennbar miteinander verbunden, weshalb sie gemeinsam behandelt werden sollen. Vorangestellt sei diesem Kapitel ein DDR-Roman über Arbeitskampf in den USA, der zeitlich noch vor McCarthyismus und Atomkriegshysterie liegt, hier aber aufgenommen werden soll, da er den Arbeitskampf in den Vereinigten Staaten verdeutlicht: Edith Andersons *Gelbes Licht*[22], 1956, spielt zur Zeit des zweiten Weltkrieges in den USA und handelt von jungen Frauen, die wegen des Mangels an männlichen Arbeitskräften während des zweiten Welt-

---

22 Im amerikanischen Original *A Man's Job*. Wie Stefan Heym (in den fünfziger Jahren) oder Victor Grossman, so schreibt auch die Amerikanerin Edith Anderson ihre Werke auf Englisch und läßt sie zur Veröffentlichung übersetzen.

krieges notgedrungen von einer Eisenbahngesellschaft als Schaffnerinnen eingestellt werden, sich in der männlich dominierten Arbeitswelt zurechtfinden und sich gegen Diskriminierung im Arbeitsleben und in der Gewerkschaft zur Wehr setzen müssen. Der Roman erzählt von ihren Siegen und Niederlagen auf dem Weg zur gleichberechtigten Behandlung und von ihrem Kampf, nach Kriegsende trotz der Heimkehrerwelle ihre Jobs zu behalten. Am Schluß nehmen sie, solidarisch mit ihren männlichen Kollegen, an einem großen Eisenbahnerstreik teil, der von Präsident Truman unter Berufung auf die infolge des Krieges noch geltenden Notstandsgesetze niedergeschlagen wird.

Andersons Roman befaßt sich mit der doppelten Diskriminierung der Schaffnerinnen als Arbeiterinnen und als Frauen, mit Arbeitslosigkeit und Ausbeutung, männlichen Vorurteilen und Streitigkeiten unter den Frauen, die sich in Radikale, Gemäßigte und Reaktionäre im Kampf um die Gleichberechtigung aufteilen. Wie beim gelben Eisenbahnsignal, das ,,Nächstes Signal anfahren, auf Halt einstellen" bedeutet (Vorsatzblatt), so arbeiten sich die Frauen von Stop zu Stop hoch, bis der Krieg vorbei ist und sie von vorn um ihre Rechte kämpfen müssen, da ihnen nun vorgeworfen wird, den Kriegsheimkehrern die Arbeitsplätze wegzunehmen.

Andersons interessante und gut geschriebene Studie über amerikanische Arbeiterinnen hat in der DDR-Literaturgeschichtsschreibung keinen Nachhall gefunden, auch nicht in der bundesdeutschen. Im Unterschied zu anderen DDR-Werken der fünfziger Jahre, die in den USA spielen, tritt die Kommunistische Partei nicht als Helfende und Trägerin der Hoffnung auf eine bessere Zukunft auf. Die Frauenemanzipation war zudem in der DDR jener Zeit noch kein Thema, sie galt im Sozialismus als verwirklicht, und in den Kapitalismus-kritischen Büchern wurde sie als zweitrangig hinter der Arbeiterfrage behandelt.

Die DDR-Belletristik der Dekade 1950 bis 1960 zeigt die USA als Land der politischen Verfolgungen, der Unterdrückung von Arbeiter- und Gewerkschaftsbewegung, der Polizeiwillkür, der gelenkten Justiz und der Atomkriegshysterie. In den beiden Hörspielen *Und Berge werden versetzt* von Maximilian Scheer und Karl Georg Egel und *Wie es kam, daß Kapitän Brown seine Wette verlor* von einem Autorenkollektiv unter Leitung von Herbert Ziergiebel sowie in dem Theaterstück *Auch in Amerika* von Gustav von Wangenheim, alle 1950, versucht eine antikommunistische Obrigkeit vernünftig und fortschrittlich denkende Menschen von ihrem Friedenswillen abzubringen. In dem Hörspiel von Scheer und Egel ist es ein Mitarbeiter des Amtes für psychologische Kriegsführung, der zwei Wissenschaftler zu zwingen versucht, an der Weiterentwicklung der Atombombe mitzuarbeiten; in dem Hörspiel des Autorenkollektivs will ein Kapitän eines Waffentransporters gegen den Widerstand französischer Hafenarbeiter und einzelner Matrosen seines Schiffes Waffen für Vietnam entladen lassen und sperrt einen Matrosen ein, der in der Gewerkschaft und gegen die Waffentransporte ist; in Wangenheims Drama möchte ein Vater seinen Sohn, der Unterschriften für den Stockholmer Appell zur Ächtung der Atombombe sammelt, ins Irrenhaus einweisen lassen. Der Einfluß des McCarthyismus auf das Amerikabild der DDR-Belletristik ist in diesen drei dramatischen Werken sehr deutlich. In Scheer/Egels Hörspiel wird außerdem das Thema Atomkriegshysterie in den USA angeschnitten: Der Angestellte des Amtes für psychologische Kriegführung enthüllt im Verlauf des Hörspiels, daß Angst und Panik bewußt geschürt werden, damit die Menschen nicht nachdächten und es befürworteten, daß das amerikanische Geheimnis der Atombombe gewahrt bleibe. Die Monopole wollten damit verhindern, daß andernorts die friedliche Nutzung von Atomkraft betrieben werde. Ein ungeheurer Kontrollapparat wird errichtet, die Menschen werden bespitzelt, anderen kapitalistischen Ländern wird die Herstellung von Atomwaffen verboten. Doch vier Jahre später kennt die Sowjetunion das Geheimnis der Atomenergie und nutzt sie für friedliche Zwecke.

Stefan Heym, 1935 in die USA emigriert und dort naturalisiert, nahm als amerikanischer Soldat und später als Offizier am zweiten Weltkrieg teil. McCarthyismus und Koreakrieg bewogen ihn, 1952 in die DDR überzusiedeln und seine militärischen Auszeichnungen mit Protest zurückzusenden. Hier verfaßte er, zunächst noch in Englisch, einige Kurzgeschichten über die USA und den Roman *Goldsborough*. Die Kurzgeschichten erschienen 1957 in dem Sammelband *Die Kannibalen und andere Erzählungen*. Ein Teil davon ist in der Werkausgabe des Goldmann-Verlages in die Zeit zwischen 1945 und 1951 datiert, wurde jedoch in der DDR erstveröffentlicht: „Die schwarze Liste", „Der Floh", „Lem Kimble", „Freie Wirtschaft". Nach dem Inhalt zu urteilen, gehören auch die Erzählungen „Babik" und „Bridge", die in die Werkausgabe nicht aufgenommen wurden, in diese Zeit. Während sich „Der Floh" und „Lem Kimble" um den Koreakrieg drehen sowie „Freie Wirtschaft" und „Babik" den US-Kapitalismus behandeln, befassen sich „Die Schwarze Liste" und „Bridge" mit dem McCarthyismus. In „Die Schwarze Liste" wird eine Schauspielerin, die seit Jahren eine beliebte Radioserie moderiert, zu ihrem Vorgesetzten zitiert, weil sie auf einer Schwarzen Liste von Kommunisten in Rundfunk, Fernsehwesen, Film und Theater aufgetaucht ist. Sie hat einst für die Internationalen Brigaden in Spanien Geld gesammelt, war Mitglied eines antifaschistischen Bürgerkomitees und in einer Benefizvorstellung für die *Hollywood Ten* aufgetreten[23]. Nun verlangt ihr Vorgesetzter eine eidesstattli-

---

23 *Hollywood Ten*: Zehn Drehbuchautoren, Regisseure und andere Filmschaffende, die im Zuge der Hexenjagd auf Kommunisten unter Senator Joseph McCarthy und des *House Committee on Unamerican Activities* (*HUAC*) wegen Mißachtung des Kongresses angeklagt und zu Gefängnisstrafen verurteilt wurden; die Mißachtung des Kongresses bestand darin, daß sie sich weigerten, vor dem *HUAC* Aussagen darüber zu machen, ob sie Mitglied der Kommunistischen Partei seien oder gewesen seien.

che Erklärung von ihr, daß sie nie mit kommunistischen Umtrieben zu tun gehabt habe. Obwohl sie weiß, daß sie keine neue Beschäftigung mehr kriegen wird, verweigert sie die Unterschrift und wird entlassen.

„Bridge. Ein Intermezzo" veranschaulicht Gesinnungsschnüffelei und Antikommunismus zur Zeit des McCarthyismus. Ein Ich-Erzähler und drei Amerikaner, die sich zufällig getroffen haben und sich gegenseitig nicht kennen, spielen miteinander Bridge und diskutieren nebenbei über politische Themen. Einer der Männer ist offenbar vom US-Geheimdienst, er stellt seinen Bridgepartnern verfängliche Fragen, bringt sie in Verlegenheit und macht ihnen Angst, indem er durchblicken läßt, daß er sie aushorcht.

1953 erschien Heyms Roman *Goldsborough*, der im Kohlebergbaugebiet in Pennsylvania in den Jahren 1949/50 angesiedelt ist. Die Bergarbeiter des fiktiven Ortes Goldsborough leben in Armut und arbeiten ohne Tarifvertrag. Als zwei ältere Arbeiter entlassen werden, beginnen sie zu streiken. Gleichzeitig fängt im ganzen Revier der Streik um einen Tarifvertrag an. Die Gewerkschaften unterstützen den Streik nicht, sie sind sich mit den Unternehmern einig. Die US-Regierung sperrt trotzdem die Konten der Gewerkschaften, damit sie keine Unterstützung an die Streikenden auszahlen können. Der Arbeitskampf verschärft sich, als Streikbrecher im Tagebau minderwertige Kohle fördern und zum Verkauf anbieten; dahinter steht der Boss einer Parteimaschine, die die Stadt Goldsborough beherrscht[24]. Die Streikenden kippen die Lastwagen um, es kommt zu bewaffneten Auseinandersetzungen. Der Machtkampf zwischen ihnen und dem Parteiführer, den korrupten Gewerkschaftlern und der Polizei führt schließlich dazu, daß die Streikführer als Kommunisten verleumdet werden, das FBI ermittelt gegen sie. Am Ende des Romans wird ein Tarifvertrag von der Bergwerksgewerkschaft abgeschlossen, der den Arbeitern nur wenig mehr Rechte und Verdienst ermöglicht als vorher, doch sie sind sich ihrer Möglichkeiten und Macht bewußter geworden und werden weiter für ihre Rechte kämpfen, wenn auch einer ihrer Anführer wegen der Kommunistenhetze die Stadt verlassen muß.

Heyms Roman wirkt authentischer und realistischer als die anderen DDR-Werke der fünfziger Jahre über die USA (abgesehen von Andersons *Gelbes Licht*), nicht zuletzt, weil der Autor selbst im Jahre 1950 einen Streik im Kohlenrevier von Pennsylvania miterlebt hat:

---

24 Boss, Parteimaschine: In der Zeit des sogenannten *Gilded Age* (‚vergoldetes' Zeitalter, Titel eines Romans von Mark Twain und Charles Dudley Warner; ca. 1865-1900, Periode des Frühkapitalismus in den USA, gekennzeichnet von krassem Materialismus, Profitstreben, Korruption in Geschäftswelt und Regierung u.ä.) wurden viele Großstädte von einem politischen „Boss" mit Hilfe einer „Maschine", einem Parteiapparat, beherrscht; der Boss bekleidete meist selbst kein öffentliches Amt, sondern lenkte die Geschicke der Stadt aus dem Hintergrund, vergab Ämter, verteilte Gelder, manipulierte Wählerstimmen, nahm Schmiergelder etc.

> Ich habe mit Grubendirektoren und Bergwerksingenieuren gesprochen. Ich habe mit Bergarbeitern und Bergarbeiterfrauen und Bergarbeiterkindern gesprochen. Ich bin unter Tage in den Gruben gewesen. (Nachwort, S.544)

Die schlechten sozialen Bedingungen der Bergarbeiter, mangelnder Arbeitsschutz und Gewerkschaften, die eher die Interessen der Unternehmer als die der Arbeitnehmer vertreten, haben in der Geschichte der USA immer wieder zu ähnlichen Streiks geführt, wie sie Heym in *Goldborough* beschreibt, weshalb es verwundert, daß nicht mehr Werke der DDR-Belletristik sich diesem Thema zugewandt haben.

Der McCarthyismus zeigt sich im Roman vor allem durch die Verleumdung der Streikführer als Kommunisten, weswegen sie beschimpft, von der Presse verdächtigt, vom FBI überwacht und von der Polizei unter einem Vorwand inhaftiert werden. Wie Anderson weist auch Heym nicht direkt auf die KPdUSA oder den Sozialismus als Alternative hin, wie es Scheer/Egel, von Wangenheim und das Autorenkollektiv tun. In *Goldsborough* trifft lediglich einer der Streikführer in Philadelphia eine Kommunistin, diskutiert mit ihr und ist beeindruckt von ihrer Menschlichkeit und Entschlossenheit.[25]

Im Gegensatz zu Heyms *Goldsborough* wirkt der einzige Roman des Dramatikers Friedrich Wolf, *Menetekel oder Die fliegenden Untertassen*, 1953, konstruiert und realitätsfern (wenngleich er sich z.T. auf Fakten stützt): Da ist eine verkommene amerikanische Industriellenfamilie aufrechten amerikanischen Arbeitern gegenübergestellt. Das Oberhaupt der Industriellenfamilie, Präsident einer Firma, die Atombunker herstellt, erliegt im Verlauf des Romans der eigenen Panikmache, die eigentlich nur für Reklamezwecke bestimmt war: Er wird wahnsinnig, läuft Amok und wirft sich auf der Flucht vor imaginären russischen Atombomben vor einen Zug[26]

Beschrieben wird die Zeit des Koreakrieges, des McCarthyismus, vor allem aber der Atomkriegshysterie in den USA, die allerlei absurde Folgen zeitigte: die Verwechslung gasgefüllter Wetterballons mit „fliegenden Untertassen", d.h. unidentifizierten Flugobjekten, die angeblich aus der Sowjetunion stammten; die Verteilung von Erkennungsplaketten an Schulkinder, um ihre Leichen nach einem Atomschlag identifizieren zu können; die Übungen für den Ernstfall, bei denen eine kommunistische Eroberung einer Stadt real durchgespielt wurde; die Anwesenheit amerikanischer Soldaten bei Atomtests

---

25 In der Buchbesprechung in ZAA 3, 2.Jg. (1954) S. 358-364, wird dies übel vermerkt: Heym habe die führende Rolle der Kommunistischen Partei im Arbeitskampf nicht genügend hervorgehoben.

26 Vorbild für diese Figur war der von 1947 bis 1949 amtierende *secretary of defense* James Vincent Forrestal, der ebenfalls unter Verfolgungswahn zu leiden begann und aus dem Fenster des Krankenhauses, in das er eingeliefert worden war, auf der Flucht vor imaginären Kommunisten stürzte.

in der Wüste Nevadas, die so für ihren künftigen Einsatz in einem Atomkrieg trainiert werden sollten; die Benennung trivialer Dinge mit Bezeichnungen aus der Kernwaffentechnologie und die Übernahme solcher Terminologie durch die Reklamesprache. Arbeiter und fortschrittlich Denkende erkennen im Roman, daß diese Kriegshysterie von den Rüstungsprofiteuren und Generälen künstlich erzeugt worden ist, um die weitere Aufrüstung zu begründen und um die Menschen reif für einen Atomkrieg zu machen, und protestieren dagegen. Sie werden vom FBI verfolgt, verschiedenen Repressalien unterworfen, als Kommunisten beschimpft. Der Protest der Arbeiter gegen die Atomkriegsvorbereitungen verbindet sich mit Demonstrationen gegen den Koreakrieg, gegen Waffenlieferungen an Frankreich für den Vietnamkrieg, gegen Bespitzelung und Gesinnungsschnüffelei im Zeichen des McCarthyismus und gegen Ausbeutung, mangelnde Sicherheit am Arbeitsplatz, schlechte Bezahlung und das Taft-Hartley-Gesetz[27]. Sie lassen sich auch von einem Mord an einem der Protestführer, veranlaßt von dem Industriellen, nicht abschrecken. Die Hafenarbeiter beginnen zu streiken, andere Werktätige solidarisieren sich.

Wolf bringt in seinen Roman alles ein, was an USA-Kritischem in der DDR der fünfziger Jahre geäußert wurde: Wahlbetrug; Presselenkung; Sektenunwesen; Rassismus gegen Schwarze; Ausbeutung der Arbeiter; korrupte Gewerkschaften; Verdummung der Amerikaner/innen durch Comics, Filme und dekadente Literatur; den mörderischen Konkurrenzkampf der Unternehmer untereinander; Polizeiwillkür; Kriminalität, besonders den Einfluß großer Gangster auf die US-Politik; ein KZ-ähnliches Gefängniswesen; die Krisenanfälligkeit der amerikanischen Wirtschaft; die US-Globalstrategie; die Remilitarisierung Westdeutschlands etc. Positiv dargestellt ist nur die Solidarität der Arbeiter. Gerade wegen dieser Flut an Stereotypen wirkt der Roman schematisch und unrealistisch, obwohl viele Fakten (besonders in bezug auf die Atomkriegshysterie) korrekt wiedergegeben sind. Die Figuren sind typisiert, sie haben über weite Passagen hinweg nur die Funktion, über die wahren Zusammenhänge der Entwicklungen in den USA aus sozialistischer Sicht aufzuklären: Hinter allem Negativen steht das Monopolkapital. Es scheint, als habe Wolf sein Buch aus Zeitungsartikeln und Lehrbüchern konstruiert.

Mit dem Fall des Ehepaars Julius und Ethel Rosenberg, wegen angeblicher Atomspionage verhaftet und 1953 zum Tode verurteilt, hatte die Angstpsychose der USA in bezug auf kommunistische Unterwanderung und Spionage einen Höhepunkt erreicht. In der DDR wurde gegen die Verhaftung und Verurteilung der Rosenbergs heftig protestiert, Solidaritätskundgebungen un-

---

27 *Taft-Hartley Act*, auch *Labor-Management Relations Act* (1947): beschnitt die vom *Wagner Act* (1935) geschaffenen Rechte der Gewerkschaften und gab den Unternehmern neue Rechte.

ter dem Motto „Rettet die Rosenbergs" wurden veranstaltet, und die Belletristik nahm sich des Themas an, vor allem Maximilian Scheer, der 1953 das Drama *Die Rosenbergs* in einer Hörfunk- und einer Theaterfassung schrieb, 1954 den Roman *Ethel und Julius* veröffentlichte und 1956 über den Mitangeklagten der Rosenbergs, Morton Sobell, das Hörspiel *Der Weg nach Alcatraz* verfaßte.[28] Weder *Die Rosenbergs* noch *Der Weg nach Alcatraz* waren mir zugänglich. Es kann hier nur wiedergegeben werden, was in *Literatur der DDR* über das Schauspiel *Die Rosenbergs* steht:

> Dem vorbildlichen Verhalten der Rosenbergs und ihres Verteidigers steht die gleichgültige oder ängstliche Anpassung des amerikanischen Durchschnittsbürgers an die Ideologie der Monopolbourgeoisie gegenüber. Angesichts der ständigen Lockung der Gegenpartei, mit einer falschen Aussage ihr Leben zu retten, nehmen die Rosenbergs mit ihrer Liebe zueinander und zu ihren Kindern heroisch-tragische Größe an. (S.385)

Ethel und Julius: Roman eines Prozesses stützt sich auf Dokumente wie Gerichtsakten, protokollierte Gespräche und Briefe, die der Autor in die Schilderung des Gerichtsverfahrens gegen die Rosenbergs einbaut. Er führt den Prozeß als *frame up*[29] mit einem parteiischen Richter, voreingenommenen Geschworenen und bestochenen Zeugen vor, Folge des hysterischen Bemühens der USA, einen Schuldigen dafür zu finden, daß die Sowjetunion das Geheimnis der Atombombe erfahren hat. Mit gefälschten Beweisen, so Scheer, sei versucht worden, den Rosenbergs kommunistische Neigungen zu unterstellen. Scheers Hauptanliegen besteht jedoch in der Anzweiflung des Richters („Er hatte sich von Vorurteil und Voreingenommenheit leiten lassen, als er dem Gericht vorsaß, aber Vorurteilslosigkeit [...] behauptet und geheuchelt", S.285), der Geschworenen

> (Trustangestellte, Staatsangestellte, Angestellte von städtischen Behörden, Angestellte von Kriegsbetrieben der Regierung, darunter drei Personen mit eingestandener früherer oder noch bestehender Beziehung zur Geheimpolizei und ein Mitglied der profaschistischen Amerikanischen Legion — das war das ‚Gericht des Volkes', S.73)

und der Belastungszeugen (einen stellt er als kraftmeierischen Schwächling hin, eine andere als geldgierige Heuchlerin, eine weitere als „notorische Spitzelin und Hure", S.223, einen letzten als „menschliches Wrack eines angstbesessenen, geistig gestörten Meineidigen", S.223). Das Urteil über die Rosen-

---

28 Vgl. auch die emphatischen Gedichte von Karl Reinhold Döderlin, „Den Mördern der Rosenbergs", 1953 (in *NDL* 8, 1.Jg. [August 1953], S.11), und von Helmut Preißler, „Gedanken über die Rosenbergs", undatiert, ca. 1953 (in *Gedichte 1957/1972*, S.241f.).
29 *frame up*: ein Indizienprozeß mit gefälschten Beweisen, bestochenen Zeugen und voreingenommenen Richtern.

bergs habe, von der amerikanischen Presse vorgefertigt, bereits festgestanden, bevor der Prozeß eröffnet worden sei.

Der Schar der Zeugen, Geschworenen, Gerichtsbeamten, die er mit Verbalinjurien belegt hat, stellt Scheer das aufrechte, wahrheitsliebende Ehepaar Rosenberg auf gefühlvoll-kitschige Weise gegenüber:

> Sie waren einander nah, durch kalten Zement getrennt, in heißer Gemeinschaft verbunden, in leuchtender Liebe erhellt, in lautlos schreiender Verlassenheit zerrissen, von Hoffnung geschwellt, von Sorge bedrückt, von nagender Angst gehetzt. (S.289)

Zweifel an der Rechtmäßigkeit der Hinrichtung der Rosenbergs sind berechtigt, ihre Kinder und ihr Mitangeklagter Morton Sobell bemühten sich in den siebziger Jahren um ihre postume Rehabilitierung. Scheers Parteinahme für das Ehepaar erfolgt jedoch auf schwer erträgliche Weise: Da „krächzten" oder „heulten" (S.58), „schrien", „jaulten" oder „kreischten" (S.174) Zeitungen, da wird ein „Totentanz der Panik" (S.59) aufgeführt, da heißt es über den Kronzeugen: „Eine Kreatur mit Menschengesicht war zu Barbarei zurückgesunken" (S.60), da „schäumt" (S.74) oder „zischt" (S.82) der Staatsanwalt, der Richter „tauchte seinen Justizknüppel in das geweihte Öl der Heuchelei, nachdem er zugeschlagen hatte" (S.165) und so fort. Der Roman verliert durch diese Darstellungsweise erheblich an Glaubwürdigkeit, die er doch gerade herstellen will.

Eines der erfolgreichsten DDR-Theaterstücke der fünfziger Jahre war Hans Luckes *Kaution*, 1955. Hier verbinden sich drei Handlungsstränge: eine Kriminalstory — ein amerikanischer Unternehmer, ein Reeder, tötet eine Frau, die ihr Kapital aus seinem Unternehmen ziehen will, welches kurz vorm Konkurs steht; die Darstellung der Untersuchung des Falls durch die Polizei, die dem Ehemann der Ermordeten die Schuld ohne Beweise zuzuschieben versucht, da sie ihn gewerkschaftsfreundlicher und kommunistischer Neigungen verdächtigt; und die Schilderung eines Arbeitskampfes zwischen Reederei und Schiffsbesatzungen wegen schlechter Arbeitsbedingungen und Lohnkürzungen.

Die im Titel genannte Kaution hat der Held des Stückes, ein Kapitän, dem Reeder zahlen müssen, um dafür ein Schiff zu erhalten, und zwar mit dem Geld seiner reichen Frau. Als sich das Ehepaar scheiden lassen will, versucht die Frau, vom Reeder das Geld zurückzubekommen. Dieser steht infolge des Konkurrenzkampfes und des drohenden Streiks kurz vorm Bankrott und bringt die Frau um, als er sie zu keinem Zahlungsaufschub erweichen kann. Die Schuld fällt auf den Ehemann, zumal dieser von den Gewerkschaften aufgefordert worden ist, den Streik zu unterstützen, da er bei den Matrosen beliebt ist und durch sein Beispiel viele zum Mitmachen ermuntern würde. Zunächst hat er kein Interesse an der Unterstützung des Streiks. Nach den Verhören durch einen extrem antikommunistischen FBI-Mann, der ihm sogar mit Folter droht und ihn selbst dann in Haft lassen will, wenn seine Unschuld nachgewiesen sei, ändert der Kapitän seine Meinung. Er kommt dank der Anständigkeit eines Kommissars der örtlichen Polizei frei, der, nachdem er ständig von dem FBI-Mann seines „unamerikanischen Denkens" wegen erpreßt worden war, sich am Schluß dazu durchringt, Recht vor Kommunistenhaß gehen zu lassen. Wie in den vorhergehenden Werken, so erweisen sich die USA auch hier als unfreier, undemokratischer und unmenschlicher Polizeistaat.

Am Rande spielen McCarthyismus und Antikommunismus auch in Wolfgang Schreyers *Der Traum vom Hauptmann Loy,* 1955, und *Alaskafüchse,* 1957 (siehe Kaptitel 3.3.4. „Amerikanische Diversion, Spionage und Sabotage in anderen sozialistischen Staaten"), in Anna Seghers' *Die Entscheidung*[30], 1959, in Boris Djacenkos Erzählung „Die Geschichte eines Fensterputzers", 1960 (in *Und sie liebten sich doch,* S.183-192), und in Günter Prodöhls „Flug ohne Ankunft" aus dem Band *Kriminalfälle ohne Beispiel,* 1960 (S.221-259), einem Buch mit Nacherzählungen berühmter historischer Verbrechen, eine Rolle.

Anfang der sechziger Jahre endet die Welle der DDR-Romane, -Hörspiele und -Theaterstücke, die in den USA zur Zeit des McCarthyismus und der Atomkriegshysterie spielen. Das letzte mir bekannte Werk, das sich noch darauf bezieht, ist Rolf Schneiders Hörspiel „25. November, New York", 1962 (in *Stimmen danach,* S.47-83). Es stellt verschiedene Personen an einem Tag in New York vor, die etwas gemeinsam haben: Sie haben in der *New York Times* einen Zeitungsartikel der amerikanischen Kommunistin Elizabeth Gurley Flynn gelesen[31]. Der schwarze Zeitungsjunge, der die *Times* austrägt, der Hafenarbeiter und Kommunist Joe, der aus dem Artikel Mut schöpft, ein Redakteur der Times, der den Abdruck des Artikels verteidigt, eine schwarze Tellerwäscherin, die mit Mrs. Flynn im Gefängnis gesessen hatte, und der Richter, der die 71jährige Kommunistin aufgrund des *Smith Act* 1949 zu Haft verurteilt hatte[32], werden in kurzen Szenen vorgestellt. Jede der Figuren hat

---

30 Eine der Hauptfiguren, der Exildeutsche Herbert Melzer, kann einen Roman über den Spanienkrieg bei keinem amerikanischen Verleger unterbringen, weil das Buch den Verlegern zu prokommunistisch erscheint. Als Melzer als Auslandskorrespondent aus Europa über sozialistische Staaten positiv berichtet, wird von ihm nichts mehr in den USA veröffentlicht.

31 Elizabeth Gurley Flynn (1890-1964): amerikanische Kommunistin; erst in der Führungsspitze der *Industrial Workers of the World* (*IWW,* 1905-1917, sozialistische Gewerkschaft), ab 1937 Mitglied der Kommunistischen Partei der USA, 1951 aufgrund des *Smith Act* angeklagt und zu zwei Jahren Gefängnis verurteilt.

32 *Smith Act* (1940): Gesetz, das das Propagieren eines gewaltsamen Umsturzes der Regierung unter Strafe stellt. Angehörige einer Organisation, die einen solchen Umsturz angestrebt haben sollte, wie der Kommunistischen Partei der USA, wurden angeklagt und verurteilt. Das Gesetz wurde 1957 aufgehoben, weil es dem Grundsatz der Redefreiheit nicht entsprach.

andere Probleme: der Zeitungsjunge seine Armut, der Hafenarbeiter hat ständig Schwierigkeiten, weil er Kommunist ist, und wird von seiner Frau deshalb verlassen, der Redakteur muß sich gegen den Vorwurf wehren, prokommunistisch zu sein, weil er für die Meinungsfreiheit auch der Kommunisten ist, die Tellerwäscherin hat ein krankes Kind und kann nicht für es sorgen, wenn sie ihren Arbeitsplatz nicht verlieren will, und der Richter erinnert sich beim Lesen des *Times*-Artikels, daß er sich im Prozeß gegen Mrs. Flynn lächerlich gemacht hatte, indem er außer sich geraten war und sie beschimpft hatte. Bis auf Richter und Zeitungsjungen ziehen alle Figuren des Hörspiels Mut aus dem Artikel und zeigen Zivilcourage, indem sie Elizabeth Flynn gegen antikommunistische Anfeindungen verteidigen.

Während die in diesem Kapitel besprochenen Werke der DDR-Literatur über die USA zeitgebunden sind und die Darstellung von McCarthyismus und Atomkriegshysterie aufhört, bleibt das Bild des antikommunistischen Polizeistaates USA erhalten, in dem die Werktätigen ausgebeutet, fortschrittlich Denkende bespitzelt und *frame ups* inszeniert werden (vgl. z.B. Sigmar Schollaks *Joshua*-Trilogie, alle Werke über Angela Davis, Harry Thürks *Der Gaukler*, 1978/79, etc.). In den fünfziger Jahren entsprachen sich die USA am deutlichsten dem DDR-Bild des imperialistischen Staates, und so entstanden in dieser Zeit die meisten Bücher, die sich mit inneramerikanischen Problemen befaßten, wenn auch zumeist in jener konstruierten, schematischen, unrealistisch wirkenden Weise wie im Roman von Friedrich Wolf. Es fällt auf, wie wenig historisch belegte konkrete Arbeitskonflikte in den Vereinigten Staaten die DDR-Schriftsteller interessiert haben. Andersons und Heyms Romane sind die einzigen Werke, die sich um Realismus und Detailfülle bemühen. Nicht viel besser steht es um die Schilderung des McCarthyismus: Wieder ist es Heym, diesmal in der Kurzgeschichte „Die schwarze Liste", der dem Leser das anschaulichste Bild der Hexenjagd unter McCarthy vermittelt, die anderen Darstellungen bleiben blaß. Die Atomkriegshysterie ist am ausführlichsten in Wolfs Roman dargestellt, sie wird grundsätzlich als Panikmache der Monopole zur Gewöhnung der Menschen an den Gedanken an einen Atomkrieg und zur Verstärkung der Aufrüstung ausgelegt.

2.3.2. Darstellung der Afroamerikaner

Der Kampf gegen Rassismus, auch gegen den in den USA, ist ein altes sozialistisches Anliegen: So hat sich z.B. Ernst Thälmann, Vorsitzender der KPD in den zwanziger und dreißiger Jahren, für die *Scottsboro Boys* eingesetzt, neun jugendliche Schwarze, die wegen angeblicher Vergewaltigung zweier weißer Frauen in den USA zum Tode verurteilt worden waren. Thälmann ging mit der Mutter eines der Verurteilten auf Wahlkampfreisen, zeigte auf einer Weltkarte, wo Scottsboro liegt, und erklärte: „[...] hier ist Scottsboro — ihr dürft das nicht einmal jetzt vergessen. Denn unser Kampf ist ein internationaler Kampf, unser Sieg kann nur international sein." (zitiert nach A. Seghers: *Willkommen, Zukunft*, S.153). Thälmanns Aufruf zu internationaler Solidarität basiert auf dem sozialistischen Prinzip, die Unterdrückten in aller Welt zu unterstützen und für sie zu sprechen.

So wird es auch in der DDR gesehen:

> Wir Deutsche, deren Land unter der Herrschaft des Imperialismus Ausgangspunkt grausamer Rassenverfolgungen gewesen ist, haben ganz besonders die Pflicht gegenüber der internationalen Arbeiterbewegung und allen friedliebenden Kräften in der Welt, zum Rassismus Stellung zu nehmen und ihn kompromißlos zu bekämpfen. [...] Die amerikanische Negerfrage ist nicht eine Angelegenheit *nur* der Amerikaner. Sie geht uns alle an, weil Diskriminierung, Unterdrückung und Terror in der Innenpolitik eines Landes zur Übertragung solcher Methoden auf andere Länder führen können und schon geführt haben. (Bollinger 1968, S.4f. Hervorhebung im Original)

Die Verfassung der DDR verbietet Rassen- und Völkerhaß und erklärt sie zu Verbrechen im Sinne des Strafgesetzbuches. Vergleichbare Probleme mit Minderheiten wie die USA hat die DDR wegen der relativen Homogenität ihrer ca. 17 Millionen Einwohner nicht. Als einzige nationale Minorität lebt im Raum Bautzen und Cottbus (Lausitz) die Gruppe der slawischsprachigen Sorben, die von der Verfassung der DDR, Artikel 40, ausdrücklich das Recht auf Pflege ihrer Muttersprache und Kultur zugesprochen erhält (*DDR-Handbuch*, s.v. „Sorben [Minderheitenpolitik]", S.1149-1151), Folklore, Kunst und Literatur der Sorben werden vom DDR-Staat gefördert. Dieser großzügige Umgang mit einer Minderheit wird von der SED stolz betont. Rassismus existiert in der DDR offiziell nicht.[33] Definiert wird er als

> reaktionäre Doktrin, die mit den unwissenschaftlichen Mitteln des Biologismus (= Lehre von der Minderwertigkeit anderer Rassen aufgrund von biologischen Unterschieden, D.W.) die barbarische Unterdrückung, Ausraubung und Vernichtung bestimmter Bevölkerungsschichten politischer Gruppierungen und ganzer Völker ideologisch zu rechtfertigen versucht, sowie die ihr entsprechende Praxis reaktionärer Ausbeuterklassen. (*Kleines Politisches Wörterbuch*, s.v. „Rassismus", S.737)

In enger Verbindung mit Rassismus stehe der Antikommunismus, da die Kommunisten die wahren Gründe des Rassismus aufdeckten. Möglich seien beide nur in einer Klassengesellschaft. Rassismus sei ein Mittel der Herrschenden, die Unterdrückten vom Klassenkampf abzuhalten und gegeneinander auszuspielen.

---

33 Antisemitismus hatte in der DDR lange Zeit keine Basis wegen der verschwindend geringen Zahl jüdischer Bürger. Erst in den achtziger Jahren wurden antisemitische Äußerungen und Schmierereien von DDR-Skinheads bekannt.

Kaum ein Werk der DDR-Belletristik, das in den USA spielt, enthält nicht wenigstens eine Anspielung auf den Rassismus in den Vereinigten Staaten, vor allem gegen Schwarze.[34] Hier sollen nur diejenigen Werke Beachtung finden, deren zentrale Thematik der Rassismus gegen Schwarze in den USA ist.[35]

Die Rassendiskriminierung in den USA fand in SBZ und DDR von 1945 an lebhaftes Interesse, es wurden die Werke schwarzer amerikanischer Schriftsteller übersetzt[36], Propagandaschriften über Rassismus herausgegeben[37], Dissertationen und Habilitationsschriften über dieses Thema verfaßt[38], Sachbücher darüber herausgegeben[39] und aktuelle Ereignisse in der Presse kommentiert. Die von Ursula Dibbern und Horst Ihde zusammengestellte Bibliographie „Das Echo der Kultur und des Freiheitskampfes der nordamerikanischen Neger in der DDR, 1945-1969" (ZAA 3, 20.Jg. [1972], S.429-442) nennt 243 in der DDR veröffentlichte Titel, wobei Übersetzungen aus dem Amerikanischen und Russischen, Dissertationen und Habilitationsschriften, Sachbücher und Zeitungs- bzw. Zeitschriftenartikel berücksichtigt wurden (de facto enthält die Bibliographie sogar mehr Titel, da des öfteren Werke zwischen die numerierten Titel eingeschoben sind). In allen Sachbüchern zur allgemeinen Geschichte der USA wird die Rassenfrage beachtet.[40]

Eine besondere Vorliebe herrschte in der DDR für den schwarzen Sänger Paul Robeson und die schwarze Bürgerrechtlerin Angela Davis, die beide die DDR besuchten. Robeson, engagierter Kämpfer für die Gleichberechtigung der Schwarzen und Kommunist, war in seinem Heimatland Repressalien unterworfen, was von der DDR und anderen sozialistischen Ländern heftig kritisiert wurde. Vor allem verweigerten die US-Behörden Robeson einige Zeit

---

34 Rassismus gegen andere nationale Minderheiten wie Hispanoamerikaner oder asiatischstämmige Amerikaner etc. wird nur sehr selten behandelt. Zum Rassismus gegen Indianer vgl. Kapitel 2.2. „Darstellung der Indianer".
35 Vgl. auch die Darstellung der Schwarzen in den Kapiteln 2.1.2. „Der Bürgerkrieg", 3.1. „Die USA im zweiten Weltkrieg in Europa", 3.5. „Die USA im Koreakrieg", 3.7. „Die USA im Vietnamkrieg".
36 Vgl. E.Brüning: „American Drama in the German Democratic Republic", ZAA 4, 31.Jg. (1983), S.305-313, und „US-amerikanische Literatur in der DDR seit 1965", ZAA 4, 28.Jg. (1980), S.293-319.
37 Z.B. *Rassenmord! Wir klagen an! Petition an die Vereinten Nationen zum Schutze der Negerbevölkerung in den Vereinigten Staaten von Amerika. Kongreß für Bürgerliche Rechte, New York 1951*, Ost-Berlin 1953.
38 Z.B. K.Bollinger: *Zu einigen Aspekten des Negerproblems in den Vereinigten Staaten von Amerika*. Jur. Diss. Potsdam 1960; E.Brandt: *Die Rolle der KP der USA im Befreiungskampf der amerikanischen Neger (1919-1940) und die amerikanische Geschichtsschreibung*. Phil. Habil.-Schr. Ost-Berlin 1969.
39 Z.B. H.Ihde: *Von der Plantage zum schwarzen Ghetto: Geschichte und Kultur der Afroamerikaner in den USA*. Leipzig, Jena, Ost-Berlin 1975.
40 Z.B. in M.Robbe: *Revolution und Revolutionäre heute*, 1972; S.Schröder: *Das ist Kapitalismus: Tatsachenberichte über eine andere Welt*, 1978.

lang den Reisepaß, so daß er nicht zu den Weltjugendfestspielen 1951 in Ost-Berlin und zum II. Sowjetischen Schriftstellerkongreß in Moskau am 21.12.1954 reisen konnte, wohin er eingeladen war, sondern Tonbandaufnahmen schicken mußte. In der DDR wurden ein Paul-Robeson-Komitee und ein Paul-Robeson-Archiv gegründet, in Ost-Berlin wurden eine Oberschule und eine Straße nach ihm benannt, seine Autobiographie *Here I Stand* wurde unter dem Titel *Mein Lied — meine Waffe* 1958 von einem DDR-Verlag in deutscher Übersetzung herausgegeben, nach seinem Besuch in der DDR erschien 1961 *Tage mit Paul Robeson...*, am 13./14.April 1971 wurde ein Symposium *Paul Robeson und der Kampf der Arbeiterklasse und der schwarzen Amerikaner der USA gegen den Imperialismus* veranstaltet, und zu Robesons 75. Geburtstag im Jahre 1973 wurde eine Festschrift verfaßt. Robesons Leben ist meines Wissens in der Schönen Literatur der DDR nicht behandelt worden, doch wird er des öfteren in Werken der fünfziger Jahre erwähnt[41], und Franz Loeser hat die Begegnung mit Paul Robeson in seinen Erinnerungen Die *Abenteuer eines Emigranten*, 1980, ausführlich beschrieben.

Die Schöne Literatur der DDR über Rassendiskriminierung in den USA läßt sich gliedern in solche Werke, die einen aktuellen Fall oder ein reales Schicksal gestalten, und solche, die fiktive Schicksale entwerfen. Zu der ersten Gruppe zählt Max Zimmerings Gedicht „Willie McGhee", 1951 (in *Im herben Morgenwind*, S.124f.). Der Schwarze McGhee (korrekte Schreibweise: McGee) wurde, ähnlich wie die *Scottsboro Boys*, wegen angeblicher Vergewaltigung einer Weißen zum Tode verurteilt. Trotz Protesten wurde er im Mai 1951 hingerichtet. In der DDR hat der Fall Empörung hervorgerufen (vgl. auch folgende Zeilen aus Stephan Hermlins Gedicht „Die Jugend", in *Dichtungen*, S.128-140: „Neonfarbene Vögel flattern/Am Fenster kalt wie das Feuer/in dem sie McGee verbrannt.")[42] Es handelt sich um ein Zeitgedicht[43], dessen wichtigste Aufgabe es ist, aufmerksam zu machen, „aufzurütteln", moralische Empörung auszulösen.

Anderer Art ist der Gedichtzyklus *Jazz*, 1966, von Jens Gerlach. Gerlach hat hier 26 teils berühmte (z.B. Bessie Smith, Scott Joplin etc.), teils fast vergessene Jazzmusiker (z.B. Jimmy Blythe, Major „Big Maceo" Merry-

---

41 Z.B. in Anna Seghers: *Willkommen, Zukunft!*, 1951; in Harry Thürks *In allen Sprachen: Eine Reportage von den III. Weltfestspielen der Jugend und Studenten Berlin 1951*, 1953; in Stefan Heyms Aufsatz „Paul Robesons Stimme", 1954 (in *Offen gesagt*, S.205f.); in Günther Deickes Poem „Gesetze", 1958 (in *Traum vom glücklichen Jahr*, S.69-92).

42 Vgl. auch das Gedicht „McGee" von Vera Skupin in *Sinn und Form* 4, 4.Jahr (1952), S.81f., das hier nicht näher untersucht werden soll, da mir Vera Skupin als DDR-Autorin kein Begriff ist; möglicherweise stammt sie aus dem slawischsprachigen Raum. Vgl. ferner das Kapitel „Hoffnungen und Enttäuschungen" über den Fall McGee in V. Grossmans Sachbuch *Von Manhattan bis Kalifornien*, S.120f.

43 Auch: Gebrauchs-, Gelegenheitsgedicht. Vgl. O.F. Best: *Handbuch literarischer Fachbegriffe*, S.90, 94, 316

weather) in Gedichten besungen. Die meisten von ihnen sind Schwarze. So geben Gerlachs Gedichte einen Einblick in das Leben der Schwarzen vornehmlich in der ersten Hälfte dieses Jahrhunderts (nur zwei der 26 Musiker lebten 1966 noch), erzählen von der Arbeit auf Baumwollfeldern, Armut, dem Leben im Ghetto, Gefängnissen, Armenasylen, den krassen Gegensätzen zwischen Arm und Reich, Alkohol- oder Drogensucht, Demütigungen, Apartheid, dem Ku-Klux-Klan, Hunger, Krankheit, Lynchmorden, den *Jim Crow*-Gesetzen[44], Prostitution, Gewalt, Bandentum, Einsamkeit, Kälte, Haß, Sehnsucht, Tod und Beerdigung im anonymen Armengrab. Zentrales Thema ist jedoch immer wieder die Rassendiskriminierung, z.B. in den letzten beiden Strophen des Gedichtes „Bessie Smith":

Der Hunger ist ein mieser Kerl. Jim Crow ist mehr als mies.
Er blieb bei mir, bis ich die Welt für immerdar verließ.
Die Nacht ist groß. Es war Jim Crow, der mich ins Dunkel stieß.
Ich starb vor einem Krankenhaus, vor seinem weißen Tor.
Sie sahn mich an wie ein Stück Vieh, als ich mein Blut verlor.
Es war ein weißes Krankenhaus, und ich starb schwarz davor.
(S.16)

Gerlachs Zyklus enthält keine Zeitgedichte, er will vielmehr das soziale Milieu vorstellen, in dem Jazz entstand. Mitte der sechziger Jahre wurde der Jazz endlich als Musikstil in der DDR anerkannt, der sich aus der Folklore der Schwarzen „unter den Bedingungen der Slums der amerikanischen Großstädte" entwickelt habe (*Kulturpolitisches Wörterbuch*, s.v. „Jazz", S.321. Vgl. Kapitel 3.3.1. „Ideologische Diversion"). Dies versucht Gerlach in seinen Gedichten anschaulich zu machen.

Wolf Biermann widmet seinen „Gesang für meine Genossen", 1971 (in Walwei-Wiegelmann, S.63-65) außer seinem im KZ umgebrachten Vater, dem abgesetzten tschechischen Politiker Dubček und dem Nordvietnamesen Ho Chi-minh auch Eldridge Cleaver und Muhammad Ali. Cleaver, „Genosse im Beton-Dschungel von San Francisco" (S.64), habe begriffen, daß der Feind nicht schwarz oder weiß sei, sondern schwarz *und* weiß, d.h. daß die Rassenfrage eine Klassenfrage sei. Den Boxer Muhammad Ali rühmt Biermann wegen seiner Weigerung, Kriegsdienst in Vietnam zu leisten, obwohl Kriegsdienstverweigerer in den USA mit Gefängnis bestraft wurden.

Wie zur Befriedigung weißer Sensationslust zwei schwarze Sportler gegeneinander gehetzt werden, zeigt Volker Braun in dem Gedicht „Der Fight

---

44 Jim Crow: eigentlich Figur aus einem Vaudeville-Stück der 1820er Jahre, Name wurde allgemein für Schwarze mit niederem sozialen Status verwendet und später auf die *Jim Crow Laws* übertragen; das sind Gesetze der Südstaaten, die nach der *Reconstruction*-Periode erlassen wurden und der Rassentrennung dienten. Diese Gesetze wurden z.T. erst nach dem 2. Weltkrieg aufgehoben.

des Jahrhunderts", ca. 1971 (in *Gedichte*, S.82-85), das sich auf den Boxkampf zwischen Muhammad Ali und Joe Frazier im Jahre 1971 bezieht, den Ali verlor. Im reißerischen Stil der Zeitungen und in einem künstlichen, der Fachsprache der Sportreporter nachempfundenen Stil beschreibt Braun die Boxer wie zwei Tiere im Zoo, wozu sie im Interesse des Sportes gemacht worden sind. Brauns Sympathien liegen bei Ali, der, wie mehrfach betont wird, wegen „verweigerten Mords in Vietnam" für den Boxkampf gesperrt und daher außer Übung war: „Clay-Ali, verzeichnet unter den Siegern im Kampf/Des Jahrhunderts" (S.85), d.h. nicht im Boxen, sondern in moralischem Sinne. Frazier dagegen, der „Sänger aus den Slums" (S.82), der „Schlachthofprolet aus Philadelphia" (S.83), wird als „Onkel Tom Joe" und „great white hope" bezeichnet, hat sich also nach Brauns Ansicht mit den Weißen arrangiert. Er ist am Schluß des Boxkampfes der Bessere, bleibt aber trotzdem für Braun ein „Blindgänger" (S.85).

Fünf weitere DDR-Werke sind Angela Davis gewidmet, der schwarzen Bürgerrechtlerin, die 1970 wegen Beihilfe zum Mord verfolgt und verhaftet worden war, weil einer ihrer Leibwächter eine ihr gehörende Pistole für eine Geiselnahme verwendet und eine der Geiseln angeblich damit erschossen hatte. Der junge Mann hatte durch die Geiselnahme seinen Bruder freipressen wollen, der wegen Diebstahls einer geringen Summe bereits seit zehn Jahren im Gefängnis saß und für dessen Freilassung sich Angela Davis sehr engagiert hatte. Wegen des Verdachts der Beihilfe zur Geiselnahme und zum Mord drohte ihr die Todesstrafe, doch wurde diese 1970 in Kalifornien aufgehoben, Angela Davis wenig später freigesprochen.

Vier der fünf DDR-Werke[45], zwei Hörspiele von Maximilian Scheer, *Der Weg nach San Rafael*, 1971, und *Liebste Angela, Erste unter Gleichen*, 1971 (mir nicht zugänglich), ein Jugendbuch von Werner Lehmann mit dem Titel *Schwarze Rose aus Alabama*, 1972, und ein Reisebericht von Walter Kaufmann, *Unterwegs zu Angela*, 1973, prangern die ungleiche Behandlung von Schwarzen und Weißen vor Gericht, die Rassenjustiz in einem Land an, das Freiheit, Gleichheit und Gerechtigkeit zu seinen wichtigsten Grundsätzen zählt. Der Prozeß gegen Angela Davis wird als *frame up* bezeichnet, als Schauprozeß mit falschen Zeugen und Beweisen, bei dem das Urteil von vorneherein feststeht. Vor allem Werner Lehmann stellt den Fall Angela Davis als eine Verschwörung zwischen dem damaligen Gouverneur des Staates Kalifornien, Ronald Reagan, dem FBI-Chef J. Edgar Hoover und dem US-Präsidenten Richard Nixon dar, die aus rassistischen und antikommunistischen Gründen die schwarze Bürgerrechtlerin hätten beseitigen wollen, wenn nicht mit legalen Mitteln, dann durch Mord. Reagan, Hoover und Nixon sind in Leh-

---

45 Ein Buch mit Liedern über Angela Davis, *Angela Davis: Lieder, Texte, Noten*, wurde 1973 vom VEB Lied der Zeit herausgegeben.

manns Buch Vertreter des militärisch-industriellen Komplexes, dessen Macht anzufechten die Kommunisten und Bürgerrechtler angetreten waren. Alle Übel in den USA, Arbeitslosigkeit, Armut, Ghettos, Ausbeutung, Rassendiskriminierung, Polizeiterror, Mißstände in den Gefängnissen, eine voreingenommene und einseitig im Interesse der Mächtigen handelnde Justiz werden dem militärisch-industriellen Komplex zugeschrieben, ebenso die Schuld am Vietnamkrieg. Rassismus sei nur eines der Instrumente des Komplexes, seine Macht zu erhalten und auszuweiten, andere Mittel seien Propaganda durch die im Dienste der Hochfinanz stehenden Massenmedien oder Gewalt durch Polizei und Militär. Ähnlich sehen auch Scheer und Kaufmann die Verhältnisse in den USA.

Helmut Preißlers Gedicht „Gedanken zur Befreiung von Angela Davis", 1973 (in *Gedichte 1957/1972*, S.245f.), vergleicht sie mit der heiligen Johanna, die auf Gott vertraut habe und gestorben sei, während Angela Davis auf die Menschen vertraut und überlebt habe.

Helmut Preißlers Gedicht „Farbiger Traum", 1972 (S.248-257), zitiert in seiner ersten Strophe den Beginn der berühmten Rede Martin Luther Kings „*I have a dream...*". Farbig ist dieser Traum zum einen im wortwörtlichen Sinne, denn Farbsymbolik steht im Mittelpunkt, zum anderen bezieht sich das „farbig" auf die Hautfarbe der Schwarzen. Preißler rühmt am Anfang die landschaftliche Schönheit Nordamerikas und die paradiesischen Zustände zu Beginn der Besiedlung, schlägt dann aber den Bogen zu den gegenwärtigen Mißständen:

> [...]
> doch Ku-Klux-Klan ist kein Traum,
> kein Traum: der Sheriff im Solde
> der Gangster und der Millionäre,
> bestechliche Richter, Rassisten,
> Hell's Angels, die Ranger, der Mord
> an Ethel und Julius, kein Traum
> die Lyncher, die Ledernacken,
> die blutige Schlacht in Chicago,
> in Vierteln der Schwarzen, der Mord
> in Dallas, in Memphis... (S.249f.)

Der Dichter attackiert im folgenden dieselben Dinge wie Scheer, Lehmann und Kaufmann. Darüberhinaus wendet er sich auch gegen die Hippie-Bewegung, Drogen, Beatmusik und Sex, wodurch sich seines Erachtens „Gesundes unendlich [...] aushöhlt" und sich das Tier zeige, „das der Mensch/nur mehr sein will." (S.251). Ferner verurteilt er die extremen schwarzen Bewegungen, die sich gegen alle Weißen wandten und die Bürgerrechte mit Gewalt durchzusetzen versuchten. Dies gilt für die Sozialisten als Irrweg, da nur das Erkennen gemeinsamer Klassenziele mit weißen Werktätigen die Zukunft der Schwarzen bessern könne. So stellt es auch Preißler dar.

Die von Martin Luther King geforderte Gewaltlosigkeit hält er jedoch für ein nicht realisierbares Ideal: „ach, dieser freundliche Traum/ist so oft schon verströmt/mit dem Blute Erschlagener" (S. 257). In der letzten Strophe wird anhand der Metapher eines Sturmes den USA die Revolution prophezeit, an deren Abschluß der Sozialismus steht (S.257).

Einen tatsächlichen Fall behandelt Sigmar Schollak in dem Jugendbuch *Getötete Angst*, 1973. Namen und Daten im Buch sind authentisch, es handelt sich um einen Tatsachenroman bzw. um *faction*, d.h. eine Mischung aus *fact* und *action*. Thema des Jugendbuches ist die Ermordung dreier Männer in den Südstaaten im Jahre 1964, die für die Bürgerrechtsbewegung CORE (*Congress for Racial Equality*) gearbeitet hatten, zwei Schwarze und ein Weißer namens Michael Schwerner. Schollak rekonstruiert die Vorgeschichte des Mordes, erzählt, wie das Ehepaar Schwerner aus New York nach Mississippi zieht und dort die schwarze Bevölkerung über ihre Rechte aufzuklären beginnt. Die Weißen der Umgebung, von Kindheit an zu Rassisten erzogen, voller Angst vor schwarzer Konkurrenz und vor der Vergeltung für alles, was sie den Schwarzen zugefügt haben, behindern und bedrohen die Schwerners und ihre Anhänger ständig. Schließlich wird der junge Mann, zusammen mit zwei schwarzen Mitarbeitern, von einem Sheriff verhaftet, aber nicht ins Gefängnis gebracht, sondern dem Ku-Klux-Klan ausgeliefert, der die drei Männer umbringt und verscharrt. Schollak geht es in *Getötete Angst* nicht um die reißerische Schilderung des Mordes, sondern in erster Linie darum darzulegen, daß von der Unwissenheit und Mutlosigkeit der Schwarzen und ihrem großen Potential an Arbeitskraft eine weiße Oberschicht profitiert, die die armen Weißen gegen die Schwarzen ausspielt, um eine Solidarisierung und gemeinsamen Kampf um bessere Verhältnisse zu verhindern.[46]

Die übrigen Werke der DDR-Belletristik, die fiktive Fälle von Rassendiskriminierung behandeln, orientieren sich meist an realen Vorbildern, schildern Ku-Klux-Klan-Terror, Rassenaufruhr, Rassenjustiz.

Eines der ersten Jugendbücher der SBZ, *Sally Bleistift in Amerika* von Auguste Lazar[47], 1933 geschrieben und 1947 in Ost-Berlin veröffentlicht, widmet sich ganz den Themen Rassismus und Antikommunismus. Sally Bleistift, eine ältere russische Jüdin, die wegen der Judenpogrome Anfang dieses Jahrhunderts in die USA emigriert ist und dort in einer Industriestadt einen Laden betreibt, adoptiert einen Indianerjungen, den sie Redjacket nennt, und ein schwarzes Baby, das sie John Brown tauft.

---

46 Inwieweit die Hörspiele *Nicht weit von Birmingham* von Edith Anderson, 1965, und *Dort unten in Alabama* von Hans Pfeiffer, 1968, reale Ereignisse behandeln, wie die Ortsbezeichnungen in den Titeln vermuten lassen (die Stadt Birmingham und der Staat Alabama waren in den sechziger Jahren Schauplatz heftiger Rassenunruhen) konnte ich nicht feststellen, da mir beide nicht zugänglich waren.
47 Unter dem Pseudonym Mary Macmillan erstveröffentlicht.

Im Lauf des Romans ergreift Sally mehrmals die Gelegenheit, kleine Geschichten zu erzählen, die die Verbindung zu ihrer eigenen Vergangenheit (Erfahrungen ihrer Familie im zaristischen Rußland), der von Redjacket (Geschichte der Indianermassaker in Amerika) und von John Brown (Geschichte der Sklaverei und der Sklavenaufstände) herstellen. Diese Geschichten dienen als Beispiel dafür, daß der Rassismus historisch mit dem Klassenkampf verbunden ist. (Zipes, S.337).

Der halbwüchsige Redjacket und sein weißer Freund sind in der Kommunistischen Partei und verhelfen einem sowjetischen Revolutionär zu einem Auftritt vor den Arbeitern der Industriestadt, obwohl die Polizei dies mit allen Mitteln zu verhindern versucht. Am Schluß des Buches kehrt Sally Bleistift mit allen ihren Kindern in die Sowjetunion zurück, weil sie eingesehen hat, daß die USA als kapitalistischer Staat nicht besser als das zaristische Rußland sind:

> Ob man Juden totschlägt oder Neger, ist auch kein großer Unterschied. Denn was will man eigentlich damit erreichen, wenn man Weiße gegen Schwarze und Nichtjuden gegen Juden hetzt? Doch nur, daß die ausgequetschten und ausgenützten Teufel wirr im Kopf werden und über einen eingebildeten Feind herfallen, statt über die wirklichen Feinde, das sind die Besitzer von den Fabriken und den großen Unternehmungen und den großen Ländereien, die alle Geld in der Hand haben und damit wirtschaften, daß sie immer reicher und reicher werden. Denen paßt das in ihren Kram, wenn die armen Schwarzen als Sündenböcke herhalten müssen und von dummen und gemeinen weißen Kerlen gelyncht werden. Das ist ein schöner Auspuff für die Volkswut, denken sie, das wäre ja noch schöner, wenn das gewöhnliche Volk, Weiße und Schwarze, sich zusammentäte, das könnte am Ende für unsereins nicht gut ausgehen. (S.57)

Lazars Kinderbuch verdeutlicht in einfachen Worten die sozialistische Auffassung und gibt anhand der Familie Sally Bleistifts ein Bild der künftigen Eintracht zwischen den Angehörigen verschiedener Rassen im sozialistischen Geist.

Ein weiteres frühes Beispiel für die sozialistische Sicht der Rassenfrage in den USA bietet das Jugenddrama *Tom Sawyers großes Abenteuer*, das der Tscheche Hanuš Burger und Stefan Heym 1937 gemeinsam schrieben und das in der DDR erstmals am 10. 1. 1953 aufgeführt wurde. Inhaltlich richtet sich das Drama nach der Vorlage von Mark Twain, doch ist die Rassenproblematik stärker in den Vordergrund gerückt: Die Jugendlichen Tom, Huck und Becky helfen dem unschuldig des Mordes angeklagten Schwarzen Muff Potter und entlarven Mitglieder des Ku-Klux-Klan als die eigentlichen Täter. Die Kernaussage des Stückes besteht im Aufruf zur Solidarität zwischen weißem und schwarzem Proletariat.[48]

---

48 Das Stück wurde nach der Aufführung kritisiert, weil Huck auf der Bühne Backpflaumen stiehlt. „Denn, so wurde gefolgert, wenn Huck Finn auf der Bühne gestattet wird, Backpflaumen zu klauen, dann werden sämtliche Kinder [...] anfangen, auch Backpflaumen zu klauen." Vgl. Stefan Heym: „Das Volk will echten Realismus: Beobachtungen zum literarischen Leben in der DDR", in: *Berliner Zeitung*, 29.7.1953, zitiert nach Jäger 1982, S.70.

1949 schrieb Max Zimmering die „Schwarz-weiße Liebesballade" (in *Im herben Morgenwind*, S.56-58), die von einem schwarzen GI erzählt, der im zweiten Weltkrieg in England ein weißes Arbeitermädchen kennenlernt. Sie verlieben sich ineinander, nach Kriegsende ziehen sie gemeinsam in die Heimatstadt des Schwarzen in Virginia. Doch in dem Südstaat sind Mischehen verboten, der Schwarze wird ins Gefängnis geworfen, seiner Frau geraten, nach England zurückzukehren. Als sie sich weigert, wird sie gleichfalls inhaftiert und von einem Gerichtspsychiater untersucht. Das Gedicht endet mit dem ironischen Ausruf „O freies Amerika!" (S.58). Zimmering stellt jedoch keinen Bezug zur Klassenbedingtheit der Rassendiskriminierung her, er will in erster Linie mit seiner gefühlvoll-kitschigen Ballade bestehendes Unrecht anprangern.

Von dem Fall Willy McGee und dem der *Scottsboro Boys* dürfte Hildegard Maria Rauchfuß' Erzählung „Gewitter überm großen Fluß", 1952 (in *Gewitter überm großen Fluß: 3 Erzählungen*, S.5-35) angeregt sein. Aus der Sicht einer Engländerin, die einen amerikanischen Geschäftsmann geheiratet hat, wird die Menschenjagd in einer Kleinstadt in den Südstaaten auf einen Schwarzen geschildert, der eine Weiße vergewaltigt haben soll. Die Engländerin, von den Rassenvorurteilen ihrer Umgebung befremdet und abgestoßen, folgt dem Lynchmob, da es sich bei dem Gejagten um ihren Hausmeister handelt. Am Schluß wird der Mann durch die Hilfe verschiedener Frauen gerettet: seiner eigenen Frau, der Engländerin und einer in die USA eingewanderten Holländerin, die ihren Sohn im Indochinakrieg verloren hat.

Diese Lösung der Geschichte ist für DDR-Verhältnisse eher ungewöhnlich. Wenn auch Frauen zu den Unterdrückten im kapitalistischen System gezählt und daher in der Darstellung meist positiver und einsichtiger als Männer gezeichnet werden, wird doch in der Regel eine Solidaritätsaktion aller Werktätigen und Unterdrückten für den guten Ausgang einer Erzählung bevorzugt. Im großen und ganzen hat die Autorin die Rassendiskriminierung schon als Klassenfrage behandelt: Weiße Hafenarbeiter solidarisieren sich mit dem Schwarzen; Rassisten sind Kleinbürger, der Sheriff, der erfolgreiche Geschäftsmann, über den es heißt: „Für ihn war alles Geschäft, wahrscheinlich auch ein Krieg." (S.13)

Anna Seghers' Novellenzyklus „Der erste Schritt", 1953 (in *Erzählungen 1952-1962*, S.107-181), besteht aus Berichten einzelner Teilnehmer an einem Friedenskongreß darüber, wie sie den ersten Schritt zum Sozialismus getan haben, darunter die Ausagen der beiden Schwarzen Pat und Richard aus den USA. Pat aus Mississippi entstammt der schwarzen Mittelschicht, die sich laut seiner Schilderung möglichst ruhig und unauffällig verhält, um keine Berührungspunkte mit der weißen Bevölkerung und damit keinen Anlaß zu Streit und Haß zu bieten (S.142). Bezeichnenderweise ist Pats Vater, ein erfolgreicher Anwalt, Abkömmling von Haussklaven, d.h. von Bessergestellten unter den Sklaven. Pat wird Soldat im zweiten Weltkrieg, erhält Auszeichnungen und wird befördert. Nach der Demobilisierung nach Haus zurückgekehrt, muß er erfahren, daß die scheinbare Gleichstellung schwarzer und weißer GIs in der Armee keinerlei Änderungen in seiner Heimat bewirkt hat: Auf der Bahn und in den Wartesälen werden weiterhin Weiße von Schwarzen getrennt. In seiner Heimatstadt werden Pat und seine schwarzen Kameraden von einer Bande Weißer überfallen und prophylaktisch zusammengeschlagen: „Da habt ihr's, damit ihr nicht glaubt, ihr seid etwas Besseres geworden, weil ihr im Krieg wart" (S. 144). Dadurch erkennt Pat, daß seines Vaters quietistische Haltung verkehrt war, und wird zum Sozialisten.

Richard aus Detroit entstammt dagegen einer Proletarierfamilie und hat schon im Kindesalter als Schutzputzer Geld verdienen müssen. Später arbeitet er wie sein Vater und seine Brüder in einer Fabrik, wo ihn die weißen Arbeiter schlecht behandeln. Als ein Streik ausbricht, solidarisieren sich die Schwarzen nicht mit den Weißen, sondern fungieren als Streikbrecher, so daß der Streik ergebnislos verläuft. Richard stellt jedoch fest, daß der einzige weiße Arbeiter, der sich um ihn etwas gekümmert hatte, einer der Streikführer gewesen und entlassen worden ist. Später lernen ihn zwei weiße Arbeiter an einer Maschine an, sind nett zu ihm und setzen sich für ihn ein, als neue Maschinen angeschafft werden, die nicht von Schwarzen bedient werden sollen:

> Wenn jemand sagte: „Solange von uns weißen Arbeitern noch einer auf der Straße liegt, darf hier kein Neger herein", dann erwiderten sie: „Was hat das mit ‚Schwarzen' und ‚Weißen' zu tun? Die Direktion spielt nur einen gegen den anderen aus, damit sie genug an uns allen verdient. (S.148)

Die beiden sind Kommunisten, Richard schließt sich ihnen an, obwohl Kommunisten genauso diskriminiert werden wie Schwarze. Als wieder ein Streik ausbricht, arbeitet er diesmal nicht als Streikbrecher und überredet auch andere Schwarze dazu, es nicht zu tun.

Die beiden Erzählungen sagen aus, daß sich einerseits kein Schwarzer der Rassendiskriminierung entziehen könne, solange sie in den USA existiere, andererseits, daß die Rassenfrage durch Klassenverhältnisse bestimmt sei. Dies wirkt widersprüchlich, wird doch der Schwarze aus der Mittelklasse genauso diskriminiert wie der schwarze Arbeiter. Dennoch sind beide Aussagen nach sozialistischem Verständnis miteinander vereinbar: Die Rassendiskriminierung an sich, gegen alle Schwarze, gilt als Instrument der Herrschenden, die Arbeiterklasse zu spalten, weiße Arbeiter gegen schwarze aufzuhetzen und sie auf arrivierte Schwarze neidisch zu machen.

Rudolf Bartschs Erstlingsroman *Man kann nicht immer stumm sein*, 1953, handelt von einem Mordprozeß gegen einen Mulatten in einer fiktiven Südstaatenstadt zur Zeit des Koreakrieges. Gegen den Mulatten stehen der wichtigste Geschäftsmann der Stadt, dessen degenerierter, sadistischer und faschistoider Sohn, der Sheriff, der Untersuchungsrichter, ein FBI-Mann sowie die Presse. Sein Schicksal scheint schon vor Prozeßbeginn besiegelt. Auf seiner Seite sind ein Kommunist, ein Gewerkschaftsführer, ein Anwalt, eine Reporterin, die für eine linke Zeitung arbeitet, ein schwarzer Lehrer, Arbeiter. Der mächtige weiße Geschäftsmann, der den einzigen Besitz des Mulatten, ein Stück Land, zu Spekulationszwecken in seinen Besitz bringen will, läßt nichts unversucht, dem Mulatten den Mord anzuhängen. Er und der FBI-Mann versuchen, aus dem Mordprozeß einen Prozeß gegen kommunistische Unterwanderer zu machen und den Mulatten als kommunistischen Agenten auszugeben. Als sich jedoch der angebliche Mord als Unfall erweist und der Mulatte freigesprochen wird, zieht der Sohn des Geschäftsmann mit einem Lynchmob zu dessen Hütte und tötet den Mulatten. Weiße und schwarze Arbeiter tragen ihn zu Grabe, sie haben begriffen, daß sie in Zukunft gemeinsam vorgehen müssen.

Bartschs Roman entwirft ein düsteres Bild von den Vereinigten Staaten: Die reichen Familien, degeneriert und skrupellos, herrschen mit Hilfe ihres Geldes und eines brutalen Polizeiapparates, einer machthörigen Justiz, der Volksverdummer Kirche und Presse und des Lumpenproletariats (vertreten durch einen abstoßenden erpresserischen Landstreicher, den Hauptzeugen gegen den Mulatten). Andersdenkende und streikende Arbeiter werden brutal unterdrückt oder von rechtsradikalen Organisationen umgebracht. Die Schwarzen leben unter menschenunwürdigen Umständen in Slums oder in KZ-ähnlichen Arbeitslagern, die sie nicht verlassen können, ohne wie Verbrecher gejagt zu werden. Auf der Gegenseite steht das „andere Amerika", das „sich auf die guten amerikanischen Traditionen beruft und auf die guten Traditionen der gesamten Menschheit" (S. 114), — Arbeiter, Intellektuelle, Kommunisten, Frauen. Obwohl die Details, die Bartsch beschreibt, der Wirklichkeit entnommen sind und von ihm kaum übertrieben zu werden brauchen, wirkt der Roman sehr konstruiert und monokausal in seiner Argumentation.

Vom selben Autor erschien 1961 ein weiterer Roman zum Thema Rassendiskriminierung, *Aufruhr in Bangsville*, der in einem fiktiven Ort in South Carolina spielt. Als Zeitpunkt wird der 1. Juli 1903 angegeben, wobei unklar bleibt, warum der Autor die Handlung an den Anfang des Jahrhunderts verlegt — möglicherweise nimmt er auf einen realen Vorfall Bezug. Ein Schwarzer, der wegen angeblicher Vergewaltigung einer Weißen im Gefängnis sitzt, soll von einem weißen Lynchmob herausgeholt und ermordet werden. Seine schwarzen Freunde wollen ihm helfen, überfallen einen Waffenhändler, bewaffnen sich und schlagen den Lynchmob in die Flucht. Es kommt in Bangsville zu bürgerkriegsähnlichen Verhältnissen. Die Weißen unter Führung eines Geschäftsmanns und eines Plantagenbesitzers bekämpfen die Schwarzen, die sich in ihrem Slum verbarrikadiert haben.

US-Bundestruppen greifen ein, entwaffnen die Schwarzen und nehmen ihren Anführer gefangen, der sich freiwillig stellt, damit seine Freunde und der befreite Gefangene fliehen können. Er will in seinem Prozeß die wahren Verbrecher benennen, die den Schwarzen den Kampf aufgezwungen haben.

Neben der Rassendiskriminierung von Schwarzen ist auch die von Indios Thema von Fritz Körbers Jugendbuch *Juan und Sico: Ein Schicksal zwischen Brasiliens Urwald und Philadelphias Wolkenkratzern*, 1957: Der halbwüchsige Brasilianer Juan will den von ihm aufgezogenen Affen Sico von einem amerikanischen Tierhändler zurückkaufen und folgt ihm nach Philadelphia. Hier lernt er ein schwarzes Paar kennen und leidet mit ihm unter Rassendiskriminierung und Ausbeutung. Als Schluß kehrt er, erwachsener und erfahrener geworden, nach Brasilien zurück und tritt in eine Gewerkschaft ein.

Die Rassenunruhen der sechziger Jahre finden ihren Niederschlag in einigen Zeitgedichten aus der DDR, z.B. in Max Zimmerings „Alabama", 1963 (in *Das Maß der Zeit*, S.127), das die Diskrepanz zwischen Ideal (Freiheit, symbolisiert durch die Freiheitsstatue) und Wirklichkeit (Ku-Klux-Klan, Diskriminierung der Schwarzen) betont, oder Wolf Biermanns „Ballade von dem Briefträger William L. Moore aus Baltimore", 1963 (in *Die Drahtharfe*, S.27-29): In acht Strophen, jede mit einem Wochentagsnamen überschrieben von Sonntag bis zum „Last Day", läßt Biermann seinen Helden mit einem Schild mit der Aufschrift „BLACK AND WHITE, UNITE! UNITE!" durch die Südstaaten ziehen, auf Unverständnis und Ablehnung, aber auch Zustimmung treffen und schließlich, von drei Schüssen in die Stirn getroffen, sterben: „Und er starb ganz allein. / Und er bleibt nicht allein." (S.29) Die letzte Zeile ist nicht fatalistisch gemeint, sondern soll Hoffnung auf eine künftige allgemeine Solidarität zwischen den Rassen wecken.

Ein später Nachfolger dieser Zeitgedichte ist Reinhard Bernhofs „Weihnachtszeit in Little Rock", 1973 (in *Die Kuckuckspfeife*, S.88), das möglicherweise wesentlich früher verfaßt wurde, denn die Nennung des Ortes Little Rock (Arkansas) im Titel erinnert an die Maßnahmen der US-Bundesregierung im Jahre 1957, die damals mit Hilfe von einem Regiment der Bundestruppe für neun schwarze Schüler den Zugang zur *High School* erzwang. Im Gedicht selbst findet sich allerdings kein weiterer Hinweis darauf, es beschreibt eine einfache Szene: Ein kleines schwarzes Mädchen bewundert Spielzeug in einer Schaufensterauslage zur Weihnachtszeit, doch sie kann nicht lesen, nimmt also das Schild an der Tür „NUR FÜR WEISSE!" nicht wahr: „Könnte sie es auch lesen / würde sie es nicht verstehn" (S.88). Bernhof zeigt anhand dieser Szene, wie absurd die Apartheid in den USA ist.

Ende der sechziger / Anfang der siebziger Jahre verfaßte Sigmar Schollak die *Joshua*-Trilogie: *Joshua oder Der Mord in Detroit*, 1969; *Joshua oder Das Rattennest*, 1971; *Joshua oder Der heiße Sommer*, 1972. Der erste Band spielt Ende der fünfziger Jahre und erinnert an Bartschs *Man kann nicht immer stumm sein*, denn wie in jenem Roman geht es um einen Mord, der einem Schwarzen zur Last gelegt wird. In Wirklichkeit war der Ku Klux Klan der Täter. Der 13jährige Schwarze Joshua klärt den Mord zusammen mit seinem weißen Freund auf und fällt beinahe selbst dem Klan zum Opfer. Wie bei Bartsch, so bilden auch bei Schollak die Mißstände im Ghetto und die Auswüchse des Rassismus den Hintergrund für die Erzählung. Sie treten in *Joshua oder Das Rattennest* stärker in den Vordergrund.

Dieser Band ist zeitlich im Jahre 1963 angesiedelt, Joshua ist erwachsen und möchte studieren. Obwohl die Devise *separate but equal*[49] aufgehoben ist und allmählich Schwarze in die vormals Weißen vorbehaltenen Universitäten gelassen werden, ist der Zugang durch Aufnahmeprüfungen immer noch erschwert. Joshua wird von der Universität von Detroit nicht genommen und schließt sich enttäuscht radikalen Schwarzen an, die durch Gewalt und Zerstörung Rache an den Weißen üben wollen. Er verliebt sich in eine weiße Kommunistin, die ihn allmählich davon überzeugt, daß dieser Weg falsch ist. Am Schluß des Buches demonstrieren die Slumbewohner gegen die verheerenden hygienischen Bedingungen, denn ein schwarzes Baby ist von Ratten totgebissen worden. Joshua nimmt an der Demonstration teil, wird verhaftet und zu zwei Monaten Gefängnis verurteilt.

Im dritten Band, der im Jahre 1965 spielt, schließt sich Joshua der *Black Power*-Bewegung an, die zu einem umgekehrten Rassismus gegen Weiße tendiert. Unter dem Einfluß seiner kommunistischen Freundin versucht er die *Black Power*-Mitglieder davon zu überzeugen, daß weiße und schwarze Werktätige zusammengehen müßten. Ein vom FBI entsandter *agent provocateur* verwendet den ahnungslosen Joshua dazu, eine Verbindung zwischen *Black Power* und KPdUSA herzustellen, um die Aktionen der *Black Power*-Bewegung als kommunistischen Umsturzversuch denunzieren zu können. Joshua durchschaut schließlich die Zusammenhänge und flieht vor dem FBI, während im Ghetto der „heiße Sommer", der Aufstand, beginnt. Ein riesiges Polizeiaufgebot schlägt die Revolte nieder, ein Polizist erschießt Joshua.

In den letzten beiden Bänden der Trilogie will der Autor nicht nur die Rassendiskriminierung in den USA aufzeigen und die Rassenfrage als Klassenfrage hinstellen, sondern auch innerhalb der Bürgerrechtsbewegung zwischen solchen Organisationen unterscheiden, die den nach sozialistischer Auffassung falschen Weg der Gewalt und des Rassismus gegen Weiße einschlagen, und solchen, die bereit sind, mit Weißen zusammenzuarbeiten.

Daß der Hinweis auf amerikanischen Rassismus in der DDR schon zur Standardfloskel geworden ist, zeigt Karl Heinz Jakobs in dem Roman *Wilhelmsburg*, 1979 (der in der DDR nicht erschienen ist). Der weitgereiste und welterfahrene Mitarbeiter eines großen DDR-Betriebes Blach diskutiert mit dem Parteifunktionär Banzer über seinen Vortrag über die Verhältnisse in den USA:

---

49 *separate but equal*: Devise der Rassentrennung, vom Obersten Gerichtshof der USA im Justizfall Plessy gegen Ferguson im Jahre 1896 gebilligt.

Einen Negerrechtsanwalt hast du zitiert, rief Banzer, einen puertorikanischen Hausbesitzer, einen Fuhrunternehmer, der Indianer ist. Und das in einer Zeit, wo die Indianer sogar aus ihren Reservaten vertrieben werden. Ich war in keinem Reservat, sagte Blach, von den Problemen der Indianer in ihren Reservaten habe ich keine Ahnung. Und die Neger werden wohl nicht gelyncht, wie? rief Banzer. Ich habe nicht gesehen, wie Neger gelyncht werden, sagte Blach. Das weiß man, sagte Banzer, das braucht man nicht zu sehen. (S. 115)

Jakobs' ironische Darstellung zeigt, wie wenig im Vergleich mit den DDR-üblichen USA-Stereotypen die Realität interessiert: Nicht, was schwarze, puertoricanische oder indianische Angehörige der Mittelschicht Kritisches über die Vereinigten Staaten sagen, zählt, der SED-Funktionär läßt nur seine eigenen Vorstellungen (gleichzeitig die seiner Partei) gelten.[50]

Nach 1973 wird die Rassenfrage in den USA für DDR-Schriftsteller/innen anscheinend uninteressant, vermutlich auch deswegen, weil die Bürgerrechtsbewegung in den Vereinigten Staaten im Abklingen begriffen war und kaum noch spektakuläre Ereignisse gemeldet wurden. Daß das Thema „Rassismus in den USA" von der Frühzeit der DDR an bis in die siebziger Jahre hinein das Interesse der DDR-Belletristik fand, verwundert angesichts der weltweiten Aufmerksamkeit nicht, die die Widersprüche in der amerikanischen Gesellschaft fanden und finden. Die DDR-Kritiker der Vereinigten Staaten brauchten in ihren Schilderungen nicht zu übertreiben, um Empörung hervorzurufen. Eher befremdlich wirkt jedoch die Absolutheit, mit der die Lösung der Rassenfrage durch Klassensolidarität unter den Arbeitern schwarzer wie weißer Hautfarbe behauptet wird. Psychologische Ursachen für Rassismus werden nicht einmal erwogen.

2.3.3. Verschiedene nicht-zentrale Themen

Einige Topoi des DDR-Amerikabildes kehren zwar häufig wieder, bestimmen jedoch selten die zentrale Handlung. Sie sollen hier kurz zusammengefaßt werden.

---

50 Blach hatte durchaus kein positives Bild der USA entworfen, vielmehr ein „hoffnungsloses" (S.113). Als er in einem zweiten Referat aus Wut über Banzer „Amerikas Macht und Größe in den Himmel" hebt (S.117), erhält er paradoxerweise das Lob des Funktionärs, der in der positiven Schilderung der USA nur einen Ansporn für die DDR sieht, im Wettstreit der Systeme die Vereinigten Staaten einzuholen bzw. zu überholen.

2.3.3.1. Kriminalität

Nach DDR-Ideologie ist Kriminalität systembedingt und dem Sozialismus wesensfremd (*Kleines Politisches Wörterbuch*, s.v. ,,Kriminalität", S.500f.). Sie entsteht aus dem Klassenkampf und dem krassen Gegensatz zwischen Arm und Reich in den USA und wird gefördert durch die imperialistische Aggressivität sowie durch den Verfall der imperialistischen Kultur.

Bandenunwesen, Gangstertum und die steigende Zahl der Gewaltverbrechen in den USA werden häufig in Werken der DDR-Belletristik erwähnt (z.B. in W. Schreyers *Preludio 11*, Friedrich Wolfs *Menetekel* etc.), stehen jedoch selten im Mittelpunkt. Eine Ausnahme ist z.B. Walter Kaufmanns Jugendbuch *Entführung in Manhattan*, 1975, in dem eine Bande Jugendlicher einen kleinen Jungen entführt, um Lösegeld zu erpressen. Die Mutter, eine Putzfrau, ist nicht in der Lage, das Geld aufzubringen, doch ihre Freunde und Bekannten, alles arme Leute, spenden und sammeln solange, bis die Summe zusammen ist — während reiche Leute, um einen Beitrag gebeten, sich weigern. Der Junge kommt frei, die Halbstarkenbande wird wenig später von der Polizei verhaftet. Kaufmann geht es darum, die Ursachen der Jugendkriminalität aufzuzeigen: In schlechten Verhältnissen in den Slums New Yorks aufgewachsen und schon früh mit Kriminalität vertraut gemacht, wollen sie wenigstens einen kleinen Anteil am Wohlstand haben.

Weitere Beispiele sind die beiden Erzählungen ,,Die Dillinger-Bande" (S.5-39) und ,,Flug ohne Ankunft" (S.221-259) in dem Band von Günter Prodöhl *Kriminalfälle ohne Beispiele*, 1960, in dem berühmte Verbrechen in der kapitalistischen Welt nacherzählt werden.

2.3.3.2. Armut

Eines der Merkmale des Kapitalismus ist der krasse Gegensatz zwischen einer kleinen, reichen Schicht und der großen, verarmten Masse der Arbeiter, Arbeitslosen und Slumbewohner ohne soziale Sicherheit, Rente oder ausreichende medizinische Versorgung. Da es Arbeitslosigkeit und Armut im Sozialismus (offiziell) nicht gibt, werden die Nachteile des kapitalistischen Systems durch Schilderungen der Armut in den USA besonders häufig hervorgehoben (z.B. in Stefan Heyms Kurzgeschichte ,,Babik", in *Die Kannibalen und andere Erzählungen*, 1957, S.35-50; in Boris Djacenkos Erzählung ,,Geschichte eines Fensterputzers", in *Und sie liebten sich doch*, 1960, S.183-192; in der *Joshua*-Trilogie, 1968-1973 etc.). Ein Beispiel hierfür ist Stefan Heyms Kurzgeschichte ,,Freie Wirtschaft", ca. 1951 (in *Die Kannibalen und andere Erzählungen*, 1957, S.152-175), angesiedelt im Milieu armer Weißer in Virginia: Die Studenten einer landwirtschaftlichen Hochschule sollen als Abschlußprüfung eine der ärmsten Farmen Virginias in einem Tag in eine Musterfarm verwandeln. Für die Hochschule ist dies eine Werbemaßnahme, die Medien berichten darüber, Schaulustige versammeln sich, Politiker reisen an. Die einzige Bedingung, die der Besitzerin der Farm, einer Witwe mit vier Kinder, gestellt wird, lautet, sie dürfe die Farm innerhalb der nächsten zehn Jahre nicht verkaufen. Die Witwe ist zunächst von den Ereignissen überwältigt, doch am Abend, als die Studenten ihre Arbeit beendet haben, wird ihr klar, daß sie eine moderne Farm nicht bewirtschaften kann, ihr fehlen Maschinen, Vieh, Saatgut, Geld für Strom und Wasser. Die Politiker feiern indes das Projekt:

> Das ist Amerika! Das ist unser amerikanisches System der freien Wirtschaft und der Privatinitiative! Was gäbe es auf dieser Welt, das sich damit vergleichen ließe? (S.175)

2.3.3.3. Massenmedien

Die bürgerliche Presse ist nach DDR-Vorstellung von den Monopolen gelenkt und wird zensiert: Was den Verkauf einer Ware behindern könnte oder das System kritisiere, werde nicht gedruckt, die Pressefreiheit der USA sei eine Fiktion. Selbst die Aufklärung der Watergate-Affaire durch zwei Reporter der *Washington Post* ist für die DDR nur ein Versuch der mächtigen Monopole, vom Vietnam-Debakel abzulenken (vgl. F.K. Kaul: *Watergate: Ein Menetekel für die USA*, 1976).

In der Schönen Literatur der DDR kann die den amerikanischen Medien zugewiesene Rolle in der Tendenz wechseln: Mal erscheinen Zeitungs-, Rundfunk- oder Fernsehreporter/innen positiv, vor allem wenn sie eine fortschrittliche Gesinnung haben (z.B. die Reporterin in Rudolf Bartschs *Man kann nicht immer stumm sein*), mal sind sie schwankende Intellektuelle, die erst durch die Informationen, die sie bevorzugt erhalten, zu einer fortschrittlichen Gesinnung finden (z.B. Wolfgang Schreyers *Reporter*), mal haben sie eine negative Funktion, vertuschen wahre Sachverhalte und betreiben Volksverdummung im Dienste der Monopole (z.B. die Presse in Werner Lehmanns *Schwarze Rose aus Alabama*). Grundsätzlich wird in allen Werken der DDR-Belletristik zu diesem Thema die amerikanische Pressefreiheit als Schimäre hingestellt. Um Aufklärung und Darstellung der Wirklichkeit bemühte Reporter/innen verlieren ihre Posten. Für Wolfgang Schreyer sind die Hochhäuser New Yorker Pressekonzerne gar *Tempel des Satans*, so der Titel eines seiner Romane, 1962. In diesem und in *Der Traum des Hauptmann Loy*, 1956, geht er auch auf den *yellow journalism*, den Revolverjournalismus, ein, der mit Sensationen und Sex die Leser verdumme und von ihren wirklichen Problemen ablenke.

Tempel des Satans ist die Geschichte eines Reporters, der einen aktuellen Artikel über den Absturz einer Rakete geschrieben hat, eine Philippika gegen den Rüstungswahn, den ihm seine Zeitung nicht abnimmt und auch keine andere, da sie alle von der Rüstungsindustrie abhängig sind. Wenig später verunglückt das Flugzeug, in dem der Reporter als Passagier mitfliegt, das gesamte Flugpersonal ist außer Gefecht gesetzt, der Reporter als Hobbyflieger ist die einzige Person an Bord, die die Maschine zur Landung bringen kann. Nun reißen sich die Medien um seinen Exklusivbericht und verlangen von ihm, das Flugzeug nicht auf dem nächsten Flughafen zu landen, sondern nach New York zu fliegen, wo das Fernsehen die Landung besser filmen kann. Er stellt zur Bedingung, daß sein Artikel über den Rüstungswahn gedruckt wird. Der eine Medienkonzern weigert sich weiterhin, und als der Reporter mit einem anderen handelseinig wird, wird er von dem ersten als rücksichtsloser, geld- und ruhmsüchtiger Draufgänger denunziert. Die Verleumdungskampagne hat Erfolg, auch der andere Medienkonzern nimmt Abstand von dem Reporter. Ihm gelingt zwar die Notlandung in New York, doch verliert er wegen der unnötigen Gefährdung der Passagiere durch den Weiterflug seinen Flugschein, seinen Presseausweis und seine Freiheit, die Polizei verhaftet ihn. Eine Gruppe Rüstungsgegner stellt dem Reporter am Schluß einen Anwalt, der Prozeß gegen ihn soll zur Bekanntgabe des Artikelinhaltes gegen die Aufrüstung genutzt werden.

2.3.3.4. Wissenschaft und Technik

Vor allem nach dem Start des ersten sowjetischen Sputnik und dem Weltraumflug Jurij Gagarins machte man sich im sozialistischen Lager Hoffnungen, die USA auf technischem Gebiet überholen zu können, zumal diese auf dem Gebiet der Raumfahrt längere Zeit keine Erfolge vorzuweisen hatten. Diese Hoffnung äußert z.B. Wolfgang Schreyers Roman *Tempel des Satans*, 1962, in dem das ständige Scheitern amerikanischer Raketenversuche als systemabhängig dargestellt wird: Im Unterschied zur Sowjetunion, wo Forschung und Technik dem Menschen dienen sollten, sei das einzige Ziel der US-Forschung die Vermehrung des Profits. Daher würden in aller Eile immer neue Raketen entwickelt, die aufgrund mangelhafter Sorgfalt explodierten und abstürzten, wobei sie Menschenleben gefährdeten.

Den späteren Erfolg der amerikanischen Mondlandung der Apollo 11 im Jahre 1969 kritisiert Volker Braun in seinem Gedicht „Armstrong, Aldrin, Collins", ca. 1969 (in *Gegen die symmetrische Welt*, S.42-44), aus anderen Gründen: Er hält das Unternehmen für geplante Ablenkung von den Mißständen in den USA wie Armut, Rassismus, Vietnamengagement.

Die amerikanische Wissenschaft gilt in den Werken der DDR-Belletristik als abhängig von großen Konzernen und von ihnen zur Waffenproduktion angehalten (vgl. z.B. W. Lehmann: *Schwarze Rose aus Alabama*). Sie dient unmenschlichen Zielen und wird dadurch unmoralisch, wie beispielsweise die Gentechnologie (z.B. in E.Hilschers *Die Weltzeituhr*).

Ein besonderes Kapitel in der Geschichte der DDR-Wissenschaft ist die Ablehnung des „Morganismus", d.h. der modernen Vererbungslehre (Chromosomentheorie) durch Gene, die auf Mendel und den amerikanischen Biologen Thomas Hunt Morgan (Nobelpreis 1933) zurückgeht und von den sozialistischen Staaten lange zurückgewiesen wurde, da der Begründer der sowjetischen Biologie unter Stalin, I.V. Mičurin (1855-1935), an eine Vererbung von erworbenen Eigenschaften glaubte und Stalins Fachmann auf diesem Gebiet, T.D. Lysenko, die Chromosomentheorie vehement ablehnte. Erst 1962 wurde Lysenko endgültig entmachtet und die Vererbungslehre anerkannt, weshalb die sozialistische Biologie um Jahrzehnte hinter der westlichen herhinkte. Erik Neutsch nimmt in *Frühling mit Gewalt*, 1978 (zweiter Band des Werkes *Der Friede im Osten*), darauf durchaus kritisch Bezug. Er läßt seinen noch an den Stalinismus glaubenden Helden folgende Rede halten:

> Wie Sie wissen, bin ich Marxist, *Materialist*. Also kann schon deshalb für mich das zwar oft beschworene, aber stets anonym gebliebene Gen, das in meinen Ohren wie Gott klingt, keine Bedeutung haben. Bereits die Nazis [...] machten daraus einen Kult, erhoben die Erblichkeit des Blutes zum Thema eins ihrer Rassentheorie [...] Sie beriefen sich dabei auf dieselben Amerikaner, auf den Genfetischisten Morgan und dessen Vorbereiter Weismann in Deutschland. Die Selektion sei alles, erworbene Eigenschaften hingegen nichts, und wohin das führte, ist Ihnen selber klar, in die Konzentrationslager. (S.398, Hervorhebung im Original)

Später erkennt der Held jedoch, daß die Vererbung tatsächlich auf Selektion, nicht auf erworbenen Eigenschaften beruht.

2.3.3.5. Amerikanischer Film

Amerikanische Filme werden, von wenigen Ausnahmen abgesehen, meist negativ bewertet, trotz ihrer perfekten Machart. Sie gelten als zu oberflächlich und zu brutal, Produkte amerikanischer Verfallskultur (z.B. in E.Neutschs *Wenn Feuer verlöschen*, 1985, dritter Band von *Der Friede im Osten*). So kann Rolf Schneiders Bewertung von *Bonnie and Clyde* in seiner Reiseerzählung „Nürnberg oder Variationen über die Bösartigkeit", 1968 (in *Orphée oder Ich reise*, S.37-56), als prototypisch für die Bewertung amerikanischer Filme gelten:

> Erzählt wird hier in überaus delikaten Pastell-Farben eine blutige Räubergeschichte, angesiedelt in der Krise der dreißiger Jahre, angesiedelt im amerikanischen Mittelwesten, wo es den Farmern übel geht und der sexuell gehemmte Clyde, seiner Freundin Bonnie zu imponieren, Banken stürmt und fleißig schießt, daß das rote Blut spritzt. Den Farmern tut er nichts. [...] Ein amerikanischer Schinderhannes? Der soziale Trick dient bloß dazu, etwas zu rechtfertigen, was bisher [...] selbst die primitivsten und brutalisierendsten Räuberpistolen nicht rechtfertigen mochten [...] minutenlang ist zu sehen, wie die Schüsse der Polizei die beiden Räuber treffen, durchlöchern,

die Körper aufsteilen, mit kunstvoller Choreografie, [...] in kunstvollen Renoir-Farben, es ist eine makabre Augenlust. Dieser Film ist so immoralistisch wie André Gides „Verliese des Vatikans". [...] Bonnie und Clyde ist der reine, ins ästhetisierende Märchen gefaßte Faschismus. Ich gestehe, daß es mich schüttelte. (S.55f.)[51]

2.3.3.6. Freiheitsstatue und American Way of Life

In den USA herrscht nach sozialistischem Verständnis keine Freiheit. „Freiheit" wird in der DDR als „Einsicht in die objektive Notwendigkeit" (*Kleines Politisches Wörterbuch*, s.v. „Freiheit", S.250) definiert. Freie Entscheidung und freies Handeln seien abhängig von den ökonomischen, politischen und ideologischen Bedingungen, folglich seien sie in einem kapitalitischen Staat nicht gewährleistet. Ausbeutung und Unterdrückung, Meinungsmanipulation und Polizeiwillkür werden gegen den amerikanischen Freiheitsbegriff angeführt, außerdem konkrete Beispiele für Unfreiheit wie McCarthyismus, Rassendiskriminierung, Antikommunismus.

Die Freiheitsstatue, Symbol für amerikanische Freiheit und Demokratie, dient den DDR-Schriftstellern immer wieder als Ziel ironischer Angriffe, weil sich anhand dieses Denkmals der Kontrast zwischen Anspruch und Realität in den USA verdeutlichen läßt, so z.B. in Max Zimmerings Gedicht „Alabama", 1963 (in *Das Maß der Zeit*, S.127), in dem es um Rassismus gegen amerikanische Schwarze geht:

> [...]
> Es war einmal ein großes reiches Land,
> an dessen Tor die Freiheitsgöttin stand,
> doch diese war aus kaltem totem Stein
> samt ihrer Fackel und dem Glorienschein.

Kurt Bartsch verhöhnt die Statue in seinem Vietnamgedicht „Greenwich Village", 1968 (in *Zugluft*, S.82):

> Leer der Sockel, das eherne Weib
> holte die Müllabfuhr.
> Die rollt es nach Greenwich Village,
> the town of lyric pur. (sic! D.W.)
> [...]

---

51 Die Amerikanerin Edith Anderson bewertet den Film in *Der Beobachter sieht nichts*, 1972, zunächst positiv (S.261f.): „Der Film vereinigt technische Brillanz mit allen reizvollen Elementen volkstümlicher amerikanischer Themen". Das Morden erscheine darin als „eine natürliche, leicht erklärliche Lebensform", „die den liebenswürdigen Leuten durch eine keineswegs von ihnen geschaffene Welt aufgezwungen wird. Für Amerika enthält diese Aussage gerade genug Wahrheit, um Anklang zu finden." Letztlich lehnt sie den Film jedoch ab: „Wo hört Jesse James auf und fängt General Westmoreland an?" (General Westmoreland = Oberbefehlshaber im Vietnamkrieg).

> Hier kommt die Freiheit noch nieder,
> hier darf sie Hure sein;
> im Glashaus, nackt und besoffen
> wirft sie den letzten Stein.

Der *American way of life* wird ebenso in Frage gestellt und attackiert. Kurt Bartschs oben zitiertes Gedicht spricht vom „AMERICAN WEH OF LIFE" (S.82). Eckhard Mieder gesteht zwar in seinem Gedicht „Bilderbogen von Amerika", 1977 (in *Temperamente* 2/77, S.53f.), die Faszination, die die USA auf ihn ausüben: „Einmal möchte ich,/Amerika!/mit deinen Flugplätzen schwätzen./Einmal möchte ich,/Amerika!/putzen der Freiheitsstatue Schuhe." Andererseits nennt er die USA in einem Atemzug „schöne Frau" und „verkommenes Tier", hält ihnen Oberflächlichkeit, Rassismus gegen Schwarze, Western-Mentalität und Zerstörung der Natur vor:

> So schlagen sie durch die Menschennatur
> eine breite blutende Spur.
> Und sie behaupten fest und steif,
> dies wäre
> the american way of life. (S. 54)

2.3.3.7. New York

New York wird ausnahmslos als häßliche Stadt voller Schmutz, Autoabgasen und Ungeziefer dargestellt, wo neben den Prunkbauten der Wallstreet heruntergekommene Slums liegen. So beginnt z.B. Rolf Schneiders Hörspiel „25.November, New York", 1962 (in *Stimmen danach*, S.47-83), mit den Worten:

> Draußen erwacht etwas, das nie geschlafen hat. [...] Es saugt seine dreckige Großstadtluft in ein paar Millionen Lungen. Es dehnt sich in allen Beton- und Zementadern und blinzelt aus dem milchigen Neonviolett von Broadway und Fifth Avenue. Dort drüben ist Central Park, mit seinen pennenden Bettlern und frierenden Huren. Die erwachende Stadt rülpst Bop-Synkopen; und in ihrem Atem sind die Ausdünstungen von allen Schnäpsen des Erdteils; und von Teer und Brackwasser und Rosen und einer Menge mehr. Es ist keine schöne Stadt. Ihr Gesicht ist Reichtum und Schutt, Entbehrung, Tapferkeit, Schwäche und Gleichmut. (S.478)

Selten fehlt der Hinweis auf die hohe Kriminalitätsrate, so z.B. in Walter Kaufmanns *Entführung in Manhattan*, 1975:

> [...] es war kein Wunder, daß in diesem Babylon von Stadt mit ihren Betrügereien, ihren Diebstählen, ihrem Rauschgifthandel, ihren Morden, ihren großen und kleinen Entführungen Jugendliche zu Kriminellen wurden, ehe sie überhaupt volljährig waren. (S.162)

Das Wasser des Hudson wird als schmutzig beschrieben (z.B. H.Thürk: *Der Gaukler*, 1978/79), die Hochhäuser werden als bedrückend empfunden:

Gewoge der Häusermassive aus Marmor, Beton, Mauerwerk und Glas. Alptraum des minniglichen Fensterzählens vor lautsprecherboxförmigen Wolkenkratzern, die perspektivisch wuchsen [...]. In babylonischen Türmen und Wohnkathedralen waren Menschen gestapelt, die massenweise Einsamkeitskult übten und Icecream löffelten. (E. Hilscher: *Die Weltzeituhr*, 1983, S.115)

Eine ideologische Begründung für die Ablehnung der Stadt New York ist kaum denkbar, höchstens, daß sie als Symbol des verfallenden Kapitalismus gilt. Es geht den DDR-Autor/inn/en wohl eher darum, das im Westen verbreitete positive Bild von New York als Inbegriff der Weltstadt, des modernen Städtebaus und der amerikanischen Großstadt schlechthin in ein negatives zu verwandeln, indem sie auf die negativen Seiten der Stadt hinweisen. Zudem ist ein solches negatives Bild eine sozialistische Tradition: Maksim Gorkij hat in dem Bericht über seine Amerikareise im Jahre 1906, *Die Stadt des gelben Teufels*, New York als häßlich, schmutzig und menschenfeindlich beschrieben, und andere sowjetische Schriftsteller folgten seinem Beispiel (z.B. Vladimir Majakovskij).

Die einzige, die meines Wissens dieses New-York-Bild in Frage stellt, ist Sarah Kirsch in ihrem Gedicht „Kleine Adresse", 1965 (in Brenner, S.317), in dem sie ihrer Sehnsucht nach Reisen nach New York oder nach Sibirien Ausdruck verleiht. Über New York schreibt sie:

> [...] Slums? Streiks?
> Weizen im Meer? Segen und Fluch der
> Zivilisation? Warum nicht New York?
> Durch alle Straßen muß ich in Stöckelschuhn,
> [...]
> gehn, alles sehn, was ich
> früh aus spreutrockenen Zeitungen klaube.
> Dann, wenn ich müde und traurig bin
> — vielleicht stimmts, Aluminiumfassaden, am Cityrand Dreck —
> fahr ich im Lift in die x-te Etage, rede
> mit der Klimaanlage, nehm einen Drink, notiere
> das klassenbewußte Broadway-Gedicht.

Die Lyrikerin gibt zu, daß sie New York nur aus „spreutrockenen" Zeitungen kennt, die sie über Armut, Arbeitskampf, Lebensmittelvernichtung („Weizen im Meer"), Verschmutzung der Stadt und Einsamkeit unterrichten, doch zweifelt sie etwas („vielleicht stimmts") möchte trotzdem dorthin reisen und die übliche New-York-Schelte wie ihre Schriftstellerkolleg/inn/en schreiben, die sie ironisch „das klassenbewußte Broadway-Gedicht" nennt.

2.3.3.8. Die Amerikanerin

In der Regel werden amerikanische Frauen in der DDR-Belletristik positiv bewertet, da sie zu den unterdrückten Gruppen gehören. Sie können neben Schwarzen oder Angehörigen anderer rassischer Minderheit, neben Arbeitern, Kommunisten oder Intellektuellen als Identifikationsfiguren auftreten (z.b. in Friedrich Wolfs *Menetekel*, in Anna Seghers' *Die Entscheidung* etc.), gelegentlich sogar als zentrale Handlungsträgerin (z.b. in Hildegard Rauchfuß' „Gewitter überm großen Fluß", Harry Thürks *Der Gaukler*). Meistens sind sie jedoch Geliebte der Helden, teilen deren Meinung oder helfen ihnen auf dem Weg zur Erkenntnis (z.B. in L.Welskopf-Henrichs *Die Söhne der großen Bärin*, C.Henrys *Spur des Falken*).

Daneben besteht jedoch noch ein anderes, ideologisch nicht begründbares Bild der weißen Amerikanerin, das negativ ist: Die Amerikanerin als bigotte, lustfeindliche Matrone zeichnen Günter Kunert in *Der Kaiser von Hondu*, 1959, und Peter Hacks in „Polly oder Die Bataille am Bluewater Creek", 1963 (in *Stücke nach Stücken*, S.239-328). Als ehrgeizige, geldgierige, ihren Mann zu immer größeren Erfolgen anstachelnde Megäre wird sie von Maximilian Scheer in *Ethel und Julius*, 1954 (die Kronzeugin), Werner Steinberg in *Einzug der Gladiatoren*, 1958, und Wolfgang Schreyer in *Der Reporter*, 1980, hingestellt. In Schreyers Erzählung „Alaskafüchse", 1957 (in *Die Entführung*, S.5-175) denkt der Held über seine Freundin nach:

Unvorstellbar [...], daß aus ihr jemals eine der unterkühlten, hygienischen, standardisierten amerikanischen Frauen wurde, die ständig den Berufsehrgeiz ihrer Männer anstachelten. (S.83)

Ebenso klischeehaft und obendrein mit dem sexistischen männlichen Mythos behaftet, eine Vergewaltigung könne einer Frau Vergnügen bereiten, ist Harry Thürks Darstellung einer jungen Amerikanerin, die sein negativer Held in dem Roman *Der Tiger von Shangri-La*, 1970, als junger Mann vergewaltigt hat, nachdem sie ihn abwechselnd aufgereizt und abgewiesen hatte, und die ihn deshalb anzeigte:

Allerdings nicht so sehr wegen der Gewalt, die er ihr angetan hatte, denn sie hatte entdeckt, daß diese Gewalt recht angenehme Nebenerscheinungen zeitigte. Nein, deshalb nicht. Aber sie war gewohnt, ihren Eltern zu gehorchen, und in ihrem Kopf hatte sich die Idee festgesetzt, daß der Mann, mit dem sie sich einlassen würde, auf jeden Fall ihr zu gehorchen hatte. Er sollte für sie das sein, was sie selbst für ihre Eltern war, ein Wesen, das sich fügte. Tat er das nicht, schied er aus ihren Gedanken aus. (S.151)

Eine Variante findet sich wiederum bei Wolfgang Schreyer, in dessen Romanen und Erzählungen am häufigsten ein negatives Bild der Amerikanerin entworfen wird: In *Der grüne Papst*, 1964, muß der Held am Anfang des Romans die USA verlassen, weil ihn ein junges Mädchen wegen einer von ihr erfundenen Vergewaltigung angezeigt hat. Sie will ihn so zur Heirat zwingen, nicht aus Liebe, sondern um auf seine Kosten leben zu können und im Fall einer Scheidung Alimente gezahlt zu bekommen. Es wird angedeutet, daß das Mädchen mit diesem Trick seinen hohen Lebensstandard finanziert, also schon öfter Männer „hereingelegt" hat. Die Reduzierung zwischenmenschlicher und zwischengeschlechtlicher Beziehungen auf die rein materialistische Ebene ist ein gängiges sozialistisches Motiv und wird schon von Majakovskij in seinen Amerika-Gedichten verwendet. Bei Thürk und Schreyer kommen noch sexistische Vorurteile hinzu.

Schwarze Frauen sind als Angehörige einer unterdrückten Minderheit und Arbeiterinnen grundsätzlich positiv bewertet, treten allerdings in der DDR-Belletristik sehr selten in den Vordergrund (Ausnahme: Angela Davis). Daß DDR-Autoren vom Sexismus nicht frei sind, zeigt sich daran, daß manche schwarze Frauen als Sexobjekte sehen, z.B. Walter Kaufmann in seinem Roman *Flucht*, 1984, in dem sich ein DDR-Schriftsteller in eine schwarze Sängerin aus Baltimore verliebt, die auf Tournee durch die DDR reist:

[...] wenn überhaupt, dann nur sehr vage, war mir bewußt gewesen, daß ich auch etwas nachholen wollte, was ich in den vergangenen Jahren versäumt hatte [...] — das Erlebnis einer schwarzen Frau. (S.21)

Ebenso hat Jurek Becker in „New Yorker Woche", 1980 (in *Nach der ersten Zukunft*, S.145-157), formuliert: „Ich habe noch nie eine schwarze Frau gehalten" (S.149).

Alte Amerikanerinnen werden selten negativ gesehen (vgl. die positiven alten Frauenfiguren in Auguste Lazars *Sally Bleistift* oder in Rudolf Bartschs *Man kann nicht immer stumm sein*), mit einer Ausnahme: amerikanische Touristinnen, die immer alt dargestellt werden und die „nur noch mit Mühe Würde" zeigen können (J.Knappe: „Ich frage Amerika", in *Vietnam in dieser Stunde*, 1968, S.115). Irmtraud Morgner schildert eine Begegnung mit amerikanischen Touristinnen in Jugoslawien in ihrem Roman *Trobadora Beatriz*, 1974:

Im Rentenalter wie zwanzig aussehen zu wollen, erweckt Eindrücke weit jenseits der Lächerlichkeit. Tragische. Im Peristyl hingen solche weiblichen Energiebündel, denen der Kraftaufwand für Kosmetik, Fitneßtraining und Hungerkuren von der körperlichen Erscheinung zu lesen war. (S.192)

Als letztes Beispiel sei hier Egon Günthers Kurzgeschichte „Wie das Blut schmeckt", 1978 (in Schnitzler/Wolter, S.177-188), erwähnt, in der das hochmütige Auftreten amerikanischer Touristen in der DDR beschrieben wird:

Voller Frühstückssaal. Unter anderem reiches amerikanisches Ehepaar, 60, am Tisch. Er gleichmütig, sie eine hochfrisierte Tante, die ihren Alten ganz schön am Schlips haben wird, was sie sagt, wird gemacht, sonst darf er nicht, soll er wichsen, von ihr aus, totale Unterdrückung liegt in der Luft, wo so was aufkreuzt. Aber reich.

Sie herrscht die Serviererin an, „wie man Dienstboten anherrscht, das diebische Gesindel WEIL SIE AMERIKANER sind" (S.184, Großschreibung im Original)

Ideologisch lassen sich solche Bilder von Amerikanerinnen nicht begründen. Es handelt sich vielmehr um alte, europaweite Klischeevorstellungen, also imgrunde um Atavismen in der sozialistischen Literatur, die ja vorurteilsfrei und nur nach objektiven Maßstäben bewerten will. Es ist allerdings selten, daß solche nicht-ideologischen Stereotype in der DDR-Belletristik auftauchen.

3. Darstellung der US-Außenpolitik

Nach Meinung der DDR-Ideologen sind die USA das „reaktionäre Zentrum des Welt-Imperialismus" (*Kleines politisches Wörterbuch*, s.v. „Imperialismus", S.362-366), bestrebt,

die Rolle eines Garanten und Schutzpatrons des internationalen Systems der Ausbeutung und Unterdrückung zu spielen, überall zu herrschen, sich in die Angelegenheiten anderer Völker einzumischen (S.365).

Mit Hilfe von militärisch-politischen Blöcken und Stützpunkte auf fremden Territorien, mit wirtschaftlichem Druck und Handelsblockaden erhalte der US-Imperialismus die Spannungen in verschiedenen Gebieten der Welt aufrecht. Er unterstütze reaktionäre Organisationen in aller Welt. Wo sich Widerstand zeige, reagiere er mit bewaffneten Interventionen, grausamen Repressalien, konterrevolutionären Verschwörungen und reaktionären wie faschistischen Umstürzen (S.365).

Mit den sozialistischen Staaten liege der US-Imperialismus in ständiger Auseinandersetzung, er reagiere mit seiner „Globalstrategie" auf das Anwachsen des sozialistischen Blocks „aus der historischen Defensivsituation heraus" (ebd., s.v. „Globalstrategie", S.329), d.h. er versuche die fortschrittlichen Kräfte zu behindern, seine derzeitigen Positionen beizubehalten und die verlorengegangenen wiederzugewinnen, um so das internationale Kräfteverhältnis zu seinen Gunsten zu verändern. So bekämpfe der Imperialismus das sozialistische Weltsystem, die nationalen Befreiungsbewegungen in aller Welt und die Arbeiterbewegung im eigenen Land. Seine Erfolge seien nur zeitweilig, auf die Dauer könne er den gesellschaftlichen Fortschritt nicht aufhalten, gefährde aber den Weltfrieden, denn Aggressivität und Militarismus seien wichtige Merkmale des Imperialismus. Daß es ihm bisher nicht gelungen sei, die sozialistischen Staaten zu erobern oder einen Atomkrieg zu entfesseln, liege an der wachsenden politischen, ökonomischen und militärischen Stärke und Einheit dieser Staaten, die eine Politik der friedlichen Koexistenz durchsetzten und so Entspannung und Abrüstung einleiteten.

Nach dem zweiten Weltkrieg zur Hauptmacht des Imperialismus geworden, hätten die USA ihren Anspruch auf die Weltherrschaft verkündet und den Kampf gegen die Sowjetunion zur zentralen Aufgabe ihrer Außenpolitik gemacht. Gestützt auf ihr Atombombenmonopol, hätten sie den kalten Krieg begonnen, d.h. eine

Politik der Verschärfung internationaler Spannungen, um diese nach innen und außen zum Vorwand für eine weitere Forcierung der Aufrüstung wie auch für die Vorbereitung und Entfesselung von ihnen geplanter Aggressionen zu nehmen (*Kleines politisches Wörterbuch*, s.v. „Kalter Krieg", S.421).

Auftakt zum kalten Krieg sei — nach Churchills Rede in Fulton — die Truman-Doktrin (1947) gewesen, d.h. die Ankündigung des Präsidenten Truman, die USA betrachteten es als ihre Pflicht, in die inneren Angelegenheiten eines souveränen kapitalistischen Staates militärisch einzugreifen, wenn dessen politische Entwicklung nicht ordnungsgemäß verlaufe. Dem folgte der Marshallplan, der zur Stärkung der ökonomischen Machtpositionen reaktionärer Kräfte in Westeuropa gedacht gewesen sei, den USA neue Absatzmärkte geschaffen und die Grundlage für einen gegen den Sozialismus gerichteten Militärblock in Europa gelegt habe. Sodann seien die Vereinigten Staaten dazu übergegangen, ein aggressives militärisches Paktsystem in Europa zu bilden, um gegen das sozialistische Weltsystem vorzugehen: die NATO (1949).

Die *containment*-Politik der Truman-Administration sei von der Idee des Außenministers unter Präsident Eisenhower J.F. Dulles abgelöst worden, man könne den Sozialismus gewaltsam „zurückrollen" (*roll back*). So hätten die USA die Strategie der Einkreisung des sozialistischen Lagers entwickelt, d.h. einen Ring von Militärstützpunkten rund um die sozialistischen Staaten gelegt (NATO, ANZUS, SEATO, CENTO). Hauptvertreter der amerikanischen antisozialistischen Strategie sei in Europa die BRD geworden.

Die amerikanische Politik der Stärke sei jedoch gescheitert an den sich zugunsten des Sozialismus verändernden Verhältnisse. Angesichts der gewachsenen Verteidigungskraft der Sowjetunion seien die USA gezwungen worden, ihre Kriegsvorbereitungen zu beschränken, da ein Atomkrieg ihren Fortbestand gefährdet hätte, und hätten einem Atomwaffenteststop, einem Vertrag über die Nichtweiterverbreitung von Kernwaffen sowie der Aufnahme von Verhandlungen über Rüstungsbegrenzung mit der Sowjetunion zugestimmt. Das neue politische Programm habe *flexible response* geheißen, d.h. ökonomische, politische oder ideologische Formen des Kampfes gegen den Sozialismus, flexibel je nach geographischer Region, Situation und Möglichkeit angewandt. Ferner habe Präsident Johnson die Politik des Brückenschlages gegen die sozialistischen Staaten vorgeschlagen, d.h. die Zersetzung im Innern der sozialistischen Länder, zu denen ökonomische und besonders ideologische „Brücken" geschlagen werden sollten, um die Konterrevolution auszulösen. So habe eine verstärkte psychologische Kriegführung versucht, einzelne Staaten aus dem sozialistischen Lager herauszubrechen.

Die Entspannungspolitik der frühen siebziger Jahre sei mit einer Verschärfung des ideologischen Kampfes und mit erneuter Aufrüstung einhergegangen. Dabei sei es auch unter der Reagan-Regierung geblieben. Die Prinzipien der US-Außenpolitik lauteten weiterhin Antikommunismus, psychologische Kriegführung, Wirtschaftskrieg und Hochrüstung sowie Einmischung in die inneren Angelegenheiten nichtsozialistischer Staaten, besonders in der Dritten Welt. Westeuropa und Japan hätten sich zu imperialistischen Konkurrenten der USA entwickelt und die Widersprüche im imperialistischen Lager verstärkt.

Der US-Imperialismus allgemein ist kaum ein Thema für die Schöne Literatur der DDR. Sie behandelt bevorzugt seine konkreten Auswirkungen anhand historischer oder zeitgeschichtlicher Fälle. Eine der wenigen Ausnahmen stellt Rainer Kirschs Gedicht „Imperialistenlogik", 1972 (in *Auszog das Fürchten zu lernen*, S.236), dar:

> Wo ein Wasser ist, muß ein Abwasser rein.
> Wo ein Mensch ist, muß ein Polizist sein.
> Wo einer nachdenkt, genügt eine Verdächtigung.
> Wo tausend nachdenken, muß sein eine Ermächtigung.
> Wo ein Volk aufsteht, muß hin eine Intervention.
> Wo wenige aufstehn, reicht eine Detonation.
> Wo ein Land nicht auf uns hört, gehört es zerbombt.
> Wo einer zu weit sieht, wird Zeit, sein Ende kommt.
> Wo zuviel Zeit ist, müssen Ängste und Superstars her.
> Wenn wir untergehn, soll die Welt hinterher.

Umweltverschmutzung, Polizeiwillkür, Repressalien gegen Andersdenkende, Interventionen, Mord, Eskapismus sind Übel, die nach DDR-Verständnis mit dem Imperialismus zusammenhängen und im Sozialismus als überwunden gelten. Daß sich jedoch nicht alles Negative auf der Welt einfach dem Imperialismus zuschieben läßt, begriffen mehrere DDR-Schriftsteller/innen in den späten siebziger und achtziger Jahren (vgl. z.B. Kapitel 3.4. „Vorbereitung eines dritten Weltkrieges"). Karl-Heinz Jakobs hat es in seinem — in der DDR nicht veröffentlichten — Roman *Wilhelmsburg*, 1979, so formuliert:

> Ich glaube nicht, daß es irgendwo in der Welt ein System gibt, das einem anderen System überlegen ist. Ich glaube, daß die Zustände in der Welt immer dieselben gewesen sind. [...] Mir dröhnen die Ohren von all den Beteuerungen in den letzten siebentausend Jahren, daß hier und heute eine neue Epoche in der Geschichte der Menschheit begonnen habe. (S.24)

3.1. Die USA im zweiten Weltkrieg

Die Darstellung des zweiten Weltkrieges nimmt in der DDR-Literatur großen Raum ein, zum einen aus persönlichen Gründen vieler Schriftsteller/innen der älteren Generation, die ihre Kriegserlebnisse in ihr Werk einarbeiteten, zum anderen aus ideologischen Gründen: Der zweite Weltkrieg wird laut sozialistischer Geschichtsauffassung als Endstadium des deutschen Imperialismus (in der besonders aggressiven Ausprägung des Nationalsozialismus) angesehen, durch das auf dem Gebiet der heutigen DDR der Sozialismus entstehen konnte. Schilderungen des antifaschistischen Widerstandes[1], Entwicklungsromane, in denen ideologisch unentschiedene Helden durch ihre Erlebnisse im zweiten Weltkrieg zum Sozialismus finden[2], Schlachtenberichte[3], Versuche der Vergangenheitsbewältigung[4] u.a.m. gehören dem großen Themenkreis an, der auch von jüngeren Autor/inn/en bis heute immer wieder bearbeitet wird.

In diesen Themenkreis gehört auch die Darstellung des amerikanischen Verhaltens im zweiten Weltkrieg. Im wesentlichen lassen sich sieben Obergesichtspunkte finden: Kriegseintritt in Europa; zweite Front; Eroberung Deutschlands; Materialschlacht und Flächenbombardements; Zerstörung Dresdens; amerikanische Besatzungsmacht; Kriegseintritt in Asien und Abwurf der Atombomben auf Hiroshima und Nagasaki[5]. Im folgenden soll die Darstellungsweise jedes dieser Punkte in der DDR-Literatur vorgeführt und auf Fortentwicklung und Ausnahmen verwiesen werden.

3.1.1. Kriegseintritt in Europa

Über Voraussetzungen und Hintergrund für den Kriegseintritt der USA auf Seiten der Antihitlerkoalition finden sich nicht viele Äußerungen in der Schönen Literatur der DDR, eher in der Sachliteratur, in der den USA eine Mitschuld am Aufstieg der Nationalsozialisten zugeschrieben wird (z.B. bei Obermann, F.Klein, Hass): Durch Dawes- und Youngplan hätten die USA nach dem ersten Weltkrieg den Wiederaufbau des deutschen Imperialismus

---

1 Z.B. Bodo Uhses Roman *Die Patrioten*, 1954.
2 Z.B. Jurij Brězans *Felix-Hanusch*-Trilogie, 1958-1960.
3 Z.B. Theodor Pliviers berühmter Roman *Stalingrad*, 1945.
4 Z.B. Franz Fühmanns Novelle „Kameraden", 1955 (in *Kapitulation*, S.77-105) oder sein Novellenband *Stürzende Schatten*, 1959.
5 Der Kriegseintritt der USA in Asien geht zwar dem in Europa voraus, doch in der Häufigkeit der Darstellung überwiegen Erzählungen vom europäischen Kriegsschauplatz, weshalb der asiatische hier nachgeordnet wurde.

gefördert, zum einen, weil amerikanische Kapitalinteressen an deutschen Unternehmen bestanden hätten und Deutschland als vollwertiger Handelspartner gebraucht worden sei, zum anderen, um die Front der kapitalistischen Staaten gegen den jungen sozialistischen Sowjetstaat zu verstärken. Die USA, die sich im Verlauf des ersten Weltkrieg zur Führungsmacht entwickelt hätten, hätten zur Unterstützung ihres Anspruchs auf die Weltherrschaft ihnen ergebene Verbündete, auch gegen Frankreich und England, gebraucht, doch hätten sie nicht damit gerechnet, daß sich der deutsche Imperialismus selbständig machen und eigene Weltherrschaftsbestrebungen entwickeln könnte. Um den untreuen Verbündeten in die Schranken zu weisen und daran zu hindern, zuviel Macht zu gewinnen, sowie um den eigenen Herrschaftsanspruch vor aller Welt anzumelden, hätten die USA auf die Gelegenheit gewartet, in den zweiten Weltkrieg eingreifen zu können. Ein weiterer Grund habe in der ökonomischen Krise in den USA bestanden: Durch die Kriegsrüstung hätten die US-Monopole wieder Milliardengeschäfte machen können, und die Lage auf dem Arbeitsmarkt habe sich durch die Rekrutierung entscheidend verbessert.

In der DDR-Belletristik taucht diese Deutung gelegentlich auf, so z.B. in Willi Bredels Roman *Die Enkel*, 1953 (dritter Band der Trilogie *Verwandte und Bekannte*), in dem es heißt:

> Wer hat den deutschen Faschismus hochgepäppelt? Die Herren Imperialisten! Die in USA, in England und in Frankreich. Er sollte ihr Söldner, ihr Festlandsdegen sein [...] gegen den Sozialismus. (S.303)

Andeutungsweise findet sich die obengenannte Begründung auch bei Otto Gotsche in dem Roman *Zwischen Nacht und Morgen*, 1959, und *Im Mittelmeer. Reisenotizen*, 1972, bei Hasso Grabner in der Kurzgeschichte „Adam Weil" (in *DDR-Porträts*, S.254-268) und bei Werner Bräunig in der Erzählung *Waffenbrüder*, 1959.

3.1.2. Die zweite Front

Die Sowjetunion hatte bereits 1941 nachdrücklich die Errichtung einer zweiten Front in Westeuropa gefordert, um an der Ostfront entlastet zu werden. Das amerikanische und das britische Oberkommando entschieden sich jedoch Ende 1942 zu einer Landung in Nordafrika, in Europa wurde die zweite Front erst im Juni 1944 errichtet.

In diesem Zusammenhang wird in der DDR-Literatur oft auf den Ausspruch Harry S. Trumans verwiesen, den er noch als Senator im Juni 1941 getan hatte:

> Wenn wir sehen, daß Deutschland gewinnt, so sollten wir den Russen helfen, und wenn Rußland gewinnt, so sollten wir Deutschland helfen; sollen sie nur auf diese Weise möglichst viele totschlagen. (Zitiert nach *Weißbuch*, S.27)[6]

Deutlichen Bezug auf dieses Zitat nimmt z.b. Anna Seghers in der Kurzgeschichte „Vierzig Jahre der Margarete Wolf", 1958 (in *Erzählungen 1952-1962*, S.205-219):

> Warum im Westen die zweite Front so lange hat auf sich warten lassen, verstanden wir nicht. Wie hätten wir auch verstehen sollen, daß es Menschen gibt, die darauf warten, daß die Russen an den Deutschen verbluten? (S.56)

Der Vorwurf, die USA hätten die Errichtung einer zweiten Front bewußt hinausgezögert, taucht schon in Walter Pollatscheks 1951 geschriebenem Roman *Herren des Landes* auf, er erscheint ferner in Willi Bredels Roman *Die Enkel*, 1953, in Max Seydewitz' Dokumentation *Die unbesiegbare Stadt*, 1955/56, in Louis Fürnbergs Poem *Weltliche Hymne*, 1958 (postum, vom Dichter Kurt Barthel, Kuba, vollendet) und in Werner Bräunigs Hörspiel und Erzählung *Waffenbrüder*, 1959.

In den Werken der fünfziger Jahre findet sich dieser Vorwurf am häufigsten, aber auch in den sechziger und siebziger Jahren wird er noch erhoben. Das späteste mir bekannte Beispiel ist Günter Hofés Roman über die Ereignisse an der Ardennenfront, *Schlußakkord*, 1974.

In der Regel werden in allen Werken der DDR-Belletristik über den zweiten Weltkrieg die USA als Führungsmacht der Westalliierten angesehen. Daher richten sich alle Beschwerden über deren Kriegführung an die Amerikaner, auch in bezug auf die zweite Front. Doch ganz einhellig ist die Meinung der Schriftsteller/innen nicht: In Wolfgang Schreyers Roman *Unternehmen „Thunderstorm"*, 1954, berichtet ein reaktionärer amerikanischer Offizier von Unstimmigkeiten zwischen englischen und amerikanischen Verbündeten in bezug auf die Errichtung einer zweiten Front. Die Briten hätten auf Nordafrika als erstem Landungsort anglo-amerikanischer Truppen beharrt, die Vereinigten Staaten eine Frankreich-Invasion angestrebt: „Der Esel Eisenhower war ganz versessen darauf, Westeuropas Befreier zu werden." (S.107f.) Diese Deutung Schreyers ist umso erstaunlicher, als sie von der aller anderen Autor/inn/en seiner Zeit abweicht. Nur Otto Gotsche teilt sie, jedoch erst sehr viel später, nämlich in seinen Reisenotizen *Im Mittelmeer*, 1972, in denen er vor allem Churchill beschuldigt, die Errichtung einer zweiten Front verzögert zu haben.

---

6 Im Original: „If we see that Germany is winning we ought to help Russia and if Russia is winning we ought to help Germany and that way let them kill as many as possible", in *New York Times* Vol.XC, No.30.467, vom 24.Juni 1941, S.7.

Keiner/keine der Autor/inn/en merkt an, daß die Meinung eines Senators wie Truman nicht unbedingt die herrschende Kriegspolitik Roosevelts beeinflußt haben muß. Außerdem ist das Truman-Zitat verkürzt wiedergegeben, in der *New York Times* vom 24.Juni 1941 geht es folgendermaßen weiter: „[...] although I don't want to see Hitler victorious under any circumstances. Neither of them think anything of their pledged word." (S.7) Abgesehen davon, daß Trumans Meinung nur eine von vielen in der *Times* zitierten Äußerungen aus der Gruppe der Isolationisten ist, wird von der DDR-Literatur durch die Fortlassung dieser Zeilen des Senators dessen eindeutige Stellungnahme gegen den Nationalsozialismus negiert und die Begründung für seine zynischen Worte — „Neither of them think of their pledged word" — bewußt übersehen.

Der Nordafrika- und Italienfeldzug anglo-amerikanischer Truppen wird in der DDR-Belletristik erwähnt (vor allem in Gotsches *Im Mittelmeer*), aber nicht als ausreichend für die Entlastung der Roten Armee empfunden.

3.1.3. Die Eroberung Deutschlands

Erst als die Rote Armee siegreich immer weiter vorgedrungen sei, hätten die USA eine zweite Front in Europa aufgebaut, um den Sowjets nicht zuviel Territorium überlassen zu müssen. Da die deutsche Wehrmacht im Osten konzentriert gewesen sei und zur Verteidigung des Westwalls nur schwächere Verbände verblieben seien, seien die anglo-amerikanischen Truppen auf keinen nennenswerten Widerstand gestoßen.

Auf diese Weise geben die Kriegsromane von Gotthold Gloger (*Philomela Kleespieß trug die Fahne*, 1953), Otto Gotsche (*Zwischen Nacht und Morgen*, 1959), Günter Hofé (*Schlußakkord*, 1974) und Erik Neutsch (*Am Fluß*, 1974, erster Band von *Der Friede im Osten)*[7] sowie das Hörspiel und die Erzählung von Werner Bräunig (*Waffenbrüder*, 1959, erst als Hörspiel aufgeführt, dann zur Erzählung ausgeweitet) und Max Seydewitz' Dokumentation *Die unbesiegbare Stadt*, 1955/56, die historischen Ereignisse wieder.

Die Ardennenoffensive der deutschen Armee wird als leicht zu bewältigendes Hindernis dargestellt, der Vormarsch in Deutschland als ein „militärischer Spaziergang" (Gotsche, 1959, S.129). Prototypisch für diese Darstellungsweise ist folgende Passage in Gotsches *Zwischen Nacht und Morgen*:

> Rundstedt hatte einige Wehrmachtseinheiten, die er noch aus Frankreich und Belgien herausschmuggeln konnte, zusammengeklaubt und sie zusammen mit schnell aufgestellten Volkssturmbataillonen in einem buntscheckigen Haufen an die Front getrie-

---

[7] *Der Friede im Osten* ist als sechsbändige Romanfolge geplant, bisher sind drei Bände erschienen: *Am Fluß*, 1974; *Frühling mit Gewalt*, 1978; *Wenn Feuer verlöschen*, 1985.

ben. Vor dieser totalen Mobilisierung liefen die Amis davon; diese mangelhaft ausgerüsteten Truppen hatten Eisenhowers Panzerarmeen durch die Ardennen gejagt. Zähneknirschend mußten sich die Pentagonstrategen in der Eifel, in Belgien und Holland gefallen lassen, daß sie Montgomerys Kommando [...] unterstellt wurden. Churchill wollte Großbritanniens Armeen nicht der Unfähigkeit amerikanischer Generale opfern. (S.38)

Diese Interpretation der geschichtlichen Ereignisse hält sich in der DDR-Literatur von den fünfziger Jahren bis in die Siebziger hinein.

Aus Günter Hofés *Schlußakkord*, 1974, wird zwar ersichtlich, daß die Schlachten an der Ardennenfront durchaus nicht so harmlos verliefen, wie es Gotsche schildert, doch wird hier die amerikanische Heeresleitung der militärischen Unfähigkeit bezichtigt. Die Ineffektivität der amerikanischen Aktionen habe sich dadurch erhöht, daß die USA mit Großbritannien ständig um den schnelleren Vormarsch konkurriert und sich durch den Zeitdruck bei militärischen Operationen oft verschätzt und übernommen hätten. Im Kontrast dazu erscheint die Rote Armee, die die Hauptlast des Krieges zu tragen gehabt habe, besonders glorreich:

Zwanzig Tage nach Eröffnung der Weichsel-Oder-Operation stand die Rote Armee vor den Toren Berlins. Im Westen lagen die Amerikaner siebenundvierzig Tage nach Beginn der Ardennenoffensive wieder in den gleichen Löchern vor den Bunkern des Westwalls. (S.489)

Aus den achtziger Jahren sind mir keine derartigen Schilderungen bekannt. In der 1981 erschienenen Autobiographie von Hans von Oettingen, *Abenteuer meines Lebens: Irrwege und Einsichten eines Unbedachten*, erzählt der Verfasser unter anderem von seinen Kriegserlebnissen als Führer einer Volksgrenadiereinheit Ende 1944. Ihm sei bald klargeworden, daß der Krieg verloren sei, weshalb er seine Einheit habe zu den Amerikanern überlaufen lassen. Oettingens Darstellung zeigt die US-Truppen weder als feige noch als schlecht organisiert, ihre Überlegenheit an der Westfront stand für ihn nicht in Frage.

3.1.4. Materialschlacht und Flächenbombardements

Obwohl die Amerikaner bei der Eroberung Deutschlands auf keinen nennenswerten Widerstand gestoßen seien, hätten sie das vor ihnen liegende Gebiet meist unter schweres Granatfeuer genommen oder durch ihre Luftwaffe bombardieren lassen, bevor die *US-Army* selbst vordrang, ganz gleich, ob sie auf Widerstand gestoßen sei oder nicht. Dies habe zu großen Leiden der Zivilbevölkerung und zur Zerstörung vieler deutscher Ortschaften geführt.

So sehen es z.B. Gloger, Gotsche und Seydewitz in ihren obengenannten Werken. Die Bombardierung deutscher Städte wird vielfach als Akt unnötiger Grausamkeit angeklagt:

Was mußten die Häuser verbrennen, was hatten die armseligen Menschen getan, die darin wohnten, daß sie so gestraft wurden? [...] Mit den Bomben rauschte der Tod herunter. [...] Wer wollte die Flammen löschen? In sinnlos tollem Wirbel sprangen Menschen umher, ihr Laufen, mit erschreckt ausgebreiteten Armen, sah aus wie ein Tanz... [...] Sie waren dazu geboren, um als lebendige Phosphorfackeln zu verbrennen. (Gloger, S.414)

Auch die Zerstörung deutschen Kulturgutes wird der anglo-amerikanischen Lufwaffe vorgeworfen:

Die zahllosen Bombenangriffe der Amerikaner zerstörten, was Generationen geschaffen hatten, Heim und Herd, Hütten und Gotteshäuser, steinerne Denkmäler der Vergangenheit und blühendes Leben.
Aber sie entschieden den Krieg nicht. (Gotsche 1959, S.37)

Die Flächenbombardements hätten in erster Linie den Zweck gehabt, die deutsche Zivilbevölkerung zu demoralisieren, so der deutschen Wehrmacht den Rückhalt in der Heimat zu nehmen und auf diese Weise den Krieg zu beenden, was jedoch nicht eingetreten sei. Viele DDR-Autor/inn/en klagen deshalb die USA und England der Unmenschlichkeit an, außer den schon genannten z.B. Maximilian Scheer und Karl Georg Egel in ihrem Hörspiel „Und Berge werden versetzt", 1950 (in *Das Hörspiel unserer Zeit 1*, S.37-74), in den Romanen von Willi Bredel *Die Enkel*, 1953, Max Zimmering *Phosphor und Flieder*, 1954, Werner Steinberg *Einzug der Gladiatoren*, 1958, Werner Bräunig in dem Hörspiel und der Erzählung *Waffenbrüder*, 1959, Günter Kunert im Fernsehspiel *Der Kaiser von Hondu*, 1959. Günter Hofé berichtet in *Schlußakkord*, 1974, wie die amerikanische Luftwaffe dreimal irrtümlicherweise die Ortschaft Malmédy statt des weiter östlich liegenden Lommerzum bombardierte: „Die GIs, denen solche ‚Irrtümer' nicht fremd waren, sprachen voller Mißachtung von der amerikanischen ‚Luftwaffe‘." (S.294)

Leidtragende sei die deutsche Zivilbevölkerung gewesen, nicht aber die deutsche Industrie. Die Bomber hätten kriegswichtige Betriebe bewußt ignoriert, zum einen, um die Deutschen nicht aller Möglichkeiten zu berauben, an der Ostfront die Rote Armee zu kämpfen, zum anderen, weil in vielen deutschen Betrieben noch amerikanisches Kapital gesteckt habe. So stellen es Zimmering (1954), Gotsche (1959), Grabner in der Kurzgeschichte „Adam Weil", 1964 (in *DDR-Porträts*, S.254-268), und Scheer in seinen Erinnerungen *Ein unruhiges Leben*, 1975, dar.

3.1.5. Die Zerstörung Dresdens

Die Zerstörung Dresdens ist ein Thema von besonderem Rang in der DDR-Literatur. Etliche Autor/inn/en stammen aus Dresden und haben die

Fliegerangriffe am 13. und 14. Februar 1945 miterlebt (z.b. Volker Braun, Eberhard Panitz, Max Seydewitz, Max Zimmering). Empörung und Entsetzen sprechen aus Werken aller Literaturgattungen: Hörspielen[8], Gedichten[9], Romanen[10], einer Novelle[11], einem Tagebuch[12] und einer Dokumentation[13]. Seydewitz' Buch ist die gründlichste Analyse der Zerstörung Dresdens, belegt durch Augenzeugenberichte und Statistiken: Der Verfasser weist nach, daß die Stadt ungeschützt war, die Bomber keine kriegswichtigen, sondern ausschließlich zivile Ziele anvisierten, Deutschland zu dem Zeitpunkt schon besiegt war, daß die Sowjetunion von den Westalliierten bereits nicht mehr als Verbündeter, sondern als Gegner angesehen wurde. Den Vormarsch der Roten Armee habe das anglo-amerikanische Oberkommando durch die Bombardierung Dresdens erschweren wollen, damit amerikanische und englische Truppen möglichst viel Gebiet der künftigen sowjetischen Zone besetzen könnten in der Hoffnung, das Abkommen von Jalta, das dieses Gebiet der Sowjetunion als Besatzungszone zuwies, werde nicht so genau eingehalten werden. Für den Fall, daß es doch eingehalten würde, habe der Neuaufbau erheblich erschwert werden sollen. Die Bombardierung Dresdens sei nicht zu den letzten militärischen Aktionen des zweiten, sondern zu den ersten eines dritten Weltkrieges zu rechnen, ebenso der Atombombenabwurf auf Japan.

Vor allem die Lyriker lassen reine Schilderungen für sich sprechen, ohne einen Verursacher oder Schuldigen direkt anzuklagen, wie z.B. Volker Braun in „Vom Irgendwie Lebenden":

Da ist ein Mann auf dem Postplatz gegangen neben einer Frau
Da hat der Sog des Feuers die Frau in die Luft gerissen
[...]

---

8 Z.B. Karl Georg Egel: *Dresden: Untergang und Auferstehung einer Stadt*, 1950; Rudolf Leonhard: „Was aus Christa Borgies geworden wäre", 1951 (in *Die Stimme gegen den Krieg*, S.91-119).
9 Z.B. Max Zimmering: „Frage und Antwort" (S.189), „Du Stadt am Strom" (S.190-192), „Dresdner Kantate: Vom Untergang und Aufstieg einer Stadt" (S.197-205) in *Im herben Morgenwind*, 1953; Heinz Czechowski: „Auf eine im Feuer versunkene Stadt" (S.34-37) und „Die Lößnitz" (S.38f.) in *Wasserfahrt*, 1967; Volker Braun: „Vom Irgendwie Lebenden", (S.25) in *Gedichte*, 1976 (datiert zwischen 1959 und 1964); Günther Deicke: „Die Stadt" (S.45f.) und „Schöpfung" (S.47f.) in *Ortsbestimmung*, 1972.
10 Z.B. Max Zimmering: *Phophor und Flieder: Vom Untergang und Wiederaufstieg der Stadt Dresden*, 1954; Eberhard Panitz: *Die Feuer sinken*, 1960.
11 Egon Günther: *dem erdboden gleich*, 1957 (Kleinschreibung im Original).
12 Max Zimmering: *Dresdner Tagebuch*, 1960.
13 Max Seydewitz: *Die unbesiegbare Stadt. Zerstörung und Wiederaufbau von Dresden*, 1955/56.

> Da sind die Leute rasend über den Altmarkt gerast in ein Bassin
> Im Wasser zu sein diese Nacht, da sind sie zerkocht
> Da sind die sich aus den Kellern herausgraben konnten
> In einem schwarzen Sturm auf roten Straßen hingeschwommen
> Da sind sie viel später kalt im erkalteten Asphalt gelegen
> [...]
> Da wurden sie dann, weil die Wälder nicht ausreichten für Särge
> Zwischen vormals historischen Häusern aus dem Gesicht der Welt gebrannt
> (S.21)

Solche Gedichte lassen die entsetzlichen Ereignisse für sich sprechen, sie müssen die Schuldigen nicht expressis verbis benennen.

Andere Werke bezichtigen direkt die Amerikaner[14] und ziehen Parallelen zur Bombardierung Hiroshimas und Nagasakis, zum Korea- oder Vietnamkrieg oder warnen anhand des Beispiels Dresden vor einem dritten, von den USA vorbereiteten Weltkrieg, wie es Rudolf Leonhard in dem Hörspiel „Was aus Christa Borgies geworden wäre...", 1951, tut, in dem er die mögliche Entwicklung eines dreijährigen Mädchens entwirft, das, wie man erst am Schluß erfährt, in Dresden „von den Bomben eines amerikanischen Fliegers, nach der Entscheidung des Krieges schon" (S.119), getötet wurde. Ihre Eltern rufen alle Mütter und Väter der Welt auf, einen neuen Krieg zu verhindern, dessen Ausmaße die Zerstörung Dresdens noch übertreffen würden.

Die Schuld an der furchtbaren Zerstörung der Stadt wird Nationalsozialisten und Amerikanern gleichermaßen zugewiesen, z.B. von Zimmering in seinen Gedichten und in dem Roman *Phosphor und Flieder*, 1954, in dem er beide gleichsetzt:

> Das war die Fratze des Faschismus! Das war das wahre Antlitz des Imperialismus! Menschenvernichtung! [...] Wie wenige ahnten, daß der Tod in den deutschen Konzentrationslagern nur der Bruder des Todes aus den anglo-amerikanischen fliegenden Festungen war. Und wie wenige hatten begriffen, daß die Flamme von Auschwitz, in der die Millionen vergaster Juden, Polen, Tschechen, Russen, Zigeuner und auch Deutsche verbrannten, die Schwester der Flamme war, die Dresden und Hunderttausende Dresdner erstickte und verbrannte. (S.59)

Grund für die Bombardierung sei nicht Rachedurst gewesen, sondern die Absicht, Dresden nicht heil in die Hände der Sowjets übergehen zu lassen, zu deren Besatzungszone es laut dem Abkommen von Jalta gehörte.

---

14 Weniger die Briten, obwohl sie am Angriff auf Dresden genauso beteiligt waren wie die Amerikaner. Das einzige mir bekannte Werk, in dem ausdrücklich englische Bomberpiloten wegen der Zerstörung Dresdens angeklagt werden, ist Rolf Schneiders Hörspiel „Die Rebellion des Patrick Wright", 1965 (in *Stimmen danach*, S.85-153), als Fernsehspiel unter dem Titel „Unternehmen Plate-rack", 1965.

Die bisher besprochenen Werke befaßten sich mit den Opfern der angloamerikanischen Luftangriffe auf Dresden. In Egon Günthers Novelle *dem erdboden gleich*, 1957, steht jedoch einer der Täter, der amerikanische Bomberpilot Mike O'Hara, im Mittelpunkt, obwohl der Held in der Literatur jener Zeit eine sozialistische Persönlichkeit zu sein oder zu werden hatte. Auch in formaler Hinsicht weicht die Novelle von der Literatur ihrer Zeit ab (Montage von inneren Monologen verschiedener Personen — Montage wie innerer Monolog galten in der DDR als westlich-dekadent)[15], sie erschien in der Experimentalreihe *tangenten* des Mitteldeutschen Verlages in Halle, „in der moderne Darstellungsformen an verschiedenen Themen erprobt wurden" (F.Trommler: „DDR-Erzählung und Bitterfelder Weg", *Basis* 3 [1972], S.65).[16]

Günther läßt verschiedene Personen von der Bombardierung einer ungenannten Stadt erzählen, die aber eindeutig als Dresden zu identifizieren ist: den US-Piloten, ein Liebespärchen, einen nationalsozialistischen „Amtswalter" etc. Doch geht es dem Autor nicht um die bloße Schilderung des Entsetzlichen, sondern darum zu zeigen, „was da alles passieren kann, wenn leute derartig verwildern wie mike o'hara und schumann (= der Amtswalter, D.W.) und die andern" (Vorsatzblatt, Kleinschreibung im Original). Der Pilot wird abgeschossen, kann sich mit dem Fallschirm retten, wird von einer eregten Menschenmenge festgenommen und gezwungen, an der Spitze eines Menschenzuges durch die brennende Stadt zu laufen und sich das Ausmaß des von ihm mitverursachten Schadens anzusehen. Ihm droht der Lynchmord. Die Gefühle des Amerikaners — Entsetzen, Hilflosigkeit, Schuldbewußtsein, Selbstkritik — werden im inneren Monolog genau analysiert. Sie verwandeln sich in Wut und Abscheu gegen die Deutschen, als er zwei andere US-Piloten an einem Laternenmast erhängt sieht. Die Menge, anstatt ihn zu lynchen, beginnt zu diskutieren, es werden immer mehr Stimmen laut, die die Nationalsozialisten als Schuldige an der Bombardierung Dresdens benennen, weshalb die Polizei den Zug auflöst und den Piloten verhaftet.

Imgrunde stellt Günther wie Zimmering (1954) und Seydewitz fest, daß moralisch wenig Unterschiede zwischen der Brutalität der Nationalsozialisten

---

15 Ungewöhnlich ist auch die recht freizügige Schilderung einer erotischen Szene. Bis in die siebziger Jahre hinein galten solche Darstellungen in der DDR als zu „naturalistisch".

16 Aufgrund heftiger Kritik, vor allem in der Zeitschrift *NDL*, dem Organ des Schriftstellerverbandes der DDR, wegen der Stilexperimente der verschiedenen Autor/inn/en mußte die Reihe nach fünf Titeln 1957 eingestellt werden, der Cheflektor des Verlages verließ 1958 die DDR. Daß die Reihe *tangenten* überhaupt erscheinen konnte, dürfte auf die Liberalisierungstendenzen in der DDR nach dem XX. Parteitag der KPdSU im Jahre 1956 zurückzuführen sein. Doch bereits im Oktober 1957 wurde diese Liberalisierung unter dem Einfluß des Ungarn-Aufstandes vom 23.10.1956 auf einer vom ZK der SED einberufenen Kulturkonferenz zurückgenommen (*DDR-Handbuch*, s.v. „Kulturpolitik", S.769).

und der gedankenlosen Routine des Bomberpiloten bestehe, doch gewährt der Autor seiner Figur eine Persönlichkeit und ein Gefühlsleben, ja sogar eine Entwicklung: O'Hara sieht das Unrecht ein, das er begangen hat, während die lynchwütigen Deutschen zu Beginn des Buches noch weit davon entfernt sind. Als O'Hara dies erkennt, empfindet er Abscheu vor den Deutschen, wie er vorher Abscheu vor der eigenen Handlungsweise empfunden hatte. Beide, Bomberpilot wie Bürger der Stadt, sind nur „verwildert", weil ihre Machthaber sie dazu getrieben haben, insofern stimmt Günthers Version mit der sozialistischen Sichtweise überein. Trotzdem wurde die Novelle heftig von der Kritik angegriffen, die Mittel der Gestaltung (Trommler 1972, S.66) und die Wahl des Bomberpiloten als Hauptfigur (*Geschichte der DDR-Literatur*, S.71) wurden abgelehnt.

Das Thema „Bombardierung Dresdens" wurde vor allem in den Jahren 1950 bis 1960 behandelt. Später erscheint es noch in der Lyrik, in der Prosa wird es im Zusammenhang mit der Bombardierung Nordvietnams durch amerikanische Flugzeuge erwähnt, bestimmt jedoch nicht mehr die zentrale Handlung. Es gilt grundsätzlich als Beweis für die Unmenschlichkeit des amerikanischen Imperialismus.

3.1.6. Die amerikanische Besatzungsmacht

Im Unterschied zur Roten Armee, die laut DDR-Geschichtsschreibung das deutsche Volk in ihrer Zone vom Nationalsozialismus befreit hat, treten die Amerikaner in der DDR-Belletristik — von wenigen Ausnahmen abgesehen — nicht als Befreier, sondern als Eroberer auf[17], wie es der amerikanische Major Jones in Steinbergs Roman *Einzug der Gladiatoren*, 1958, formuliert (S.19).

Die einzige mir bekannte Ausnahme von der Vorstellung, die Amerikaner seien nicht als Befreier, sondern als Eroberer gekommen, stellt Bruno Apitz' weltberühmter Roman *Nackt unter Wölfen*, 1958, dar. Apitz, der den Krieg über in mehreren Gefängnissen und Konzentrationslagern interniert war, die letzten acht Jahre vor Kriegsschluß in Buchenwald, widmet sich in seinem Roman einem tatsächlichen Geschehen: Ein dreijähriges Kind wird von den Häftlingen in Buchenwald unter Lebensgefahr vor den SS-Bewachern ver-

---

17 In den Romanen von Walter Pollatschek, *Herren des Landes*, 1951; Gotthold Gloger, *Philomela Kleespieß trug die Fahne*, 1953; Werner Steinberg, *Einzug der Gladiatoren*, 1958; Otto Gotsche, *Zwischen Nacht und Morgen*, 1959; Hans Marchwitza, *Die Kumiaks und ihre Kinder*, 1959; Max Walter Schulz, *Wir sind nicht Staub im Wind*, 1963; Emil Rudolf Greulich, *Amerikanische Odyssee*, 1965; Erik Neutsch, *Am Fluß*, 1974, und in den Erinnerungen von Fritz Selbmann *Alternative — Bilanz — Credo: Versuch einer Selbstdarstellung*, 1969, sowie von Maximilian Scheer *Ein unruhiges Leben: Erlebnisse auf vier Kontinenten*, 1975.

steckt. Kurz vor Kriegsende wagen die Häftlinge angesichts der drohenden Exekution vor der Flucht der SS-Mannschaften den bewaffneten Aufstand und retten so sich und dem Kind das Leben. Die Hoffnung der Internierten richtet sich das ganze Buch hindurch auf die Befreiung durch die *US-Army*, da sie immer wieder Meldungen vom Vorrücken der Amerikaner erhalten.

Interessant ist die Reaktion der DDR-Literaturgeschichtsschreibung darauf: H.J.Geerdts bespricht z.B. in *Literatur der DDR in Einzeldarstellungen*, 1972, den Roman gründlich, erwähnt jedoch mit keinem Wort das Hoffen der Lagerinsassen auf die amerikanischen Befreier. In der *Literatur der DDR*, 1977, heißt es:

Das Eintreten neuer geschichtlicher Umstände — die Sowjetarmee steht vor Berlin, die amerikanischen Gruppen dringen in den Raum von Weimar ein — ermöglichte es Apitz, die Übereinstimmung von subjektiver Entscheidung und objektivem Geschichtsvorgang zu zeigen. (S.296)

Die Rote Armee wird jedoch im Roman kaum erwähnt, der Rheinübergang der *US-Army* bei Remagen dagegen mehrfach hervorgehoben (vgl. Rossade, 1, S.175). Daß es in den fünfziger Jahren möglich war, die Amerikaner entgegen der herrschenden Sichtweise als Befreier auftreten zu lassen, erklärt Werner Rossade in *Literatur im Systemwandel* so:

[...] die östliche „Supermacht" herrscht uneingeschränkt im Innern und soll da herrschen (d.h. in der Gestalt des Führers des Illegalen Lagerkomitees, eines russischen Kommunisten, D.W.), aber für die — entscheidenden — äußeren Voraussetzungen der „Wieder-Menschwerdung" [...] wird die westliche „Supermacht" in Anspruch genommen. (S.176)

Im folgenden sollen die Unterschiede im Verhalten der *US-Army* und der Roten Armee herausgearbeitet und die Hauptvorwürfe gegen die GIs aufgezählt werden.

3.1.6.1. Bereicherung, Plünderung, Mitnahme von Experten

Die Amerikaner hätten sich an ihrem Besatzungsgebiet bereichert, sei es, daß deutsche Betriebe ausschließlich für sie hätten arbeiten müssen oder ganz von ihnen übernommen worden seien (Pollatschek, Steinberg, Marchwitza), sei es, daß die GIs die von ihnen requirierten Wohnungen ausgeraubt (Steinberg, Gotsche) und allgemein geplündert hätten (Steinberg, Gotsche, Gloger), sei es, daß sie der deutschen Bevölkerung Uhren, Photoapparate und andere Wertgegenstände abgenommen hätten (Gotsche, Gloger, Christa Wolf: „Blickwechsel", 1974, in *Gesammelte Erzählungen*, S.5-23, und *Kindheitsmuster*, 1976, Stefan Heym: *Schwarzenberg*, 1984).

Besonders das Besatzungsgebiet, das die Amerikaner am 1. Juli 1945 aufgrund des Abkommens von Jalta an die Sowjets abgeben mußten (Teile Sachsens, Thüringens und Mecklenburgs), sei von den amerikanischen Truppen noch vor Abzug ausgeplündert worden, heißt es bei Seydewitz, Gotsche, Grabner, Selbmann, Neutsch und Heym (in der Kurzgeschichte „Mein verrückter Bruder" in *Werkausgabe: Gesammelte Erzählungen*, S.154-170). Sie hätten ganze Fabrikanlagen demontiert und in den Westen abtransportiert sowie ostdeutsche Wissenschaftler, z.T. mit Gewalt, in ihre Besatzungszone mitgenommen. Selbmann, in jener Zeit Vorsitzender des Provisorischen Zentralausschusses des „Antifaschistischen Blocks" in Leipzig, erinnert sich:

> In aller Eile wurden wertvolle Fabrikeinrichtungen demontiert und abtransportiert. Das besondere Interesse der amerikanischen Firmenvertreter in Uniform galt den wissenschaftlichen Apparaten aus den Instituten der Universität und den Forschungslaboratorien großer Betriebe. [...] noch wichtiger schienen Menschen zu sein: Wissenschaftler, Forscher, Konstrukteure, Fertigungsingenieure. [...] Professoren, Assistenten und Erfinder waren ebenso Kriegsbeute wie Banksafes und Patentschriften. Wer nicht freiwillig mitging, wurde, wenn man Wert auf ihn legte, einfach eingefangen und fortgeschleppt wie einst die Neger aus dem afrikanischen Busch von den Urgroßvätern der Herren (S.402f.).

Einmal anders wird die Entführung eines ostdeutschen Wissenschaftlers durch Amerikaner in Karl-Heinz Jakobs' Roman *Wilhelmsburg*, 1979 (in der DDR nicht erschienen), dargestellt: Der Mann, von einer Sozialistin vor drohender Entführung gewarnt, kommt durch die Warnung erst auf die Idee, eine bessere Nachkriegskarriere bei den Amerikanern als bei den Sowjets machen zu können (S.63).

Vereinzelt wird berichtet, die Amerikaner hätten beim Abzug willkürlich zerstört, was den Sowjets nicht in die Hände habe fallen sollen, z.B. in Gotsches *Zwischen Nacht und Morgen* und in Marchwitzas *Die Kumiaks und ihre Kinder*, wo sich ein Schachtleiter bitter über die Verwüstungen in einem Bergwerk beschwert: „Schweinisch haben sie gehaust, alle, die Amerikaner nicht minder als das Hakenkreuzgeschmeiß. Alles war auf unseren Tod bedacht, aber sie haben sich getäuscht!" (S.332)

3.1.6.2. Vernachlässigung der Besatzungszone

Die Amerikaner hätten sich nicht um die Organisation lebensnotwendiger Maßnahmen für die deutsche Bevölkerung gekümmert, so daß Hunger und Wohnungsnot ausgebrochen seien. Hätten die Deutschen jedoch Wehrmachtslager ausgeplündert, so seien sie von den Amerikanern daran gehindert worden (Steinberg, Gotsche, Schulz, Selbmann, Neutsch). Selbmann gibt diese Zustände so wieder:

> Die Amerikaner „verwalteten" die Stadt im Stil einer Kolonialverwaltung, d.h., sie taten gar nichts, was die Lebenshaltung der Bevölkerung betraf. Es wurde kein Be-

trieb in Gang gesetzt, einige Straßenbahnwagen zuckelten durch ein paar notdürftig von den Trümmern gesäuberte Straßen, es gab keine Post, keine Kohlen und fast keine Lebensmittel. (S.401)

In Steinbergs Roman *Einzug der Gladiatoren* erklärt der amerikanischer Major dem neu eingesetzten Bürgermeister des fiktiven Ortes Hellenstadt:

> Das Wohlergehen der Deutschen selbst, wollen Sie beachten, kümmert uns [...] nicht; es ist aber von besonderer Bedeutung für uns, daß die Deutschen sich ruhig verhalten, daß die Besatzungsmacht oder Angehörige der Besatzung nicht gefährdet werden, daß man Seuchen und Aufstände verhütet. (S.77f.)

Die Versuche von Antifaschisten, das Chaos etwas zu mindern und Selbsthilfeorganisationen aufzubauen, seien von den Amerikanern stets vereitelt worden, teils aus undifferenziertem Antikommunismus, teils, weil es ihre Autorität in Frage gestellt habe (Steinberg, Gotsche, Selbmann). Parteien, Gewerkschaften und Zeitungen seien von den Amerikanern zunächst strikt verboten worden, die allmähliche Lockerung des Verbots habe sich nur auf rechte Organisationen und Druckerzeugnisse bezogen, die Linken hätten weiterhin Schwierigkeiten gehabt (Steinberg, Gotsche, Selbmann, Pollatschek). CIC-Offiziere hätten nicht nur nach getarnten Nationalsozialisten, sondern auch nach Kommunisten gefahndet (Steinberg, Gotsche, Selbmann).

3.1.6.3. Belästigung und Vergewaltigung

Die Amerikaner hätten deutsche Frauen und Mädchen belästigt (Gloger, Steinberg, Gotsche, Neutsch), die Not der Frauen ausgenützt, die sich hätten prostituieren müssen, um ihre Familien durchzubringen (Pollatschek, Steinberg, Heym 1984), oder deutsche Frauen vergewaltigt (Gotsche, Neutsch, Erwin Strittmatter: *Der Wundertäter*, 1980). Der Unterschied zwischen dem Verhalten der Roten Armee und dem der *US-Army*, wie ihn die DDR-Autor/inn/en darstellen, wird besonders augenfällig in bezug auf das Sexualverhalten der Soldaten: Die Amerikaner frequentieren Prostituierte und Bordelle (Pollatschek, Gloger, Steinberg, Heym: „Eine wahre Geschichte", 1957, Kunert 1959, Harry Thürk: *Pearl Harbor*, 1964), die Sowjets haben Liebesaffairen mit deutschen Frauen. Die Amerikaner vergewaltigen, die Sowjets nicht. Wenn Vergewaltigungen durch Russen überhaupt erwähnt werden, dann aus dem Mund von unglaubwürdigen Zeugen, die antisowjetische Gerüchte kolportieren (Zimmering 1954, Steinberg, Schulz). Eine besondere Erklärung fand Walli Nagel, die Frau des kommunistischen Malers Otto Nagel, in ihren Memoiren *Das darfst du nicht!*, 1981:

> Natürlich passierten auch viele Schweinereien, so tauchten plötzlich Wlassow-Leute auf, die sich die Uniformen toter russischer Soldaten angezogen hatten und

durch ihre Schandtaten wie Plünderungen und Vergewaltigungen das Ansehen der Roten Armee schädigten. (S.186)[18]

Ähnlich wie Walli Nagel haben auch andere DDR-Autoren versucht, das negative Image der Rotarmisten zu erklären: Otto Gotsche läßt in *Zwischen Nacht und Morgen* Wlassow-Soldaten und ehemalige SS-Männer marodieren und plündern, in Zimmerings *Phosphor und Flieder* verkleidet sich ein Nationalsozialist als Russe und raubt Passanten aus, und in Neutschs *Am Fluß* sind die plündernden und mordenden Marodeure polnische und tschechische Zwangsarbeiter — von den anglo-amerikanischen Besatzern nicht unter Kontrolle gehalten —, die sich voller Haß an den Deutschen rächen wollen. Alle diese Leute seien von der deutschen Bevölkerung für Russen gehalten worden, woraus der Mythos des gewalttätigen Russen entstanden sei.

Ab Ende der Siebziger und in den achtziger Jahren ist es möglich, auch die Sowjets als Vergewaltiger darzustellen, z.B. (neben Karl-Heinz Jakobs' nicht in der DDR erschienenem Roman *Wilhelmsburg*, 1979) in Erwin Strittmatters *Der Wundertäter*, 1980, und Eberhard Hilschers *Die Weltzeituhr*, 1983. Strittmatters Roman wurde von der Literaturkritik deswegen heftig gerügt (obwohl er auch vergewaltigende Amerikaner erwähnte), doch er durfte erscheinen. Hilscher entschuldigt die Vergehen der Rotarmisten mit den Greueltaten, die die Wehrmacht in der Sowjetunion vollbracht hatte.

Auch die Darstellung der sexuellen Belästigungen deutscher Frauen durch GIs hat sich im Laufe der Jahre verändert. Man vergleiche die folgenden Passagen aus Gotsches *Zwischen Nacht und Morgen*, 1959, und Christa Wolfs *Kindheitsmuster*, 1976:

> Ein fortwährend (Kaugummi, D.W.) kauender Yankee tippte jedem Mädchen mit dem Zeigefinger auf die Brüste. [...] In schamloser Gier taxierten seine geilen Blicke Waden und Brüste der Frauen. (Gotsche S.381)

> Aus der Stube zur Rechten nach Nellys Eintritt in den ziegelsteingepflasterten Flur: Johlen und Pfeifen. Nicht ‚vulgär' übrigens [...], auch nicht gefährlich. Eher vergnügt, sogar anerkennend. (Wolf S.316)

Allerdings muß man berücksichtigen, daß sich nach der Biermann-Ausbürgerung die DDR-Schriftsteller/inn/en in drei Gruppen teilten, in Linientreue, Dissidenten und Unabhängige. So finden sich in dem Roman des linientreuen Erik Neutsch aus dem Jahre 1974 viele Motive wieder, die schon Gotsche 1959 verwendet hatte, während Autor/inn/en wie Christa Wolf, Erwin Strittmatter oder Karl-Heinz Jakobs den Unabhängigen bzw. den Dissidenten zuzurechnen sind.

---

18 „Wlassow-Leute" sind die Soldaten der gleichnamigen Armee unter General Andrej Wlassow, Russen und Ukrainer, die auf Seiten der Nationalsozialisten im zweiten Weltkrieg kämpften.

3.1.6.4. Behandlung der Kriegsgefangenen

Die Amerikaner hätten ihre Kriegsgefangenen schlecht behandelt, sie hungern und auf dem blanken Boden lagern lassen. Es wird der Vergleich zu den Konzentrationslagern der Nazis gezogen (Gotsche, Greulich). Vor allem E.R. Greulich, der selbst als *Prisoner of War* in den USA interniert war, beschreibt die Zustände in amerikanischen Kriegsgefangenenlagern in seinem 1965 erschienenen Roman *Amerikanische Odyssee* als verheerend: Die amerikanische Lagerleitung zieht im Roman die Nationalsozialisten unter den Gefangenen den Antifaschisten vor und arbeitet mit ihnen bevorzugt zusammen, sie duldet stillschweigend, daß nationalsozialistische Schlägertrupps das Lager terrorisieren und sogar Antifaschisten ermorden. In einem von mehreren geschilderten Straflagern werden die Inhaftierten, durchweg keine Nationalsozialisten, durch harte Arbeit und Quälereien bis an den Rand ihrer physischen und psychischen Kräfte getrieben. Nach Kriegsende aus den USA nach Europa zurücktransportiert, müssen die Gefangenen im Schlamm schlafen, nur durch fauliges Stroh notdüftig geschützt, erhalten schlechtes Essen und werden geschlagen, persönliche Habe und versteckte Nahrung werden ihnen durch ständiges Filzen immer wieder abgenommen: „Das kommt gleich nach Sachsenhausen." (S.361)

Anders nimmt sich die Beschreibung seiner Kriegsgefangenschaft von Hans von Oettingen in *Abenteuer meines Lebens*, 1981, aus. Auch Oettingen erzählt, daß die Häftlinge im amerikanischen Lager Attichy in Zelten leben mußten, Hunger litten, nicht genügend Wasser erhielten und daher anfällig für Hungertyphus waren, aber:

> Um der Wahrheit willen muß gesagt werden, daß die Amerikaner uns nicht bewußt hungern ließen. Ihre Transporte waren mit Waffen und Munition unterwegs. Die Versorgung so vieler Gefangener bereitete einfach Schwierigkeiten. (S.333)

Auch Oettingen registrierte die Gier der amerikanischen Bewacher nach den Habseligkeiten der Häftlinge, „aber sie nahmen nie einem Gefangenen etwas mit Gewalt weg" (S.335), sondern ließen es durch Mittelsmänner gegen Zigaretten und Schokolade eintauschen, allerdings gegen einen Wucherkurs: „Ein Trauring von achtzehn Karat — drei Zigaretten." (S.334) Wie Greulich war auch Oettingen an der Ermittlung von Nationalsozialisten unter den Kriegsgefangenen beteiligt, er half dem *Field Interrogation Department* bei der Gefangenenvernehmung. Während es Greulich aber so darstellt, als seien diese Entnazifizierungsversuche der Amerikaner nicht ernst zu nehmen, führt Oettingen die Schwierigkeiten eines solchen Unternehmens vor Augen.

Auch an den Beispielen Greulich und Oettingen zeigt sich die Entwicklung, die in der DDR-Literatur durch den Wechsel von der Ulbricht- zur Honecker-Ära stattgefunden hat, besonders seit Ende der siebziger Jahre.

3.1.6.5. Demütigung der Besiegten

Die Amerikaner hätten die Deutschen alle möglichen Arten gedemütigt und seien selbst hochfahrend aufgetreten (Gloger, Steinberg, Gotsche, Schulz, Neutsch). Ein beliebtes Spiel der GIs habe darin bestanden, etwas Begehrtes wie Zigaretten oder Schokolade zu Boden zu werfen, damit die Deutschen sich danach bücken mußten (Schulz, Neutsch), eine andere Form der Demütigung sei gewesen, die reichhaltigen Nahrungsabfälle der *US-Army* vor den Augen der Hungernden zu verbrennen (Steinberg).

Die Amerikaner hätten den Deutschen als amerikanische Kulturgüter nur Kaugummi und Jazz gebracht (Steinberg, Gotsche, Neutsch, Schneider), Symbole deutscher Kultur aber mißachtet und mißhandelt (Steinberg, Gotsche). Die Kaugummikauerei der Amerikaner und/oder ihre Musik werden immer wieder erwähnt, von vielen Autoren in negativem Kontext (Steinberg, Gotsche, Schulz, Neutsch), von anderen neutral (C.Wolf, Rolf Schneider: „W. zum Beispiel", 1969, in *Orphée oder Ich reise*, S.110-152), von einem Autor in positivem Kontext: In Fritz Rudolf Fries' Roman *Der Weg nach Oobliadooh*, 1966 (in der DDR nicht erschienen), bringen die amerikanischen Besatzer dem Helden zum erstenmal Jazz zu Gehör, um den sich das ganze Buch dreht (S.63)[19].

Zum Thema „Verachtung und Mißhandlung deutscher Kulturgüter" finden sich zwei extreme Beispiele bei Werner Steinberg und Otto Gotsche. In Steinbergs *Einzug der Gladiatoren*, 1958, schlachten GIs in einer vornehmen Villa ein Ferkel auf einem Flügel (S.94-96). Bei Gotsche geht es um den Zustand von Bürgervillen, die die Amerikaner als Quartier requiriert hatten, nach deren Abzug aus Sachsen: Die GIs haben nicht nur die Möbel verbrannt, die Wasserleitungen herausgerissen, die Federbetten aufgeschlitzt, Zielschießen auf Spiegel geübt und ihren Unrat im Haus liegen lassen:

> Auf dem wunderbaren Blüthnerflügel in der Wohnung des Studienrates Hervogel standen alle Nachtgeschirre, die in der Nachbarschaft aufzutreiben gewesen waren, wohlbenutzt und bis an den Rand gefüllt, in Reih und Glied geordnet. Die elfenbeinerne Tastatur war in gleicher Weise beschmutzt. Die fürsorgliche Hand eines GIs hatte den Unrat mit Notenblättern bedeckt. „Appassionata" stand in altertümlich verschnörkelten Schriftzeichen auf dem Deckel des Notenheftes, der Kopf des größten deutschen Tondichters deckte die Kulturschande zu. (S.563)

Solche starken Überzeichnungen sind mir aus der sonstigen DDR-Belletristik nicht bekannt. Sie wollen betonen, wie sehr sich die amerikanische „Unkultur" von der deutschen Kultur abhebe, wobei verwundert, daß

---

[19] Daß Fries' Roman in der DDR nicht erscheinen konnte und in *Literatur der DDR*, 1977, als „Romanversuch" abgetan wird (S.617), hängt wohl mit seiner Kritik an der sozialistischen Gesellschaft zusammen, obwohl er auch die kapitalistische kritisiert.

zwei sozialistische Schriftsteller ausgerechnet eines der Symbole des gehobenen Bürgertums, das Klavier, zum Ziel der von ihnen kritisierten Schändung durch unkultivierte Amerikaner werden lassen. Dahinter dürfte die Absicht gestanden haben, ein Gegengewicht zu den Gerüchten über unzivilisierte Sowjets zu schaffen.

3.1.6.6. Parallelen zwischen Nationalsozialisten und Besatzern

Hinter der negativen Bewertung der amerikanischen Besatzer durch DDR-Autor/inn/en der fünfziger und sechziger Jahre steht eine ideologische Begründung: Nach sozialistischer Auffassung hätten die Sowjets den Deutschen die Befreiung von einem ganzen System (dem Imperialismus) gebracht, während die Amerikaner am Grundübel nichts hätten ändern wollen. Sie hätten kein Interesse daran gehabt, in ihrer Zone eine „wahre Demokratie" durch Enteignung der Großgrundbesitzer und Umverteilung des Landes, Verstaatlichung der Betriebe und gründliche Entnazifizierung zu schaffen, wie es die Sowjets in ihrer Zone getan hätten. Stattdessen hätten die Amerikaner den deutschen Monopolkapitalismus mit Hilfe derselben Industriellen und Junker wieder aufgebaut, die Hitler auf seinem Weg zur Macht unterstützt hatten, hätten ehemalige überzeugte Nationalsozialisten wieder zu Rang und Ehren kommen lassen und an ihrer Statt aus Antikommunismus die Antifaschisten verfolgt, die sie undifferenziert alle für Kommunisten gehalten hätten.

Ein gutes Beispiel für diese Geschichtsauffassung ist Werner Steinbergs Roman *Einzug der Gladiatoren*, 1958, der mit der Ankunft der amerikanischen Besatzer in einem fiktiven süddeutschen Ort beginnt und zur Zeit der Währungsreform endet. Steinbergs Anliegen ist es darzustellen, wie es dazu kam, daß aus den Kriegsgegnern Verbündete wurden. Der erste amerikanische Kommandant der Stadt strebt noch die Entnazifizierung und Umerziehung der Deutschen und die Demokratisierung Westdeutschlands an, scheitert jedoch an der geschlossenen Front des Schweigens, Vertuschens und Verweigerns in der deutschen Bevölkerung und an den sich ändernden politischen Interessen der USA. Die Deutschen erkennen rasch die Schwächen der Besatzer und nutzen sie hemmungslos aus: die Souvenirsammelleidenschaft, die Sensationsgier, die Lust auf erotische Abenteuer. Die Besatzer sind infolgedessen bestechlich, und so gelangen die ehemaligen Nationalsozialisten wieder in gute Positionen. Mit dem Umschwung der US-Politik nach Roosevelts Tod setzt sich das CIC (*Counter Intelligence Corps*, Geheimdienst der *US-Army*) gegenüber dem Stadtkommandanten immer mehr durch, bis die politische Richtung des CICs zu dominieren beginnt: Antikommunismus und ökonomische Interessen an einem Wiederaufbau der westdeutschen Wirtschaft, Hauptfeind ist nunmehr die Sowjetunion. Die westdeutschen Industriellen und Bankiers, die einst Hitler zur Macht verholfen hatten, nützen diese Konstellation aus, um wieder mit Hilfe der Amerikaner in die alten Schlüsselpositionen zu gelangen. Ein westdeutscher Bankier z.B. kommentiert die politische Lage so: „Im Augenblick führen die Amerikaner einen Zweifrontenkrieg. Noch gegen die Nazis, schon gegen die Russen. Das können sie nicht, sie werden eine Front aufgeben müssen. (S.333)" Die Antifaschisten aber werden auf unwichtige Posten abgedrängt und unterliegen verschiedenen Repressalien.

Steinbergs Roman setzt sich aus vielen Episoden, den Schicksalen seiner Figuren, zusammen. Durch das Verknüpfen ihrer Erlebnisse entsteht ein Gesamtbild vom Nachkriegswestdeutschland unter amerikanischer Ägide. Nicht nur die Geschicke der ehemaligen und neuen Machthaber, der einziehenden „Gladiatoren" im Titel, sondern auch die von einfachen Menschen dienen dem Verfasser dazu, die systembedingte Affinität zwischen Amerikanern und deutschen Nazis nachzuweisen: Die einfachen GIs vertreiben plündernde Deutsche, verbrennen Nahrungsreste vor den Augen der Hungernden, nützen die Notsituation deutscher Frauen zur sexuellen Befriedigung aus, demütigen und mißhandeln Deutsche, die sich eines kleinen Vergehens schuldig gemacht haben, etc. Innerhalb der *US-Army* herrscht eine Rangordnung nach Hautfarbe, Schwarze werden diskriminiert. Mit Hilfe dieser Darstellungsweise zeigt Steinberg die Unmenschlichkeit des amerikanischen Kapitalismus auf, die der des deutschen Nationalsozialismus kaum nachstehe, da auch dieser nur eine Variante des Imperialismus sei.

Diese Deutung der geschichtlichen Entwicklung findet sich durchgängig in den DDR-Werken der fünfziger und sechziger Jahre, bei Pollatschek, Gloger, Heym („Aschenbrödels Schuh", 1955, in *Offen gesagt*, S.85-89; „Mein verrückter Bruder", ca. 1952, in *Werkausgabe: Gesammelte Erzählungen*, S.154-170; „Eine wahre Geschichte", ca. 1952, ebd., S.136-153), Seydewitz, Steinberg, Bräunig, Gotsche, Kunert (1959), Marchwitza (1959), Schulz, Greulich, Selbmann. In den siebziger Jahren wird diese Sichtweise nur noch von Neutsch und Scheer übernommen, und in den frühen achtziger Jahren verschwindet sie ganz. Die Gleichsetzung oder Parallelsetzung zwischen deutschen Nationalsozialisten und amerikanischen Vertretern des Monopolkapitals zieht sich durch alle Werke der DDR-Literatur von den frühen fünfziger Jahren bis zur Mitte der Siebziger. Nicht alle stellen freilich die amerikanischen Besatzer als so brutal dar wie Otto Gotsche, in dessen *Zwischen Nacht und Morgen* praktisch kein Unterschied zwischen Nazis und Amerikanern mehr besteht (in mehreren Szenen wird beschrieben, wie riesige Amerikaner schmächtige Deutsche unmenschlich zusammenschlagen, und eine Vierzehnjährige wird von GIs fast zu Tode vergewaltigt), oder als so reaktionär und antikommunistisch wie E.R. Greulich, in dessen Roman *Amerikanische Odyssee*, 1965, die Aufseher mehrerer US-Kriegsgefangenenlager einen Nazioffizier protegieren, obwohl der einen Amerikaner hinterrücks ermordet hat, weil sie aus Antikommunismus dem einzigen Zeugen des Mordes keinen Glauben schenken.

3.1.6.7. Aussehen und Gebaren der Besatzer

Nicht nur die Handlungsweise, auch Aussehen und Gebaren der amerikanischen Besatzer werden oft negativ bewertet. Der Eindruck Ostdeutscher bei der ersten Begegnung mit Amerikanern unterscheidet sich in der Regel nicht von dem Westdeutscher. Registriert werden hoher Wuchs, Wohlgenährtheit, saubere Uniformen, Kaugummikauen und lässige Haltung. Das Befremden der Deutschen angesichts der anderen Sitten der GIs schildert Christa Wolf wertfrei in *Kindheitsmuster*:

> Im Ami-Haus standen alle Türen offen. Es war eine der amerikanischen Sitten, an die man sich schneller gewöhnt als an manche andere [...] Musik natürlich, aus Kofferradios. [...] Ein Blick in eine Kasernenstube. Mecklenburgische Bauernbetten, auf denen am hellerlichten Tag halbnackte Burschen lümmelten [...]. Die meisten mit einem Kleidungsstück angetan, das Nelly später „shorts" nennen lernt. Nackte, haarige Männeroberkörper. Hallo, Baby, und so weiter. Nelly [...] fragt nach dem „Commander". Lärmender Bescheid: Die andere Tür. Sergeant Forster trägt zu seinen Shorts ein Turnhemd, hat die Füße auf einen Stuhl mit Rohrgeflecht und gedrechselter Lehne gelegt, kaut Gummi, hört Musik aus einem Kofferradio. (S.315f.)

In *Kindheitsmuster* ist die Bewertung des Erlebten dadurch relativiert, daß der Roman auf zwei zeitlichen Ebenen spielt: Die erwachsene, gereifte Nelly erinnert sich, oft ironisch, an ihre Kinder- und Jugendzeit. Die Gefühle der ca. 15jährigen und der ca. 40jährigen decken sich nicht mehr: Für die Heranwachsende sind die Amerikaner noch Feinde, die Erwachsene sieht eher die komischen Seiten der Erlebnisse mit GIs.

Für die älteren DDR-Autor/inn/en, die das Kriegsende als Erwachsene miterlebten, ist die „Disziplinlosigkeit" der Amerikaner eher tadelnswert. „Lümmeln" ist ein oft verwendeter Begriff in negativem Kontext, z.B.:

> Der Soldat grunzt warnend, verharrt jedoch in seiner lümmelnden Haltung und steckt sich an der einen Zigarette eine weitere an. (Steinberg, S.17)
>
> Auf den Stufen der Treppen saßen Soldaten, lümmelten in allen Kanzleien und Zimmern, spuckten Kaugummi gegen das Treppengeländer, trugen requirierte [...] Trophäen in den Sitzungssaal und benahmen sich, wie sich solche neuen Herren benehmen. Unbekümmert, anmaßend, neugierig, überlegen, rechthaberisch, befehlend und siegesbewußt. (Gotsche 1959, S.292)

Auch die amerikanische Sprache wird als unschön empfunden: In Pollatscheks *Herren des Landes* ist vom „gaumigen Amerikanisch" (S.38) die Rede, in Max Walter Schulz' *Wir sind nicht Staub im Wind* „quaken" die GIs ständig „Aih", wohl den Laut, der dem Autor am stärksten am Amerikanischen auffiel (S.212-214).

Vor allem bei Steinberg und Gotsche finden sich schließlich ausführliche Schilderungen des Aussehens einzelner Amerikaner, die fast ausnahmslos häßlich oder abstoßend sind, so der katzenköpfige Major mit dem teuflischen Grinsen, der o-beinige, pockennarbige und stark behaarte Sergeant und der kahle, fette, kinnlose Captain mit der quäkenden Stimme in Steinbergs *Einzug der Gladiatoren* oder der Oberleutnant mit dem blasierten, scharfen Gesicht und einem breiten, doggenhaften Kinn, der massige Major mit dem fleischigen, gedunsenen Gesicht und fettglänzendem Haar, der schmatzend Zigarren raucht und säuft, und der elegante, geckenhafte Oberstleutnant mit verweichlichtem, fast dekadentem Aussehen in Gotsches *Zwischen Nacht und Morgen*. Das gehäufte Auftauchen solcher Schilderungen weckt bei dem/der Lesenden zusätzlichen Widerwillen gegen die Amerikaner, zumal die deutschen Antifaschisten sympathisch dargestellt sind, auch vom Äußeren her.

Die Charakterisierung einer Figur durch Aussehen und Gebaren nimmt auch Wolfgang Schreyer in seinem Roman Unternehmen „Thunderstorm", 1954, vor, der sich um den Warschauer Aufstand im Jahre 1944 und dessen Hintergründe dreht (ein seltenes Sujet der DDR-Belletristik): In Polen treffen die Interessen der Deutschen, Engländer und Amerikaner aufeinander, die abwechselnd mit der reaktionären polnischen Armeeführung verhandeln oder paktieren. Engländer und Amerikaner möchten den Aufstand so lenken, daß sich im Falle eines Sieges die Warschauer Bevölkerung nicht der Roten Armee anschließt. Die US-Interessen vertritt Major Dixey, Abgesandter eines Großkonzerns, der die Aktien eines polnischen Chemiekonzerns erwerben will und deshalb mehr mit den deutschen Besatzern als mit den polnischen Aufständischen verhandelt. Dixey ist schon äußerlich als Bösewicht erkennbar. Jürgen Pelzer hat in seinem Aufsatz „Der Gegner muß nicht immer ein Schurke sein: Zum ‚Feindbild' in den Abenteuer- und Tatsachenromanen Wolfgang Schreyers und Harry Thürks", 1978 (in Elliott/Pelzer/Poore, S.223-247) Schreyers Charakterisierung des Majors zusammengefaßt:

> Der Vertreter des amerikanischen Imperialismus [...] wird als „korpulenter Amerikaner" vorgestellt, der eine gespielte, falsche Jovialität zur Schau trägt [...]. Offen äußert er sogleich seine wahren politischen Ansichten, [...] „schamlos und zynisch" [...], insbesondere seine Geringschätzung jener „kleinen Bettlernationen, die Fußtritte gewohnt sein dürften". Die Welt teilt Dixey bedenkenlos in zwei Kategorien ein, in Nationen, die politischen Druck ausüben können und andere beherrschen, und Nationen, die dazu zu schwach sind. Weitere Differenzierungen läßt sein auf Besitz- und Machtdenken orientiertes Weltbild nicht zu. [...] Als Soldat ist Dixey ein Feigling; Leute, die ihm gefährlich werden, bringt er hinterhältig um.

3.1.6.8. *Positiv geschilderte Amerikaner*

Nicht alle Amerikaner sind jedoch negativ gezeichnet. Mehrere Autor/inn/en unterscheiden zwei Typen der amerikanischen Besatzungsoffiziere, die echten Antifaschisten, die am Krieg aus idealistischen Gründen teilgenommen haben, und die übrigen, Vertreter der Monopolkapitals und des Antikommunismus (Gotsche, Bräunig, Greulich, Selbmann, mit Einschränkungen auch Steinberg, bei dem aber auch der erste Typ relativ unsympathisch wirkt).

Scharf ausgegrenzt aus der Schar der negativ wirkenden GIs werden die stets positiv erscheinenden Schwarzen (Gloger, Steinberg, Gotsche, Schulz, Schneider: „W. zum Beispiel", 1969, in *Orphée oder Ich Reise*, S.110-152; ders.: *Das Glück*, 1976). Sie sind ähnlich von Rassismus und Diskriminierung in der *US-Army* betroffen wie die besiegten Deutschen von Hochmut, Chauvinismus und Menschenverachtung der amerikanischen Sieger. Differenzierter ist die Darstellung der schwarzen GIs im Vergleich mit der der weißen allerdings auch nicht: Gloger, Steinberg und Gotsche charakterisieren die Schwarzen als naiv, kindlich, spielerisch, kinderliebend und gutmütig.

Dieses Bild in Frage stellen Fritz Rudolf Fries in *Der Weg nach Oobliadooh* und Erwin Strittmatter in *Der Wundertäter*. Fries ironisiert es, indem er die Verhaftung Deutscher während der Sperrzeit so beschreibt: „Männer mit Rucksäcken zappeln am Arm von Kentucky-Negern, die My ol' Kentucky home singend darzustellen wären." (S.63) Strittmatter entmythologisiert die Schwarzen: „Glaub mir, auch die Neger, die unterm Amerikaner marschierten, vergewaltigten deutsche Frauen, und die feinen Weißen vergewaltigten mit Hilfe von Schokolade" (S.343).

Stefan Heym, der in seinem 1948 noch in den USA erschienenen Roman *The Crusaders* den amerikanischen Vormarsch und die Besatzung sehr kritisch dargestellt hatte, entwarf in dem 1984 herausgekommenen Roman *Schwarzenberg* ein positives Bild der Amerikaner: Schwarzenberg, eine Stadt im Erzgebirge, wird infolge eines Mißverständnisses weder von Amerikanern noch von Sowjets besetzt, so daß hier für kurze Zeit eine unabhängige demokratische deutsche Republik entstehen kann, ein utopischer Staat. Protegiert wird die Republik Schwarzenberg von einem amerikanischen Leutnant und einem sowjetischen Offizier, die das Experiment mit Neugier und Interesse verfolgen. Doch die Spannungen unter den Siegern lassen nicht zu, daß ein Flecken unbesetzt bleibt. Schwarzenberg wird Teil der sowjetischen Zone, alle eigenständigen Entwicklungen enden damit.

Der Amerikaner erscheint als freundlicher, leicht vertrottelter Besatzer, dem man höchstens eine gewisse „Trägheit des Herzens" vorwerfen könnte und dessen Hang, den materiellen Nutzen einer Sache vorrangig zu erwägen, weniger verurteilt als lächerlich gemacht wird. Auch die übrigen auftretenden Amerikaner sind eher komische Gestalten, obwohl sie trinken und stehlen. Die Sowjets, stets „die Freunde" genannt, wirken dagegen eher bedrohlich. Der liberale Offizier, der das Experiment Schwarzenberg protegiert, ist eine Ausnahme, er befürchtet ständig, Opfer einer stalinistischen „Säuberung" in der Roten Armee zu werden. Die anderen Sowjets und die aus sowjetischem Exil zurückkehrenden Parteifunktionäre sind Stalinisten. Im Vergleich zu ihnen erscheinen die Amerikaner wesentlich positiver.

Das bisher gegebene Bild läßt sich wie folgt zusammenfassen:

Bis zur Mitte der siebziger Jahre herrscht in der DDR-Belletristik ein negatives Bild der Rolle vor, die die USA im zweiten Weltkrieg in Europa spielten. Die Amerikaner erscheinen als feige, brutal, antikommunistisch, wortbrüchig, lüstern, raubgierig, zerstörerisch, unmenschlich, in ihrem Verhalten spiegelt sich das kapitalistische System. Eine Differenzierung der Charaktere wird — mit wenigen Ausnahmen — nicht vorgenommen, Wandlungsfähigkeit ihnen nicht zugestanden. Im Vergleich zu diesen „Barbaren" schneidet die Rote Armee um so positiver ab. Sie ist siegreich ohne Materialschlacht und Bombenterror, hat härtere Kämpfe zu bestehen und mehr Kriegsschäden im eigenen Lande hinzunehmen, ihre Soldaten sind freundlich und hilfsbereit gegenüber den einfachen Leuten in Deutschland, unnachgiebig und hart gegenüber den höhergestellten Nationalsozialisten, Kriegsgefangene werden gut behandelt und umerzogen. Nach Kriegsende beginnen die Sowjets sofort mit dem Aufbau eines neuen Deutschlands, sorgen für eine gründliche Entnazifizierung, führen eine Bodenreform durch und verstaatlichen die Betriebe, alles Maßnahmen, die die Amerikaner in ihrer Zone unterlassen und somit der Restauration des deutschen Imperialismus Vorschub leisten.

Kritik am Verhalten der Sowjetunion oder der Roten Armee im zweiten Weltkrieg und der frühen Nachkriegszeit unterbleibt bis Ende der siebziger Jahre. Der Hitler-Stalin-Pakt wird fast nie erwähnt, und wenn doch, wird er als kluger Schachzug bewertet: Stalin habe so den Plan der Westalliierten, die Wehrmacht und die Rote Armee gegeneinander auszuspielen, unterlaufen (vgl. z.B. W.Bredel: *Die Enkel*, S.287), auch sei die Sowjetunion noch im Aufbau und schutzlos gewesen, habe sich also mit allen Mitteln gegen Deutschland absichern müssen.

Die Darstellung des Verhaltens von Amerikanern als Eroberern und Besatzern ist eine Umkehrung des Bildes, das im Westen vom Verhalten der Sowjets besteht: Plünderungen, Marodieren, Vergewaltigungen, Verschleppen von Wissenschaftlern und Technikern, Demontage, schlechte Behandlung von Kriegsgefangenen, Zwangsarbeit, chaotische Verwaltung, Verhöre durch die GPU, Unzivilisiertheit.

Ab der zweiten Hälfte der siebziger Jahre beginnt dieses Bild der USA differenzierter zu werden, und in den Achtzigern verschwindet es ganz, wobei auch das Interesse an solchen Themen nachläßt. Stattdessen interessieren sich immer mehr Autor/inn/en für die Bewältigung der nationalsozialistischen Vergangenheit (vgl. Patricia Herminghouse: „Vergangenheit als Problem der Gegenwart: Zur Darstellung des Faschismus in der neueren DDR-Literatur", in Hohendahl/Herminghouse 1983, S.259-294).

3.1.7. Kriegseintritt in Asien und Abwurf der Atombomben auf Hiroshima und Nagasaki

Der asiatische Kriegsschauplatz findet in der DDR-Literatur viel weniger Beachtung als der europäische. Über den Beginn des Krieges existiert meines Wissens nur Harry Thürks *Pearl Harbor: Die Geschichte eines Überfalls*, 1966. Es ist ein sachlicher Bericht, der durch fiktive Augenzeugenberichte aufgelockert wird. Thürk untersucht die Ursachen für das amerikanische Debakel und kommt zu dem Schluß, daß die USA in ihrer Politik Japan gegenüber zu lange gezögert und alle vorhandenen Warnzeichen übersehen hätten, weil sie damit gerechnet hätten, daß Japan eher die Sowjetunion als die westlichen Alliierten angreifen würde. Aus diesem Grunde hätten US-Monopole Japans Kriegswirtschaft durch Kapitalinvestitionen und Lieferungen kriegswichtiger Materialien vor dem Überfall auf Pearl Harbor unterstützt.

Ferner wirft Thürk den USA Überheblichkeit vor: „Amerika fühlte sich stark, es fühlte sich unverletzbar. Was können uns die ‚kleinen gelbbäuchigen Japse' schon anhaben?" (S.104) Ihre chaotische Organisation habe dazu geführt, daß die amerikanischen Truppen auf Hawaii zur Bodenabwehr nicht in der Lage gewesen seien und diese erst aufgebaut hätten, als die Japaner bereits abgezogen seien, um dann damit versehentlich die eigenen Flugzeuge anzugreifen, die von US-Flugzeugträgern aus Pearl Harbor zu Hilfe kamen. Dasselbe Chaos habe in der zivilen Verwaltung geherrscht: Panik sei ausgebrochen, auf Hawaii ansässige amerikatreue Japaner seien als Spione gelyncht worden etc.

Thürk betont mehrfach, daß der Überraschungsangriff der Japaner nur möglich gewesen sei, weil die herrschenden Kreise in den USA auf einen Angriff Japans auf die Sowjetunion spekuliert hätten. Diese Aussage erinnert stark an den Vorwurf, die USA hätten die Errichtung einer zweiten Front in Europa herausgezögert, damit sich die Wehrmacht und die Rote Armee gegenseitig aufrieben. So entsteht der Eindruck, als hätten es die herrschenden Kreise der USA mit dem Bündnis mit der Sowjetunion von vornherein nicht ernst gemeint.

Mehr als der Überfall auf Pearl Harbor und die darauffolgenden Kriegsereignisse in Asien bewegte der Atombombenabwurf auf Hiroshima und Nagasaki die DDR-Schriftsteller / innen. Er wurde in vielen verschiedenen Literaturgattungen behandelt: in Gedichten[20], Hörspielen[21], in einem Schauspiel[22], einem Jugendbuch[23] und einer Kurzgeschichte[24].

20 Günther Deicke: „Die Gesetze", 1958 (in *Traum vom glücklichen Jahr*, S.69-92); Maximilian Scheer: „Nur ein kleines Raketchen", 1958 (in *In meinen Augen*, S.331f.); Max Zimmering: „Wem käme auf die Lippen nicht der Schwur", 1958 (in *Das Maß der Zeit*, S.111); Helmut Preißler: „Bericht des japanischen Delegierten", 1959 (in *Stimmen der Toten*, S.84-86); Kuba: „Sing in den Wind", 1961 (in *Wort auf Wort wächst das Lied*,

Die offizielle Lesart lautet, daß Japan kurz vor dem Atomschlag zur Kapitulation bereit gewesen sei. Die USA hätten die Atombomben also nicht abzuwerfen brauchen, um den Krieg gegen Japan zu beenden. Daß sie sie trotzdem einsetzten, habe zwei Ursachen gehabt: Zum einen hätten sie der Welt ihre Macht und ihre moralische Unbedenklichkeit demonstrieren — sie hatten das Atombombenmonopol — und so ihren Führungsanspruch begründen wollen; zum anderen habe die Rote Armee auf dem asiatischen Kriegsschauplatz einzugreifen begonnen, und die USA hätten befürchtet, zuviel Einflußsphären an die Sowjetunion zu verlieren, weshalb der Atombombenabwurf als Drohung gegen die sozialistische Führungsmacht zu verstehen sei.

Wie unter den Werken über die Bombardierung Dresdens, so finden sich auch unter denen über den Atombombenabwurf auf Japan solche, die die Schilderung der Folgen für sich sprechen lassen, wie z.B. das Gedicht des Lyrikers Kuba[25] „Sing in den Wind", 1961:

[...]
Stern oder Stein?
Hört Nagasaki,
hört das gehetzte
verletzte Hiroshima
schrein:
Wir wurden Scherben —
Blut ward zu Schaum.
Nehmt uns den Alptraum.
Wollen nicht sterben!
(S.116)

S.116); Hanns Cibulka: „Inschrift für Hiroshima", 1962 (in *Arioso*, S.79); Günter Kunert: „Der Schatten", 1963 (in *Erinnerung an einen Planeten*, S.66); Günther Deicke: *Die Wolken*, 1965; Inge Müller: „Wer gibt dir ein Recht...", vor 1966 (in *Wenn ich schon sterben muß*, S.55f.); Günter Kunert: „Anzeige, Berlinisch", 1974 (in *Im weiteren Fortgang*, S.42).
21 Karl Georg Egel: *Hiroshima*, 1950; ders. und Maximilian Scheer: „Und Berge werden versetzt", 1950 (in *Das Hörspiel unserer Zeit 1*, S.37-74); Gerhard Stübe: *Harakiri*, 1959; Rolf Schneider: „Prozeß Richard Waverly", 1962 (in *Hörspiele 2*, S.111-145).
22 Hans Pfeiffer: *Laternenfest*, 1957.
23 Edith Bergner: *Tosho und Tamiki*, 1969.
24 Boris Djacenko: „Ein Anruf in der Nacht", 1960 (in *Und sie liebten sich doch*, S.117-181).
25 Er hieß eigentlich Kurt Barthel, nannte sich jedoch Kuba, um eine Verwechslung mit dem nationalsozialistischen Arbeiterdichter Max Barthel zu vermeiden.

Andere Werke wollen anhand des Beispiels Hiroshima (oder Nagasaki) vor einem künftigen Atomkrieg warnen, z.b. die Gedichte „Inschrift für Hiroshima", 1962, von Hanns Cibulka oder „Der Schatten", 1963, von Günter Kunert, die dasselbe Thema behandeln: dunkle Schemen (wie Schatten) auf Mauern oder Straßen, die als einziges von Menschen übriggeblieben sind. Im Zusammenhang mit der nuklearen Aufrüstung sowie mit Atom- und Wasserstoffbombenversuchen der Amerikaner hat die Erwähnung Hiroshimas und Nagasakis gleichfalls Warnfunktion.[26]

Mehrere Werke vergleichen den Atombombenabwurf auf Japan mit anderen Kriegsereignissen, entweder um zu zeigen, daß die USA in ihrer Geschichte immer wieder Unmenschlichkeiten begangen haben, oder um Parallelen zwischen Nationalsozialisten und Amerikanern zu ziehen. So tauchen Hiroshima und Nagasaki im Zusammenhang mit der Bombardierung Dresdens[27] oder mit anderen Orten auf, die symbolisch für Grausamkeit im zweiten Weltkrieg stehen, wie Warschau[28], Rotterdam[29], Lidice und Oradour[30] oder Guernica[31].

Eines der erfolgreichsten Dramen der fünfziger Jahre, Hans Pfeiffers *Laternenfest*[32], 1957, ist dem Thema „Atombombenabwurf auf Japan" gewidmet. In dieser modernen Romeo-und-Julia-Version stehen sich als Vertreter zweier reaktionärer Prinzipien ein amerikanischer Major und ein japanischer Samurai gegenüber, deren Kinder sich ineinander verlieben. Der Major hat die Atombombe auf Nagasaki abgeworfen, der Japaner war am Überfall auf Pearl Habor beteiligt. Beide haben Söhne im Krieg verloren, der Japaner hat infolge der Strahlung seine Gesundheit eingebüßt. Der Major verkörpert den amerikanischen Imperialismus, er begegnet den Japanern voller Hochmut und Verachtung für die „Gelben", ohne ihre Sitten und Kultur zu respektieren. Der Japaner steht für die reaktionäre japanische Kriegerkaste, er ist unversöhnlich und voller Haß auf die Besatzer. Als seine Tochter den Sohn des Majors heiraten will, einen Medizinstudenten, der als Arzt in Japan bleiben und den Opfern des Atombombenabwurfs helfen möchte, versucht der Samurai seine Tochter zu töten, verletzt sie, ersticht den Major und dann sich selbst. Die junge Frau überlebt, sie und ihr künftiger Mann wollen für ein Atomwaffenverbot und für den Frieden kämpfen.

26 Z.B. bei Scheer/Egel; Stübe; Scheer: „Nur ein kleines Raketchen"; Louis Fürnberg/Kuba: *Weltliche Hymne*, 1958; Kuba; Deicke: „Die Wolken" und „Gesetze".
27 Z.B. Seydewitz 1955/56; Preißler; Heinz Czechowski: „Abschiednehmen", 1967 (in *Wasserfahrt*, S.88-95).
28 Djacenko; Kunert: „Anzeige, Berlinisch".
29 Kunert: „Anzeige, Berlinisch".
30 Zimmering: „Wem käme auf die Lippen nicht der Schwur".
31 Manfred Streubel: „Untergang im Spiegel", 1968 (in *Zeitansage*, S.10-12).
32 Das Stück wurde am 1.September 1957 uraufgeführt und erlebte danach 867 weitere Aufführungen in dreißig Inszenierungen. Vgl. Mittenzwei 1972, 1, S.121.

Pfeiffer will in seinem Drama zeigen, daß der amerikanische und der japanische Imperialismus sich in nichts Wesentlichem unterscheiden: Beide sind unmenschlich. Das junge Paar dagegen symbolisiert eine künftige, sozialistische Welt, friedliebend, hilfsbereit und ohne Rassenvorurteile.

Die eingangs dargelegte offizielle SED-Deutung des Atombombenabwurfs auf Hiroshima und Nagasaki vertreten Maximilian Scheer und Karl Georg Egel in ihren Hörspielen „Und Berge werden versetzt" und „Hiroshima", beide 1950, Rolf Schneider in dem Hörspiel „Prozeß Richard Waverly", 1962, und Edith Bergner in dem Kinderbuch *Tosho und Tamiki*, 1969. Scheer/Egels Hörspiel soll an anderer Stelle ausführlicher behandelt werden (vgl. Kapitel 3.4. „Vorbereitung eines dritten Weltkriegs").

Rolf Schneiders Hörspiel „Prozeß Richard Waverly", 1962, auch in einer Bühnenfassung 1963 erschienen und im DDR-Fernsehen aufgeführt, befaßt sich mit dem historischen Fall des „Hiroshima-Piloten" Claude R. Eatherly, der angeblich unter einem Schuldkomplex wegen des Abwurfs der Atombombe litt und mehrere kriminelle Delikte beging, um für seine Mitschuld bestraft zu werden. Der amerikanische Sachbuchautor William B. Huie wies jedoch 1964 in seinem Buch *The Hiroshima Pilot* nach, daß Eatherly geistig verwirrt und krankhaft geltungssüchtig war. Er war am Atombombenabwurf in Hiroshima nur insoweit beteiligt, als er als Kapitän des Wetteraufklärungsflugzeuges vor der Maschine mit der Atombombe über Hiroshima war. Beim Abwurf befand er sich bereits auf dem Rückflug. Schneider war dies nicht bekannt, er ging noch von dem Mythos des Hiroshima-Piloten aus, wie er durch die Weltpresse und durch die Literatur gegangen war. Sein Richard Waverly wird, weil er öffentlich die Wahrheit über den Atombombenabwurf verkünden will, von der Heeresleitung für verrückt erklärt und gewaltsam in einer geschlossenen psychiatrischen Anstalt festgehalten. Im Hörspiel geht es um den Prozeß, in dessen Verlauf er entmündigt werden soll. Als Zeugen gegen ihn treten seine Frau auf, die ihn aus Rassismus verlassen hat, weil er japanische Waisenkinder adoptieren wollte, und sein Bruder, der auf Waverlys Geld spekuliert, da er kurz vorm Bankrott steht.

Zu Waverlys Gunsten sagt unter anderem ein berühmter Geschichtsprofessor aus, der den Atombombenabwurf mit den obengenannten Gründen erklärt. Waverlys Anwalt gelingt es, die Aussagen aller Zeugen zu entkräften, die die Geisteskrankheit des Angeklagten belegen sollen. Der Anwalt weist nach, daß sein Mandant auf Wunsch höherer Regierungsstellen in die Anstalt eingewiesen wurde. Doch dies alles nützt nichts, das Urteil über Waverly war schon vor Prozeßbeginn beschlossen, die Geschworenen stehen unter Druck, sie fürchten um ihren Ruf und ihre wirtschaftliche Existenz, falls sie den Angeklagten freisprechen. Der Staatsanwalt sagt in einer Verhandlungspause zum Richter:

Wenn alle so dächten wie er, Sir, könnten wir unsere Nation begraben. Wenn sein Beispiel Schule macht, wird unsere Armee bald nur noch aus Befehlsverweigerern und Moralisten bestehen. [...] Waverly *hat* verrückt zu sein, Sir! Es gibt keine andere Lösung! (S.134, Hervorhebung im Original)

Die Einschätzung der amerikanischen Justiz als voreingenommen und von den Machthabern gelenkt erscheint häufig in der DDR-Belletristik, z.B. im Zusammenhang mit historischen Fällen wie Joe Hill, Sacco und Vanzetti, den Rosenbergs[33]. Ansonsten dient das Hörspiel in erster Linie als Träger der DDR-Geschichtsinterpretation vom Atombombenabwurf auf Japan.

Edith Bergners Jugendbuch *Tosho und Tamiki*, 1969, erzählt die Geschichte zweier japanischer Kinder, des Mädchens Tosho und des Jungen Tamiki, die miteinander als Kinder verlobt worden sind. Das Mädchen wird beim Atombombenabwurf auf Hiroshima schwer verwundet und entstellt, verliert Eltern und Geschwister. Die Familie des Jungen, ehemals reiche Fabrikbesitzer, nimmt sie auf. Der Vater des Jungen arbeitet bald mit den amerikanischen Besatzern zusammen und baut neue Betriebe auf. Tosho und Tamiki entwickeln sich auseinander, das Mädchen wird zunehmend kritischer gegenüber den amerikanischen Besatzern und der von ihnen betriebenen Restauration der japanischen Wirtschaftsmacht, der Junge nimmt allmählich die Ansichten seines Vaters an. Schließlich wird Tosho im Hause des Freundes wie ein Dienstmädchen behandelt. Ihr entstelltes Gesicht wird als unangenehme Erinnerung an den Atomschlag und als peinlicher Schuldvorwurf empfunden, als ein amerikanischer Geschäftspartner zu Besuch kommt. Am Schluß verläßt sie die Familie und schließt sich einem durch die Atomexplosion geblendeten Arbeiter an, der früher im Haushalt von Toshos und Tamikis Eltern Reparaturarbeiten ausgeführt, im Untergrund gegen die japanischen Machthaber gekämpft hatte und nun in der japanischen Gewerkschaftsbewegung tätig ist.

Die unterschiedliche Entwicklung der Kinder ist schon durch ihre Herkunft vorbestimmt: Tosho ist Tochter eines Intellektuellen, Tamiki Sohn eines Industriellen. Die Kinder stellen die verschiedenen Schichten der japanischen Bevölkerung dar, das Mädchen das Volk und die Opfer des Atomschlages, der Junge die reaktionäre japanische Oberschicht, die sich schnell mit den Siegern arrangiert. Toshos entstelltes Gesicht symbolisiert die zerstörte Stadt Hiroshima, deren Narben die amerikanischen und japanischen Kapitalisten mit neuen Fabriken und Betrieben zupflastern wollen, doch Bergner kündigt an,

---

33 Joe Hill (1879-1915): schwedischstämmiger amerikanischer Sänger und Gewerkschaftler (bei den *Industrial Workers of the World*), wegen angeblichen Raubmordes verurteilt und von einem Erschießungskommando hingerichtet. Nicola Sacco und Bartolomeo Vanzetti: italienischstämmige Anarchisten, die im Zuge der *Red Scare* (1919-1920; antikommunistische Massenhysterie in den USA) wegen angeblichen Raubmordes verurteilt (1920) und trotz weltweiter Proteste 1927 hingerichtet wurden. Rosenbergs: siehe S. 43, Fußnote 9.

daß die Verletzungen und Narben der Stadt im Bewußtsein der einfachen Menschen bleiben werden wie in Toshos und des blinden Arbeiters Gesicht:

> Die flammende Stadt Hiroshima brannte in seinen Augen. Es würde immer brennen. Nichts umgarnte ihn mit Vergessen. Er sah die Zeichen einer Gewalttätigkeit, der gegenüber es keine Entwarnung für ihn gab. (S.201)

Die Amerikaner erscheinen als „die weißen Barbaren" (S.146), voller Hochmut und ohne das geringste Schuldbewußtsein, gnädig den Kotau der japanischen Oberschicht entgegennehmend, die japanische Kultur mißachtend und geringschätzend, das Land ausplündernd. Sie haben die Atombombe geworfen, um der Roten Armee zuvorzukommen, und nun erforschen sie die Auswirkungen der Strahlen auf die Menschen, ohne ihnen Hilfe leisten zu wollen: „Die ganze Stadt würde ihr Versuchsinstitut sein; nur daß sie es dabei nicht mit Meerschweinchen und weißen Mäusen zu tun haben würden, war der Unterschied" (S.147f.).

Sie untersagen den japanischen Zeitungen, über die Folgen der Atomexplosionen zu berichten, damit die Weltöffentlichkeit nichts davon erfahre. Arbeiterverbände und Gewerkschaften lassen sie nur zu, „um die Unruhen und Aufstände, die dem Land von der Linken her noch immer drohten, an die Wand zu spielen." (S.188)

Bergners Jugendbuch wird in der DDR-Sekundärliteratur mit Karl Bruckners *Sadako will leben*, 1961, verglichen und ist von diesem österreichischen Werk wohl angeregt worden. Doch während Bruckner Rührseligkeit und ungenügende Klärung der Hintergründe vorgeworfen werden (Ebert, S.145), tritt bei Bergner die Gesellschaftsproblematik so stark in den Vordergrund, daß das Buch bei weitem nicht so betroffen macht wie *Sadako will leben*. Zudem ist die Übertragung der europäischen Klassenkampfsituation auf das in den vierziger Jahren noch weitgehend feudalistische Japan problematisch.

Tosho und Tamiki ist die letzte mir bekannte größere Bearbeitung des Themas „Atombombenabwurf auf Japan" in der DDR-Belletristik. In den Werken der siebziger und achtziger Jahre werden Hiroshima und Nagasaki zwar erwähnt, aber nicht ausführlicher behandelt.

Zusammenfassend kann man sagen, daß der Krieg in Asien in seinen Ausmaßen in der DDR-Literatur nicht behandelt worden ist. Bei den Erwägungen bezüglich der Errichtung einer zweiten Front in Europa wird nie berücksichtigt, daß die USA noch auf einem anderen Kriegsschauplatz zu kämpfen hatten und daß ein erheblicher Teil ihrer Energien dort verbraucht wurde. Japan ist für die DDR-Autor/inn/en nur ein weiterer faschistischer Staat, in dem sich durch den Sieg der Amerikaner praktisch nichts geändert hat. Die japanische Situation am Kriegsende und in der ersten Besatzungszeit wird mit der deutschen gleichgesetzt: Steht am Schluß des Krieges in Europa die Bombardierung Dresdens, so beendet der Atombombenabwurf auf Hiroshima und Nagasaki den Krieg in Asien. Der Restauration des Nationalsozialismus in der BRD entspricht die Restauration des japanischen Faschismus. Auf die inneren Verhältnisse Japans wird nicht näher eingegangen.

3.2. Die Rolle der USA bei der Spaltung Deutschlands und der Remilitarisierung der Bundesrepublik

Die Schuld an der Spaltung Deutschlands wird in DDR-Sachbüchern den Westmächten zur Last gelegt.[34] Nach dem zweiten Weltkrieg hätten die Westmächte unter Leitung der USA (England und Frankreich, vom Krieg geschwächt, seien von den USA finanziell abhängig gewesen) die im Potsdamer Abkommen festgelegten Punkte Entnazifizierung, Entflechtung der westdeutschen Industrie und Bodenreform nur pro forma, jedoch nicht tiefgreifend durchgeführt, da sie eine separate Entwicklung ihrer Zonen von vorneherein geplant hätten. Damit hätten sie die Restauration des Kapitalismus in Westdeutschland und die Wiedereinsetzung ehemaliger Nationalsozialisten, Großkapitalisten und Junker in Amt und Würden begünstigt.

Erster Schritt zur Schaffung eines Separatstaates sei der Zusammenschluß der britischen und der amerikanischen Besatzungszonen zur Bizone am 1.1.1947 gewesen. Um Europa und Westdeutschland im besonderen im Sinne des US-Monopolkapitals wiederaufzubauen, sei der Marshall-Plan entworfen worden, „die materiellen Grundlage für die Zurückdrängung der fortschrittlichen Bewegung" (*Weltgeschehen 1945-1966*, S.801), an den wirtschaftliche und politische Bedingungen geknüpft worden seien: Für die Hilfsmittel des Marshallplans an europäische Staaten hätten diese nur amerikanische Waren kaufen dürfen. All diese Ereignisse seien gegen den Willen des deutschen Volkes entschieden worden, Abstimmungen und Volksbefragungen seien verboten, fortschrittliche Organisationen wie KPD und FDJ Repressalien unterworfen worden.

Mit der separaten Währungsreform am 20.6.1948 war die Spaltung Deutschlands faktisch vollzogen. Die DDR-Sachbücher beschuldigen die USA, die Remilitarisierung der Bundesrepublik gewünscht und gefördert zu haben, um sie zum Aufmarschgebiet eines neuen Krieges zu machen. Dieser solle auf dem Gebiet Deutschlands ausgetragen werden. Zu diesem Zweck hätten die US-Besatzer Brücken, Eisenbahntunnels und Rheinfelsen zur Sprengung vorbereitet, um einen vordringenden Gegner aufhalten zu können.

---

34 Z.B. im *Weißbuch über die amerikanisch-englische Interventionspolitik in Westdeutschland und das Wiedererstehen des deutschen Imperialismus*, 1951; J. Kuczynski: *Die Kolonialisierung und Remilitarisierung Westdeutschlands*, 1951; *Weltgeschehen 1945-- 1966*, 1967, bes. S.794-811.

Die Vereinigten Staaten hätten auch die Aufstellung eines westdeutschen Heeres, die Wiederbewaffnung der Bundesrepublik und deren Eintritt in die NATO begünstigt sowie wenig später die westdeutsche Armee mit Atomwaffen ausgestattet. Zur schnelleren Remilitarisierung seien nationalsozialistische Generäle herangezogen worden. Wertvoller Ackerboden sei gegen den Willen der Bauern für Truppenübungsplätze und Militärflughäfen der NATO-Truppen mißbraucht worden. Widerstand in der westdeutschen Bevölkerung sei mittels Verboten, Gesetzen und Polizeiaktionen niedergeschlagen, fortschrittliche Organisationen wie KPD und FDJ seien verboten worden. Antikommunismus und Antisowjetismus seien das wichtigste Motiv der Westmächte gewesen. Diese hätten jedes Angebot der Sowjetunion zur Wiedervereinigung der vier Zonen und später der beiden deutschen Staaten abgelehnt, ebenso den Vorschlag, Deutschland in eine entmilitarisierte Zone quer durch ganz Europa einzubeziehen (Rapacki-Plan).

In der Schönen Literatur der DDR ist die Entwicklung der Westzonen und der Bundesrepublik aus sozialistischer Sicht genau beobachtet worden. Anna Seghers warnte schon 1948 in einem Aufsatz („Glauben an Irdisches", in *Frieden der Welt*, S.7-16) vor dem Marshallplan und wies in späteren Reden und Schriften immer wieder auf Remilitarisierung und Kriegsvorbereitungen in der Bundesrepublik hin, von den US-Monopolen initiiert, die sie meist als „Kriegstreiber" oder „Kriegshetzer" bezeichnet:

Die Kriegshetzer wünschen die Spaltung Deutschlands zu ihrem eigenen Profit zu verewigen. Sie bauen auf alle schlechten Instinkte, auf das verfluchte Erbe des Hitlerfaschismus. Sie takeln die Nazigeneräle neu auf. Ihr Plan lockt die Kriegsgewinnler und Rüstungsgewinnler. („Dankrede bei der Verleihung des Stalin-Friedenspreises", März 1952, in *Frieden der Welt*, S.133f.)

Anna Seghers behandelt außerdem die Remilitarisierung Westdeutschlands und die Kriegsvorbereitungen durch die Amerikaner in einer der Episoden des Zyklus „Der erste Schritt" („Friedrich aus Nürnberg", S.170-177). Diese beiden Themen sowie die Spaltung Deutschlands erscheinen auch am Rande in ihren beiden Romanen *Die Entscheidung*, 1959, *Das Vertrauen*, 1968.

Die schon behandelten Werke (vgl. Kapitel 3.1. „Die USA im zweiten Weltkrieg") von Walther Pollatschek, Gotthold Gloger, Max Zimmering (1954), Werner Steinberg und Erik Neutsch (1974) schließen mit der Darstellung der Entwicklung in den Westzonen im Vergleich zu der im Osten ab, wobei all diese Werke die eingangs erläuterte offizielle DDR-Sichtweise teilen.

Außer Anna Seghers beklagten oder attackierten weitere prominente DDR-Schriftsteller in den frühen fünfziger Jahren die Entwicklung im Westteil des Landes, darunter Johannes R. Recher, Eduard Claudius[35], Stephan Hermlin, Kuba, Rudolf Leonhard, Bodo Uhse.

---

35 Leider erhielt ich seinen Roman *Paradies ohne Seligkeit*, 1955, erst nach Abschluß der Materialsammlung.

Becher besingt den Widerstand von Mainbauern im Jahre 1951 gegen die Anlegung von Truppenübungsplätzen und gegen den Einbau von Sprengkammern in Brücken in seinen Gedichten „Heimat, wir lassen dich nicht" (in *Gedichte 1949-1958*, S.164), „Stadt mit Brücke", ca. 1952 („Laßt euch gesagt sein, fremde Herrn, der Fluß / Fließt hier in Deutschland, und wir baun nicht Brücken, / Um sie zu sprengen, wenn es euch gefällt", S.273) und „Es lag ein Dorf...", ca. 1952 („Der Bürgermeister sagte nur: ‚Verirrt / Hat sich der fremde Herr. Braucht er Gelände / Für Panzer, such er in Amerika!'", S.274). Die Wiederaufrüstung und die Kriegsvorbereitungen in Westdeutschland kritisiert er in „Der kalte Krieg" (S.263), geschrieben am Tag der Unterzeichnung des Generalvertrags (25.5.1952):

[...]
Die Fremdherrschaft berief sich auf die Feigen,
Yes-Sager kauderwelschten ihr Okay.
Die Henkersknechte und die Leuteschinder,
Sie stiegen hoch im Kurs von Dollars Gnaden.
Die Kriegsverbrecher nahmen keinen Schaden
und fanden wieder Platz in den Kasernen.
Und in den Schulen lernen unsre Kinder[36]
Den Völkerhaß, um für den Krieg zu lernen.

Ferner rügt Becher die Lieferung amerikanischer Atombomben an die Bundeswehr in „Die Vogelscheuchen", 1954 (S.264), und die Rekrutierung junger Westdeutscher für „fremder Herren Krieg" in „Vermächtnis", ca. 1954 (S.267).

Stephan Hermlins Gedichte „Die Jugend", ca. 1951, und „Der Kongreß der Völker", 1952 (beide in *Dichtungen*, S.128-140 und S.120-124), drehen sich gleichfalls um den kalten Krieg, die Trennung der beiden deutschen Staaten und die Kriegshetze im Westen. In „Die Jugend" erscheint der Krieg personifiziert als Amerikaner, gewandet wie die *Military Police*, und bedroht die Jugend in beiden deutschen Staaten: „Der Krieg trägt den weißen Helm, / weiße Handschuhe, weiße Gamaschen, / Es steigt in den Rinnsteinen sein / Katarakt von Saxophonen." (S.131) In einer späteren Strophe nimmt Hermlin auf die amerikanischen Sprengkammern in westdeutschen Brücken Bezug: „Es heben / Über den Wassern die Hände / Des Rheins verwundete Brücken" (S.135).

---

36 Becher, der als Präsident des Kulturbundes für ein gesamtdeutsches Denken eingetreten war und auch nach der Gründung der beiden deutschen Staaten dieses Denken beibehielt, spricht hier von „unsre(n) Kinder(n)", wobei er die westdeutschen meint.

„Der Kongreß der Völker" bezichtigt die USA der Spaltung Deutschlands und der Kriegstreiberei: „Sie machten aus Deutschland zwei Länder/ Und hießen das eine frei/ Und ordneten an, daß das andre/ Schnell zu befreien sei." (S.122).

Folgende Themen wählte auch Kuba für seine Gedichte „Das Heimatland zu warten", 1950 (in *Wort auf Wort wächst das Lied*, S.117f.): Remilitarisierung; „Erster Mai 1954" (S.131): Generalvertrag, Remilitarisierung, Kriegsvorbereitungen; „Düsseldorf", 1958 (S.132), und „Wem dient ihr, sozialdemokratische Bundesbeamte?", 1958 (S.133f.): US-Besatzer bestimmen westdeutsche Politik.

Der Lyriker und Dramatiker Rudolf Leonhard hat sich vor allem in Hörspielen intensiv mit der Entwicklung in Westdeutschland befaßt. In „Spielzeug", 1950 (in *Die Stimme gegen den Krieg 3*, S.121-150), läßt er einen westdeutschen Spielzeughändler im Schaufenster genauso aufrüsten, wie es die amerikanischen und bundesdeutschen Rüstungskonzerne, an denen er sich ein Vorbild nimmt, mit der BRD auch tun. Er debattiert mit einigen Eltern, die gegen Kriegsspielzeug sind, und führt zu seiner Rechtfertigung die Gesundung der westdeutschen Wirtschaft durch das Rüstungsgeschäft an, während die Eltern die Vorbereitung der Kinder durch Kriegsspielzeug für einen künftigen Krieg im Interesse der USA heftig kritisieren.

In „Kleiner Atombombenprozeß", 1951 (S.151-168), geht es um die Bewaffnung der Bundesrepublik mit Atombomben. Im selben Jahr entstand auch „Ganz Deutschland" (in *Segel am Horizont*, S.403-470), ein Hörspiel mit 26 einzelnen Szenen ohne übergreifende Handlung. In diesen Szenen illustriert Leonhard die Situation in Westdeutschland: Die USA diktieren Adenauer die Aufrüstung trotz der Friedensdemonstrationen der westdeutschen Bevölkerung. Die Amerikaner errichten die Bundeswehr als Heer deutscher Soldaten unter amerikanischer Oberführung und bilden in Jugendklubs deutsche Minderjährige in der Bedienung von Kleinkalibergewehren aus, um sie auf die Soldatenzeit vorzubereiten. Sie lassen die Bundesrepublik für die Rüstungskosten aufkommen, die die Kostenlast durch Steuern auf die Bürger umverteilt. Sie fördern nationalsozialistisches Gedankengut, weil es ihren Kriegsplänen zugute kommt. Sie planen, den nächsten Krieg von deutschem „Menschenmaterial" (S.435) austragen zu lassen und selbst nur den Luftkrieg zu übernehmen. Sie bauen die Bundesrepublik zur Bastion gegen den Osten aus, werben mittels psychologischer Kriegführung für die Bundeswehr, erzwingen den NATO-Beitritt der BRD gegen den Willen des westdeutschen Volkes, verminen Brücken. Ein Bürgermeister, der sich weigert, in die Brücken seiner Stadt Sprengkammern einbauen zu lassen, stirbt „zufällig" durch einen Autounfall (S.456). Immer wieder wird auf die Grausamkeit hingewiesen, mit der die Amerikaner in Korea Krieg führten, die auf ihr Verhalten in einem dritten Weltkrieg schließen lasse:

Wir haben Korea gerettet auf Kosten der Zerstörung jeder Stadt in Korea und der Tötung einer unbegrenzten Zahl von koreanischen Zivilisten [...]. Wir werden den Europäern dadurch helfen, daß wir ihre Städte zerstören. (S.437)

Im Gedicht „Waldmichelbacher Romanze", ca. 1951 (in *Ein Leben im Gedicht*, S.393f.), behauptet der Schriftsteller, daß hinter neonazistischen Gruppen in der BRD die Amerikaner stünden[37], und in dem Essay „Lorelei", ca. 1951 (in *Der Weg und das Ziel*, S.135f.) läßt er sich über die Verminung der Lorelei durch die Amerikaner aus: „Halbirre, Barbaren, barbarische Technik, technisierte Barbaren — wir wollen das nicht mehr." (S.136)

Bodo Uhse greift in seiner Erzählung „Die Brücke", 1951 (in *Bamberg-Erzählungen*, S.31-90) dieselbe anscheinend tatsächliche Begebenheit auf, die Leonhard in einer Szene von „Ganz Deutschland" erwähnt: die Weigerung des Bürgermeisters von Bamberg, eine Brücke mit Sprengkammern versehen zu lassen, die Naturkatastrophen, den Sprengbefehl der Nazis und amerikanische Luftangriffe überstanden hat. Der amerikanische Besatzungsoffizier, mit dem der Bürgermeister uneins ist, arbeitet sofort nach Kriegsende mit den Industriellen der Stadt eng zusammen und beginnt trotz der Proteste der Einwohner mit Kriegsvorbereitungen. Er läßt den widerspenstigen Bürgermeister mit seinem Auto von der Brücke abdrängen, wobei dieser ums Leben kommt. Die Sprengkammern werden eingebaut, doch fahren nachts junge Fischer und Arbeiter in Booten zur Brücke und füllen die Löcher mit Zement.

Den Widerstand in der westdeutschen Bevölkerung hat Horst Beselers Jugenderzählung „Die Moorbande", 1952 (in Beseler/Meinck/Deutsch, S.5-42), zum Inhalt, die 1953 auch als Jugenddrama erschien: Die Bauern eines Dorfes wehren sich gegen die Vernichtung ihres Ackerbodens durch amerikanische Truppenmanöver. Helden der Erzählung sind einige Kinder, die einen Wegweiser so umdrehen, daß er statt ins Dorf ins Moor führt, so daß die anrückenden Panzer größtenteils versinken.

Eine Mischung aus Eulenspiegelei und Schildbürgerstreich ist W.K. Schweickerts Roman und Hörspiel *Der Ochse von Kulm*, 1953: Ein Bauer ist vom Amtsgericht in Kulm (Bayern) zu dreißig Tagen Haft verurteilt worden, weil er an eine Häuserwand „Ami go home! Wir wollen die deutsche Einheit!" geschrieben hat. Zum Haftantritt bringt er seinen Ochsen mit, den angeblich keiner versorgen kann, weil der Bauer ledig und ohne Verwandte ist. Da der Gefängnisdirektor das Tier nicht aufnehmen will, bleibt der Bauer auf freiem Fuß und wird mit seinem Ochsen, für den keiner zuständig sein will, von Behörde zu Behörde geschickt. Das erregt Aufsehen, immer mehr Bauern schließen sich ihm an, um gegen den Bau eines amerikanischen Flugplatzes zu protestieren, der, wie sie meinen, von ihren Steuergeldern bezahlt werde. Die

---

37 So übrigens auch Michael Deutsch in der Kurzgeschichte „Alarm in Düsseldorf", 1959, in Beseler/Meinck/Deutsch, S.83-128.

westdeutschen Behörden, in dem Bemühen, die Befehle der Amerikaner auszuführen, verhaften viele der Flugplatzgegner, können jedoch gegen den wachsenden Protest nichts ausrichten. Immer mehr Aufschriften „Ami go home" erscheinen an Mauern. Schließlich geben die Amerikaner das Vorhaben auf. Der Bauer wird dazu verurteilt, sein eigener Gefängniswärter zu sein und sich selbst zu beaufsichtigen, während er seinen Hof bewirtschaftet und seinen Ochsen versorgt.

Im Gegensatz zu dieser Burleske sind Rudolf Petershagens Erinnerungen *Gewissen in Aufruhr*[38], 1957, eine düstere Schauergeschichte. Petershagen, ehemaliger Oberst der Wehrmacht und 1945 Stadtkommandant von Greifswald, der die Stadt kampflos an die Rote Armee übergeben hatte und später zum überzeugten DDR-Bürger geworden war, war Mitte 1951 bei einer Reise in die Bundesrepublik vom CIC wegen geplanten Menschenraubes verhaftet worden. Er hatte einem CIC-Agenten, der sich angeblich in den Osten absetzen wollte, Unterkunft und Arbeit in der DDR verschaffen wollen. In CIC-Haft, so Petershagen, sei er mißhandelt und mit Folter bedroht worden, um ein Geständnis zu erzwingen; auch habe man Psychofolter gegen ihn angewandt. Trotz seines schlechten Gesundheitszustandes seien ihm keine menschenwürdigen Haftbedingungen zugestanden worden, und medizinische Behandlung sei nur erfolgt, um ihm Drogen zu verabreichen.

Zu seinem Prozeß seien vom CIC präparierte falsche Zeugen vorgeladen worden, und der Richter sei ein „verlängerter Arm des CIC" (S.191) gewesen. Petershagen wurde wegen Spionage zu zweimal sechs Jahren Zuchthaus verurteilt und ins *War Criminal Prison* Landsberg überwiesen. Dort hätten, so wird ihm erzählt, die Amerikaner in der ersten Zeit nach 1945 die Häftlinge mit Gestapomethoden mißhandelt. Exekutionen hätten die amerikanischen Offiziere mit ihren Familien Kaffee trinkend beigewohnt. Petershagen wurde mit Nazi-Kriegsverbrechern und Kriminellen zusammengesperrt, soweit er nicht, wie er angibt, in Isolationshaft war. Er sei auf jegliche erdenkliche Art schikaniert worden. In Landsberg seien keine ehemaligen Nazigrößen mehr inhaftiert gewesen — diese seien von den Amerikanern als erste entlassen worden —, sondern niedere Ränge und Kapos aus KZs. Die Amerikaner arbeiteten offen mit den ehemaligen Nationalsozialisten zusammen, um gemeinsam mit ihnen einen neuen Krieg gegen die Sowjetunion vorzubereiten. Mit ihnen regierten sie die Bundesrepublik, lenkten die westdeutsche Presse und machten Propaganda („Goebbels-Hetze", S.265) gegen den Sozialismus. Ihre Besatzungszeit nutzten die Amerikaner für ein Luxusleben auf Kosten der Westdeutschen.

Nach dem Abschluß des Generalvertrages wurde Landsberg westdeutschen Behörden übergeben, und am 21.September 1955 wurde Petershagen

---

38 1961 entstand danach ein Fernsehfilm.

entlassen. Seine Motive, die Haft in Landsberg in amerikanischem Gewahrsam mit einem KZ-Aufenthalt im Dritten Reich gleichzusetzen[39], erhellen sich aus folgender Passage:

> Die systematische Hetze gegen die Strafverbüßung der angeblich unschuldigen Kriegsverurteilten in der Sowjetunion löste in der Öffentlichkeit Westdeutschlands gefühlsmäßig eine ähnliche Haltung gegenüber den von den Westmächten verurteilten Kriegsverbrechern aus. Der Ami nahm diesen schweren Vorwurf ruhig in Kauf. Hauptsache war für ihn die erfolgreiche Hetze gegen den Osten (S.255).

Petershagens Buch sollte offenbar ein Gegengewicht zu den Berichten über die sowjetischen Konzentrationslager der Stalinzeit sein.

Wieder zur fiktiven Literatur gehört Werner Bräunigs Erzählung und Hörspiel *Waffenbrüder*, 1959: Ein amerikanischer Hauptmann und ein deutscher Major lernen sich in einer Nachtbar kennen. Der Major ist ein nationalsozialistischer Kriegsverbrecher, der dank der Amerikaner in der Bundesrepublik wieder eine wichtige Stellung im Heer bekleidet. Er biedert sich bei dem Hauptmann an, einem liberalen Intellektuellen voller Schuldgefühle wegen des Koreakrieges und wegen der Remilitarisierung Westdeutschlands, der die Waffenbrüderschaft mit dem rechtsradikalen, zynischen Major ablehnt. Dieser macht dem Hauptmann jedoch klar, daß es die herrschende Politik der USA ist, die Zusammenarbeit mit Nazis, Aufrüstung, Vorbereitung eines neuen Krieges und Rüstungsprofite für die Wirtschaft anzustreben. Der amerikanische Hauptmann ist imgrunde eine sympathische Figur, er verkörpert den Typus des zögernden Intellektuellen, der nur noch eines Anstoßes bedarf, um die (sozialistische) Wahrheit zu begreifen, und der damit das „andere Amerika" repräsentiert.

Harald Hauser[40] beschäftigt sich in seinem vielgespielten Drama *Weißes Blut*, 1959, mit der atomaren Bewaffnung der Bundeswehr: Ein Rüstungsfabrikant, der Abschußrampen für Atomraketen in der Bundesrepublik bauen möchte, schickt seinen Schwiegersohn, einen Bundeswehrmajor, in die USA, wo er Atomtests beobachten soll. In seine Heimat zurückgekehrt, soll der junge Mann einen Posten in der nuklearen Forschungsabteilung des Bonner „Kriegsministeriums" einnehmen, und sein Schwiegervater hofft, daß er ihm Rüstungsaufträge vermitteln werde. Doch kehrt der Major, dessen Schutzkleidung defekt war, mit „weißem Blut", d.h. Leukämie, zurück. Das Ministerium und sein Schwiegervater wollen ihn daraufhin mit einem Posten im Ausland betrauen und das Bekanntwerden seiner Krankheit verhindern, damit die

---

39 Er gibt ein Gespräch mit einem Mithäftling wieder, der meint, die Amerikaner hätten sogar schlimmere Quälereien als die Nationalsozialisten verübt (S.231).
40 Hauser schrieb ein weiteres Theaterstück mit dem Titel *Nightstep*, 1960, das ich leider nicht erhalten konnte.

Bevölkerung nicht auf die Gefahren aufmerksam gemacht werde, die durch atomarer Bewaffung und Atomkrieg entstehen. Der junge Mann weigert sich jedoch, ins Ausland zu gehen, und stellt sich einer „wissenschaftlichen Vereinigung gegen den Atomtod" zur Verfügung.

In Helmut Preißler Gedicht „Bericht des westdeutschen Delegierten" aus dem Zyklus „Berichte der Delegierten 1959 zu den Westfestspielen in Wien" (in *Stimmen der Toten*, S.80f.) beklagt der Delegierte die Zinsherrschaft der Amerikaner über die Bundesrepublik:

> Wir haben die Freiheit gepachtet vom reichen Amerika,
> und der vereinbarte Zinsfuß
> lastet nun stiefelgeschnürt und mit Eisen beschlagen
> auf uns.
>
> Denn aus dem Zinsfuß
> erwuchs mit den Jahren ein kriegstoller Wechselbalg,
> [...]
> grüßt mit „Heil Hitler!" und „Krupp über alles!"
> (S.80)

Als Parabel hat Gerhard Rentzsch sein Hörspiel *Der Portier*, 1959, angelegt: Einem westdeutschen Fabrikanten bietet eine Wach- und Schließgesellschaft ihre Dienste an. Als er ablehnt, werden vor seiner Tür einige nächtliche „Zwischenfälle" inszeniert, so daß er anderntags bei der Gesellschaft einen Portier bestellt. Für ein horrendes Entgelt wird ihm ein schreckenerregender, primitiver und gewalttätiger Gangster vermittelt, der das ganze Haus des Fabrikanten tyrannisiert und das Unternehmen allmählich in den Ruin treibt. Zuletzt bringt der Portier eine Kiste hochexplosiven Sprengstoffs ins Haus, die am Schluß detoniert und alles zertrümmert. Der Portier im Hörspiel steht für die amerikanische Besatzungsmacht, die Kiste Sprengstoff für die Atomwaffen.

Jurij Brězan vergleicht in seiner Ost-West-*Liebesgeschichte*, 1962, die beiden deutschen Staaten miteinander und kommt zu dem Schluß, daß der Westen amerikanisiert, waffenstarrend und verdorben, der Osten dagegen friedliebend und idealistisch sei, weshalb sich die westdeutsche Heldin dazu entschließt, zu ihrem ostdeutschen Geliebten in die DDR zu ziehen.

Günter Kunerts Bericht „Schöne Gegend mit Vätern", 1968 (in *Tagträume in Berlin und andernorts*, S.168-184), über eine Besichtigung Dachaus verweist abermals auf den US-Schutz für ehemalige Nationalsozialisten und auf amerikanisches Bemühen, die Nazizeit so schnell wie möglich vergessen zu machen. Besonders kritisiert der Autor die Tatsache, daß Dachau von den US-Besatzern als *prison camp* für Kriegsverbrecher benutzt worden war und daß ein Teil des Lagers noch zum Zeitpunkt seiner Dachau-Besichtigung in den sechziger Jahren als Gefängnis für amerikanische Militärstrafgefangene diente:

Ironie der Weltgeschichte und Abgestumpftheit einer Armeeführung, eifrig tätig, ihren Ruf zu verschlechtern, indem sie Bezirke der Gedenkstätte mißbraucht, anstatt sie jenen zu überlassen, für die sie einst vorgeblich in den Krieg gezogen (S.181).[41]

Die Phase der heftigsten Beschuldigungen der USA war Ende der fünfziger Jahre vorbei. Spätere Werke berichten meist nur noch lapidar von Spaltung und Remilitarisierung (z.b. Hilscher, Oettingen, Seydewitz 1978) unter amerikanischer Anleitung. In dem Maße, in dem sich die beiden deutschen Staaten auseinanderentwickelten und die Wiedervereinigung immer unwahrscheinlicher wurde, nahm das Interesse an der Vorgeschichte der Trennung ab. In den fünfziger Jahren wollten die DDR-Autor/inn/en noch für das gesamte deutsche Volk sprechen und sich mit den Westdeutschen gegen die Amerikaner verbünden, wie Geschichten über den westdeutschen Widerstand (z.B. Beseler, Schweickert) zeigen. Ab Mitte der fünfziger Jahre schwand mit dem Eintritt der BRD in die NATO und der DDR in den Warschauer Pakt die Hoffnung auf eine Wiedervereinigung konstant, beide deutsche Staaten nahmen eine eigene Entwicklung. Für die DDR wurde die Bundesrepublik der unmittelbare Klassenfeind, die amerikanischen Besatzer, nach dem Generalvertrag ohnehin nicht mehr präsent, traten als Thema in den Hintergrund.

Insgesamt betrachtet ist das Bild in der DDR-Belletristik von der amerikanischen Beeinflussung der Spaltung Deutschlands und der westdeutschen Politik bis zum NATO-Beitritt der BRD negativ: Die Amerikaner ersetzen die Nationalsozialisten in der Führung der Bundesrepublik und arbeiten mit Kriegsverbrechern und Helfershelfern Hitlers eng zusammen. In Zielsetzung und Methoden unterscheiden sich Amerikaner und Nazis nicht. Gemeinsam planen sie den Krieg gegen den Osten, obwohl er für das deutsche Volk selbstmörderisch wäre.

In den meisten Romanen oder Dramen erscheint die DDR als Gegenteil zur Bundesrepublik, nämlich als friedlicher, gerechter und entnazifizierter Staat, und die Sowjetunion bemüht sich im Gegensatz zu den USA um Frieden und Wiedervereinigung Deutschlands. Daß auch in der DDR aufgerüstet und ab 1952 ein Heer aufgebaut wurde (vgl. *DDR-Handbuch*, s.v. „Nationale Volksarmee [NVA]", S.931-937), entfällt in den Schilderungen oder wird als rein defensive Maßnahme wiedergegeben. Daß zum Verhärten der Fronten im kalten Krieg nicht nur die USA und die Westmächte allein beitrugen, wird ebenfalls nicht erwähnt. Daß ehemalige Nazi-Generäle am Aufbau der Bundeswehr beteiligt waren, wird der BRD vorgeworfen, doch daß auch in der DDR ehemalige NSDAP-Mitglieder und Wehrmachtsoffiziere, die in sowjetischen Antifa-Lagern umgeschult worden waren, das Rückgrat der Volkspolizei, der NVA und des Staatssicherheitsdienstes bildeten (vgl. H.Brandt,

---

41 Hier ist anzumerken, daß die sowjetischen Besatzer das KZ Sachsenhausen gleichfalls zum Kriegsgefangenenlager umfunktionierten. Vgl. Heinz Brandt: *Ein Traum der nicht entführbar ist*, 1967, S.170.

S.185), wird gleichfalls nicht berichtet. Die sozialistischen Länder sind in den Darstellungen den kriegslüsternen USA moralisch weit überlegen, an ihnen wird keine Kritik geübt, Vergleiche zur Entwicklung im kapitalistischen Teil Deutschlands werden nicht gezogen.

3.3. Diversion, Spionage, Sabotage

Unter „Diversion" versteht man in der DDR

jede Art illegaler Störtätigkeit durch Agenten imperialistischer Staaten oder demoralisierte Elemente im Innern eines Landes, die das Ziel hat, die bestehende sozialistische oder fortschrittliche demokratische Staats- und Gesellschaftsordnung zu schädigen bzw. ihren Sturz herbeizuführen (*Kleines politisches Wörterbuch*, s.v. „Diversion", S.184).

Sie gilt als Bestandteil der Subversion, d.i. eine

von imperialistischen u.a. reaktionären Kräften organisierte offene und versteckte konterrevolutionäre Tätigkeit, mit dem Ziel, das internationale Kräfteverhältnis zugunsten des Imperialismus und der Reaktion zu ändern und den gesellschaftlichen Fortschritt aufzuhalten. (s.v. „Subversion", S.892).

Zur Subversion zählen außer der Diversion auch Spionage, Sabotage, Störung der Volkswirtschaft, Terror, Menschenhandel, staatsfeindliche Hetze, feindliche politisch-ideologische Beeinflussung der Bürger und die Anstiftung von Personen oder Gruppen zur Durchführung staatsfeindlicher Handlungen (S.893).

Die „ideologische Diversion" hingegen ist Bestandteil der psychologischen Kriegführung des Imperialismus gegen den Sozialismus und zielt darauf ab,

die bürgerliche Ideologie in die sozialistischen Länder einzuschleusen, den Einflußbereich des Sozialismus zu begrenzen, die Grundlagen der sozialistischen Gesellschaft zu unterminieren, dem Sozialismus fremde und feindliche Lebens- und Verhaltensweisen zu verbreiten, um so Voraussetzungen dafür zu schaffen, die sozialistische Ordnung auf lange Sicht auch für den Einsatz anderer, vor allem militärischer Kampfmethoden sturmreif zu machen (s.v. „ideologische Diversion", S.360).

Wichtigste Elemente der ideologischen Diversion sind Antikommunismus und Antisowjetismus. Das „antikommunistische Gift" (S.361) werde in kapitalistischen Ländern durch die Massenmedien systematisch verbreitet:

Die Propagandazentrale des USA-Imperialismus, die United States Information Agency (USIA), wirkt z.B. mit ihren Missionen, Informationszentren, Rundfunk- und Fernsehstationen usw. auf über 100 Länder ein. Das State Department der USA, die zentrale Geheimdienstorganisation CIA und die USIA lenken die Tätigkeit der verschiedenen außenpolitischen, ökonomischen, propagandistischen, militärischen, kulturellen u.a. zahlreichen Einrichtungen und Organsationen (S.361).

Alle genannten Begriffe — Diversion, ideologische Diversion, Subversion, psychologische Kriegführung — fallen unter den Oberbegriff „Globalstrategie".[42]

Die ideologische Diversion wurde vor allem in der Zeit des kalten Krieges in der DDR gefürchtet. Neben Propaganda galt als Mittel des Imperialismus zur ideologischen Diversion der Einfluß auf die sozialistische Kultur, die qualitativ als höherstehend als die imperialistische Kultur angesehen wird. Letztere gilt als antihumanistisch und vom Verfall geprägt, der für die höchste Stufe des Kapitalismus, den Imperialismus, typisch sei: Vor dem Umschlagen von Quantität zur Qualität entfalte er seine negativen Eigenschaften zu höchster Blüte, d.h. Menschenverachtung, Kult des Häßlichen, Kriegsverherrlichung etc. Da nicht alle Mitglieder eines sozialistischen Staates die gesellschaftliche Entwicklung gleich schnell vollziehen könnten, finde die Ideologie des Imperialismus bei vielen noch nicht im Sozialismus Gefestigten Ansatzpunkte, verunsichere sie, beraube sie ihrer Werte und ziehe sie so auf seine Seite, um mit ihrer Hilfe die Konterrevolution vorzubereiten. Er versuche auf kulturellem Gebiet, ihr „sozialistisches Menschenbild" zu zerstören, d.i. „das Bild vom Menschen, wie er sein und werden soll." (*Kulturpolitisches Wörterbuch*, s.v. „Menschenbild, sozialistisches", S.482) Dieses Menschenbild stellt eine zentrale Kategorie des sozialistischen Humanismus und der marxistisch-leninistischen Ästhetik dar und gilt als Leitbild sozialistischer Persönlichkeitsentwicklung. Kunst und Literatur kommt eine entscheidende Rolle beim Prägen des sozialistischen Menschenbildes zu. In einem Aufsatz aus dem Jahre 1951 von zentraler Bedeutung in der Kulturpolitik der DDR-Frühzeit betont der Verfasser[43], daß

Literatur und Kunst der Gesellschaft dienen, dem Volke auf die aktuellsten Fragen der Gegenwart Antwort geben und auf der Höhe der Ideen ihrer Epochen stehen müssen. Aufgabe der Kunst ist es, über die Erkenntnis des Lebens hinaus die Menschen zu lehren, diese oder jene gesellschaftlichen Erscheinungen richtig zu beurteilen, und sie für die aktive Teilnahme an dem Kampf für die fortschrittliche Entwicklung der Gesellschaft zu gewinnen. (*Dokumente 1*, S.162)

In den fünfziger Jahren sahen die Ideologen der DDR in der bürgerlich-imperialistischen Literatur und Kunst eine der Hauptgefahren für die junge sozialistische Kunst und warnten in martialischen Reden immer wieder davor.

---

42 Vgl. dazu auch *Ideologische Diversion — Psychologischer Krieg — Antikommunismus*, hrsg. vom Institut für Internationale Beziehungen, 1968.
43 Der Aufsatz erschien unter dem Pseudonym N. Orlow.

Kulturpolitisch grenzte man sich entschieden von der westlichen „Unkultur" ab. Schon in der „Verordnung zur Entwicklung einer fortschrittlichen demokratischen Kultur des deutschen Volkes", die die Provisorische Regierung der DDR am 16.März 1950 erließ, wird dies deutlich:

> Die Provisorische Regierung der deutschen Demokratischen Republik weist das ganze deutsche Volk darauf hin, daß die Entwicklung einer neuen deutschen fortschrittlichen Kultur den entschlossenen und rücksichtslosen Kampf gegen alle Erscheinungsformen einer neofaschistischen Kulturreaktion und Dekadenz, gegen das Eindringen der Kulturbarbarei des amerikanischen Imperialismus im Westen Deutschlands verlangt. (*Dokumente 1*, S.132f.)

Die amerikanische Kultur wurde in dieser Zeit durchweg als dekadent und verrottet bezeichnet. Ein Zitat aus dem Artikel „Amerikanische ‚Kultur' ist Kriegshetzer-Kultur" aus der *Täglichen Rundschau* vom 6.6.1951 sei hier als Beispiel für den Stil der Zeit wiedergegeben:

> Der amerikanische Raubimperialismus, dessen Ideal die Weltherrschaft, die Vorbereitung und Entfesselung eines neuen Weltkrieges, die Ausrottung anderer Völker ist, hat eine dementsprechende „Kultur" geschaffen. Die Höchstwerte dieser Kultur sind der Dollar und die nackte Gewalt, der Bakterienkrieg und die Verbreitung des Kartoffelkäfers, die Erschießung friedlicher Menschen, die bestialische Bombardierung von Krankenhäusern und Schulen [...], also der Meuchelmord [...]. Die reaktionären amerikanischen Literaten, alle diese Henry Miller, O'Neill, Mary Jane Ward, Charles Jackson usw., die sich besonders für Pornographie begeistern, vergiften die Leser mit ihren Werken. [...] Das amerikanische Theater befindet sich im Zustand des Verfalls. Künstlerische Armut im Verein mit moralischem und geistigem Bankrott sind seine Kennzeichen. Klassische Musik wird in den USA fast gar nicht aufgeführt. In den zahllosen ‚Music Halls' quaken vom frühen Morgen bis tief in die Nacht die Jazzkapellen. Manchmal vergreifen sie sich sogar an großen Werken der klassischen Musik. (Zitiert nach Jäger 1982, S.39)

Auf die US-Kultur wurden Schimpfworte wie Unkultur, Verfallskultur, kulturelle Deformation, Kulturbarbarei angewandt, ferner wurden ihr Dekadenz, Zynismus, Untergangsstimmung, weltflüchtige Mystik, lebensverachtender Nihilismus und Menschenverachtung vorgeworfen, sogar vor dem Nazi-Schimpfwort „Entartung" schreckte man nicht zurück (z.B. in *Dokumente 1*, S.165).

Das Schlagwort der Zeit in bezug auf moderne Kunst und Literatur hieß „Formalismus", ein in der Sowjetunion geprägter und durch ZK-Entschließung der SED im März 1951 in der DDR eingeführter Begriff. Er bezeichnete den Gegenpol zur Kunstmaxime des Sozialistischen Realismus und wurde definiert als

> Überbewertung der Form, speziell der Form des Kunstwerks. [...] Der F[ormalismus] in der ästhetischen Theorie reduziert den Wert des Kunstwerks auf dessen formale

Seite und erklärt den Inhalt für kunstfremd oder überflüssig. [...] Der F[ormalismus] ist ein Ausdruck der Trennung von Kunst und Leben, von Kunst und Volk, ein Ausdruck der Isolation des bürgerlichen Künstlers und des Verlusts an künstlerisch kommunizierbaren Inhalten. (*Kulturpolitisches Wörterbuch*, s.v. „Formalismus", S.207)

Die ganze westliche Moderne wurde unter dem Terminus „Formalismus" subsumiert und abgetan, die einzelnen Richtungen wurden mit abfällig gemeinten Namen wie Avantgardismus, Modernismus, *l'art pour l'art*, Dekadenz etc. belegt. Das Verdikt betraf nicht nur die US-Kunst und -Literatur, sondern ebenso moderne Kunst- und Literaturrichtungen in anderen kapitalistischen Staaten (z.B. Frankreich: Sartre, Girodoux) sowie Teile der deutschsprachigen Kunst und Literatur vor dem zweiten Weltkrieg, die als dekadent galten (z.B. Kafka, Trakl). Betroffen waren auch DDR-Künstler/innen wie der Musiker Paul Dessau oder die Maler Horst Strempel und Arno Mohr, und selbst Bert Brecht entging der Formalismus-Vorwurf nicht (Jäger 1982, S.53-55).

Ein weiteres Schlagwort der Zeit, der „Kosmopolitismus", ist per definitionem eine Ideologie des Imperialismus, wonach Nationen obsolet seien und durch übernationale Zusammenschlüsse ersetzt werden müßten, wobei die Nationen auf staatliche Unabhängigkeit und Souveränität zu verzichten hätten. Der Imperialismus tarne mit dieser Ideologie seine Expansionsbestrebungen. „Auf kulturellem Gebiet propagiert der K[osmopolitismus] [...] den Verzicht auf die Nationalkultur und die nationalen kulturellen Traditionen der Völker" (*Kulturpolitisches Wörterbuch*, s.v. „Kosmopolitismus", S.363), was zu nationaler Wurzellosigkeit, Überfremdung und dem Aufpfropfen von Elementen führe, die einer Kultur fremd, ja feindlich seien. Mittels des Kosmopolitismus versuchten die USA, der DDR die eigene Volkskultur zu nehmen und sie mit amerikanischen Kulturprodukten zu überfremden, auch dies eine Form der ideologischen Diversion.

Mit fortschreitender Sinnentleerung des Begriffs „Sozialistischer Realismus" sind auch Formalismus- und Kosmopolitismus-Vorwurf aus der Mode gekommen. Der Terminus „ideologische Diversion" jedoch blieb bis zur Gegenwart erhalten.[44] Die Diffamierung amerikanischer wie überhaupt westlicher Kunst und Literatur in den frühen fünfziger Jahren dürfte damit zusammengehangen haben, daß die DDR eine eigene, sozialistische Kultur aufzubauen bemüht war, die sich von der bürgerlichen dezidiert abheben sollte. In der Hochphase des kalten Krieges versuchte die DDR daher, sich vom Westen in jeglicher Hinsicht abzugrenzen, politisch, ideologisch, kulturell, sozial, wirtschaftlich. Da sich vor dem Mauerbau im Herbst 1961 die westlichen Ein-

---

44 Vgl. z.B. Werner Scheffel: „Zu einigen Aufgaben der Amerikanistik im Kampf gegen die ideologische Diversion des USA-Imperialismus", *ZAA* 3, 20.Jg. (1972), S.370-391.

flüsse nicht eindämmmen ließen, die „Frontstadt" Westberlin zum „Schaufenster des Westens" zum Osten hin eingerichtet wurde und die auf den Ostblock ausgerichteten Radiosender *Free Europe, Radio Liberty, Voice of America* sowie der Westberliner RIAS Propaganda für den Westen machten, ging die SED zu einer völligen Ablehnung aller westlichen Erscheinungen über (mit Ausnahme derer, die von den westlichen kommunistischen Parteien sowie fortschrittlichen Intellektuellen und Künstler/inne/n ausgingen) und begann sie durch die genannten Schlagworte zu desavouieren. Eine restriktive Kulturpolitik verpflichtete alle Künstler/innen und Schriftsteller/innen zum Sozialistischen Realismus und merzte durch Verbote jeglichen Versuch aus, von der vorgegebenen Linie abzuweichen. Dies ließ nach dem Mauerbau am 13. August 1961 nach, ist aber erst mit Beginn der Honecker-Ära im Jahre 1971 beendet.

Folgende Themenschwerpunkte haben sich in der DDR-Belletristik in bezug auf Diversion, Spionage und Sabotage herauskristallisiert: 1. ideologische Diversion durch amerikanische Musik und Tanzweise, Trivialliteratur und Kleidermode; 2. Diversion, Spionage und Sabotage des US-Geheimdienstes in der DDR; 3. Vorbereitung der Konterrevolution: der 17. Juni 1953; 4. amerikanische Diversion und Spionage in anderen sozialistischen Staaten.

3.3.1. Ideologische Diversion durch Trivialliteratur, Filme, Musik, Tanz und Mode

Die wichtigsten Mittel der ideologischen Diversion, die die USA nach DDR-Überzeugung gezielt einsetzten, waren „Schund- und Schmutzliteratur" und Musik, in geringerem Maße auch Kleidermoden.[45]

3.3.1.1. Schmutz- und Schundliteratur

Die „Verordnung zum Schutze der Jugend" vom 15.9.1955 definiert Schmutz- und Schunderzeugnisse als

antihumanistische Schriften, bildliche Darstellungen und andere Gegenstände, die zum Zwecke verfaßt, hergestellt oder geeignet sind, insbesondere bei Jugendlichen, Neigungen zu Grausamkeit, Menschenverachtung, Rassen- und Völkerhaß, Mord, Gewalttätigkeit und anderen Verbrechen sowie geschlechtliche Verirrungen zu wecken [...]. Hierunter fallen auch Darstellungen und andere Gegenstände und Schriften, die faschistische oder militaristische Ideologien verherrlichen. (zitiert nach *Kulturpolitisches Wörterbuch*, s.v. „Schund- und Schmutzliteratur", S.623)

---

45 Von der angeblich formalistischen hochstehenden Literatur sei abgesehen, da ihr keine Massenwirkung zukommt.

Hierzu zählen Comics, Western-, Krimi- und Landserhefte sowie Pornographie.

Der Kampf gegen Schmutz und Schund wuchs „Mitte der 50er Jahre zu einer weit über die Literaturkritik hinausreichenden Kampagne" an (Heidtmann 1982, S.32), unter anderem wurde ein „Kuratorium zum Kampf gegen die Vergiftung unserer Jugend durch Schmutz und Schund" gegründet. Es wurde behauptet, durch Triviallitatur würden Jugendliche zu Verbrechen angeregt (was man zur selben Zeit im Westen auch fürchtete):

> Aus Berlin ist das entsetzliche Verbrechen des dreizehnjährigen Rudolf Scheffler bekannt, der im Februar seine Tante mit einem Flacheisen erschlug. [...] Er stand unter dem ständigen Einfluß der amerikanischen Schundhefte und Verbrecherschmöker, kaufte sich sofort nach dem Mord neue Schundhefte und sah sich am Wedding einen Tarzanfilm an. (F.Lange: „Schund und Schmutz — ein Teil imperialistischer psychologischer Kriegsführung", *Tägliche Rundschau* vom 18.5.1955, S.3)

In Stefan Heyms Artikel „Sage mir, wen du verherrlichst" vom 26.2.1956 (in *Offen gesagt*, S.107-110) sind aus dem einen Film nach dem Mord schon vier geworden. Heym wettert gegen den „billigen Schund", Gangsterschmöker, Verbrecherfilme und „Sexualschmarren" (S.107), hergestellt von amerikanischen Geschäftemachern :

> Sie verherrlichen Verbrechen, weil sie Verbrechen begehen wollen und dazu Täter brauchen, denen der Verbrecher als Held erscheint. [...] Sie verherrlichen den Krieg, weil sie Krieg haben wollen und dazu Soldaten brauchen, die nicht denken, sondern Mord und Verbrechen stumpfsinnig als Alltagsjob behandeln. (S.108)

Wegen der Gefährdung der DDR-Jugend ruft Heym dazu auf, in der DDR bessere Abenteuer- und Comichefte zu entwerfen und bessere Abenteuerfilme zu drehen als im Westen.

Gerhart Eisler schrieb am 21.1.1961 an die Zeitschrift *Volksstimme* einen Brief (zitiert nach Eisler, S.150-153), in dem es heißt:

> Sie haben kürzlich auf Ihrer Lokalseite [...] unter dem Titel „Mickymaus führte zum Verbrechen" von den zwei 14- bzw. 16jährigen Jugendlichen berichtet, die einen Telegraphenmast quer über die Stollberger Straße gelegt haben. Sie schrieben, daß diese beiden Jungen die Anregung zu diesem Verbrechen aus westlicher Schundliteratur erhielten. (S.150)

Eisler teilt den Zweifel mancher Leser an dieser Meldung mit und nimmt die Zeitschrift dann vor diesen in Schutz: Es sei richtig, daß Schundliteratur einen gefährlichen Einfluß auf viele Jugendliche ausübe.[46]

---

46 Vgl. auch G.Prodöhl: „Die Dillinger-Bande", 1960, in *Kriminalfälle ohne Beispiel*, S.5-39: „Durch die Glorifizierung der grausamen Verbrecher mit Hilfe der in aller Welt verbreiteten Schundliteratur entstehen schlimmere Folgen als bei allen Morden und Bankrauben der Dillinger-Bande zusammengenommen." (S.38)

Daß die DDR-Furcht vor ideologischer Diversion durch Schundliteratur nicht ganz unbegründet war, weist Horst Heidtmann in *Utopischphantastische Literatur in der DDR* nach:

> Bis in die 60er Jahre werden täglich (in der DDR, D.W.) Eisenbahnwaggonladungen voll mit Heftromanen u.ä. aus westdeutschen Postsendungen heraussortiert. Der Bundesregierung kann unterstellt werden, daß sie die Verbreitung der trivialen Epik mit ihrem Antikommunismus, der Verteufelung bolschewistischer Agenten u.ä. in der DDR nicht ungern gesehen hat. Zahllose Anzeigen des Bundesministeriums für gesamtdeutsche Fragen in Heftromanen (mit der Verurteilung des „Schandregimes") sind nicht nur für westdeutsche Rezipienten konzipiert; daß Groschenromane in Westberlin einige Groschen billiger als im Bundesgebiet sind, kann man als Zugeständnis an schmalere Ostberliner Geldbeutel interpretieren. (S.219, Anm.13)[47]

Auf die Dauer ließ sich der Leserwunsch nach Trivialliteratur auch in der DDR nicht unterdrücken, es wurden Heftreihenromane verlegt. Die DDR-Heftreihenliteratur ist jedoch frei von Kriegshetze, Gewaltverherrlichung und Pornographie. Schund- und Schmutzliteratur ist bis heute in der DDR verboten.

Erich Loest versuchte 1953 in dem Roman *Die Westmark fällt weiter*, die Auswirkungen der „Schlammflut" (Eisler, S.151) von Schmutz- und Schundliteratur sowie von amerikanischen Filmen auf ostdeutsche Jugendliche zu veranschaulichen. Die Handlung des Romans beruht auf einer wahren Begebenheit, dem

> Fall des Oberschülers Werner Gladow, der zum Al Capone von Berlin werden wollte, geraubt und gemordet hatte, in einem Feuergefecht mit der Volkspolizei überwältigt worden war und unter dem Fallbeil von Frankfurt an der Oder starb. (Loest: *Durch die Erde ein Riß*, S.157)

Diesem Gladow entspricht im Roman Egon Klamm, ein typischer amerikanisierter Jugendlicher, eine Figur, die in der DDR-Belletristik in den fünfziger Jahren erstmals auftritt und im Laufe der Zeit eine völlige Umwertung erfahren hat (vgl. auch Kapitel 3.3.3. „Vorbereitung der Konterrevolution: der 17.Juni 1953"). Klamm trägt Lumberjack, großkarierte Schals und Schuhe mit Kreppsohlen. Sein Idol ist Al Capone, über den er viel gelesen hat. Außerdem hat Klamm die Angewohnheit, eine Folge unzusammenhängender einzelner Töne zu pfeifen, womit eine Jazzmelodie gemeint ist, wie der Autor in seiner Autobiographie *Durch die Erde ein Riß*, 1984, verdeutlicht.

Die eigentliche Hauptfigur des Romans ist jedoch ein junger ostdeutscher Kellner, der amerikanische Kriminalfilme liebt und ein begeisterter Leser von amerikanischer Heftreihenliteratur ist, die er mit Freunden austauscht. Durch

---

47 Auf die Preisunterschiede weist auch Stefan Heym in „Sage mir, wen du verherrlichst" hin, S.108.

seinen Hang zu Abenteuer und Romantik ist er ein potentielles Opfer der psychologischen Kriegführung der USA, die sich der Jugendclubs bedient, um Einfluß auf junge Leute zu nehmen. In einem solchen Club, in dem Jugendliche Heftreihenliteratur tauschen, Vorträge von deren Verfassern anhören und mit Waffen umgehen lernen können, begegnet er Klamm, der ihn in seine Bande aufnimmt. Der Kellner ist an einem der ersten Raubzüge beteiligt, erkennt aber den sich abzeichnenden Weg der Bande zur schweren Kriminalität rechtzeitig und steigt aus. Klamm und seine Leute gehen zu schwerem Raub, Mord und Schießereien mit der Polizei wie im Chicago der Bandenkriege über, bis sie die Volkspolizei niederschießt oder festnimmt. Der Kellner dagegen lernt neue Menschen kennen, wird zum Sozialismus bekehrt und Mitglied der FDJ. Er lehnt von nun an Schundliteratur und -filme ab.

Großen Raum nimmt im Roman die Darstellung der raffinierten Methoden des US-Amtes für psychologische Kriegführung im US-Kriegsministerium ein, zu denen besonders die Verbreitung von Schundliteratur und -filmen sowie die Förderung von Jugendclubs zählen, deren Ziele Loest in seiner Autobiographie so formuliert: „Die Jugend sollte ans Schießen und Töten gewöhnt werden, um eines Tages reif zur Remilitarisierung zu sein" (S.164). Leiter der Abteilung für psychologische Kriegführung in West-Berlin ist im Roman ein Colonel, der weiß,

daß nichts so sehr ein Jungenherz für das Schießen begeistert wie ein zünftiger Kriminalfilm. Ihm ist geläufig, daß die Lektüre von Shakespeare, Homer, Goethe und Dante für die Ziele seiner Abteilung schädlich ist, er weiß aber auch, daß die Werke dieser Herren langweilig wirken gegen einen zünftigen Reißer. Ihm ist bekannt, daß Mozart, Tschaikowsky und Beethoven keine Musik geschrieben haben, die zu Panzerschlachten und Bajonettkämpfen anstachelt, er weiß aber auch, daß die Werke jener Herren von der heißen Trompete eines Louis Armstrong einfach an die Wand geblasen werden. (S.168)

So gefährlich die Absichten des Colonel auch sind, er kann doch wenig Erfolge verbuchen und muß um seinen Job fürchten, da der ethisch höherstehende Sozialismus eine stärkere Anziehungskraft auf Jugendliche ausübt als das „Gift" der Schundliteratur und -filme.

In Benno Pludras Jugendbuch *In Wiepershagen krähn die Hähne*, 1953, werben die Kinder des Dorfes Wiepershagen für die LPG. Einziger Störenfried ist der 18jährige Sohn eines Großbauern, „Wiedehopf" wegen seiner Frisur genannt, die er an den Seiten glatt und oben mit Pomade aufgebauscht trägt. Diese Frisur ist ebenso das Ergebnis amerikanischer Einflüsse wie seine handgemalten grellen Krawatten und die Schundhefte, die er bevorzugt liest. Er flucht, trinkt, stiehlt, belästigt Mädchen und liegt mit den Kindern des Dorfes in einem ständigen Kleinkrieg. Als sich am Schluß herausstellt, daß er auch regelmäßig als Schieber im geteilten Berlin tätig ist, flüchtet er in den

Westen. Der „Wiedehopf" ist ein Musterbeispiel für den vom Kapitalismus verdorbenen, amerikanisierten Jugendlichen, das Gegenteil der idealistischen Dorfjugend.

In dem drei Jahre später entstandenen Jugendbuch *Haik und Paul* desselben Autors, einer Liebesgeschichte zwischen der Westdeutschen Haik und dem Ostdeutschen Paul, spielt die Gefahr der ideologischen Diversion kaum eine Rolle. Die amerikanisierten Jugendlichen, die auffällig gekleidet sind und plärrende US-Musik hören, sich schlecht benehmen, Krimis lesen und eine Schlägerei auslösen, sind westdeutsche Touristen in der DDR, von denen sich der ostdeutsche Held so abgestoßen fühlt, daß er nicht Gefahr läuft, dieser Lebensart zu verfallen. Pludras nächstes Jugendbuch dagegen, *Sheriff Teddy*, 1957, erinnert an Loests *Die Westmark fällt weiter*. Ein ungleiches Brüderpaar hat hier dieselbe Funktion wie Klamm und der Kellner: Der 14jährige Ostberliner Kalle, nach seinem Lieblingscomic „Sheriff Teddy" genannt, wird durch Trivialektüre und amerikanische Filme zu allerhand dummen Streichen und Aufsässigkeit in der Schule angestiftet. Sein älterer Bruder Robert, der in der DDR straffällig geworden war und seither in West-Berlin lebt, gibt Kalle das Geld für Comics und Kino. Robert trägt eine Entenschnabelfrisur wie Elvis Presley und hört Jazzmusik, die Kalle nicht gefällt, „weil die Klarinetten keine bestimmte Musik verfolgten. Jede tat, was sie wollte." (S.153) Unter dem Einfluß des älteren Bruders wird Kalle zum Diebstahl in der DDR angeleitet[48], weigert sich aber, als er eine wertvolle gestohlene Kamera für den Bruder in den Westen schmuggeln soll. Robert will die Kamera selbst holen, wird erkannt und von der Volkspolizei verhaftet, Kalle verspricht sich zu bessern.

In Pludras Jugendbuch fehlt der Hinweis auf die psychologische Kriegführung, es beschäftigt sich mehr mit der Kriminalisierung von Jugendlichen durch Comics und Filme wie den Western, den Kalle in West-Berlin ansieht:

> Was war das aber auch für ein Mann, der da in zerschlissener Lederkleidung über die Prärie ritt! Banditen hatten ihn um Haus und Hof und Vieh gebracht, und er suchte sie nun und tötete einen nach dem andern. [...] Nach gültigem Gesetz war dieser Prärieieiter ein Mörder; denn er hatte fünf Menschen umgebracht. Der Film aber kümmerte sich nicht um Gesetze. [...] Er machte den fünffachen Mörder zum Helden. (S.52)

Über Comics sagt Kalles Lehrer zu dessen Vater:

---

48 Manche Waren waren in der DDR wesentlich billiger als im Westen. Um zu verhindern, daß West-Berliner Hamsterkäufe tätigten und die Waren in ihrem Teil der Stadt mit Gewinn verkauften, wurde es ihnen verboten, in Ost-Berlin einzukaufen. Wer etwas erstehen wollte, mußte seinen Ausweis zeigen, um zu beweisen, daß er DDR-Bürger war.

In jedem Schmöker finden Sie Brutalität und Grausamkeit in gefährlicher Weise verherrlicht. Überlegen Sie selbst, was aus einem jungen Menschen werden soll, der solch elendes Zeug tagtäglich in Zeichnungen sieht und in Worten liest. (S.38)

Das Ergebnis ist offensichtlich: Kalle kennt keine moralischen Grenzen mehr und versucht, seine Vorstellungen von Abenteuern in die Wirklichkeit umzusetzen. Nur mit Hilfe seines besten Freundes, der eindeutig zwischen Recht und Unrecht zu unterscheiden weiß, kommt er vom Einfluß des Bruders sowie der US-Comics und -filme los.

Später ist der negative Einfluß von Schmutz- und Schundliteratur auf die DDR-Jugend kein Thema für ostdeutsche Schriftsteller mehr. Comics scheinen auch in der DDR ihren Einzug gehalten zu haben, z.B. in der Kinderzeitung *Bummi*,[49] Heftreihenliteratur, Abenteuer- und Kriminalromane sowie *Science fiction* konnten bereits in den fünfziger Jahren — wenn auch in bescheidenem Ausmaß — erscheinen.

3.3.1.2. Musik, Tanz, Kleidermode

Die Themen Musik, Tanz, Kleidermode als Mittel der ideologischen Diversion der USA werden in der DDR-Belletristik meist gemeinsam behandelt und sollen deshalb auch hier nicht getrennt werden.

Neben Schmutz- und Schundliteratur waren es vornehmlich die amerikanische Musik in allen Varianten und US-Tanzweisen, die von den SED-Kulturpolitikern bekämpft wurden. Nicht nur Blues, Jazz, Swing etc. waren von dem Verdikt betroffen, sondern auch Zwölftöner wie der Komponist Igor Strawinsky, „ein in den USA lebender Kosmopolit" und „fanatischer Zerstörer der europäischen Musiktradition" (*Dokumente 1*, S.187). Doch die Ablehnung von amerikanischer „Tanzmusik" wurde weitaus vehementer propagiert: „Es wäre falsch, die gefährliche Rolle der amerikanischen Schlagermusik bei der Kriegsvorbereitung zu verkennen." (*Dokumente 1*, S.188)

Jazz war den SED-Kulturpolitikern besonders suspekt, da es auch in der DDR viele Jazz-Enthusiasten gab, die Klubs und eigene Bands gründeten. Walter Ulbricht bezeichnete diese Musik als „Rauschgift im Klassenkampf" (Rudorf, S.17). Der Staat versuchte, der Verbreitung des Jazz einen Riegel vorzuschieben, durch Verbote von *Jam sessions*, Auflösung von Jazzclubs, Beschlagnahmung von Jazzplatten an der Grenze der DDR sowie 1951 durch die Gründung des „Verbands Deutscher Komponisten und Musikwissenschaftler", der das Musikschaffen in der DDR reglementieren sollte. Nach 1952 wurden keine Jazzsendungen mehr vom Rundfunk der DDR ausgestrahlt. 1954/55 wurden die Zügel etwas gelockert, der Rundfunk spielte ab

---

49 Die Ausdrucksweise eines Kleinkindes in Irmtraud Morgners *Amanda: Ein Hexenroman*, 1983, läßt ahnen, daß sich die DDR-Comics nicht wesentlich von westlichen unterscheiden: „Broch, wuff, smäsch, boing" (S.478).

Mai 1954 wieder Jazz. Im Januar 1955 wurde die „Interessengemeinschaft für Jazz" unter Leitung der FDJ gegründet, ein Versuch, die z.T. heimlich fortbestehenden Fanclubs unter Parteikontrolle zu bekommen. Dies scheiterte noch im selben Jahr, die Jazzsendungen wurden wieder abgesetzt, Artikel gegen die dekadente amerikanische Musik erschienen in der Presse, Jazzclubs wurden wieder verboten. Eine zweite Lockerung erfolgte nach dem XX. Parteitag der KPdSU im Februar 1956, endete aber mit dem Ungarnaufstand im November desselben Jahres. Jazzmusiker wurden, soweit sie nicht in den Westen geflohen waren, verhaftet und beschuldigt, für amerikanische Geheimdienste gearbeitet zu haben.

Am 2.1.1958 wurde die „Anordnung über die Programmgestaltung bei Unterhaltungs- und Tanzmusik" erlassen, in der festgelegt wurde, daß bei allen Veranstaltungen mindestens 60 % aller aufgeführten Werke von DDR-Komponisten stammen sollten, um „Erscheinungen der Dekadenz und des Verfalls zu bekämpfen" (*Dokumente 1*, S.515), bei Androhung einer Ordnungsstrafe bis zu 500 Mark (Ost). Als Gegenmittel gegen westliche Musik wurden Schlagerwesen und Volksmusik stark gefördert, und gegen die amerikanische Tanzweise wurde 1959 der „Lipsi" geschaffen, benannt nach dem lateinischen Namen für Leipzig (Lipsia).

Nach dem Mauerbau am 13. August 1961 wurde Jazz allmählich gesellschaftsfähig: 1965 entstand die heute noch existierende Konzertreihe „Jazz in der Kammer", die vom Deutschen Theater in Ost-Berlin veranstaltet wird. Seit 1973 bringt das Volkstheater Rostock die „Jazz-Szene". Seit 1977 wird Jazz in den vier Radio-Sendern der DDR, in Theatern und auf Musikfestivals intensiv gespielt. Viele aktive Fanclubs bestehen. Alle modernen Richtungen sind vertreten, aber auch alte Aufnahmen berühmter amerikanischer Jazz-Musiker der dreißiger und vierziger Jahre werden von den Musikverlagen herausgegeben (vgl. *DDR-Handbuch*, s.v. „Jazz", S.681). Auch Sachliteratur über Jazz wird in der DDR verfaßt.[50]

Ideologisch wird diese Kehrtwendung damit begründet, Jazz sei ein Musikstil, der aus der Folklore der in den USA lebenden Schwarzen hervorgegangen sei „und sich unter den Bedingungen der Slums der amerikanischen Großstädte mit Elementen europäisch-amerikanischer Musiktraditionen verband." (*Kulturpolitisches Wörterbuch*, s.v. „Jazz", S.321)

Während der Jazz in den sechziger Jahren akzeptiert wurde, richtete sich die Abneigung der SED-Kulturpolitiker gegen Beat- und Rockmusik, denen nun die kriegsvorbereitende Wirkung zugeschrieben wurde. Die Klassengegner, so Erich Honecker in dem Bericht des Politbüros an das II. Plenum des ZK der SED vom 16.-18.12.1965, nutzten diese Art Musik aus,

---

50 Z.B. Bert Noglik: *Jazz-Werkstatt International*, 1982.

um über die Übersteigerung der Beat-Rhythmen Jugendliche zu Exzessen aufzuputschen. Der schädliche Einfluß solcher Musik auf das Denken und Handeln von Jugendlichen wurde grob unterschätzt. (*Dokumente 1*, S.1079).

Es sei eine „hektische, aufpeitschende Musik, die die moralische Zersetzung der Jugend begünstigt." (S.1079)

Trotz der Abneigung der SED gab es Rockgruppen und Rockmusik in der DDR schon im Jahre 1957. Damals traten Jugendliche im Alter von fünfzehn, sechzehn Jahren z.T. in Spontankonzerten auf, die von der Volkspolizei schnell unterbunden wurden.

Nicht nur die Musik, auch der Tanz war verpönt. Das „Auseinandertanzen" in Diskos wurde verboten. „Saalordner prügelten die Jugendlichen nach draußen. Und wer beim Twisttanzen in die Knie ging, wurde an den Haaren wieder nach oben gezogen." (Leitner, S.47)

Etwa Mitte der sechziger Jahre lockerte sich die harte Haltung der SED gegenüber Rock- und Beatmusik, doch als die DDR-Jugendlichen neben der Musik auch andere Merkmale der Jugendbewegung im Westen wie Kleidung, lange Haare bei Männern und Anglizismen in der Ausdrucksweise übernahmen, handelten sich Rock und Beat den Unmut der Behörden ein. Es wurden wieder Auftrittsverbote und Ordnungsstrafen erlassen, FDJler schnitten langhaarigen Männern mit Gewalt die Haare ab, Zeitungen sagten den Rock- und Beatfans allerlei Untaten nach, von Gewalt gegen die Staatsmacht über Raub bis zur Kinderschändung (Leitner, S.50). Das hielt bis in die späten sechziger Jahre an, danach gewöhnte man sich in der DDR sowohl an die Musik als auch an die sonstigen Attribute der Jugendbewegung.

Heute gelten Rock- und Beatmusik in der DDR als fester Bestandteil der sozialistischen Musikkultur und werden von der FDJ, der Gewerkschaft Kunst im FDGB, dem Komitee für Unterhaltungskunst im Kulturministerium und anderen kulturpolitischen Einrichtungen gesteuert (Leitner, S.34f.). Gespielt werden dürfen sie überall, Fachliteratur darüber ist erschienen.[51] Ideologisch trennt man einfach DDR-Rock und -Beat von westlichem Rock und Beat:

> Im Kapitalismus ist T[anzmusik] als ideologisches Machtinstrument in den Gesamtzusammenhang imperialistischer Herrschaftstechnologie eingeordnet und dient als solche dem universellen Zweck des Profitmachens. Demgegenüber steht ihre Entwicklung in der sozialistischen Gesellschaft vor allem unter dem Aspekt ihrer Profilierung im Rahmen der als sozialer Massenprozeß organisierten sozialistischen Persönlichkeitsentfaltung. (*Kulturpolitisches Wörterbuch*, s.v. „Tanzmusik", S.663)

Zur in der DDR ungern gesehenen westlichen Kleidung amerikanischer Herkunft zählten in den fünfziger Jahren bunte Hawaiihemden, Lumberjacks, Schuhe mit Kreppsohlen und vor allem Jeans, „Nietenhosen" genannt. Kein

---

51 Z.B. Peter Wicke und Wieland Ziegenrücker: *Rock, Pop, Jazz, Folk: Handbuch der populären Musik*, 1985.

anderes Kleidungsstück westlicher Herkunft wurde in der DDR so angefeindet wie Jeans. In einem Artikel in der *Berliner Zeitung* vom 10.7.1955 unter der Überschrift „Bürgerliche Hosen" (in *Offen gesagt*, S.61-63) nahm Stefan Heym die Jeans in Schutz und erklärte, daß diese Hosen in den USA von Proletariern und Schwarzen getragen würden. 1975 erinnerte sich Heym daran in einem Artikel im *New York Times Magazine* („Leben in Ostdeutschland", in *Wege und Umwege*, S.331-343):

> Jeans gehörten damals amtlicherseits zu den Manifestationen imperialistischer Dekadenz, und mehrere Studenten wurden von der Universität geschaßt, weil sie sie trugen. Heute importiert die DDR direkt von der Firma Levi, und echte amerikanische Jeans sind Bestseller geworden, trotz ihrer ziemlich hohen Preise. (S.336)

Die Schriftstellerin Helga Schubert zählt in „Frühere Standpunkte", 1982 (in *Das verbotene Zimmer*, S.8-14), noch einige andere westliche Moden auf, die nicht erwünscht waren:

> [...] du durftest [...] keine militärfarbenen Umhängetaschen tragen, auf denen School, City und Name aufgedruckt ist... Du solltest keine zu weiten Parkas mit Flicken tragen (der Gürtel saß sowieso zu tief auf der Hüfte)... Du solltest den BH nicht auslassen, weil dessen Fehlen sich in gewissen Kreisen immer mehr durchsetzte. (S.12)

Die amerikanische Musik wird in der DDR-Belletristik der fünfziger Jahre grundsätzlich in negativem Kontext erwähnt: Wolfgang Schreyer schildert in *Großgarage Südwest*, 1952, den Auftritt einer Jazz-Band: „Die Ben-Hardy-Band verzapfte einen ohrenbetäubenden Lärm; das Aufheulen der Saxophone wurde durch die gequälten Schreie der gestopften Trompeten übertönt." (S.15) In Loests *Die Westmark fällt weiter*, 1953, wird gegen Jazzmusik der Kosmopolitismus-Vorwurf erhoben:

> Sie soll die nationale Kultur zerstören helfen, damit die Amerikaner dann die Nationen auflösen und ihre Menschen leichter in ihre Tasche kriegen können. (S.405)

In Wolfgang Schreyers *Die Banknote*, 1955, empfindet der Held Jazz als „schrille Dissonanzen" (S.82). Pludra beschreibt in *Haik und Paul*, 1956, diese Musik so: „Eine Klarinette fudelt, als hätte sie Bauchschmerzen" (S.107), und in *Sheriff Teddy*, 1957, stellt jemand den AFN im Radio ein, in dem „ein halbes Dutzend Klarinetten grell fiepende Notensaltos schlugen." (S.153) In Werner Bräunigs *Waffenbrüder*, 1959, wird die Musik (Blues, Jazz und Rock) entweder gehackt, gequetscht, gejault oder gehämmert, darüberhinaus macht sich der Autor über die Tanzweise lustig:

> Daneben verrenkte sich ein grellgeschminktes Mädchen am Rücken eines franshaarigen Mannes, der einem tobsüchtigen Pavian hätte als Modell dienen können, Beine, Arme und Hüften. (S.49)

Die amerikanische Tanzweise, besonders Boogie-woogie, mißfiel schon Pludra in *Haik und Paul*: „Die Boogiepärchen hüpfen. Sie zucken wie Püppchen am Gummiseil", mit „Schlackern und Katzbuckel" (S.118). Nach dem Mauerbau am 13. August 1961 war die Gefahr des direkten Einflusses der amerikanischen „Unkultur" nicht mehr in dem Maße wie zuvor gegeben. Der amerikanisierte Jugendliche tauchte nun in der sogenannten „Ankunftsliteratur", benannt nach Brigitte Reimanns Erzählung *Ankunft im Alltag*, 1962 (unter „Ankunft" ist die Sozialisation im Sozialismus zu verstehen), wieder auf. In Reimanns Erzählung vertritt diesen Typus der 18jährige Curt, der Bill-Haley- und Elvis-Presley-Musik hört, englische Ausdrücke in seine Redeweise einflicht und einer verderbten westlichen Lebensweise huldigt, die sich in schnellen Autos, Partys, Alkoholexzessen und Sex erschöpft. Sein Zynismus grenzt an Lebensüberdruß, doch mit Hilfe von Freunden und durch praktische Arbeit im Kombinat „Schwarze Pumpe" (Lausitz) macht er eine Wandlung durch und verspricht sich am Schluß zur sozialistischen Persönlichkeit zu entwickeln.

In Joachim Wohlgemuths Roman *Egon und das achte Weltwunder*, 1962 (1963 Hörspiel-, 1964 Bühnen- und Fernsehfassung) steht der wegen Randalierens im volltrunkenen Zustand vorbestrafte Bauhilfsarbeiter Egon im Mittelpunkt, Laien-Rockmusiker mit Elvis-Tolle, der bevorzugt Jeans, rote Hemden und handgemalte Krawatten trägt. Aus Liebe zu einem Mädchen meldet er sich freiwillig zu dem FDJ-Jugendprojekt der Urbarmachung der Moorländer Großen Wiese.[52] Die gemeinsame Arbeit an der frischen Luft, die Freundschaft mit einem FDJ-Funktionär und die Liebe zu dem Mädchen Christine machen aus Egon einen neuen Menschen: Er legt seine westliche Kleidung ab, läßt sich die Haare kurz schneiden, sagt sich von seinem Rockclub endgültig los und will sich in seinem Beruf qualifizieren. Kritisch wird die Situation, als ihn seine ehemaligen Freunde vom Rockclub, alles amerikanisierte Jugendliche, massiv bedrohen, doch Egon steht zu seiner neuen Persönlichkeit.

Die Bewertung der amerikanischen Musik ändert sich nicht in den frühen sechziger Jahren, sie steht immer in negativem Kontext. Wie weit die Ablehnung der amerikanischen Tanzweise, des „Auseinandertanzen", ging, zeigt Wolf Biermanns „Ballade vom Drainage-Leger Fredi Rohsmeisl aus Buckow", 1962 (in *Die Drahtharfe*, S.11-13): Der Drainageleger „hat auseinander getanzt / Mit seiner Verlobten — das war verboten" (S.11). Er wird von zwei Männern aus dem Tanzlokal geworfen und verprügelt. Er wehrt sich, bis das Überfallkommando eintrifft und ihn zusammenschlägt. „Dann kriegte er einen Prozeß an Hals / Als Konterrevolutionär / Wo nahm der Staatsanwalt nur

---

52 In einer Zeit, als Arbeitskräfte und Maschinen in der DDR noch rar waren, rief die FDJ Jugendliche auf, sich selbst für Projekte wie Staudammbau oder Urbarmachung gegen Unterkunft und Verpflegung zu verpflichten.

das Recht/Für zwölf Wochen Knast her?!" (S.12) Doch einige Jahre später, „als der erste Sputnik flog/Da wurde heiß auseinander getanzt/Der Staatsanwalt war selbst so frei" (S.13; der erste Sputnik wurde am 4.10.1957 gestartet). Das amerikanische „Auseinandertanzen" wird auch in W.K. Schweickerts *Der Ochse von Kulm*, 1953, und in Erwin Strittmatters *Der Wundertäter*, 1980 (hier in ironischer Weise) als Unsitte bezeichnet.

Mitte der sechziger Jahre begann sich die Einstellung der DDR-Schriftsteller/innen zur amerikanischen Musik zu ändern. Günter Kunert verherrlicht in dem kurzem Prosatext „Ein Botschafter", 1964 (in *Tagträume in Berlin*, S.12), den Jazz als Musik der Schwarzen und als Botschafter eines Landes, „das in Geographiebüchern kaum auffindbar ist": Dixieland. Volker Braun schrieb die Gedichte „Tramp-Blues" und „Jazz" im Jahre 1965 (in *Provokation für mich*, S.12 und 18): „Tramp-Blues" stellt den Versuch des Lyrikers dar, auf Deutsch einen Blues-Text zu dichten, und in „Jazz" ist die US-Musik nicht die Metapher für Diversion, sondern für ein sozialistisches Kollektiv: Jedes Instrument spielt seinen eigenen Part, wie jeder für sich arbeitet, und doch ergibt sich aus dem Zusammenklang die Jazzmelodie bzw. das geschaffene Werk. „Das ist die Musik der Zukunft: jeder ist ein Schöpfer." (S.18)

1966 folgt Jens Gerlachs Gedichtband *Jazz* mit den Porträts von 27 vorwiegend schwarzen Jazzinterpreten (vgl. Kapitel 2.3.2. „Darstellung der Afroamerikaner"). Der Dichter überträgt die musikalische Form des Jazz auf die deutsche Sprache. Das ostdeutsche Lexikon *Schriftsteller der DDR* spricht von „bis in die Syntax getriebener, emotional aufpeitschender Versinnlichung von Musik" (S.163). Bald in Reimen, bald in freien Rhythmen, mit und ohne Versmaß, mit und ohne Refrain, teils eine gewählte Form streng wahrend, teils die Form plötzlich wechselnd, mal expressionistisch oder surrealistisch, mal volksliedhaft einfach in Form, Sprache und Aussage, findet Gerlach für fast jeden Musiker/jede Musikerin einen eigenen Gedichtstil und schafft gleichzeitig eine Lobeshymne auf den Jazz schlechthin.

In der DDR nicht erscheinen durfte Fritz Rudolf Fries' Roman *Der Weg nach Oobliadooh*, 1966, benannt nach einer Jazzkomposition von Dizzie Gillespie.[53] Fries singt das Hohelied des Jazz, der bei ihm ein Symbol für eine Lebensform, für Hoffnung, Jugend und Befreiung von allen phantasiebeschränkenden Grenzen steht. Jazz bestimmt das Leben der beiden Freunde Arlecq und Paasch um 1957/58, verleiht ihnen in dem Kapitel „Das Klavier über der Stadt" (S.29-42) sogar Flügel, indem Arlecq, der betrunkene Paasch und das Klavier, auf dem er spielt, einen Rundflug über das geteilte Berlin machen. Der angehende Zahnarzt Paasch und der Schriftsteller und Übersetzer

---

53 Verboten blieb der Roman wohl nicht wegen seiner Jazz-Verehrung, sondern wegen seiner Kritik an der DDR-Gesellschaft.

Arlecq (eine stark autobiographische Figur) sind beide ca. 25 Jahre alt und nicht gewillt, sich in die Gesellschaft einzugliedern, Familien zu gründen und ihre Berufe auszuüben. Sie leben in ihrer Phantasiewelt und wollen in das *land of oobliadooh* zur *wonderful princess*, von der Dizzie Gillespie singt. Auf der Suche danach gehen sie in ein Jazzkonzert im West-Berliner Sportpalast, finden das Gesuchte auch hier nicht und kehren ernüchtert in die DDR zurück. Als sie in der Ost-Berliner Kongreßhalle nachts auf dem Flügel zusammen mit einem der Anstalt entlaufenen Verrückten Jazz improvisieren, werden sie von den Irrenhauswärtern mitgenommen und eingesperrt. Paasch zieht es vor, dort zu bleiben, Arlecq wird entlassen und entgeht der drohenden Verbürgerlichung nicht: Ein Mädchen, das von ihm schwanger ist, holt ihn aus der Irrenanstalt, um ihn zu heiraten.

Arlecq und Paasch sind zwar keine Jugendlichen mehr (sondern eher die älteren Brüder der Jugendlichen in der Ankunftsliteratur), aber auf jeden Fall „amerikanisiert". Sie machen sich über Staat und Gesellschaft lustig, verweigern sich dem Leistungsdenken und bringen ständig englische Zitate, meist aus Jazzliedern. Meines Wissens erstmals in der DDR-Belletristik wird dies jedoch positiv bewertet, es wird Verständnis für die Leichtlebigkeit und Musikversessenheit der Freunde aufgebracht, die Ideale der westlichen Jugendbewegung werden auf den Osten übertragen.

Sonderlich freundlich wurden sie dort im allgemeinen nicht aufgenommen, lange Haare bei Männern, bunte, weite Gewänder, Rauschgift und sexuelle Freizügigkeit waren in der DDR genauso verpönt wie im Westen, ebenso Beat- und Rockmusik, die Fritz Selbmann in seiner Autobiographie *Alternative — Bilanz — Credo*, 1969, sogar mit der berauschenden Wirkung der Reden Hitlers verglich:

> Vielleicht ist damit verwandt die Wirkung des von hartem, stampfendem Rhythmus begleiteten rauhkehligen Gesangs der Rolling Stones und anderer Sangeschöre des modernen Beat auf die von psychischen und anderen Nöten geplagten jungen und jüngsten Menschen der sechziger Jahre (S.353).

Während jedoch in den fünfziger und frühen sechziger Jahren die DDR-Schriftsteller/innen jene Jugendlichen verurteilten, die westlichen, amerikanischen Einflüssen unterlagen, steht die Mehrzahl derer, die über die DDR-Jugendbewegung der sechziger und siebziger Jahre schrieben, auf der Seite dieser Jugendlichen, obwohl diese sich an amerikanischen Vorbildern orientierten.

Den Anfang machte Ulrich Plenzdorf mit seinem Drama/Roman *Die neuen Leiden des jungen W.*, 1972, Anlaß zu heftigen Debatten in der DDR-Kulturszene und erstes Werk der im gesamten Ostblock verbreiteten „Jeans-Prosa".[54] Der Held des Stückes/Romans (das Buch besteht aus einem Mono-

---

54 Vgl. Aleksandar Flaker: *Modelle der Jeans Prosa*, 1975.

log des Helden und Dialogen der verschiedenen auftretenden Personen, es ist sowohl der Epik als auch der Dramatik zuzurechnen), der 17jährige Edgar Wibeau, ist ein leidenschaftlicher Verehrer von Jeans, Louis Armstrong und Jerome Salingers *Catcher in the Rye*. Wie Holden Caulfield im amerikanischen Roman bricht Wibeau aus seiner restriktiven Umwelt (Elternhaus, Lehrstelle) aus und lebt seinem eigenen Freiheitsbegriff gemäß in einer Berliner Gartenlaube, möchte Maler werden, liest Goethes *Leiden des jungen Werthers* und erlebt wie Goethes Held eine Dreiecksliebesgeschichte. Um sich etwas Geld zu verdienen, sucht sich Edgar Arbeit bei einer Maurerbrigade. Als er eine Erfindung zur Erleichterung der Arbeit machen will, kommt er bei deren Erprobung durch einen Stromschlag ums Leben.

Edgar Wibeau ist, im Gegensatz zu den früheren amerikanisierten Jugendlichen, kein negativer Held, nicht einmal ein in Versuchung Geführter, der mit Hilfe guter Freunde durch Arbeit zum Sozialismus findet, sondern Exponent einer Jugendrevolte, die parallel zur westlichen Entwicklung auch in der DDR Fuß faßte. Er trägt lange Haare und Jeans („Natürlich Jeans! Oder kann sich einer ein Leben ohne Jeans vorstellen?" S.26), seine Redeweise, voller Amerikanismen, ist eine „von schnoddrigen Anarchismen, subkulturellen Einflüssen und einem bestimmten Generationskode geprägte Sprache" (Durzak 1979, S.170). Arbeit ist nicht sein höchstes Lebensziel, er verweigert sich, und seine Lebensweise entspricht ganz und gar nicht dem sozialistischen Ideal. Er lehnt sich gegen die Verlogenheit der älteren Generationen auf, ist jedoch kein Zyniker ohne Werte, seine Auflehnung entspringt gerade dem Wunsch nach Anerkennung seiner Werte. Gegen die Arbeiterklasse wendet er sich nicht, im Gegenteil: Als er der Maurerbrigade beitritt, hat er zwar anfänglich Schwierigkeiten, paßt sich dann aber an und möchte seinen Kollegen mit seiner Erfindung imponieren — sein Fehler jedoch, und dies ist eine typisch sozialistische Denkweise, besteht darin, daß er die Erfindung allein machen will, statt das Kollektiv zu Rate zu ziehen.

Plenzdorfs Werk löste erbitterten Widerspruch aus, wird darin doch in der amerikanischen Kultur und Lebensweise erstmals — abgesehen von Fries' Roman, der in der DDR nicht erschienen ist — etwas Positives gesehen.[55] Es erhoben sich jedoch auch Stimmen, die *Die neuen Leiden des jungen W.* lobten.

---

55 Z.B. schrieb der renommierte Anwalt F.K.Kaul an die Zeitschrift *Sinn und Form*, die das Werk abgedruckt hatte: „[...] mich ekelt geradezu [...] die [...] Inbezugsetzung eines verwahrlosten [...] Jugendlichen mit der Goetheschen Romanfigur an; von dem Fäkalien-Vokabular [...] ganz zu schweigen." (*Dokumente II*, S.677)

Zwei Jahre später erschien Rolf Schneiders Roman *Die Reise nach Jaroslaw*, 1974, das zweite DDR-Werk der Jeans-Prosa.[56] Gittie, die Ich-Erzählerin des Buches, ist ebenfalls Vertreterin einer amerikanisierten Jugend. Sie geht in die Disco, trinkt Cola, trägt Jeans und Clark-Schuhe, ihr wichtigstes Wort lautet „cool", ihr Lieblingsbuch ist Hemingways *For Whom the Bell Tolls*, sie schwärmt für US-Musik und sieht sich amerikanische Filme an. Gittie bricht aus wie Edgar Wibeau und Holden Caulfield, läuft ihren spießigen Eltern davon und macht sich auf eine abenteuerliche Reise nach Jaroslaw in Polen, dem Heimatort ihrer heißgeliebten Großmutter. Stilistisch und in manchen inhaltlichen Parallelen ist *Die Reise nach Jaroslaw* an Salingers *Catcher in the Rye* orientiert, doch wird Gittie am Schluß des Buches wieder in die Gesellschaft integriert. Ihre Zukunftsperspektive ist, in der DDR fast schon revolutionär, religiös bestimmt.

Obwohl, wie im Werk von Plenzdorf, die amerikanischen Einflüsse positiv empfunden werden, übt Schneiders Heldin Kritik an der US-Politik (an Korea- und Vietnamkrieg, Diskriminierung von Minderheiten und der Armut großer Teile der Bevölkerung). Ebensowenig wie Plenzdorf sieht Schneider aber die amerikanischen kulturellen Einflüsse als Ergebnis einer ideologischen Diversion an.[57]

1978 erschien Erich Loests *Es geht seinen Gang oder Mühen in unserer Ebene*. Held des Romans ist diesmal kein Jugendlicher, sondern ein 25jähriger Ingenieur, der verheiratet ist und ein Kind hat, also ein Etablierter. Als 16jähriger jedoch war er ein amerikanisierter Jugendlicher, langhaarig und Beatfan. Ein traumatisches Erlebnis läßt ihn bis in die Erzählzeit hinein nicht zur Ruhe kommen: Nach der Verhaftung einer beliebten ostdeutschen Beatband versammeln sich einige Jugendliche auf dem Leuschnerplatz in Leipzig, um dagegen zu protestieren, darunter auch Loests Held. Die Volkspolizei rückt mit Wasserwerfern und Schäferhunden an und knüppelt die Jugendli-

---

56 Schneider nimmt sogar auf Plenzdorfs Buch direkt Bezug, indem er seine Heldin mit Edgar Wibeau zusammentreffen läßt.
57 Außer Schneiders *Reise nach Jaroslaw* folgte dem Buch von Plenzdorf eine ganze Anzahl von DDR-Werken über die Jugendrevolte, die diese weitgehend positiv darstellen: Wolfgang Joho: *Der Sohn*, 1974; Volker Braun: *Unvollendete Geschichte*, 1975; Thomas Brasch: *Vor den Vätern sterben die Söhne*, 1976; einige Episoden aus Reiner Kunzes *Die wunderbaren Jahre*, 1976; einzelne Erzählungen aus Hans Joachim Schädlichs *Versuchte Nähe*, 1977; Charlotte Worgitzky: *Verdorbene Jugend*, 1976 etc. Plenzdorf selbst schrieb 1978 die Kurzgeschichte „Keiner runter, kein fern" (in *Geschichten aus der DDR*, S.70-86) über einen geistig behinderten Zehnjährigen, der sich wegen eines Rockkonzertes in West-Berlin mit vielen anderen Rockfans an der Mauer versammelt, in der Hoffnung, die Musik hören zu können. Die Volkspolizei sieht in der Versammlung eine Provokation, drängt die Jugendlichen in einer Kirchenruine zusammen und knüppelt sie nieder. Hier ist die Sympathie für die amerikanisierten Jugendlichen mit heftiger Kritik am eigenen Staat verbunden.

chen auseinander, der Held wird von einem Schäferhund gebissen. Seither ist sein Weltbild ins Wanken geraten:

> Vor der Schlacht auf dem Leuschnerplatz war für mich die Welt sauber eingeteilt. Der Feind stand im Westen; die Amerikaner bombardierten Vietnam, Kiesinger war Faschist. Nun biß mich einer unserer Hunde, der eigentlich einen Ami hätte beißen sollen, der Bomben auf Vietnam ausklinkte. Ich schmiß kein Napalm, nach mir hatte gefälligst kein DDR-Hund zu schnappen. (S.29)

Das Jugenderlebnis hat den Helden übersensibilisiert für jegliche Form von Unrecht, für das Mißverhältnis zwischen Anspruch und Wirklichkeit in der DDR, auf das er immer wieder stößt. Er verweigert sich konsequenterweise wie Edgar Wibeau und Gittie, will sich beruflich nicht weiterqualifizieren, um nicht nach unten treten zu müssen. Er ist Sozialist, sieht aber überscharf die preußischen und nationalsozialistischen Relikte im Denken seiner Mitbürger, kritisiert sie und macht sich unbeliebt. Nicht die Beatmusik hat ihn „verdorben", sondern die eigene Staatsmacht.[58]

Rockmusik ist seit den frühen siebziger Jahren nichts, was in der DDR-Belletristik noch negativ vermerkt würde, im Gegenteil. Von der Begeisterung der DDR-Jugendlichen für diese Musik zeugt z.B. Helga Schütz' Erzählung „Treppenstory", 1982 (in Schädlich/Werner, S.11-20; in anderer Version auch enthalten in *Erziehung zum Chorgesang*, 1980), in der wegen einer besonders begehrten Rock-Platte eine derart große Zahl von Jugendlichen vor einer Privatwohnung ansteht, deren Bewohner die Platte per Anzeige zum Verkauf angeboten hat, daß die Treppe des alten Hauses zusammenbricht und zwölf Schwerverletzte ins Krankenhaus eingeliefert werden müssen.

Seltsamerweise fiel es in der DDR, die sich durch ihre Ablehnung von US-Musik, -Trivialliteratur, -Filmen und -Mode von Westdeutschland abheben wollte, nicht auf, daß in der Bundesrepublik die älteren Generationen genau dieselbe Ablehnung zeigten. Es handelte sich also nicht um systembedingte Erscheinungen, sondern um generationsbedingte.

Der bis hierher gegebene Überblick hat gezeigt, daß sich die DDR-Autor/inn/en der fünfziger und frühen sechziger Jahre noch gegen die junge Generation wandten und es mit der älteren, staatstragenden hielten. Viele Schriftsteller/innen der zweiten Hälfte der Sechziger und der siebziger Jahre dagegen solidarisierten sich mit der jungen Generation. Über die achtziger Jahre läßt sich noch nichts sagen, da z.B. die Punkmode, die auch in der DDR Anhänger gefunden hat, noch nicht in die DDR-Literatur vorgedrungen zu sein scheint.

---

58 Trotz Schwierigkeiten mit den Verlagslektoren wegen der „Schlacht auf dem Leuschnerplatz" wurde der Roman in der DDR veröffentlicht, allerdings nur in einer Auflage, die sofort vergriffen war. Eine zweite Auflage war dem Autor zugesichert worden, wurde jedoch unterbunden. Es folgte ein langer zermürbender Rechtsstreit, bis Loest aufgab und in den Westen übersiedelte. Vgl. E. Loest: *Der vierte Zensor: Vom Entstehen und Sterben eines Romans in der DDR*, 1984.

Der Unterschied zwischen DDR und BRD besteht darin, daß die DDR ihre Abneigung gegen Jazz, Rock, Beat, Schmutz und Schund, Jeans, lange Haare usw. ideologisch begründete, die BRD jedoch nicht. Die wahren Ursachen für die heftige Reaktion dürften allerdings nicht in Ideologie oder System zu suchen sein, sondern in der menschlichen Psyche.

3.3.2. Diversion, Spionage und Sabotage des US-Geheimdienstes in der DDR

Vor allem in der Zeit nach der Gründung der DDR, der Zeit des kalten Krieges, war die Angst in dem sozialistischen Staat, der vom Westen nicht anerkannt wurde, vor Störmanövern aller Art groß. Quelle der Infiltration war vor allem West-Berlin, wo mehrere westdeutsche und amerikanische Geheimdienstunternehmen arbeiteten. Vor allem das CIC (*Counter Intelligence Corps*, Nachrichten- und Abwehrdienst der *US-Army*) wurde für übermächtig und allgegenwärtig gehalten. Man fürchtete in der DDR eingeschleuste Westagenten, die spionieren, Sabotageakte begehen, DDR-Wissenschaftler und Spezialisten abwerben oder die Konterrevolution vorbereiten könnten. Der Generalsekretär der SED Walter Ulbricht warnte z.B. in einer Rede:

> Der amerikanische Geheimdienst [...] hat Agenten bei uns eingeschleust. Sie tarnen sich, treten nicht offen auf, hüllen ihre negative, zersetzende Kritik in Watte. Es sind Zeitzünder, die eine zugespitzte Situation abwarten, um ihr schmutziges Handwerk auszuüben. Wir müssen wachsam sein, solche Feinde entlarven und unschädlich machen, bevor sie ihre Stunde für gekommen halten (zitiert nach Brandt, S.174).

Die Agenten, so glaubte man, rekrutierten sich aus Ostemigranten und Vertriebenen, die auf Spionageschulen ausgebildet und mit präzisen Aufträgen in ihre alte Heimat geschickt worden seien. „Wege zur Einschleusung und auch zur Rückbeförderung solcher Agenten gab es genug." (W. Schreyer: *Augen am Himmel*, S.140).

Andere Methoden seien Luftspionage und der Einsatz bakteriologischer Waffen gegen die DDR gewesen, vor allem der Abwurf von Kartoffelkäfern, um die DDR-Kartoffelernte zu schädigen und so die Ernährungsgrundlage dort zu verschlechtern (vgl. H.Knobloch: *Der bakteriologische Krieg*, S.90 und 196ff.).

Die ständigen Provokationen des CIC und anderer imperialistischer Geheimdienste hätten die DDR schließlich zum Bau des „antifaschistischen Schutzwalls", der Mauer durch Berlin, gezwungen:

> Der Brückenkopf der Geheimdienste der NATO auf dem Territorium der DDR war damit abgeriegelt und wichtige Verbindungslinien des Subversionsnetzes wurden durchschnitten. (A. Charisius et al.: *Weltgendarm USA*, S.117)

Als erster Kriminalroman[59] der DDR gilt Wolfgang Schreyers *Großgarage Südwest*, 1952: Ein junger, arbeitsloser Westdeutscher wird von einer westlichen Geheimdienstorganisation angeworben, ohne zunächst zu wissen, für wen er arbeiten wird. Erst muß er Menschen aus dem Osten in den Westen bringen, dann soll er von anderen Agenten gestohlene Pläne aus einem DDR-Stahlwerk in die Bundesrepublik schaffen. Das Geheimdienstunternehmen, von dem er seine Aufträge erhält, hat seine Niederlassung im amerikanischen Sektor West-Berlins in einem als Großgarage getarnten Gebäude. Von hier aus werden auch Bankeinbrüche, Raubüberfälle und Falschgeldherstellung gesteuert. Ein zwielichtiger Mitarbeiter des Unternehmens, ein Amerikaner, der wegen Schiebung von Armeewaren aus der *US-Army* verschwinden mußte und in verschiedenen kriminellen Organisationen in Westdeutschland untertauchte, ist in Wirklichkeit ein V-Mann des CIC und leitet dessen Spionage- und Diversionsaufträge an die Großgarage weiter. Das CIC bezahlt auch „Schlägerkolonnen", die Sabotage in der DDR betreiben, indem sie z.B. S-Bahn-Schienen abmontieren:

> Das war kein einfacher Diebstahl von Buntmetallteilen, sondern organisierte Sabotage, mit dem Ziel, die S-Bahn, die unter Ostberliner Verwaltung stand, zu schädigen. (S.156)[60]

Ferner beeinflußt der US-Geheimdienst die West-Berliner Polizei, sorgt für die Beförderung ihm ergebener Polizisten und dadurch für die Niederschlagung aller Untersuchungsverfahren, die vom CIC oder von ihm angegliederten Unternehmen (wie der Großgarage) begangene Verbrechen betreffen. Zwei unbestechliche westdeutsche Kriminalbeamte decken die Aktivitäten der Großgarage jedoch am Schluß auf, verhaften die Agenten und befreien den jungen Mann, der sich geweigert hatte, an den Verbrechen länger teilzunehmen, und deshalb beseitigt werden sollte.[61]

59 Kriminalromane sind ansonsten nicht in die vorliegende Arbeit aufgenommen worden. Da jedoch Schreyers Gesamtwerk herangezogen wurde, sollen auch seine beiden Kriminalromane hier besprochen werden, zumal es sich nicht um Heftreihenliteratur handelt.

60 Die DDR hatte zu Beginn ihres Bestehens sehr unter Buntmetallschmuggel vom Osten in den Westen zu leiden, da Rohstoffe knapp waren.

61 Im Anhang wird versucht, dem Kriminalroman Dokumentarcharakter zu verleihen, indem ein Offizier der Volkspolizei Kommentare zu einzelnen Passagen des Romans gibt. Daraus geht u.a. hervor, daß die Amerikaner Rauschgift in Westdeutschland und West-Berlin verbreiteten, nicht nur aus Gewinnstreben: „Ebenso wie das chinesische Volk jahrzehntelang durch Rauschgift in dumpfer Abhängigkeit gehalten wurde, soll es jetzt mit den Völkern geschehen, die unter amerikanischem Einfluß stehen." (S.298) Die amerikanischen Besatzungstruppen seien für die steigende Zahl von Notzuchtsverbrechen in der BRD verantwortlich (S.300). Amerikanische und westdeutsche Geheimdienste würden Wissenschaftler und Facharbeiter aus der DDR systematisch abwerben sowie junge Männer durch Arbeitslosigkeit, Drohungen oder Versprechungen in die Fremdenlegion und junge Mädchen in Callgirl-Ringe oder in amerikanische Bordelle zu gehen zwingen (S.303f.). Der Kongreß der USA stelle jährlich eine Mrd. $ für die Diversions- und Spionagetätigkeit gegen die Sowjetunion und die Volksdemokratien zur Verfügung (S.313).

1955 folgte ein zweiter Kriminalroman Schreyers mit dem Titel *Die Banknote*. Hier sind verschiedene Handlungsstränge miteinander verknüpft, zum einen der Weg einer DDR-Banknote durch die Hände verschiedener Leute; zum anderen handelt der Roman von einer jungen Ostdeutschen, die in West-Berlin von einer Geheimdienstorganisation angeworben werden soll, welche mit amerikanischen Geldern bezahlt wird und amerikanische Mitarbeiter hat. Die junge Frau hat zufällig einen ehemaligen Bekannten in West-Berlin getroffen, der in der DDR wegen Veruntreuung entlassen worden ist, nun für den Geheimdienst arbeitet und sie mit Versprechungen und Verführung zur Agentin zu machen versucht. Sie geht scheinbar darauf ein, will aber die Volkspolizei verständigen. Durch einen Zufall erfährt der Agent ihren Plan und bringt sie in ein Haus des Geheimdienstunternehmens, wo sie gefoltert werden soll. Sie kann jedoch fliehen und die Volkspolizei benachrichtigen, die den Agenten festnimmt, der inzwischen von seiner Organisation in die DDR geschickt worden ist, um dort Sabotage zu betreiben.

Die westliche Geheimdienstszene wird als stark antikommunistisch, skrupellos, brutal und geistig dem Nationalsozialismus nahestehend beschrieben. Von den westdeutschen Mitarbeitern sind einige ehemalige Nationalsozialisten, andere jugendliche Rowdys,

die — wenn kein Einsatz war — in Schundheften lasen und das Verprügeln und Quälen von Menschen, wie es der Autor Mickey Spillane und die Comic-Zeichner darstellten, mit größtem Vergnügen praktisch ausprobierten. (S.240)

Das Unternehmen plant, Kundgebungen in der DDR zu stören, per Hubschrauber Flugblätter mit Propaganda gegen den Sozialismus abzuwerfen, Propagandazettel in die U-Bahn zu kleben, antikommunistische Parolen an Hauswände zu schreiben, Flugblattraketen über die Grenze zu schießen und in Versammlungslokale der SED oder der FDJ Stinkbomben zu werfen. Ferner soll die Verwaltungsarbeit von DDR-Betrieben und -Behörden mittels fingierter Dienstanweisungen gestört werden. Schließlich will man in Halle eine Lackfabrik in die Luft jagen und dies als „Ausdruck der Volksempörung in der Sowjetzone" ausgeben (S.273).

Ein leitender Mitarbeiter des Geheimdienstunternehmens, ein Captain, wird dem Leser in einem anderen Handlungsstrang als Dauerkunde eines Callgirlrings vorgestellt. Ein Mädchen, das zum Film möchte, fällt auf die Tarnung des Callgirlringes als Filmagentur herein. Aus dem Osten gekommen und arbeitslos, bleibt ihr nichts übrig, als die ihr gebotene „Arbeit" anzunehmen, und der Captain ist ihr erster Kunde. Er, der beste Beziehungen zur West-Berliner Polizei hat, wird als extrem abstoßender Charakter dargestellt, brutal, jähzornig und sexuell abnorm. Das Mädchen wehrt sich und flüchtet. Vor Wut darüber hetzt er mit dem Auto Passanten:

Sein ganzes Ich verlangte nach Rache für diese Schmach, es drängte ihn, etwas zu tun, Untergebene zusammenzustauchen, die höllische Wut, die tief in seinem Bauche saß, nutzbringend abzureagieren. (S.266)

So setzt er seine Energie in Befehle an Untergebene um, Diversion und Sabotage in der DDR auszuüben. „Schmutziger" Sex mit Callgirls, Neigungen zum Nationalsozialismus, Gangstertum und Foltermethoden sind Schreyers Charakteristika für den amerikanisch-westdeutschen Geheimdienst, eine Mischung, die solche Organisationen so unattraktiv wie möglich für DDR-Leser machen soll.

Dieselbe Mischung bietet auch Werner Reinowski in dem Roman *Die Versuchung*, 1956. Hier wird ein junger West-Berliner von einer Agentin und Prostituierten für eine ähnliche deutsch-amerikanische Geheimdienstorganisation angeworben. Er soll seine Ost-Berliner Verlobte dazu bringen, in ihrem Betrieb für ihn zu spionieren. Sie weigert sich erst, dann gibt sie ihm gefälschtes Material. Die Geheimdienstorganisation bemerkt die Fälschung und setzt den jungen Mann anderweitig ein: für die Vorbereitungen des Juniaufstandes (siehe Kapitel 3.3.3. „Vorbereitung der Konterrevolution: der 17.Juni 1953"). Hier hat der menschenverachtende, gewaltliebende Mr. Dabel (sicher nicht zufällig klingt der Name wie „Deibel" oder „devil") dieselbe Funktion wie der Captain in Schreyers *Banknote*.

Reinowskis Buch ist das letzte mir bekannte DDR-Werk, das die Anwerbung von Agenten durch amerikanische Geheimdienstorganisationen zum Mittelpunkt hat.

Ein anderer Themenschwerpunkt ist die Abwerbung von DDR-Wissenschaftlern und Spezialisten.[62] In den Kurzgeschichten „Mein verrückter Bruder", ca. 1952, und „Die Veränderung im Menschen", 1957, ist Stefan Heym[63] darauf eingegangen: In der ersten berichtet ein Ich-Erzähler, wie er im Auftrag eines ehemaligen Nazis, der in der BRD eine höhere Funktion einnimmt und den Amerikanern untersteht, zu seinem Bruder nach Halle reist,

---

62 In einem Fall auch von Künstlern: In Alfred Kantorowicz' Schauspiel „Der Schubert-Chor" (Abdruck der ersten drei Bilder in *NDL* 5, 1.Jg. [Mai 1953], S.68-108) reist ein Chor junger ostdeutscher Mädchen in den Westen zu Gastkonzerten. Der Chorleiter, der sich Unterschlagungen zuschulden hat kommen lassen, will im Westen bleiben, er steht mit dem CIC in Verbindung, das die Mädchen aus Propagandazwecken ebenfalls zum Dableiben zwingt. Sie sollen dem RIAS ein Interview geben und darin die DDR verleumden. Auch einige Mütter, die ihre Kinder suchen kommen, werden von den Amerikanern mit Drohungen dazu gebracht, im RIAS die „Flucht" ihrer Töchter zu begrüßen.

63 Heym berichtete außerdem in dem Artikel „Berliner Kriminalgeschichte" in der *Berliner Zeitung* vom 29.4.1956 (in *Offen gesagt*, S.243-249) von einem Spionagefall an der Sektorengrenze in Berlin: Amerikaner hatten einen Tunnel unter der Grenze hindurch gelegt, um Telefonkabel der Sowjetunion und der DDR anzuzapfen und abzuhören.

der dort als Physiker arbeitet, und ihn für die USA abzuwerben versucht. Der Bruder jedoch, der im Krieg den französischen Physiker Joliot-Curie kennengelernt hat und ihn wegen seiner ethischen Haltung sehr verehrt, weigert sich, an einer Forschung teilzunehmen, die der Waffenherstellung dient.

In „Die Veränderung im Menschen" geht es um die Anwerbung eines Angestellten im Wirtschaftsministerium der DDR durch dessen ehemaligen Geschäftspartner aus dem Westen. Dieser, der für sein Export-Import-Geschäft amerikanische Lizenzen und Mittel benötigt, ist von einem Amerikaner dazu erpreßt worden, seinen DDR-Partner zur Wirtschaftsspionage zu verleiten und ihm dafür ein finanziell gesichertes Leben im Westen zu versprechen. Der westliche Geschäftsmann fühlt sich von dem Amerikaner heftig abgestoßen:

[...] die Art, wie er dasaß, als ob ihm nicht nur der Stuhl gehörte, auf dem er sich flegelte, sondern auch das Zimmer, in dem der Stuhl stand, und das Haus, in dem das Zimmer war, und die Stadt, wo sich das Haus befand, und überhaupt das ganze Land (S.96f.).

Er haßte Jerome (d.i. der Amerikaner, D.W.) nicht nur als Person, sondern als Wahrzeichen der nackten Erpressung und der dummen Redensarten einer Weltanschauung, die auf Coca Cola gegründet war. (S.98)

Trotzdem versucht er seinen DDR-Geschäftsfreund zur Spionage zu überreden, doch der holt die Volkspolizei und läßt ihn verhaften.

In Anna Seghers' beiden Romanen (*Die Entscheidung*, 1959, und *Das Vertrauen*, 1968) über den schwierigen Aufbau der DDR-Industrie in der Nachkriegszeit, dargestellt am Beispiel des fiktiven Stahlwerks Kossin, versucht der amerikanische Geheimdienst von vorneherein, die Produktion des Stahlwerks zu stören. Die CIA hat hohe Gestapo-Beamte vor gerichtlicher Verfolgung wegen Verbrechens wider die Menschlichkeit bewahrt und ihnen zur Ausreise in die Vereinigten Staaten oder nach Lateinamerika verholfen. Nun sollen diese ehemaligen Nazis Informationen über leitende Mitarbeiter in Kossin liefern. Auf diese Weise gelingt es dem US-Geheimdienst, den Assistenten des Werkleiters von Kossin mit dessen verheimlichter Nazivergangenheit dazu erpressen, den Werkleiter und zwei weitere Ingenieure abzuwerben. Ziel der CIA ist es, die Produktion in Kossin grundlegend zu stören,

dann würde die Stimmung in der Belegschaft sich sofort auf die Belegschaften anderer volkseigener Werke auswirken. Dann würde dieser Fünfjahrplan [...] von vornherein unmöglich. Das sei dann eine Lehre für die Russen. Ihre sozialistischen Rezepte sollen sie nicht in Europa versuchen. (S.246)

Die Abwerbung gelingt zwar, doch ist der Werkleiter, von seinem Assistenten zur Ausreise in den Westen erpreßt, nicht zu bewegen, dem amerikanischen Geheimdienst nähere Angaben über Kossin zu machen, da er geistig dem Sozialismus weiter verbunden bleibt. Damit er nicht in Versuchung gerät, in die DDR zurückzukehren, arrangiert es die CIA im Bund mit der amerikanischen Industrie so, daß er in eine US-Niederlassung in Nordmexico abgeschoben wird. Gegen das Stahlwerk Kossin, das den Weggang der drei Fachleute überstanden hat, arbeitet der US-Geheimdienst weiter und unterstützt auch dort während des Juniaufstandes 1953 die Konterrevolution (vgl. Kapitel 3.3.3. „Vorbereitung der Konterrevolution: der 17.Juni 1953").

Anna Seghers' Kossin-Romane sind die letzten mir bekannten Werke, die das Thema des Abwerbens von DDR-Wissenschaftlern und Fachleuten durch den amerikanischen Geheimdienst behandeln. Imgrunde hört die Entwicklung schon Ende der fünfziger Jahre auf (*Das Vertrauen* wurde lange vor seinem Erscheinungsjahr, 1968, konzipiert). In späteren Darstellungen übernimmt der westdeutsche Geheimdienst die Funktion des amerikanischen.

Der Abwurf von Kartoffelkäfern durch amerikanische Flugzeuge über DDR-Gebiet Anfang der fünfziger Jahre, wie ihn z.B. Heinz Knobloch in dem Sachbuch *Der bakteriologische Krieg*, 1955, beschreibt, erscheint in der DDR-Belletristik derselben Zeit meines Wissens nicht. Erst wesentlich später wird dieser angebliche Sabotageversuch von einigen Autor/inn/en als Skurrilität in Romanen oder Autobiographien erwähnt, allerdings fast ausnahmslos von solchen, die der DDR den Rücken gekehrt haben. Die einzige Erzählung, die in der DDR erschienen ist und von den „Kartoffelkäferaktionen" berichtet („Der Ami hat die Tiere über einem friedlichen Land abgeworfen", S.110) ist Helga Schütz' Erzählung *Festbeleuchtung*, 1973, die in den fünfziger Jahren spielt. Die Autorin stellt diese Aussage nicht direkt in Frage, erzählt aber aus ironischer Distanz.

Zu den Autoren, die nach Westdeutschland gegangen waren und in ihren Werken diese angebliche Sabotage erwähnen, zählt Heinz Brandt, der sie in der Autobiographie *Ein Traum der nicht entführbar ist*, 1967, ein „von den Russen bestellte(s) absurde(s) Märchen" nennt (S.255), ferner Karl-Heinz Jakobs (*Wilhelmsburg*, 1979, und *Das endlose Jahr*, 1983) und Erich Loest (*Durch die Erde ein Riß*, 1981). Jakobs gibt in seinen Erinnerungen *Das endlose Jahr* auch eine Erklärung dafür, warum die DDR-Behörden diese Behauptung in Umlauf gesetzt hätten:

> Als nach der Vollkollektivierung in der DDR und der Massenflucht der Bauern die Kartoffelernte mißlang, hieß es, die Amerikaner hätten Kartoffelkäfer abgeworfen, um die Ernte zu vernichten. (S.88)

Der Überblick hat ergeben, daß sich die Schilderungen amerikanischer Diversion, Spionage und Sabotage in der DDR weitgehend auf die fünfziger Jahre (außer denen über den 17. Juni 1953) beschränken. Nach dem Mauerbau hörte die Furcht vor dem amerikanischen Geheimdienst offenbar auf, der unmittelbare Gegner war nun die BRD.

In den fünfziger Jahren versuchten die DDR-Schriftsteller/innen anscheinend, den im Westen kursierenden Schauergeschichten von östlichen Agenten

193

nach James-Bond-Muster etwas Gleiches entgegenzusetzen. Auch dienten die Diversions-, Spionage- und Sabotagegeschichten der Stärkung der DDR-Selbstbewußtseins, denn die Tatsache, daß der junge sozialistische Staat sämtliche Attacken eines so mächtigen, omnipräsenten und skrupellosen Gegners wie des US-Geheimdienstes überstand, wurde als Beweis für die Überlegenheit des Sozialismus über den Imperialismus empfunden. Nirgends wurde jedoch erwähnt, daß östliche Geheimdienste im Westen spionierten, subversive Handlungen wurden nur dem Klassengegner zugetraut.

3.3.3. Vorbereitung der Konterrevolution: der 17. Juni 1953

Im Sommer 1952 war auf der II. Parteikonferenz der SED ein verschärfter Kurs zur sozialistischen Umgestaltung der Gesellschaft verkündet worden, der erhebliche Belastungen für die Mittelschicht und Normenerhöhungen für die Werktätigen vorsah. Folgen waren eine schwere wirtschaftliche Krise und eine Massenabwanderung in den Westen. Nach dem Tode Stalins war in der Sowjetunion eine neue Regierung an die Macht gekommen, die den sogenannten Neuen Kurs wünschte und gegen den Willen des ZK-Sekretärs der SED Walter Ulbricht am 9. Juni 1953 durchsetzte. Der Neue Kurs versprach der Mittelschicht und den Bauern einige Erleichterungen, nahm jedoch nicht die Normenerhöhungen vom 28.5.1953 zurück, die „eine Lohnminderung bei verschärften Arbeitsanforderungen" bedeuteten (*DDR-Handbuch*, s.v. „Juni-Aufstand", S.694).

Als die Tageszeitung des FDGB *Tribüne* am 16.6.1953 die Normenerhöhung begrüßte, legten Arbeiter der Baustelle der Stalinallee in Ost-Berlin die Arbeit nieder und bildeten einen Demonstrationszug, der zum „Haus der Ministerien" führte, wo sich jedoch weder Walter Ulbricht noch Ministerpräsident Grotewohl zur Diskussion stellte. Dem Verlangen nach Senkung der Arbeitsnormen hatten sich politische Forderungen beigesellt. Als daher das Politbüro der SED den Beschluß der Normenerhöhung rückgängig machte, konnte es dadurch den Aufruf zum Generalstreik nicht mehr verhindern. Demonstranten, die sich einiger von der Parteiführung eingesetzter Lautsprecherwagen bemächtigt hatten, und der RIAS riefen zum Generalstreik am 17.Juni auf.

An diesem Tag weiteten sich die Demonstrationen auch auf andere Städte der DDR aus. Rathäuser und öffentliche Dienststellen wurden in verschiedenen Orten besetzt, Gefängnisse gestürmt, um die Gefangenen zu befreien. Neben der Forderung nach Herabsetzung der Normen und Senkung der Lebenshaltungskosten wurden der Rücktritt der Regierung und die Abhaltung freier und geheimer Wahlen verlangt. In Ost-Berlin kam es zu verschiedenen Ausschreitungen wie Plünderung von Geschäften, Brandschatzung von Aufklärungslokalen, Zeitungskiosken und Parteibüros und Prügeleien zwischen durch Parteiabzeichen ausgewiesenen SED-Mitgliedern und Demonstranten. Gegen Mittag verhängte der Militärkommandant des sowjetischen Sektors, Generalmajor Dibrowa, den Ausnahmezustand, sowjetische Panzer fuhren auf und zerteilten die Demonstrationszüge, der Aufstand wurde niedergeschlagen (Angaben nach *DDR-Handbuch*, s.v. „Juni-Aufstand", S.694-696).

Die Ereignisse vom 16. und 17.Juni in der DDR sind ein Thema, das in beiden deutschen Staaten starker Legendenbildung[64] ausgesetzt ist: Der Westen verklärt den 17.Juni als Volksaufstand und feiert ihn als „Tag der deutschen Einheit", der Osten tut den Juniaufstand als „Tag X" ab, d.h. als Tag der Konterrevolution.

Ilse Spittmann hat in ihrem Artikel „Der 17.Juni im Wandel der Legenden" in bezug auf die offizielle SED-Interpretation des Juniaufstandes drei Phasen der Legendenbildung festgestellt:

1. Unmittelbar nach dem 17.Juni wurden Fehler von Partei und Regierung zugegeben, die von „feindliche(n) Provokateure(n)" (Beschluß des Politbüros vom 16.6.1953) und „faschistischen Agenten ausländischer Mächte und ihrer Helfershelfer aus deutschen kapitalistischen Monopolen" (*ND*, 18.Juni 1953) ausgenutzt worden seien, um die Unzufriedenheit der Arbeiter weiter anzustacheln und einen Umsturz herbeizuführen. Der Beschluß der 14. ZK-Tagung der SED vom 21.6.1953 enthält erstmals die Version, amerikanische und westdeutsche Kriegshetzer hätten von Berlin aus die DDR „aufrollen", d.h. die Konterrevolution entfachen wollen. Dieser „Tag X" sei seit langem vorbereitet worden. Wegen des am 9. und 11. Juni verkündeten „Neuen Kurses", der der DDR-Bevölkerung erhebliche Erleichterungen und Verbesserungen versprochen habe, hätten die westlichen Geheimdienste die Konterrevolution überstürzt einleiten müssen, solange sich die Unzufriedenheit der DDR-Bevölkerung noch nicht gelegt habe. Agenten hätten die Arbeiter aufgehetzt, die wegen der Erhöhung der Arbeitnormen um 10 % mißgestimmt gewesen seien (denn der „Neue Kurs" sah zunächst keine Normensenkung vor).

2. Auf dem 15. ZK-Plenum der SED vom 24. bis 26.Juli 1953 wurde die Version festgeschrieben, die bis in die siebziger Jahre hinein Gültigkeit behielt: Es war nur noch von faschistischer Provokation und nicht mehr von Fehlern der SED die Rede. Die Mehrheit der DDR-Bevölkerung, vor allem die Arbeiterschaft, habe die Provokateure entschieden zurückgewiesen und die sozialistischen Errungenschaften verteidigt. Die faschistische Untergrundbewegung in der DDR habe aus ehemals aktiven Nationalsozialisten und ehemaligen SPD-Mitgliedern bestanden, die von Amerikanern organisiert und unterstützt worden seien (Wichard, S.7).

---

64 Vgl. Ilse Spittmann: „Der 17.Juni im Wandel der Legenden", *DA* 6, 17.Jg. (Juni 1984), S.594-605.

3. In der Honecker-Ära wird wieder bestätigt, daß DDR-Arbeiter streikten und demonstrierten. Die „Feinde des Sozialismus im Innern der DDR" hätten die Unzufriedenheit der Werktätigen dann für einen konterrevolutionären Putschversuch ausgenutzt.

Das Thema „17. Juni in der DDR-Belletristik" fand ungewöhnlich großes Interesse bei westdeutschen Wissenschaftlern, es sind darüber mehrere Artikel[65], eine Dissertation[66] und eine (nicht vollständige) Bibliographie[67] erschienen. Diese Sekundärliteratur deckt das Thema hinreichend ab, weshalb die dort besprochenen Werke nur kurz in bezug auf ihr Amerikabild untersucht werden sollen. Es ist mir jedoch gelungen, einige bisher noch nicht von der Sekundärliteratur erfaßte Werke zu finden, die hier ausführlicher vorgestellt werden sollen.

Spittmanns drei Phasen der Legendenbildung lassen sich auch in der Schönen Literatur der DDR feststellen, obwohl sie dort nicht so genau abgrenzbar sind. Das früheste mir bekannte Werk, das sich mit dem 17.Juni 1953 befaßt, ist Anna Seghers' Kurzgeschichte „An einer Baustelle in Berlin", am 7.7.1953 in der *Täglichen Rundschau* in Ost-Berlin erschienen (abgedruckt in dies.: *Willkommen, Zukunft*, S.42-47). In dieser Erzählung sind die Maurer unzufrieden mit hohen Preisen und schlechter Qualität der Waren, sie weisen die neuen Normen entschieden zurück. Von RIAS-Meldungen verhetzt, beginnen sie mit dem Streik, und „Feinde des Friedens" (S.44, 45) stiften Verwirrung, „die aus Westberlin geschickten Banditen" (S.46) gewinnen in dem Demonstrationszug die Oberhand, johlen, pfeifen, plündern, legen Feuer. Die „Kriegstreiber" im Hintergrund freuen sich:

> Nun sollte sich ihrer Meinung nach alles wieder zu ihrem Vorteil ordnen. In Ostasien, mit Hilfe von Li Sing Man, der die Waffenstillstandsverhandlungen durchkreuzen soll, und in Mitteleuropa, mit Hilfe dieses Trupps Bauarbeiter, an dem die Demokratie scheitern kann. (S.46)

Die Parallele zwischen Koreakrieg und 17.Juni zieht die Autorin ein weiteres Mal:

---

65 Heinrich Mohr: „Der 17.Juni als Thema der Literatur in der DDR", *DA* 6, 11.Jg. (Juni 1978), S.591-561 (auch in Lamers, S.43-84); ders.: „Der Aufstand vom 17.Juni 1953 als Thema belletristischer Literatur aus dem letzten Jahrzehnt", *DA* 5, 16.Jg. (Mai 1983), S.478-497; ders.: „Der 17.Juni in der autobiographischen Literatur", *DA* 6, 16.Jg. (Juni 1983), S.602-623; Rudolf Wichard: „Der 17.Juni im Spiegel der DDR-Literatur", *aus politik und zeitgeschichte. beilage zur wochenzeitung das parlament* B 20-21/83, 21.Mai 1983, S.3-16.

66 Johannes Pernkopf: *Der 17.Juni 1953 in der Literatur der beiden deutschen Staaten*, 1982.

67 Stephan Bock: „Der 17.Juni in der Literatur der DDR: Eine Bibliographie (1953-1979)", *Literatur im geteilten Deutschland*, 1980, S.141-159.

Die Streiks in der DDR, die 25 000 Gefangenen, die Li Sing Man in Korea verschwinden läßt, die reaktionären Wahlgesetze von Adenauer, die Hinrichtung der Rosenbergs, das alles ist ein und derselbe Versuch, die Zukunft zu stoppen. (S.47)

Die Arbeiter, die in der DDR streikten, seien für die Vorbereitung eines dritten Weltkriegs mißbraucht worden. Anna Seghers nennt nirgends die USA, doch wird klar, daß sie zusammen mit den westdeutschen Herrschenden Drahtzieher im Hintergrund sind: Sie sind die Kriegstreiber, die sowohl die Regierung Li Sing Man in Südkorea als auch die Adenauers stützen und die den dritten Weltkrieg vorbereiten.

Anna Seghers' Erzählung ist ein Produkt der ersten Phase: Ihr junger Arbeiterheld, der seine Kollegen auf der Baustelle gehalten hat („einer von denen, die wir brauchen wie Brot", S.47), übt Kritik am Verhalten von Partei und Regierung. Am Schluß der Erzählung beenden Sowjetsoldaten, die wie Standbilder lächelnd auf ihren Panzern stehen, den Aufstand und beschützen die Arbeiter Ost-Berlins und den Frieden Europas (S.46).

In dieser frühen literarischen Reaktion auf den Juniaufstand sind bereits zwei der drei Einflußmöglichkeiten der USA auf die Ereignisse in der DDR enthalten: die amerikanische Beteiligung an der Vorbereitung des Aufstands (in der Geschichte nur indirekt angedeutet) und die „Hetze" des Radios Im Amerikanischen Sektor (RIAS), das von West-Berlinern betrieben und mit amerikanischen Geldern finanziert wurde. Diese beiden Möglichkeiten werden in der späteren DDR-Belletristik immer wieder erwähnt.[68]

Die Werke, die zeitlich der Erzählung von Anna Seghers am nächsten stehen, Olaf Badstübners „Der Parteisekretär", 1954, und Stephan Hermlins Kurzgeschichte „Die Kommandeuse", 1954, gehören bereits der zweiten Phase an und interpretieren den Juniaufstand ausschließlich als faschistischen Putschversuch, der von außen (unter anderem von Amerikanern, vgl. Hermlin, S.285 und 286) organisiert und gesteuert worden sei. Badstübners Titelheld kann die im S.-M.-Kirow-Werk zum Streik Aufrufenden als Faschisten, Bürgerliche und Diebe entlarven, die Arbeiter des Werkes streiken nicht, sie nehmen die Provokateure fest und übergeben sie der Polizei: „Zerschlagen ist die amerikanische Agentur im S.-M.-Kirow-Werk." (S.144)

---

68 US-Geheimdienst bereitet Konterrevolution vor: z.B. Olaf Badstübner: „Der Parteisekretär", 1954 (in *DDR-Porträts*, S.126-146); Stephan Hermlin: „Die Kommandeuse", 1954 (in S.Heym, Hg.: *Auskunft*, S.279-292); Karl Veken: „Die Geschichtsprüfung", 1955 (in ders.: *Der Kellerschlüssel*, S.162-173); Werner Reinowski: *Die Versuchung*, 1956; Barbara und Werner Bräunig: „Franke aus Brünlos", 1961 (in *DDR-Porträts*, S.217-239). Aufhetzung durch RIAS: Hermlin, B.u.W. Bräunig, Heiner Müller: „Germania Tod in Berlin", 1956 / 1971 (in *Spectaculum* 31, S.205-242); Erik Neutsch: *Frühling mit Gewalt*, 1978; Rainer Kerndl: *Die seltsame Reise und lange Ankunft des Alois Fingerlein*, 1979.

In Karl Vekens Jugenderzählung „Die Geschichtsprüfung", 1955, tauchen amerikanisierte Jugendliche auf, wie sie in der übrigen DDR-Belletristik zum Thema Juniaufstand häufig zu finden sind, kenntlich an Ringelsocken, Schuhen mit Kreppsohlen, Lumberjacks, Lederjacken oder -hosen, Jeans, bunten Hemden und einer Haartolle, einem „Entensterz" wie Elvis Presley oder einer „Bürste" wie amerikanische GIs. Anders als die unauffälligen Agenten und Provokateure, die z.T. nur an ihrer neuen, unbenutzten Maurerkleidung kenntlich sind, sind diese „Rowdies" an ihrem Äußeren leicht zu identifizieren. Der modischen Orientierung an den USA entspricht die moralische Verkommenheit der Jugendlichen, die für Geld und aus Freude am Randalieren, Prügeln, Brandschatzen und Plündern in den sozialistischen Staat eindringen. Dies ist die dritte Möglichkeit, wie nach offizieller DDR-Vorstellung die USA Einfluß auf den Juniaufstand ausübten.

In Vekens Erzählung ist dieser Typus vertreten durch eine Gruppe jugendlicher Provokateure aus West-Berlin, die sich „Kampfgruppe gegen Unmenschlichkeit" nennt. Die jungen Männer verkehren in „Ami-Klubs" und treffen sich in der „Texasbar" (S.165). Sie sind teils als Maurer verkleidet, teils in „Räuberzivil" und tragen Ringelsocken und „Angeberschuhe" (womit wohl Schuhe mit Kreppsohlen gemeint sind. S.164). Sie plündern, prügeln sich mit überzeugten SED- oder FDJ-Mitgliedern, stiften Unruhe, werfen mit Phosphor gefüllte Coca-Cola-Flaschen und tragen per Fahrrad Nachrichten zwischen den einzelnen Demonstrationszügen hin und her. Einige sind mit Pistolen bewaffnet. Der jugendliche Held der Erzählung kann verhüten, daß einer der Provokateure auf jemanden schießt, und ihn stellen, als die sowjetischen Panzer erscheinen. Von einem jungen sowjetischen Offizier mit „stahlblauen Augen" (S.173) belehrt, die Provokateure seien nicht schlecht, sondern dumm, und der Kampf Deutscher gegen Deutsche sei nicht gut, findet der Held: „Wir müssen uns ja vor ihnen (d.i. den Sowjets, D.W.) schämen." (S.173) Die schulische Geschichtsprüfung, vor der er Angst gehabt hatte, hat er, so die Moral der Geschichte, in der Praxis bestanden.

Amerikanisierte Jugendliche erscheinen auch in Werner Reinowskis *Die Versuchung*, 1956, Inge von Wangenheims *Am Morgen ist der Tag ein Kind*, 1957, Heiner Müllers „Germania Tod in Berlin", 1956/1971, Erik Neutschs *Auf der Suche nach Gatt*, 1973, und Fritz Selbmanns „Anhang den Tag vorher betreffend", 1974 (in S. Heym, Hg.: *Auskunft*, S.136-145). Auch in Stefan Heyms Roman *5 Tage im Juni*, 1974, der in der DDR nicht verlegt wurde und in dem die Amerikaner keine Rolle spielen, wird ein einzelner Jugendlicher, „auf dessen Hemd ein Cowboy sein Lasso schwang" (S.216), erwähnt. In Heiner Müllers „Germania Tod in Berlin", 1956/1971, steinigen in der Szene mit dem Titel „Das Arbeiterdenkmal" kahlköpfige Jugendliche einen alten Arbeiter mit Ziegelsteinen im Rhythmus von Rockmusik, weil er nicht mit der Arbeit aufhören will (S.229-232). Es sind eindeutig amerikanisierte Jugendliche, doch wird nicht ganz klar, warum sie kahlköpfig sind — entweder meinte der Autor einen kurzen „Bürsten"-Haarschnitt, oder er hatte die erst Ende der Sechziger / Anfang der siebziger Jahre auftretenden Skinheads vor Augen, was wahrscheinlicher ist, da sie die Steine im Rhythmus einer Musik werfen, die erst nach 1953 in Europa populär wurde.

Auf Werner Reinowskis Roman *Die Versuchung*, 1956, wurde bereits eingegangen (vgl. Kapitel 3.3.2.: „Diversion, Spionage und Sabotage des US-Geheimdienstes in der DDR"). Der negative Held, der für eine amerikanischdeutsche Geheimdienstorganisation arbeitet, bildet kriminelle Jugendliche im Skandieren von Parolen und im Boxen als Vorbereitung auf den „Tag X" in West-Berlin aus und führt sie am 17.Juni in den Ostsektor der Stadt. Die DDR-Bevölkerung läßt sich von den Provokateuren und Rowdies nicht zum Aufstand aufstacheln. Als die sowjetischen Panzer erscheinen, wird die Hauptfigur verhaftet. Der Amerikaner Dabel, sein Auftraggeber, ist Drahtzieher im Hintergrund. Dabel beobachtet den Juniaufstand vom Auto aus und flieht rechtzeitig zurück in den Westen, die Jugendlichen und ihren Anführer bedenkenlos der Volkspolizei überlassend.

Wie Anna Seghers stellt auch Reinowski eine Verbindung zum Koreakrieg her: Da die USA durch den Waffenstillstand in Korea im Vergleich mit der Sowjetunion ins Hintertreffen geraten seien, hätten sie nun ein Erfolgserlebnis gebraucht, das ihnen der Umsturz in der DDR verschaffen sollte.[69]

Anna Seghers ist von der Version der ersten Phase auch später nicht abgegangen. Im Roman *Das Vertrauen*, 1968, erschienen als Fortsetzung von *Die Entscheidung*, werden die Arbeiter des Stahlwerks Kossin zwar von Provokateuren aufgehetzt, sind jedoch auch ohnehin mit der Normenerhöhung unzufrieden. Es wird vorsichtige Kritik an Partei und Staat geübt. Parteifunktionäre und besonnenere Arbeiter überzeugen die Streikenden schließlich: „Euch haben die Amis angeschmiert." (S.240) Anders als in der Kurzgeschichte „An einer Baustelle in Berlin", in der der Juniaufstand als Vorbereitung des dritten Weltkrieges angesehen wird, greifen im Roman amerikanische Truppen aus Furcht vor dem Auslösen eines dritten Weltkrieges nicht in den Aufstand ein.

---

69 Der offiziellen Interpretation des Juniaufstandes in der zweiten Phase folgt auch die Erzählung „Franke aus Brünlos", 1961, von Barbara und Werner Bräunig. Erwähnenswert ist an dieser Geschichte, die nicht speziell auf die USA Bezug nimmt, vor allem die exzessive Ausdrucksweise: „In einigen Betrieben [...] tauchen plötzlich die Visagen von Faschisten auf. Gekaufte Achtgroschenjungen randalieren vor Kaufhäusern, eingeschleuste Saboteure empfangen über Geheimsender Sabotageaufträge, der RIAS arbeitet auf Hochtouren, aus öligen Mündern triefen Pogromreden. In einigen Betrieben gelingt es, die Arbeiter zu desinformieren, zu desorientieren, zur Demonstration aufzuputschen. Die Faschisten wittern Morgenluft, die Geheimdienste der westlichen Welt trommeln ihre Kopfjäger heraus, die Ratten kriechen aus den Löchern." (S.223f.)

Erik Neutsch hat in seinem Roman *Auf der Suche nach Gatt*, 1973, die offizielle Behauptung übernommen, es hätten prominente amerikanische Politiker und Militärs West-Berlin kurz vor dem Juniaufstand aufgesucht, um „die letzten Vorbereitungen zum Putsch an Ort und Stelle zu überprüfen" (Stefan Doernberg: *Kurze Geschichte der DDR*, 1964, S.222), darunter der CIA-Chef Allan Dulles, seine Schwester Eleanor Dulles, die im Außenministerium arbeitete, „und schließlich auch der durch seine brutale Kriegsführung in Korea bekannte General Ridgeway." (ebd.) In Neutschs Roman heißt es:

> An den Grenzen standen amerikanische Truppen, und General Ridgeway hatte sein Hauptquartier in Westberlin aufgeschlagen. Klaren Kopf behalten, nicht provozieren lassen, damit der Krieg von Korea nicht nach Deutschland getragen wird. (S.80)

Die falsche Schreibweise des Namens „Ridgway" läßt vermuten, daß Neutsch das Sachbuch von Doernberg als Informationsquelle verwendet hat. In Neutschs späterem Roman *Frühling mit Gewalt*, 1978, wird zwar der Juniaufstand beschrieben, doch ist von Amerikanern keine Rede mehr, nur noch von Nationalsozialisten.

Fritz Selbmann, 1953 Minister für Hüttenwesen und Erzbergbau, war das einzige Regierungsmitglied, das sich vor dem Haus der Ministerien der aufgebrachten Menge zur Diskussion stellte und ihr die Normensenkung verkündete. 1974 erschien seine Erzählung „Anhang den Tag vorher betreffend" über diese Szene, allerdings nicht aus der Sicht des Ministers, sondern aus der eines Beobachters. In einem Demonstrationszug, der aus West-Berlin kommt, laufen nicht nur „Halbstarke in Lederjacken" mit, die einen „lächerlichen Haarschnitt" und „Lederbesatz an den Gesäßtaschen" haben (S.137), sondern

> es waren sogar einige amerikanische Soldaten in Uniform in dem heranrollenden Menschenhaufen. Sie hatten aber keine Waffen in den Händen, sondern Schmalfilmkameras oder Feldstecher. (S.137)

Die amerikanische Beteiligung am Juniaufstand reduziert sich also in Selbmanns Erzählung auf einige Schaulustige und Spione.

Eberhard Hilscher hat in seinem Roman *Die Weltzeituhr*, 1983, die Ereignisse im Juni 1953 aus zwei verschiedenen Perspektiven geschildert: zum einen aus der Bert Brechts, der im Roman wie in Wirklichkeit den Juniaufstand als konterrevolutionären Putschversuch ansah: Provokateure und Rowdies führen die demonstrierende Menge an, amerikanische Shermanpanzer fahren an der Grenze auf, Westberliner drängen herüber, der Klassenfeind mißbraucht die Arbeiter für seine reaktionären Ziele (S.268-276). Zum anderen läßt Hilscher den Helden seines Romans am 17.Juni einen von rechtsradikalen Schlägern verprügelten Freund retten, der Freund schimpft auf das „faschistische Gesindel", doch Hilschers Hauptfigur hält ihm entgegen:

> Gewiß tummeln sich hier auf den Straßen fiese Typen, Hakenkreuzler und Raufbolde, aber die große Masse der Demonstranten, schätze ich, bilden unsere Kollegen,

die begründet Krach schlagen und den kybernetischen Informationsfluß zwischen Volk und Regierung wieder in Gang bringen wollen. Leider verschanzen sich die Herren Abgeordneten im kugelsicheren Sitzungssaal, statt ihren Wählern entgegenzugehen und zuzuhören. Begreif doch endlich, daß für die wirtschaftlichen Schwierigkeiten in der DDR nicht nur Faulenzer, Banditen und Saboteure verantwortlich sind, sondern ebenso unsere Genossen Fehlplaner. (S.281)

Hilschers Roman fällt — nicht nur in Hinblick auf die Darstellung des Juniaufstandes — völlig aus dem Rahmen, denn er kritisiert die SED heftiger als alle anderen und stellt die Unzufriedenheit des Volkes als berechtigt hin. Die Brecht-Episode referiert nur die tatsächliche Haltung des Schriftstellers und ist ganz aus seiner Sicht geschrieben, wobei Hilscher Verständnis dafür erweckt, daß Brecht sich angesichts von Massenaufmärschen an die Nazizeit erinnert fühlt und in einer Art Vision das zu sehen meint, was er befürchtet. Die nachstehende Szene mit dem Romanhelden zeigt wohl Hilschers eigene Meinung.

Wichtig an Erich Loests nur in der BRD erschienener Autobiographie *Durch die Erde ein Riß,* 1984, ist in Hinblick auf den Juniaufstand vor allem die Vermutung Loests, viele der am 17.Juni Verhafteten könnten vor Gericht behauptet haben, sie seien vom amerikanischen Geheimdienst angeworben worden, weil die Richter gern „Geschichten von diabolischen Auftraggebern, die Geld und Brandflaschen verteilten, möglichst Gangstertypen mit amerikanischem Akzent" (S.200), hören wollten. So könne der Mythos von der Initiierung des Aufstandes durch die CIA entstanden sein. Ansonsten erwähnt Loest keine amerikanischen Einflüsse auf den Juniaufstand.

Bereits am 11./12.Juni 1983 war in der *Süddeutschen Zeitung* ein Vorabdruck aus der Autobiographie erschienen, und zwar die Passage über den 17.Juni 1953, mit zusätzlichen Kommentaren des Autors versehen. Während Loest in seinen Erinnerung zwar randalierende Jugendliche erwähnt, sie aber nicht näher beschreibt, geht er im Zeitungskommentar auf ein bekanntes Photo ein, auf dem zwei junge Männer zu sehen sind, die Steine nach sowjetischen Panzern werfen:

Ich schaue mir die Steinewerfer jedesmal genau an, und jedesmal fällt mir auf: Dieses Kleidungsstück da hieß Lumberjack, man konnte es in Westberlin kaufen. Und die Hosen... (S.125)

Natürlich könne jemand fragen, wie es der Autor feststellen wolle, „daß nicht westliche Kleidung an einen Ostberliner gelangt sei, geschenkt womöglich von einem guten Onkel". Beweisen könne er es nicht, doch habe er keinen Zweifel daran, daß es sich um West-Berliner gehandelt habe. Dies ist eine späte Variante der amerikanisierten Jugendlichen, allerdings ohne den Hinweis, sie seien vom US-Geheimdienst angeworben worden.

Die Vorbereitung des Juniaufstandes durch den amerikanischen Geheimdienst ist eine Version, die in den fünfziger Jahren dominiert (Erik Neutschs

Auf der Suche nach Gatt, 1973, ist ein später Nachzügler). Der Einfluß des RIAS dagegen wird bis Ende der siebziger Jahre unvermindert betont (letztes mir bekanntes Beispiel: Rainer Kerndl *Die seltsame Reise und lange Ankunft des Alois Fingerlein*, 1979), ebenso die Figur des amerikanisierten Jugendlichen, die sogar noch in dem Werk eines DDR-Dissidenten in den achtziger Jahren auftaucht.

Interessanterweise identifizieren die verschiedenen Autor/inn/en die amerikanisierten Jugendlichen an ihrer Kleidung als West-Berliner, obwohl die Grenze zwischen Ost- und West-Berlin 1953 ohne weiteres passierbar war und Ostgeld in West-Berlin in Westgeld getauscht werden konnte — manche Geschäfte dort nahmen auch Ostmark an. Es war Ost-Berliner Jugendlichen ohne weiteres möglich, sich im Westen Kleidungsstücke zu kaufen, und daß sich viele in ihrem Geschmack an amerikanischen oder westdeutschen Vorbildern orientierten, zeigen die Werke der DDR-Belletristik, in denen diese Neigung zur westlichen Kultur problematisiert wird (vgl. Kapitel 3.3.1.: „Ideologische Diversion durch amerikanische Trivialliteratur, Filme, Musik, Tanz und Mode"). Daß amerikanisierte Jugendliche, wie es in manchen Werken beschrieben wird, einen Zug von Arbeitern begleiteten, der aus West-Berlin kam, besagt nichts, denn die Belegschaft des Stahl- und Walzwerks Hennigsdorf kam aus dem Norden Ost-Berlins und wollte den Weg ins Zentrum abkürzen, indem sie durch die französische Zone West-Berlins zog (was offenbar den DDR-Autor/inn/en nie bekannt wurde).

Heinz Brandt[70], ehemaliger Agitationsfunktionär der SED und Sekretär der Bezirksleitung Ost-Berlin, gibt in diesem Zusammenhang in seiner Auto-

---

70 Brandt, der als SED-Funktionär Einblick in die innerparteilichen Vorgänge jener Zeit hatte, hält die „Tag X"-Version für eine reine Schutzbehauptung der SED. Der einzige Impuls von außen seien die Rundfunkmeldungen im RIAS gewesen, die die Bevölkerung der DDR von den Vorgängen am 15. und 16.Juni in Kenntnis gesetzt und über den für den 17.Juni ausgerufenen Generalstreik informiert hätten. Brandt berichtet, daß infolge der Entstalinisierung in der Sowjetunion Ulbrichts Position als Parteisekretär der SED gefährdet gewesen sei. Er habe sich gegen den von der Regierung Berija gewünschten „Neuen Kurs" gestellt, seine Entmachtung sei nur noch eine Frage der Zeit gewesen. In dieser Situation sei der Juniaufstand paradoxerweise Ulbricht und seinen Anhängern zugute gekommen, da er die Sowjets überzeugt habe, daß ein Wechsel in der Regierungsspitze der DDR zu jenem Zeitpunkt ungünstig sei. Ulbricht, der sich während des Juniaufstandes in das sowjetisch beschützte ZK-Ferienheim Kienbaum zurückgezogen habe, habe die Stärkung seiner Position dafür genutzt, seine Gegner in der SED (Zaisser-Herrnstadt-Gruppe) zu entmachten und vom „Neuen Kurs" abzugehen, wobei ihm der Sturz der Regierung Berijas in der Sowjetunion zuhilfe gekommen sei. Mit der neuen sowjetischen Regierung Chruschtschows wieder im Einvernehmen, habe Ulbricht die Tag-X-Legende eingesetzt, um das Eingreifen der sowjetischen Panzer zur Niederschlagung des Juniaufstandes positiv bewerten zu können, wie ein anderer SED-Funktionär Heinz Brandt gegenüber erklärte: „Es ist noch ein Glück, daß die drüben immer von einem Tag X geschwafelt haben, sonst hätten wir ihn erfinden müssen. Begreif doch, es muß ein Verbre-

biographie *Ein Traum der nicht entführbar ist*, 1967, ein Gespräch mit Stefan Heym aus dem Jahre 1957 wieder, der schon damals einen Roman über den „Tag X" schreiben wollte:

„Du sagst selbst", beharrte er, „daß du sie mit eigenen Augen gesehen hast, all die Westberliner Figuren in Nietenhosen, mit Bürstenhaarschnitt und Cowboy-Hemden. [...] Das waren doch Lumpen, Achtgroschenjungs, bezahlte Kreaturen, Agentenpack, das im Trüben fischen wollte!" (S.274)

Brandt gab darauf zurück:

Hat Benjamin Franklin den Sturm auf die Bastille befohlen, als er USA-Gesandter in Paris war [...]? Ausländer, Fremde sind es meist ... Ob Nietenhosen, ob Sansculotten, ob Bürstenhaarschnitt, ob Jakobinermütze: Das sind doch modische Polizei-, polizeiliche Modebetrachtungen. Oder willst du eine vergleichende historische Studie über Mode und Revolution schreiben?

Die Tag-X-Story ist von Polizeihirnen ersonnen, mit Polizeiindizien gespickt.

Noch nie in der Geschichte sind Volkserhebungen von außen inszeniert worden, und noch nie in der Geschichte haben Volksaktionen stattgefunden, in die sich nicht Agenten rivalisierender Mächte einmischten. Noch nie in der Geschichte haben die bedrohten Herrschaftssysteme Volksemeuten anders dargestellt, denn als Machwerk ausländischer Agenten. (S.275)

Auch Robert Havemann, damals Professor für physikalische Chemie und Direktor des Physikalisch-chemischen Instituts an der Humboldt-Universität in Ost-Berlin, meint in seiner Autobiographie *Fragen, Antworten, Fragen*, 1970:

Nirgends in der Welt geschieht irgend etwas auf der politischen Szene, ohne daß die Geheimdienste, die westlichen wie die östlichen, ihre Finger darin haben. Auch im Berlin des Jahres 1953 waren sie sicher nicht fern. Aber es ist eine Naivität, zu glauben, daß diese Finger die Weltgeschichte bewegten. (S.136f.)

Abschließend ist festzuhalten: Der „Tag X"-Legende im Osten entspricht die „Volksaufstand"-Legende im Westen, die den Kurs der Regierung Adenauer stärkte (Pernkopf, Spittmann). Gegen die Vorstellung eines Volksaufstandes spricht vor allem, daß nur 5,5 (laut östlichen Angaben) bzw. 6,8 % (westliche Angabe) der ostdeutschen Arbeiterschaft sich aktiv an Streik und Aufstand beteiligten (Mohr 1978, S.76, Anm. 32). Mittelschicht, Bauern und Intellektuelle enthielten sich fast vollständig (Pernkopf, S.98)

In beiden Ländern hat die Legendenbildung auf die Schriftsteller/innen so nachhaltig eingewirkt, daß sie bis zur Gegenwart davon geprägt sind. Loests letzter Satz in dem *SZ*-Kommentar dürfte zutreffend sein: „Über den 17.Juni werden wir uns streiten, solange wir leben." (S.125)

---

chen, ein kriminelles Verbrechen vorgelegen haben, damit der Panzereinsatz moralisch-politisch gerechtfertigt erscheint. Also *gab* es ein solches Verbrechen, eben diesen Tag X." (S.250, Hervorhebung im Original)

3.3.4. Amerikanische Diversion, Spionage und Sabotage in anderen sozialistischen Staaten

Nicht nur gegen die DDR, auch gegen andere Staaten des sozialistischen Lagers richteten sich die Aktivitäten der US-Geheimdienste. In der Sachliteratur hat sich vor allem Julius Mader mit diesem Thema intensiv auseinandergesetzt in den Bänden *Gangster in Aktion* und *Die Killer lauern*, beide 1961, in *Who's who in CIA*, 1968, und in *CIA in Europa: Wesen und verbrecherisches Wirken des Geheimdienstes der USA*, 1982. Wolfgang Schreyer schrieb die Geschichte der Luftspionage in *Augen am Himmel: Eine Piratenchronik* (neubearbeitete und erweiterte Auflage 1972), und längere Passagen in *Weltgendarm USA: Der militärische Interventionismus der USA seit der Jahrhundertwende* von Albrecht Charisius, Rainer Lambrecht und Klaus Dorst, 1983, konzentrieren sich auf amerikanische Subversionsversuche in sozialistischen Volksdemokratien.

In der Schönen Literatur der DDR sind es die beiden Abenteuerschriftsteller Wolfgang Schreyer und Harry Thürk, die sich bevorzugt mit diesem Thema abgeben, Schreyer in *Der Traum des Hauptmann Loy*, 1955, und „Alaskafüchse", 1957 (in *Die Entführung*, S.5-175), Thürk in dem zweibändigen Werk *Der Gaukler*, 1978/79.

Im *Traum des Hauptmann Loy* (1961 von Kurt Maetzig unter demselben Titel verfilmt) schickt der amerikanische Luftwaffengeheimdienst eine Militärmaschine mit speziellem Tarnanstrich in sowjetisches Hoheitsgebiet, um die Effizienz des sowjetischen Radarsystems zu testen. Die Maschine soll einen Baltendeutschen über Lettland mit dem Fallschirm absetzen, der dort eine Untergrundbewegung gründen will. Mannschaft und Passagiere der Maschine sind nicht eingeweiht, der offizielle Kurs wird plötzlich geändert, angeblich, um eine verloren gegangene Verkehrsmaschine zu suchen. Der US-Geheimdienst kalkuliert ohne Bedenken ein, daß die Militärmaschine über sowjetischem Gebiet abgeschossen werden könnte und daß Besatzung und Passagiere, darunter Zivilisten, dabei ums Leben kommen könnten, was für einen Propagandafeldzug gegen die Sowjetunion genutzt werden soll.

Zu den Passagieren an Bord gehören der englische Hauptmann Loy, ein amerikanischer Militärkorrespondent, eine Angehörige der US-Luftwaffe, eine Schauspielerin und ein amerikanischer Rüstungsindustrieller, der Fernlenkwaffen herstellt, mit seinem Privatsekretär. Großen Raum nimmt im Roman die Darstellung der Bemühungen ein, die diese Personen anstellen, um die Hintergründe der Kursänderung zu klären, und die Schilderung ihres Verhaltens in einer Notsituation. Vor allem der Rüstungsindustrielle, der hier am eigenen Leib eine kriegsähnliche Situation erlebt, wandelt sich vom dynamischen, zuversichtlichen und energischen Mann zum hilflosen Hysteriker, der hinter all den Ereignissen ein Komplott seiner Konkurrenten in der Rüstungsindustrie gegen seine Person zu sehen glaubt. Ein nicht viel besserer Charakter als der Kapitalist ist der amerikanische Militärberichterstatter, der sich erst maßgeblich an der Aufdeckung der wahren Motive für die Kursänderung beteiligt. Er ist liberal, und da er einmal unter Pseudonym einen kritischen Aufsatz über die Libau-Affaire (siehe unten) geschrieben hat, fürchtet er nun die Verfolgung durch das FBI (der Roman spielt zur Zeit des McCarthyismus). Daher verfaßt der Reporter nach seiner Rettung einen verlogenen Artikel, in dem er behauptet, die Sowjets hätten die Maschine außerhalb ihres Luftraums angegriffen.

Die Maschine wird abgeschossen, mehrere Insassen kommen ums Leben, ein Teil der Überlebenden wird von einem US-Hubschrauber gerettet, der Rest von den Sowjets, darunter Hauptmann Loy, der den wirklichen Ablauf der Ereignisse bekanntgeben will.

Schreyer flicht in die fiktive Geschichte immer wieder Berichte über eine tatsächliche Begebenheit ein, den Abschuß eines amerikanischen Militärflugzeuges über Libau in Lettland im Frühjahr 1950, das offenbar auch zur Luftspionage eingesetzt war. Sein Anliegen ist es zu zeigen, daß solche und ähnliche Zwischenfälle das Ergebnis und „die notwendige Begleiterscheinung der weitgehend militarisierten Wirtschaft in den USA" sind (Pelzer, S.229). Gleichzeitig veranschaulicht er das menschenverachtende Denken des Geheimdienstes, der zur Erprobung eines Tarnanstrichs und zur Einschleusung eines Agenten in die Sowjetunion skrupellos Menschenleben aufs Spiel setzt, auch das von unbeteiligten Zivilisten.

Eine ähnliche Aussage enthält auch Schreyers Erzählung „Alaskafüchse", 1957. Diesmal spielt die Handlung auf einem US-Luftwaffenstützpunkt in der Arktis, von wo aus Erkundungsflüge mit Spezialmaschinen in sowjetisches Interessengebiet hinein unternommen werden, um Informationen über sowjetische Wasserstoffbombentests zu sammeln. Diese Flugzeuge tragen Photoplatten am Rumpf und an den Tragflächen, die radioaktive Spuren in der Atmosphäre aufzeichnen. Daraus lassen sich Schlüsse auf Größe und Zusammensetzung der Wasserstoffbomben ziehen. Die Amerikaner müssen im Roman erfahren, daß ihnen die Sowjets in der Entwicklung dieser Waffe weit voraus sind.

Eine der Erkundungsmaschinen stürzt nahe der sowjetischen Küste ab, die Mannschaft überlebt, kann jedoch nicht SOS funken, um die Sowjets nicht auf sich aufmerksam zu machen. Die Offiziere des Luftwaffenstützpunktes sind entschlossen, lieber die Besatzung des Flugzeuges zu opfern, als die Maschine von den Sowjets entdecken zu lassen. Doch findet ein sowjetisches U-Boot das Flugzeug und zwei der drei Insassen lebend (einer ist voller Panik vor den Russen geflüchtet und ertrunken). Die Sowjets helfen den Amerikanern, die Maschine wieder startklar zu bekommen, und lotsen sie in US-

Hoheitsgebiet. Dort wird dem Piloten der Prozeß gemacht. Man verdächtigt ihn, der ohnehin wegen einer Liebesgeschichte mit einer Kommunistin in die Arktis strafversetzt worden war, er habe das Spezialflugzeug den Sowjets ausliefern wollen. Der Pilot, ein Patriot, der an die amerikanischen Ideale glaubte, jedoch in seiner Überzeugung etwas schwankend geworden war durch seine kommunistische Freundin und die Tatsache, daß sich die von den USA verteufelten Sowjets als freundlich und hilfsbereit herausstellten, beginnt das imperialistische System zu durchschauen: Die Offiziere, die ihn beschuldigen,

vertraten die Streitkräfte, sie repräsentierten den Staat. Was aber war das für ein Staat, der solche Kreaturen formte? Welchen Zielen steuerte er zu? Was für Mißgeburten brachte er noch hervor? Für wen war Bob Harris oben im Eis verreckt — für Amerika? Für die Millionen Amerikaner etwa, die nichts mehr fürchteten als den Atomkrieg? Oder für eine Handvoll verbohrter Militärs, fanatischer Politiker, die weder ein Herz noch gesunden Menschenverstand hatten, wohl aber die Macht? (S.168)

Ein später Nachzügler dieser Kalter-Krieg-Romane ist Harry Thürks *Der Gaukler*, 1978/79, ein Schlüsselroman über Aleksandr Solschenizyn, von Thürk Ignat Wetrow genannt. Die CIA bedient sich Wetrows, um das Ansehen der Sowjetunion im Ausland zu schädigen. Wetrow wird geschildert als maßloser Egoist, kleinlicher, unverschämter, rücksichts- und charakterloser Mensch, als Denunziant, Hysteriker, Faschist und frauenverachtender Frauenheld mit mäßigem Talent für Literatur und großem Talent zur Selbstdarstellung, der die Gutmütigkeit und Freizügigkeit seiner Behörden ausnutzt, um den sowjetischen Staat zu attackieren.

Der Sozialismus ist weltweit auf dem Vormarsch, die Amerikaner haben einsehen müssen, daß sie ihn militärisch nicht bekämpfen können. Ideologisch sind die im Verfall begriffenen USA dem Sozialismus bei weitem nicht gewachsen, also versuchen sie, ihn durch Propagandalügen zu diffamieren. Wetrow mit seinen Romanen über die Stalinzeit eignet sich dafür hervorragend. Auch hofft die CIA, daß die Diskussion über ihn in der Sowjetunion Unruhe stiften werde. Eine junge Slawistin wird als Kontaktperson Wetrows in die Sowjetunion entsandt, sie weiß nicht, daß sie für die CIA arbeitet. Sie lehnt Wetrow ab, doch lernt sie das Land, in dem er lebt, immer mehr schätzen. Thürk läßt die Sowjetunion als großzügiges, freies Land mit freundlichen Menschen und schönen Städten erscheinen, wo zwar in der Stalinzeit Fehler begangen worden seien, die sich aus der zeitbedingten Zwangslage ergeben hätten, doch habe man diese Fehler später eingesehen und, so weit möglich, wiedergutgemacht.

Die USA dagegen ähneln Sodom und Gomorrha: Bedrückende Städte voller Abgase und Schmutz, politische Unterdrückung, Rassismus, Niedergang von Kunst und Literatur, Kriminalität, Dekadenz, Reduzierung der zwischengeschlechtlichen Beziehungen auf Sex. Die CIA ist allgegenwärtig und übermächtig, sie hat Leute wie Herbert Marcuse gefördert, um die Sozialisten zu spalten, sie macht Wetrow zum weltweit bekannten und gerühmten Schriftsteller und sorgt dafür, daß er — wie vor ihm Pasternak, auch eines ihrer Werkzeuge — den Literaturnobelpreis erhält, sie hat den Prager Frühling initiiert, und auf ihren Wunsch hin wird der Freund der Slawistin, ein amerikanischer Reporter, der die Zusammenhänge zu durchschauen beginnt, von seiner Zeitung nach Vietnam geschickt und dort ermordet. Die junge Frau, über seinen Tod verzweifelt und von ihrer Arbeit mit Wetrow zunehmend abgestoßen, fördert schließlich dessen Ausreisebemühungen in der Hoffnung, sich nicht mehr mit ihm abgeben zu müssen. Ihr wird klar, daß sie von der CIA benutzt worden ist, gegen die Sowjetunion zu handeln. Als Wetrow in der BRD angelangt ist, will sie sich von der CIA trennen, muß aber feststellen, daß diese sie in der Hand hat und nicht gehen läßt, und nimmt sich das Leben.

Thürks zweibändiges Werk ist ein Anachronismus, wohl die Ergebenheitsadresse eines linientreuen Autors an seinen Staat nach der Biermann-Ausweisung und ihren Folgen. Es ist bei weitem das gehässigste und USA-feindlichste Werk der DDR-Belletristik seit den fünfziger Jahren. Da die Ausbürgerung Solschenizyns schon vier Jahre zurücklag, als der erste Band des *Gauklers* herauskam, liegt die Vermutung nahe, daß der Verfasser mit seiner Geschichte vom reaktionären Kuckuck im sozialistischen Nest auch zur Biermann-Ausbürgerung im Jahre 1976 Stellung nehmen wollte.

Thürks Logik ist einfach: Die Sowjetunion steht moralisch höher, also kann sie alle Angriffe und Diversionsversuche des mächtigen, aber moralisch verkommenen Gegners abwehren. Die Sowjets haben ein Ideal, an das sie glauben, den Sozialismus, der den Menschen in den Mittelpunkt stellt. Die Amerikaner dagegen haben keine Werte mehr, ihnen bleiben nur oberflächlicher Konsum, Sex und eine Kunst, die mit der sowjetischen nicht zu vergleichen ist. Alles, was über die Sowjetunion an Negativem bekannt ist, verharmlost der Autor (so behauptet er z.B., die Einweisung von Dissidenten in psychiatrische Kliniken sei ein Trick dieser Leute, sich vor Arbeit zu drücken und weltweite Aufmerksamkeit auf sich zu ziehen), alle Mißstände in den USA steigert er ins Unermeßliche. In die Zeit des kalten Krieges hätte *Der Gaukler* eher gepaßt als in die späten siebziger Jahre.

Es liegt in der Natur der Sache, daß das Amerikabild derjenigen DDR-Werke, die sich mit amerikanischer ideologischer Diversion, Spionage und Sabotage befassen, so negativ ist, wie es dargelegt wurde. Der Klassengegner USA handelt aus Mißgunst, Antikommunismus und konterrevolutionärer Absicht. Trotz seiner Allmacht unterliegt er dem Sozialismus, der das moralisch höhere Prinzip vertritt und daher die Menschen auf seiner Seite hat.

Vom ideologischen Hintergrund abgesehen, weisen die DDR-Werke auf ein reales Problem des sozialistischen Staates in seiner Frühzeit hin, die Angst vor Diversion, Spionage und Sabotage. Außerdem versuchten einige DDR-Schriftsteller/innen anscheinend, ein Gegengewicht zu den im Westen verbreiteten Spionage- und Sabotagegeschichten über Ostagenten zu schaffen. Das Schlagwort „ideologische Diversion" wurde gegen US-Musik, -Filme, -Trivialliteratur und -Mode wohl nicht aus wirklicher Furcht vor Verderbung der ostdeutschen Jugend verwendet, sondern aus Abneigung gegen Fremdes und aus Sorge, es könne in der DDR eine ähnliche Obrigkeitsfeindlichkeit der Jugend wie im Westen entstehen.

In den DDR-Werken über amerikanische Subversion werden die USA mit den sozialistischen Staaten verglichen, wobei DDR und Sowjetunion stets besser abschneiden, denen subversive Tätigkeiten nicht zugetraut werden. Mit Ausnahme einiger Werke über den Juniaufstand und Harry Thürks *Der Gaukler* ist dies jedoch eine Erscheinung des kalten Krieges. Daß der 17. Juni 1953 als Thema bis in die achtziger Jahre hinein aktuell blieb, hängt mit seinem Stellenwert in der (gesamt)deutschen Geschichte zusammen.

3.4. Vorbereitung eines dritten Weltkriegs

Die Angst vor einem dritten Weltkrieg, einem Atomkrieg, artikuliert sich besonders in der DDR-Belletristik der fünfziger und der achtziger Jahre. Der Atombombenabwurf der Amerikaner auf Hiroshima und Nagasaki, die atomare Rüstung der USA, ihr Atomwaffenmonopol bis 1949, der Koreakrieg, die amerikanischen Wasserstoffbombenversuche bei den Marshall-Inseln und das Kalte-Kriegs-Geschrei beider Seiten steigerten in der zweiten Hälfte der Vierziger und in den fünfziger Jahren die Besorgnis[71]. Die Schuld an der

---

71 vgl. dazu Georg Klaus und Peter Porst: *atomkraft — atomkrieg?* 1949; *Atomfragen*, herausgegeben vom Deutschen Friedensrat, 1954; *Atome — Fluch oder Segen?*, 1958; *Atom im Kreuzverhör*, herausgegeben von einer Gemeinsamen Kommission „10 Jahre DDR", 1959; *Frieden, Abrüstung, deutsche Frage*, herausgegeben vom Friedensrat der DDR, 1962; *IPW-Berichte*, 1971ff. Gegen das Argument, daß auch die Sowjetunion die Atom- und die Wasserstoffbombe besitze und mit ihr drohe, geht Stefan Heym in dem Artikel „Wenn zwei dasselbe tun", 1955 (in *Offen gesagt*, S.92-96), an: „In den Händen der Kapitalisten ist die Wasserstoffbombe, obwohl Kernspaltung überall Kernspaltung ist, etwas anderes als in den Händen einer Arbeitermacht." (S.94) Die USA führten ihre Wasserstoffbombentests im Pazifik durch, versuchten die Inseln und das Meer und nähmen in Kauf, daß radioaktiver Staub in die Atmosphäre gerate und über die ganze Welt verteilt werde sowie daß Fische atomar verseucht würden. Die Sowjetunion dagegen zünde ihre Bomben hoch oben in der Stratosphäre, wo nichts passieren könne. Vor der amerikanischen Wasserstoffbombe habe die ganze Welt Angst, „wie man eben vor einem Wahnsinnigen mit der Brandfackel in der Hand Angst hat" (S.94), vor der sowjetischen Bombe jedoch nur die Monopolisten in den USA und in der BRD. Die Sowjetunion habe die Bombe nur zur Verteidigung, sie habe auch sofort ein Kernwaffenverbot gefordert.

Verursachung eines künftigen Atomkriegs wurde in den offiziellen Stellungnahmen den USA zugewiesen, die als führender imperialistischer Staat Weltherrschaftsbestreben entwickelt hätten und skrupellos genug seien, um sich zum Durchsetzen dieser Bestrebung der nuklearen Waffen zu bedienen, ohne dabei einzuberechnen, daß sie selbst von einem Atomkrieg betroffen sein könnten. Da der Imperialismus menschenverachtend und antikommunistisch sei, plane er ernsthaft den Krieg gegen die Sowjetunion. Hinter Aufrüstung, Weltherrschaftsstreben und Kriegsvorbereitungen stehe die amerikanische Industrie, die sich riesige Profite davon verspreche.

Die Sowjetunion habe in kürzester Zeit die USA auf technischem Gebiet eingeholt, ja überholt, sie habe das erste Atomkraftwerk der Welt errichtet, da sie für eine friedliche Nutzung der Atomkraft sei. Zur Nuklearwaffenentwicklung werde sie durch die Aufrüstung in den USA gezwungen, habe aber mehrere Vorschläge zur Ächtung der Nuklearwaffen gemacht, die die USA immer wieder ausgeschlagen hätten. Das einzige, was die Vereinigten Staaten von ihrem (selbst)mörderischen Plan eines dritten Weltkrieges abhalten könne, seien die weltweiten Proteste gegen Atomwaffen und die Appelle zur Ächtung der Atom- und Wasserstoffbombe.[72] In ihre Pläne bezögen die USA ihre westlichen Bündnispartner ein, also auch die Bundesrepublik und die anderen NATO-Staaten.

Als der kalte Krieg an Schärfe verlor, ließ auch die Propaganda der DDR nach, die die USA als Kriegstreiber hinstellte, wenn sie auch weiterhin der Atomkriegsvorbereitungen beschuldigt wurden. Die Durchsetzung der friedlichen Koexistenz Anfang der siebziger Jahre wird von DDR-Seite der Sowjetunion zugeschrieben: Das weltweite Vordringen des Sozialismus und der Wunsch der Völker nach Frieden habe die USA dazu gezwungen, zum Schein auf die sowjetische Politik der friedlichen Koexistenz einzugehen. Trotzdem rüsteten die Vereinigten Staaten weiter auf und entwickelten neue Waffen, um doch noch eine Überlegenheit über die Sowjetunion und die sozialistischen Volksdemokratien herbeizuführen und dann den Krieg zu wagen. Die Warschauer-Pakt-Staaten seien daher ebenfalls zur Aufrüstung gezwungen worden, alle Rüstungsstop- und Abrüstungsvorschläge seien von den USA abgelehnt worden, bis die Erfolge des sozialistischen Weltsystems sie zu Minimalzugeständnissen gezwungen hätten.

---

72 April 1949: Weltfriedenskongreß in Paris; Mai 1950: Stockholmer Friedenstagung, Stockholmer Appell zur Ächtung der Nuklearwaffen; November 1950: 2. Weltfriedenskongreß in Warschau; Dezember 1952: Völkerkongreß in Wien; Januar 1955: Weltfriedenskongreß in Wien, Wiener Appell gegen Atomkrieg; Juli 1955: Konferenz der Regierungschefs der USA, der Sowjetunion, Englands und Frankreichs, Genfer Protokoll; 1958: Göttinger Appell.

Als die amerikanische Neutronenbombe erfunden wurde und in US-Kreisen die These vom begrenzten nuklearen Krieg aufkam, nahm die Kritik der DDR wieder an Heftigkeit zu (vgl. *IPW-Berichte)*. Die weltweite Friedensbewegung griff auf die DDR über. Im Dezember 1981 fand in Ost-Berlin das erste Berliner Schriftstellertreffen statt, im April 1983 in West-Berlin das zweite. Die kirchliche Friedensbewegung („Schwerter zu Pflugscharen") wird in der DDR dagegen unterdrückt. Da sich die sozialistischen Länder in der Defensive sehen und ihre Rüstung mit der Gegenwehr gegen amerikanische Bedrohung begründen, waren sie lange Zeit nicht für einseitige Abrüstung zu gewinnen, und der Atompazifismus der Kirche widerstrebte ihnen.

Die meisten Werke der Schönen DDR-Literatur über die USA nehmen auf Kriegshetze und Kriegsvorbereitungen der Vereinigten Staaten Bezug. Im besonderen befaßte sich bereits 1948 Anna Seghers mit diesen Themen in dem Aufsatz „Glauben an Irdisches" sowie in späteren Essays und Reden, die in dem Band *Frieden der Welt: Ansprachen und Aufsätze 1947-1953* zusammengefaßt sind und die immer wieder vor den Kriegsabsichten der Amerikaner warnen. Ebenfalls in den vierziger Jahren verfaßte der Arbeiterschriftsteller Ludwig Turek einen flammenden Appell gegen atomare Rüstung in Form des *Science fiction*-Romans *Die goldene Kugel* (vgl. Kapitel 4. „*Science fiction*"). Der Lyriker Kuba rief in dem Gedicht „Gegen den Krieg", anläßlich der Weltfriedenskonferenz in Paris im Frühjahr 1949 geschrieben, die Menschheit auf, gegen die „Kriegsverbrecher" aufzustehen (in *Wort auf Wort wächst das Lied*, S.115). Fünf Jahre später schilderte er in dem Gedicht „Erster Mai 1954" (S.131) einen schönen Maitag, der durch den Gedanken an einen möglicherweise bevorstehenden Atomkrieg getrübt wird. Wer einen solchen Krieg plane, sei kein Mensch: „Das ist ein Ungeheuer, / das ist ein Hund, und dieser Hund ist toll!"

Atomforschung in den USA und ihr Mißbrauch durch die Waffenindustrie ist das Thema von Maximilian Scheers und Karl Georg Egels Hörspiel „Und Berge werden versetzt", 1950 (in *Das Hörspiel unserer Zeit 1*, S.37-74): Die großen Ölmonopole der USA sind gegen eine friedliche Nutzung der Atomkraft, die ihnen zuviel Konkurrenz machen könnte, die US-Generäle bereiten die amerikanische Bevölkerung durch psychologische Kriegführung auf einen dritten Weltkrieg vor und zwingen Wissenschaftler dazu, für die Waffenherstellung zu arbeiten. Wer sich weigert, seine Forschungsergebnisse zur Verfügung zu stellen, wird erheblichen Zwangsmaßnahmen unterworfen oder verliert sogar seine Stelle.

Auch „Paris, den 28. April", 1950 (in *Mut zur Freiheit: Das Hörspiel unserer Zeit 2*, S.37-64), ebenfalls ein Hörspiel von Maximilian Scheer, handelt von ethischen Problemen eines Wissenschaftlers: Joliot-Curie, Hoher Kommissar für Atomenergie in Frankreich, erforscht die Möglichkeiten zur friedlichen Nutzung der Atomkraft. Zwei Angebote amerikanischer Forschungsinstitute schlägt er aus, weil er befürchtet, daß seine Ergebnisse für die Waffenproduktion verwendet werden. Die amerikanische Regierung interveniert daraufhin bei der französischen und fordert die Entlassung Joliot-Curies. Vor allem nachdem dieser die USA wegen ihrer Drohungen mit der Atombombe und wegen des Baruch-Plans[73] kritisiert und die Sowjetunion wegen ihrer Friedfertigkeit gerühmt hat, entschließt sich die französische Regierung, ihn seines Amtes als Hoher Kommissar für Atomenergie zu entheben. Das Hörspiel endet mit großen Demonstrationszügen in Frankreich gegen die Entlassung des Physikers.

Gustav von Wangenheim zeigt in dem Theaterstück *Auch in Amerika*, 1950, daß auch in den Vereinigten Staaten Menschen für den Frieden und gegen die Atombombe zu kämpfen und Repressalien in Kauf zu nehmen bereit sind.[74]

Karl Stitzers *Der Weltuntergang findet nicht statt*, 1957, ist ein Sachbuch mit fiktiver Rahmenhandlung, die als Anlaß für längere physikalische Abhandlungen oder Chronologien verschiedener Ereignisse dient: Ein junger Arbeiter wird von einer befreundeten Ärztin mit Grundwissen über die Kernenergie und Atom- und Wasserstoffbomben belehrt, erfährt von ihr etwas über den Atombombenabwurf auf Hiroshima und über die japanischen Fischer, die in das *Fallout* der ersten amerikanischen Wasserstoffbombenexplosion bei Bikini gekommen, an der Strahlenkrankheit erkrankt und gestorben waren, über die verseuchten Fische, die von japanischen Fischerbooten gefangen worden waren und vernichtet werden mußten, über die Bewohner der Marshall-Inseln, die, soweit sie nicht evakuiert worden waren, ebenfalls dem *Fallout* ausgesetzt waren und erkrankten, über Umweltkatastrophen wie gewaltige Stürme, Regengüsse und Wetterstürze in aller Welt infolge der atomaren Tests, über Kernwaffenversuche in den USA selbst und die Folgen (atomare Wolken trieben auf Ortschaften zu), über die Atomkriegshysterie in den USA. Die zynischen *Statements* von amerikanischen Politikern und Generälen in Zeitungsartikeln werden in Übersetzung wiedergegeben, die die Ausmaße der Folgen von Kernwaffenversuchen verkleinern und offen von einem geplanten Atomkrieg sprechen. Auch die Lagerung von amerikanischen Wasserstoffbomben in Westdeutschland und anderen europäischen Staaten wird erwähnt.

Schließlich geht das Buch auf den weltweiten Widerstand gegen atomare Rüstung und Kriegsvorbereitungen ein und hebt besonders die Proteste von Wissenschaftlern, Künstlern, Juristen und Kirchen hervor. Betont werden die wiederholten Angebote der Sowjetunion, Kernwaffen weltweit zu verbieten

---

73 Plan zur Kontrolle der Kernwaffen, nach DDR-Ansicht dazu bestimmt, den USA ihr Atomwaffenmonopol zu erhalten: Eine internationale Kontrollkommission sollte dafür sorgen, daß in keinem Land der Welt Kernwaffen gebaut werden, während die USA ihre Produktion fortsetzen wollten.
74 Dieses Drama war nicht auffindbar. Eine Inhaltsangabe konnte ich Werner Mittenzwei: *Theater in der Zeitenwende*, 1, S.229, entnehmen.

und Tests zu stoppen, und ihre friedliche Nutzung der Atomkraft im ersten Atomkraftwerk der Welt, während die USA nur die Verwendung der Kernenergie für Waffen interessiere. In bezug auf die Vereinigten Staaten wird häufig das Wort „Barbaren" (z.B. S.38, 46) angewandt, auch von „Unmenschen" (z.B. S.63) und sogar von „Entartung" der Wissenschaft (S.34) in den USA ist die Rede. Folgende Zielsetzung der USA nimmt die Ärztin an:

> Hält man sich [...] die Verrohung der Jugend durch Verbrecherfilme, Comic-Hefte, Catcher-Turniere oder ähnliche Mittel und daneben die planmäßige Zerstörung menschlichen Denkens und Fühlens durch eine entartete Wissenschaft und Kunst vor Augen, dann werden die Zusammenhänge deutlich. Die Entmenschlichung des Menschen, das ist das Ziel. Die Atombombe ist nur eine logische Konsequenz dieser Entwicklung. Wenn diese Gesellschaft einmal zugrunde geht [...], dann wollen sie die ganze Menschheit in ihre Katastrophe mit hineinreißen. (S.41)

Diesem Buch folgt eine Reihe von Gedichten, die auf einzelne Fakten Bezug nehmen, welche auch Stitzer erwähnt hat und die damals Tagesgespräch waren: Armin Müllers „Unsinniges Gespräch mit einer Amsel", 1956 (in *Schwarze Asche — Weiße Vögel*, S.15-18), auf die Verseuchung der Atmosphäre mit radioaktivem Staub infolge von Wasserstoffbombenversuchen; Stephan Hermlins „Die Milch", 1957 (in *Gedichte*, S.92) auf die Verunreinigung der Milch mit Strontium 90, das bei Wasserstoffbombentests anfällt und sich in kleinsten Teilchen in der Atmosphäre verteilt, um irgendwo in der Welt mit dem Regen niederzugehen und mit dem Gras in Kuhmägen und -milch zu geraten, und „Die Vögel und der Test", 1957 (S.93) auf die Änderung von Vogelzügen infolge von US-Wasserstoffbombentests; Armin Müllers Zyklus „Ich habe den Thunfisch gegessen", 1957 (in *Schwarze Asche — Weiße Vögel*, S.19-32), auf die radioaktive Verseuchung von Fischen, deren Verzehr bei Japanern die Strahlenkrankheit auslöste, und sein Zyklus „Die den Himmel auf ihren Schultern tragen", 1957 (S.26-32), auf die Strahlenverseuchung durch Strontium 90 im Regen; Louis Fürnberg und Kuba in *Weltliche Hymne*, 1958, auf Hiroshima und Bikini, die verderbte US-Wissenschaft und die Bedrohung der Welt durch die Strahlenkrankheit („Gott hat nicht gesegnet/Gottes eignes Land", S.41); eines von Helmut Preißlers Gedichten aus dem Zyklus „Anträge 1958 um Aufnahme in die Partei der Arbeiterklasse" (in *Gedichte 1957/1972*, S.28f.) auf die amerikanischen Priester, die die Wasserstoffbomben segneten. Günther Deicke zieht im Zyklus *Die Gesetze*, 1958, eine Linie von der Atombombe auf Hiroshima über die japanischen strahlenverseuchten Fischer nach dem Bikini-Test zu den amerikanischen Atomkriegsvorbereitungen. Im Zyklus *Die Wolken*, 1965, besingt der Dichter erst Wolken im allgemeinen, dann Rauchwolken wie die, die durch Feuer entstanden sind, bei Hexenverbrennungen oder in den Öfen von Auschwitz, sodann den Atompilz. Er ruft zum Widerstand gegen den „Tod von Bikini" auf (S.171), erinnert an die japanischen Fischer und an die radioaktive Verseuchung der Atmosphäre:

Wenn der Schnee fällt —
soll er heut bringen die Seuche,
den Tod von Bikini, den Tod von Nevada, —
den Tod...?
(S.171f.)

Gerhard Stübe greift in dem Hörspiel *Harakiri*, 1959, nochmals auf die Tragödie der verseuchten japanischen Fischer zurück. Ein japanischer Medizinprofessor schickt auf einem Fischerboot Patienten aufs Meer, da er sich von der Heilkraft der Seeluft Genesung für die Erkrankten verspricht. Stattdessen kommen sie strahlenkrank zurück und sterben, der Arzt begeht Harakiri. Dem moralisch denkenden Mediziner ist ein zynischer amerikanischer Colonel der Besatzungsarmee gegenübergestellt, der den Atombombenabwurf auf Japan gutheißt und die Strahlenverseuchung der Fischer und Patienten verharmlost. Er meint, die Wasserstoffbombe werden den Frieden sichern, die Kritik an ihr wegen der erkrankten Japaner käme von den Kommunisten. Den Assistenten des Mediziners versucht er zu bestechen, den Selbstmord des berühmten Professors vor der Presse auf rein private Motive zurückzuführen, um die Weltöffentlichkeit nicht auf die Folgen des amerikanischen Wasserstoffbombenversuchs aufmerksam zu machen. Der Assistent lehnt entrüstet ab und verliert deshalb seine Anstellung.

Die Gefahren hemmungsloser weiterer Wasserstoffbombentests malen Kurt Herwarth Ball und Lothar Weise in *atomfeuer über dem pazifik*, 1959 (Kleinschreibung im Original), aus (vgl. Kapitel 4. „*Science fiction*").

In den sechziger Jahren werden nukleare Rüstung und Atomkriegsvorbereitungen in den USA in der DDR-Belletristik nicht mehr bevorzugt behandelt. In der Dekade 1960-1970 entstanden wesentlich weniger Werke über dieses Thema als in den fünfziger Jahren. Ich habe ausschließlich Gedichte darüber gefunden, die sämtlich die USA nicht direkt beschuldigen, sondern allgemein die Ängste der Dichter/innen vor der imperialistischen Kernwaffenrüstung wiedergeben, so Inge Müllers „Unterm Kaiser warn alle dumm"[75], Günter Kunerts „Ich bringe eine Botschaft", 1964 (in *Erinnerung an einen Planeten*, S.74-77), Manfred Streubels „Kernwaffentest", ca. 1967 (in *Zeitansage*, S.37) und Kunerts „Warnung vor Spiegeln", 1970 (im gleichnamigen Gedichtband, S.71f.).

Auch in den siebziger Jahren ist das Thema schwach vertreten. Wohl vom Vorbild Bert Brechts angeregt, der kurz vor seinem Tod ein Drama über Albert Einstein verfassen wollte, schrieb Karl Mickel 1974 das Libretto zu Paul Dessaus Oper „Einstein" (in *Einstein/Nausikaa*, S.5-39). In knappen, ver-

---

75 Undatiert, in dem postum erschienenen Gedichtband *Wenn ich schon sterben muß*, 1985, relativ weit hinten stehend (S.85), so daß man vermuten kann, daß es in den letzten Lebensjahren der 1966 gestorbenen Lyrikerin entstanden ist.

fremdeten Szenen wird Einsteins Tragödie erzählt: wie er vor den Nationalsozialisten floh, den amerikanischen Präsidenten davon überzeugte, daß die Entwicklung der Atombombe in den USA forciert werden müsse, um den Nationalsozialisten zuvorzukommen, und wie schließlich die neue Waffe als friedensbedrohendes Druckmittel mißbraucht wurde, wogegen Einstein vergebens protestierte. Einstein, der „Menschenfreund im Bund mit aller Menschheit Feinde" (S.5), wird in der Oper von einem an die HUAC erinnernden Gericht wegen seiner öffentlichen Bekundungen gegen die Atomwaffenpolitik der USA verurteilt: „Sie werden, solange Sie leben/sowie nach Ihrem Tode/für die Waffen, die/Sie erdacht haben und abschaffen wollen/in einem fort geehrt werden." (S.34) Die gewünschten Folgen des Urteils treten ein: „[...] er ist ein Wrack seit er berühmt ist. Alle Welt besichtigt die Ruine. Sie lassen ihn leben, das ist das Ende." (S.35) Einziger Hoffnungsträger ist ein junger Physiker, ein Mitarbeiter Einsteins, der als Alternative zum US-Imperialismus den Sozialismus sieht und in ein sozialistisches Land auswandert. Einstein sucht nach der Weltformel, findet sie und verbrennt sie aus Furcht vor den Folgen.

Mit dem Entstehen einer neuen Friedensbewegung in West und Ost geht ein stärkeres Engagement einzelner Schriftsteller/innen der DDR für Abrüstung und Frieden und gegen Kernwaffen einher. Besorgnis über die politische Entwicklung auf einen Atomkrieg hin spricht aus mehreren Gedichten Sascha Andersons, die 1982 in dem Band *Jeder Satellit hat einen Killersatelliten* erschienen, allerdings nur im Westen[76]. Sie wenden sich gegen die atomare Bedrohung im allgemeinen, ganz gleich, von welcher Seite.

1983 erschienen drei Werke von DDR-Autor/inn/en, in denen es um Kriegsgefahr und Abrüstung geht: Eberhard Hilschers *Die Weltzeituhr: Roman einer Epoche*, Irmtraud Morgners *Amanda: Ein Hexenroman* und Christa Wolfs Frankfurter Poetik-Vorlesungen *Voraussetzungen einer Erzählung: Kassandra*.

Hilschers Epochenroman besteht aus drei verschiedenen Ebenen: der Biographie des (fiktiven) Helden Guido Möglich; den Chroniken vor jedem Lebensjahr des Helden, die neben pittoresken Einzelmeldungen die wichtigsten Ereignisse in Politik und Wissenschaft enthalten; und fiktiven Episoden aus dem Leben berühmter Männer wie Albert Einstein, Pablo Picasso, Albert Schweitzer, Thomas Mann, Bert Brecht, Jurij Gagarin, Neil Armstrong etc. Diese drei Ebenen seines Romans nutzt der Autor zu einem Überblick über die Epoche von 1928 bis 1961 (d.h. die Lebenszeit seines Helden) und somit zur Schilderung von Nazizeit, zweitem Weltkrieg, kaltem Krieg, Berliner Blockade, Luftbrücke, Koreakrieg, Weltjugendfestspielen in Ost-Berlin

---

76 Anderson, Jahrgang 1953, Vertreter der jungen Schriftstellergeneration, gehörte zu denjenigen, die ohne Zustimmung der DDR-Behörden direkt im Westen publizieren (vgl. Bussiek, S.184).

(1951), Kampf gegen Formalismus und Kosmopolitismus in der SED-Kulturpolitik, 17.Juni 1953, Vietnamkrieg und beginnender Genmanipulation. Seine Hauptfigur, Buchhändler, Frauenheld und überzeugter Pazifist, steht den Ereignissen der Epoche skeptisch gegenüber. Durch den Mauerbau von der ersten Frau getrennt, zu der er eine dauerhafte Bindung unterhält, wird er zum Trinker, versucht im Delirium über die Mauer zu steigen, wird verhaftet und in eine Nervenheilanstalt eingeliefert. Dort fordert er Meinungsfreiheit, das Recht auf Grenzüberschreitung, Frieden und Ehrfurcht vor dem Leben, wird mit Sedativa behandelt und probeweise entlassen. Kaum allein, nimmt er sich mit Alkohol und Drogen das Leben bzw. geht mit Hilfe einer mystischen Gestalt seiner Kindertage, dem „Blauen Reiter" (d.i. der Tod), ins Nichts ein und verschwindet spurlos.

Die Anekdoten und Episoden aus dem Leben berühmter Erfinder, Denker und Forscher ergeben eine Geschichte des Zeitalters der technischen Revolution, der Erfindungen auf dem Gebiet der Atomforschung, der Medizin, des Computers etc., der Eroberung sowohl des Weltraums als auch der Tiefsee. Die Episoden aus dem Leben von Künstlern zeigen deren Reaktion auf ihre Zeit: Pablo Picasso unterhält sich mit Pablo Neruda und Paul Hindemith über den Sozialistischen Realismus und die Abwertung von Formalismus und Avantgardismus durch die Sozialisten; Thomas Mann kritisiert im amerikanischen Exil den McCarthyismus und engagiert sich für die Bewegung zur Ächtung der Atombombe; Bert Brecht erlebt den Juniaufstand mit. Zentrale Bedeutung kommt den Episoden aus dem Leben Albert Einsteins zu, der wie in Mickels Libretto als tragische Gestalt erscheint, als Humanist, der sich voller Entsetzen als Vater der Atombombe gefeiert sieht. Den Abschluß dieser Wissenschaftler- und Künstlerbiographien bildet ein Bericht eines erfundenen Zoologen, der die Delphin-Sprache entschlüsselt hat und sich mit den Tieren unterhalten kann. Sie beklagen die Umweltverschmutzung sowie die Ausrottung der Meerestiere und zeigen dem Menschen ihre Überlegenheit im ethischen Bereich: Freiheit ist ihr höchster Wert, unterschiedliche Meinungen werden toleriert, Hilfsbereitschaft gilt als oberstes Gebot. Sie seien besitzlos, zornlos, feindlos und arbeiteten spielend. Befragt, ob sie eine Hoffnung für die Menschheit sähen, antworten die Tiere mit Ablehnung und Pessimismus.

Die Schuld an der atomaren Bedrohung der Welt liegt in Hilschers Roman bei den USA. Auch in diesem Buch wird erklärt, daß das Interesse der Rüstungsindustrie an Riesenprofiten die Rüstungsspirale vorantreibe und daß dies in dem Moment beendet sein werde, wenn keine Klasse oder gesellschaftliche Gruppe mehr Vorteile von der Entwicklung der Kriegstechnik habe (S.373), d.h. im Sozialismus. Doch akzeptiert Hilscher die DDR-Argumentation nicht, die Rüstung der Warschauer-Pakt-Staaten sei defensiv und diene der Verteidigung des Friedens. Sein Held diskutiert mit einem linientreuen Freund darüber und argumentiert, daß Rüstung Bereitschaft zur

Gewalttätigkeit bedeute und automatisch zum Krieg führen müsse. Als der Freund von der Sicherung von Frieden und Sozialismus durch Rüstung spricht, gibt der Held zurück: „[...] in eurer gestiefelten Dialektik bedeutet Friedenssicherung nicht selten revolutionären Krieg." (S.313) Als der Freund diese Ansicht mit dem abwertend gemeinten Schlagwort „Pazifismus" belegt, erwidert der Held:

> [...] wie närrisch ist es doch, gewisse Ticks und Ismen, die du unbequem und nicht geheuer findest, bürgerlich-beschränkt und dekadent zu nennen. Hast du schon mal bedacht, daß solche Lehren möglicherweise Ausdruck der Sorge um die Menschheit und Angebote auf dem Wege zu einem fernen Humanismus sein könnten? (S.314)

Er ist der Überzeugung, daß seiner Generation die letzte Chance gegeben sei, die Welt „vor dem Versinken ins Nichts zu bewahren" (S.319).

Hilscher klagt nicht nur die USA des Rüstungswahns an, sondern auch die Sowjetunion, er läßt die Begründungen der Ideologen nicht gelten. Entgegen sozialistischen Vorstellungen, daß die Zeit des Imperialismus begrenzt sei und die sozialistische Revolution bald eintreten müsse, läßt er seinen Helden erklären:

> Da sozialistische und kapitalistische Wirtschaftssysteme vermutlich noch lange nebeneinander fortbestehen müssen, käme es darauf an, endlich eine kooperative internationale Ordnung zu schaffen und dringende Weltprobleme gemeinsam anzugehen. (S.355)

Er fordert auch „weise Geburtenregelungen, Erhaltung des ökologischen Gleichgewichts und gerechte Verteilung der Rohstoffe und Industriegüter." (S.255)

Für DDR-Verhältnisse ist diese Sichtweise vollständig untypisch, gilt doch der Sozialismus als einzige Alternative zu allen Übeln der Welt, die der Kapitalismus angerichtet habe. In Hilschers Roman werden Sozialismus und Kapitalismus als gleichberechtigt und gleich verantwortlich auf eine Stufe gestellt. Mehr noch, der Autor verdeutlicht auch die Relativität aller Werte, daß das, was einer Kultur als positiv erscheine, in der nächsten negativ bewertet werden könne:

> Bewertungen hängen von unserem persönlichen Standort und Bezugssystem ab. Darum ist das Gute der Herschenden meistens schlecht für Beherrschte, obwohl sich Herrschende oft mit dem Volk identifizieren. (S.216)

Er setzt also nicht nur Kapitalismus und Sozialismus gleich, sondern unterscheidet auch in beiden Systemen zwischen Herrschenden und Beherrschten, ein bis dahin in der DDR unmöglicher Gedanken: Im Sozialismus gibt es offiziell keine Beherrschten und keine Herrscher, das Volk herrscht kollektiv, repräsentiert von der Partei. Die Relativierung aller Werte ist ebenfalls revolutionär für DDR-Verhältnisse, da die logische Folge daraus lautet, daß auch die sozialistischen Werte nicht absolut sind, wie von den Ideologen immer postuliert wird. Daß dieses Werk in der DDR erscheinen konnte, spricht für die Liberalisierung des Kulturbetriebs unter Honecker, besonders für die Entwicklung in den achtziger Jahren.[77]

Irmtraud Morgners Hexenroman *Amanda*, die Fortsetzung zu dem 1974 erschienenen Roman *Trobadora Beatriz*, verbindet in Morgners typischer Kollage-Technik von verschiedenen Erzählsträngen, Zeitungsausschnitten, Zitaten u.ä. Mythisches mit Hexengeschichten, Frauenrechtliches mit der Friedensbewegung: Ein Orakel besagt, daß nur Sirenen die Welt vor dem Atomkrieg bewahren könnten, und so befaßt sich ein Handlungsstrang mit dem Bemühen verschiedener Sirenen um den Weltfrieden. Eine landet in den USA, wo „sie dringend gebraucht " wird (S.247). Das Land, das sie vorfindet, ist voller Kriminalität, Gewinnsucht, Sektenwahn, skrupelloser, unmenschlicher Wissenschaftler und Spekulanten mit der Angst der Menschen vorm Atomkrieg (einer verkauft z.B. unterirdische atomsichere Häuser, ganze Städte). In der DDR dagegen sind Kriegs- und Völkerhetze verboten, von dort geht keine Kriegsgefahr aus.

Der Roman läßt offen, ob den Sirenen Erfolg beschieden ist, er soll fortgesetzt werden. Sein Amerikabild ist das alte einer kriegstreiberischen, größenwahnsinnigen und im Verfall begriffenen Nation. Neu ist nur Morgners Ansicht, daß Frauen die Aufgabe hätten, die Welt vor der Vernichtung zu retten.

Dem Patriarchat gibt auch Christa Wolf die Schuld an Aufrüstung und Kriegsgefahr:

> Ich gehe davon aus, daß wir in einer Männergesellschaft leben, daß wir seit Jahrtausenden in einer Männerkultur leben und daß das ungeheure Folgen gehabt hat: letzten Endes die Folge, daß wir alle, die Frauen und Männer, am Rand der Vernichtung stehen. („Kultur ist, was gelebt wird: Gespräch mit Frauke Meyer-Gosau", *Materialienbuch* 1983, undatiert, ca. 1979, S.80f.)

Schon in dem Roman *Kindheitsmuster*, 1976, wird im Zusammenhang mit dem Vietnamkrieg auf das Leben der Menschen am Rande eines Atomkrieges hingewiesen. In *Kassandra* zeigt die Schriftstellerin den Zusammenhang zwischen Patriarchat und Krieg, auf die Antike projiziert, doch mit deutlichem Bezug zur Moderne. In ihren vier Frankfurter Poetik-Vorlesungstexten, 1983, gibt Christa Wolf Einblick in ihre Überlegungen über die Kassandrafigur und deren Bezug zur Moderne. Vor allem in der dritten Vorlesung mit dem Titel „Ein Arbeitstagebuch über den Stoff, aus dem das Leben und die Träume sind" (S.84-125) geht sie auf das Wettrüsten ein.

---

[77] Möglicherweise sahen die Zensoren auch in der Gestalt des Helden keine Identifikationsfigur, da er aus bürgerlichen Verhältnissen stammt und sich auch nicht der Arbeiterklasse zuwendet.

Dem Tagebuch vorangestellt ist ein Gedicht von Sarah Kirsch, „Ende des Jahres" (auch enthalten in dem Gedichtband *Erdreich*, 1982, S.71) über die Gewöhnung der Menschen an immer schrecklichere Waffen wie Neutronenbombe und ABC-Waffen. Christa Wolf behandelt in diesem Tagebuch drei Themen bevorzugt: das „Wahndenken" des Wettrüstens, die Schwierigkeit der Schriftstellerin, Entsetzen und Empörung in halbwegs angemessene Worte zu kleiden, und die Behandlung der Frau vom Mythos bis zur Moderne als Objekt, verdeutlicht anhand der Kassandrafigur. Die Gedanken der Autorin sind zu komplex, um sie alle hier wiederzugeben. Ich werde versuchen, sie kurz zusammenzufassen:

Infolge der regelmäßigen Meldungen in den Medien über Neutronenbombe, Giftgaslagerung in der Bundesrepublik, Sprengkraft pro Kopf der Erdbevölkerung etc. reflektiert sie über die Möglichkeiten der Menschen — und der Schriftsteller/innen im besonderen —, etwas gegen den Rüstungswahn zu tun. Sie überlegt, woher er kommt, ob es Wendepunkte in der Entwicklung der Menschheit gegeben haben könnte, an denen eine Umkehr noch möglich war, und welches seine Wurzeln waren. Auch beobachtet sie das eigene Verhalten, die Gewöhnung an die Schreckensmeldungen, die Unfähigkeit, sie gefühlsmäßig zu erfassen, weil sie das Vorstellbare überschreiten, den zunehmenden Verlust an Schreibmotivation, da die atomare Katastrophe unmittelbar bevorstehen könnte. Christa Wolf gerät in ihren Überlegungen immer wieder an den Punkt, wo sie feststellen muß, daß überkommene Denkmuster und Verhaltensweisen nicht mehr anwendbar sind, weil die modernen Mittel der Vernichtung alles bisher Dagewesene überschreiten. Ein anderer Ausweg als das Schreiben darüber und dagegen bietet sich ihr nicht (trotz des Gefühls der Sinnlosigkeit solcher Tätigkeit), und zwar das Be-Schreiben des Alltags, nicht, wie in früheren Zeiten, des Außergewöhnlichen, Heroischen, Beispielhaften. Um Kriege zu verhindern, müßten die Menschen protestieren und „in ihrem jeweils eignen Land Kritik an den Mißständen ihres eignen Landes üben." (S.114) — „Wie unbedeutend alle Zensur-Tabus und die Folgen ihrer Übertretung durch die Bedrohung des Lebens werden." (ebd.)

Auf der Suche nach den Ursachen für das Rüstungswahndenken kommt sie auf das „Objektmachen" (S.114), d.h. die Degradierung lebendiger Menschen zu Objekten, und somit zur Frauenfrage: Frauen erlebten Wirklichkeit anders als Männer und drückten sie anders aus, da sie jahrhundertelang „nicht zu den Herrschenden, sondern zu den Beherrschten" gehörten (S.114). Für die Autorin ist es der „männliche Rationalismus" (S.101),

der männliche Weg, alle Erfindungen und Verhältnisse und Gegensätze auf die Spitze zu treiben, bis sie ihren äußersten negativen Punkt erreicht haben: jenen Punkt, der dann alternativlos bleibt (S.101),

der das Wettrüsten ausgelöst hat. Sie sieht als einzige Chance zum Überleben der Menschheit die einseitige Abrüstung („ich zögere: Trotz der Reagan-

Administration? Da ich keinen anderen Ausweg sehen: Trotz ihrer!" S.88) der sozialistischen Staaten. Sie bezichtigt die USA als Urheber, doch kritisiert sie die Warschauer-Pakt-Staaten ebenso, nicht auf den atomaren Erstschlag verzichten zu wollen. Die Tagesmeldungen über neue Aufrüstung im Tagebuch beziehen sich größtenteils auf die USA, betreffen nicht die Sowjetunion, doch kann Christa Wolf die DDR-Doktrin vom „Friedensheer" der sozialistischen Staaten nicht akzeptieren, für sie sind beide Seiten schuldig.[78]

Die Dichotomie Regierte — Regierende statt Kapitalismus — Sozialismus bei Christa Wolf findet sich noch extremer in den Texten der jungen DDR-Schriftstellergeneration, z.B. in dem Band *einst war ich fänger im schnee: Neue Texte und Bilder aus der DDR* (Kleinschreibung im Original), 1984 herausgegeben von Lutz Rathenow mit Texten von Sascha Anderson, Reiner Flügge, Uwe Kolbe, Wilfried Linke, Detlef Opitz, Lutz Rathenow, Rüdiger Rosenthal und Günther Ullmann, Photographien von Harald Hauswald sowie Text-Photo-Collagen von Thomas Günther. Der älteste dieser Autoren ist 1946 geboren, der jüngste 1957. Aus ihren Texten, teils Gedichten, teils Kurzprosa, spricht eine tiefe Abneigung gegen Institutionen und Herrschende. Sie verdeutlichen die Absurdität der Zeit, in der jede belanglose Kleinigkeit geregelt ist und der Ausbruch eines alles vernichtenden Krieges unmittelbar bevorsteht. Die meisten Texte drehen sich um Krieg und Frieden, Manöver, Soldaten, Flugzeuge, Bomben, z.B. Uwe Kolbes „Ruhestörender Lärm" (S.17), „Militärisches Weihnachtszeremoniell" (S.20), „Die Krankheit im Frieden" (S.22f.), „Jugendlicher Weltfrieden" (S.27), Rüdiger Rosenthals „Manöverbericht" (S.37), „Wenn Greise marschieren" (S.41), „Keiner und Niemand, eine pazifistische Biographie" (S.46), alle Texte von Lutz Rathenow etc. Gemeinsam ist ihnen die Kritik an Rüstung und Heer, die sich in nichts von der westlicher Schriftsteller/innen unterscheidet: Unterschiede bestehen nicht mehr, weder USA noch Sowjetunion werden konkret attackiert, es sei denn gemeinsam wie in Günther Ullmanns Gedicht „Pause" (S.98):

die kinder spielen
jeder schüler ein land
die anderen haben
angst
einer ist die usa
einer die sowjetunion
wenn sich die beiden schlagen
müssen alle anderen
ganz schnell umfallen
(Kleinschreibung im Original)

---

78 Dieselben Gedanken äußert sie in „Ein Brief", abgedruckt im *Christa Wolf Materialienbuch*, S.61-67, undatiert, ca. Anfang der achtziger Jahre.

Die Photographien zeigen kriegspielende Kinder, NVA-Aufmärsche, Friedensdemonstrationen.

Die Unterschiede zwischen der Antikriegsliteratur der Fünfziger und der der Achtziger sind offensichtlich: In den fünfziger Jahren bewerteten die Schriftsteller/innen die politische Lage nach der Formel Sozialismus gleich Frieden, Imperialismus gleich Krieg. Die Schuldfrage war somit geklärt, es ging um Beseitigung der Gefahr durch Aufklärung und durch Überzeugung der nicht-sozialistischen Welt, daß der Sozialismus den Frieden bringe. In den achtziger Jahren hat sich das Feindbild gewandelt, die Schriftsteller/innen erkennen, daß die Kriegsgefahr auch von den eigenen Herrschenden ausgeht. Das Amerikabild ist in beiden Fällen negativ, im zweiten jedoch relativiert durch die Kritik am eigenen System.

3.5. *Der Koreakrieg*

Der Koreakrieg (25. 6. 1950 - 10. 7. 1953) war die erste bewaffnete Auseinandersetzung zwischen den beiden großen Machtblöcken nach dem zweiten Weltkrieg: Auf südkoreanischer Seite standen amerikanische und UNO-Truppen, auf nordkoreanischer chinesische Einheiten und damit indirekt die Sowjetunion (das Zerwürfnis zwischen der KP Chinas und der KPdSU erfolgte erst 1961). Mehrere DDR-Autor/innen haben sich mit diesem Thema befaßt, auch aus dem Grund, daß die Teilung Koreas in einen kommunistischen und einen kapitalistischen Staat formal der Deutschlands glich. Die DDR, sich zum proletarischen Internationalismus[79] bekennend, leitete verschiedene Hilfsaktionen ein: Sonderschichten der Betriebe, um den erwirtschafteten Betrag nach Nordkorea zu überweisen; Geldsammlungen; Unterkunft, Verpflegung und Ausbildung für nordkoreanische Kinder, die aus den Kriegswirren ihrer Heimat herausgeholt und in DDR-Heimen untergebracht wurden. Drei Schriftsteller, Wolfgang Joho, Armin Müller und Max Zimmering, reisten nach Nordkorea und beschrieben Land und Leute.

---

79 „Das Prinzip des p[roletarischen] I[nternationalismus] erfordert die gegenseitige materielle und ideelle Unterstützung und Zusammenarbeit der Werktätigen verschiedener Länder im Kampf gegen die internationale Bourgeoisie, die Anerkennung der Gleichberechtigung aller Völker und die Unversöhnlichkeit gegenüber jeder Art nationaler Unterdrückung, die Übereinstimmung nationaler und internationaler Interessen." *Kulturpolitisches Wörterbuch*, s.v. „Internationalismus, proletarischer", S.317.

Im Gegensatz zur westlichen Darstellung der Ereignisse, die zum Koreakrieg führten, erklären DDR-Sachbücher[80] Südkorea zum Aggressor, von den USA zum Überfall auf Nordkorea angetrieben und mit Waffen vorsorgt, die ihre Interessensphären in Asien durch das kommunistische China und Nordkorea gefährdet gesehen hätten. So wird denn als Hauptgrund für den Angriff auf Nordkorea eine beabsichtigte Invasion der Mandschurei genannt, für die Nordkorea als „Brückenkopf" habe dienen sollen. Weitere Motive der USA, einen Krieg zu initiieren, seien wirtschaftlicher Natur gewesen: Neben dem amerikanischen Interesse an den koreanischen Bodenschätzen (vor allem Wolfram) habe der Krieg dazu gedient, die Arbeitslosigkeit in den USA abzubauen und den Monopolen Rüstungsprofite zu verschaffen sowie einen Teil der hergestellten Waffen einzusetzen und zu erproben.

Die USA hätten zunächst den ihnen ergebenen Syngman Rhee (oder Li Syng Man, wie er eigentlich hieß) eingesetzt und es geduldet, daß er ein grausames Willkürsystem in Südkorea errichtete. Hätten die Südkoreaner frei wählen können, hätten sie sich zum Kommunismus bekannt, weshalb sie sich im Krieg auch nicht sehr eingesetzt hätten und zurückgeschlagen worden seien. Der schnelle Vormarsch nordkoreanischer Truppen auf südkoreanisches Gebiet habe die USA zum Eingreifen bewogen: Sie hätten die Abwesenheit der Vertreter von Sowjetunion und China im Sicherheitsrat der UNO ausgenutzt, um das Entsenden von UNO-Truppen gegen Nordkorea zu erwirken, und eigene Truppen nach Asien entsandt, die das Kommando über die südkoreanische Armee übernommen hätten. Das Land systematisch bombardierend, seien Amerikaner und Südkoreaner bis zum Grenzfluß Jalu vorgedrungen und hätten absichtlich chinesisches Territorium bombardiert, bis eine Armee aus chinesischen Freiwilligen in den Krieg eingegriffen und Amerikaner, Südkoreaner sowie UNO-Truppen bis zum 38.Breitengrad, der Grenze zwischen Nord- und Südkorea, zurückgetrieben habe. Erst die Überlegenheit von Nordkoreanern und Chinesen habe die USA zu ernsthaften Waffenstillstandsverhandlungen gezwungen, die sie zwei Jahre lang hinauszuzögern verstanden hätten, um ihre Niederlage nicht eingestehen zu müssen.

---

80 Vgl. *Korea — Ein Volk kämpft um nationale Einheit und Unabhängigkeit*, herausgegeben vom Amt für Information der DDR, 1951; *Pestflöhe: Tatsachenberichte über den verbrecherischen Bakterienkrieg der imperialistischen Aggressoren*, herausgegeben vom Amt für Information der Regierung der DDR, ohne Jahr; *Amerika und der bakteriologische Krieg*, herausgegeben vom Deutschen Friedenskomitee, 1952; Heinz Knobloch: *Der bakteriologische Krieg*, 1955; *Weltgeschehen 1945 1966*, herausgegeben von Klaus Bollinger, 1967, S.359-361.

Das Thema „Koreakrieg" wurde in Hörspielen[81], Gedichten[82], Kurzprosa[83], in Reden und theoretischen Aufsätzen[84], Reiseberichten[85] und, wenn auch eher am Rande, in Romanen[86] behandelt.

Ein Vergleich zwischen den drei Reiseberichten ergibt, daß den drei Schriftstellern offenbar daselbe gezeigt wurde: die zerstörte Stadt Phjöngjang, der Ort der Waffenstillstandsverhandlungen (Panmunjon), unterirdische oder in Berge verlegte Betriebe, Schulen, Theater etc., das stark bombardierte Gebirge Kimgangsan, die „Gedenkstätte des nationalen Befreiungskrieges" in Phjöngjang und, zumindest Zimmering und Müller, ein Labor des „Komitees zur Bekämpfung des bakteriologischen Krieges", in dem den Schriftstellern Beweise für den amerikanischen Einsatz von B-Waffen gezeigt wurden.

Der Lyriker Armin Müller, der 1954 nach Nordkorea reiste, verfällt am wenigsten von den drei Autoren in antiamerikanische Polemik. Er schildert vornehmlich seine Eindrücke und Empfindungen angesichts des zerstörten Landes und verleiht seinem Respekt für den Mut der nordkoreanischen Bevölkerung Ausdruck. Die Amerikaner benennt er selten als Schuldige, es ist mehr von „Feinden" allgemein oder von „Mördern" die Rede (ebenso in Müllers Gedicht „Dezemberschnee im schwarzen Haar", 1954). Nur im Zusammenhang mit der bakteriologische Kriegführung weist Müller voller Entsetzen auf die Schuld der USA hin.

Der Dresdner Schriftsteller Max Zimmering dagegen nutzt seinen Reisebericht zu Attacken auf die Vereinigten Staaten. Er vergleicht die Zerstörung

---

81 Rudolf Leonhard: „Der achtunddreißigste Breitengrad", 1950 (in *Die Stimme gegen den Krieg: Das Hörspiel unserer Zeit 3*, S.11-60); Günther Rücker: *Drachen über den Zelten*, 1953 (mir nicht zugänglich. Inhaltsangabe in Gugisch, S.33-36); Werner Bräunig: *Waffenbrüder*, 1959 (mir in Hörspielfassung nicht zugänglich. Inhaltsangabe in Haese, S.101-106).
82 Rudolf Leonhard: „Ballade von Erwin Bauer und andern", ca. 1951 / 52 (in *Ein Leben im Gedicht*, S.388-390); Stephan Hermlin: „Der Kongreß der Völker", 1952 (in *Dichtungen*, S.120-124), und „Die Jugend", 1951 (S.128-140); Armin Müller: „Dezemberschnee im schwarzen Haar", 1954 (in *Schwarze Asche — Weiße Vögel*, S.13f.).
83 Stefan Heym: „Die Kannibalen", 1957 (in *Die Kannibalen und andere Erzählungen*, S.7-18), „Der Floh", ca. 1951 (S.105-132), „Auf der Durchreise — ein Intermezzo", 1957 (S.133-139), und „Lem Kimble", ca. 1951 (S.140-151); Werner Bräunig: *Waffenbrüder*, 1959; Götz R. Richter: „Die Neger des Sergeanten Cross", 1960 (in *Najok, der Perlentaucher*, S.111-136).
84 Friedrich Wolf: „Talent und Aussage", 1951 (in *Kunst ist Waffe*, S.195-219); Anna Seghers: *Frieden der Welt*, 1953.
85 Armin Müller: *In den Hütten der Hoffnung*, 1955; Max Zimmering: *Land der Morgenfrische*, 1956; Wolfgang Joho: *Korea trocknet die Tränen*, 1959.
86 W.K.Schweickert: *Der Ochse von Kulm*, 1953; Friedrich Wolf: *Menetekel oder Die fliegenden Untertassen*, 1953; Anna Seghers: *Die Entscheidung*, 1959, und *Das Vertrauen*, 1968; Harry Thürk: *Die weißen Feuer von Hongkong*, 1964.

Phjöngjangs mit der Zerstörung Londons, Warschaus, Stalingrads, Coventrys und Rotterdams durch die Nationalsozialisten und die Dresdens, Hiroshimas und Nagasakis durch die Amerikaner. Parallelen zwischen Nationalsozialisten und Amerikanern zieht er immer wieder, er berichtet von Gefangenenmißhandlungen und Folter durch Südkoreaner und Amerikaner (vor allem auf der „KZ-Insel" Koje) und Massakern unter unbotmäßiger südkoreanischer Bevölkerung, von grausamen Bombardements mit Napalm und Bakterienbomben, von der heimtückischen Zerstörung von lebenswichtigen Staudämmen. Er zieht Vergleiche zu den nationalsozialistischen Kriegsverbrechen in Oradour und Lidice. Die amerikanischen Flieger bezeichnet er als „Luftvandalen" (S.18) oder „Luftpiraten" (S.22), stellt Mac Arthur auf eine Ebene mit Hitler (S.85) und nennt Ridgway einen „Pestgeneral" (S.119). Die Nordkoreaner dagegen seien in Kriegführung und Behandlung der Kriegsgefangenen human gewesen. Während der Waffenstillstandsverhandlungen in Panmunjon hätten die Amerikaner die Mitglieder der Neutralen Kommission auf alle möglichen Weisen schikaniert.

Mehrfach betont Zimmering, daß die koreanische Kultur viel älter als die amerikanische sei und daß die Amerikaner versucht hätten, den Koreanern ihre Kultur zu nehmen, um den Willen zum Widerstand auszulöschen. Die amerikanischen Flieger stellt er als ungebildete, kaugummikauende Banausen dar, plündernd, hochmütig gegenüber den Südkoreanern und feige beim Rückzug:

Die [...], die da oben die Hebel der Bombenschächte bedienten, hatten vielleicht noch niemals ein Theater von innen gesehen. Wahrscheinlich war ihnen auch kein Vers von Walt Whitman je vor die Augen gekommen... (S.25)

[...] wer auf eine so alte nationale Kultur blicken kann [...], ist nicht so leicht für die Kultur des Kaugummis, der Damenringkämpfe, der Schmöker eines Mickey Spillane und der Comic strips zu begeistern. (S.29)

John und Jim und Jack sind auch keine schlechteren Menschen als die Söhne irgendeines anderen Volkes, wenn es gelingt, ihre Gedanken aus der Kaugummi-Dollar-Comic-strips-Mentalität herauszureißen, wenn sie zu begreifen beginnen, daß Amerika nicht nur das Land der Mickey-Spillane-„Literatur", sondern auch das Land eines Walt Whitman, eines Mark Twain und eines Theodore Dreiser ist. (S.117)

Gänzlich antiamerikanisch ist also Zimmerings Haltung nicht: Er stellt den Vertretern einer amerikanischen „Verfallskultur" das andere Amerika der genannten Schriftsteller gegenüber.

Der Romanautor Wolfgang Joho ist anscheinend etwas später als Müller und Zimmering nach Nordkorea gereist, er beschreibt in *Korea trocknet die Tränen* vornehmlich den Wiederaufbau Nordkoreas. Wie Zimmering erzählt Joho von Bombenkratern, vernichteten Kulturdenkmälern und zerstörter Landschaft, von der „Gedenkstätte des nationalen Befreiungskrieges" und von Panmunjon, wo er am 38. Breitengrad Amerikanern begegnete:

[...] da tauchten amerikanische Militärposten auf, die in dieser Umgebung auf den unbefangenen Betrachter so fremd wirken wie etwa Eisbären in einem tropischen Urwald. Sichtlich von Langeweile geplagt und froh über die Abwechslung, kamen zwei baumlange US-Soldaten herangeschlendert, sehr junge Burschen, unter deren hohen Mützen man gedankenlose, vielleicht auch bedenkenlose Kindergesichter sah. [...] Man langweilt sich und markiert kriegerische Geschäftigkeit, indem man mit Jeeps in rasendem Tempo hin und her saust. Und augenblicklich schielt man mit bewußt arroganten Gesichtern und mahlenden Unterkiefern auf die „Eingeborenen" auf der volksdemokratischen Seite und ihren suspekten Gast. (S.58f.)

Joho versuchte mit den GIs zu reden:

Sie bewegen grinsend ihre Unterkiefer, würgen einige kaum verständliche Wortbrocken über die Lippen und benehmen sich halb hilflos-verlegen, halb mißtrauisch. Das Nachdenken und Diskutieren haben sie nicht gelernt. (S.60)

Wie Müller und Zimmering, so fällt auch Joho der Vergleich zwischen dem geteilten Korea und dem geteilten Deutschland ein, doch sieht er wesentliche Unterschiede: Die Koreaner seien ein einiges Volk, im Süden beherrscht von einer kleinen Clique der Anhänger Li Syng Mans und einer winzigen Schicht „verkommener Nutznießer der amerikanischen Dollars und Schützlinge ihrer Bajonette" (S.63). Zögen die Amerikaner ab, würde sich das Land schnell dieser Zwangsherrschaft entledigen und sich Nordkorea anschließen. In Deutschland würden jedoch auch nach Abzug der Besatzer zwei Staaten fortbestehen.

Wichtigster Unterschied zwischen den Reiseberichten ist jedoch, daß Joho die bakteriologische Kriegführung der Amerikaner nicht erwähnt. Die Tatsache, daß die USA im Koreakrieg B-Waffen einsetzten, halten außer Müller und Zimmering auch Rudolf Leonhard (*Der achtunddreißigste Breitengrad*, 1950), Stefan Heym („Der Floh", ca. 1951), Anna Seghers („Ansprache in Riesa", 1952, in *Frieden der Welt*, S.146-156), Stephan Hermlin („Der Kongreß der Völker", 1952), W.K. Schweickert (*Der Ochse von Kulm*, 1953), Karl Stitzer (*Der Weltuntergang findet nicht statt*, 1956) und Werner Bräunig (*Waffenbrüder*, 1957) für gegeben (Erwin Strittmatter erwähnt den Abwurf von Käfern voller Krankheitserreger aus US-Flugzeugen über Nordkorea in *Der Wundertäter: Dritter Band*, 1980, jedoch aus ironischer Distanz, S.107). Es wurde den Amerikanern vorgeworfen, sich nach dem zweiten Weltkrieg der Erkenntnisse japanischer Bakterienkriegsexperten bedient, diese Forschungen weiterentwickelt und die B-Waffen an koreanischen Kriegsgefangenen ausprobiert zu haben, bevor sie in Nordkorea eingesetzt worden seien. Pest, Cholera, Typhus, Milzbrand und andere Erkrankungen seien mit Hilfe von verseuchten Insekten und verseuchtem Papier verbreitet worden, die US-Flugzeuge über Nordkorea abgeworfen hätten (vgl. H.Knobloch: *Der bakteriologische Krieg*, 1955).

Es fällt auf, daß der Vorwurf an die USA, B-Waffen gegen Nordkorea eingesetzt zu haben, gehäuft in der ersten Hälfte der fünfziger Jahre laut wird, in der zweiten Hälfte jedoch nur noch in den Werken von Stitzer und Bräunig erscheint. Bräunig ist der letzte, der es für „allgemein bekannt" (S.29) hält, daß die Vereinigten Staaten ihre bakteriologischen Waffen an Menschen ausprobiert hätten. Schon Joho, dessen Reisebericht im selben Jahr wie *Waffenbrüder* erschien, geht auf die bakteriologische Kriegführung nicht mehr ein, und in späteren Sachbüchern ist keine Rede mehr davon (vgl. z.B. *Weltgeschehen 1945-1966*). Es scheint sich um eine Propagandabehauptung zu handeln.[87]

Ansonsten werden die USA in mehreren Werken anderer Verbrechen gegen die Menschlichkeit geziehen, wie der Erschießung von Frauen, Kindern und Alten (Bräunig; Harry Thürk: *In allen Sprachen*, 1953; Wolf: „Talent und Aussage") oder der Mißhandlung von Kriegsgefangenen (F.C. Weiskopf: „Dreizehn Kappen", 1953, in *NDL* 11, 1.Jg. [November 1953], S.100), z.B. in Stitzers *Der Weltuntergang findet nicht statt*:

In welcher Felddienstordnung steht, daß man Säuglinge mit dem Schädel an die Wand schmettern oder ihren Müttern die Brüste abschneiden und den Bauch aufschlitzen soll, nachdem man sie vergewaltigt hat? Daß man Alte und Kranke, die sich nicht mehr erheben können, in ihrem Bett erschießt; daß man 300 000 kleine Kinder außerhalb der Kriegshandlungen ertränken, einmauern, mit Napalm verbrennen oder in Gruben erschießen soll? Daß man Kriegsgefangenen das Herz aus dem lebendigen Leibe reißen und ihre Leidensgefährten zwingen soll, es zu verspeisen? Daß man Insekten, die mit Pestbakterien infiziert sind, auf die Zivilbevölkerung abwerfen soll? All diese Dinge sind [...] in Korea geschehen, von Amerikanern oder unter amerikanischer Aufsicht verübt. (S.4f.)

---

[87] Im Zusammenhang mit Afghanistan ist den Sowjets von westlicher Seite ebenfalls bakteriologische Kriegführung vorgeworfen worden. Der Nachweis dürfte bei so schwer zugänglichen Ländern wie Nordkorea oder Afghanistan, deren Bevölkerung von internationalen Kommissionen oder Journalisten nur mit Hilfe eines Dolmetschers befragt werden kann, schwierig sein. Die von Knobloch angeführten Beweise sind nicht stichhaltig: Die zitierten Überschriften und Textpassagen aus internationalen Zeitungen und Zeitschriften beziehen sich auf die Entwicklung von B-Waffen allgemein oder befassen sich mit Gerüchten über den Einsatz solcher Waffen in Korea. Die auf Photos gezeigten angeblichen Behälter von infizierten Insekten sind nicht sehr vielsagend, es könnte sich ebensogut um Blindgänger von Sprengbomben handeln. Die Frage, warum die USA trotz bakteriologischer Kriegführung nicht gesiegt hätten, wird durch den Hinweis auf besondere Hygienevorschriften der nordkoreanischen Regierung nur ungenügend beantwortet, denn eine Pest- oder Choleraepedemie dürfte wohl kaum schnell einzudämmen sein. Des weiteren spricht gegen die Verwendung der B-Waffen im Koreakrieg, daß selbst heftige Kritiker der USA im Westen von diesem Vorwurf keinen Gebrauch gemacht haben (z.B. Joyce und Gabriel Kolko: *The Limits of Power: The World and United States Foreign Policy, 1945-1954, 1972*).

Doch werden nicht alle GIs negativ dargestellt. Mehrere Autor/inn/en zeigen, daß einfache Amerikaner als Schlachtvieh für die Kapitalinteressen der Monopole an die Front geschickt wurden (Leonhard: „Ballade vom Erwin Bauer"; Wolf: *Menetekel*; Heym: „Intermezzo"), so z.B. in Stefan Heyms parabelhafter Erzählung „Die Kannibalen": Ein armes amerikanisches Ehepaar, dessen einziger Sohn Soldat in Korea ist, hofft darauf, daß der Ehemann in einer neueröffneten und florierenden Rüstungsfabrik eine Anstellung bekommt. Statt des Telegramms, das die Anstellung bestätigt, kommt eines, das den Tod des Sohnes meldet. Heym verdeutlicht in dieser Geschichte, wie die Amerikaner zur Wiederbelebung ihrer Wirtschaft mit Hilfe der Rüstungsindustrie ihre Söhne opfern, deren Körper ihnen, wie das Menschenfleisch den Kannibalen, die Lebensgrundlage schaffen.

Wie bei dem Bild der amerikanischen Besatzer, unterscheiden manche DDR-Autor/inn/en beim Bild der GIs in Korea zwischen Weißen und Schwarzen, so Stefan Heym in „Lem Kimble" und Götz R. Richter in „Die Neger des Sergeanten Cross". In beiden Kurzgeschichten geht es um Rassendiskriminierung in der *US-Army*, in beiden erkennen die Schwarzen, daß zwischen der Behandlung von Schwarzen und von Nordkoreanern durch weiße Herrschende kein Unterschied besteht, in beiden begeben sich die Schwarze daher am Schluß freiwillig in nordkoreanische Kriegsgefangenschaft.

Einige Autoren gehen auf inneramerikanische Ereignisse während des Koreakrieges ein (Leonhard: *Der achtunddreißigste Breitengrad*, Heym: „Die Kannibalen", „Der Floh"; Wolf: *Menetekel*; Seghers: *Die Entscheidung*) und weisen darauf hin, daß es auch noch ein anderes Amerika gebe, das gegen den Koreakrieg protestiere (wie z.B. die Hafenarbeiter in F. Wolfs Roman und in Leonhards Hörspiel, die das Verladen von Kriegsmaterial verweigern).

Der Abenteuerschriftsteller Harry Thürk stellt in den Mittelpunkt seines Romans *Die weißen Feuer von Hongkong*, 1964, einen Piloten in amerikanischen Diensten, der im Koreakrieg eingesetzt werden soll und versucht, sich dieser Pflicht zu entziehen. Thürks Held ist Deutscher, der im zweiten Weltkrieg als Flugzeugexperte in Japan tätig war und sich danach als Staatenloser von einer dubiosen US-Lufttransportgesellschaft anheuern ließ, die sich hauptsächlich mit Schmuggel beschäftigt. Es stellt sich jedoch heraus, daß die Gesellschaft in Wirklichkeit ein „unauffälliges Instrument der militärischen Macht der USA in Asien" ist (S.183), bestimmt für Sonderaufgaben wie Waffenschmuggel für antikommunistische Widerstandskämpfer. Im Koreakrieg wird sie der *US Air Force* unterstellt. Thürk verbindet Spannungselemente (Flucht des Piloten nach Hongkong) mit der Darstellung der geschichtlichen Ereignisse in Fernost aus sozialistischer Sicht.

Eine Ausnahme stellt wieder Eberhard Hilschers Roman *Die Weltzeituhr*, 1983, dar: Der Held liest in einer West-Berliner Zeitung, Nordkorea habe

Südkorea überfallen, anderntags jedoch das genaue Gegenteil in einer Ost-Berliner Zeitung. Er fragt sich, welche von beiden die Wahrheit berichtet habe, und überlegt:

[...] wie sollte man künftig den feierlichen Versicherungen von Regierungen vertrauen, die sich verpflichteten, nur Verteidigungsmaßnahmen zuzulassen, sich jeder Aggression zu enthalten und keinesfalls „zuerst" den Völkerfrieden zu gefährden?! (S.240)

Jahre später liest er in den Memoiren eines sowjetischen Schriftstellers, niemand wisse genau, was am 38. Breitengrad wirklich geschehen sei, doch hätte die Grausamkeit der südkoreanischen Diktatur auch einen Erstangriff des Nordens gerechtfertigt. „Seitdem ahnte Guido Möglich, daß es in Geschichte und Politik keine unparteiische Ansicht gab, sondern nur Bewertungen, die vom persönlichen Standort und Bezugssystem abhingen." (S.240) Diese Relativierung der Schuldfrage ist in der DDR-Belletristik außergewöhnlich, ebenso die Kritik an den reinen „Defensivmaßnahmen" von Regierungen.

Das Thema Koreakrieg ist eindeutig den fünfziger Jahren zuzuordnen, in denen die Mehrheit der hier besprochenen Werke entstand. Richters „Neger des Sergeanten Cross", 1960, Thürks „Weiße Feuer von Hongkong", 1964, Seghers' *Das Vertrauen*, 1968, und Hilschers *Weltzeituhr*, 1983, sind Nachzügler. In den sonstigen Werken der siebziger und achtziger Jahre, deren Handlungszeitraum in den fünfziger Jahren angesiedelt ist, finden sich nur wenige nüchterne Meldungen vom fernen Kriegsschauplatz.

Betrachtet man die einzelnen Vorwürfe in der Schönen DDR-Literatur gegen die USA und die Amerikaner im Koreakrieg, ergeben sich etliche Parallelen zur Darstellung der USA im zweiten Weltkrieg: Brutalität, grausame Bombardements, Hochmut gegenüber der einheimischen Bevölkerung, Feigheit vor dem Feind, Gefangenenmißhandlung, Plünderungen, Profitgier, Antikommunismus, Rassendiskriminierung in der Armee. Die Bombardierung Dresdens und der Abwurf der Atombomben auf Hiroshima und Nagasaki finden ihre Entsprechung im unmenschlichen Einsatz bakteriologischer Waffen im Koreakrieg. Auch gleicht die von Zimmering konstatierte „Kulturlosigkeit" der amerikanischen Flieger den Darstellungen der Mißachtung deutscher Kulturgüter z.B. in Otto Gotsches *Zwischen Nacht und Morgen* und Werner Steinbergs *Einzug der Gladiatoren*. Wie beim Bild der USA im zweiten Weltkrieg wird auch hier unterschieden zwischen dem einfachen amerikanischen Volk (besonders Arbeitern, Arbeitslosen, Schwarzen), das nicht schlecht ist, und dem System und seinen Vertretern. Die nordkoreanischen Kommunisten dagegen vertreten das ganze Volk und handeln in seinem Interesse. Aus diesem Unterschied der Systeme erklärt sich auch die DDR-

Vorstellung, daß weder Südkoreaner noch UNO-Truppen eine entscheidende Rolle in diesem Krieg gespielt hätten, sondern nur die USA, wie es z.B. Zimmering formuliert:

> Und mir wird [...] klar [...], um was für einen Krieg es sich hier auf der koreanischen Halbinsel gehandelt hat: nicht um einen Krieg zwischen Koreanern, sondern um einen Krieg der USA — unter der heuchlerisch gebrauchten Flagge der Vereinten Nationen — gegen das koreanische Volk (S.106).

Genauso interessieren in den Darstellungen des zweiten Weltkrieges nicht die imperialistischen Staaten England und Frankreich, sondern nur die USA. Wie in diesen, so wird auch in den Werken über den Koreakrieg die Rolle der Amerikaner und ihrer Verbündeten ins Gegenteil der westlichen Geschichtssicht verkehrt: Nicht die Nordkoreaner und Chinesen, sondern die Südkoreaner und die USA sind die Aggressoren (mit Ausnahme von Hilschers Darstellung).

3.6. Die USA und Lateinamerika

Wirtschaftliche Ausbeutung und Abhängigkeit, politische Einmischungen, Interventionen und Invasionen prägen bis heute das Verhältnis der Vereinigten Staaten zu ihrem „Hinterhof" Lateinamerika, was in der DDR unter dem Schlagwort „Neokolonialismus" zusammengefaßt wird. Hierbei handelt es sich nach DDR-Verständnis um ein

> modernes staatsmonopolistisches System der Ausplünderung und politisch-ideologischen Beeinflussung der Entwicklungsländer durch das Monopolkapital und die imperialistischen Mächte (...). Es umfaßt die Gesamtheit der ökonomischen, politischen, militärischen und ideologischen Methoden und Formen des imperialistischen Vorgehens gegen den nationalen und sozialen Befreiungskampf der Völker in den ökonomisch schwach entwickelten und abhängigen Ländern in der gegenwärtigen Epoche. (*Kleines politisches Wörterbuch*, s.v. „Neokolonialismus", S.623)

Zu den eingesetzten Mitteln des Neokolonialismus gehören neben politischem Druck und offener Intervention

> eine Vielzahl von Methoden der ökonomischen Infiltration und der sozialstrategischen Steuerung der Entwicklungsländer, modernisierte Formen der Ausbeutung und eine starke ideologische Einflußnahme, deren Grundzug der Antikommunismus ist. (S.623)

Die Geschichte der Beziehungen zwischen den USA und den lateinamerikanischen Staaten, beginnend mit der *Manifest Destiny*-Doktrin und sich über den Spanisch-amerikanischen Krieg von 1898, die *Policy of the Big Stick* Theo-

dore Roosevelts und *Dollar diplomacy* und den *United Fruit*-Imperialismus*
fortsetzend bis hin zum amerikanischen Eingreifen in die Entwicklung auf
Grenada sowie in Nicaragua und El Salvador, bestätigt die Richtigkeit des
Neokolonialismus-Vorwurfs.

Anna Seghers zeigt in der Kurzgeschichte „Joe aus New York" aus dem
Zyklus „Der erste Schritt", 1953 (in *Erzählungen 1952-1962*, S.117-120), und
in dem Roman *Das Vertrauen*, 1968, die Ausbeutung Mexicos durch US-
amerikanische Firmen, ebenso wie eines der bedeutendsten Jugendbücher der
DDR, Ludwig Renns *Trini: Die Geschichte eines mexikanischen Landarbeiterjungen während der mexikanischen Revolution*, 1954, das gleichzeitig einen Abriß der US-amerikanischen Übergriffe auf das südliche Nachbarland
bietet.

Ein ähnliches Anliegen verfolgt der auf Südamerika spezialisierte DDR-
Abenteuerschriftsteller Eduard Klein in dem Roman *Señor Contreras und die
Gerechtigkeit*, 1954, in bezug auf Chile. Auch er zeigt massive Eingriffe der
USA in die inneren Angelegenheiten des Landes, das wirtschaftlich von ihnen
abhängig ist, vor allem den Aufbau und die Förderung einer rechtsradikalen
und grausamen chilenischen Geheimpolizei. Die Ausbeutung Brasiliens
durch US-Amerikaner deutet Fritz A. Körbers Jugendbuch *Juan und Sico: Ein
Schicksal zwischen Brasiliens Urwald und Philadelphias Wolkenkratzern*,
1957, an. Die kubanische Revolution und die Überwindung aller Repressalien
der Vereinigten Staaten gegen den sozialistisch gewordenen Inselstaat rühmen
z.B. Helmut Preißler in dem Gedicht „Bericht des kubanischen Delegierten"
aus dem Zyklus „Berichte der Delegierten 1959 zu den Weltfestspielen in
Wien" (in *Gedichte 1957/1972*, S.34-36) oder Herbert Otto in dem Reisebericht *Republik der Leidenschaft: Erlebnisse auf Kuba*, 1961.

---

8 *Manifest Destiny*: 1845 geprägte Devise, bezeichnet die „offenkundige Bestimmung"
der USA, den gesamten amerikanischen Kontinent in Besitz zu nehmen.
Spanisch-amerikanischer Krieg: 24. April - 12. August 1898, endete mit dem Sieg der
USA. Dies bedeutete die endgültige Verdrängung der schwachen spanischen Kolonialmacht vom amerikanischen Kontinent; von der DDR-Geschichtsschreibung wird dieser
Krieg als einer der ersten imperialistischen Kriege gewertet.
Policy of the Big Stick: außenpolitische Devise von Präsident Theodore Roosevelt
(1901 - 1909): „Sanft reden und einen dicken Knüppel tragen", die er vor allem gegen-
über Lateinamerika anwandte.
Dollar Diplomacy: außenpolitisches Prinzip des Präsidenten William Howard Taft
(1909 - 1913), verband amerikanische Kapitalexporte mit politischem und militärischem
Druck, um Einfluß auf andere Staaten auszuüben (vor allem auf Lateinamerika).
United-Fruit-Imperialismus: Der Bananen-Konzern hatte in mehreren lateinamerikanischen Ländern Kapitalinteressen, wirkte auf ihre Politik ein und veranlaßte es im Jahre
1954, daß der amerikanischen Präsident mit Hilfe der CIA in Guatemala die linksste-
hende Regierung Arbenz stürzen ließ.

Neben Eduard Klein, in dessen Abenteuerromanen der US-Imperialismus in der Regel keine dominierende Rolle einnimmt, hat in erster Linie Wolfgang Schreyer als weiterer Vertreter dieses Genres USA-kritische Lateinamerika-Romane verfaßt.

Der erste dieser Tatsachenromane, *Der grüne Papst*, 1961 (Erstauflage unter dem Titel *Das grüne Ungeheuer*, 1959), spielt in Guatemala im Jahre 1954, in dem die *United Fruit Company* einen Staatsstreich gegen die gewählte demokratische Regierung Arbenz inszenierte, weil diese ungenutztes Land der *Company* enteignet hatte. Den historischen Hintergrund jenes ungenierten Eingreifens eines US-Konzerns und der CIA in die Angelegenheiten der „Bananenrepublik" Guatemala verknüpft Schreyer mit Exkursen über ähnliche US-Aktionen in anderen lateinamerikanischen Staaten sowie über Gleichartigkeit zwischen organisiertem US-amerikanischem Gangstertum und CIA-Methoden. Eine Vordergrundhandlung bildet den Rahmen für die historischen Ausführungen: Ein junger Deutschamerikaner wird als Pilot von einer dubiosen Organisation namens *Green Pope* angeworben, die er für einen Rauschgiftschmuggelring hält. Nach Guatemala entstandt, stellt er fest, daß *Green Pope* oder *El Verde Papa* die *United Fruit Company* ist, die den bewaffneten Umsturz in der Bananenrepublik vorbereitet. Der Held soll die guatemaltekische „Befreiungsarmee" aus der Luft mit Bomben unterstützen, kann sich aber dieser Aufgabe entziehen und am Schluß nach Mexico flüchten.

Schreyers Amerikabild ist in *Der grüne Papst* sehr negativ: Die inneren Verhältnisse der US-Gesellschaft, die in den ersten Kapiteln des Buches kurz umrissen werden, sind desolat, geprägt von Kriminalität, Pornographie, Verherrlichung von Gewalt, nacktem Materialismus. Später werden zwei Vertreter des US-Imperialismus beschrieben, zum einen ein Werbechef der *United Fruit*, ein Geschäftsmann mit intellektueller Vorbildung, der voller Hochmut und Herablassung auf die Guatemalteken niederblickt und vom US-amerikanischen Sendungsbewußtsein erfüllt ist:

In diesen Burschen wurzelt ein naiver Fortschrittsglaube: Sie meinen, daß es zwischen dem Wohl der Menschheit, einer gesunden Lebensführung, den Interessen der Vereinigten Staaten und den Hygienevorschriften nur geringfügige Unterschiede gibt. (S.189)

Zum anderen tritt der amerikanische Botschafter John E. Peurifoy auf, ein äußerlich abstoßender, intriganter und selbstherrlicher Antikommunist, der in greller Cowboy-Kleidung mit einem Colt am Gürtel herumläuft (S.280). Diese beiden höchst unsympathischen Yankees symbolisieren den US-Imperialismus schlechthin.

Die beiden folgenden Romane *Preludio 11*, 1964, und *Der gelbe Hai*, 1969, gleichen dem *Grünen Papst* nur insoweit, als der jeweilige Held in den USA lebt und für ein fragwürdiges Unternehmen angeworben wird. In beiden

Romanen sind die Verhältnisse in den Vereinigten Staaten so negativ geschildert, daß der Held ihnen gerne entkommt.

Preludio II wird eine konterrevolutionäre Einheit angeworbener Söldner unter USA-Anweisung genannt, die in Cuba das Schweinebucht-Unternehmen vorbereiten soll, *Der gelbe Hai* ist ein Tarnname für einen Agenten, der im Jahre 1963 von der CIA in eine revolutionäre Gruppe in der Dominikanischen Republik eingeschleust wird, in Wirklichkeit aber ein von Cuba entsandter Doppelagent ist. Beide Romane interessieren sich mehr für die Stimmungen und Strömungen unter Revolutionären bzw. Konterrevolutionären als für den US-Imperialismus, der als wirkende Kraft im Hintergrund steht.

In der *Dominikanischen Tragödie*, einer Trilogie aus den Bänden *Der Adjutant*, 1971, *Der Resident*, 1973, und *Der Reporter*, 1980, analysiert Schreyer gründlicher die Auswirkungen des langjährigen US-Einflusses auf ein lateinamerikanisches Land, die Dominikanische Republik, und erhellt in dieser Trilogie

zum einen die imperialistische Politik der USA, die sich im Kern nicht verändert hat und nach wie vor jede wirklich progressive Lösung mit Waffengewalt zu ersticken droht; zum anderen aber auch die spezifischen Herrschaftsverhältnisse in einem derart unterdrückten und „unterentwickelten" Land, die eine gewisse Eigendynamik aufweisen. (Pelzer, S.236)

Held der Vordergrundhandlung ist ein Adjutant des Diktators Trujillo namens Juan Tomas, der im ersten Band die Vorbereitungen zum Sturz Trujillos miterlebt, welcher von den Vereinigten Staaten maßgeblich gefördert wird, da der Diktator die USA durch Enteignungen einiger großer US-Firmenniederlassungen verärgert hat. Außerdem ist die Stimmung in den Vereinigten Staaten gegen allzu selbstherrliche und brutale lateinamerikanische Junta-Führer, da sie das Aufkommen revolutionärer Bewegungen provozieren, weshalb eine scheinbare Demokratisierung bevorzugt wird. *Der Adjutant* beschreibt die dramatische Ermordung Trujillos und endet mit der Vertreibung seiner Familie, dem Volksaufstand gegen seinen Stellvertreter und dessen Flucht in die USA.

Der zweite Band, *Der Resident*, 1973, hat die liberalere Lateinamerikapolitik der Regierung John F. Kennedys nach dem gescheiterten Schweinebucht-Unternehmen zum Mittelpunkt. Der Resident, der US-Botschafter Henry W. Mitchell (d.i. John B. Martin, eine authentische Figur, auf deren Tagebüchern der Roman beruht), ein linksliberaler Intellektueller, früher engagierter Journalist und Autor mehrerer sozialkritischer Bücher, wird von Kennedy beauftragt, aus der Dominikanischen Republik das Schaufenster der *Alliance for Progress* (Kennedys Programm für Lateinamerika, das eine Anhebung des Lebensstandards und soziale Reformen versprach) zu machen. Mitchell ist Kämpfer auf verlorenem Posten: Er unterstützt nach Kräften den gewählten dominikanischen Präsidenten Juan Bosch, der eine gemäßigt progressive Politik durchzusetzen versucht und sich damit zwischen alle Stühle setzt. Ständig droht ein Putsch der rechtsgerichteten Offiziere, denen seine Reformen zu weit gehen, die dominikanische Linke organisiert Streiks und Demonstrationen, weil ihr Boschs Politik zu wenig wirkliche Änderungen verspricht, Extremisten beider Seiten verüben Anschläge, die amerikanischen Monopole, die in der dominikanischen Republik Niederlassungen haben, verhalten sich feindlich. Mitchell versucht verzweifelt zu vermitteln, selbst behindert durch die CIA und die US-Militärmission in Santo Domingo, die für verstärkte US-amerikanische Interventionen und eine rechtsgerichtete Politik sind. Mitchell fliegt in die USA, bittet das *State Department* und Präsident Kennedy persönlich um Hilfe für das mittelamerikanische Land, erhält sie und kann den Putsch für einige Zeit verzögern, letztlich aber nicht verhindern. Gegen die rechtskonservativen Kräfte in seiner eigenen Botschaft, in den Vereinigten Staaten und in der Dominikanischen Republik kann er nicht entschieden genug vorgehen, sie zwingen ihn zu schrittweisen Zugeständnissen. Eine radikale Lösung wie z.B. die Unterstützung einer allgemeinen Volksbewaffnung, damit das dominikanische Volk seinen Präsidenten gegen die Armee schützen kann, darf er nicht vertreten, weil es ihm die US-Politik verbietet. Seine liberale Politik ist auf den kleinen Spielraum begrenzt, den die widerstreitenden Kräfte der Kapitalinteressen und der progressiven Strömungen in Volk freilassen.

Henry Mitchell ist eine sympathische Figur, und auch John F. Kennedy wird positiv dargestellt. Noch nicht einmal die CIA verurteilt Schreyer pauschal:

> Wer sie dämonisierte, für allwissend und allmächtig hielt, der freilich hatte den Kampf bereits verloren. Sie war nur ein Gehilfe, ein notwendiges Übel, manchmal sogar ein Korrektiv. Mochte sie auch anderswo das Ruder plump ergriffen haben [...], so konnte doch ihr Einfluß nicht immer reaktionär genannt werden (S.447).

Die CIA erscheint positiver als das *State Department*, das vor allem wegen seiner Überbürokratisierung und Versteinerung in der Vorstellungswelt des kalten Krieges kritisiert wird. Die eigentliche Schuld am Scheitern von Kennedys Programm kommt denn auch im Roman dem *State Department* und den US-Monopolen zu. Die inneren Verhältnisse in der US-Gesellschaft werden von Schreyer weiterhin negativ geschildert, doch ist seine politische Beurteilung wesentlich nüchterner und vielschichtiger geworden.

Im dritten Band schließlich, *Der Reporter*, 1980, wendet sich der Autor dem Thema „US-Presse" zu. Kennedy ist ermordet, Juan Bosch abgesetzt, eine Junta beherrscht die Dominikanische Republik, ein Volksaufstand beginnt, den der neue amerikanische Präsident Johnson mit Waffengewalt niederschlagen will. Ein US-amerikanischer Reporter wird von seiner Redaktion an den Schauplatz des Geschehens geschickt, er wird mehr und mehr von den

Zielen der Volksbewegung eingenommen. Er sieht sich bald verschiedenen Kräften ausgesetzt, dem Zwang zum Erfolg, dem Tempodruck, der Drohung physischer Vernichtung, der Verantwortung des beobachtenden Schriftstellers. Am Schluß weiß er mehr als er berichten darf und emigriert nach Portugal, um dort seine Erfahrungen niederzuschreiben. Auch dieser Mann ist kein unsympathischer Vertreter des US-Imperialismus wie die Amerikaner in *Der grüne Papst*, sondern eine psychologisch durchgestaltete Persönlichkeit. Die Rolle der CIA hat jedoch gewechselt, der US-amerikanische Geheimdienst erscheint wieder als omnipräsent und omnipotent.

Bei späteren Werken über US-Einfluß auf Lateinamerika handelt es sich um Reiseberichte wie Eberhard Panitz' *Der Weg zum Rio Grande: Ein biographischer Bericht über Tamara Bunke*, 1973, und Otto Gotsches *Links und rechts vom Äquator: Reisenotizen aus Lateinamerika*, 1970, oder um Literatur, die aus aktuellem Anlaß angefertigt wurde, wie den Sammelband *Chile — Gesang und Bericht*, 1975, in dem der Sturz der Regierung Allende in Chile auf das Betreiben der CIA und der US-Monopole zurückgeführt wird.

1986 erschien Curt Letsches Abenteuerroman *Operation Managua*, der die Einmischung der Vereinigten Staaten in Nicaragua zum Thema hat. Der Aufbau erinnert an Schreyers Romane: Einem jungen Deutschen, der in Geldnöte geraten ist, wird von einem nordamerikanischen Bekannten die Mittelamerika-Vertretung eines großen Pharmakonzerns angeboten. Nebenbei soll der Deutsche für eine Nachrichtenagentur interessante Informationen sammeln. Der politisch naive junge Mann bemerkt nicht, daß sein Auftraggeber in Wirklichkeit die CIA ist, die sein Verhalten zunächst überwacht und ihn später dazu gebraucht, für Regierungsmitglieder in Managua bestimmte vergiftete Arzneimittel und Alkoholika nach Nicaragua zu schaffen. Nach der Vergiftung der nicaraguanischen Politiker plant die CIA Sabotageakte und den Einmarsch konterrevolutionärer Truppen. Der Plan schlägt jedoch fehl, das Gift im Likör wird entdeckt, der Deutsche verhaftet. Zu seinem Glück sagt eine Doppelagentin, die auch an der Aktion beteiligt war, zu seinen Gunsten aus. In der Nachbemerkung des Romans wird erklärt, es handele sich um einen authentischen Fall, der sich im Jahre 1983 zugetragen habe.

Im Unterschied zu Schreyers *Der Resident* erscheint hier die CIA wieder als allmächtiger, allgegenwärtiger *big brother*. Ihre Agenten, vor allem der, der den jungen Deutschen angeworben hat (ein ehemaliger Verhörspezialist der US-Truppen in Vietnam) und ein vorgeblicher Auslandskorrespondent der Nachrichtenagentur, die jedoch eine Unterorganisation der CIA ist, sind skrupellose Drahtzieher und Mörder, die vor allem von ihrem grenzenlosen Antikommunismus getrieben werden.

Abgesehen von diesem offenbar schnell und ohne große literarische Ansprüche geschriebenen Roman ist mir keine weitere DDR-Belletristik über das Thema „USA und Lateinamerika" bekannt.

Im wesentlichen beschränken sich die Werke der DDR-Belletristik, die sich mit dem Verhältnis zwischen USA und Lateinamerika befassen, auf eine Wiedergabe historischer Begebenheiten, verbunden mit einer fiktiven Vordergrundhandlung. Zu übertreiben brauchten sie kaum, die Wirklichkeit stellt erfundene Geschichten in den Schatten. Westliche, vor allem lateinamerikanische Autor/inn/en haben sich ähnlich kritisch oder noch schärfer über die US-amerikanischen Interventionen in Lateinamerika geäußert.

3.7. Der Vietnamkrieg

Kaum ein anderes außenpolitisches Thema hat die DDR so sehr beschäftigt wie das amerikanische Eingreifen in den Indochinakrieg. Es wurden Solidaritätskundgebungen veranstaltet, Solidaritätsbasare errichtet, Geld für Nordvietnam gesammelt etc. DDR-Presse und -Fernsehen berichteten regelmäßig über die Kriegsereignisse in Indochina, Dokumentarfilme wurden gedreht, Sachbücher geschrieben.[89]

Das Interesse für den Vietnamkonflikt war allerdings weltweit groß, der Gesichtsverlust der Großmacht wuchs, Opposition gegen sie erhob sich auch in Ländern, die ihr zuvor ergeben gewesen waren, und in den USA selbst. Was die Berichterstattung und die offizielle Geschichtsschreibung der DDR zu diesem Thema von westlichen Äußerungen unterscheidet, ist die schon früh erfolgte unbedingte Parteinahme für Nordvietnam und die Nationale Befreiungsbewegung in Südvietnam, wie der Vietcong in den sozialistischen Staaten grundsätzlich genannt wird (da dort „Vietcong" als Schimpfwort gilt). Zur dortigen Sprachregelung gehört auch die Bezeichnung „Söldner" für GIs und südvietnamesische Soldaten, da diese laut DDR-Auffassung nicht für ein nationales Anliegen, sondern nur für Geld kämpften. Ferner heißt der Ort, an dem GIs ein furchtbares Massaker an wehrlosen Zivilisten verübten, in der DDR-Literatur stets Son My, im Westen jedoch My Lai, „wie es von den Amerikanern nach dem Verwaltungsgebiet genannt wird" (Bekier, S.192).

---

89 Hans Maretzki: *Was suchen die USA in Vietnam?* 1967; Jeanne und Kurt Stern: *Reisfelder — Schlachtfelder: Augenzeugenbericht über Vietnam im Krieg*, 1967, und *Bevor der Morgen graut: Vietnam zwischen Krieg und Sieg*, 1969; Harry Thürk, Erwin Borchers, Wilfried Lulei, Horst Szeponik, Diethelm Weidemann: *Stärker als die reißenden Flüsse: Vietnam in Geschichte und Gegenwart*, 1970; Erwin Bekier: *Die Geschichte von Tran Song*, 1971; Eberhard Panitz und Thomas Billhardt: *Gesichter Vietnams*, 1978.

Offizielle DDR-Abhandlungen über den amerikanischen Krieg in Vietnam enthalten neben der Aufzählung amerikanischer Untaten (Flächenbombardements, Strategie der „verbrannten Erde", Einsatz von Napalm und biologischen Waffen wie *Agent Orange*, Angriffe auf Zivilbevölkerung und zivile Ziele wie Schulen, Krankenhäuser usw., Erhaltung der brutalen Saigoner Diktatur, Folter, Vergewaltigungen und Mißhandlungen aller Art, Errichtung von KZ-artigen „Wehrdörfern" etc.) eine Analyse der Ursachen und Ziele der amerikanischen Intervention in Indochina:

In den Krieg eingegriffen hätten die USA aus ökonomischen Gründen und aus Antikommunismus. Zum einen hätten sie von inneren Mißständen, d.h. wachsender Arbeitslosigkeit und Konjunkturflaute, ablenken wollen, zum anderen habe der Krieg das Wirtschaftswachstum wieder steigern sollen. Vor allem die Rüstungsindustrie habe so enorme Profite verzeichnen können. Ein weiterer Vorteil aus der Sicht der USA sei die Möglichkeit zum Testen neuer Waffen gewesen.

Zum anderen hätten die USA ihre neokolonialistische Zielsetzung verwirklichen wollen, ganz Südostasien als Absatzmarkt für amerikanische Waren zu gebrauchen und den dortigen Ländern ihre Rohstoffe zu entziehen.

Der amerikanische Antikommunismus habe sich zum einen gegen die Nationale Befreiungsbewegung in Südvietnam gerichtet, zum anderen gegen das sozialistische Weltlager, denn Südostasien habe als Brückenkopf gegen den Sozialismus dienen sollen. Die USA hätten sich eine Einflußsphäre vom Mittleren Osten bis Japan schaffen wollen, um das sozialistische Lager einzukreisen. Eine andere Erwägung, die eine wichtige Rolle gespielt habe, sei die „Domino-Theorie" gewesen: Falle ein Land dem Sozialismus anheim, gingen die umliegenden in der Folgezeit ebenfalls dem US-Einfluß verloren. Dies habe verhindert werden sollen.

Das Thema Vietnam, das ab Mitte der sechziger Jahre in aller Munde war, regte die DDR-Belletristik stark an:

> Als um die Mitte der sechziger Jahre die Aggression des USA-Imperialismus gegen das vietnamesische Volk begann, stellten sich die Schriftsteller der DDR sofort mit an die Spitze der Protestbewegung. Wie ein großer Teil der fortschrittlichen Autoren in aller Welt machten auch sie diesen Protest zum Gegenstand literarischer Darstellung, besonders in der Lyrik und in der Reportage. Der sozialistisch-realistische Charakter der besten dieser Werke erwies sich [...] darin, daß sie am Beispiel der Kämpfe in Vietnam den weltpolitischen Gegensatz von Kapitalismus und Sozialismus und das politische und ökonomische Interesse des USA-Imperialismus aufdeckten. (*Literatur der DDR*, S.505)

Quer durch alle Genres[90] äußerten die DDR-Autor/inn/en ihre Empörung über den ungerechten Krieg, mittelmäßige und relativ unbekannte ebenso wie die bedeutendsten Schriftsteller/innen.

Bereits in den fünfziger Jahren, als die Weltöffentlichkeit ihre Aufmerksamkeit noch nicht primär auf Indochina gerichtet hatte, wurde das Zusammenarbeiten der USA mit der Kolonialmacht Frankreich in Vietnam von der DDR-Belletristik registriert. Im Zentrum der Kritik standen vor allem US-Waffenlieferungen an Frankreich. Der Widerstand französischer Hafenarbeiter gegen die Entladung amerikanischer Waffen in französischen Häfen, geleitet von dem Matrosen Henri Martin, der deshalb zu fünf Jahren Haft verurteilt, durch weltweite Proteste jedoch befreit wurde, bestimmt den Inhalt des Hörspiels „Wie es kam, daß Kapitän Brown seine Wette verlor", verfaßt von einem Autorenkollektiv unter Leitung von Herbert Ziergiebel, 1950 (in *Das Hörspiel unserer Zeit — Frieden 1*, S.9-36), des Gedichtes „Ballade von Henri und Erika"[91] von Stephan Hermlin, ca. 1952 (in *Dichtungen*, S.125f.), und der Kurzgeschichte „Henri, der tapfere Matrose", von Willi Meinck, 1959 (in Beseler/Meinck/Deutsch, S.43-82). Auf die Aktion einer jungen Frau, Raimonde Dien, die mit ihrem Körper die Gleise blockierte, auf denen US-Waffen per Zug transportiert werden sollten, nimmt Anna Seghers in *Die Entscheidung*, 1959, Bezug.

Alle genannten Werke sind sich darüber einig, daß der wichtigste Zweck des Eingreifens der USA in den französischen Indochinakrieg Rüstungsprofite waren. Stephan Hermlin drückt dies in „Ballade von Henri und Erika" so aus: „Der schmutzige Krieg muß weichen/Das Dollarzeichen/Schändet Vietnam und Frankreich." (S.125)

Von der Präsenz erster amerikanischer Militärberater in Vietnam berichten die Hörspiele *Mort pour la France*[92] von Lothar Dutombé und Hannes Dahlberg, ca. 1951, sowie „Todeshandel oder Mut zur Freiheit", 1951 (in *Mut zur Freiheit: Das Hörspiel unserer Zeit 2*, S.9-36) von Maximilian Scheer, der bereits deutlich macht, wie sich die USA anschickten, die Rolle Frankreichs in Indochina zu übernehmen. In letzterem Hörspiel wird ferner ausgesagt, die Amerikaner würden die Anwerbung junger Bundesdeutscher durch die französische Fremdenlegion fördern (S.24). Das Hörspiel schildert den Weg eines solchen jungen Mannes nach Vietnam und seine Erkenntnis, daß der Krieg

---

90 Wobei die Dramatik allerdings in erster Linie durch Hörspiele vertreten ist. Ein DDR-Theaterstück über den Vietnamkrieg, das z.B. Peter Weiss' *Viet Nam Diskurs* vergleichbar wäre, gibt es meines Wissens nicht.
91 Erika Thürmer war Mitglied der in West-Berlin und Westdeutschland verbotenen FDJ und wurde in West-Berlin verhaftet.
92 Mir nicht zugänglich. Kurzfassung bei Haese, S.184.

einzig zum Zweck des Profitmachen geführt wird. Er läuft am Schluß zu den Nordvietnamesen über.[93]

Die erste Phase der Vietnamkriegsliteratur aus der DDR endet etwa zur Zeit der Genfer Indochinakonferenz im Jahre 1954. Die amerikanische Unterstützung des südvietnamesischen Diktators Diem und die Eingriffe der CIA in die laotische Politik (vor allem 1959) wurden in der DDR-Literatur bis in die sechziger Jahre hinein nicht thematisiert.

Der erste, der in der DDR zur Zeit der Präsidentschaft John F. Kennedys wieder über Vietnam berichtet, ist der Schriftsteller Eduard Claudius, der von 1959 bis 1961 Botschafter der DDR in Vietnam war und nach seiner Rückkehr eine Sammlung vietnamesischer, laotischer und kambodschanischer Märchen (*Als die Fische die Sterne schluckten*, 1961) sowie zwei Sammelbände mit Erzählungen (*Das Mädchen ‚Sanfte Wolke'*, 1961, und *Aus den nahen und den fernen Städten*, 1964) herausgegeben hat. In *Das Mädchen 'Sanfte Wolke'* ist die Geschichte „Der Sergeant und der Prinz"[94] enthalten, die in Laos spielt. Hier taucht ein unsympathischer ausländischer Militärberater auf, der klar als Amerikaner erkenntlich ist. Ferner wird ein Hubschrauberangriff auf sozialistische Laoten beschrieben, der unter amerikanischer Führung erfolgt.

Das Vietnamgedicht Inge Müllers, die sich im Jahre 1966 das Leben nahm, ist undatiert, es dürfte aus der ersten Hälfte der sechziger Jahre stammen, wurde allerdings erst 1985 postum veröffentlicht, wie die meisten Gedichte der ehemaligen Frau Heiner Müllers. Für seine (vermutliche) Entstehungszeit ist es in seiner Ambivalenz und innewohnenden Kritik untypisch:

Nicht Mitleiden (täuscht euch nicht)
Die Angst zwingt da zum Wegsehn
Wir bluten aus den leicht vergeßnen nie vergeßnen
Uralten Wunden. Das letzte Gefecht ist
Das erste. Die Schreie verbrauchen die Luft
Zurückgeworfen von übervielen tauben Trommelfellen
Wer da noch hört: reiß die Ohren auf
Bewege Hände, Beine, atme
Gegen den Schnee! Reiß den neben dir
Aus dem tödlichen Schlaf: Es ist nicht Vietnam
Hörst du
Es ist nicht Vietnam!

---

93 Peter Gugisch nennt in *Hörspiel in der DDR*, 1966, weitere Hörspiele, die den „Interventionskrieg in Vietnam" (S.30) behandeln: Günther Rücker: *Die schwarzen Wälder*, 1950; Gerhard Rentzsch: *Ein Schiff fährt nach Marseille*, 1951; Günter Wieland: *Jack Holsten*, 1951; Günther Rücker: *Begegnung im Dschungel*, 1954. Inwieweit diese Werke auf die Rolle der USA in Vietnam Bezug nehmen, konnte ich nicht feststellen, da sie mir nicht zugänglich waren.

94 Hier wiedergegeben nach einem späteren Sammelband: *Hochzeit in den Alawitenbergen: Erzählungen aus drei Jahrzehnten*, 1975, S.206-299.

Vordergründig scheint Inge Müller ihre Mitbürger aus ihrer Bequemlichkeit aufrütteln und auf den Krieg in Vietnam hinweisen zu wollen, doch ist eine andere Deutung möglich: Die Dichterin spielt auf die nationalsozialistische Vergangenheit der Deutschen an („Wir bluten aus den leicht vergeßnen nie vergeßnen / Uralten Wunden"), auf die Gefahr eines neuen Krieges in Europa („Das letzte Gefecht", nämlich des vergangenen Krieges, „ist / Das erste" des dritten Weltkrieges) und auf das Verdrängen der einen wie der anderen. So erklären sich die Schlußzeilen, das wiederholte „Es ist nicht Vietnam": Sie kritisieren das Abwenden der Aufmerksamkeit von den eigenen Problemen hin zu denen eines fernen Staates.

Nach dem Zwischenfall im Golf von Tonking im Juli 1964 (Schußwechsel zwischen nordvietnamesischen Torpedobooten und einem US-Zerstörer), Präsident Johnsons *Southeast Asia Resolution* vom 7. August 1964 (die ihn ermächtigte, in den Krieg mit Truppen einzugreifen) und dem Beginn der *Rolling Thunder* genannten Bombenangriffen auf Nordvietnam ab Februar 1965 setzte in der DDR-Belletristik eine Flut von Vietnamkriegswerken ein. Um das umfangreiche Material einigermaßen zu gliedern (es ließe sich nach weiterer Suche vermutlich noch vergrößern), soll hier eine Aufteilung nach einzelnen Genres vorgenommen werden.

3.7.1. Lyrik

Die rund neun Jahre direkter amerikanischer Intervention in Vietnam haben in der DDR eine Vielzahl von Vietnamgedichten hervorgebracht, die hier weitestgehend summarisch betrachtet werden sollen. Die Grauen des Krieges veranschaulichen:

— Max Zimmerings „Die Sanduhr rinnt", 1965, „Vietnamesische Vision", 1966, „[...] doch plötzlich ist der Himmel feurig rot / und speit auf Dorf und Stadt den Bombentod", S.133; beide in *Das Maß der Zeit*;
— Rainer Kirschs „Auszog das Fürchten zu lernen", 1966: in gleichnamigem Sammelband, S.212-214; erzählt das Grimmsche Märchen nach, endet jedoch damit, daß der Held das Fürchten durch eine Vietnam-Vision erlernt:

> Durch Mauern seh ich, seh ich im Qualm
> Die Heere ausziehn, Wälder giftentblättert
> Mordfressen überm Bauchfell das noch zuckt
> [Sauberes Bajonett], unter der Erde
> Die Präsidenten und die Weiber jauchzend
> Städte gebirgwärts, Menschen wie Kirchen brennend
> Feuer, und Wind, und alle.
> (S.214).

- Günter Kunerts „Hexerei texanischer Herkunft", 1967: „Hände zu Klumpen / durch Feuerzauber vom Himmel", in *Warnung vor Spiegeln*, S.19; geht um vietnamesische Kinder, deren von Napalm entstellte Hände der US-Präsident mit allen Beteuerungen seines Friedenswillens nicht wieder heilen kann;
- Manfred Streubels „Aussetzung eines Kindes": „In die Asche von Auschwitz. Heimlich hinter die Fronten. / Doch wo auch immer: unter den Himmel Hanois." (S.85) und „Massaker", beide 60er Jahre: nach Georg Heym, beschreibt „blutige Dämonen", die übers Meer kommen und Flugzeuge besitzen, mit denen sie Städte und Wälder zerstören: „Sie lassen Türme tanzen. Zünden Frauen an. / Sie fädeln Ketten sich aus Kinderköpfen.", S.35f. (Beide Gedichte in *Zeitansage: Gedichte aus 10 Jahren 1957-1967*);
- Hanns Cibulkas „Vietnam", 1968: „Jeden Morgen, / wenn ich die Nachrichten höre, / wird ein Mensch / vor meinem Fenster / erschossen." In *Gedichte*, S.63;
- Ernst Buschs Neufassung des „Korea-Songs" mit Bezug auf Vietnam, 1968: „Warum plagen wir Menschen wie Tiere / und mit Übeln, die keiner mehr heilt?" (In *Vietnam in dieser Stunde*, S.40);
- Karl Mickels „Bericht nach Burchett", 1968: faßt einen Auszug des Sachbuchs *Partisanen contra Generale* [Special War, Special Defence, 1967] von W. Burchett in lyrische Form: Südvietnamesische Soldaten, die „im Sold der Yankees standen", zerstören ein Dorf. (In *Vietnam in dieser Stunde*, S.134);
- Dieter Muckes „Klage einer vietnamesischen Frau", 1969: „Über meinem Land / turnt der schwarze Tod / mit ausgebreiteten Armen", (in *Poesiealbum 19*, S.26);
- Günther Deickes „Welt", 1972: „Von den Kirschbäumen tropft Napalm in die Sommernacht" (in *Ortsbestimmung*, S.178);
- Rainer Kirschs „Wandvers", 1972: „[...] Und schneller, vor der Wind die Dünste wegtreibt / Falln in der andern Welt Hälfte Menschen / Und Bomben, leuchtend, Teppiche in Grün" (in *Auszog das Fürchten zu lernen*, S.235);
- Helmut Preißlers „Farbiger Traum", 1972 (in *Gedichte 1957/1972*, S.248-257):

Blut,
das jäh aus kopflosem Rumpf springt,
in Vietnams Erde verströmt,
während lachend Soldaten zum Gruppenbild sich formieren,
den abgeschlagenen Kopf
hält einer an Haaren ...
(S.250);

— Reinhard Bernhofs Kindergedicht „Brief von Ti aus dem fernen Vietnam", 1973: Flugzeuge werfen Bomben und Napalm auf Kinder und eine Schule; in *Die Kuckuckspfeife*, S.28;
— Werner Lindemanns Kindergedichte „Filmvorführung": in einem DDR-Kino wird ein Dokumentarfilm über den Vietnamkrieg gezeigt, spontan sammelt das Publikum Geld für Nordvietnam; S.68; und „Tran Van Lin aus Südvietnam erzählt vom Bananenbäumchen", beide 1974: ein vietnamesisches Mädchen und seine Mutter werden zweimal durch den Krieg aus ihrem Dorf vertrieben; in *Der Tag sitzt vor dem Zelt*, S.71f.

Mehrfach hat Volker Braun zum Thema Vietnamkrieg das Wort ergriffen: Erstmals meines Wissens 1966 in dem Gedicht „Der Ferne Krieg" (in *Wir und nicht sie*, S.29), das folgende Meldung zum Anlaß nahm: „Das US-Kriegsministerium verhandelte im Herbst 1966 mit zwei Westberliner Fabriken über die Lieferung von chemischen Kampfstoffen." (Anmerkungen zu den Gedichten, S.74). Das Gedicht beschreibt, wie ein „Regen trüber Abkunft" auf Felder und Laub Vietnams fällt.

1967 folgte der Gedichtband „Kriegserklärung", in dem Braun zu 17 Dokumentarphotos je einen Vierzeiler entwarf. Neben den Grausamkeiten des Krieges zeigt der Lyriker hier vor allem dessen Hintergründe, den amerikanischen militärisch-industriellen Komplex, der vom Krieg profitiert und dafür gewissenlos GIs und Vietnamesen opfert, z.B. in dem Vers zu Bild 5, das die Unterschrift trägt: „Am 16.März kreuzt der US-Flugzeugträger ‚Ranger' südlich der Insel Hainan am 17.Breitengrad. Dan O. Sullivan aus Detroit auf Beobachtungsposten."

Was siehst du da, Söldner? — Keine Gefahr.
Und hinterm Wasser, Söldner? — Macht man neue Bomber klar.
Dort fällt, statt Bomben, Geld ab, Söldner? — Das ist wahr.
Was siehst du, Söldner? — Keine Gefahr.
(S.15)

Auch kritisiert Braun das „Jobbewußtsein" der GIs, die ihr Morden in Vietnam wie irgendeine andere Arbeit ansehen und verrichten, wobei sie nur eine vorübergehende Schwäche und Müdigkeit am Sinn ihres Tuns zweifeln läßt, z.B. im Vers zu Bild 13: „US-Söldner Farley nach einem Hubschraubereinsatz":

's ist Feierahmd. Das Tagwerk ist vollbracht.
Mord im Akkord, ich Rindvieh mach es mit.
Wir gehen langsam drauf bei Tag und Nacht.
Jetzt hab ich Schiß. Bald bin ich wieder fit.
(S.31)

Andererseits verweist Braun auf die Tatsache, daß viele Amerikaner in den Krieg gezogen seien, ohne zu wissen, worauf sie sich einließen, weil sie in den USA arbeitslos gewesen seien (S.21). Er läßt die Leichen von GIs auf einem Photo die Überlebenden beschwören, ein Gericht zu halten über die, „die den Krieg befahlen" (S.37), und erwähnt die Friedensdemonstrationen in den USA (S.69).

Das Gedicht „Tag und Nacht", 1970 (in *Gegen die symmetrische Welt*, S.21) setzt gegen eine idyllische Liebeszene in freier Natur in der ersten Strophe die Alptraumszene eines Paares im vietnamesischen Dschungel in der zweiten, das, gefoltert, in einem Käfig mit Stricken gefesselt bis zur Brust im Wasser steht. Das Gedicht enthält keinen direkten Hinweis auf die Amerikaner, doch impliziert es den Gedanken, daß sich das grausame südvietnamesische Regime nur mit Hilfe der USA an der Macht halten kann.[95]

Auf den Zusammenhang zwischen Arbeitslosigkeit in den Vereinigten Staaten und Vietnamintervention verweist — wie Volker Braun in *Kriegserklärung* — Kurt Bartsch in „amerikanischer arbeitmarkt" (in *Zugluft*, S.65, Kleinschreibung im Original):

vor den arbeitsämtern
werden die schlangen kürzer
die köpfe der schlangen
liegen im dschungel vietnams
(S.65)

Helfried Schreiters 28 Vietnamgedichte, in der Lyrikreihe *Poesiealbum* (Nr.7) erschienen, preisen voller intelligenter Wortspiele die Überlegenheit Nordvietnams und der Nationalen Befreiungsbewegung Südvietnams über die Großmacht USA, z.B. in „Das Haus":

---

95 Noch zweimal taucht der Vietnamkrieg in Volker Brauns Werken auf: in dem Gedicht „Der Geflügelte Satz", 1974 (in *Gedichte*, S.98f.), bezieht sich die fünfte Strophe auf den „furchtbaren asiatischen Krieg / Der Nordamerikaner" (S.99). Auch in einem Drama Volker Brauns findet sich ein Verweis auf den Vietnamkrieg, in „Simplex Deutsch: Szenen über die Unmündigkeit", 1978 / 79 (in *Stücke 2*, S.173-222), in der siebten Szene, die den Werdegang Ulrike Meinhofs, hier Ulrike Kragler genannt, von der Tochter einer Kleinbürgerfamilie zur Anarchistin darstellt. Von den Eltern zum Abendbrot vor laufendem Fernseher gezwungen, in dem die Vietnamkriegs-Berichterstattung gezeigt wird, greift Ulrike Kragler schließlich zur Maschinenpistole und tötet die Eltern.

Die Vietnamesen
heißen den Dschungel
das
Haus ohne Wände.

Unverständlich bleibt
dies
den Amerikanern.
Ihnen fallen
die Wände
auf den Kopf.
(S.10)

Darüberhinaus verurteilt er die Brutalität der US-Soldaten, die *Pacification*-Kampagnen der *US Air Force*, die die Zerstörung „befriedeter" Orte zur Folge hatten, die Bombardements mit Napalm und biologischen Waffen. Er weist auf Rassendiskriminierung in den USA und auf den fragwürdigen Freiheitsbegriff der Amerikaner hin, nennt aber auch die Schuldgefühle vieler GIs und die Friedensbewegung in den Vereinigten Staaten. Die geradezu gefährliche Naivität amerikanischer Bomberpiloten beschreibt das Gedicht „Die Rechnung":

Ich habe euch
eine Brücke zerstört.
Sorry.
Was kostet sie?
Ich habe
in den Staaten
einen Bruder mit Geld.
Er wird den Schaden bezahlen.
So sprach
der Pilot eines Bombers
nach seiner Gefangennahme.
Und:
Ich rechne
mit
einer halben Million?

Er bekam
keine Antwort.
Er hatte
sich
verrechnet.
(S.30)

1968 erschien ein Sammelband unter dem Titel *Vietnam in dieser Stunde: Künstlerische Dokumentation*, von einem Kollektiv verschiedener DDR-

Schriftsteller/innen und Künstler/innen herausgegeben. Der Band enthält Texte und Bilder von Autor/innen und Künstler/innen aus aller Welt (auch aus den USA) zum Thema Vietnamkrieg.[95] Unter anderem trugen die Lyriker/innen Eduard Claudius, Adolf Endler, Sarah Kirsch, Günter Kunert und Georg Maurer mit einzelnen Gedichten dazu bei. Claudius' „Vietnamesisches Liebesgedicht" (S.42) besingt die Liebe zwischen einem Nordvietnamesen und einer Südvietnamesin, die sich angesichts der Grausamkeit des Krieges der Nationalen Befreiungsbewegung anschließt. Die beiden symbolisieren Nord- und Südvietnam. Adolf Endlers „Die abgeschnittene Zunge" (S.65) kündigt den Invasoren und den südvietnamesischen Soldaten an, daß sie trotz Folter und Verstümmelungen ihrer Gegner letztenendes unterliegen werden. Sarah Kirsch malt sich in ihrem Gedichtbeitrag (ohne Titel) den Tag aus, an dem sie erfahren wird, daß der Vietnamkrieg zu Ende ist und daß die, „die ich nicht meine Brüder nenne" (S.114), d.h. die Amerikaner, in ihr Land zurückkehren müssen. Günter Kunert vergleicht in „Fernöstliche Legende" (S.116) die Vietnamesen mit David, die USA aber mit Goliath, der „die Keule/taktischer Luftstaffeln" schwingt, während „unter den Völkern der Erde/sein mächtiges Bild/schon zerschmettert" ist. Auch Georg Maurer greift in „Menetekel" auf eine biblische Geschichte zurück, die des babylonischen Königs Belsazar:

[...] Denn machen will
tausend seiner Gewaltigen und Generalen
ein herrlich Mahl der Präsident,
sich vollsaufend vom Roten Fluß
mit ihnen und seinen tanzenden Weibern
im weißen Palast. Da gingen hervor
an den Wänden, wohin er auch sah,
brennende Finger, die schrieben und schrieben.
(S.132)

Nach *Vietnam in dieser Stunde* kamen Dieter Muckes schon erwähnte Gedichte in *Poesiealbum 19*, 1969, heraus, darunter „Friedlicher Wintersonntag gewisser Bürger" (S.13), in dem der Dichter das Gewissen „gewisser Bürger" mit einem Teppich vergleicht, der trotz Klopfens den Schmutzfleck nicht verliert, während „die Amerikaner/ihre Bombenteppiche klopfen", was sich die Bürger gemütlich im Fernsehen anschauen. „Verdammung des christlichen Luftfahrers Bill Parker" (S.27) läßt einen US-Bomberpiloten, der plakativ wie eine Comicfigur gezeichnet ist, „eine halbe Stadt zu Dreck" schmei-

---

96 Die bereits genannten Gedichte von Ernst Busch und Karl Mickel sind hierin enthalten, ebenso Teile aus Brauns *Kriegserklärung*.

ßen, bevor er abgeschossen wird: „Bill Parker grinst schon die Sonne an, / da kippt ihn der Himmel aus."

Über das Massaker im vietnamesischen Dorf Son My (bzw. My Lai) verfaßte Günther Deicke zwei Gedichte: „Blutstraße" und „Paul Meadlo", beide 1972 (in *Ortsbestimmung*, S.174f. und 176f.). In ersterem zieht er Parallelen zwischen der SS und den Amerikanern Calley und Meadlo sowie Oberbefehlshaber Westmoreland, die verantwortlich für das Massaker waren: „Die Henker von Son My - / trugen sie denn / schwarze Mützen mit silbernem Totenkopf?" (S.175). Paul Meadlo war einer der beteiligten Offiziere, die in den USA vor Gericht gestellt wurden. Der Dichter sieht hinter ihm die, „die ihn mit der M 16 reden hießen" (176), die Politiker, die nie an der Front waren, aber genauso schuldig sind.

Günter Kunert schließlich konstatiert in „Optik II", 1974 (in *Im weiteren Fortgang*, S.61), wie wenig trotz täglicher Berichterstattung im Fernsehen in den Gehirnen der Menschen hängen bleibt: „Das stumpfe Auge / frißt alles, das Hirn / käut es wieder, es wird verdaut." Wie Mucke in „Friedlicher Wintersonntag" kritisiert der Dichter diejenigen, die die Fernsehsendungen über Vietnam nur konsumieren, aber dadurch nicht zum Nachdenken angeregt werden.

3.7.2. Dramatik

Wie schon gesagt, haben sich die Dramatiker der DDR wenig für Vietnam interessiert.[97] Nach der großen Zahl der Vietnam-Hörspiele aus den fünfziger Jahren konnte ich nur ein einziges Hörspiel aus den Siebzigern finden, Joachim Walthers „Ein Dorf auf dieser Erde", 1971 (in gleichnamigem Sammelband, S.5-28), in dem ermordete Dorfbewohner aus dem Jenseits erzählen, wie GIs in ihr Dorf gekommen sind, alle Bewohner zusammengetrieben und die Hütten angezündet haben: „Sie behandelten uns wie Tiere. / Und waren es doch selbst. / Tiere." (S.18) Als in einer brennenden Hütte ein Baby schreit, wollen mehrere Dorfbewohner hinlaufen, um es zu retten, die Amerikaner

---

97 Claus Hammels Drama *Ein Yankee an König Artus' Hof*, 1967, nach Motiven von Mark Twain beginnt in Vietnam mit dem Tod des Yankees, der sich sterbend fragt: „Was ist jetzt Freiheit? Was ist jetzt noch Welt? Wofür hab ich gelebt? Hab ich für diesen Tod gelebt?" (S.9) Er stirbt jedoch nicht, sondern wird in die Zeit König Artus' zurückversetzt und versucht dessen Land zu modernisieren, scheitert jedoch mit seinem naiven Fortschrittsglauben an den Realitäten der feudalistischen Gesellschaft und stirbt ein zweitesmal. Es handelt sich bei *Ein Yankee an König Artus' Hof* jedoch nicht um ein Vietnamkriegs-Drama, imgrunde noch nicht einmal um ein antiamerikanisches Stück, denn die eigentliche Zielrichtung des Verfassers richtet sich auf Vertreter eines „dritten Weges", d.h. diejenigen, die einen dritten Weg neben dem des real existierenden Sozialismus und dem des Kapitalismus suchen.

mißverstehen das und machen alle nieder. Von 500 überleben fünf. Das Ausmaß der geschilderten Brutalitäten erinnert an das Massaker von Son My.

3.7.3. Prosa

3.7.3.1. Kinder- und Jugendbücher

In Hiltrud Linds Kinderbuch *Das blaublumige Büffelkind*, 1968, wird der Krieg aus der Perspektive eines kleinen nordvietnamesischen Mädchens geschildert, das die Bombardierung der Hauptstadt Nordvietnams miterlebt.

In Wolfgang Helds Jugendbuch *Feuervögel über Gui*, 1969, finden zwei südvietnamesische Kinder, Schwester und Bruder, deren Dorf Gui von den Amerikanern vernichtet worden ist und die dadurch alle Angehörigen verloren haben, im Urwald einen verletzten US-Piloten. Anstatt ihn aus Rache zu töten, wie er es befürchtet, versorgen sie seine Wunden notdürftig und wollen ihn zur Nationalen Befreiungsbewegung bringen. Unterwegs stoßen sie jedoch auf amerikanische Truppen, werden festgenommen und brutal verhört. Als der gerettete Pilot begreift, daß die beiden gefoltert werden, wird er zum überzeugten Kriegsgegner und weigert sich weiterzukämpfen. Die Nationale Befreiungsarmee überfällt das amerikanische Lager und befreit den Bruder, das Schicksal der Schwester bleibt ungewiß.

Neben der Grausamkeit der GIs kritisiert Wolfgang Held vor allem ihre Leichtfertigkeit, mit der sie in den Krieg gezogen sind und mit der sie aus Flugzeugen ihre Bomben abwerfen. Sie fragen nicht nach den Hintergründen des Vietnam-Engagements der USA, sehen nicht, was sie den Vietnamesen antun, und bemühen sich nur, möglichst heil durchzukommen und möglichst schnell nach Hause zurückkehren zu können. Doch hält der Autor ihnen zugute, daß sie in den Vereinigten Staaten nicht zum Nachdenken angeregt würden, ja daß das Nachdenken sogar von den Massenmedien verhindert werde:

[...] Zeitungsartikel, Fernsehsendungen und Kinofilme zeigten [...], welches das Auto mit den meisten Pferdestärke, die Zahnpasta mit dem herrlichsten Aroma und das Waschmittel mit dem strahlendsten Weiß sei. Warum aber die Reichen im Lande immer reicher und die Armen immer ärmer wurden, darüber zum Beispiel verloren sie kein einziges Wort. (S.40)

Der verwundete Pilot macht jedoch eine Entwicklung zum Besseren durch, nachdem er begriffen hat, daß die Vietnamesen auch Menschen wie die Amerikaner sind, und nachdem er mit der Brutalität seiner Landsleute konfrontiert worden ist:

Wir haben kein Gewissen mehr! begriff er. Die Leute im Weißen Haus und im Pentagon haben es aus uns herausgezogen, wie man einen Zahn zieht. Der Dollar, die

Lüge und die Hetze sorgten dafür, daß wir nicht das geringste davon gemerkt haben. (S.97)

3.7.3.2. Prosa für Erwachsene

Christa Wolfs Amerikabild ist vornehmlich durch den Vietnamkrieg geprägt, den sie 1967 in dem Essay „Probe Vietnam" (in *Lesen und Schreiben*, S.26-28) analysiert. Sie stellt zunächst fest, daß „alle Worte, die diesen Krieg charakterisieren können [...] längst gebraucht und, wie es scheint, verbraucht" seien (S.26), doch müsse man immer wieder darüber sprechen. Die Autorin warnt davor, den Krieg für erträglich zu halten und sich an die täglich im Fernsehen gezeigten Schrecken zu gewöhnen:

> Denn Gewöhnung an den Schrecken, Lähmung durch Terror gehören zu dem System, welches diesen Krieg hervorgebracht hat und nun dafür sorgen muß, daß die Summen wieder hereinkommen, die er kostet. (S.27)

Sie berichtet von einem verwundeten US-Flieger, der im Fernsehen den verzweifelten Wunsch äußert, der Krieg möge endlich vorbei sein, und von der Fremdbestimmung des amerikanischen Präsidenten durch das System des Imperialismus. So führe die „Eskalation der Verbrechen an einem fremden Volk" zur Steigerung der Unfreiheit im eigenen Land. Der militärisch-industrielle Komplex steigere durch seine Politik die Widersprüche in der US-Gesellschaft.

> Verbohrt in ihre barbarische Unvernunft, schlagen die Amerikaner auf Vietnam und meinen ein jedes Volk, das nicht mehr Objekt der Geschichte sein will, sondern mit wachsendem politischem und nationalem Selbstbewußtsein über sich selbst verfügt. Meinen jeden lebendigen menschlichen Gedanken, der ihrem pragmatisch-technischen Weltbild im Wege steht. Meinen im Grunde jeden Menschen, der sich seiner Verwandlung in ein manipulierbares Instrument, in einen willfährigen Konsumenten, in eine Ware widersetzt. (S.28)

Abschließend meint Christa Wolf, daß alle Menschen durch den Vietnamkrieg auf die Probe gestellt seien: „Vietnam ist eine Probe auf die Fähigkeit der Menschheit, ihren Lebenswillen zu organisieren." (S.28) Bestehe sie diese Probe, werde auch ein dritter Weltkrieg verhindert werden.

Im *Christa Wolf Materialienbuch*, 1979, das unter anderem Aufsätze von und Interviews mit der Autorin enthält, bezieht sie sich mehrfach auf Vietnam (z.B. S.32, 48), und in ihrem Roman *Kindheitsmuster*, 1976, ist die Rahmenhandlung von den ständigen Meldungen über den Vietnamkrieg geprägt. Auch hier geht es wieder, wie in „Probe Vietnam", um die Verantwortung des Einzelnen, gegen diesen Krieg zu arbeiten, und um die Gefahr der Gewöhnung an die Gewalt. In einem nächtlichen Gespräch zwischen der Heldin des Romans und ihrer halbwüchsigen Tochter sagt diese:

> Wenn sie daran denke, daß vielleicht gerade jetzt, während sie gemütlich im Bett liegt, irgendwelche Amis irgendwelche Leute aus einem vietnamesischen Dorf umbringen, dann finde sie sich selbst zum Kotzen. (S.227)

Im Zusammenhang mit dem Thema des autobiographischen Romans, d.h. der Jugend der Heldin in der Nazizeit und das Hereinwachsen eines Menschen in den Nationalsozialismus, gewinnen die Vietnam-Passagen eine zusätzliche Dimension: Gerade weil sie die Gewöhnung an die alltägliche Gewalt miterlebt hat, reagiert die Heldin besonders empfindlich auf die Vietnamkriegsberichterstattung, zieht sie unbewußt immer wieder Parallelen. Die Hoffnung, daß sich die Menschen weiterentwickelt haben und sich nicht mehr gewöhnen lassen, hat die Autorin nicht aufgegeben, wie die Darstellung der Tochter zeigt.

„Probe Vietnam" ist in dem schon erwähnten Sammelband *Vietnam in dieser Stunde*, 1968 (S.178), abgedruckt, neben weiteren Prosatexten von Bruno Apitz (S.24), Otto Gotsche (S.80), Peter Hacks (S.86), Stephan Hermlin (S.87), Hermann Kant (S.9f.), Friedrich Karl Kaul (S.111f.), Joachim Knappe (S.114), Erik Neutsch (S.143), Joachim Nowotny (S.145), Ludwig Renn (S.154), Max Walter Schulz (S.175), Anna Seghers (S.178), Fritz Selbmann (S.178f.), Jeanne und Kurt Stern (S.184f.), Erwin Strittmatter (S.192) und Arnold Zweig (S.214). Die einzelnen Texte sollen hier nicht ausführlich besprochen, sondern unter Obergesichtspunkten zusammengefaßt werden.

Apitz, Kant und Renn erklären, warum der Vietnamkrieg für die DDR so wichtig ist: weil in den USA wie in der Bundesrepublik dieselben Machthaber die Politik bestimmten, also die westdeutschen Imperialisten ebenso einen Krieg gegen die DDR entfachen könnten, wie ihn die USA in Vietnam führten. Mit den Greueln der Nazizeit vergleichen Gotsche, Hacks, Kaul, Renn und Selbmann die amerikanischen Untaten in Vietnam. Vor der Gefahr der Gewöhnung an diese Grausamkeiten, die dem Imperialismus diene, weil sie den weltweiten Widerstand erlahmen lasse und die Völker auf einen dritten Weltkrieg vorbereiten helfe, warnen Hermlin, Kant und Neutsch. Das Unrecht, das die USA vor Vietnam anderen Ländern angetan haben (Bombardierung deutscher Städte im zweiten Weltkrieg, Atombombenabwurf auf Japan, Spaltung Deutschlands, Koreakrieg, Neokolonialismus in Lateinamerika etc.) erwähnen Gotsche, Kant, Knappe und Schulz. Auf die Rüstungsprofite als eigentliche Triebfeder für das Indochinaengagement der Vereinigten Staaten weisen Hacks, Kaul, Knappe und Strittmatter hin. Fortschrittliche, demokratische Traditionen der USA, die durch den Vietnamkrieg zunichte gemacht worden seien, benennen Gotsche (Unabhängigkeitserklärung), Zweig (Lincoln) und Strittmatter (Thoreau, Emerson). Das „andere Amerika" heben Hacks, Hermlin und Schulz hervor, ersterer mit folgenden Sätzen:

> Soll dem Präsidenten Johnson geglaubt werden, diese unbarmherzige, rechnende, roboterartige Fratze sei Amerikas Gesicht? Auch Amerika, jene Insel abseits der Welt-

kultur, von der Geschichte vernachlässigt und vom Fortschritt wenig begünstigt, auch Amerika hat andere Gesichter als das. Eins der edelsten zeigen die farbigen und weißen Bürgerrechtskämpfer [...]. Auch Amerika ist von Menschen bewohnt; auch Amerikas wahres Gesicht ist das menschliche. (S.86)

Schließlich zeigen mehrere Schriftsteller ihr Entsetzen und ihre Empörung angesichts der amerikanischen Grausamkeit, der Tötung von Kindern (Neutsch, Nowotny), der Bombardierung einer Leprastation (Selbmann), auch der psychischen Zerstörung der jungen Amerikaner, die als Soldaten ihre eigene moralische Verwilderung erleben müssen (Schulz).

Der Abenteuerschriftsteller Harry Thürk verfaßte 1968 seinen ersten Roman über den Indochinakrieg, *Der Tod und der Regen*. Primär ging es ihm darin allerdings um die bundesdeutsche Beteiligung auf Seiten der Amerikaner: Ein Vertreter eines westdeutschen Chemiekonzern soll in Vietnam die Wirkung chemischer Waffen testen, und ein Soldat der Bundeswehr hat den Auftrag bekommen, sich dort in Guerilakampftaktik ausbilden zu lassen. Held des Romans ist ein bundesdeutscher Photoreporter, der seine Arbeit als Kriegsberichterstatter aus ethischen Gründen erfüllt: Er will die Welt aufklären über den amerikanischen Genozid in Vietnam, und er gibt Informationen, die er als Kriegsberichterstatter leicht erhält, an die Nationalen Befreiungsbewegung weiter. Zweite Hauptfigur des Romans ist ein amerikanischer Bomberpilot, der sich gleich seinem Kollegen in Helds *Feuervögel über Gui* vom oberflächlichen, mechanisch seinen Dienst versehenden Soldaten zum Kriegsgegner entwickelt, und zwar in nordvietnamesischer Gefangenschaft.

Der Roman enthält in komprimierter Form all das, was in den bisher besprochenen Werken über die Rolle der USA im Vietnamkrieg gesagt wurde, und gibt einen Abriß der Geschichte des Vietnamkriegs. Neu sind die Aussage, die Vereinigten Staaten probten in Vietnam den Krieg gegen die Sowjetunion (S.26), und die Darstellung der amerikanischen Soldaten als Feiglinge:

Wenn sie mit starker Unterstützung von Artillerie und Flugzeugen einen schwächeren Gegner angriffen, waren sie kaltschnäuzig bis zur Überheblichkeit. [...] Galt es, ein Dorf in übersichtlichem, für Artillerie und Flieger offenem Gelände zu umstellen und die Einwohner zusammenzutreiben, dann gingen sie mit jener kühlen Sachlichkeit vor, die von ihrer Führung so gern als hervorstechende Eigenschaft gerühmt wurde. Gerieten sie aber in eine Lage, die sie gleich gegen gleich auf den Gegner treffen ließ, brach die Fassade zusammen. Ihre Hände zitterten, und der Schweiß trocknete nicht mehr auf ihren Körpern. Angst stand in ihren entsetzten Gesichtern (S.172).

Folgen seien Trunk- und Rauschgiftsucht sowie Amoklauf. Doch Thürk ist nicht ohne Mitleid für die GIs, die Opfer einer „Generation von abgestumpften, zur Zerstörungswut aufgepeitschten Kriegsführern" (S.226) seien, welche die jungen Männer mit modernen Waffen, schönen Uniformen und Rangabzeichen sowie mit Phrasen („Sieg und Freiheit und Bastion gegen den

Kommunismus, asiatische Bevölkerungwelle und fragwürdige gelbe Rasse",
S.227) verführt hätten. „Eine Gesellschaft, die solche Wesen hervorbringt, ist
eine Schande für die Menschheit" (S.211). Nehme man den GIs ihre Waffen,

bleiben hilflose Wesen zurück, die wie Kinder anfangen, sich in der Welt zurechtzufinden. Erwachsene Kinder, die Napalm und Splitterbomben, Tanks und Raketen gehandhabt haben, als wäre es nichts weiter gewesen als Spielzeug. (S.227)

Fritz Rudolf Fries hat in der ironischen Erzählung „Der Fernsehkrieg",
1969 (in gleichnamigem Sammelband, S.143-158), das Thema Vietnamkonflikt auf eine andere Weise bearbeitet: Zusammen mit seinem kleinen Sohn
betrachtet ein Ich-Erzähler Familienphotos von vier Tanten, die in der BRD,
Frankreich, Spanien und den USA leben. Beschrieben werden die Wohnungseinrichtung, die Aufmachung und die Hunde der einzelnen Tanten, vor allem
aber begutachten Vater und Sohn die Fernsehgeräte im Hintergrund der Photographien und versuchen mit Hilfe von Tageszeitungen zu ermitteln, was die
Bildschirme gerade zeigen. So ergibt sich durch die Photos aus verschiedenen
Jahren eine Chronologie des Vietnamkrieges, ergänzt durch ADN-Meldungen
und Auszüge aus westlichen Büchern über Vietnam. Dieser literarische
Kunstgriff erlaubt dem Autor, auf die grausame südvietnamesische Diktatur
und die Unterstützung der Vereinigten Staaten hinzuweisen, auf den Antikommunismus in den USA, die Milliarden Dollar, die der Krieg sie kostete, die
Materialschlacht, mit der sie die vietnamesische Befreiungsbewegung und die
Nordvietnamesen zu schlagen suchten, die Bombardierung der Zivilbevölkerung mit Napalm und *Agent Orange*, die Kriegsprofite der US-Industrie, die
Unterstützung der Bundesrepublik mit Krediten und Warenlieferungen, die
Folterungen Gefangener durch GIs, die Solidaritätsbewegungen in aller Welt
und in der DDR im besonderen sowie auf die Friedensbewegung in den USA.
Die Tanten in der BRD, in Spanien und den Vereinigten Staaten gleichen
sich in ihrem Verhalten wie in ihrer Gleichgültigkeit dem Krieg gegenüber,
einzig die Tante in Paris ist, wie Frankreich generell nach seinem Ausscheiden
aus dem Indochinakrieg, gegen die amerikanische Intervention. Mehrfach betont der Erzähler, daß seine Tante in New York vor allem „der geordneten Verhältnisse wegen" (S.146) in die USA gezogen sei, was ihm angesichts der Ereignisse in Vietnam Gelegenheit zu ironischen Seitenhieben gibt.

1970 und 1974 gab Harry Thürk zwei Romane heraus, die das Ausweiten
des Indochinakonfliktes auf Laos zum Thema haben, *Der Tiger von Shangri-La* und *Straße zur Hölle: Bericht über die Schlacht an der Straße Nr. 9 in Laos 1971* (letzterer ist, trotz des sachlich wirkenden Titels, der fiktiven Literatur
zuzurechnen).

In *Der Tiger von Shangri-La* sieht ein in Thailand studierender junger Laote im Fernsehen, wie sein Vater von einem Offizier der amerikanischen *Special Forces* brutal ermordet wird, weil er angeblich mit der kommunistischen

Pathet Lao zusammengearbeitet hat. Der Sohn will sich an dem Offizier, Colonel Shute, rächen und bricht in den Dschungel auf, um das versteckte Lager des Amerikaners zu suchen. Die Begegnung mit der Pathet Lao bewegt ihn dazu, von der privaten Rache abzusehen und seine Suche nach Colonel Shute im Dienst der Befreiungsbewegung fortzusetzen. Er findet Shangri-La, das Lager Shutes, und meldet es der Pathet Lao, die es in einem Sturmangriff einnimmt. Shute wird auf der Flucht durch den Dschungel von einer Raubkatze getötet.

In diese Vordergrundhandlung eingewoben ist die Geschichte des Indochinakrieges in Laos, in dessen innere Angelegenheiten die CIA immer wieder maßgeblich eingegriffen hat, auch mit Waffengewalt. Ferner zeigt der Autor am Beispiel Thailand die unseligen Folgen des amerikanischen Neokolonialismus, die Überflutung des Landes mit billigen US-Waren, die durch den Massenandrang von erholungsbedürftigen GIs blühende Prostitution und den Ruin der einheimischen Industrie, die der amerikanischen Konkurrenz nicht gewachsen ist.

Der grausame Colonel Shute personifiziert den amerikanischen Imperialismus schlechthin. Er wird als Produkt einer Gesellschaft vorgestellt, in der Brutalität und Gewissenlosigkeit dominieren.

Während in *Der Tiger von Shangri-La* die Bombenangriffe auf Laos noch von der CIA von Thailand aus gelenkt werden, spielt *Straße zur Hölle* im Jahre 1971, in dem amerikanische Piloten die südvietnamesische Armee aus der Luft bei ihrem Einmarsch in Laos unterstützten, der unter der Begründung erfolgte, der Vietcong nutze das Grenzgebiet als Versorgungslager und Ausweichstation. Angestrebtes Ziel ist die Straße Nr. 9, die als Hauptnachschubader für die Nationale Befreiungsbewegung gilt. Zu der Zeit, in der der Roman spielt, hat bereits die von Präsident Nixon gewünschte „Vietnamisierung" des Krieges eingesetzt, d.h. die Südvietnamesen stellen weitestgehend die Bodentruppen. Tatsächlich sind jedoch die Amerikaner präsent wie eh und je: US-Generale planen und lenken die Aktion gegen Laos, US-Piloten bomben der Infanterie den Weg frei, US-Hubschrauber transportieren Waffen und Vorräte nach Laos.

Ein japanischer Kriegsberichterstatter schließt sich den Invasionstruppen an und ist von Beginn dabei. Er beobachtet unter Lebensgefahr die Kämpfe zwischen Pathet Lao und Invasoren, das Scheitern der Laos-Aktion trotz der von den Amerikanern initiierten Materialschlacht. Stärker als Thürks andere Indochina-Romane ist *Straße zur Hölle* ein Tatsachenroman, die fiktive Handlung vollzieht die Etappen der Laos-Invasion nach, die Personen sind nur noch Typen oder dazu da, die laotische Geschichte zu erzählen, das absehbare Scheitern der Invasion zu prophezeien oder die sozialistische Interpretation der Ursachen des Indochinakrieges wiederzugeben. Zynische, abgebrühte Amerikaner stehen da gegen sympathische, menschliche, mutige Mitglieder

der Pathet Lao. Auch ihr Verhältnis zum anderen Geschlecht differiert: Gegen die Schilderung der von amerikanischer Nachfrage geförderten Bordelle in Südvietnam hat der Autor die beginnende Liebesgeschichte zwischen einer jungen Laotin und einem Angehörigen der Pathet Lao gesetzt, die „rein" und ohne Sex ist.

Die Ausdehnung des Vietnamkrieges auf Kambodscha ist in der DDR-Belletristik nicht so beachtet worden wie die Invasion in Laos, möglicherweise, weil die Untaten der Pol Pot-Anhänger nicht zur Identifikation einluden wie die Heldentaten der Vietcong oder der Pathet Lao. Unter Günter Kunerts Kurzprosa finden sich zwar einige Zeilen unter der Überschrift „Phnom-Penh" (in *Tagträume in Berlin und andernorts*, S.116), doch beziehen sie sich kaum auf Kambodscha. Anlaß für das Schreiben des Textes dürfte ein Dokumentarfilm über Phnom-Penh gewesen sein, der den Autor zum Nachdenken über ein „wirkliches Bild der Zeit" anregte, das aus fliehenden Schatten, unklar und verwischt, „vor einem Hintergrund aus Panzern, die in träger Saurierhaftigkeit sich gefräßig den Fliehenden zuwenden", bestehe. Ähnlich wie in „Optik II" geht es dem Schriftsteller um die Übertragung der Ereignisse auf der anderen Seite der Welt im Fernsehen, um die Diskrepanz zwischen der Flüchtigkeit der Bilder auf belichtetem Zelluloid und ihrem Inhalt, ihrer Aussage.

Die Romanautorin Irmtraud Morgner ist berühmt für ihre Montagetechnik, für das Verflechten verschiedener Handlungsstränge miteinander, mit eingeschobenen Literaturzitaten, Zeitungsausschnitten, Gedankensplittern usw. In den ersten Roman, in dem sie dieses Prinzip zu Perfektion geführt hat, *Leben und Abenteuer der Trobadora Beatriz nach Zeugnissen ihrer Spielfrau Laura*, 1974, hat sie auch ein Interview mit einem DDR-Biologen über die amerikanische chemische Kriegführung in Vietnam und ein Kommuniqué der Befreiungskräfte Südvietnams aus dem Jahre 1972 eingearbeitet, wohl um den Zeitgeist der späten sechziger und frühen siebziger Jahre, in denen der Roman spielt, wiederzugeben. Nähere Erläuterungen zum Vietnamkrieg bringt sie jedoch nicht.

Das letzte mir bekannte Prosawerk über die Folgen des Vietnamkrieges ist Anna Seghers' Erzählung „Steinzeit" aus dem Jahre 1975 (in *Erzählungen 1963-1977*, S.531-582).[98] Der Titel der Erzählung bezieht sich auf den Ausspruch eines US-Generals, die USA würden Vietnam in die Steinzeit zurückbomben. Es geht jedoch nicht um den Vietnamkrieg an sich, sondern um die Auswirkungen des Krieges auf einen Beteiligten, den ehemaligen GI Gary, der seine im Dschungel gewonnenen Erfahrungen dazu ausnutzt, durch eine Flug-

---

98 Vgl. Anna Seghers' Beitrag zu *Vietnam in dieser Stunde*, S.178; „Die Aufgaben des Schriftstellers heute", 1966 (in *Willkommen, Zukunft*, S.53-64); „Vietnam", 1972 (S.215f.); „Ansprache in Weimar", 1965 (S.207-215).

zeugentführung Lösegeld zu erpressen und sich nach Südamerika abzusetzen. Er ist ein Mensch ohne moralische Grundsätze, die ihm der Krieg genommen hat, und ohne die Fähigkeit zu tieferen Gefühlen oder engerer Bindung. Trotzdem ist er nicht unsympathisch, Erinnerungen an Kindheitserlebnisse zeigen, daß er nicht so hätte werden müssen, wie er geworden ist. Die Angst vor der Verfolgung durch US-amerikanische Polizei läßt ihn zum unsteten Wanderer über den lateinamerikanischen Kontinent werden. Kaum hat er sich irgendwo niedergelassen und soziale Kontakte geknüpft, sieht er in irgendeiner Kleinigkeit ein Anzeichen dafür, daß ihm die Polizei auf den Fersen ist, und flieht weiter. Am Schluß verunglückt er im Gebirge tödlich.

Anspielungen auf das Steinzeit-Zitat finden sich noch zweimal in der Erzählung: Auf der Zivilisationsstufe der Steinzeit lebt ein Amazonas-Indianerstamm, bei dem sich Gary eine Weile lang aufhält, ein positiver Gegenentwurf zur US-amerikanischen Gesellschaft, einfache und glückliche Menschen, deren Sozialleben intakt ist. Gary betrachtet sie in US-amerikanischer Überheblichkeit als Wilde und begreift nicht, daß sie ihm einiges voraushaben. Der zweite Hinweis steht am Schluß der Erzählung, als Gary allein durch das Gebirge streift und sich seelisch schlecht fühlt. Hier symbolisiert die „Steinwelt" (S.579) die emotionale Leere, die sich in ihm ausgebreitet hat. Die „Steinzeit" im negativen Sinne, in die der General das südostasiatische Land bomben wollte, d.h. das tierähnliche kulturlose Vegetieren der Menschen, ist die Stufe, die Leute wie Gary erreicht haben.

Die Nutzlosigkeit der Vietnamintervention hat auch Gary begriffen. Er liest zweimal in der Zeitung über das Ende des Krieges und erkennt, daß er sein menschenwürdiges Leben für nichts und wieder nichts hingegeben hat (S.540, 548). Einmal sieht er sogar ein, daß sein Verbrechen, die Flugzeugentführung, in keinem Verhältnis zu den Verbrechen der USA in Vietnam steht:

Des Raubes wegen verfolgt man mich, wegen der paar Beutel voll Dollars. Davon sind die nicht ärmer geworden. Was alles in Vietnam passiert ist, das kam ihnen ehrlich vor. Die würden niemals ein Wort verlieren über die Städte und Brücken, die ich zusammenknallte. (S. 565)

Letztenendes befinden sich weder Vietnam noch die brasilianischen Indianer in der „Steinzeit", sondern die amerikanische Gesellschaft, die im Vietnamkrieg gezeigt hat, daß sie menschliche Werte und soziales Denken verloren hat — so die Aussage der Erzählung, die jedoch nie penetrant vorgetragen wird. Der Leser muß sie aus den Gedanken, Erinnerungen und Erlebnissen Garys schließen, die detailliert und ohne Denunzierung der Hauptfigur wiedergegeben werden. Insoweit steht Anna Seghers' Erzählung innerhalb der DDR-Belletristik für sich.

Zum Schluß sei noch auf einige wenige Sonderentwicklungen in der Schönen DDR-Literatur bezüglich des Vietnamkrieges verwiesen:

Wolf Biermann, der in dem Gedicht „Grabinschrift für einen amerikanischen Soldaten", 1968 (in *Mit Marx- und Engelszungen*, S.38), vermutlich die kürzeste Bewertung des Vietnam-Engagements der USA gefunden hatte („Als Schlächter ausgeschickt/ Verendet als Schlachtvieh"), schrieb im selben Jahr das Gedicht „Verheerende Nebenwirkung des Krieges in Vietnam":

Das da, dieser Krieg da
wirft auf die Welt einen langen Schatten
— in dessen Schutz wird munter
weitergemordet
weitergefoltert
weitergelogen

Ach, wo denn, Genossen, wird da gelogen?
Wo gefoltert?
Gemordet, wo noch?!

Seine Kritik an dem Solidaritätsrummel für Vietnam in der DDR, der den Blick auf andere Verbrechen gegen die Menschlichkeit verstellt, präzisiert Biermann noch in dem 1971 veröffentlichten „Gesang für meine Genossen" (in Walwei-Wiegelmann, S.63-65):

Ich schreie und schrei die Prosa von Viet-Nam
ich singe die Heuchelei, das exotische Mitleid
den politischen Schwulst von Frieden und Freiheit
Ich singe den schütteren Bart von Onkel Ho,
dem erspart blieb, diesen Krieg zu überleben,
den er längst gewonnen hatte [...]
und der täglich verhöhnt wird im Spenden-Rummel
in der behördlich verordneten Solidarität
im Ablaßhandel mit den revolutionären Sünden
(S.64)

Eine deutlichere Kritik an den Solidaritätsaktionen in der DDR als Ablenkung von den eigenen Problemen ist mir nicht bekannt.

Reiner Kunze, der wie Biermann in der DDR zunehmende Schwierigkeiten wegen seiner abweichenden Auffassungen bekam, hat in dem nur in der BRD erschienen Band *sensible wege*, 1969 (Kleinschreibung im Original), ebenfalls ein Gedicht veröffentlicht, das das Vietnamkriegsthema zum Anlaß nimmt, um Kritik an den Zuständen in der DDR zu üben:

Fanfare für Vietnam

Meine worte will ich schicken gegen

bomber
    bomber
        bomber

> Mit meinen worten will ich auffangen
> bomben
>   bomben
>   bomben
> Meine worte aber haben
>   handschellen
> (S.95)

Auf den ersten Blick deutet der Leser die Schlußzeilen des Gedichtes als Ausdruck der Hilflosigkeit des Dichters, der weit vom Ort des Geschehens gegen den Krieg schreibt. Die „Handschellen", die Kunze nennt, dürften jedoch auch auf seine konkrete Situation bezogen sein, auf die Zensur seiner Werke, auf die Verweigerung der Druckgenehmigung für seine Gedichte, auf die Repressalien, denen er unterlag.

Zur Kritik an den inneren Verhältnissen in der DDR nutzt auch Franz Fühmann das Thema Vietnamkrieg in seinem Tagebuch *22 Tage oder Die Hälfte des Lebens*, 1973. Er schreibt darin, daß er über Vietnam nichts verfassen könne:

> Eine Ursache liegt sicher darin, daß ich über Vietnam
> nicht mehr weiß als die Zeitung und ich daher nicht mehr
> sagen könnte als eben die Zeitung. Nichts schlimmer, weil
> der guten Sache undienlicher, als ein gereimter
> Leitartikel
> Das Zeitungsblatt als das Land sehen — eben das darf man
> nicht. Was bleibt? Die eigenen Erfahrungen der Zerstörung
> von Mensch und Erde zu schildern
> (S.52, im Original ohne Schlußpunkte)

Aus Zeitungslektüre aber speisen sich gerade die Werke von Fühmanns Schriftstellerkolleg/inn/en über Vietnam, die er mit diesen Zeilen angreift. Wie Inge Müller, Wolf Biermann und Reiner Kunze erinnert er an die eigenen Probleme der DDR, d.h. in seinem Falle die Aufarbeitung der Nazizeit, die auch in dem sozialistischen Teil Deutschlands nicht geleistet, sondern auf das ständige Hervorheben des antifaschistischen Widerstandes reduziert wurde.

Abschließend ist zu bemerken, daß das Amerikabild der Vietnamkriegsliteratur aus der DDR negativ ist, verwundert angesichts der historischen Fakten nicht. Weltweit litt das Image der USA stark, und in den Vereinigten Staaten selbst erhoben Kritiker ihre Stimme zur heftigen Bezichtigung ihres Landes. Übertrieben sind die Schilderungen amerikanischer Schandtaten in Vietnam nicht, die Empörung der Schriftsteller/innen hat ihre volle Berechtigung. Insgesamt betrachtet, wirken nur einige Kleinigkeiten störend an dem DDR-Bild vom Vietnamkrieg: Keiner der Schriftsteller/keine der Schriftstellerinnen berücksichtigt, daß das volle Ausmaß der Greuel des Vietnamkrieges nur dadurch bekannt werden konnte, weil erstmals in der Geschichte der Menschheit die Medien, vor allem das Fernsehen, ausführlich darüber berichteten, insbesondere die der USA, so daß die systembedingte Pressefreiheit gerade die Kritik am System ermöglichte. Nie wird erwähnt, daß neben den Kommunisten auch militante Buddhisten in Südvietnam in der Widerstandsbewegung tätig waren. Schließlich werden die Gegner der Vereinigten Staaten, die Nordvietnamesen und die Angehörigen der Nationalen Befreiungsbewegung, zu ethisch makellosen „besseren Menschen" hochstilisiert, die von viel weniger Leben erfüllt zu sein scheinen als die amerikanischen „Bösewichte". Auch hat der/die Lesende gelegentlich den Eindruck, als begrüßten manche DDR-Autor/inn/en das immer tiefere moralische Absinken der USA mit Schadenfreude, auch um den Preis der Unmenschlichkeiten gegen Vietnamesen. So wirkt es wohltuend, daß Inge Müller und Franz Fühmann ihren Mitbürgern die nationalsozialistische Vergangenheit in Erinnerung rufen. Im großen und ganzen dürfte jedoch der Aufschrei der Empörung, der durch die DDR und ihre Literatur wie durch die ganze Welt ging, ein wichtiger Beitrag dazu gewesen sein, der Großmacht USA in ihrem Expansionsdrang Grenzen zu setzen. Die Hochstilisierung der Vietnamesen ist wohl die Antwort auf ihre Denunzierung in den Vereinigten Staaten als brutale, gnadenlose und vernichtungswürdige Kommunisten.

werden konnte, weil erstmals in der Geschichte der Menschheit die Medien, vor allem das Fernsehen, ausführlich darüber berichteten, insbesondere die der USA, so daß die systembedingte Pressefreiheit gerade die Kritik am System ermöglichte. Nie wird erwähnt, daß neben den Kommunisten auch militante Buddhisten in Südvietnam in der Widerstandsbewegung tätig waren. Schließlich werden die Gegner der Vereinigten Staaten, die Nordvietnamesen und die Angehörigen der Nationalen Befreiungsbewegung, zu ethisch makellosen „besseren Menschen" hochstilisiert, die von viel weniger Leben erfüllt zu sein scheinen als die amerikanischen „Bösewichte". Auch hat der/die Lesende gelegentlich den Eindruck, als begrüßten manche DDR-Autor/inn/en das immer tiefere moralische Absinken der USA mit Schadenfreude, auch um den Preis der Unmenschlichkeiten gegen Vietnamesen. So wirkt es wohltuend, daß Inge Müller und Franz Fühmann ihren Mitbürgern die nationalsozialistische Vergangenheit in Erinnerung rufen. Im großen und ganzen dürfte jedoch der Aufschrei der Empörung, der durch die DDR und ihre Literatur wie durch die ganze Welt ging, ein wichtiger Beitrag dazu gewesen sein, der Großmacht USA in ihrem Expansionsdrang Grenzen zu setzen. Die Hochstilisierung der Vietnamesen ist wohl die Antwort auf ihre Denunzierung in den Vereinigten Staaten als brutale, gnadenlose und vernichtungswürdige Kommunisten.

4. Science fiction

Mit der wissenschaftlich-phantastischen Literatur soll hier eines der beliebtesten Genres derjenigen Literaturgattung, die man unter den Oberbegriffen „Unterhaltungsliteratur", „Massenliteratur" oder, abwertender, „Trivialliteratur" zusammenfassen kann, vorgestellt werden, da unterhaltende Literatur in der DDR wie im Westen eine größere Leserschicht erreicht als „gehobene" Literatur, also mehr Einflußmöglichkeiten besitzt (Heidtmann, 1982, S.31-41).[1]

Zuvor soll jedoch generell etwas über Unterhaltungsliteratur im sozialistischen Deutschland ab 1945 gesagt werden. Von der Literaturkritik der ersten beiden Phasen 1945-1949 und 1950-1961 wurde Unterhaltungsliteratur heftig abgelehnt. Hierfür sind drei Ursachen zu nennen: 1. der ästhetische Anspruch der Kulturpolitiker, sozialistische Literatur habe stilistisch, inhaltlich und ideologisch anspruchsvoll zu sein, damit sie ihre Leser im sozialistischen Sinne fördere; 2. die unselige Tradition der trivialen Naziliteratur, die es zu bekämpfen galt;[2] 3. die über Westdeutschland in die DDR gelangende „Schmutz und Schund"-Literatur, Heftreihen von niedrigem Niveau, z.T. mit extrem antikommunistischer Aussage.

Unbeschadet der theoretischen Ablehnung der Unterhaltungsliteratur wurde sie in der Praxis von den Verlagen vertrieben, da Bedürfnis und Nachfrage in der Bevölkerung wuchsen. Anfang der fünfziger Jahre spezialisierten sich mehrere Verlage auf Unterhaltungsliteratur und gaben verschiedene Rei-

---

[1] Dieser große Bereich, dem Heimat-, Frauen-, Kriegs-, Abenteuer-, Kriminalromane etc. zuzurechnen sind, kann in der vorliegenden Arbeit nur am Rande berücksichtigt werden. Eine gründliche Erforschung der Heftreihenliteratur der DDR mußte unterbleiben, da dies den Rahmen der Arbeit gesprengt hätte.

[2] Dabei wurde übersehen, daß es vor dem Machtantritt Hitlers schon eine Tradition des sozialistischen Unterhaltungsromans gegeben hatte, z.B. die *Rote Eine-Mark-Reihe*, an die man hätte anknüpfen können. Vgl. Michael Rohrwasser: *Saubere Mädel, starke Genossen — proletarische Massenliteratur?* 1975.

hen heraus. Zwar lehnte die Literaturkritik die Unterhaltungsromane weiterhin ab, doch verlieh das Kulturministerium zwischen 1954 auch 1959 auch Preise für „inhaltlich und formal vorbildliche Unterhaltungsromane" (Foltin, S.12)

Nach dem Mauerbau im Jahre 1961 entfiel der Import von „Schmutz und Schund"-Literatur aus dem Westen. Damit bestand für ostdeutsche Autor/inn/en der unterhaltenden Prosa nicht mehr die Notwendigkeit, ein Gegengewicht gegen die westliche Trivialliteratur schaffen zu müssen, woraus zuvor die DDR-Unterhaltungsliteratur ihre Daseinsberechtigung gezogen hatte. Die Literaturkritik begann widerwillig, die Existenz der Unterhaltungsliteratur in der DDR anzuerkennen, hielt sie aber weiterhin für etwas, das im Zuge der Fortentwicklung der Gesellschaft zum Sozialismus und letztlich zum Kommunismus hin wegfallen werde.[3] Erste Versuche wurden unternommen, die Existenz der Massenliteratur durch ein Anknüpfen an klassisch-humanistische Traditionen zu rechtfertigen (Heidtmann 1982, S.25f.) und so die bürgerlichen und nationalsozialistischen Entwicklungen zu überspringen. Inzwischen hatten zahlreiche Verlage ihre Reihen ausgebaut bzw. neue eingeführt, doch blieb das Angebot kleiner als die Nachfrage.

Nachdem auf dem VIII. Parteitag der SED die kulturpolitische Liberalisierung festgelegt worden war, erfuhr die Unterhaltungsliteratur eine starke Aufwertung. Niemand bestritt mehr ihre Notwendigkeit, es wurde im Gegenteil stolz betont, in der sozialistischen Gesellschaft der DDR würden alle Bedürfnisse auf dem Gebiet der Kunst befriedigt, insbesondere auf dem Gebiet der Unterhaltungskunst werde „das wachsende Bedürfnis der Werktätigen und besonders der Jugend nach Freude, Erholung und Entspannung noch vielfältiger und ideenreicher" erfüllt (Heidtmann 1982, S.38). Der Wert der Unterhaltungskunst und -literatur für die Entspannung des Einzelnen und somit für die „erweiterte Reproduktion menschlicher Arbeitskraft" (S.39) wurde nunmehr für wichtig gehalten. (Horst Slomma: *Sinn und Kunst der Unterhaltung*, 1971). Auch die Bildungsfunktion von qualitativ hochstehender Unterhaltungsliteratur wurde nun betont.

Folge dieser Neubewertung war nicht nur eine Steigerung des Angebotes, sondern auch ein Verschwimmen der Grenzen zwischen Hoch- und Massenliteratur. Immer mehr Autor/inn/en der sogenannten Hochliteratur wandten sich Genres zu, die bisher der Unterhaltungsliteratur vorbehalten waren.

Die Entwicklung der *Science fiction*-Literatur in der DDR verläuft ebenso wie die der übrigen Genres der Unterhaltungsliteratur. In den letzten zehn Jahren sind zu diesem Thema mehrere Studien erschienen. Ich beziehe mich in erster Linie auf zwei Standardwerke, das eine aus der DDR: Adolf Sckerl: *Wissenschaftlich-phantastische Literatur*, 1977, das andere aus der

---

3 Vgl. z.B. Hasso Mager: „*Krimi und crimen*": *Zur Moral der Unmoral?* 1969.

BRD: Horst Heidtmann: *Utopisch-phantastische Literatur in der DDR*, 1982. Beide Werke vermeiden in ihren Titeln korrekterweise den Terminus *Science fiction*, da er bis in die siebziger Jahre hinein in der DDR nicht gebräuchlich war — zu sehr war er mit der amerikanischen Phantastik verbunden. Bevorzugt wurden die Bezeichnungen „phantastische", „utopische" oder vor allem „wissenschaftlich-phantastische Literatur". Inzwischen ist jedoch *Science fiction* jedoch im Osten wie im Westen zum Oberbegriff geworden.[4] Aus diesem Grunde soll er auch hier als generelle Bezeichnung für alle Werke der utopisch-phantastischen Literatur verwendet werden.

An dieser Stelle sei auf die Schwierigkeit verwiesen, endgültige Genreunterscheidungen zwischen utopischen, phantastischen und Horror-Geschichten zu treffen, da die Übergänge fließend sind.

Die *Science fiction*-Literatur der DDR kann an eine andere Tradition als die meisten anderen Genres der Massenliteratur anknüpfen: an die sowjetische wissenschaftliche Phantastik, die schon bald nach der Oktoberrevolution zu einem anerkannten Literaturzweig geworden war und sich in verschiedenen Richtungen weiterentwickelt hatte. Übersetzungen aus dem Russischen überwogen auf dem ostdeutschen *Science fiction*-Markt in den ersten Jahren bei weitem, westliche Autoren wurden dagegen kaum übersetzt; so zählt Horst Heidtmann an *Science fiction*-Veröffentlichungen in der SBZ in den Jahren 1945 bis 1949 acht Titel sowjetischen, jedoch nur zwei amerikanischen Ursprungs (S.167, 226 Anm.4,3).

Obwohl die sowjetische Literatur Vorbilder für eine wissenschaftlich-phantastische Literatur bot, hatte das Genre in der SBZ und späteren DDR zunächst Schwierigkeiten, anerkannt zu werden. Zum einen war die deutsche utopische Literatur durch die chauvinistischen Zukunftsromane eines Hans Dominik aus der Nazizeit vorbelastet. Zum anderen

wurde in der kommunistischen Arbeiterbewegung bis zur Mitte unseres Jahrhunderts Friedrich Engels' Arbeit über „Die Entwicklung des Sozialismus von der Utopie zur Wissenschaft" im Sinne eines Utopieverbots interpretiert. (Heidtmann: *Von einem anderen Stern*, Nachwort, S.264)

Gemäß dieser Auffassung ist die Zukunft bereits festgelegt, d.h. die geschichtliche Entwicklung strebt gesetzmäßig der Aufhebung aller Klassengegensätze, der Idealgesellschaft, dem Kommunismus zu. Infolgedessen blieb für utopische Phantastik nicht viel Spielraum, Antiutopien westlichen Charakters oder Visionen anderer gesellschaftlicher Entwicklungen konnten nicht entstehen.

---

4 Wie z.B. der Titel des DDR-Autorenlexikons von Erik Simon und Olaf R. Spittel beweist: *Science fiction — Personalia zu einem Genre in der DDR*, 1982.

1945 bis 1949 erschienen nur wenige Werke ostdeutscher utopischer Phantastik[5], darunter Ludwig Tureks Roman *Die goldene Kugel*, 1949, der in den USA der nahen Zukunft spielt: Die Zustände in den Vereinigten Staaten sind desolat. Ungehindert regieren reiche Industrielle, die Demokratie dient nur der Verschleierung wahrer Machtverhältnisse, die Presse steht im Dienst der Großindustrie, Arbeiterführer und andere Kritiker der Plutokratie werden verfolgt und inhaftiert. Die Großindustriellen bereiten einen Atomkrieg vor, von dem sie sich Riesenprofite versprechen. Kurz vor Ausbruch dieses Krieges landet in der Nähe von New York eine riesige goldene Kugel, ein Raumschiff von der Venus. Die Venusbewohner haben die Entwicklung auf der Erde beobachtet und greifen nun ein, um einen Krieg zu verhindern, der den Planeten verwüsten würde. Sie unterbrechen den elektrischen Strom in den USA, so daß die Wirtschaft zum Erliegen kommt, lesen die Gedanken der führenden Männer des Staates und machen sie für die Öffentlichkeit hörbar. Empört über den menschenverachtenden Zynismus und die Profitgier der Machthaber erhebt sich das amerikanische Volk und beseitigt die Plutokratie, um fortan in Sozialismus und Frieden zu leben. Damit hat die Goldene Kugel ihre Mission erfüllt und kehrt zurück zur Venus.

Tureks Erzählung steht unter dem Eindruck des Atombombenabwurfs auf Hiroshima und Nagasaki, der amerikanischen Wasserstoffbombentests beim Bikini-Atoll sowie der Kriegshysterie in den USA zur Zeit des kalten Krieges.[6] Aus dieser weltpolitischen Situation resultiert der Pamphletcharakter des Buches: Große Passagen bestehen aus Aufrufen zum Frieden und langen Reden, in denen immer wieder der „große Götze Geld" angeklagt wird.

Vorbild Tureks war der amerikanische Autor Upton Sinclair, den er in Gestalt einer der Hauptfiguren, des Dichters Upton Britten, in seiner Erzählung auftreten läßt. Wie Sinclair, so versuchte auch Turek, „sozialistische Agitation mit Unterhaltung zu verbinden" (Heidtmann 1982, S.49), ohne allerdings sein Vorbild zu erreichen. Zu wenig sind die handelnden Personen charakterisiert, zu oft tritt die Handlung hinter seitenlange emphatische Reden zurück, die Lösung der Probleme wird zu sehr vereinfacht, wie auch Sckerl kritisch bemerkt (S.137).

Den korrupten und kriegslüsternen USA wird die friedliebende UdSSR gegenübergestellt. Ein Venusbewohner sagt:

> Nirgends findet unsere Expedition ein solch ungeteilt begeistertes Entgegenkommen wie in den Gebieten der Sowjets. Es scheint in der politischen Struktur ihres Landes zu liegen, daß sie uns nicht fürchten, sondern ganz im Gegenteil, sie vermuten in uns eine glückhafte Abwendung des ihnen durch die USA angedrohten Krieges. (S.115)

---

5 Sckerl und Heidtmann nennen zwei Titel, Simon/Spittel noch zwei weitere.
6 Als die Erzählung entstand, war die Sowjetunion noch nicht in der Lage, selbst Atombomben herzustellen. Sie meldete im September 1949 die ersten geglückten Atomexperimente (Sckerl, S.16).

Die goldene Kugel ist somit keine Antiutopie, sondern bietet dem Leser Hoffnung auf eine bessere Zukunft unter dem Sozialismus. Das Buch will warnen vor der Gefahr eines Atomkrieges, der zu der Zeit, in der es entstand, nur von den Vereinigten Staaten ausgehen konnte, die das Atombombenmonopol besaßen.

1951-1960 wurden in der DDR in Übersetzung dreißig Titel aus der UdSSR und fünf aus anderen sozialistischen Ländern veröffentlicht, aus den USA jedoch lediglich zwei Romane Mark Twains (*Ein Yankee am Hofe König Arthus*, 1952, und *Kapitän Stormfields Besuch im Himmel*, 1954) sowie mehrere Ausgaben von Edgar Allan Poes unheimlich-phantastischen Geschichten. Statt amerikanischer Phantastik wurden vor allem die Werke von Jules Verne übersetzt und immer wieder neu aufgelegt: „Durch die belastete Tradition der deutschsprachigen Zukunftsliteratur der jüngeren Vergangenheit bietet sich für die DDR-Schriftsteller Jules Verne als Anknüpfungspunkt an." (Heidtmann 1982, S.60). Die DDR-*Science fiction* dieser Phase wurde geprägt von der Aufbaueuphorie der Zeit sowie vom kalten Krieg und brachte daher zum einen utopische Industrie- und Aufbauromane hervor, zum anderen utopische Kriminalromane, die die politische Konfrontation der Systeme in die Zukunft projizierten.

Die Handlungsschemata dieser beiden Varianten ähneln sich stark, nur der Schwerpunkt des Erzählten verlagert sich: Während im Industrie- und Aufbauroman dargestellt wird, wie eine Erfindung entwickelt wird und welche Schwierigkeiten sich ergeben (Irrtümer, Unfälle, Sabotage, Spionage), dominiert im utopischen Kriminalroman die Kriminalhandlung (Diebstahl, Spionage, Sabotage, Mordanschläge, Agentenjagd), die Erfindung ist nur der Auslöser des eigentlichen Geschehens. Da das Amerikabild in beiden Formen identisch ist, sollen sie hier gemeinsam behandelt werden.

Das Grundmuster lautet: In einem sozialistischen[7] Staat wird eine revolutionäre Erfindung gemacht, die den Menschen große Erleichterungen verspricht. Die Großindustriellen eines kapitalistischen Staates, fast immer der USA, wollen die Erfindung zur Profitmaximierung, Herstellung von Waffen oder Spionage verwenden und schicken Agenten oder verführerische Agentinnen aus, die die Erfindung stehlen oder, wenn dies nicht gelingt, vernichten sollen. „Die Agenten werden stets enttarnt, verhaftet oder notfalls von der Polizei erlegt" (Heidtmann 1982, S.51), das Ende ist immer gut. Dieses Handlungsschema ist in den fünfziger und frühen sechziger Jahren häufig.[8] In Ein-

---

7 Außer in Fahlbergs *Ein Stern verrät den Täter*, 1955.
8 Vgl. Klaus Kunkel: *Heißes Metall*, 1952; H.L. Fahlberg: *Ein Stern verrät den Täter*, 1955; ders.: *Betatom*, 1957; Hans Vieweg: *Feuer im Labor* I, 1956; Kurt Herwarth Ball und Lothar Weise: *Alarm auf Station Einstein*, 1957; Eberhardt del' Antonio: *Gigantum*, 1957; ders.: *Projekt Sahara*, 1962.

zelfällen tritt es sogar noch in den siebziger Jahren auf.[9] Außerdem kann es mit Raumabenteuern verbunden werden[10], vor allem ab Ende der fünfziger Jahre, nachdem die sowjetische Raumfahrt Erfolge verzeichnen konnte (am 4. 10. 1957 sandte die UdSSR den ersten Satelliten in die Erdumlaufbahn, einen Monat später schickte sie in *Sputnik 2* zum erstenmal ein Lebewesen, einen Hund, ins All, 1959 begann sie ein Mondsondenprogramm, und am 12. 4. 1961 umkreiste Jurij Gagarin als erster Mensch in Weltraum die Erde). In diesen Romanen wurde der Klassenkampf einfach in den Weltraum verlagert.

Die Darstellung der USA beschränkt sich in den mir bekannten Beispielen auf einige Szenen, in denen gezeigt wird, wie skrupellos, geldgierig und machtbesessen die amerikanischen Auftraggeber sind, und sie sind nicht nur innerlich, sondern auch äußerlich häßlich (wie auch in Tureks *Die goldene Kugel*). In Fahlbergs *Ein Stern verrät den Täter* z.B. liefert ein Konzernherr mit kahlem Schädel, wuchtigem Kinn und rücksichtslosen Augen (S.49) noch schnell Raketenflugzeuge an einen südamerikanischen General für dessen Umsturzversuch und opfert telephonisch das Leben mehrerer Arbeiter für eines seiner Projekte, bevor er mit einem Agenten den Diebstahl einer Erfindung bespricht; danach sieht er sich zur Entspannung Aktphotos an (S.51f.).

Neben dem Motiv des Kampfes um eine Erfindung erscheint häufig zusätzlich das Motiv der Konkurrenz zwischen zwei Forschergruppen, die beide eine Lösung für dasselbe Problem suchen, die eine in einem sozialistischen Land, die andere in den Vereinigten Staaten. Die Sozialisten sind den Amerikanern immer weit voraus, weshalb diese neben ihren eigenen dilettantischen Forschungsversuchen zu Spionage und Sabotage greifen. In H.L. Fahlbergs *Betatom*, 1957, z.B. hat ein sowjetischer Physiker das weltweite Energieproblem durch die Erfindung eines „Betagenerators" gelöst und die Atomstadt Betatom gegründet, wo Atomenergie friedlich genutzt wird, während das amerikanische Industrie- und Forschungszentrum Ranford immer noch — entgegen internationalen Verträgen — Kohlenstoff aus der Luft gewinnt, obwohl sich das Klima dadurch und durch die ebenfalls international geächteten amerikanischen Atombombentests verändert. Betatom wird als idyllische, modern und geschmackvoll gebaute Stadt geschildert, deren Bewohner zufrieden sind. Ranford dagegen erinnert an ein Gefängnis, die Forscher werden ständig durch Fernsehkameras und Aufpasser überwacht, dürfen das Gelände nicht verlassen und werden durch Drohungen zur Arbeit angehalten.

---

9 Vgl. Karl-Heinz Tuschel: *Die Insel der Roboter*, 1973.
10 Vgl. Arthur Bagemühl: *Das Weltraumschiff*, 1952; H.L. Fahlberg: *Erde ohne Nacht*, 1956; Günther Krupkat: *Die große Grenze*, 1960; Horst Müller: *Signale vom Mond*, 1960 (hier geht der Kampf der Angehörigen verschiedener Systeme nicht um eine Erfindung, sondern um ein Geschenk von Außerirdischen); Lothar Weise: *Das Geheimnis des Transpluto*, 1962; Gerhard Branstner: *Der falsche Mann im Mond*, 1970.

In Eberhardt del' Antonios *Projekt Sahara*, 1962, wird am deutlichsten erklärt, warum der Sozialismus dem Kapitalismus im Wettbewerb überlegen sein muß: Auf der Großbaustelle „Völkerfreundschaft" arbeiten enthusiastische Freiwillige, während in den USA Lohnabhängige tätig sind. Dies ist die belehrende Funktion dieser Romane: Dem Leser soll klargemacht werden, daß er in einem sozialistischen Staat für sich selbst und nicht für den Arbeitergeber arbeitet, während im Kapitalismus der Werktätige seiner Arbeit entfremdet ist.

Eine Ausnahme in der Reihe dieser Romane der fünfziger und sechziger Jahre stellt Herbert Friedrichs *Der Damm gegen das Eis*, 1964, dar: In diesem Buch wird die friedliche Zusammenarbeit der UdSSR und der Vereinigten Staaten an einem gigantischen Dammbauprojekt gezeigt. Von der Tschuktschenhalbinsel nach Alaska soll quer durch die Bering-Straße ein riesiger Damm gebaut werden, der den Pazifik vor den kalten Strömungen des Eismeers schützen und damit das Klima verändern soll. Die friedliche Konkurrenz der beiden Bautrupps, die von ihrem jeweiligen Kontinent aus aufeinander zu arbeiten, erklärt sich allerdings daraus, daß die USA sozialistisch geworden sind.

Eine Reihe von DDR-Raumfahrtabenteuern beschäftigt sich mit dem Auffinden fremder Intelligenzen auf fernen Planeten. In der Regel herrscht dort der auf der Erde zum Erzählzeitpunkt längst überwundene Klassenkampf, eine Ausbeuterschicht unterdrückt eine große arbeitende Klasse wie im irdischen Feudalismus. In zwei Fällen nimmt an der Raumexpedition ein Amerikaner teil: In Eberhardt del' Antonios *Titanus*, 1959, entscheiden sich die USA widerwillig, einen Abgesandten an dem Weltraumunternehmen des sozialistischen Staatenbundes teilnehmen zu lassen, und in Richard Groß' *Der Mann aus dem andern Jahrtausend*, 1961, wird ein tiefgefrorener Amerikaner nach zweihundert Jahren in einer sozialistischen Welt aufgetaut und fliegt mit zu einem fernen Planeten. In beiden Romanen wird der Amerikaner allmählich durch reine Anschauung vom Sozialismus überzeugt, denn die sozialistische Gesellschaft ist ideal: Geld ist abgeschafft, Ausbildung und Gesundheitswesen stehen jedermann frei, negative Eigenschaften wie Geiz, Niedertracht, Gier existieren nicht nicht, Aggressionen sind Friedfertigkeit gewichen, *Teamwork* wird individualistischem Alleingang vorgezogen usw. All dies ist den Amerikanern fremd, doch fühlen sie sich zum Sozialismus hingezogen. Am Schluß von *Titanus* erkennt der Amerikaner die Überlegenheit des Sozialismus über den Kapitalismus an und gesteht einem Sozialisten, daß er dies erst durchschaut habe, „als ich Sie kennenlernte und begriff, daß Ihr Staat so sein muß wie Sie, eben weil Sie dieser Staat sind." (S. 290) In der Erzählung von Richard Groß kommt hinzu, daß die auf dem fernen Planeten gefundene Ausbeutergesellschaft von amerikanischen Imperialisten geschaffen worden ist, die sich vor einer Revolution in den USA zweihundert Jahre zuvor in den

Weltraum geflüchtet und auf dem erdähnlichen Stern die dortige Urbevölkerung unterworfen hatten. Die Sozialisten und der Mann aus dem anderen Jahrtausend helfen der Urbevölkerung bei der Revolution.[11]

Als semi-utopischer Roman sei hier noch *Atomfeuer über dem Pazifik* von Kurt Herwarth Ball und Lothar Weise genannt, eine Art Atomthriller aus dem Jahre 1959: Es geht um die Entwicklung einer „sauberen" Bombe, d.h. einer Atombombe, die weder das Testgelände für Jahrhunderte unbenutzbar macht noch die Atmosphäre verseucht. Ein Großkonzern, die *First Electric Corporation*, soll im Regierungsauftrag eine solche Bombe erfinden. Da es der *Corporation* nicht gelingt, in der von der Regierung gesetzten Frist fertig zu werden, versucht sie einen Betrug, will eine gewöhnliche Wasserstoffbombe zünden und durch einen Trick glauben machen, es sei die „saubere" Bombe. Zwei Physiker und ein Reporter verhindern den Test, decken den Betrug auf. Der Roman enthält neben der beklemmenden Schilderung eines atomaren Unfalls und der für seine Zeit erstaunlich genauen Prognose der Erfindung der Neutronenbombe dieselben Versatzstücke wie die anderen *Science fiction*-Romane: äußerlich abstoßende Vertreter des Großkapitals und der Regierung, die Verflechtung von Industrie und Politik in den USA, Kriegshysterie und Aufrüstung der Vereinigten Staaten, Skrupellosigkeit und Menschenfeindlichkeit der Machthaber, die moralische und technische Überlegenheit der Sowjetunion.

In den Jahren von 1961 bis 1971 prägte die veränderte Situation in der DDR nach dem Mauerbau die Literatur. Das Genre stand nicht mehr unter dem Zwang, rigide vorbildhaft die sozialistische Linie herauszustreichen, da der Ansturm der westlichen Schmutz- und Schundliteratur nunmehr ausblieb. Die Einführung des Neuen Ökonomischen Systems der Planung und Leitung in der Wirtschaft und die Einleitung der Wissenschaftlich-technischen Revolution, beschlossen auf dem VI. Parteitag der SED im Januar 1963, stellten die *Science fiction* der DDR vor die neue Aufgabe, auf naturwissenschaftlichem und technischem Gebiet belehrend zu wirken (Heidtmann 1982, S.62). Die Zahl der *Science fiction*-Veröffentlichungen stieg folglich an. Übersetzungen amerikanischer Phantastik waren weiterhin seltener als solche russischer: Neben Neuauflagen der Geschichten Poes erschienen Ambrose Bierces *bittere stories*, 1965. Manche *Science fiction*-Autoren begannen sich auf amerikani-

---

11 Eine späte Variante zu diesem Typ Raumfahrtabenteuer stellt Curt Letsches *Raumstation Anakonda*, 1974, dar, allerdings nur bedingt: Die Raumfahrer begegnen auf dem Planeten Anakonda menschenähnlichen Lebewesen, die in ihrer irdischen Sprache Amerikanismen verwenden. Daher vermuten die Kosmonauten, daß es sich um amerikanische Imperialisten handelt, die vor der Revolution geflüchtet sind, bis sie erfahren, daß die Anakondaner in Wirklichkeit Gestalten aus der Erinnerung eines der Raumfahrer (der amerikanische Freunde hat) kopiert haben, um zu den Irdischen Kontakt aufnehmen zu können.

sche Vorbilder zu berufen — z.B. nennt Fred Hubert Ray Bradbury und Stanley G. Weinbaum (Heidtmann 1982, S.75 und 237, Anm.196).

In dieser Zeit verschwand der utopische Kriminalroman bis auf wenige Ausnahmen, während der utopische Produktions- und Aufbauroman und vor allem die Raumfahrtabenteuer (fast 50 % aller *Science fiction*-Titel) fortbestanden. Neu hinzu kamen „sozialutopische Prosa" (S.68), d.h. Schilderungen einer künftigen kommunistischen Gesellschaft, parabelhaft-satirische *Science fiction* und erste Versuche „pointierter utopisch-phantastischer Kurzprosa" (S.71), wie sie vor allem in den USA bevorzugt wird. Einige Autor/inn/en der „Hochliteratur" wandten sich dem utopisch-phantastischen Genre zu, neben Günter Kunert, der bereits 1954 mit *Der ewige Detektiv* einen Beitrag zum Genre geleistet hatte, nun auch Jurij Brězan und Irmtraud Morgner. Erich Köhler konnte dagegen Mitte der sechziger Jahre keinen Verlag für seine beiden Bänden *Reise um die Erde in acht Tagen* (siehe unten) und *Kiplag-Geschichten* finden, sie wurden in der DDR erst 1979 bzw. 1980 gedruckt.

Etwa Mitte der sechziger Jahre kommt ein neuer Typus der Raumfahrtabenteuer auf: Nun besuchen Außerirdische die Erde und versuchen, sich mit den Irdischen zu verständigen. In Alexander Kröger *Sieben fielen vom Himmel*, 1969, geraten sie in die Hände amerikanischer Imperialisten, die die Außerirdischen gefangenhalten, um ihnen ihre technischen Geheimnisse zu entlocken, bis dank sowjetischer Aufmerksamkeit die Weltöffentlichkeit von der Landung der Außerirdischen erfährt und ihre Freilassung erzwingt.

Es kann jedoch auch geschehen, daß die Fremden zunächst auf den amerikanischen Imperialismus stoßen, ihn als lebensfeindlich erkennen und daraus schließen, daß die Erdbewohner insgesamt aggressiv sein müssen. In der Erzählung *Der unheimliche Marsnebel*, 1964, von Udo Gatz ziehen sich die Außerirdischen deshalb auf den Mars zurück und umgeben ihre Station mit einem Nebel zum Schutz gegen die Menschen. In Otto Bonhoffs *Besuch aus dem Nebel*, 1974, dagegen wird das Mißverständnis für die Irdischen bedrohlich: Als ein Raumschiff vom Planeten Andromeda dem treibenden Wrack eines amerikanischen Raumschiffs in Erdnähe begegnet, nehmen die Fremden nach einer Untersuchung des Wracks an, daß auch die Besatzung einer nahen sozialistischen Orbitalstation imperialistisch und aggressiv sein müsse, und bedrohen die Station mit Waffen. Auch in diesen Raumfahrtabenteuern bleibt das Amerikabild klischeehaft und beschränkt sich auf die Schilderung imperialistischer Aggressivität und Gewinnsucht.

Die Liberalisierung nach dem Machtwechsel von Ulbricht zu Honecker und nach dem VIII. Parteitag der SED im Juni 1971 bewirkte ein sprunghaftes Anwachsen der *Science fiction*-Literatur, zwischen 1971 und 1979 kamen weit über 200 Titel heraus:

Somit sind seit Beginn der letzten DDR-Entwicklungsphase ebensoviele Arbeiten herausgekommen wie in den vorangegangenen 25 Jahren. Allein von DDR-Autoren erscheinen seit 1971 mehr als 12 Bände jährlich. (Heidtmann 1982, S.78)[12]

Die DDR-*Science fiction* konnte sich nun der internationalen Entwicklung öffnen und fremde Einflüsse (neben den sowjetischen und polnischen) auf sich wirken lassen. Anthologien westlicher *Science fiction* erschienen, darunter auch amerikanische *Science fiction*.[13] „Vor allem von US-amerikanischen Erzählern erscheinen jetzt mehr Werke, die eine differenzierte Kritik am kapitalistischen System enthalten" (Heidtmann 1982, S.103), so z.B. John Updikes *Der Zentaur*, 1972, Thomas McGrath' *Die Tore der Träume*, 1973, oder Kurt Vonneguts *Schlachthof 5 oder Der Kinderkreuzzug*, 1974 (S.246, Anm.389 und 390). Aldous Huxleys *Schöne neue Welt*, zuvor als „typischer Ausdruck bürgerlicher Perspektivlosigkeit" wie jede Antiutopie abgelehnt (S.103), wurde erstmals 1978 herausgegeben, Ray Bradburys *Fahrenheit 451*, *Der illustrierte Mann* und *Die Mars-Chroniken* erschienen 1974, 1977 und 1981.

Nicht nur quantitativ, auch qualitativ verbesserte sich das Genre wesentlich. Die Zahl der Heftromane ging zurück, gleichzeitig wandten sich immer mehr Autor/inn/en der „Hochliteratur" dem Genre zu (z.B. Anna Seghers, Christa Wolf, Sarah Kirsch, Irmtraud Morgner, Franz Fühmann, Günter de Bruyn, Rolf Schneider), die Grenzen verschwimmen seither immer mehr. Eindeutige Unterteilungen in utopische Produktions-, Kriminal-, Raumfahrtromane etc. lassen sich nicht mehr vornehmen, vielfach mischen sich die Erzählstrukturen, die „Uniformität ist endlich überwunden" (Sckerl, S.177). Neben Weltraumabenteuern, die nun ohne Klassenkampfproblematik auskommen, finden sich nun auch Antiutopien, prognostische Entwürfe, philosophische Überlegungen, witzig-paradoxe Gedankenspiele, utopische Lügengeschichten, utopische Märchen und utopische Anekdoten (Sckerl, S.178). Die Liberalisierung macht nicht halt vor Tabuthemen wie Sex[14] oder Kritik an der sozialistischen Gesellschaft[15]. Horst Heidtmann stellt fest: „Der insgesamt

---

12 Im März 1972 wurde der Arbeitskreis für Utopische Literatur im Schriftstellerverband der DDR gegründet (erster Vorsitzender: Günther Krupkat), ihm gehörten erst zwanzig Autor/inn/en an, 1973 bereits 35, die sich zweimal pro Jahr treffen (Simon/Spittel, S.25). Der Arbeitskreis pflegt auch den gedanklichen Austausch mit entsprechenden Arbeitskreisen anderer sozialistischer und kapitalistischer Länder. Seit 1980 erscheint in der DDR ein Phantastik-Almanach mit dem Titel *Lichtjahr*, herausgegeben von Erik Simon (S.64).

13 Z.B. die drei von Edwin Orthmann herausgegebenen Bände *Der Diamantenmacher*, 1972; *Die Ypsilon-Spirale*, 1973; und *Das Zeitfahrrad*, 1974, in denen dem DDR-Publikum erstmals international bekannte Autoren wie Isaac Asimov und Robert Sheckley vorgestellt wurden (Simon/Spittel, S.57).

14 Vgl. z.B. Werner Steinberg: *Die Augen der Blinden*, 1973.

15 Vgl. z.B. Johanna und Günter Braun: *Der Irrtum des Großen Zauberers*, 1972; dies.: *Das kugeltranszendentale Vorhaben*, 1983.

souveräne Umgang mit den Traditionslinien und Ausprägungen des Genres reicht bis zur Annäherung an die US-Science Fiction." (S.82)

In den siebziger Jahren entstand eine Reihe von DDR-Erzählungen, deren Vorbild H.G. Wells' *Zeitmaschine* sein dürfte: In Fred Huberts *Zeitsprung ins Ungewisse*, 1975, landen Menschen aus dem Jahre 2860 mit ihrer Zeitmaschine ausgerechnet auf einem US-Militärgelände und werden von Soldaten umzingelt. Der amerikanische General will sich der Zeitmaschine bemächtigen, überlistet die friedfertigen Menschen der Zukunft und nimmt eine Frau gefangen. Als sie zu fliehen versucht, feuern die Soldaten auf sie und erschießen ihren Begleiter, der ihr helfen will.

In Carlos Raschs Roman *Magma am Himmel*, 1975, bedrohen alte, aber reaktionsfähige amerikanische Atomwaffen die Menschheit der Zukunft, die eine Kundschafterin um 400 Jahre in die Vergangenheit zurückschickt, um einen Experten zur Entschärfen der Bomben zu suchen.

Ernst-Otto Luthardts Kurzgeschichte „Das Double im Paradies", 1981 (in Hüfner/Luthardt, S.216-272), schließlich spielt in einer amerikanischen, „Paradies" genannten Forschungsstätte, die stark an Ranford in Fahlbergs *Betatom* erinnert. In völliger Abgeschiedenheit, bewacht von einer Werkspolizei und unter höchster Geheimhaltung forschen hier Wissenschaftler an der Entwicklung einer Zeitmaschine, an der Großindustrie und Militär interessiert und finanziell beteiligt sind. Das Projekt scheitert letztenendes an der unmenschlichen Übertechnisierung im „Paradies".

Eine in den siebziger Jahren auftretende, wohl amerikanischen Vorlagen entnommene Figur ist der *mad scientist*, der meines Wissens erstmals in Karl-Heinz Tuschels *Der unauffällige Mr. McHine*, 1972, und in Carlos Raschs Kurzgeschichte „Krakentang", 1972 (im gleichnamigen Sammelband, S.5-75), erscheint. Tuschels Roman spielt in den USA und handelt von einem sonderlichen und misanthropen Naturwissenschaftler, der einen lernfähigen Roboter baut, welcher von einem lebenden Menschen nicht zu unterscheiden ist. Der Wissenschaftler will mit Hilfe des Roboters beweisen, daß jemand, der die amerikanische Gesellschaft nur aus dem Fernsehen und aus Schundheften kennt, sich in ihr behaupten kann, doch kommt er, ehe er sein Projekt beendet hat, bei einem Unfall ums Leben. Der Roboter, den er „McHine" (Wortspiel: Machine = Maschine) genannt hat, entkommt aus seinem Haus und lebt, wie er es aus Fernsehen und Krimis kennt: Er überfällt eine Bank, erpreßt einen Bankdirektor, stiehlt Diamanten, doch weil er mit Geld und Wertsachen nichts anfangen kann, wirft er sie weg oder gibt sie zurück. Polizei, Presse, ein Captain der *US-Army* und eine große Verbrecherorganisation suchen nach ihm, die letzten beiden aus demselben Grund: Sie wollen die Konstruktionsweise des Roboters herausfinden, um ihn serienweise herzustellen, der Captain, um diese Roboter als Soldaten einzusetzen, die Verbrecher, um sie Verbrechen begehen zu lassen. Ein Freund des Erfinders, ebenfalls Naturwissenschaftler, kann den Roboter vor ihnen finden und zerstören.

Tuschel verbindet in seiner Geschichte das Spannende mit der Kritik an der amerikanischen Gesellschaft, die als geldgierig und rassistisch beschrieben wird. Es setzt sich nur durch, wer gut bluffen kann, Großverbrechen und Kriminalpolizei sind miteinander verfilzt, die kriegslüsternen herrschenden Kreise nutzen neue Erfindungen zur Waffenproduktion usw. Des Erfinders zynische Annahme, es könne in dieser Gesellschaft bestehen, wer sie nur aus dem Fernsehen und aus Heftreihenliteratur kenne, bewahrheitet sich. McHine fällt nur dadurch auf, daß er seinen Raub nicht nutzt, und das, so heißt es in einer Passage des Romans, mache kein Amerikaner, „das ist ja direkt [...] unamerikanisch... Nein, wenn der Täter gefaßt werden würde, dürfte er nicht auf das Mitleid der Geschworenen rechnen..." (S.11)

Es wird auch erklärt, warum der Wissenschaftler zum Menschenfeind geworden ist: In der McCarthy-Zeit ist sein konservatives Weltbild zusammengebrochen, er durchschaute die amerikanische Gesellschaft, hatte aber nicht die Kraft, ein neues Weltbild aufzubauen. Er verachtete seither den US-Staat, „der es nicht fertigbringt, seinen Untergang in Ruhe und Würde abzuwarten, sondern statt dessen anderen Völkern sein Leichengift einimpft" (S.46).

In Raschs „Krakentang" hat ein holländischer Naturwissenschaftler in einem Marinelaboratorium in Delaware die Biomodulation von Kraken entwickelt, mit Hilfe derer man die Tiere für bestimmte Aufgaben manipulieren kann. Der Erfinder will sie für zivile Arbeiten einsetzen, die Marine jedoch als Minenräumer, Saboteure feindlicher Schiffe und Zerstörer von Hafenanlagen etc. Die Militärs wollen außerdem die Biomodulation auch auf Menschen anwenden, um sie später von kontinentalen Sendern und Satelliten auf die ganze Welt auszustrahlen und den USA so die Weltherrschaft zu garantieren. Der Wissenschaftler weigert sich, wird eingesperrt und rächt sich, indem er den Kraken ein Angriffsprogramm eingibt, so daß sie den Menschen entkommen und sie überall attackieren, wo sie sie treffen. Der Roman handelt davon, wie die Tiere durch Remodulation wieder ungefährlich gemacht werden. Das Bild der USA beschränkt sich in dieser Erzählung auf die Schilderung ihrer Aggressivität.

Ekelerregende Tiere als Waffe setzt auch der *mad scientist* in Herbert Ziergiebels Kurzgeschichte „Die Experimente des Professors von Pulex", 1975 (in Horst Heidtmann, Hg.: *Im Jenseits*, S.100-124), ein: Ein Nazi-Wissenschaftler züchtet ins Riesenhafte vergrößerte Flöhe, eine Erfindung, für die sich die Amerikaner interessieren — das Motiv der Übernahme nazistischen Gedankenguts durch die Amerikaner, wie es in der DDR-Nachkriegsliteratur häufig ist.

Das Thema der Genmanipulation wurde in der DDR-*Science fiction* der letzten zehn Jahre sehr beliebt. Außer Ziergiebel behandeln es z.B. auch Alexander Kröger in *Expedition Mikro*, 1976, Rainer Fuhrmann in *Homo Sapiens 10⁻²*, 1977, und Peter Lorenz in *Homunkuli*, 1978. In den beiden erstgenannten geht es um die Verkleinerung von Menschen durch gewissenlose amerikanische *mad scientists* im Dienste skrupelloser Kapitalisten, die nur an Profite denken, oder kriegslüsterner Militärs. *Homunkuli* orientiert sich eher am Frankenstein-Mythos: Hier wird Genmanipulation zur Massenproduktion von Homunkuli für das US-Militär betrieben, das diese künstlichen Menschen nach einem Atomschlag gegen die sozialistischen Staaten zur Bevölkerung der leergebombten Gebiete verwenden will. Das Projekt scheitert an einer Revolution der Homunkuli.

Zum Schluß sollen drei *Science fiction*-Werke aus der DDR ausführlicher vorgestellt werden, die sich den genannten Schemata entziehen: Erich Köhlers *Reise um die Welt in acht Tagen*, entstanden Anfang der sechziger Jahre, veröffentlicht 1979; Gert Prokops *Wer stiehlt schon Unterschenkel?* 1977; und Eberhard Panitz' *Eiszeit*, 1982.

Erich Köhlers phantastische Erzählung geht über die Vorlage von Jules Verne weit hinaus, es ist eine Mischung aus Verne, Münchhausen, Mark Twain und Edgar Allan Poe: Der Schusterlehrling Gerhard Fiebig aus Groß-Lütten/DDR muß sich vor der Jugendversammlung der FDJ rechtfertigen, weil er acht Tage lang verschwunden war. Er wartet mit einer phantastischen Lügengeschichte auf: Ein Raketenforscher aus Maine habe ihn als den Erfinder des „Fiebigschen Trompeteneffektes" in die USA eingeladen, oder vielmehr in die „Gesegneten Staaten von Emerici (GSE)", die geographisch an derselben Stelle wie Nordamerika lägen, sich jedoch von den Vereinigten Staaten darin unterschieden, daß diese durch den Druck der Weltöffentlichkeit zur friedlichen Koexistenz gezwungen seien, während die GSE unvermindert den kalten Krieg weiter betrieben.

Auf der umständlichen Hinreise über Moskau, Rotchina, Hongkong, Japan und Hawaii habe sich Fiebig ein suspekter Amerikaner namens Maine Bill aufgedrängt, den er verdächtigt habe, entweder Agent oder Dieb und Raubmörder zu sein. Es habe sich jedoch herausgestellt, daß Maine Bill der Assistent des Raketenforschers sei. Der Amerikaner habe Fiebig erklärt, daß die GSE dabei seien, durch ihre Flotte eine Kette von Atombomben rund um die Erde in den Weltmeeren zu versenken, um den Planeten in zwei Teile zu sprengen und so die östliche, sozialistische Hemisphäre loszuwerden. Fiebig und Maine Bill hätten dies verhindern wollen, seien jedoch erst in die Fänge eines brutalen emericinischen Gouverneurs geraten, dann Zeugen eines Schauprozesses der „Goldenen Herde" (d.h. der oberen Zehntausend der GSE) gegen den kommunistischen Teil des Erdballes geworden, hätten sich einem Flüchtlingszug ins Tal des Todes angeschlossen (angeblich der einzige Ort, an dem man die Sprengung sicher habe überleben können, wenn man keinen Schutzbunkerplatz besessen habe), seien von einem Filmteam aus Hollywood „entdeckt" und aus der Menge herausgeholt worden und hätten sich schließlich eines Flugzeugs bemächtigt, um zu dem Forscher zu fliegen. Maine Bill sei unterwegs mit dem Fallschirm abgesprungen, um sich aufständischen Bergleuten anzuschließen, die als einzige die Weltuntergangspanik nicht hätten mitmachen wollen.

Fiebig habe den Professor allein erreicht, der sich gerade mit einer Rakete vor der drohenden Sprengung der Erdkugel in All habe flüchten wollen und den Schusterlehrling überredet habe mitzukommen. Als Fiebig jedoch gesehen habe, daß die Erde nicht in zwei Teile zerfallen sei, sei er mit dem Fallschirm abgesprungen und wieder in der DDR gelandet.

Neben einigen deutlichen Hinweisen auf die amerikanische Geschichte und Gegenwart — auf den Atombombenabwurf auf Hiroshima, die allgegenwärtige brutale Polizei, die Luftverschmutzung in den Großstädten, die unsinnige und makabre Reklame — sind Köhlers weitere Aussagen über die USA hinter geistreichen und witzigen Metaphern versteckt, z.B. in der Schilderung des Maine Bill, einer janusköpfigen Erscheinung: Am Anfang tritt er wie eine Karikatur des US-Touristen auf, ungeniert, lässig, laut, unablässig Kaugummi kauend, Amerikanisch knödelnd, fluchend und alles herabsetzend, was in Europa und Asien nicht wie in den USA ist. Seine Erscheinung ist eindrucksvoll (groß, breitschultrig, sportlich, kantige Stirn, gebogene Nase, vorspringendes Kinn), er macht Eindruck auf Frauen. Mit fortschreitender Erzählung beobachtet Fiebig an ihm immer mehr Anzeichen des Alters (Zahnprothese, schütteres Haar, ausgemergelter Körper, tiefe Falten). Er wird vom aktiv Handelnden zunehmend zum Leidenden, zum Prügelknaben für Fiebig. Man könnte in der Figur des Maine Bill nur eine Karikatur des Amerikaners sehen, der sein Alter mit kosmetischen Mitteln verbirgt, doch hat die Figur noch eine andere Bedeutung: Maine Bill steht prototypisch für den einfachen Mann aus dem Volk, der seinen Kopf hinhalten muß, wenn es die Machthaber wünschen. Im Laufe der Erzählung kommt er zu der Erkenntnis: „Unser Land wird von Schuften regiert." (S.135) Er begreift, daß er immer im Interesse anderer ausgenutzt worden ist, weshalb er sich am Schluß den aufständischen Bergleuten anschließt.

Als Gast des machtgierigen Gouverneurs hört Fiebig die Rede von Emericis Staatsphilosophen Nummer Eins über die Lehre vom Unter-Ich als Triebkraft aller Entwicklung — einer Mischung aus Freudianismus und Sozialdarwinismus sowie anscheinend auch Genetik, wie sie der in den sozialistischen Staaten heftig angefeindete amerikanische Zoologe Thomas Hunt entworfen hat —, eine Lehre des Verdrängens des Schwächeren durch den Stärkeren in einer Gesellschaft, deren Elite die amerikanischen Männer bilden:

Ähnlich wie das Schwein, der Hund, die Rose ist auch der Neger, der Kommunist, die Frau als ein mehr oder weniger mißglückter Versuch des an sich ja blindwirkenden

Atoms zu bezeichnen, seine vollendete Selbsterkennung zu erlangen. (S.71f.)

Der Zug der Armen in die Wüste, ins Tal des Todes, steht als Bild für den Kapitalismus schlechthin. Wie in klassischen Abenteuerromanen schleppt sich der Menschenzug ohne Wasser durch Hitze, Staub und Sand; er wird flankiert von motorisierten Geschäftemachern aller Art: Kreditgebern, die Schutzbunkeranleihen gegen Schuldknechtschaft nach gelungener Spaltung anbieten, Getränkeverkäufern, die horrende Preise für Wasser nehmen, Besitzern von Zelten, Sonnenschirmen und Liegestühlen, die Erschöpften einen Platz zum Ausruhen gegen Geld anbieten, Wettbesessenen und Buchmachern, die Wetten auf das Durchhaltevermögen einzelner Marschierer abschließen, einer Firma, die Frauen im Zug zu überreden versucht, ihre Kinder der Firma gegen Geld zu überlassen, damit sie sie an reiche kinderlose Ehepaare verkaufen kann, einem Filmemacher, der den Zug filmt, Horoskopverkäufern und Polizisten, die die Geschäftemacher bewachen sollen:

> Niemandem fiel es ein, an der Grundlage der bestehenden Ordnung zu rütteln. Morgen schon konnte man vielleicht selbst ein Geschäft eröffnen, ein Unternehmen gründen. Die Wasserverkäufer, die Liegestättenvermieter am Rande der Piste, das waren Menschen wie du und ich, nur klüger, nur der großen Masse stets um eine Nasenlänge voraus. [...] Man konnte doch einer lächerlichen Müdigkeit wegen nicht den Privatbesitz antasten und sich damit jede Hoffnung verderben, eines Tages selbst in den Vorteil dessen zu gelangen. (S.116)

Reiche Leute in Freizeitkleidung schauen dem Zug zu, sie sind motorisiert und können schnell zu ihren Bunkerplätzen gelangen. Viele verlieren jedoch ihr Geld und ihren Bunkerplatz durch verlorene Wetten oder geplatzte Geschäfte, sie müssen sich dem Zug anschließen:

> Vom Bauchladenhändler bis zum Multiaktionär (..) war jeder bemüht, mit den grauen Elendsgestalten ins Geschäft zu kommen. Mich beschlich die fade Ahnung, daß all die schattige, satte, kräftige, geschäftige Existenz am Rande der Heerstraße in blödester Weise davon abhing, daß man immer noch ein paar Dollars oder Cents direkt oder mittelbar aus dem Strom der Hoffnungswanderer herauszog. (S.121)

Köhler gelingt hiermit ein starkes Bild der kapitalistischen Gesellschaft in den USA: Die große Masse der Arbeiter und Arbeitslosen, der Armen und Schwachen ist, diszipliniert und widerspruchslos, auf dem Weg in eine ungewisse Zukunft. Umgeben wird dieser Zug von der Ober- und Mittelschicht, von reichen Müßiggängern ebenso wie von kleinen Geschäftsleuten, die allsamt von dem leben, was sie aus der großen Masse herausschinden, und die sich gegenseitig bis zum Ruin Konkurrenz machen, so daß die Verlierer sich der großen Masse anschließen müssen. Der bestimmende Wert, der die Gesellschaft zusammenhält und den Einzelnen zum Tier werden läßt, ist der Dollar.

Die beabsichtigte Spaltung der Erde entspricht der tatsächlichen Trennung in Ost und West und der Vorbereitung eines dritten Weltkriegs. Der Zug der Armen ins Todestal läßt sich auch so deuten, daß das amerikanische Volk von seinen profitgierigen Machthabern blind und gehorsam in einen Atomkrieg geführt wird, den es schwerlich überleben wird, während sich die Oberschicht Bunker leisten kann.

Im großen und ganzen ist Köhlers Amerikabild nicht neu, es werden die gleichen Vorwürfe erhoben wie in der übrigen DDR-Belletristik. Durch zwei Kunstgriffe jedoch relativiert und ironisiert der Autor seine Aussagen: zum einen durch das Überzeichnen bis ins Groteske, das die Glaubwürdigkeit der Aussagen stark mindert, zum anderen durch die Figur des Erzählers Fiebig: Schon zu Beginn wird dieser als außerordentlich phantasiebegabt vorgestellt, und am Schluß muß er vor einer Versammlung des Lehrkörpers zugeben, daß seine Geschichte erdacht ist. Die ganze amerikafeindliche Reisebeschreibung entpuppt sich als ein Lügenmärchen, das zugleich ein Plädoyer für die Phantasie darstellt.

1977 erschienen Gert Prokops ebenso amüsante wie intelligente Kriminalgeschichten aus dem 21.Jahrhundert mit dem Titel *Wer stiehlt schon Unterschenkel?* In der Rahmenhandlung reist ein Ich-Erzähler von „draußen" in die USA. Er lernt dort den zwergenwüchsigen Meisterdetektiv Timothy Truckle kennen, der ihm einige seiner aufregendsten Kriminalfälle erzählt. Truckle löst seine Fälle mit Hilfe eines vermenschlichten Computers, er verläßt seine Wohnung nur äußerst ungern; ferner besitzt er einen kleinen schalldichten und abhörsicheren Raum, von dem aus er in Notfällen einen mysteriösen „Großen Bruder" um Hilfe bitten kann. Truckle untersucht, meist im Auftrag von Großindustriellen, Fälle von Wirtschaftsspionage, Betrug, Diebstahl und Mord, sucht nach Verschwundenen und nach einer „undichten Stelle" in der Geheimorganisation „Underground". Er fühlt sich von der Welt der Reichen, von denen er lebt, abgestoßen. In den letzten beiden Geschichten stellt sich heraus, daß er zum „Underground" gehört, einer Bewegung, die die zwölf Grundrechte der Menschen durchsetzen will: Recht auf Leben, Tod, Identität, nicht kontrollierte Freiheit, Nahrung, Wohnung, Bildung, Arbeit, Gesundheitsschutz, Freizügigkeit, Gerechtigkeit sowie auf Kinder. Am Schluß des Buche verschwindet Truckle spurlos, wahrscheinlich ist er in den „Underground" gegangen.

Die Vereinigten Staaten des 21. Jahrhunderts, wie Prokop sie schildert, sind in einem beklagenswerten Zustand: Sie leben in völliger Isolation von der umgebenden Welt („draußen"), die offenbar zum Sozialismus übergegangen ist. Für die Menschen „draußen" sind die USA nun die „Alte Welt" (S.5), sie werden auch „Nighted States", umnachtete Staaten, genannt (S.6). Sie sind ein Polizeistaat, in dem jeder mit eingebauten Kameras und Mikrophonen kontrolliert wird: von der Polizei, dem FBI, der Geheimpolizei „National Security Agency (NSA)", vom „Komitee für moralische Aufrüstung" oder vom „Komitee für unpatriotisches Verhalten", Einrichtungen, die an die McCarthy-Zeit erinnern. Die NSA gleicht der Gestapo, sie ist omnipräsent und scheut vor keinem Mittel zurück, um den „Underground" zu bekämpfen. Die Umwelt in den USA des 21. Jahrhunderts ist vollständig verseucht. Die Menschen leben in *Skyscrapern* mit über 1000 Stockwerken, bis zum 750.Stock reicht der Smog, die Menschen darunter kennen Himmel und Gestirne nur aus Videos. Die Luft ist verpestet, der Regen hochgiftig, Trinkwasser und frisches Brot sind rar, Wein, echtes Glas, Whisky und Essen der Haute Cuisine sind höchstbezahlte Luxusgegenstände, Metall wird immer seltener und teurer.

Strahlenverseuchte Müllhalden umgeben die Städte, wenn Wind aufkommt, entstehen Smog- und Staubstürme, die lebensgefährlich sind. Die Reichen dagegen können es sich leisten, in Gegenden mit dem gesündesten Klima zu leben und ihr Anwesen mit einem künstlichen Himmel zu überziehen.

Wissenschaft und Wirtschaft stagnieren seit Jahren, obwohl die Konzerne ungehemmt von moralischen Beschränkungen ihre Profite machen können und die Wissenschaft, trotz Unterzeichnung internationaler Konventionen gegen Genmanipulationen, mit menschlichem Erbmaterial experimentieren darf. Es gibt neue, furchtbare „Vergeltungswaffen" gegen „draußen": Nihilations-, Virus- und Nervenfraßbomben (S.211).

Diktatorische Gesetze regeln das menschliche Leben. Verbrechen gibt es nicht mehr, weil die Ausnutzung der Gesetze mehr Geld als ihre Verletzung bringt. Glücksspiel, Rauschgift und Prostitution sind legalisiert. Die Polizei wird gegen Demonstranten, Unruhestifter und den „Underground" mit besonders brutalen Waffen eingesetzt. Als neuartige Strafe gibt es die Bewußtseinslöschung (S.79).

Sozialwesen und Arbeitsschutz sind heruntergekommen. Arbeiter werden benutzt und verbraucht wie zu Zeiten des Frühkapitalismus, Schwarze werden wie zur Zeit der Sklaverei diskriminiert. Öffentliche Krankenhäuser leiden unter Geldknappheit und Überfüllung, lange Wartezeiten sind die Regel, Arme verkaufen ihre Körper als Transplantate oder zum Erproben neuer Medikamente.

Zur Ablenkung gibt es dekadente Vergnügungsetablissements, in denen man neben Sex- und Gaumengenüssen auch an Spielen unter Einsatz der eigenen Gesundheit oder des eigenen Lebens teilnehmen kann.

Doch es regt sich auch Widerstand gegen die Zustände in den USA: Arbeitslose demonstrieren und fordern Jobs, Arbeiter streiken, der „Underground" bekämpft die Regierung. Der mysteriöse „Große Bruder" (eigentlich eine „Große Schwester") ist Mitglied des „Underground", dessen Anhänger tatsächlich unter der Erde in riesigen Anlagen aus der Zeit der Jahrhundertwende leben, in der die Atomkriegshysterie auf dem Höhepunkt war und ganze Städte unter die Erde verlegt wurden.

Die Welt „draußen" dagegen wird kaum geschildert, doch scheinen dort die Umwelt und die Gesellschaft intakt zu sein, und „eines Tages werden sie in der Lage sein, unsere Isolation aufzubrechen, ohne Furcht vor den Vergeltungswaffen [...] haben zu müssen." (S. 211) Es besteht also noch Hoffnung für die Vereinigten Staaten.

Die Ursachen für Umweltverschmutzung, Genmanipulationen und Polizeiwillkür sind für Prokop systemimmanent, sie sind durch eine Revolution zu beheben. Der Autor bedient sich der schon bekannten Klischees: Die USA sind nicht nur technisch, sie sind auch moralisch der sozialistischen Welt unterlegen, versuchen aber mit allen Mitteln, ihre Macht wiederzuerlangen. Den Großindustriellen geht der Profit über Menschenleben, die Rüstung ist wichtiger als die dringend nötigen Sozialreformen. Die USA sind aggressiv und entwickeln ständig neue Waffen, die Sozialisten dagegen sind friedfertig. Auch das in den fünfziger Jahren beliebte Motiv der Verfallskultur findet sich in Prokops Geschichten wieder.

Eberhard Panitz nennt seine Erzählung *Eiszeit*, 1982, im Untertitel eine „unwirkliche Geschichte", obwohl sie sehr wohl wirklich werden könnte. Er zeigt das Verhalten einer Gruppe von Menschen unter außergewöhnlichen, lebensbedrohenden Bedingungen: Bei einem Unfall eines US-Raketentransporters in der Bundesrepublik ist eine Neutronenbombe hochgegangen. Die ganze Umgebung, auch die grenznahen Thüringer Berge in der DDR, ist strahlenverseucht. Ein öliger schwarzer Regen geht nieder, dem ein heftiger Schneesturm folgt. Menschen verschiedener Alters- und Berufsklassen (darunter mehrere Kinder) haben sich in ein einsam gelegenes Hotel geflüchtet. Die Stromversorgung ist ausgefallen, sie sind von allen Nachrichten abgeschnitten. Die Menschen im Hotel diskutieren, streiten sich, verzweifeln oder versuchen, Mut zu bewahren und die Ordnung aufrecht zu erhalten. Zwei von ihnen wagen sich hinaus, um Hilfe zu holen. Apokalyptische Szenen spielen sich vor den Augen der Zurückgebliebenen ab, eine Katze verendet qualvoll, ein Pferd zieht einen Schlitten voller Toter an dem Haus vorbei. Die Leute einigen sich, alles zu versuchen, um die Kinder durchzubringen. Sie tragen sie, sobald es taut, auf den Schultern durch eine Landschaft voller Leichen. Am Schluß, als sie nicht mehr weiter wissen, kommt ein Hubschrauber mit einem roten Stern zu ihrer Rettung.

Panitz' Beschreibung der Situation wirkt beängstigend real. Der Leser erfährt erst allmählich, was geschehen ist. Die Menschen im Hotel wissen nicht, ob die Atomexplosion Beginn eines Krieges, ein Unfall, eine Kurzschlußreaktion oder eine Wahnsinnstat gewesen ist. Einer sagt:

Der Kapitalist schreckt vor nichts zurück. [...] Verrückte Verbrecher, das sind sie doch, jeden Tag hat man's hören können, in alle Welt haben sie's posaunt. Sie werden zuerst losschlagen, haben sie selber gesagt. Wir haben die Hände in den Schoß gelegt und vom Frieden geredet. [...] Und wenn sie morgen wieder eine Bombe werfen würden [...]? Da können wir uns höchstens selber mit in die Luft jagen, eine andere Wahl bleibt uns nicht. Und alle würden verrecken, alle müßten dafür büßen, daß wir so lange gewartet und diesen Verbrechern friedfertig zugeredet haben. (S.109)

Panitz' Schuldzuweisung ist einseitig, er erwähnt zwar, daß die sozialistischen Staaten auch bewaffnet seien, schließt aber hier die Möglichkeit eines Unfalls aus. Bezeichnend ist auch, daß es eine amerikanische Waffe sein muß, die die Strahlenverseuchung ausgelöst hat, und nicht ein explodiertes Kernkraftwerk. Eine solche Vorstellung wäre in der DDR-Belletristik vor Tschernobyl kaum denkbar gewesen, da die DDR wegen ihrer Energieversorgungsproblemen ihre Hoffnungen auf die Kernenergie gesetzt hatte. Die penetrante Betonung der Friedfertigkeit des sozialistischen Lagers gegenüber der Kriegshetzerei und Aufrüstung der Imperialisten soll wieder die Qualitätsunterschiede zwischen den Systemen betonen. Zu einem differenzierteren Amerikabild trägt Panitz' Erzählung nicht bei, wohl aber ist sie eine beeindruckende Warnung vor den Folgen des Rüstungswahns, wenn auch der „hoffnungsvolle" Schluß reichlich unglaubwürdig wirkt.

Zusammenfassend kann man sagen: Das Amerikabild in der DDR-*Science fiction* entspricht gängigen antiamerikanischen DDR-Klischees, wobei berücksichtigt werden muß, daß das Verwenden von Stereotypen genrespezifisch ist. In der Mehrzahl der Werke wird ein einfaches Gut-Böse-Schema verwendet, die Guten sind immer Sozialisten oder liberale, fortschrittlich gesinnte Menschen, die Bösen immer die Imperialisten. Die Nachteile des Kapitalismus werden kraß vor Augen geführt.

Die USA der Zukunft haben sich nicht wesentlich verändert. Innenpolitisch herrschen Wirtschaftskrisen, Ausbeutung der Arbeiter, verschärfter Klassenkampf, Arbeitslosigkeit, Rassismus gegenüber Schwarzen, Verfolgung von Andersdenkenden und Kommunisten, Polizei- und Geheimdienstwillkür, Umweltverschmutzung. Der militärisch-industrielle Komplex hat die Macht, seine Vertreter werden nach allgemein üblichem Feindbildschema als häßlich und charakterlich abstoßend dargestellt. Dagegen stehen Amerikaner, die das menschenfeindliche Wesen ihres Systems zu durchschauen vermögen und sich dagegen wehren.

In einigen Werken sind die USA zum Sozialismus übergegangen, was jedoch nicht zur zentralen Handlung gehört. Das Idealbild einer künftigen Welt besteht in einer kommunistischen Weltgesellschaft ohne Grenzen und Klassengegensätze. In einigen Romanen müssen sich die Mitglieder einer solchen kommunistischen Weltgesellschaft mit Relikten aus der imperialistischen Vergangenheit der USA auseinandersetzen.

In der Regel sind die Vereinigten Staaten jedoch einer der letzten oder der letzte kapitalistische Staat auf der Welt und versuchen mit allen Mitteln, ihre ehemalige Vormachtstellung in der Welt wiederzuerlangen. Neben Spionage und Sabotage scheuen sie nicht davor zurück, Roboter, künstliche Menschen, Außerirdische oder manipulierte Menschen gegen die Sozialisten einzusetzen. Neue Erkenntnisse und Erfindungen werden von ihnen grundsätzlich zum Entwickeln neuer Waffen genutzt. Ihre Aggressivität richtet sich auch gegen Außerirdische und Menschen aus der Zukunft. Umgekehrt nehmen die Wesen aus dem All oft als erstes die Kriegsvorbereitungen der USA wahr und geraten daher zu der irrigen Annahme, die ganze Erde müsse so aggressiv sein.

Technisch sind die Vereinigten Staaten den sozialistischen Staaten unterlegen, vor allem auf dem Gebiet der Raumfahrt. Diese Zukunftssicht entspringt der Prognose sowjetischer Fünfjahrpläne der fünfziger Jahre, als man noch glaubte, man könne die kapitalistische Entwicklung ein- und überholen, und als die Sowjetunion auf dem Gebiet der Raumfahrt tatsächlich mehr Erfolge als die USA aufweisen konnte. Es wird sogar ein Zusammenhang zwischen System und technischer Entwicklung hergestellt: Nur im Sozialismus sind die Bedingungen gegeben, um revolutionäre Erfindungen zu machen, da man sich hier auf *Teamwork* und nicht auf individuelle Einzelleistungen verläßt. Außerdem gehen den USA ihre Rohstoffquellen in der Dritten Welt durch Revolutionen verloren, und infolge der zunehmenden Isolation des kapitalistischen Reststaats fehlt der wissenschaftliche Austausch. Trotzdem versuchen die Vereinigten Staaten, mit den sozialistischen Staaten in Wettkampf zu treten, bei dem sie unfaire Methoden anwenden und den sie dennoch verlieren.

Näher an gegenwärtigen politischen Verhältnissen orientiert sind die drei Romane, die sich mit der atomaren Rüstung der USA befassen (Turek, Ball/Weise, Panitz). Auch sie zeihen die Vereinigten Staaten der verantwortungslosen Aggressivität, die bis zur Selbstvernichtung durch Auslösung eines atomaren Krieges oder atomarer Verseuchung der Biosphäre führen könne.

Dem wird das idealisierte Bild der sozialistischen Staatengemeinschaft entgegengesetzt, die grundsätzlich friedliebend und viel freiheitlicher als die USA ist. Atomkraft wird friedlich genutzt, nicht für Waffen. Die Angehörigen der sozialistischen Staatengemeinschaft arbeiten effektiver als die Bürger der kapitalistischen USA, weil sie ihre Aufgabe mit Begeisterung erfüllen, ihrer Arbeit nicht entfremdet sind und wissen, daß sie sie für die Gemeinschaft und damit auch für sich selbst verrichten, während die Werktätigen in den USA für die Kapitalisten arbeiten, sich also mit der Arbeit nicht identifizieren und es am nötigen Enthusiasmus fehlen lassen. Die Menschen der sozialistischen Staatengemeinschaft sind meist gutaussehend, zumindest jedoch nicht abstoßend wie die Kapitalisten, ihre Umgangsformen sind freundlich und ohne Aggressivität, oft rauchen sie nicht und trinken keinen Alkohol mehr, Frauen sind gleichberechtigt (wenn auch in den führenden Positionen der Forscherteams meist nur eine Vorzeigefrau auftaucht, die am Schluß einen Mitarbeiter heiratet).

Die Frage, ob ein qualitativer Wandel im Amerikabild der DDR-*Science fiction* von 1949 bis in die achtziger Jahre stattgefunden hat, kann nur bedingt beantwortet werden. Die antiamerikanische Tendenz, die mit Tureks *Die goldene Kugel* 1949 begann, wurde in den utopischen Kriminalromanen, Produktions- und Aufbauromanen sowie den Raumfahrtabenteuern der fünfziger und sechziger Jahre unverändert fortgesetzt, da sich in dieser Zeit das Genre nicht wesentlich veränderte. Als in den siebziger Jahren die Produktion an *Science fiction* in der DDR sprunghaft anstieg, erweiterten sich die Themen, Möglichkeiten und Spielarten der phantastischen Literatur derart, daß das Feindbild USA obsolet zu werden begann. Die Tendenz ging im Zuge der Entspannungspolitik eher dahin, Freund- und Feindbild im ideologiefreien Raum zu halten. Doch vor allem einige Autor/inn/en, die schon vor der Honecker-Ära *Science fiction* verfaßt hatten, hielten an dem alten Schema „gute Sozialisten — böse Amerikaner" fest (z.B. Carlos Rasch, Karl-Heinz Tuschel, Otto Bonhoff, Curt Letsche, Herbert Ziergiebel). Besonders im Zusammenhang mit dem aktuellen Thema „Genmanipulation" stellten auch jüngere Schriftsteller die Vereinigten Staaten negativ dar (z.B. Alexander Kröger, Rainer Fuhrmann, Peter Lorenz).

Am Beispiel Erich Köhlers zeigt sich, wie sehr sich die kulturpolitische Lage von 1963 (als Köhler *Die Reise um die Erde in acht Tagen* verfaßt hatte) bis 1980 geändert hat, zumal der Autor auch an der DDR-Gesellschaft in satirischer Form Kritik übt. Durch Übertreibung ironisiert er die gängigen USA-Klischees in der DDR. Auch Prokops *Wer stiehlt schon Unterschenkel*, das sich durch Qualität und Phantasie auszeichnet, zeigt die Zustände in den Vereinigten Staaten so negativ, daß der/die Lesende vermuten kann, daß sich Prokop ironisch überkommener Feindbild-Stereotypen bedient. Eberhard Panitz reagiert in seiner Erzählung *Eiszeit* auf die Entwicklung der Neutronenbombe und ihre Stationierung in Europa.

Insgesamt betrachtet, hebt sich das Amerikabild der DDR-*Science fiction* nicht von dem der übrigen Literatur ab, es streicht nur einige Züge besonders heraus (Aggressivität, Diversionstätigkeit).

5. Das Bild der USA in autobiographischen Romanen, Autobiographien, Tagebüchern und Reiseberichten

Die meisten Autor/inn/en der bisher untersuchten Werke der DDR-Belletristik haben die USA nie gesehen. Es stellt sich die Frage, ob das Amerikabild derer anders ist, die in den Vereinigten Staaten gelebt haben oder die dort gereist sind, dort ihre Exilzeit verbracht haben, aus den USA stammten und in die DDR emigriert waren oder als Kriegsgefangene in den Vereinigten Staaten im Lager gesessen hatten. Das meiste, was sie darüber veröffentlichten, ist Prosa (Tagebücher, Reiseberichte oder Autobiographien), abgesehen von einigen Gedichten. Mit in dieses Kapitel aufgenommen wurden zwei Romane, die einen autobiographischen Hintergrund haben.

Nach 1945 kamen aus amerikanischem Exil unter anderem Bert Brecht, Stefan Heym, F.C. Weiskopf und seine Frau Alex Wedding (d.i. Grete Weiskopf), Hans Marchwitza, der Journalist Maximilian Scheer und der Goethe-Herausgeber und Feuilletonist Walther Victor. Wenige Autobiographien von USA-Exilanten sind in der DDR erschienen. Von 1949 bis 1961 kamen drei Bücher über das Emigrantendasein in den USA heraus, von Maximilian Scheer, Walther Victor und Hans Marchwitza, danach erschien erst wieder 1980 eine Autobiographie über dieses Thema, die des Philosophieprofessors Franz Loeser. Die anderen Heimkehrer aus den Vereinigten Staaten haben meines Wissens nichts über diese Zeit geschrieben, auch nicht Stefan Heym, der zwar einen Roman und mehrere Kurzgeschichten dort spielen ließ und in der Pressekolumne „Offen gesagt" in der *Berliner Zeitung* öfter über die USA schrieb, jedoch nichts Autobiographisches verfaßt hat.[1]

Die Annahme liegt nahe, daß sich die Werke derjenigen Schriftsteller/innen, die in den Vereinigten Staaten waren, abheben von denen, die nicht dort

---

1 Heym machte sich wegen seines Plans, über den 17.Juni einen Roman zu schreiben, bei den SED-Kulturpolitikern unbeliebt und mußte seine Kolumne 1958 einstellen. Nach der Biermann-Ausbürgerung fiel er ein weiteres Mal mißliebig auf und wurde vom *ND* als „ehemaliger USA-Bürger" diskreditiert (vgl. Seyppel, S.194).

waren. Sie sollen in diesem Kapitel miteinander verglichen werden. Erwarten könnte man die Anwendung anderer Stereotype bzw. die teilweise oder vollständige Widerlegung der gängigen DDR-Stereotypen.

Die ersten Erinnerungen eines US-Exilanten erschienen 1949: Maximilian Scheers *Begegnungen in Europa und Amerika,* die 1957 in erweiterter und überarbeiteter Ausgabe unter dem Titel *Die Reise war nicht geplant* neu herauskamen. Ein drittesmal wurden sie 1966 unter dem Titel *Paris — New York* verlegt. Da zwischen den drei Versionen keine größeren Unterschiede bestehen, sei hier die jüngste Fassung behandelt.[2] 1975 schrieb Maximilian Scheer abermals einen Memoirenband, *Ein unruhiges Leben: Erlebnisse auf vier Kontinenten.* Was in diesem Band noch über die USA ausgesagt wird, soll der Vollständigkeit halber kurz an die Beschreibung von *Paris — New York* angehängt werden.

Der Journalist Maximilian Scheer (geboren 1896) war 1940 von Frankreich aus in die USA vor den Nationalsozialisten geflohen, leitete dort die Fremdsprachen-Redaktion der *Overseas News Agency* und arbeitete für verschiedene nord- und südamerikanische Zeitungen und Zeitschriften. 1947 kehrte er nach Deutschland zurück.

Paris — New York besteht aus einzelnen kurzen Kapiteln, in denen der Autor Eindrücke und Überlegungen aus seiner Exilzeit notiert. Die erste Hälfte des Buches befaßt sich mit der französischen Exilzeit, dann schildert er die Fahrt nach und Ankunft in New York. Die darauffolgenden Kapitel hängen nicht miteinander zusammen, weder thematisch noch zeitlich. Es sind z.T. amüsante oder traurige kleine Geschichten, *Features* einzelner Personen, die Scheer in den USA kennenlernte, oder prominenter Politiker, Reise-, Landschafts- oder Stadtbeschreibungen, Kommentare zu Zeitungsmeldungen etc. Scheer beschreibt, was ihm auffiel: Rassendiskriminierung, Slums, Armut, Arbeitslosigkeit, den Kontrast zwischen Wallstreet und Harlem, Antikommunismus, die „Anarchie" der Wirtschaft, die hohe Kriminalitätsrate, McCarthyismus, die einseitig berichtende und vom Kapital gesteuerte Presse, die Polizeiwillkür, Wahlbetrug, die Unterdrückung der Meinungsfreiheit, den offenen Rechtsbruch, die Aufrüstung nach dem zweiten Weltkrieg, die Macht des Dollars. Mehrfach erwähnt er im Zusammenhang mit der „KZ"-Insel Ellis Island, die hinter der Freiheitsstatue liegt und als Lager für Einreisewillige dient, deren Papiere nicht in Ordnung sind, daß die Freiheitsstatue „den Gefangenen [...] den Hintern zeigte" (S.232), und nicht nur ihnen: den ganzen USA. Der letzte Satz von *Paris — New York* lautet:

> Die nahe hochragende Statue zeigte der „Träneninsel" noch immer die Blindseite der Freiheit, aber ihr Antlitz lächelte heimlich dem Lichte zu, das die amerikanischen Finsterlinge besiegt hatte (S.264),

---

2 Sie ist im Vergleich zur ersten nur um zwei Kapitel länger.

nämlich dem Licht des Sozialismus.

Die USA sind für Scheer „ein Land klaffender Widersprüche" (*Begegnungen*, S.146), die er nicht müde wird aufzuzählen: Es gebe ein humanes Amerika, das er liebe, und ein inhumanes, das er verabscheue. Als Gegensatzpaare nennt er z.B. Arbeiter und Milliardäre; Thomas Jefferson und die HUAC; Abraham Lincoln und die Rassendiskriminierung; den — im Vergleich zu Deutschland — fehlenden militärischen Drill und den aufkommenden Militarismus; die in der Verfassung garantierte Redefreiheit und die Presselenkung durch die Monopolherren; die technische Meisterschaft von amerikanischen Publizisten und ihre Käuflichkeit; geistige Leistungen und die Kommerzialisierung von Universitäten. Vor allem kritisiert er die „tödlich freie Anarchie der Wirtschaft" (S.200).

New York gefiel Scheer nicht sonderlich, vom Broadway war er weitgehend enttäuscht, die Wall Street jagte ihm Angst ein. Er nennt die Stadt „grau von Stein und Beton, vielgesichtig von Menschen aller Zonen, viellichtig von Reklamekaskaden, vielschichtig in ihrer sozialen Struktur, vielschattig in ihrem Elend" (S.120) und „sachlich, übersichtlich, arithmetisch, unpersönlich, unindividualistisch" (S.183).

Der Dollar bestimmt nach Scheers Ansicht in den USA alles, er spricht vom „metallenen Gott" (S.162) und findet, daß „Geld der Wertmesser einer tiefen Kulturstufe" sei (S.195). Die zwischenmenschlichen Beziehungen, vor allem die zwischen den Geschlechtern, seien ebenfalls von materialistischen Erwägungen geprägt. Scheer beruft sich auf einen Gewährsmann, einen Arzt, der ihm eine Reihe von Ehegeschichten aus seiner Praxis erzählt, von Frauen, die nur heiraten, um sich auf Kosten des Ehemannes ein schönes Leben zu machen, die nach der Scheidung hohe Alimente verlangen, die reiche alte oder kranke Männer heiraten, um sie zu beerben usf. (S.162-165).

Großes Interesse finden die Deutschamerikaner bei dem Verfasser, der ihnen vier Kapitel widmet. Ihre Neigung zu rechtsradikalem Gedankengut und zum Antikommunismus ist ihm zuwider, sie seien „deutsche Kleinbürger", die in einem Land lebten, das Deutschland vom System her ähnlich sei, das ihnen „kein neue gesellschaftliche Konzeption, kein neues geistiges Ideal" (S.137) biete.

Ausführlich stellt der Autor den Fall Gerhart Eisler vor, der als überzeugter Kommunist in den USA verdächtigt wurde, „Atomspion" zu sein, mehrfach vor Gericht gestellt und in den USA festgehalten wurde, bis er schließlich fliehen konnte. Der Antikommunismus der McCarthy-Zeit hatte Eisler, wie z.B. auch Bert Brecht, getroffen, was Scheer Anlaß bietet, die „Freiheit" in den Vereinigten Staaten in Frage zu stellen.

Dies alles entspricht ganz dem herkömmlichen sozialistischen Amerikabild, in einigen Passagen geht Scheer jedoch darüber hinaus. Relativ selten sind Kulturvergleiche zwischen den USA und Deutschland. Einige andersartige

Kleinigkeiten vermerkt er, wie auffällige Kleidung, elektrischen Christbaumschmuck, Feuerleitern an den Häuserfassaden, die Ungepflegtheit amerikanischer Friedhöfe, die Sitte, daß Männer selbst bei heißestem Wetter das Jackett anbehalten müssen, das Fehlen von Cafés in europäischem Sinne, die geringere Neigung amerikanischer Kinder, sich zu prügeln. Die Amerikaner scheinen ihm einerseits freundlich, höflich, aufmerksam zu sein, andererseits jedoch kühl, mißtrauisch, unverbindlich, was er auf eine Tradition der Pionierzeit zurückführt, „als niemand wußte, ob der Fremde ein guter Mensch oder ein Betrüger, ein Helfer oder ein Mörder war." (S.131) Es sei das Mißtrauen „einer nicht gewachsenen, sondern zusammengewürfelten Nation" (S.131f.).

Schließlich versucht Scheer, den amerikanischen Nationalcharakter zu beschreiben und eine Erklärung für seine Wurzeln zu geben: Er geht von der Oberflächlichkeit der Amerikaner in bezug auf zwischenmenschliche Beziehungen aus, d.h. daß die Beziehungen zwischen Eltern und Kindern, zwischen Freunden, zwischen Mann und Frau nicht eng seien.[3] Es fehle ihnen die „gemeinschaftsbildende Kraft" (S.206). Die USA hätten die alten europäischen Kulturwerte verdrängt und beseitigt, hätten eine neue Kultur schaffen wollen „und unter der Losung des Individualismus die Menschen grauenhaft nivelliert, mechanisiert." (S.206). Es sei alles genormt, von Möbeln und Kleidern über Kunst und Literatur, Stadtbilder, Zeitungen, Reklame bis hin zum Denken, zum Umgang der Menschen miteinander. Ursache sei die „Erbarmungslosigkeit des titanischen Götzen Dollar" (S.206). So entstünden Einsamkeit, psychische Krankheit, Trunksucht, sexuelle Abnormität.

Eine weitere Folge sei die Ungesichertheit des amerikanischen Lebens, der Hang zum Nomadentum und zum Abenteuer. Die Betriebsamkeit und Mobilität der Amerikaner ist für ihn eine Flucht aus Angst, nicht vor dem Tod, der „eine Unbequemlichkeit im Alltagsleben" (S.209) sei, sondern vor innerer Leere, Vereinsamung und vor dem Arbeitskampf. Die „wirtschaftliche Anarchie" lasse keine Gemeinschaftsbildung aufkommen und lasse die Menschen vereinsamen. Mit Hilfe dieses Psychogramms der Amerikaner versucht Scheer die Popularität F.D. Roosevelts zu erklären: Er habe ihnen „Überwindung der gesellschaftlichen Anarchie, Lenkung der Wirtschaft, Bildung einer Gemeinschaft, [...] ein Maß von Lebenssicherheit" (S.210) versprochen. Scheer bewundert den Menschen wie den Politiker, Truman dagegen verachtet er als „Dilettanten" und stellt ihn als Marionette der Rüstungsmonopole hin.

In *Ein unruhiges Leben*, 1975, kommt nicht viel Neues hinzu: im wesentlichen die Schilderung der Schwierigkeiten, die Scheer als linker Autor in den USA mit Verlagen hatte, und der Repressalien, denen er, nach Deutschland zu-

---

3 Er schweift an dieser Stelle ab und kommt auf das Sexualverhalten der Amerikaner zu sprechen, das ihm durch den *Kinsey Report* bekannt ist und das er anstößig findet (S.206).

rückgekehrt, durch die amerikanische Besatzungsmacht unterworfen war, bis er in die sowjetische Zone Berlins zog.

Scheers Autobiographien bestätigen das DDR-Amerikabild, wie es sich in den vorher besprochenen Werken finden läßt. Allein sein Versuch, den amerikanischen Nationalcharakter zu beschreiben und zu erklären, geht darüber hinaus, ist jedoch letzten Endes wieder eine sozialistische Deutung: Die festgestellte Beziehungslosigkeit und Mobilität der Amerikaner wird mit ökonomischen Ursachen begründet.

Ganz anders in Aufbau und Gestaltung ist Ehm Welks *Der Nachtmann: Geschichte einer Fahrt zwischen hüben und drüben: Kein Roman*, 1949. Ehm Welk (1884-1966), der sich im Dritten Reich ins innere Exil zurückgezogen hatte, blieb nach 1945 in der SBZ. Er war nach dem ersten Weltkrieg in die USA gereist. Sein Buch, das er so ausdrücklich „keinen Roman" nennt, beruhe, so versichert er im Vorwort, auf einer wahren Geschichte, die ihm sein Freund Thomas Trimm erzählt habe — dies ist ein Pseudonym, unter dem Welk gelegentlich schrieb. So verschwimmen die Grenzen zwischen Fiktion und Realität im Buch.

Erzählt wird von einem jungen Deutschen, der in den zwanziger Jahren aus Abenteuerlust auf einem amerikanischen *oceanliner* als *nightman* anheuert, d.h. als Nachtwächter. Die meisten seiner deutschen Mitbürger schwärmen von den USA als dem Land der Freiheit, des Überflusses, der Demokratie. Auf dem amerikanischen Schiff erlebt Trimm jedoch, daß es trotz Freiheit und Gleichheit Rangunterschiede gibt, sowohl unter den Passagieren als auch unter der Crew: Je weiter oben einer steht, desto mehr Rechte und Freiheiten kommen ihm zu, je weiter unten, desto mehr sind Rechte und Freiheiten eingeschränkt. Die Passagiere der ersten Klasse führen ein Luxusleben an Bord, die der dritten sind unter schlechten hygienischen Gedingungen zusammengepfercht. Die reichen Amerikaner der ersten Klasse sind selbstgefällig und demonstrativ „demokratisch", d.h. freundlich zum Dienstpersonal. In krassem Gegensatz dazu steht die Behandlung blinder Passagiere, armer Deutscher, durch die amerikanischen Offiziere: Obwohl ihnen Gewalttätigkeiten verboten sind, schlagen sie die Elendsgestalten brutal zusammen. Das Schiff ist für Trimm/Welk das Symbol des Landes.

Großen Raum nimmt in Welks Buch eine Diskussion zwischen Trimm und einem amerikanischen Geschichtsprofessor über „Amerikanismus" ein. „Amerikanismus", erläutert der Professor, sei die gemeinsame Verpflichtung der Amerikaner, den Staat dadurch zu stärken, daß sie ihre persönliche Tüchtigkeit für sich anwendeten und dem Staat nicht schadeten. Der Staat sorge dafür, daß das Individuum in größtmöglichem Maße frei sei, seine Fähigkeiten zu nutzen. Dies sei das Evangelium des Amerikanismus und das Band, das die Individuen zusammenhalte. In Europa und besonders in Deutschland hasse der Arme den Reichen und mache den Staat für sein persönliches Elend verantwortlich,

283

in den USA dagegen mache jeder sich selbst verantwortlich, sehe die Ursachen für Armut in fehlender Tüchtigkeit oder im Verpassen einer Gelegenheit. „Noch der letzte Arbeiter denkt und fühlt so." (S.259). Der Neid sei in den Vereinigten Staaten keine politische Kraft, „er äußert sich als Verlangen, wenn nicht ebenso zu haben wie der Reiche oder Satte, so doch wenigstens ähnlich. Er will nicht wegnehmen, sondern erwerben." (S.260) Als Trimm entgegnet, dieser Mythos werde im Interesse von einer kleinen herrschenden Schicht von Medien, Literatur und Hochschulen verbreitet, korrigiert ihn der Professor. Die Zusammensetzung dieser kleinen herrschenden Schicht bleibe nicht konstant, ihre Mitglieder wechselten durch sozialen Auf- und Abstieg ständig, spätestens alle drei Generationen. Durch Intelligenz, Können und Tüchtigkeit könne jeder die Oberschicht erreichen. „Sehen Sie, darum lehnt auch der amerikanische Arbeiter das meiste Ihrer Sozialgesetzgebung ab" (S.260). Wenn in Europa einmal ein sozialistischer Staat errichtet werde, werde er ein geistiges Umlernen seiner Bürger einleiten und ihnen eine neue Arbeitsethik beibringen: „Diese aber wird auf der Wertbemessung der persönlichen Leistung beruhen und von der unsrigen gar nicht so sehr verschieden sein." (S.260). Trimm meint, diese Ideologie müsse zu seelischer Verarmung und geistiger Oberflächlichkeit führen, er halte sie nicht für eine Weiterentwicklung. Nach Ansicht des Professor ist es der Weg der Zivilisation, nicht nur der amerikanischen, sondern aller Zivilisationen. Das Gespräch abschließend, warnt er Trimm davor, „in den ebenso albernen wie widerwärtigen Glauben der europäischen Arbeiter und Intellektuellen" zu verfallen, daß „in den Vereinigten Staaten der Geldsack regiere, ein trüber Materialismus die Gesellschaft beherrsche, die Freiheit erdrosselt und jede selbständige Meinung korrumpiert werde." (S.263) Diese Gefahr sei durch den ersten Weltkrieg überwunden worden. Das Volk repräsentiere in den USA die stärkste Macht zur Verteidigung der menschlichen Freiheit (S.264).

Trimm vertritt in dem Gespräch sozialistische Anschauungen, er glaubt nicht an eine allgemeine weltweite Entwicklung zum reinen Leistungsdenken; in einem sozialistischen Staat würden die Schwachen, Kranken, Alten, nicht mehr Leistungsfähigen immer versorgt werden.

Nach der Ankunft in New York werden Trimms erste Tage dort beschrieben. Er sieht die Freiheitsstatue und findet, sie sei „eine gewaltige erzene Phrase" (S.270), ihre Fackel gleiche einer Keule, mit der sie die Feinde der Freiheit zerschmettern wolle. Wie Scheer verweist auch Welk auf die hinter der Statue liegende „Träneninsel" Ellis Island, wohin die Passagiere der dritten Klasse müssen, während die der ersten direkt ins Land der Freiheit, der Menschenrechte, der Gleichheit und der Demokratie einreisen können. Die *Skyline* von Manhattan erscheint ihm als „eine Gralsburg, eine stolze Schauburg der Riesen." (S.272) Weitere Eindrücke von New York und den USA werden kaum gegeben, der Autor äußert noch sein Mißfallen an der reißerischen Reklame und sein Befremden angesichts einer stark geschminkten Amerikanerin: „Keine Stelle des Gesichtes läßt auch nur eine Spur der wirklichen Haut ahnen." (S.334) Das Buch bricht unvermittelt ab, möglicherweise sollte es fortgesetzt werden.

Welk stellt die Vereinigten Staaten, wie andere sozialistische Autoren auch, als Land des Kapitalismus und der Widersprüche dar (vor allem des Widerspruchs zwischen Anspruch und Wirklichkeit), und als Land der Klassengegensätze. Doch er läßt auch „die andere Seite" zu Wort kommen, den Professor, dessen Anschauungen dem Sozialismus Trimms durchaus gleichberechtigt gegenübergestellt sind. Die Figur wird nicht diskreditiert, der Leser soll sich selbst eine Meinung bilden. Es ist außer Erich Köhlers *Reise um die Erde in acht Tagen* (vgl. Kapitel 4. Science fiction) meines Wissens das einzige Mal in der Schönen DDR-Literatur, daß diese amerikanische Bewertung von Reichtum und Armut durch Leistung bzw. Versagen, wie sie sich z.B. in Andrew Carnegies *Gospel of Wealth* findet, wiedergegeben wird, und daß betont wird, daß die amerikanischen Arbeiter diese Ansicht teilten. In der herkömmlichen sozialistischen Literatur sind amerikanische Werktätige entweder Sozialisten oder sie sind von den Medien und anderen Meinungsträgern fehlinformiert, prinzipiell aber leicht auf den Weg zur sozialistischen Erkenntnis zu führen. Die Frage, warum die KPdUSA trotz jahrelanger Aufklärungskampagnen nicht mehr Stimmen erhält, warum der Sozialismus nicht gesetzmäßig in den USA auf dem Vormarsch ist, wird auf diese Weise nicht beantwortet, Welk jedoch bietet eine Antwort durch seine Erklärung der Unterschiede zwischen europäischer und amerikanischer Mentalität und Einstellung zum Leben.

Walter Victor (1895-1971) kam 1940 als deutscher Emigrant in die USA, da er als Jude und Kommunist vom Hitler-Regime verfolgt wurde. In den Vereinigten Staaten mußte er zunächst in den unterschiedlichsten Berufen arbeiten, vom Krawattenvertreter bis hin zum *productions manager*, da er als Journalist und Schriftsteller keine Beschäftigung fand.

Sein Buch *Ein Paket aus Amerika*, 1950, besteht, wie Maximilian Scheers Memoiren, aus (33) losen Kapiteln, die sich mit verschiedenen Themen befassen und die zu verschiedenen Zeitpunkten entstanden sind (bei jedem steht das Entstehungsjahr dabei). Wie bei Scheer mischen sich politische und systemkritische Vorwürfe mit persönlichen Vorurteilen. So zeigt auch Victor Rassendiskriminierung, Elend, Arbeitslosigkeit, Chancenungleichheit, Ausbeutung, mangelhafte Sozialfürsorge, Ungerechtigkeit, Verschleierung der Widersprüche durch Propaganda, Anbetung des Geldes, faschistoide Tendenzen, Scheindemokratie und Unfreiheit, Antikommunismus, Lenkung von Forschung und Lehre, Polizeiwillkür, das unmenschliche Gefängnisregime, Kriegstreiberei, atomare Aufrüstung, Kriminalität, Presselenkung und Zensur, korrupte Gewerkschaften und Unmenschlichkeit. Mit Scheer teilt Victor die Bewunderung für F.D. Roosevelt und die Abneigung gegen Harry S. Truman, wie Scheer verurteilt er das Verhalten der amerikanischen Justiz im Fall Gerhart Eisler, doch neigt er zu extremeren Äußerungen (er vergleicht die amerikanische Polizei mit der Gestapo, die Diskriminierung der amerikanischen Schwarzen mit der der Juden im Dritten Reich, Truman mit Hitler, nennt US-Zeitschriften faschistisch, zieht Parallelen zwischen der amerikanischen Propaganda und der von Joseph Goebbels, zwischen dem McCarthyismus und dem Nationalsozialismus etc.) und wertet die von ihm beobachteten Andersartigkeiten in der Kultur der USA eher negativ. Aus diesen subjektiven Eindrücken und Erlebnissen, aus Zeitungsmeldungen, Statistiken und Buchauszügen entwickelt Victor eine Art Collage, sein Amerikabild, oft ohne die Stichhaltigkeit seiner Details zu überdenken.

Auch Victor sieht als die Triebkraft im amerikanischen Leben das Geld an. Die Ideale der Verfassung seien aus „Mord und Blut, aus Kampf und Pioniergeist, aus Lebensgier und Habsucht, aus Freiheitsdrang und Suche nach dem gelobten Land" (S.15) entstanden und nie verwirklicht worden, doch würden sie „mit allen Mitteln der Propaganda" (S.16f.) als realisiert verkündet. So stünden sich Freiheit, Glück, Gleichheit, Fortschritt, Reichtum als Ideale und das jeweilige Gegenteil als Realität gegenüber. In ihrem selbstgeschaffenen Idealbild seien die amerikanischen Ideen international, in Wirklichkeit jedoch nationalistisch und kosmopolitisch (S.17f.).

Dieser Dualismus zwischen Ideal und Wirklichkeit habe zur Folge, daß der einzelne Amerikaner ständig mehr scheinen wolle, als er sei. *Pursuit of Happiness* sei in Wahrheit Jagd nach dem Geld, und um ans Geld zu kommen, müsse man selbstsicher, dynamisch, fröhlich, jugendlich, gut gekleidet sein und optimistisch wirken, bluffen können, höflich sein, wenn man lieber grob wäre, aufs andere Geschlecht Eindruck machen, auch wenn man kein Interesse an wirklichem Kontakt habe, sich unterhalten, ohne eine Überzeugung zu äußern, die einem anderen mißfallen könnte, am gesellschaftlichen Leben teilnehmen, auch wenn es einen langweile, alle Empfindungen verbergen und Schönheit, Erfolg, gute Laune, im Notfall sogar Bildung vortäuschen. Auf diese Weise verkaufe man sich wie eine Ware.

Da dieser *way of life* jedoch auf Verstellung und Unterdrückung von Gefühlen basiere, sei der „Prozentsatz neurotischer, hysterischer, pathologischer, nervengestörter und geisteskranker Fälle" (S.20) in den USA dementsprechend hoch. *Take it easy* und *Keep smiling* seien die wichtigsten amerikanischen Maximen, um dem gesellschaftlichen Druck zu widerstehen.

Der obengenannten Dualismus wirke sich auch auf die gesellschaftliche Moral aus. Scheinbar sei das Benehmen junger Leute untereinander frei und unbefangen, in Wirklichkeit aber von *social hypocrisy* (= gesellschaftliche Heuchelei; S.27, 70) geprägt. Offiziell herrsche Prüderie, privat stünden dem Ausschweifungen gegenüber. Die *social hypocrisy* sei gesellschaftlich sanktioniert und werde für selbstverständlich gehalten. Wer ehrlich leben wolle, gelte

„als Querkopf und Sonderling" und werde „von allem sozialen Leben und damit auch von der Möglichkeit, seinen Lebensunterhalt zu verdienen, ausgeschlossen" (S.70).

Als Beispiel für die „privaten Ausschweifungen" nennt Victor das Verhältnis der Amerikaner zum Alkohol: Im Alltag trinke man in den USA nicht viel, das werde auf Parties nachgeholt, auf denen es legitim sei, hemmungslos zu saufen. Im Alltag müsse der amerikanische Mensch „beispiellos nüchtern" sein, um geschäftlich nicht zu versagen. Dieses „berechnende Wesen" wolle er auf Parties ablegen, was nicht gelinge, da es ihm schon in Fleisch und Blut übergegangen sei. Deshalb betrinke er sich sinnlos und lasse sich „auf eine grauenhafte, jeder Beschreibung spottenden Weise gehen" (S.72).

Dasselbe gelte für die Sexualmoral: Einerseits hänge man an den traditionellen Idealen der Ehe, Familie, Kinderliebe, andererseits sei man begierig nach Skandalen, Scheidungsgeschichten, Sex.

Das dritte Beispiel für *social hypocrisy* betrifft das amerikanische Interesse an Kriminellen und Verbrechen. Zwar sei man für Recht und Ordnung, interessiere sich jedoch lebhaft für Verbrecher und ihre Taten. Zeitungen und Verlage würden Gangstern hohe Preise für ihre Memoiren zahlen. Das gehöre zum *fun*, zur Unterhaltung. Diese Hingabe an den *fun* sieht Victor als einen Wesensunterschied zwischen Amerikanern und Europäern an, der ihn „geradezu abstieß" (S.25). So kann er nicht verstehen, daß fortschrittliche amerikanische Jugendliche mit derselben Intensität einerseits studierten und politisch aktiv seien und andererseits sich ihren *fun* widmeten, und hat auch kein Verständnis für die Sportbegeisterung der Amerikaner, besonders nicht für Baseball, bei dem „hinter der schreienden Fratze des Massenwahns die Maske des Riesen-Profits" grinse (S.58).

Die in der Realität vorherrschende „Ellbogen-Philosophie" (S.45 — „In keinem Lande der Welt gibt es so viele Ellbogen wie in Amerika", S.44), die Rücksichtslosigkeit, mit der man zu Geld und Karriere komme, gehe auf die amerikanische Frühzeit zurück, auf die Eroberer des Landes, die Pioniere, Goldsucher, Wildwestler. Als Ideal werde, vor allem in Filmen, die Überwindung dieser Moral propagiert, erwünscht sei nicht mehr das Einzelgängertum, sondern die *coordination*, die Zusammenarbeit, die auch wieder „zum Wohle des Besitzes" dienen solle (S.45). Geändert habe sich an der Wirklichkeit jedoch nichts.

Nun kann man diese Betrachtungen noch im weitesten Sinne als ideologiebedingt ansehen, denn es ist für Victor der Kapitalismus, der die amerikanische Wirklichkeit prägt und Verschleierungsmechanismen hervorbringt. Sieht man einmal von einigen Übertreibungen ab (die amerikanische Zensur sei die schlimmste, der amerikanische Nationalismus sei der stärkste auf der Welt, in den USA hätten die Menschen am wenigsten Zeit für Güte usw.), kann man sein Amerikabild soweit als herkömmlich im sozialistischen Sinne werten. Doch es kommen bei Walther Victor Animositäten gegen sein Gastland zum Vorschein, die man eher als chauvinistisch denn als sozialistisch bezeichnen möchte: Anhand einiger deutsch-englischer Wortspiele zeigt sich ein erstaunlicher Ethnozentrismus: „A / P" werde E und Pi gesprochen, „was zu begründen ich nicht in der Lage bin. Es ist nun einmal so." (S.49). Es scheint ihm unklar zu sein, daß man Buchstaben in Fremdsprachen anders ausspricht als im Deutschen. In bezug auf *supermarkets* schreibt er: „Super, nicht zu verwechseln mit Souper, heißt: größer, überlegen, ein souper ist gewissermaßen ein super-Abendbrot." (S.49) Das mag als Wortspiel noch angehen, doch bei der Definition des Wortes *pineapple* ist wieder ein chauvinistischer Beigeschmack zu spüren: Es heiße „auf schlicht Deutsch Ananas" (S.50), als ob das englische Wort prätentiös sei und mehr verspräche, als es halte.

Das amerikanische Wort *glad* gebe es auch im deutschen Sprachraum, es heiße dort „glatt". So sage man als Höflichkeitsform: „Ich bin glatt, Sie zu treffen." (S.71) Wie bei Souper / super scheint es Victor nicht bewußt zu sein, daß die Wörter *glad* und „glatt" durchaus nicht auf dieselbe Wurzel zurückgehen und inhaltlich nichts miteinander zu tun haben. Er setzt einfach das Deutsche zum Maßstab für das Englische.

Ein ähnliches Unverständnis wie für die amerikanische Sprache legt Victor für die Umgangsformen zutage. So unterstellt er den Amerikanern, daß sie sich aus Bequemlichkeit schlecht benähmen (sie nähmen den Hut nicht zum Grüßen ab, gäben einem nicht die Hand, legten die Füße auf den Tisch und lümmelten sich, auch vor Frauen) und daß sie ihre Höflichkeitsformeln niemals ernst meinten. Der Autor regt sich darüber auf, daß die Amerikaner statt „Guten Tag" *How do you do* sagten und darauf keine Antwort erwarteten. Daß aber Umgangs- wie Höflichkeitsformen kulturbedingt und somit in den einzelnen Nationen unterschiedlich sind, scheint ihm trotz vieler Reisen in verschiedene Länder nicht aufgefallen zu sein.

Weitere Aussagen Victors über die Vereinigten Staaten lauten: Die Amerikaner seien wenig geistreich (so schreibt er ironisch bei der Erwähnung des amerikanischen Geistes: „if any", S.65). Er spricht von „amerikanischer Unbekümmertheit" (S.130). Seines Erachtens sei es prinzipiell ganz unamerikanisch, an Reklame Geld zu sparen (S.63) In bezug auf die Amerikanerinnen zitiert er einen Buchtitel von Philip Whylie, *Generation of Vipers* (S.116). Er unterstellt, daß weniger als 10 Prozent aller amerikanischen Buchkäufer die erworbenen Bücher jemals lesen (S.94). Die amerikanischen Filme seien „Kitsch mit Soße" (S.64) und „Kunstersatz" (S.25) minderer Qualität, sie stünden hinter den europäischen weit zurück. Auch Scheers Abneigung gegen die elektrischen Weihnachtskerzen teilt er und vermißt die europäische Art, Weihnachten zu feiern.

Bisher wurde nur Negatives über die USA wiedergegeben, doch einmal äußert sich Victor auch positiv, über die amerikanische akademische Jugend:

[...] so scheint mir doch in der diese Staatsuniversitäten besuchenden und zum kleinsten Teil bereits aus einer Auslese der wirklich Tüchtigen sich zusammensetzenden Jugend so etwas wie eine Zukunftshoffnung zu liegen [...]. Es waren prächtige Menschen, die ich derart kennenlernte [...]; natürlich spricht der Professor, sobald er sie kennt, seine Hörer und Hörerinnen mit ihren Vornamen an, während er selbst meist auch einen kollegialen Rufnamen hat: „Doc" und „Prof" sind beliebt als Anrede, das freundliche „Hello" ersetzt förmliche Begrüßungen, der tierische Ernst und die Distanz vom Hörsaal [...] der [...] Professoren meiner Universitätsjahre fehlen vollkommen. (S.25)

Wie Scheer, erstaunen auch Victor die Gegensätze in der amerikanischen Gesellschaft: „Es ist in Amerika alles unberechenbar widersprüchlich!" (S.89) Victor sieht die Ursprünge dieser Widersprüchlichkeiten in der schizoiden Persönlichkeit der Amerikaner. Die Geschichte der USA sei ein „Epos von erschreckender, grausiger Größe" (S.15).

In der Reihe *Ausgewählte Schriften* von Walther Victor enthalten zwei Bände weitere Äußerungen des Autors über die USA: *Ich kam aus lauter Liebe in die Welt*, 1961, und *...Es kommt aber darauf an, sie zu verändern*, 1962. In diesen beiden Bänden wird Victors Amerikabild nichts Neues hinzugefügt, sie enthalten meist politische und systemkritische Äußerungen, z.B. über die Nachteile des amerikanischen Wahlsystems, über den Lebenslauf einzelner *robber barons*[4], über das heute sinnentleerte Symbol der Freiheitsstatue etc. Zwei Persönlichkeiten der amerikanischen Kultur zeichnet er in diesen beiden Bänden positiv: Emma Lazarus, die Dichterin, deren Verse auf dem Sockel der Freiheitsstatue stehen, und Charles Spencer Chaplin, für den Victor dieselbe Begeisterung aufbringt wie Scheer (bei beiden geht sie im wesentlichen auf die Amerikakritik in Chaplins *Monsieur Verdoux* zurück).[5]

Der Kinder- und Jugendbuchschriftsteller Wolf Durian (1892-1969), dessen Indianerbuch *Der Mann im Biberbau* bereits besprochen wurde, reiste 1911/12 durch die Vereinigten Staaten. Seine Erinnerungen an den Amerika-Aufenthalt erschienen 1956 unter dem Titel *Lumberjack: Abenteuer in den Wäldern Nordamerikas* (1975 neu aufgelegt unter dem Titel *Ich war im Wilden Westen*), einem weitgehend autobiographischen Roman. Der Ich-Erzähler verläßt als 17jähriger aus Abenteuerlust Deutschland und reist zu einem Bekannten in Spokane/Washington, einem älteren Deutschen, der schon einige Jahre zuvor emigriert war. Gemeinsam nehmen sie Arbeit als Holzfäller, *lumberjacks*, in den Rocky Mountains an, leben einige Zeit im Holzfällercamp von harter Arbeit und trennen sich. Der Ich-Erzähler schließt sich eine Zeitlang einem Jäger an, der in der Nähe des Holzfällercamps sein Revier hat. Am Schluß kehrt er nach Spokane zurück.

---

4 *robber barons*: Großkapitalisten des *Gilded Age* (vgl. Fußnote 24, S. 98), z.B. John D. Rockefeller, Andrew Carnegie u.a.
5 Zur Chaplin-Verehrung in der DDR vgl. auch Karl Schnog: *Charlie Chaplin: Filmgenie und Menschenfreund*, 1962.

Diese USA-Erinnerungen sollten fortgesetzt werden, der Verlag kündigte das baldige Erscheinen des zweiten Bandes unter dem Titel *Der verlorene Sohn* an. Anscheinend ist dieser Band jedoch nie herausgekommen.

Durians USA-Bericht ist anders geartet als Scheers, Welks und Victors, die sich mit der Interpretation des Gesehenen und Erlebten befassen. Durian erzählt dagegen in einfachem Stil von seinen Eindrücken, schildert Landschaft, Menschen und Tiere, berichtet von Andersartigem, verfällt jedoch fast nie ins belehrende Bewerten. Auch er wird konfrontiert mit den krassen Unterschieden zwischen Arm und Reich, mit Rassendiskriminierung, Klassenunterschieden und Ausbeutung am Arbeitsplatz. Ihm wird gesagt, ein Mensch gelte in den USA soviel, wie er Dollar besitze (S.12, 52). In einer Arbeiterzeitung liest er von Arbeitslosendemonstrationen, die die Polizei brutal auseinandertreibt, und von Massenelend. Er lernt, daß man in den USA die Kunst des Bluffs beherrschen müsse, daß man mehr scheinen müsse, als man sei. Und ihm wird die amerikanische Art, das Leben zu betrachten, anhand eines Schaukelstuhl erklärt: auf — ab, heute so, morgen so.

Diese amerikakritischen Äußerungen fügen sich jedoch organisch in den Bericht eines jungen Mannes, der unvoreingenommen und erlebnishungrig durch ein fremdes Land reist. Er selbst kommentiert Gesehenes und Erfahrenes selten, meistens werden nur die Meinungen anderer wiedergegeben, denen er begegnet. Durian scheint sich eher an den großen sozialistischen Abenteuerschriftstellern Jack London[6] und Bruno Traven zu orientieren als an der DDR-Literatur seiner Zeit.

Zweierlei erscheint mir erwähnenswert an *Lumberjack*: Erstens: Der Ich-Erzähler berichtet, daß er und sein Bekannter bei jedem Stadtbesuch Zeitungen kaufen, um sich die Comic-Seite anzuschauen, worauf sie sich im Camp schon lange vorher gefreut hätten. In einer Zeit, in der in der DDR die Kampagne gegen Schmutz und Schund lief, schreibt ein Jugendbuchautor, daß er gerne amerikanische Comics las — die Literaturzensur der DDR kann so streng nicht gewesen sein. Zweitens: Die Begegnung des Ich-Erzählers mit Indianern löst bei ihm nicht Assoziationen an Verdrängung, Ausrottung, Reservationselend usw. aus, sondern Befremden und etwas Enttäuschung. Die Indianer, die Durian sah, waren keine „edlen Wilden", großgewachsen und mit Adlernasen:

> Die Indianer hatten runde und breite Gesichter mit Schlitzaugen, vorspringenden Backenknochen und plattgedrückten Stumpfnasen. Das strähnige, fettglänzende, blauschwarze Haar war in dünne Zöpfe geflochten [...]. Die Haut war wie Pergament. (S.63)

---

6 Das Leben und Werk Jack Londons fand in der Sachliteratur der DDR immer wieder Beachtung. Vgl. Heinrich Rentmeister: *Das Weltbild Jack Londons*, 1960; ders. *Jack London: Ein Einzelgänger wider Willen*, 1962; Rolf Recknagel: *Jack London: Leben und Werk eines Rebellen*, 1975.

Der Journalist und Jugendbuchautor Karl Reiche (geboren 1902) kam als Kriegsgefangener im zweiten Weltkrieg in die Vereinigten Staaten, blieb dort bis 1946 und kehrte dann nach Ost-Berlin zurück. Sein Abenteuerroman *Fackeln vor Lumber Point*, 1958, ist fiktiv, dürfte jedoch teilweise auf tatsächlichen Erlebnissen Reiches beruhen.

Seine Hauptfigur ist ein junger Seemann namens Willi Münners, der kurz nach dem zweiten Weltkrieg in den USA Geld verdienen will, aber keine Aufenthaltspapiere besitzt. Er wird von der *Emergency Work Bullgang (EWB)* angeworben, die überall in den USA Notstandsarbeitslager unterhält, und muß sich für zwei Jahre verpflichten, um etwas Geld und die Aufenthaltsgenehmigung für die Vereinigten Staaten zu erhalten. Den Männern, die den Vertrag unterschrieben haben, wird gedroht, sie dürften das Arbeitslager vor Ablauf der Zweijahresfrist nicht verlassen, sonst werde überall in den USA nach ihnen gefahndet, schwarze Listen der Deserteure würden an alle größeren Städte verschickt. Die Angeworbenen, alles illegal Eingewanderte, müssen schwere und gefährliche Arbeit für wenig Lohn verrichten. Als sie als Streikbrecher eingesetzt worden sind und als nächstes gegen Schwarze in Alabama vorgehen sollen, die wegen der Rassensegregation die dortigen Busunternehmen boykottieren, gelingt Münners mit Freunden die Flucht. Sie reisen kreuz und quer durch die Vereinigten Staaten auf der Suche nach Arbeit. Münners und ein anderer Flüchtling finden schließlich in einer Kleinstadt in Arkansas einen Job, freunden sich mit den Einwohnern an und wollen dort bleiben, doch stellt sich heraus, daß ihr ehemaliger Vorgesetzter bei der *EWB* der Sohn des Bürgermeisters ist. Um ihm nicht zu begegnen, ziehen sie weiter und wollen sich in den Alleghanies als Holzfäller verdingen. Dort gelingt es ihnen, den Überfall einer *Gang* auf die Betriebsbahn der Holzgesellschaft zu verhindern und zahlreiche Menschenleben sowie die Lohngelder zu retten. Sie kommen in die Zeitung, der Fall ist spektakulär genug, daß ihnen die Strafverfolgung wegen Bruchs des Arbeitsvertrages mit der *EWB* erlassen wird und sie die Aufenthaltsgenehmigung erhalten. Sie fahren in die Kleinstadt in Arkansas zurück, werden dort wie Helden empfangen und von der Oberschicht des Ortes eingeladen, doch kommt es bald zu Differenzen, weil die beiden Deutschen gegen Rassendiskriminierung sind und ihre Freundschaft mit Schwarzen nicht zugunsten der Bekanntschaft mit der Oberschicht des Ortes aufgeben wollen. Selbst das Mädchen, das Münners liebt, macht ihm Vorwürfe wegen seiner Freundschaft zu einem Schwarzen. Die beiden Deutschen beschließen daraufhin, nach New Orleans zu gehen, um dort auf einem Schiff anzuheuern.

In *Fackeln vor Lumber Point* wechseln sich realistische Schilderungen mit spannungsreichen Abenteuerszenen ab, die wohl größtenteils fiktiv sind. Auch bei diesem Roman dürften die Werke Jack Londons und Bruno Travens Vorbild gewesen sein. Reiches Orts- und Detailkenntnis belebt die Handlung und läßt sie realistisch erscheinen. Sein wichtigstes Anliegen ist die Darstellung der Rassendiskriminierung in den USA, aber auch Arbeitskampf, Ausbeutung der Werktätigen, Polizeiwillkür und die Gegensätze zwischen Arm und Reich kommen zur Sprache. Über die Amerikaner oder die amerikanische Lebensart äußert sich Reiche jedoch nicht. Die beiden Deutschen finden schnell Freunde und hilfsbereite Menschen, es gefällt ihnen weitgehend gut in den Vereinigten Staaten, und die Reisen per Bahn, Bus oder Anhalter machen ihnen Spaß. Reiches Buch geht ideologisch konform, zeigt die USA jedoch nicht nur aus ideologischer Sicht.

Der ehemalige Bergmann und Arbeiterschriftsteller Hans Marchwitza (1890-1965) war 1941 aus Frankreich in die USA gelangt und dort bis 1946 geblieben. Er durfte während seiner Exilzeit New York nicht verlassen, lernte kaum Englisch und arbeitete, schon über fünfzigjährig, als Malerlehrling und Bauhilfsarbeiter. Seine Erinnerungen an diese Zeit hat er in dem Band *In Amerika*, 1961, niedergelegt.

Die USA, soweit er sie kennenlernte, lehnte er ab, er betrat sie schon mit dieser Ablehnung, wie er gegen Ende des Buches schreibt: „ich fuhr so zurück, wie ich dieses Amerika betreten hatte, mit einer nie zu beseitigenden Bitterkeit und der immer gleichen Regung von Haß" (S.221). Für ihn ist „Amerika" personifiziert in den „Zementtürmen" Manhattans, die wieder und wieder als Sinnbild des amerikanischen Monopolkapitals und des Kapitalismus schlechthin angeführt werden, ebenso wie die Tresore der Wallstreet und die Millionäre Rockefeller und Morgan. Qualitativ besteht für Marchwitza kein Unterschied zwischen den Nationalsozialisten und den Kapitalisten, beide seien „Mörder" (S.12), „Haie" (S.18), „Wölfe" (S.37), beide huldigten dem „Teufel Geld" (S.20).

Die USA kamen Marchwitza stets kalt und unfreundlich vor (S.26), und an das Tempo der amerikanischen Großstadt mit ihrem Menschengewühl und den rasenden Autos konnte er sich nicht gewöhnen.

Als älterer Mann, der körperlichen Arbeit etwas entwöhnt und des Englischen nicht mächtig, mußte Marchwitza schwere körperliche Arbeit annehmen, die ihm andere Exildeutsche vermittelten. Seine Kollegen waren ebenfalls ältere, z.T. kranke Männer, die auf dem sozialen Abstieg kurz vor der untersten Stufe angelangt waren, ehemalige „Glückssucher", die in die USA gegangen waren, um dort Geld zu verdienen, und durch den Börsenkrach von 1929 oder anderes Unglück nie zu einem gesicherten Leben kamen. Sie arbeiteten gemeinsam für Kleinunternehmer, die sie, selbst unter Konkurrenzdruck stehend, zu immer größerem Arbeitstempo zwangen. Marchwitza erlebte mehrfach, wie Kollegen von ihm — und schließlich auch er selbst — unter der z.T. gefährlichen und physisch überbelastenden Arbeit sowie unter dem ständigen Streß zusammenbrachen. Ihnen drohte die Obdachlosigkeit und Verwahrlosung, die den Autor angesichts der auf der Straße schlafenden Vagabunden und Trinker entsetzt hatten: „Mir schauderte nach diesem Anblick der verkommenen Menschen, die mir bereits so stumpf und gefühllos schienen, wie diese sie umgebende, kalte, rasende Amerikawelt." (S.45)

Marchwitza wollte einer Fachgewerkschaft beitreten, wofür er eine hohe Summe entrichten mußte. Doch der Versuch, auf diese Art bessere Arbeit zu finden, scheiterte: Das Arbeitstempo war noch höher, zudem stieß der Autor auf die Ablehnung der elitär denkenden Gewerkschaftler, die ihn, weil er ihr Arbeitstempo nicht durchhielt, herausdrängten.

Der Autor sieht darin, wie auch in der Rassendiskriminierung, ein Mittel der Monopolherren, die Arbeiterschaft zu spalten und gegeneinander aufzuhetzen. Den Rassismus gegen Schwarze, vor allem gegen schwarze Soldaten, verurteilt er heftig: Die schwarzen GIs dienten als „Kanonenfutter", sie opferten ihre Gesundheit im Krieg, ohne dafür in den USA Anerkennung und Gleichberechtigung zu finden.

Die amerikanischen Frauen waren für Marchwitzas Geschmack zu stark geschminkt. Er fand eine Erklärung für diese Versuche, gewaltsam jugendlich zu erscheinen, darin, daß Alter und Falten auf nachlassende Arbeitskraft hindeuteten. Um ihren Job nicht zu verlieren, müßten sich die Arbeiterinnen ihre Falten und ihre Abgespanntheit mit Schminke verdecken, das verlangten die Fabrikherren so.

Für Musik, Tanz und Kinos findet der Schriftsteller nur ablehnende Worte: Die amerikanische Musik ist für ihn „das schrille und kreischende oder schmalzige Gequake" (S.151), die Tanzweise „Veitstanz" (S.152), den er auch den „sich [...] verrenkenden Wahnsinn" (S.161) nennt, die Hollywoodfilme sind für ihn „Schwindel" (S.136), „nervenpeitschende" Detektiv-, Cowboy- und Verbrecherdarbietungen (S.161).

In der Zeitung verfolgte Marchwitza das Kriegsgeschehen, und es fehlt bei ihm der Vorwurf nicht, die USA hätten die zweite Front bewußt lange Zeit nicht errichtet, um die Sowjets gegen die Nazis auszuspielen. Auch das Truman-Zitat findet sich in seinem Buch. Die Bombardierungen deutscher Städte, die sinnlose Zerstörungswut dienten seines Erachtens der Vergeltung und dazu, die künftige sowjetische Zone zu verwüsten und den Sowjets bei der Einnahme Berlins zuvorzukommen. Nach Beendigung des Krieges hätten die Amerikaner die ehemaligen deutschen Großgrundbesitzer, Monopolherren und leitenden Nationalsozialisten in ihrer Zone aufgenommen, um mit ihrer Hilfe den neuen Krieg gegen die Sowjetunion vorzubereiten.

Roosevelt erscheint auch bei Marchwitza als positive, Truman als negative Gestalt. Die Freiheitsstatue mit ihrem „kalten Medusenblick" (S.196), deren starres Lächeln ihm „verheuchelt und eisig" vorkam (S.20) und die dem nach Ellis Island Gebrachten den Rücken kehre, winke mit ihrer „Keulenfackel" neue Glückssucher heran, die daran glaubten, in den USA Freiheit und Demokratie zu finden und das große Geld machen zu können (S.196).

Marchwitza unterscheidet zwischen dem „Amerika der düsteren Zementtürme und der Geldtresore" (S.89) und den einfachen Arbeitern, die ihm halfen: „ja, dieses Amerika war mir nie fremd" (S.89) — „Fürwahr, dieses Amerika war ein anderes, man mußte es lieben." (S.155) Den Streik amerikanischer See- und Hafenarbeiter kurz vor Marchwitzas Abreise begrüßte er lebhaft: „Dem besseren, dem kämpfenden Amerika — Glück auf!" (S.176)

Ausbeutung, Armut, enttäuschte Träume, Herrschaft des Geldes, Profitgier, Rassendiskriminierung, Antikommunismus, geheuchelte Freiheit und Demokratie, Zusammenarbeit mit den Nationalsozialisten — das sind die herkömmlichen Elemente der DDR-Amerikabildes, ebenso Marchwitzas Bewertung der Freiheitsstatue, der amerikanischen Filme, Musik und Tanzweise, des „anderen Amerika". Selbst die dicke Schminke alternder Amerikanerinnen ist für ihn ein Mittel der Ausbeutung, nicht Zeichen eines anderen Geschmacks. Marchwitzas Amerikabild ist das eines überzeugten Kommunisten. Seine Erfahrungen als Arbeiter in New York waren kaum dazu geeignet, dieses Bild zu verändern, sein Sprachproblem verhinderte, daß er sich mit Amerikanern unterhalten konnte, und die Auflage, New York nicht zu verlassen, führte dazu, daß er die USA nach seinen New Yorker Erlebnissen beurteilte (einen Ausflug nach Pennsylvania durfte er allerdings unternehmen).

Der Journalist und Verfasser von Tatsachenromanen Emil Rudolf Greulich (geboren 1909) war als Kriegsgefangener in den Vereinigten Staaten interniert. Die Handlung seines Romans *Amerikanische Odyssee*, 1965, ist höchstwahrscheinlich fiktiv (nur einige Ausschmückungen dürften auf Greulichs Amerikaerfahrungen zurückgehen): In Afrika werden der junge Obergefreite Heinz Hesse und der Unteroffizier Malleck von den Amerikanern festgenommen. Hesse war Zeuge, wie Malleck einen amerikanischen Kriegsgefangenen erschossen hat. Später im Lager bei Oran erlebt er mit, wie der Nazi Malleck an der Spitze einer rechtsradikalen Lagermafia einen Mithäftling umbringt. Hesses Versuche, Malleck wegen beider Morde bei der Lagerleitung anzuzeigen, verlaufen ergebnislos, zum einen deshalb, weil Malleck ihn als Kommunisten denunziert hat, zum anderen, weil die amerikanische Lagerleitung eher zu den Nationalsozialisten als zu den Antifaschisten hält. Hesse ist kein Kommunist, die USA sind für ihn als Land der Demokratie, Freiheit und Gleichheit ein Ideal. Er ist jedoch Antifaschist. Von Afrika in die Vereinigten Staaten verschickt und dort immer wieder in andere Lager geschoben, kann Hesse dennoch Malleck nicht entgehen, der stets wenig später an Hesses neuem Aufenthaltsort eintrifft, sich mit der amerikanischen Lagerleitung gutstellt und Hesse bedroht. Einmal gelingt es Hesse, mit Hilfe der Witwe des von Malleck ermordeten US-Offiziers aus dem Lager zu fliehen und eine Weile versteckt zu leben, doch ist er nervlich der Illegalität nicht gewachsen und stellt sich den Behörden. Nach drei Jahren Lagerhaft ist der Krieg zu Ende, die Gefangenen werden nach Europa gebracht. Auch hier trifft Hesse wieder auf Malleck.

Es geht Greulich in seinem Roman erstens darum zu erläutern, daß die Amerikaner aus Antikommunismus mit denjenigen zusammenzuarbeiten bereit sind, die sie gerade bekämpft haben: So ist die Lagersituation ein Sinnbild für die künftige Lage im gespaltenen Deutschland. Zweitens will er die Entwicklung eines jungen, ideologisch unentschlossenen Intellektuellen zum Sozialisten durch Enttäuschungen und die Konfrontation mit der Realität zeigen. Drittens vermittelt er ein Bild von Land und Leuten.

Das Land wird für Hesse vom Ideal infolge schlechter Erfahrungen schnell zum „Monstrum Amerika" (S.32), zum „Land der schönen Worte und unschönen Taten" (S.258), vor allem wegen des antikommunistischen „Verfolgungswahns" (S.344). So wird der Anspruch der USA, *land of the free* zu sein, als Heuchelei empfunden (Heuchelei werde in den Vereinigten Staaten „zur erstaunlichen Perfektion entwickelt", S.358); hinter dem breiten Rücken der Freiheitsstatue würden „die Knechte der Unfreiheit gehätschelt" (S.187). Auch Greulich berichtet von Armut, Slums, Ausbeutung, Arbeitskämpfen.

Die Amerikaner hält er für „menschlich oft liebenswert" und „durchdrungen [...] von dem, was sie sagten" (S.358), und er betont, daß es „sone und solche" gebe (S.57). Auch in der Lagerleitung sind sympathisch dargestellte Offiziere, allerdings in der Minderheit.

Vor allem aber beschreibt Greulich amerikanische Frauen. Positiv gestaltet sind Hesses Geliebte (ein Arbeitermädchen) und eine schwarze Reinemachefrau, negativ eine Sekretärin in einem Kontor, in dem Hesse arbeitet, die Witwe des ermordeten Offiziers und deren Schwester. Die Sekretärin ist „mehr aufgedonnert als schön, amerikanische Bürgerin vom Scheitel bis zur Sohle" (S.223), eingebildet und hochmütig. „Nicht wenige amerikanische Frauen schminkten sich zu maskenhaft für Hesses Geschmack." (S.245) Die Witwe interessiert sich nur scheinbar für die Aufklärung des Mordes an ihrem Mann, sie hat ihn zum Helden verklärt, da sie für starke, entschluß- und tatkräftige Männer schwärmt. Hesses Bericht von dem Mord paßt nicht in ihr Bild von ihrem Mann: „Plötzlich wäre da kein amerikanischer Held mehr, sondern ein reichlich lässiger Soldat, der sich von drei lausigen Nazis hatte überrumpeln lassen." (S.229) Sie verhilft Hesse zur Flucht, damit seine Aussage nicht publik wird.

Mit ihrer Schwester Suzan verbringt Hesse einige Zeit im Ferienbungalow der Familie. Suzan, 18, ist das verwöhnte Kind reicher Eltern, keß, sportlich, geübt im Trinken, naiv und klug zugleich, zynisch. Sie hat es nicht nötig zu arbeiten, hat keinen Beruf erlernt, will auch nicht heiraten: „Je deutlicher ein Girl zeigt, daß sie sich nicht binden will, desto interessanter ist sie für die Boys." (S.251) Sie ist, auch auf erotischem Gebiet, leichtlebig und verführt den sittenstrengen Hesse, der sich von ihr körperlich angezogen, aber geistig abgestoßen fühlt:

Ihr Weltbild ist erschütternd einfach, es heißt Ich. Alle Menschen und Dinge sind für mich da. Sind sie es nicht, berühren sie mich einfach nicht. Sie lebt beneidenswert unbeschwert. Ist sie glücklich? Sie kann es nicht sein [...], was sie dafür hält, ist Abwechslung, Zerstreuung, Taumel. Plötzlich war mehr Mitleid für Suzan in ihm als Ablehnung. Sollte es keinen geben, der sie zum Menschen machen könnte? [...] Mochte einer an Gott glauben oder nicht, doch wenn Moralmaximen zu blauem Dunst erklärt wurden, welchen Sinn hatte dann das Leben? Sie hatte keine Antenne dafür. Ehrliches Leben brauchte eine saubere Linie, ob es nun Frömmigkeit, Moral, Ethik oder Weltanschauung genannt wurde. Suzan heuchelte sich doch Nihilismus vor, um unbeschwerter dem Genuß leben zu können. (S.264)

„Schmutziger" Sex mit dem reichen Mädchen, „reine" Liebe mit der Arbeiterin, moralische Verkommenheit der einen, Treue und Aufopferung der anderen, die zudem aus Armut eine Zeitlang gezwungen war, in einem Stripteaselokal als Zigarettenmädchen und Gelegenheitsprostituierte zu arbeiten, aber aus alledem „rein" hervorgegangen ist — das Schema erinnert an Kolportageromane. Dennoch scheint es, als habe Greulich die Figur der Suzan nicht nur um des Loreromanschemas willen geschaffen, sondern auch, um ein *American girl* zu portraitieren, wie er es in den USA kennengelernt haben mag. Aus dem prüden Deutschland kommend und als Kommunist ebenfalls an Sittenstrenge gewöhnt, dürfte ihm die etwas größere Freizügigkeit in den Vereinigten Staaten befremdend vorgekommen sein. Im Ausleben der weiblichen Sexualität auch einen Weg der Frauenbefreiung zu sehen, war zu der Zeit, in der der Roman spielt, noch unmöglich, und zu der Zeit, in der er veröffentlicht wurde, in der DDR gleichfalls nicht denkbar (die Prüderie der DDR-Belletristik hielt bis in die siebziger Jahre an).

Greulichs bzw. Hesses Einstellung zum Sex wirkt sich auch auf die Bewertung amerikanischer Filme aus: Hesse sieht z.B. einen Revue-Film und fühlt sich abgestoßen von „dem blanken Frauenfleisch en masse": „Käme eine zu mir herab, ich wollte sie nicht. Sie waren schon willenlose Schatten, als sie vom Auge der Kamera eingefangen wurden." (S.201) Gut gefällt ihm dagegen die Verfilmung des Romans *Das siebte Kreuz* von Anna Seghers: „Nach Serien von Tinnef zeigte Hollywood plötzlich Spitzenleistungen, die Weltruhm errangen." (S.319)

Schließlich ist noch die Rede von Sexmagazinen, die als Ausgleich für die Bigotterie in den USA produziert würden:

> Wohl in keinem anderen Land gibt es so viele Kirchen und Sekten, so viele Vereine für Moral. Es werden Unmengen von Moral produziert, Demokraten lieben den Ausgleich, also produzieren sie Unmengen von Fast-Akt-Bildern. (S.288)

Man erhole sich bei den Sexheften, um das sonntags in der Kirche zu bereuen.

Wahrscheinlich wollte Greulich den sittlichen und moralischen Verfall der USA illustrieren, hat jedoch unfreiwillig eher die eigenen Schwierigkeiten mit diesem Thema gezeigt. Sein Amerikabild ist das gängige DDR-Bild von den

USA. Vermutlich sollte die Beschreibung der Leiden des Helden in amerikanischen Kriegsgefangenenlagern der westlichen Literatur über sowjetische Lager entgegengehalten werden. Die angegebenen Mißstände scheinen übertrieben, zumindest stehen sie in keinem Vergleich zu dem, was die Deutschen Häftlingen in Lagern antaten.

Greulichs Vorurteile gegen amerikanische Frauen sind in das ideologisch bestimmte Amerikabild eingepaßt, indem er zwischen Arbeiterfrauen und weiblichen Angehörigen der Oberschicht unterscheidet und so seine Klischeevorstellungen ideologisch kaschiert.

Der Journalist und Romanautor Walter Kaufmann (geboren 1924) war in der Nazizeit nach England emigriert und von dort nach Australien transportiert worden, wo er Soldat wurde und als Obstpflücker, Straßenphotograph und Seemann arbeitete. Kaufmann nahm die australische Staatsangehörigkeit an, die er behielt, als er 1955 in die DDR übersiedelte. Aus diesem Grund war es möglich, daß er in den sechziger und Anfang der siebziger Jahre in die USA reisen und Material für seine Reportagebände *Begegnung mit Amerika heute*, 1966, *Hoffnung unter Glas*, 1967, und *Unterwegs zu Angela: Amerikanische Impressionen*, 1973, sammeln konnte.

Die drei Bände setzen sich aus *Features* verschiedener Personen zusammen, die Kaufmann in den Vereinigten Staaten kennenlernte, aus Pressenotizen, Recherchen des Autors und Schilderungen seiner persönlichen Eindrücke und Erlebnisse. Er besuchte die USA zu einer Zeit, da die Rassenkonflikte besonders heftig waren, der Protest gegen den Vietnamkrieg sich mit der Kritik der amerikanischen Studenten an ihrer Gesellschaft verband, in den Südstaaten Schwarze, die für Bürgerrechte eintraten, physisch bedroht oder ermordet wurden, der Prozeß gegen Angela Davis geführt wurde. Kaufmanns Themen sind Rassendiskriminierung, Rassenjustiz, Antikommunismus, Polizeiwillkür, Ausbeutung, Armut, Slums, unmenschliche Gefängnisse, die Untaten in Vietnam, die Profitgier der großen Monopole, die krassen Gegensätze zwischen Arm und Reich, die Herrschaft des Dollars, Arbeitslosigkeit, Streiks, das andere Amerika. Hinzu kommen abwertende Urteile über Reklame, Sex und Gewalt in amerikanischen Filmen, formalistische Kunst, die Freiheitsstatue, den Autokult der Amerikaner. Manhattan beschreibt er in *Begegnung mit Amerika heute* so:

> Nie zuvor in meinem Leben, nicht einmal in jener anderen Millionenstadt, in Tokio, war ich mir so verloren vorgekommen wie in diesem Zentrum des Reichtums und des Luxus, wo exklusive Geschäfte Seite an Seite mit Trustgebäuden im klaren, formalistischen Stil der Neuen Welt und hochherrschaftlichen Wohnhäusern von europäischer Pracht gen Himmel ragen (S.27f.).

Als Kontrast dazu beschreibt er die Bowery mit ihren verkommenen Häusern und den Obdachlosen auf der Straße. In *Hoffnung unter Glas* hat er seine Meinung über New York geändert und spricht von „Großartigen" und „Wunderbaren" dieser Stadt (S. 193f.)

Kaufmann findet auch vieles positiv an den USA, „Großzügigkeit, Herzlichkeit, Gastfreundschaft, Toleranz und Sinn für Humor" (1967, S.82) bei vielen Amerikanern:

> Es war etwas Wunderbares in den Errungenschaften und in der Schöpferkraft der Menschen, und niemals [...] verließ dich der Glaube an die Jungen im Herzen und die Jungen an Jahren, an die prächtigen Menschen hier, die in immer größerer Anzahl auf die guten Traditionen Amerikas pochen, die trotz der gegenwärtigen Ereignisse noch immer in der ganzen Welt geachtet werden. (1967, S.194)

Eines der positivsten Erlebnisse Kaufmanns in den USA war der Besuch eines Jazzkonzertes in New Orleans, wo ihn die Musik der durchweg älteren und alten Schwarzen und Weißen begeisterte: „Jazz in New Orleans, nicht für die Touristen, nicht für die Dollars, Jazz als Ausdruck des Lebens, Jazz um seiner selbst willen..." (1967, S.79).

Ansonsten ist Kaufmanns Amerikabild durch und durch DDR-konform.

Edith Anderson, geboren 1915 in New York, lernte den deutschen Literaturkritiker und Essayisten Max Schroeder (1900-1958) während seiner Exilzeit in den USA kennen, heiratete ihn und folgte ihn 1947 in die SBZ. Schroeder wurde Cheflektor des Aufbau-Verlages, Edith Anderson arbeitete als Publizistin, Kinderbuch- und Romanautorin und Übersetzerin, 1975 gab sie die berühmte Anthologie *Blitz aus heiterem Himmel* heraus.

Mit Ausnahme eines Besuchs im Jahre 1960 war Edith Anderson zwanzig Jahre lang nicht mehr in den USA gewesen, als sie im September 1967 hinfuhr und bis Juni 1968 dort blieb, um zu sehen, ob sie noch in der Lage sei, in den Vereinigten Staaten zu leben. Über diesen Aufenthalt schrieb sie *Der Beobachter sieht nichts. Tagebuch zweier Welten* (1972).

Der Zeitpunkt, zu dem die Autorin in ihre Heimatstadt New York zurückkehrte, lag mitten in der Hochphase der Bürgerrechts- und Studentenbewegung und des Widerstands großer Teile der Bevölkerung gegen den Vietnamkrieg. Die USA hatten weltweit an Reputation eingebüßt, viele Amerikaner ihren Glauben an die amerikanischen Ideale verloren. Es herrschte eine Endzeitstimmung, die Edith Anderson ausführlich beschreibt. Als überzeugte Kommunistin schon in ihrer Jugend und als Jüdin hatte sie früher schlechte Erfahrungen mit Antikommunismus und Antisemitismus gemacht, und ihr USA-Bild ist sichtlich von der sozialistischen Imperialismus-Theorie geprägt, wonach die amerikanische Gesellschaft unmenschlich und im Zerfall begriffen ist. Von vornherein stand für sie fest, daß sie nur ein Jahr in New York verbringen und dann in die DDR zurückkehren wollte. Sie wollte genau beobachten, was in den Vereinigten Staaten vor sich geht, und es aufzeichnen.[7] Infolgedessen erzählt

---

7 Der Titel *Der Beobachter sieht nichts* geht auf ein Zitat von Johannes Bobrowski aus der Erzählung „Rainfarn", 1965, zurück: „Es ist nichts: Beobachter sein, der Beobachter sieht nichts." Es wird nicht ganz klar, ob Anderson mit diesem Titel ihren eigenen Ameri-

sie detailliert von dem „Drachen" New York (S.11, 348), dem Schmutz und dem Ungeziefer in der Stadt, der hohen Kriminalitätsrate, den vielen Obdachlosen, Trinkern, Rauschgiftsüchtigen und Irrsinnigen auf den Straßen und in der U-Bahn.

Sie macht den DDR-Lesern klar, wie schwierig es ist, als ältere Frau einen Beruf zu finden, schreibt über ihre wiederholten Gänge in verschiedene Arbeitsvermittlungsbüros, dann über ihre Wohnungssuche, die überhöhten Mieten, Maklergebühren, die Betrugsversuche der vermietenden Wohnungsgesellschaft, alles Dinge, die DDR-Bürgern fremd sind.

Die Treffen mit alten Freunden aus der Kommunistischen Partei der USA verlaufen größtenteils schmerzlich: Die meisten haben sich etabliert, sind bürgerlich-spießig bis reaktionär oder Salon-Revolutionäre geworden, die Anderson in psychologisch genau beoachteten Szenen beschreibt. Mit wenigen von ihnen versteht sie sich noch, sucht neue Bekanntschaften und findet sie unter den Mitarbeiter/inne/n in einem Verlag, in dem sie als *copy editor* unterkommt, und unter Wohnungsnachbarn. Sie diskutiert mit Vertretern des radikalen Zweigs der schwarzen Bürgerrechtsbewegung, die die völlige Trennung von Schwarz und Weiß fordern, mit Vietnamkriegsgegnern, mit Hippies.

Eingeschoben zwischen ihre Tagebuchnotizen und Briefe sind immer wieder Auszüge aus der *New York Times* und anderen amerikanischen Publikationen über Kriminalität, Vietnamkrieg, Studentenrevolte, Bürgerrechtsbewegung, Ermordung Martin Luther Kings etc. Ein weiteres wichtiges Thema, das die Schriftstellerin schon in *Gelbes Licht* behandelte, ist die Frauenfrage in den Vereinigten Staaten und, damit verbunden, die sexuelle Revolution und ihre Folgen. Schließlich berichtet sie über ihre Theater-, Ausstellungs- und Kinobesuche.

Das Bild der USA, das sie vermittelt, ist nicht positiv, doch im Unterschied zu anderen DDR-Autor/inn/en, die negative Erscheinungen in den Vereinigten Staaten einfach ablehnen und verurteilen, bemüht sie sich, Verständnis beim Leser zu erwecken. Für sie sind Konkurrenzkampf, Gleichgültigkeit gegenüber Armen, Kranken und Wahnsinnigen, Flucht in Rauschgiftabhängigkeit und Trunksucht, in asiatische Religionen oder zur Psychoanalyse, die naive, gewaltfreie Hippie-Bewegung, der Kampf zwischen den Geschlechtern, die Vorliebe der modernen Kunst für das Obszöne, Makabere, Abstoßende sowie die Anfälligkeit vieler Amerikaner für neurotische, psychische und geistige Erkrankungen Symptome des verfallenden Kapitalismus, wie Krankheitssymptome. Sie bedauert die Amerikaner, ohne sie zu verurteilen. Es erscheint ihr natürlich, daß Geld in den USA das tägliche Leben bestimme, daß die Inflation steige, daß man übervorteilt werde, wo es nur gehe, daß man mehr scheinen wolle, als man

kabericht relativieren oder ob sie damit das Motiv ihres Aufenthalts verdeutlichen möchte, d.h. die USA nicht nur von der DDR aus zu beobachten, sondern zu erleben.

sei etc., weil dies alles zum Kapitalismus gehöre, ebenso wie Kriminalität, sinnlose Zerstörung, brennende Ghettos, „Mugging" (d.i. Raubüberfall mit Körperverletzung), Elend und auf der anderen Seite Konsumzwang, Illusionslosigkeit und Verzweiflung der Menschen (viele hätten nicht verstehen können, wieso Edith Anderson aus dem sicheren Europa in die USA zurückgekehrt war), blinder Rassenhaß und Antikommunismus. Sie urteilt streng über die Vereinigten Staaten, z.B.: „Die amerikanische Gesellschaft insgesamt wird nach und nach zu etwas Unnötigem, zu einem Luxus, den sich die Welt kaum noch lange leisten kann" (S.63), und äußert Generalisierungen wie „in diesem Lande ist eine verdrehte Art ja beinahe die einzig mögliche" (S.69). Immer wieder vergleicht sie das hektische Leben in den Vereinigten Staaten mit ihrem geruhsameren, sichereren in der DDR, und die DDR ist mehr ihre Heimat geworden als ihr Geburtsland.

Edith Andersons Amerikabild ist negativ, doch beschreibt die Autorin so humorvoll, selbstkritisch und interessant ihren Aufenthalt in den USA, daß die ideologischen Bewertungen nicht ins Gewicht fallen, zumal sie für sehr viel mehr Verständnis zeigt als viele ihrer ostdeutschen Kolleg/inn/en. Das Tagebuch, von einer klaren sozialistischen Position aus geschrieben, ist subjektiv und muß unter dieser Prämisse als legitime Kritik einer Amerikanerin an ihrem Herkunftsland akzeptiert werden.

Günter Kunert (geboren 1929 in Berlin) ist der erste DDR-Schriftsteller, der infolge der kulturpolitischen Lockerungen in der Honecker-Ära in die USA ausreisen durfte.

Kunert hatte sich schon vorher in seinen Werken über die USA geäußert, meines Wissens zum ersten Mal in dem Fernsehspiel *Der Kaiser von Hondu*, 1959, einer Satire über die Besetzung einer fiktiven asiatischen Insel durch amerikanische Truppen und die Restauration der ehemals japantreuen, nunmehr amerikahörigen Oberschicht der Insel in ihre alten Machtpositionen unter der Ägide der Amerikaner. In einem Interview mit Heinz D. Osterle im Jahre 1983 nennt Kunert sein Fernsehspiel eine Parabel, in der das Amerikanische nur vorgeschützt sei: „Das leiht die Form, hat aber im Grunde mit den USA wenig zu tun." (Osterle 1987, S.141) Es handele sich um eine Komödie „über die Benutzung der Sieger durch die Besiegten", wobei er an kein bestimmtes Regime gedacht habe, sondern an ein generelles Phänomen. Das trifft auf die Grundzüge der erzählten Geschichte zu, nicht jedoch auf die Details, eine Fülle ironisch überzogener Antiamerikanismen, wie sie in der DDR gang und gäbe sind (z.B. ist „Zivilisation" für einen US-Offizier „Geschäfte. Polizei. Gangster. Kino." S.87), die aber so gehäuft und überspitzt auftreten, daß sie dadurch in Frage gestellt werden. Als Beispiel sei hier der Monolog des amerikanischen Majors wiedergegeben, dem im Laufe des Intrigenspiels der Machthaber von Hondu eingeredet worden ist, er sei der Kaiser von Hondu:

Mir träumte, ich wäre überzeugter Amerikaner, aber dann fiel mir ein: Wir sind ja gar keine richtige Nation, das ist bloß 'ne Erfindung aus Washington. Jeder Amerikaner fragt sich einmal in seinem Leben: Warum zum Teufel lebe ich in Amerika? Das kann doch nur ein dummer Zufall sein; eigentlich gehör ich hier gar nicht her. Das ist ein Land für Gangster und Verrückte und Scheckbücher auf Beinen. Ein Mensch geht hier kaputt. Und wer was hat, der zählt sein Geld, darauf gedruckt steht: In god we trust, weil wir niemandem trauen, nicht mal uns selbst. Und ist man tot, wird angeschminkt der eigene Leichnam mit Apfelbäckchen, geglättet werden alle Falten, der Mund wird zugeklammert, als könnte er aus dem Grabe noch sagen: Begrabt mich wenigstens woanders. (S.69)

In *Erinnerung an einen Planeten: Gedichte aus fünfzehn Jahren*, 1963, ist das schon erwähnte Hiroshima-Gedicht „Der Schatten" abgedruckt (S.66), darüber hinaus „Ich bringe eine Botschaft" (S.74-77), das vor dem Gefühl einer trügerischen Sicherheit im Schatten des atomaren Wettrüstens warnt und somit indirekt mit den USA in Verbindung zu bringen ist.

Der kurze Prosatext über Jazz, „Ein Botschafter", 1964, die Vietnam-Gedichte „Hexerei texanischer Herkunft", 1967, „Fernöstliche Legende", 1968, und „Optik II", 1974, wurden bereits behandelt. Weitere USA-Gedichte sind „Edgar Lee Masters", 1963 (in *Erinnerung an einen Planeten*, S.25), über Kunerts lyrisches Vorbild; „Daystream", 1970 (in *Warnung vor Spiegeln*, S.11f.), über ein unübersetzbares englisches Wort, definiert als „Unsichtbarer Saint Lawrence voller Stromschnellen" (S.11), was der einzige direkte Amerikabezug ist; „Warnung vor Spiegeln", 1970 (im gleichnamigen Gedichtband, S.71f.), über das Wettrüsten; „Orpheus VI", 1970 (ebd., S. 36), über amerikanische Musik; „Kansas City", 1972 (in *Offener Ausgang*, S.67), über skrupellosen Machtmißbrauch amerikanischer Politiker; „Sequenz", 1974 (in *Im weiteren Fortgang*, S.79), über Charlie Chaplin; und „E.A.Poe" (ebd., S.80) über den gleichfalls von Kunert geschätzten amerikanischen Schriftsteller.

Die Prosatexte „Schöne Gegend mit Vätern", 1968, und „Phnom-Penh", 1972, wurden in den Kapiteln 3.2. „Die Rolle der USA bei der Spaltung Deutschlands und der Remilitarisierung der Bundesrepublik" und 3.7. „Der Vietnamkrieg" schon erwähnt. Die Erzählung „Der Hai", 1968 (in *Die Beerdigung findet in aller Stille statt*, S.47-71), spielt zwar in den Vereinigten Staaten, hat jedoch nach Kunerts Aussage im Interview mit Osterle nichts „mit Amerika zu tun" (S.142): Es ist die Geschichte eines Matrosen, der nach einem Schiffsunglück von den Bewohnern seines Heimatortes im Mittleren Westen geächtet wird, weil das Gerücht umgeht, er habe sich auf seinem Rettungsfloß von Menschenfleisch ernährt. Am Schluß ist er so verzweifelt, daß er beschließt, wieder auf einem Schiff anzuheuern, es zu versenken und das „zu vollziehen, was für vollzogen gilt" („Der Hai", S.71). Kunert sagt darüber zu Osterle:

Es ist die Geschichte eines Mannes, der die ihm unterstellte Unmenschlichkeit schließlich auch begeht. [...] Aber er hat eben nur einen amerikanischen Mantel an. [...] Ich habe damals angefangen, längere Geschichten zu schreiben. Dabei war es mir immer wichtig, daß sie eine reale Kulisse erhielten, jedoch darüber hinausgingen und parabelartig wirkten. (S.142)

Manfred Durzak weist in *Das Amerika-Bild in der deutschen Gegenwartsliteratur*, 1979, darauf hin, daß Kunert eine *short story* Ernest Hemingways, ,,After the Storm", übernommen und verändert hat: ,,Die Taucher", 1972, ist die Geschichte zweier Männer, die das Wrack eines mit legendärem Gold beladenen Schiffes suchen, finden und sich aus Besitzgier gegenseitig umbringen, obwohl, wie der eine von beiden kurz vor seinem Tode feststellen muß, das Wrack kein Gold enthält. Ging es in Hemingsways *short story* um den existentiellen Lebenskampf und ,,die Flucht aus der Armseligkeit der Realität in ausgesuchte und dadurch künstlich gewordene Ausnahmesituationen" (Durzak, S.119), geht es Kunert in seiner Parabel um die Kritik an der kapitalistischen Gesellschaft, die die Menschen so inhuman werden läßt, daß sie um des Profits willen sowohl ihr eigenes Leben riskieren als auch das anderer auszulöschen bereit sind.

Nach Kunerts viermonatigem USA-Aufenthalt als *Visiting Associate Professor* an der *University of Texas at Austin* (September 1972 bis Januar 1973) erschienen in dem Band *Im weiteren Fortgang*, 1974, zunächst die Gedichte ,,Sky City" (S.48) und ,,Downtown Manhattan am Sonntagnachmittag" (S.49f.). Beide geben Stimmungen bei Ortsbesichtigungen wieder, ,,Sky City" das Gefühl der Lautlosigkeit, der Stille in der alten Indianerstadt Acoma, ,,wo sich nichts geändert hat / seit jener bekannte Portugiese oder Spanier / irrtümlich an diesem Erdteil ankam" (S.46), ,,Downtown Manhattan" das Gefühl der Verlassenheit, der Einsamkeit in dem menschenleeren Stadtviertel New Yorks inmitten der Wolkenkratzer:

Hier
ist keiner mehr, und es mag geschehen
nachdem schon alles geschah, daß eines Tages
jemand von irgendwoher
diese Gegend zwischen East River und Hudson entdeckt
und herkommt und landet
und irgendwas aufpflanzt,
meinetwegen eine Fahne,
denn dann sind wir jedenfalls abgereist.
(S.50)

Kunerts USA-Gedichte, darunter ,,Sky City" und ,,Downtown Manhattan", sind in dem Band *Verlangen nach Bomarzo: Reisegedichte*, 1978, zusammengefaßt. Es sind lyrische Versionen einzelner Kapitel aus *Der andere Planet* (s.u.):

Kunert will [...] den Prozeß verstehen, der in Amerika zur Entfremdung und Apathie führt. Der Gedanke an die weite Einsamkeit, Anonymität und Kälte verfolgt ihn und versetzt ihn in Schrecken. [...] Die Entmenschlichung in Amerika ist besonders verwirrend für Kunert [...]. Er verzichtet auf die Reihung verbrauchter Klischees und richtet den Blick vor allem auf die Entfremdung und Indifferenz in der amerikanischen Gesellschaft, allerdings ohne sie zu erklären. (Zipes, S.345)

1975 kamen Kunerts vielbesprochene Reisenotizen *Der andere Planet: Ansichten von Amerika* in beiden deutschen Staaten gleichzeitig heraus. Sie bestehen aus Vorwort, 44 Reiseskizzen und Nachwort. Die Kapitel über einzelne amerikanische Orte und Erlebnisse in den Vereinigten Staaten sind chronologisch nach Kunerts Reiseroute von Texas, New Mexico, Louisiana nach Iowa, Washington und New York geordnet.[8] Einer der wichtigsten Interpreten des Reisebuches, Heinz D. Osterle, verweist nicht nur auf Parallelen und Gegensätze zu den Amerikabilder Max Frischs und Uwe Johnsons, sondern vor allem auf die Einflüsse von Walter Benjamins Reisebildern:

Was Benjamin unter dem Einfluß des französischen Surrealismus vorschwebte, war die Darstellung kollektiver Traumbilder, die auf vielen Gebieten der Kultur und Gesellschaft die Zukunft utopisch vorwegnehmen. [...] Benjamins Grundidee war, daß alle dialektischen Bilder zweideutig seien, weil sie eine momentane und punktuelle Kristallisierung der historischen Tendenzen mit ihren unaufgelösten Gegensätzen darstellen. (S.148) Was im *Anderen Planeten* so stark an Benjamin erinnert, ist die Art, wie jedes Kapitel konkrete Beobachtung der sichtbaren Oberfläche des sozialen Lebens mit philosophischer Reflexion verbindet, die aus der Physiognomie der Menschen, Waren, Häuser und Städte etwas über die verborgenen Strukturen und Tendenzen der Gesellschaft abzulesen sucht. (1977, S.149)

Wenn auch Kunert im Interview mit Osterle keine direkte Beeinflussung durch Benjamin zugeben mag (S.145), so kann man zumindest doch sagen, daß er zu derselben Methode wie Benjamin gelangt ist.

Im Vorwort zu *Der andere Planet* erklärt Kunert die eigenen Vorbehalte gegenüber seinem Reisebuch: Objektivität sei unmöglich, da Wahrnehmung und Erinnerung selektierten, verdrängten, bewerteten. Dem Schriftsteller, „der einen empfänglichen Sinn für alles Formale entwickelt hat, schließen sich divergente und isolierte Momente zu Einheitlichkeit und Sinnaussage zusammen." (S.7) Seine Sicht sei subjektiv, er wolle keine Objektivität vorspiegeln. Des weiteren entschuldigt er sich für das Unterfangen, ein Buch über „ein derart großes Land" geschrieben zu haben (S.9), ohne sich dort lange aufgehalten zu haben. Die Kürze seines Dortseins habe auch Vorzüge, belasse „dem Gegenstand seine Frische, seine den Betrachter überraschende Neu-

---

8 Osterles Annahme in seinem Aufsatz „Denkbilder über die USA", 1977 (in *Basis* 7,[1977], S.137-155), der Aufbau des Buches sei genau geplant, wird von Kunert im Interview mit Osterle widerlegt (1987, S.144).

heit", verhindere Gewöhnung und steigere die Aufnahmebereitschaft (S.9). Er habe einige Details erkennen wollen, einige Grundzüge „jener großen Nation, die geschichtlich über ihre Anfänge hinausgelangt, aber noch keineswegs am Ende ist." (S.10)

Den 44 Reisebildern ist von Literaturkritiker/inne/n unter anderem vorgeworfen worden, man erfahre nichts über Kunerts Lehrtätigkeit in Austin, nichts über Gespräche mit Amerikanern (was an Kunerts mangelhaftem Englisch gelegen haben mag), kaum etwas über aktuelle politische Ereignisse wie Präsidentschaftswahlkampf, Studentenrevolte, *Black Power*-Bewegung, Vietnamkriegs-Schock etc. In der Tat enthält der *Andere Planet* keinerlei politische Diskussionen mit Amerikanern und kaum etwas von den herkömmlichen DDR-Themen bezüglich der USA.[9] Darum ging es dem Autor nicht, in einem Interview mit Karl Corino (*DA* 2, 7.Jg. [Februar 1971], S.171) sagt er, er habe die Gegenstände zum Sprechen bringen wollen:

> Für mich sind ein altes Haus in einer alten Straße oder eine Landschaft, speziell eine Kulturlandschaft, sehr vielsagend, weil sie soviel an Geschichte, an sozialen und menschlichen Verhältnissen transportieren.

Aus einer speziell marxistischen Perspektive heraus geschrieben zu haben, streitet er im Gespräch mit Osterle ab, was er an Kritischem geäußert habe, könne man in bundesdeutschen Zeitungen ebenso lesen (S.143). Dies bestätigt sich, eine direkte marxistische Interpretation wird in *Der andere Planet* nirgends gegeben, der Blick auf soziale und ökonomische Zusammenhänge, relativ selten im Buch, ist nicht DDR-spezifisch.

Kunert hatte schon vor seiner Reise eine „spürbare, immer verspürte Hinneigung zu diesem seltsamen Gebilde jenseits des Atlantischen Ozeans" (S.208), die er im Nachwort darauf zurückführt, daß sein Urgroßvater 1868 mit seiner Familie in die Vereinigten Staaten ausgewandert, wenig später aber nach Europa zurückgekehrt war; somit wäre der Autor „beinahe Amerikaner" geworden (S.204). Er kam mit einer bestimmten Erwartungshaltung auf dem Kennedy Airport in New York an, geprägt einerseits von Fernsehbildern, von der amerikanischen Literatur andererseits, weshalb sich als erster Eindruck nicht das Gefühl von Fremdheit oder Verlorenheit eingestellt habe (S.14).

Warum er als Titel die Metapher „anderer Planet" wählte, erläutert Kunert im Gespräch mit Heinz Osterle:

---

9 Abgesehen von gelegentlichen Verweisen auf die neokolonialistische Expansionspolitik in der US-Geschichte, auf die Unterschiede zwischen Reich und Arm, auf Slums, Rassismus, Kriminalität, Rüstung, Vietnamkrieg.

Für jemand, der aus der DDR kam, mußte Amerika wie ein anderer Stern wirken. Ich hatte vorher diese enge, aber auch sehr abstrakte Beziehung zu diesem Land über die Literatur, den Film und Bekanntschaften. Eine meiner Überraschungen war, daß diese Vorstellungen von der Realität nur bedingt eingelöst wurden. Ich kam in eine Welt, die für mich damals wie ein anderer Planet, eigentlich eine andere Galaxie war. So geht es einem immer mit allen Kenntnissen, die man über die Literatur oder über die Medien von etwas hat. (S.144)

Osterle hat in „Denkbilder über die USA" die verstreuten Passagen des Reisebuches zusammengestellt, die die Metapher des anderen Planeten enthalten (S.145f.). Am eindeutigsten ist ihre Verwendung in dem Kapitel „White Sands" (Kunert, S.114-116) über die Gipswüste New Mexicos, deren strahlendes Weiß das Gefühl des Unwirklichen, auf einen anderen Stern Entrückten hervorruft, verstärkt noch durch die Abschußrampen der *White Sands Missile Range*, die einen alptraumartigen Eindruck hinterlassen:

[...] die Herren der Schöpfung, nachdem ihnen die Unbewohnbarmachung der Erde gelang, sind ausgestorben, unter Hinterlassung sinnlos funktionierender Apparaturen (S.115).

Eine amerikanische Kritikerin — Nancy A. Lauckner von der *University of Tennessee, Knoxville* — störte vor allem, daß wenig Positives und viel Kritisches über die Vereinigten Staaten in dem Buch erscheine, und sie zählt mehrere Details aus dem Alltagsleben auf (in *Studies in GDR Culture and Society 3*, S.125-135), die Kunert notiert hatte. Dies ist meines Erachtens ein Mißverständnis: Z.B. Kunert kritisiert die USA nicht, wenn er über seine Schwierigkeiten schreibt, einen vernünftigen Kleiderbügel statt der landesüblichen Drahtbügel zu erhalten, er mokiert sich vielmehr über den eigenen Kinderglauben, in den USA gebe es alles (S.23). Es ist die unemotionale, ironische Distanz in Kunerts Schreibweise, die den Eindruck erweckt, er lehne ab, was er beschreibt. Dieses Stilmittel zieht sich jedoch durch sein Gesamtwerk, und seine Ironie macht vor der eigenen Person nicht halt.

Der Rezensent Ernst Richert nennt Kunert zu Recht einen Idylliker (in *DA* 10, 8.Jg. [Oktober 1975], S.1091), denn ihm gefielen vor allem solche Stadtviertel und Gegenden in den Vereinigten Staaten, die den Charme des Verkommenen, Bunten, Lebhaften hatten oder ihn an Europa erinnerten (z.B. die Sixth Street in Austin, der an Venedig erinnernde Kai in San Antonio, das jüdisch-orthodoxe Viertel New Yorks um die Orchard Street etc.). Auf der anderen Seite ist der Autor ein heftiger Zivilisationskritiker, und so konnte er wenig Geschmack an technisch-funktionalen Bauwerken, von ihm meist „kubische Betonformen" (z.B. S.31) genannt, und der Technisierung des amerikanischen Alltags finden — doch, wie die meisten Aussagen in *Der andere Planet*, sind die diesbezüglichen ambivalent. So bewundert er aufrichtig die optische Schönheit des nächtlichen Chicago und der *skyline* New Yorks, verweist jedoch gleichzeitig auf Stromverschwendung und Luftverschmutzung, durch die der Reiz des jeweiligen Stadtbildes erst entsteht (die Beleuchtung jeden Hauses in Chicago in der Nacht ergibt eine Lichtkuppel über der Stadt, die Luftverschmutzung in New York den merkwürdig getönten Himmel). Wiederholt finden sich abwertende Bemerkungen über die moderne Massengesellschaft der USA, über Gigantomanie, über den befremdenden Sinn für Übertriebenes, Geschmackloses, über Beliebigkeit und Scheinindividualität. Im „Land des spektakulären Lärmens" (S.113) erscheint ihm die Stille des Indianerdorfes Acoma, über die er schon im Gedicht „Sky City" schrieb, wie ein Wunder.

Generalisierungen sind relativ selten. Der Schriftsteller ist sich seiner Subjektivität und seiner begrenzten Wahrnehmungsfähigkeit bewußt:

> Das wahre Amerika (was ist Wahrheit...), das eigentliche oder was wir zumindest dafür halten, ist ein Bild, das zerfließt, um ein neues Bild zu entbergen, das seinerseits ebenfalls weder Dauer noch Gültigkeit annimmt. Das Amerikanische, begriffen als Essenz, macht sich immer beiläufig bemerkbar, ist etwas Atmosphärisches, das einen umgibt, ohne daß man es exakt definieren könnte. (S.32)

So betont er, daß die amerikanische Zivilisation „anscheinend und auf den ersten, aber wirklich bloß auf den ersten Blick" (S.102) alles nivelliere oder vereinheitliche, in Wirklichkeit aber nationale Unterschiede zwischen den einzelnen US-Bundesstaaten bestünden, und entschuldigt eine generalisierende Aussage über „die Amerikaner" mit der Beifügung „bisher vermiedene unzulässige Verallgemeinerung" (S.137). Doch ganz entgeht er dieser Gefahr nicht, wenn er zum Beispiel meint, die Amerikaner interessiere an ihrer Geschichte hauptsächlich der kriminologische Aspekt (S.44f.), d.h. berühmte Verbrechen. Am einseitigsten fällt das Kapitel „Stadtgespräch" (S.181-183) aus, in dem er am Beispiel eines in einer Pornozeitschrift angezeigten Hilfsmittels für Selbstbefriedigung einen Zusammenhang zwischen puritanischer Leib- und Lustfeindlichkeit und ökonomischen Zwängen konstruiert: Er meint, daß das im Auto anzubringende Gerät auf puritanisches Nützlichkeitsdenken in Verbindung mit Prüderie zurückführen sei, wonach Zeit nicht mit sexueller Befriedigung verschwendet werden dürfe:

> Eine der wichtigsten Lebensäußerungen degeneriert zum nebensächlichen Bestandteil des nicht mehr wahrgenommenen ökonomischen Mechanismus, in welchem, da Geld und Zeit identisch sind, letztere stets auf irgendeine Art effizient gemacht werden muß, diesenfalls durch technifizierte Masturbation in einer Geschäftspause. (S.182)

Diese Einstellung verursache das „allamerikanische Problem" (S.183) männlicher Impotenz und weiblicher Frigidität, ein reichlich gewagter Schluß, da schon die Prämissen nicht stimmen — schließlich sind die USA das

Land, von dem die „sexuelle Revolution" der sechziger und frühen siebziger Jahre ausging.

Zwei Dinge, die Kunert anscheinend besonders auf- oder mißfielen, waren das amerikanische Essen und die amerikanische Architektur. Ein *T-Bone-Steak* nennt er „einen der zentralen Glaubensgegenstände jedes wahren Amerikaners" (S.33); Obst enthalte „jenes Lebenselixier, dem jeder Amerikaner eine fast magische Wirkung" zuschreibe, nämlich Vitamin C (S.40). Kaffee (S.53, 98) und Brot (S.53) fand er ungenießbar in den USA, über amerikanische Lebensmittel allgemein schreibt er, daß sie „zum Erhalten des Lebens ausreichen, von Geschmacksnervenbesitzern jedoch nur mit Mühe bewältigt werden können" (S.154), und es fehlt der Seitenhieb auf die Hamburger mit ihren „wattigen Brötchenhälften" nicht (S.38).

Die Ambivalenz Kunertscher Äußerungen beweist sich auch am Beispiel seiner Beschreibungen amerikanischer Stadtarchitektur, von denen hier eine exemplarisch wiedergegeben werden soll, die Washingtons:

Den Potomac entlang: jenseits des Flußlaufes der geometrisch und kubisch zusammengesetzte Hintergrund, gestaffelte Kästen, jeder einzelne für sich ein Zeichen mangelnder Phantasie, kommerzieller Ratio, das Gesamtergebnis jedoch ein Bild von beeindruckender Eigentümlichkeit und Futuristik (S.148).

Die Freiheitsstatue, die kein Amerikareisender aus der DDR unerwähnt lassen kann (selbst bei der New Yorkerin Edith Anderson findet sich eine Bemerkung), schildert der Autor zweimal, einmal, vom Empire State Building aus gesehen, als eine „Schachfigur kosmischer Zwerge, vermutlich: die Königin" (S.71), zum anderen als „schwergewichtige Dame" (S.199), jedoch ohne die sonst übliche Bemerkung über die vorgetäuschte amerikanische Freiheit.

Eindeutig positiv werden ein Jazzkonzert in New Orleans („dies ist das Glück", S.77) und ein Gottesdienst in einer schwarzen Gemeinde („Geburt des Gedichts", S.62) beschrieben, und eine Frau, die Kunert am New Yorker Times Square um eine Unterschrift unter einen Appell gegen den Vietnamkrieg bat, hat ihn tief beeindruckt:

[...] in solchen Amerikanern lebt, unabhängig von ihrer sozialen Stellung, ein starkes Gerechtigkeitsgefühl, und man trifft es insbesondere bei einer Sorte von Frauen, die durch ihre Energie, Entschiedenheit und etwas Robustes im Wesen an Pionierfrauen erinnern (S.198),

und im Gespräch mit Osterle sagt er über sie:

Diese Frau hatte etwas so Energisches und zugleich Anziehendes und Nahes, daß ich mich durch nichts distanziert fühlte. [...] Es war plötzlich so, als hätte ich mit der Frau schon eine lange Bekanntschaft. Das fand ich sehr amerikanisch. [...] Was mich beeindruckte, war die unbekümmerte, schwungvolle, mutige und zugleich nachdenkliche Haltung mancher Menschen. Hier in Europa ist es anders. Manche Amerikaner haben eine Heiterkeit und Unbekümmertheit, die man hier eigentlich nicht so findet. Die Amerikaner sind nicht so zergrübelt und theoretisch belastet. (S.145)

Einige Beobachtungen Kunerts gleichen denen anderer USA-Besucher: Mit Scheer teilt er Bemerkungen über Feuertreppen, häufige Brände, verwahrloste Friedhöfe, das Einsamkeitsgefühl in Manhattan, den Weihnachtsrummel, mit Kaufmann die Vorliebe für Jazz, mit Anderson die Kritik an Konsumzwang und Überfluß.

Kunerts Reiseskizzen ähneln nur noch in einigen Kleinigkeiten denen seiner DDR-Vorgänger, sie sind eher typisch für einen Europäer im allgemeinen als für einen Bürger der DDR im besonderen und drücken in erster Linie Verwunderung, Staunen, Befremden angesichts der Vereinigten Staaten aus. Kunert bemüht sich darum, dem Leser einen Eindruck von der Reizüberflutung zu geben, der er als Reisender in den USA ausgesetzt war, und Anteil haben zu lassen an all dem Skurrilen, Pittoresken, Unverständlichen, Interessanten, Bekannten etc., was er gesehen hat. Im Interview mit Osterle erzählt er von dem Spaß, den ihm das schriftliche Erzählen seiner Reise gemacht habe, er habe sie so ein weiteres Mal im Inneren nachvollziehen können (S.142). Das Ergebnis sind, im Gegensatz etwa zu einem Reisetagebuch, diffizile und distanzierte Kopfgeburten, stilistisch ausgefeilte Feuilletons. Ein einheitliches Amerikabild ergibt sich daraus nicht.

Nach *Der andere Planet* galt Kunerts Interesse zwar nicht primär den USA, doch hat er sich mehrfach wieder mit ihnen befaßt. Der Essayband *Warum schreiben? Notizen zur Literatur*, 1976, enthält vier Aufsätze, die im weiteren Sinne mit den Vereinigten Staaten in Verbindung stehen: ,,Lenau" (S.16-33), ,,Zabrisky Point" (S.50-53), ,,Ein Gentleman aus Virginia" (S.140-210) und ,,Kurze Betrachtung der Kurzgeschichte" (S.211-213). Der erste Text behandelt unter anderem den USA-Aufenthalt des deutschen Dichters Nikolaus Lenau, der 1832 in das Land seiner Träume reiste und dort von ,,Kommerz und Kunstfeindlichkeit" bitter enttäuscht wurde, ,,an deren Stelle Gleichheit und Freiheit sein sollten." (S.26)

,,Zabrisky Point" bezieht sich auf Michelangelo Antonionis Film und geht anläßlich einer Szene auf das Verhältnis der Amerikaner zur Natur ausführlich ein: Die Natur sei in Amerika ,,in einem viel stärkeren Maße abweisend und extrem als in unseren gemäßigten Breiten" (S.51). Sie sei auch nicht von langer Besiedlung durchgeformt und geprägt wie in Europa und zeige sich eher zerstörerisch, als ,,Feind" (S.52). Diese Erkenntnis der Pionierzeit beeinflusse noch den modernen Amerikaner: Ohne sentimentales Gefühl für die Natur, ohne emotionale Bindung an den Boden, neigten sie zur Mobilität, da Boden für sie nur etwas zu Nutzendes sei, das man leicht aufgebe. Die romantische Sehnsucht der Europäer nach unberührter Natur, in der man wandern könne, gäbe es bei den Amerikanern nicht.

„Ein Gentleman aus Virginia" ist eine Würdigung Edgar Allan Poes, „Kurze Betrachtung der Kurzgeschichte" die Geschichte eines literarischen Genres, das sich in den USA entwickelte und „in enger Beziehung zum aufkommenden Konsumismus" stehe, denn die *short story* sei vor allem in Zeitschriften oder Magazinen zum schnellen Lesen und Wegwerfen verbreitet worden (S.211).

Der Band *Ziellose Umtriebe: Nachrichten vom Reisen und vom Daheimsein*, 1979, weist zwei Kapitel über Kunerts USA-Reise auf: „Baum, Steine, Beton", 1976 (S.72-76) enthält Eindrücke des Autors vom Besuch in einem *Redwood*-Wald und auf der Felseninsel Alcatraz. Die (fast) unsterblichen *Redwoods* erinnern ihn an die Vergänglichkeit des Menschen, aber auch als Relikte dessen, was menschlicher „blinder Eifer von der ehemaligen Besonderheit und Einmaligkeit des Landes übriggelassen hat" (S.74), an die Zerstörung der Natur. Alcatraz, einst Sitz eines fluchtsicheren Militärgefängnisses und nun Touristenattraktion, zeige die „unmenschliche Vergeltung von Unmenschlichkeit" (S.75) und Zeichen ihrer Besetzung während der Indianerunruhen in den siebziger Jahren.

Das zweite Kapitel mit der Überschrift „Das Amerikanische", 1976 (S.77-82), präzisiert Kunerts Ansichten über amerikanische Architektur und das amerikanische Verhältnis zur Natur: Krasser als in Europa, so meint er, sei der Gegensatz, wobei er die Stadtzentren ausnimmt, die in ihrer kubischen Erscheinungsweise sich felsigen Hintergründen anglichen — sein Diskurs betrifft „alles weitere, das diese Zentren umwuchert, und das nur dem Jahrmarkt, dem Rummel unserer Kindheit vergleichbar ist" (S.77). Dies, d.h. die Buden und Reklametafeln am Stadtrand, diene der Erniedrigung und Verhöhnung der Natur. „Die unübersehbare Ballung billiger Provisorien triumphiert in den buntesten Farben" (S.78), zeige besonders deutlich im Vergleich zur Natur die „Unvereinbarkeit von Gegensätzen" und die Neigung zum Notwendigen, Zweckmäßigen, Praktischen, Ökonomischen, über das hinaus nichts interessiere (S.78). Die Idee einer visuellen Einheit von Natur und Stadt sei europäisch, nicht amerikanisch, Natur sei hier „ein Objekt des Nutzens", zu dem man keine andere Beziehung habe (S.79). Die Buden der Vorstädte evozierten die Pionierzeit, in der die Siedler, „Verzweifelte, Deklassierte, Flüchtlinge, Desperados, Kriminelle, hauptsächlich andernorts zu kurz Gekommene, jedenfalls Erfolglose" (S.80) zum Utilitarismus gezwungen gewesen seien und ihre Bauten als „nackte Zweckprodukte" errichtet hätten, durch die Weite der Landschaft unkonzentriert und diffus verteilt, was sich auf die heutigen Städte ausgewirkt habe und die Einführung des Autos begünstigt habe. Das Ergebnis sei die Fußgängerfeindlichkeit amerikanischer Städte, deren Bürgersteige europäische Relikte seien und nicht zum Schlendern einlüden, und das „seltsam punktuelle" amerikanische Leben, das sich zwischen Appartment, Arbeitsplatz, Restaurant und *Shopping Center* verbindungslos abspiele, denn die Autofahrer nähmen das Verbindende kaum wahr (S.81). So sei ein weiteres Kennzeichen des Amerikanischen „die mangelhafte Kenntnis der allernächste Nähe, der eigenen Ortschaft", der Architektur und baulichen Denkmäler einer Stadt. Erst das Vietnam-Trauma habe bei der amerikanischen Jugend eine Hinwendung zur Natur bewirkt. Kunert meint, daß „das Amerikanische" eine im Verborgenen ruhende Kraft sei, „ein Moment regloser Dynamik" (S.82), das sich gleichwohl auf die Realität auswirke und abstoßend wie anziehend zugleich sei, „weil in ihm ein sehr menschlicher Zug offener zutage tritt als vergleichsweise in Europa": das „so gründlich widersetzliche Verhältnis von Mensch und Natur" (S.82).

Die Metapher vom „anderen Stern" USA verwendet Kunert nochmals in dem Sammelband mit Kurzprosa *Verspätete Monologe*, 1981, und zwar anläßlich der Wiedergabe seiner Eindrücke beim Ansehen des ersten amerikanischen Spielfilms nach dem zweiten Weltkrieg: „Der Malteser Falke im Friedrichshain" (S.47-49). Dem ausschließlich an Nazifilme gewöhnten deutschen Publikum sei die Handlung dieses Filmes „fremdartig, fast unverständlich" vorgekommen, wie eine „Botschaft von einem anderen Stern", doch eindrucksvoll, „Brandzeichen" einer expansiven Kultur (S.48):

[...] ein bedeutendes Maß des späteren Anti-Amerikanismus geht (unter anderem) aufs Konto enttäuschter Hinneigung, gebrochener Affinität, uneingelöster, durch künstlerische Präsentation beglaubigter Versprechen, die in der geistigen Wüste des Nachkriegs alle transozeanischen Werke zu machen schienen. Das „American Century" erlebte nach dem Sieg seinen Höhepunkt. (S.48)

Der Rest des Textes handelt von dem später gesehenen US-Film *The Caine Mutiny* und der schauspielerischen Leistung Humphrey Bogarts, die Kunert schon in *Maltese Falcon* beeindruckt hatte.

Im selben Band huldigt er in vier Kapiteln der amerikanischen Musik: „,Ich möcht so gern Dave Dudley hör'n'" (S.66f.), „,... doch AFN ist weit...'" (S.67f.), „Biermannsland" (S.68) und „Reminiszenz" (S.123-126). Im letzten der Texte erinnert er sich an das Entstehen seiner Vorliebe für amerikanische Musik, daran, wie er nach dem Krieg 1945 zum erstenmal AFN-Musik im Radio empfing, „voll Schwung, Eingängigkeit, Rhythmus und Heiterkeit" (S.124), die die erste Fremdheit gegenüber den Besatzern überwinden geholfen habe und damit „vielleicht mehr als alle ideologischen Aufwände" den jungen Deutschen die amerikanische Lebensweise übermittelt habe (S.124). Für ihn sei das endgültige Kriegsende gleichbedeutend mit dem Glenn-Miller-Sound, „der überwältigende Klang einer Big Band mit Befreiung, Freisein, Freiheit." (S.124) Als er 28 Jahre später auf dem Campus in Austin eine Lifeband habe spielen hören, seien ihm „die dazwischenliegenden Jahrzehnte zum Nichtgewesensein" zerfallen (S.125), und wieder verwendet er, wie in *Der andere Planet*, in diesem Zusammenhang das Wort „Glück".

Die drei anderen Kapitel handeln von der eigentümlichen, eigenwilligen, sehr diesseitigen, realistischen „Liedkunst" der Amerikaner, die höchst vital sei, Lieder voll Anziehungskraft und Echtheit:

> Vielleicht werden sie eines Tages nicht mehr gesungen, falls die technizistische Zivilisation in ihrem Ausrottungsprozeß fortfährt, doch selbst dann verlieren sie nicht ihre Bedeutung, in der sich bekundet, was wir mit dem Begriff „Amerika" eher verdecken denn erklären. („‚Ich möcht so gern Dave Dudley hör'n' ", S.67)

Das Selbstbewußtsein der Nation spreche aus der amerikanischen Musik, die zwar gegensätzlich scheinende Formen hervorgebracht habe, welche jedoch „auf der Basis einer relativ einheitlichen Musikkultur entstanden" seien (S.67). Die verschiedenen Stile hätten sich gegenseitig beeinflußt. Die amerikanische Musik sei plebejischer Herkunft, „ohne feudale Abstimmung" (S.67), oft billig, den kommerziellen Erfordernissen angepaßt und unkompliziert, doch fördere das „die Egalität, freilich bloß die Egalität des ungebildeten Geschmacks. Wobei die Frage entsteht, ob überhaupt eine andere Egalität denkbar ist." („‚... doch AFN ist weit'", S.68)

Der Titel „Biermannsland" bezieht sich nicht auf den DDR-Sänger Wolf Biermann, sondern auf die „Mythenfigur" des „amerikanischen Orpheus", den der Autor sich biertrinkend auf den Stufen vor einem Laden in einer US-Kleinstadt vorstellt, als umherwandernden Sänger, als „Trovadore", wie es „der große Lyriker Carl Sandburg" gewesen sei (S.68). Im Interview mit Osterle kommt Kunert darauf ebenfalls zu sprechen:

> Das Realitätsbewußtsein dieser Musik ist dem in der amerikanischen Lyrik analog. [...] in dieser Musik ist etwas da, was in Europa verloren gegangen ist und auch so wahrscheinlich nie existiert hat. Diese merkwürdige Mischung aus Volkslied, Schlager und Modernität halte ich für sehr schön. (S.148)

Seinem zweiten amerikanischen Vorbild erweist Kunert in „Paraphrase über eine Zeile Walt Whitmans" (S.115) seine Referenz, die sich um „die Energieströme des amerikanischen Lebens im allgemeinen" dreht (Osterle/Kunert, S.149).

Eine Gesamtwertung des Kunertschen Amerikabildes erscheint schwierig, wenn nicht unmöglich. Seine Thesen über das Verhältnis der Amerikaner zur Natur, über die Entstehung des Antiamerikanismus und über die amerikanische Musik sind gewagt, subjektiv, doch gerade deshalb schwer widerlegbar oder schwer zu bestätigen, zumal der Autor keinen Anspruch auf Allgemeingültigkeit seiner Sicht erhebt. Jede generalisierende Behauptung ist in einer Zeit der Informationsflut ebenso bestreitbar wie beweisbar. Zumindest kann man über Kunerts Amerikabild sagen, daß es diffiziler und differenzierter als das aller anderen in dieser Arbeit behandelten Schriftsteller/innen ist.

Christa und Gerhard Wolf wurden im Frühling 1975 vom *Oberlin College* in Ohio eingeladen. Über ihre USA-Reise hat Christa Wolf kaum geschrieben.

In ihrem autobiographischen Roman *Kindheitsmuster*, 1976, handeln einzelne Passagen von der Reise, vom Vietnamkrieg, vom Weltraumflug der Apollo 14 im Januar 1971, den die Erzählerin bei Beginn des Schreibens ihres Romans unaufmerksam in Fernsehen betrachtet, und von der amerikanischen Besatzung in Deutschland nach dem zweiten Weltkrieg. Über ihre Reise „in ein Koordinatensystem, an dessen Schnittpunkten todsicher eine Dollarnote liegt, mit ihrer klein, aber deutlich aufgedruckten Behauptung: In God we trust" (S.234f.) erzählt Wolf nur kurze Episoden und Eindrücke: die andersartigen Maße für Papierformat und Wärmegrade; Überlegungen über die englischen Wörter *fair* und *flavour*[10]; der Einkauf eines neuen Farbbandes für die Schreibmaschine bei einem unerträglich beflissenen Verkäufer; ein Fernsehinterview mit einem Ethnologen, der festgestellt hat, daß ein Überleben von Menschen auch ohne sozialen Zusammenschluß möglich ist; und Reklame. „Amerika — was immer das sein mag —" (S.235) scheint Christa Wolf zumindest nicht sonderlich beeindruckt zu haben. Die Kleinigkeiten, die sie von ihrem dortigen Aufenthalt mitteilt, ergeben kein Bild. Wenn sie auch meist in negativem Kontext stehen, kann man daraus nicht schließen, daß die Schriftstellerin die Vereinigten Staaten gänzlich ablehnt. Die herkömmlichen sozialistischen Themen wie Armut, Rassendiskriminierung, Arbeitskampf etc. fehlen.

Der *ND*-Korrespondent Harald Wessel (geboren 1930) reiste 1977 in die USA, um dort auf den Spuren des sozialistischen amerikanischen Reporters und Schriftstellers John Reed (1887-1920) zu reisen, der Bücher über Arbeitskämpfe in den Vereinigten Staaten und die Revolutionen in Mexico und Rußland (*Ten Days That Shook the World*) verfaßte. Wessel schreibt seine Reed-Biographie *John Reed: Roter Reporter aus dem Wilden Westen*, 1979, in Form von Reisebriefen an den Toten, was ihm Gelegenheit gibt, nicht nur über Reed und seine Zeit, sondern auch über die geschichtliche Entwicklung nach dessen Tod und die modernen Verhältnisse in den USA zu berichten. Wessel fuhr von Mexico aus nach El Paso, Trinidad, Ludlow, Salt Lake City, Portland, Chicago, Paterson und New York. Den Abschluß des Buches bildet ein Bericht über Reeds Aufenthalt in der Sowjetunion und seinen Tod an Typhus.

In den Reisebriefen aus El Paso, Trinidad, Ludlow, Portland und Paterson konzentriert sich Wessel im wesentlichen auf Reeds Biographie[11], der Brief

---

10 An *fair* stört sie, daß es sowohl „gerecht, ehrlich, anständig" als auch „schön" und „blond" heißen kann, was von ihr als inadäquat empfunden wird; die Bezeichnung *flavour* auf Obstsäften könne man nicht mit „Aroma" übersetzen, da „der flavour das natürliche Aroma des Saftes zerstört", S.240.
11 Portland: Geburtsstadt Reeds. In den anderen Städten hielt sich der US-Autor auf, um Recherchen für seine Reportagen durchzuführen.

aus Salt Lake City befaßt sich mit dem Justizfall Joe Hill[12] und den Mormonen, der aus Chicago gibt einen Überblick über die Geschichte der amerikanischen Arbeiter- und Gewerkschaftsbewegung bis hin zur Gründung der Kommunistischen Partei der Vereinigten Staaten. Der Brief aus New York schließt die USA-Betrachtungen Wessels ab.

Die Absicht des Verfassers besteht darin, dem berühmten Kollegen — und damit dem Leser — zu zeigen, daß sich seit Reeds Reportagen in den Vereinigten Staaten politisch nicht viel geändert und daß die Sowjetunion die Hoffnungen bestätigt habe, die Sozialisten wie Reed nach der Oktoberrevolution hegten. Wessels Amerikabild enthält den herkömmlichen sozialistischen Themenkanon: rücksichtslose Konkurrenz der Monopole, Profitsucht, Arbeitslosigkeit, Armut, Slums, Streiks, Polizeiwillkür gegen Streikende, Rassendiskriminierung zur Spaltung der Arbeiterklasse, Krisenhaftigkeit der amerikanischen Wirtschaft, Antikommunismus, Kriminalität, mangelhafte bis nicht-existente soziale Absicherung der Werktätigen, von den Monopolen gelenkte Medien und in der Außenpolitik Interventionen in Chile und Vietnam sowie massive Eingriffe in die inneren Angelegenheiten Mexicos. Entwicklung und Abwurf der Atombombe auf Japan nicht aus militärischen Gründen, sondern als Machtdemonstration gegen die Sowjetunion, kalter Krieg, McCarthyismus, atomare Rüstung und Neutronenbombe werden den USA zur Last gelegt, der Sowjetunion dagegen werden die friedliche Nutzung der Atomenergie, die wiederholten Vorschläge der atomaren Abrüstung und die Politik der friedlichen Koexistenz gutgeschrieben. Die Profitsucht der US-Monopole, ihre Skrupellosigkeit und Menschenfeindlichkeit betont Wessel mehrfach. Schließlich zählt er die bekannten *frame ups* der amerikanischen Rechtsgeschichte auf, von den wegen des *Haymarket Riot*[13] verurteilten Arbeiterführern über Joe Hill, Sacco und Vanzetti, Ethel und Julius Rosenberg bis zu Angela Davis.

Neben DDR-Standardthemen sind über das Buch verstreut auch persönliche Eindrücke und Meinungen des Verfassers zu finden. Seine Neigung, bei verschiedenen Beobachtungen Assoziationen an die Nazizeit hervorzubringen, paßt ins DDR-Amerikabild, mag aber auch mit Kindheitserlebnissen des

---

12 vgl. Fußnote 33, S. 158.
13 *Haymarket Riot* (4. Mai 1896): Als Polizei eine Arbeiterversammlung auf dem Haymarket Square in Chicago sprengen wollte, wurde eine Bombe geworfen. Obwohl der Täter nie ermittelt wurde, wurden sieben Arbeiterführer vor Gericht gestellt und zum Tode verurteilt bzw. einer der Angeklagten zu einer fünfzehnjährigen Gefängnisstrafe. Zwei Verurteilte wurden zu lebenslanger Haft begnadigt, einer beging Selbstmord, drei wurden durch den Strang hingerichtet. 1893 hob der Gouverneur von Illinois, John Peter Altgeld, das Urteil wegen Verfahrensfehler auf und rehabilitierte die Verurteilten postum.

Autors zusammenhängen: So erinnert ihn eine „rassisch selektive Personenkontrolle" (130) durch US-Militär im *Greyhound*-Bus, bei der nur die nichtweißen Mitfahrenden die Pässe vorweisen müssen, an den nationalsozialistischen Rassenkundeunterricht, den er als Kind über sich ergehen lassen mußte; das *Highway*-System sei zweifellos „am Beispiel des in Hitlerdeutschland [...] gebauten Autobahnsystem orientiert" (S.132); die Bergarbeiterlager in den USA setzt er mit Fremdarbeiterlagern im Dritten Reich gleich (S.164f.); im Hinblick auf die zu 98 % weiße Bevölkerung Salt Lake Citys spricht er von „rassische(r) Reinhaltung" (S.176) und verweist im nächsten Satz auf die „Ahnenforschung" der Mormonen, Begriffe, die beim Leser Assoziationen an den Nationalsozialismus auslösen.

Die Mormonen mit ihrer „eigenartigen" Kirche (S.175) lehnt Wessel heftig ab, nicht wegen ihrer „etwas verklemmten Lebensregeln" (S.178), auch nicht, weil ihm die Stadt Salt Lake City so außergewöhnlich sauber, ordentlich und weiß erschien (S.175f.), sondern aus politischen Gründen: Zum einen, wie gesagt, wegen ihrer perfekten „rassischen ‚Reinhaltung'", zum anderen, weil die Mormonen den friedlichen Indianern der Gegend um den Salzsee ihr Land genommen und einen Teil von ihnen „in einem blutigen Krieg samt Frauen und Kindern" ausgerottet hätten (S.177f.), zum dritten, weil die *Kennecott Copper Corporation* ihren Sitz in Salt Lake City hat, die er als maßgeblichen Drahtzieher des Umsturzes in Chile ansieht:

> Chiles Kinder, von der Allende-Regierung täglich mit kostenloser Milch versorgt, müssen wieder darben, auf daß die Reichtümer Chiles weiter in das saubere, helle, weiße Salt Lake City fließen (S.179).[14]

Den Sozialisten Harald Wessel stört das Fehlen eines 1.Mai-Feiertages in den USA, und er vermutet, daß Arbeitergeschichte und die Biographien berühmter amerikanischer Sozialisten wie Reed in den Vereinigten Staaten systematisch verdrängt würden. So erklärt er sich, daß nach John Reed keine Straße oder kein Gebäude in seiner Geburtsstadt benannt ist und daß in den Orten seines Wirkens kaum oder keine Hinweise auf ihn zu finden sind. Daß in Harvard, Reeds Studienort, der Reed-Nachlaß verwahrt ist, deutet Wessel so:

> Sie können Dich schlecht öffentlich verdammen, weil Du einer der Ihren warst. Du bist für sie ein schwarzes Schaf, ein unbewältigter Fall von Familienflucht. Daß sie Dich hassen, zeigen sie selten. Sie suchen auch nach Wegen, Dich wieder zu vereinnahmen. Sie klopfen Dein Leben und Wirken sorgsam nach Schwachstellen ab, die sich antikommunistisch verwerten ließen. (S.228)

---

14 Es wird allerdings nicht erwähnt, ob die *Kennecott Copper Corporation* in mormonischer Hand ist oder nur zufällig, wegen der dortigen Kupfervorkommen, ihren Sitz in Salt Lake City hat.

Obwohl Wessel nicht in Neuengland war und es nur vom Hörensagen kennt, mokiert er sich über den dortigen Geldadel:

> [...] dieses allzu kühle Lächeln, distanziert, unnahbar, kaltherzig. Kultivierter Hochmut. Herrenmanieren. Vornehmer Ausdruck der Verachtung. Verinnerlichte, formvollendete Profitmoral. (S.227)

Gefallen hat dem Autor nicht viel an den heutigen Amerikanern: ihr Sinn für Humor und verrückte Ideen (S.181), ihre erstaunliche Effektivität (S.183), die Qualität ihrer Forscher (S.230), die Stellung der amerikanischen Frau, der man „auf vielen Gebieten wie selbstverständlich einen Respekt entgegenbringt, der in der Alten Welt lange Zeit undenkbar war" (S.146). Im Vergleich zu dem Ende der siebziger Jahre einsetzenden Rechtsrucks in den USA hält Wessel die Hippiebewegung für relativ positiv (S.243f.).

Sein Mißfallen erregten dagegen die amerikanischen Touristen in Mexico, die er des Hochmuts, der geistigen Armut, der Kolonialherrenmentalität und des demonstrativen Vorzeigewohlstands zeiht (S.28f., S.94). Des weiteren spricht er vom „allen Amerikanern von Kind auf antrainierte(n), standardisierte(n) Lächeln" (S.152) und vom „antrainierten, standardisierten, lärmenden US-Charme" (S.183). Die amerikanische Einstellung zum Sexuellen wird kritisiert, „Klein- und Vorstadtamerika" (S.170) sei nach wie vor prüde, auf der anderen Seite gebe es als „spießige Stimulanzien für amerikanischen Mittelklassesex" den Playboy und die Playboyclubs, in denen Pin-ups wie Bunnies „keimfrei und sittsam" blieben (S.221).

In merkwürdigem Gegensatz zu den Feststellungen anderer DDR-USA-Reisender beobachtete Wessel Fremdenfurcht- bzw. -feindlichkeit in den Vereinigten Staaten, mit der er unter anderem seine Schwierigkeiten, in sämtlichen besuchten Städten einen Stadtplan zu erstehen, zu erklären sucht: „Amerikas Fremdenfurcht drückt sich kurioserweise auch in kartographischer Unlust aus." (S.219) Seltsam mutet auch seine generalisierende Feststellung an:

> Zu Fuß ist der Bewegungsstil des durchschnittlichen weißen Amerikaners jetzt eine Katastrophe. Die Gangart nicht federnd, sondern plattfüßig. Selbst junge Frauen sind von Bewegungsarmut und Überernährung gezeichnet. (S.183)

Er führt dies auf die Technisierung des amerikanischen Alltags zurück. Anscheinend hat er während seines US-Aufenthaltes weder sporttreibende oder joggende noch dem Schlankheitskult huldigende Amerikaner gesehen.

Weitere Kritikpunkte Wessels sind Gewalt und Sex in Film und Fernsehen und die amerikanische Stadtarchitektur, die ihm „monströs" (S.149) oder „pompös" (S.174) erscheint. New Yorks Wolkenkratzer sind Anlaß für einen längeren Exkurs über die höchsten Gebäude der Welt, wobei der Moskauer und der Ostberliner Fernsehturm hervorgehoben werden. Das New Yorker Panorama nennt er phantastisch, spricht aber von „hochaufragenden, willkürlich verteilten Betongebirgen mit ihren hektischen Straßenschluchten und der chaotischen Ballung menschlicher Wohn- und Arbeitsstätten" (S.242).

In Wessels Absicht lag von vorneherein kein einfacher Reisebericht, sondern ein ideologisch bestimmter Vergleich zwischen den USA von heute und denen zur Zeit John Reeds sowie ein Vergleich zwischen dem kapitalistischen und dem sozialistischen System. Es verwundert daher nicht, daß sein Amerikabild negativ ist, denn umso positiver erscheint das Bild der — nicht einmal häufig erwähnten — Sowjetunion, die auch das Ideal John Reeds war.[15] Wessels Abneigung gegen die USA führt dazu, daß er hinter vielem eine Bösartigkeit des amerikanischen Systems vermutet, wie z.b. hinter der Paßkontrolle im Bus, der Stadtplanlosigkeit oder der Archivierung des Reed-Nachlasses in Harvard. Er neigt zu Generalisierungen, die z.T. unglaubwürdig wirken. Positiv erscheint vor allem das andere Amerika, die Arbeiter- und Gewerkschaftsbewegung sowie die KPdUSA und ihre Anhänger.

Jurek Becker hielt sich im Frühling 1978 als *writer in residence* am *Oberlin College* in Ohio auf. Er hat über seine Amerikareise zwei kurze Texte geschrieben: „New Yorker Woche" und „Ohio bei Nacht", 1980 (in *Nach der ersten Zukunft*, S.145-157 und 158-164). „Ohio bei Nacht" ist ein Monolog eines Abschleppwagenfahrers, der Becker auf der Fahrt durchs nächtliche Ohio sein Leben erzählte. Viel über die USA besagt der Text nicht. Becker hat wohl das makabre Hauptthema des jungen Mannes zur Niederschrift des Monologes angeregt, der ins Geschäft seines künftigen Schwiegervaters, eines Bestattungsunternehmers, einheiraten wollte und dem Autor detailliert von den Ausbaumöglichkeiten eines solchen Geschäftes berichtete.

„New Yorker Woche" ist in sieben Abschnitten mit den Überschriften „1. Tag" bis „7. Tag" eingeteilt. Vom Tag der Einreise an zieht der Schriftsteller Vergleiche mit der DDR und mit dem, was er aus Film und Fernsehen über die Vereinigten Staaten weiß. Er ärgert sich über die Einreiseformalitäten, ist entsetzt über die Verwahrlosung New Yorks, mokiert sich über eine religiöse Fernsehshow, sucht nach orthodoxen Juden in der 47. Straße (ohne sie zu finden), hat ein Déjà-vu-Empfinden in einem Café, beobachtet bei einem Basketball-Spiel vor allem ein fettes, *Popcorn*-fressendes Kind unter den Zuschauern, besucht einen Gottesdienst in Harlem (der ihm nicht gefällt, zum einen wegen seines ablehnenden Verhältnisses zu Kirchen, zum anderen, weil ihn der Gottesdienst an Parteiversammlungen der SED erinnert). Am siebten Tag zieht Becker Bilanz und rechnet mit sich selbst ab:

---

15 Daß Reed wegen seiner politischen Einstellung in der Sowjetunion Schwierigkeiten bekam und am Ende seines Lebens desillusioniert und niedergeschlagen war, erwähnt Wessel nicht. Vgl. Rühle, S.435.

Du kommst in eine neue Stadt: du hast vorher viel über sie gehört, dein Kopf ist voll von mitgebrachten Richtersprüchen. Du stellst fest, daß jedes deiner Vorurteile sich belegen läßt, ohne große Mühe eigentlich [...]. Du sammelst Beobachtungen wie Beweise. Du willst dir zeigen, wie gut du die Stadt schon kanntest, bevor du dort gewesen bist. Du bringst es fertig. Das Resultat ist eine verlorene Woche, die sonstwas hätte werden können. (S.156)

Becker wirft sich vor, Armut, Rassenprobleme, Kriminalität erwartet, gesucht und gefunden zu haben, und ärgert sich, daß er nicht „versunken" ist „in der aufregenden Stadt" (S.156). An Gelegenheiten habe es nicht gefehlt, doch habe er sie nicht genutzt aus Angst vor den Konsequenzen: „Du wolltest immer nur sehen, was alle schon wissen, und nie was keiner weiß." (S.157) Er hofft, noch einmal nach New York zu kommen, um das Versäumte nachzuholen. Im Bus zum Flughafen schließt er die Augen, „sobald Schwarze zu sehen sind, verwahrloste Straßen, Polizisten, Weiße, Reklameschilder, Verkehrschaos." (S.157)

Aus ironischer Distanz berichtet Becker nicht eigentlich über die Vereinigten Staaten, sondern über sich selbst in den USA, über sein Amerikabild, das er durch die Realität nicht hat verändern lassen. Indem er sich selbst der Kolportage von abgenutzten Klischees bezichtigt, wirft er dies indirekt auch seinen Schriftstellerkolleg/inn/en vor, die selten so offen zugeben, daß sie eine vorgefaßte Meinung haben.

Franz Loeser (geboren 1924), erster Philosophieprofessor der DDR und sowohl Mitbegründer als auch Vorsitzender des Paul-Robeson-Komitees, war in der Nazizeit nach England emigriert, dort zur Armee gegangen, als britischer Besatzungssoldat unter anderem in Hiroshima stationiert und nach Entlassung aus der Armee in die USA gezogen, um dort zu studieren. Er engagierte sich im Marxistischen Studentenklub der Universität des Staates Minnesota und lernte als Abgesandter dieses Klubs Paul Robeson kennen, von dem er sehr beeindruckt war. Doch in den USA der McCarthy-Zeit fiel er als Sozialist unangenehm auf, bekam Schwierigkeiten mit der Universität, verlor seinen Studentenjob, mit dem er sich das Studium finanziert hatte, wurde von der Polizei verhaftet und bedroht, weshalb er nach England zurückging. Als Staatenloser mit kommunistischen Neigungen konnte er die britische Staatsangehörigkeit nicht erhalten, weshalb er sich schließlich in der DDR niederließ. Über seine Erlebnisse hat er zwei Bücher verfaßt, *Die Abenteuer eines Emigranten*, 1980, in der DDR, und *Sag nie, du gehst den letzten Weg*, 1986, nach seiner Übersiedlung in die BRD. Die beiden Memoirenbände sind sich sehr ähnlich, doch ist es interessant festzustellen, worin sie sich unterscheiden: In *Die Abenteuer eines Emigranten* wird der Vorwurf erhoben, die USA hätten das Errichten einer zweiten Front im zweiten Weltkrieg verzögert, und es fehlt auch nicht das Truman-Zitat. Loeser äußert seine Empörung über die „Unmenschlichkeit dieser Bemerkungen" (S.124) und erläutert sie ausführlich. In *Sag nie, du gehst den letzten Weg* fehlt diese Passage vollständig. Ebenso fehlt der Vergleich zwischen der Judenvernichtung unter den Nazis und dem Atombombenabwurf der Amerikaner auf Japan. In beiden Büchern wird das Entsetzen der Soldaten angesichts der vernichteten Stadt Hiroshima wiedergegeben, doch fehlt in der bundesdeutschen Ausgabe Loesers Erklärung, der Atombombenabwurf habe der Sowjetunion die Macht der Vereinigten Staaten zeigen sollen und sei der Auftakt zu einem dritten Weltkrieg gewesen (1980, S.178). Die DDR-Version unterscheidet sich ferner von der BRD-Fassung darin, daß Armut und Kriminalität in New York betont werden, die Indianer-Reservationen mit KZs verglichen werden, die Beteiligung der USA am Koreakrieg auf die Profitinteressen der Rüstungsindustrie zurückgeführt wird.

Die meisten Erinnerungen an die USA sind jedoch beiden Büchern gemeinsam: die Beschreibung der Universität und der Studienbedingungen in den Vereinigten Staaten; die Begegnung mit dem schwarzen Sänger und Kommunisten Paul Robeson; das Robeson-Konzert in Peekshill, das von fanatischen Antikommunisten und Rechtsradikalen bedroht wurde; der Prozeß gegen die Rosenbergs und ihre Hinrichtung; die Schwierigkeiten, die Loeser als Sozialist hatte; sein Engagement für den einzigen schwarzen Hochschulprofessor an der Universität, der wegen ,,unamerikanischen Verhaltens" suspendiert wurde; Loesers Verhaftung mitten in der Nacht, die Drohungen auf der Polizeiwache, wo man ihn als ,,Kommunistenschwein" und ,,Judensau" beschimpfte und ihm riet, die USA innerhalb von drei Wochen zu verlassen.

Die Vereinigten Staaten waren für Loeser sowohl ,,dieses große, schöne reiche Land" (1980, S.259) als auch eine ,,Räuberhöhle", ein Land mit ,,großartigen Menschen" wie mit ,,Kapitalisten und [...] Faschisten", Mitläufern und Feiglingen (ebd.).

In England setzte sich Loeser für Robeson, dem die Ausreise verweigert wurde, und die Rosenbergs ein. Sein DDR-Buch endet mit dem Tode Paul Robesons, dessen Krebsleiden zeitweilig in der DDR behandelt wurde. Die bundesdeutsche Fassung geht zeitlich bis in die achtziger Jahre hinein und endet nach der Übersiedlung des Autors in den Westen. In diesen Erinnerungen beschreibt er auch, welchen Problemen er als aus den USA kommender Westemigrant in der stalinistischen DDR ausgesetzt war, wie er mit einigen Freunden ein Paul-Robeson-Archiv und ein ostdeutsches Paul-Robeson-Komitee gründete und wie er anläßlich der 200-Jahr-Feier der Vereinigten Staaten am 4.Juli 1976 vom Politbüro der SED aufgefordert wurde, auf einer ,,semioffiziellen" Feier die Festrede zu halten, und zwar unter Betonung des DDR-Kampfes gegen den amerikanischen Imperialismus, doch ohne den US-Botschafter vor den Kopf zu stoßen. Loeser meisterte die ausweglos erscheinende Situation, indem er vor allem von den Idealen der amerikanischen Revolution erzählte, die von der DDR anerkannt werden. Erst nach der Feier erfuhr er, warum die USA nicht verärgert werden durften: wegen der „preiswerten Weizenlieferungen" (1986, S.195).

In der bundesdeutschen Fassung seiner Erinnerungen erläutert der Verfasser, der ein überzeugter und linientreuer Sozialist gewesen war, wie es zum Bruch mit der SED gekommen war: Es begann mit dem Zurückziehen der zweiten Auflage von *Die Abenteuer eines Emigranten*, weil sie in einem Punkt der offiziellen Honecker-Biographie widersprachen. Wichtiger war jedoch Loesers Bekenntnis zum „Atompazifismus": Als Ethikprofessor lehnte er die DDR-Vorstellung, es könne einen „gerechten" Krieg mit Atomwaffen geben, entschieden ab. Er mochte keine Unterscheidungen treffen zwischen einem Nuklearkonflikt, der von den USA ausgelöst wurde, und einem, der von der Sowjetunion ausging. So wurde er von offizieller Seite immer heftiger kritisiert und verschiedenen Repressalien ausgesetzt, bis er sich zur Ausreise entschied.

Auch in *Sag nie, du gehst den letzten Weg* sieht er Ausbeutung, Rassendiskriminierung, Antikommunismus und Ungerechtigkeit in den USA kritisch, und die Verurteilung des Atombombenabwurfs auf Japan sowie der atomaren Rüstung in den Vereinigten Staaten bleiben ihm wichtig. Daß die zweite Fassung seiner Erinnerungen in mancher Hinsicht gemildert ist, hängt wohl damit zusammen, daß Themen wie die zweite Front oder der Vergleich zwischen den Untaten der Nazis und dem Atombombenabwurf auf Japan sozialistische Behauptungen sind, die in der Bundesrepublik so nicht gehalten werden können. Loesers Amerikabild ist in politischer Hinsicht in beiden Büchern kritisch, im großen und ganzen jedoch positiv. Es geht aus beiden Bänden hervor, daß er sich dort wohlgefühlt hat und dortgeblieben wäre, wenn ihn der heftige Antikommunismus der fünfziger Jahre nicht vertrieben hätte. Das einzige, was ihm außer der Politik an den Vereinigten Staaten mißfiel, war der Autokult der Amerikaner:

> Mit der natürlichen Geschlechtsreife des jungen Amerikaners zusammen fällt vor allem der Erwerb seines ersten PKW [...], Beweis seiner Männlichkeit. [...] Von diesem Zeitpunkt an verläßt er nur noch selten und mit offensichtlichem Widerwillen sein fahrbares Domizil. Philosophisch gefaßt ist das Auto jetzt für ihn gewissermaßen die Erscheinungsform seines materiellen und ideellen Daseins. [...] Und nicht zuletzt das große Statussymbol — der Ersatz für die Persönlichkeit —, denn wer wer ist, läßt sich am einfachsten am Auto feststellen. (1980, S.226f.)

Woher die Abhängigkeit der Amerikaner vom Auto kommt (nämlich von der Weite des Landes), überlegt er allerdings nicht.

Die Lyrikerin Sarah Kirsch (geboren 1935) hat in ihrer DDR-Zeit meines Wissens drei Gedichte mit Bezug auf die Vereinigten Staaten geschrieben, bevor sie dorthin reiste, eines für den Sammelband *Vietnam in dieser Stunde* (vgl. Kapitel 3.7. „Vietnamkrieg"), „Kleine Adresse" über ihren Wunsch, einmal nach New York zu reisen (vgl. Kapitel 2.3.3.7. „New York") sowie „Playboy und Cowboy", enthalten in dem Band *Zaubersprüche*, 1974 (S.38f.). Playboy und Cowboy, die die Dichterin in einem Traum-Bild sieht[16], erscheinen als Vertreter der beiden gegensätzlichen Klassen in den USA, der Arbeiterklasse und der reichen parasitären Oberschicht. Die Autorin empfindet sie trotzdem als zusammengehörig, als Angehörige einer Nation, doch habe die „Welt des Geldes" sie gespalten (S.39).

Sarah Kirsch hat nach ihrer Übersiedlung nach Westdeutschland (am 3.August 1977) die Vereinigten Staaten besucht. Einige Gedichte über diesen Aufenthalt sind in dem Band *Erdreich*, 1982, erschienen, sie enthalten größtenteils Landschafts- und Naturbeschreibungen („Bären", S.7; „Talfahrt", S.8; „Death Valley", S.9-14; „Tagsterne", S.15), eines schildert das chinesische Hotel, in dem Sarah Kirsch wohnte („Chinesisches Hotel", S.16f.), eines erzählt humoristisch von einer kleinen Panne und ihrer Behebung („Schwarzer Tag", S.18-20). In „Die Entfernung" (S.25f.) schließlich resümiert die Dichterin: „Ganz zerschunden bin ich zurückgekehrt/Dieser Ausflug hatte es in sich, ich war/Drei Wochen in einer Zentrifuge" (S.26). Sie gibt zu, daß sie mit inneren Vorbehalten in die Vereinigten Staaten gefahren war: „Es war mir früher in meinem Land/So viel eingeblasen und vorgeschrieben/Daß ich die Scheißarbeit auf mich genommen/Ein bißchen davon zu glauben." (S.26) Die Neue Welt, fröhlich und sorglos geschminkt, sei „wenigstens ehrlich":

[...] Niemand
Setzt auf Gerechtigkeit, jede Tugend
Ist brutal definiert wer zahlen kann zählt
Der Ausgelieferte darf untertauchen
Mitleid macht krank, das Elend
Wird nicht verfolgt es schläft auf der Bowery
(S.26)

Trotz all des Unglücks, das sie in den USA sah und das sie bedrückte, sei sie dort ein „frohes Geschöpf" gewesen, „Mild und versöhnlich gestimmt" (S.27).

Wie Jurek Becker, so gibt auch Sarah Kirsch zu, daß sie nicht vorurteilsfrei in die Vereinigten Staaten gefahren ist, wie er findet sie ihre Vorurteile bestätigt, doch nutzt sie dies nicht, um das Land zu kritisieren, sondern ihr gefällt die „Ehrlichkeit" der USA im Vergleich zu ihrer früheren Heimat, und die „Vogelfreiheit entzückte" sie (S.26).

16 In einem Interview mit Karl Corino in *DA* 10, 8.Jg. (Oktober 1975), S.1085-1087, erklärt sie, daß das Gedicht tatsächlich auf einen Traum zurückgehe und daß sie die beiden Amerikaner in der Weise im Traum gesehen habe, „wie hier Prof. Werner Tüpke seine Bilder malt. Er malt einen Kolchosbauern auf einem Pferd sitzend, wie das zur Zeit von Albrecht Dürer hätte passieren können, nur hat der Kolchosbauer dann eben eine Armbanduhr am Handgelenk." (S.1066)

Victor Grossman (geboren 1928 in New York) wuchs als Kind linksliberaler jüdischer Eltern in New York und New Jersey auf. In einer Zeit, in der in den USA aufgrund des gemeinsamen Kampfes mit der Sowjetunion gegen Hitlerdeutschland der Kommunismus nicht so schlecht angesehen war wie sonst, trat er der *Young Communist League* und später der Kommunistischen Partei bei, warb für Henry Wallaces *Progressive Party*[17] und nahm an Demonstrationen, z.B. gegen Rassendiskriminierung, teil. Grossman erlebte den kalten Krieg und den wachsenden Antikommunismus in den Vereinigten Staaten, die Hexenjagd des McCarthyismus und die Verfolgung von angeblichen Atomspionen wie den Rosenbergs.

Nach Abschluß seines Studiums der Ökonomie in Harvard wollte er die Welt der Werktätigen kennenlernen und verdingte sich für zweieinhalb Jahre als Hilfsarbeiter in einer Fabrik. Der Koreakrieg kam, er wurde eingezogen und zunächst zur Ausbildung nach Westdeutschland geschickt. Da er Untersuchungen wegen seiner kommunistischen Vergangenheit fürchtete, desertierte er und floh in die sowjetische Zone.

In der DDR arbeitete er einige Zeit als Dreher in einem Betrieb, wurde an die Karl-Marx-Universität in Leipzig delegiert und studierte Journalistik, um anschließend beim DDR-Rundfunk, bei *German Report*, mitzuwirken und das Paul-Robeson-Archiv mit aufzubauen. Außer einem Kinderbuch verfaßte er drei Werke über die USA, *Von Manhattan bis Kalifornien: Aus der Geschichte der USA*, 1975, und *Per Anhalter durch die USA*, 1976, sowie seine Autobiographie *Der Weg über die Grenze*, 1985. *Von Manhattan bis Kalifornien* und *Per Anhalter durch die USA* sind Sachbücher, das erste über die Geschichte der Vereinigten Staaten unter besonderer Berücksichtigung der Geschichte der Unabhängigkeitsbewegung in den englischen Kolonien, der Schwarzen, der Arbeiterklasse und der Kriege der USA, das zweite über Sozialstruktur, Arbeitsbedingungen, Rassenfragen, Erziehungswesen der modernen USA. Beide Bücher bieten viel Detailwissen, halten sich aber an das herkömmliche Amerikabild der DDR.

Die Autobiographie dagegen ist sehr viel milder in ihren Bewertungen. Grossman erzählt von seiner schönen Kindheit, vom Aufwachsen in einem anderen Amerika als dem, von dem sonst berichtet wird: In dem Milieu, in dem er groß wurde, waren linkes Gedankengut, Pazifismus, Rassenintegration, Bildung und Kulturelles die wichtigsten Werte, und solange die liberale Entwicklung unter F.D. Roosevelt anhielt, hatte Grossman als überzeugter Kommunist keine größeren Probleme. Er schreibt auch über parteiinterne Differenzen, über die Folgen des Hitler-Stalin-Paktes für die KPdUSA — sie verlor viele ihrer An-

---

17 *Progressive Party:* eine der dritten Parteien der USA; ihr Vorsitzender, Henry Wallace, bewarb sich 1948 um das Amt des Präsidenten gegen den Demokraten Harry S. Truman. Wallace vertrat den Liberalismus der *New Deal*-Zeit und die friedliche Zusammenarbeit mit der Sowjetunion.

hänger — und über die Praxisferne ihrer Parteiführer, die er kritisiert. Erst nach dem Tode Roosevelts und dem Ende des zweiten Weltkrieges waren der Autor und seine Genossen wachsenden Repressalien ausgesetzt, und unter dem Druck des heftigen Antikommunismus begann die Partei zu zerfallen. Ähnlich wie Edith Anderson hatte Grossman zusätzlich unter dem Antisemitismus in den USA zu leiden. Er beschreibt dies unemotional, vermittelt aber gerade dadurch einen überzeugenderen Einblick in dies Kapitel der amerikanischen Geschichte als in seinen beiden Sachbüchern. Seine Autobiographie endet mit der Schilderung seiner Flucht in die DDR.

Der Weg über die Grenze zieht nicht, wie Andersons *Der Beobachter sieht nichts*, ständig Vergleiche zwischen beiden Staaten. Das Buch will eine Entwicklung schildern, nicht eine Ideologie verteidigen. Grossman nimmt auch nicht Bezug auf die Vereinigten Staaten heute, sein Werk behandelt eine abgeschlossene Phase der US-Geschichte und will darüber hinaus nichts Allgemeines über die Vereinigten Staaten aussagen. Dies mag ein Zeichen für größere Toleranz in der SED-Kulturpolitik der achtziger Jahre sein.

Erich Loest, 1981 in die BRD übergesiedelt, war 1984 in den USA. Noch im selben Jahr erschien „Saison in Key West", ein kurzer Text, in einem Sammelband mit Reisefeuilletons (*Geordnete Rückzüge*, S.49-70). 1986 gab dieser Text einer neuen Sammlung von Reisebildern den Titel, in der auch ein weiterer Text über Loests USA-Aufenthalt, „Wälder, weit wie das Meer" (S.156-171), abgedruckt ist.

Loest war auf der Insel Key West im Süden der USA und in einer Mohawk-Reservation im Staate New York. An beiden Orten ging der Autor den Spuren berühmter US-Schriftsteller nach, in Key West Ernest Hemingways, in der Reservation James Fenimore Coopers. Er berichtet, was er gesehen hat und was ihm von Einheimischen mitgeteilt worden ist, ohne Vorbehalte und selten mit Werturteilen. Gelegentlich zieht er Vergleiche zu seiner Heimat Sachsen, nicht jedoch, um die Vereinigten Staaten dadurch herabzusetzen, sondern weil ihn manches in den USA spontan an Sachsen erinnerte. Loests Amerikabild vor seiner Reise war, wie er angibt, vor allem von amerikanischen Serien im Westfernsehen bestimmt (S.59).

Zu Hemingway hat er ein besonderes Verhältnis. Der amerikanische Autor stand „an der Wiege meiner schriftstellerischen Versuche", Loest und seine schreibenden Freunde hatten die Hemingwaysche Schreibweise nachgeahmt, bis „wir uns damit selber [...] zum Halse heraus" hingen (S.64). Loest erinnert sich daran, wie *The Old Man and the Sea* in der DDR als präfaschistisch diffamiert wurde und wie die jungen DDR-Autoren gerügt wurden, die Hemingways „harte Schreibweise" kopierten.

Doch „Saison in Key West" befaßt sich nicht nur mit Hemingway, sondern mit der Insel im allgemeinen, ihren Häusern, dem Touristenrummel, ihrer Geschichte. Werturteile finden sich allenfalls in bezug auf das amerikanische *fast food*, einem „Standardbrei", „dem offensichtlich alle schreckliche Zukunft gehört" (S.74f.), doch gleich danach schwärmt Loest von gutem amerikanischem Essen. Ein weiteres Pauschalurteil betrifft die amerikanische „Prüderie", die ein Oben-Ohne-Sonnen nicht zulasse (S.75).

In „Wälder, weit wie das Meer" interessiert sich Loest vor allem für die Nachkommen der Mohawks, eines Indianerstammes, den der Autor aus J.F. Coopers Romanen kennt, die er einst für DDR-Leser überarbeitet hatte. Auf Coopers Spuren besichtigte der Schriftsteller das Naturschutzgebiet um Cooperstown (Heimatstadt des US-Autors), Fort Ontario, die Mohawk-Reservation bei Massena, Lake Placid, Fort Ticonderoga, den Nationalpark der Adirondacks und Glens Falls. Jüngere Mohawks, die auf Arbeitssuche die Reservation verlassen hatten, fand Loest in New York beim Wolkenkratzerbau, wofür sie gerne angestellt werden, da sie schwindelfrei sind.

Wie in „Saison in Key West" erzählt der Autor ohne bewertende Bemerkungen, nur die Massentourismusstätten mißfielen ihm: „Kein Frage: Der US-amerikanische Kitsch ist der kitschigste der Welt." (S.167)

Daß der Verfasser den größten Teil seines Lebens in der DDR verbracht hat, merkt man seinen USA-Feuilletons nicht an. Die beiden Texte sind von keiner wie auch immer gearteten Ideologie gefärbt, es vermittelt sich in erster Linie das Staunen des Europäers über die Andersartigkeit der Vereinigten Staaten.

Die Amerikabilder der DDR-Schriftsteller/innen, die in den USA waren[18], unterscheiden sich bis Mitte der siebziger Jahre kaum von den Ame-

18 Hermann Kant unternahm im November 1979 eine Lese- und Vortragsreise durch die USA, doch hat er meines Wissens seinen dortigen Aufenthalt literarisch nicht verarbeitet, es sei denn in der humoristischen Kurzgeschichte „Die Sache Osbar", 1986 (in *Bronzezeit. Geschichten aus dem Leben des Buchhalters Farßmann*, S.135-175), in der ein DDR-Buchhalter von einem skurrilen mormonischen Milliardär aus Salt Lake City beauftragt wird, mit Hilfe von 96 Millionen Dollar die DDR zu verschönern, da der Milliardär, Mr. Osbar, auf den Spuren seines Großvaters durch die DDR wandern und die Ortschaften in denselben leuchtenden Farben sehen will, von denen ihm sein Großvater erzählt hat. Zwar sucht der Buchhalter Osbar in Salt Lake City auf, doch sind über die Stadt und die USA keine genauen Angaben gemacht, ebensowenig über die Mormonen, die am Schluß der Erzählung verhindern, daß der Milliardär sein Geld in ein nicht-mormonisches Land investiert. Kants Humoreske sagt mehr über die DDR aus als über die USA.
Erst nach Abschluß der Materialsammlung fand ich das Buch *Zwischen Dallas und New York: Wie ich die USA erlebte: Notizen eines Aufenthaltes*, 1986, von Ingrid Deich. Die Autorin, eine westdeutsche Soziologin, die sich nach ihrem Amerikaaufenthalt an der *University of Missouri at Rolla* in der DDR niedergelassen hat und seit 1979 als ordentliche Professorin an der Karl-Marx-Universität in Leipzig arbeitet, sieht die USA vom marxistischen Standpunkt aus. Ihr Buch, mit vielen Anmerkungen und Literaturverweisen versehen, ist eine sachliche Analyse der Arbeitssituation in den USA, des Schul- und Universitätswesens, der Situation der Frauen, des Familienlebens, des amerikanischen Fernsehens und der US-Politiker. Es ähnelt eher einer soziologischen Studie als dem im Titel angekündigten Erlebnisbericht.

rikabildern solcher Autor/inn/en, die nie dort gewesen waren. Antiamerikanismen werden ideologisch bemäntelt, indem sie auf das Verfallsstadium des Kapitalismus und auf den systembedingten Materialismus der Amerikaner zurückgeführt werden. Einzige Ausnahme ist Wolf Durians Jugendbuch *Lumberjack*, dessen Fortsetzung unterblieb. Scheer, Welk, Victor, Reiche, Marchwitza, Greulich, Kaufmann ist die grundsätzliche Ablehnung der USA und ihrer Kultur aus ideologischen Gründen gemeinsam. Nur Scheer und Welk bieten weiterreichende Überlegungen über amerikanische Wesensart und Denkweise, die Scheer jedoch verurteilt — bei Welk dagegen werden die Betrachtungen zum „Amerikanismus" von einer Nebenfigur unkommentiert wiedergegeben.

Edith Andersons USA-Buch bestätigt DDR-Klischeevorstellungen, mildert sie jedoch etwas ab. Erst Günter Kunerts *Der andere Planet*, 1975, bietet eine gänzlich neue Perspektive, kann jedoch für die DDR-Belletristik der siebziger Jahre nicht als repräsentativ gelten, da Kunerts Gesamtwerk ohnehin für sich stand und da anläßlich der 200-Jahr-Feier der USA mehrere amerikakritische Werke erschienen, wie die beiden Sachbücher Victor Grossmans, Maximilian Scheers *Ein unruhiges Leben* und Harald Wessels John-Reed-Biographie. Die andere prominente DDR-Schriftstellerin, die in den siebziger Jahren in die USA gereist war, Christa Wolf, äußerte sich ebenfalls eher negativ (wenn auch nur in kurzen Sätzen in *Kindheitsmuster*) über die Vereinigten Staaten. In den achtziger Jahren finden sich einzelne USA-kritische Werke, wie Franz Loesers *Die Abenteuer eines Emigranten*, auf der anderen Seite die in ihrer Kritik gemäßigten und sachlichen Erinnerungen von Victor Grossman, *Der Weg über die Grenze*. Alle anderen Werke USA-Reisender aus der DDR sind nur im Westen erschienen und stammen aus der Feder übergesiedelter Dissidenten. Jurek Becker, Sarah Kirsch, Günter Kunert (1984), Erich Loest, Franz Loeser (1986) verzichten in ihren Werken entweder auf das ideologiebestimmte Amerikabild oder stellen es in Frage.[19]

---

19 Nach Abschluß meiner Arbeit machte mich Mr. James Knowlton noch auf folgende DDR-Reiseberichte über die USA aufmerksam: Irene Runge: *Himmelhölle Manhattan*, Berlin 1986; Klaus Walther: *Noch zehn Minuten bis Buffalo*, Rudolstadt 1986. Ferner erschien nach Abschluß meiner Arbeit 1988 Manfred Jendryschiks *Zwischen New York und Honolulu*.

6. Schluß

Abschließend sollen die einzelnen Kapitel der vorliegenden Arbeit kurz zusammengefaßt, die Gegenbildthese soll anhand jedes dieser *abstracts* überprüft werden.

Die DDR-Darstellung der beiden Themen „Amerikanische Revolution" und „Bürgerkrieg" zielt nicht auf den Entwurf eines Gegenbildes ab. Vielmehr wird hier gemäß der Lehre des Historischen Materialismus die positiv bewertete Entwicklung des Bürgertums zur herrschenden Klasse (anstelle des Adels) beobachtet. Beide historischen Ereignisse haben ihren Stellenwert für Sozialisten: Die Revolution gilt als erste bürgerliche Revolution, der Bürgerkrieg wurde von Marx und Engels interessiert verfolgt und kommentiert, er wird von DDR-Historikern als zweite amerikanische Revolution angesehen, an deren Ende das Bürgertum die letzten feudalistischen Überbleibsel beseitigt und der Kapitalismus seinen Einzug gehalten habe.

Das DDR-Bild der nordamerikanischen Indianer dagegen bestätigt die Gegenbildthese: Während Indianer in den USA in Film, Fernsehen und Literatur oft als blutrünstige Wilde gezeigt werden (was in der DDR durch Vermittlung des bundesdeutschen Fernsehens bekannt ist), setzt die DDR in Film und Belletristik das Bild des edlen, besseren indianischen Menschen dagegen, der der Habgier und Skrupellosigkeit der Weißen zum Opfer fällt. Indianer gehören nach sozialistischer Auffassung dem Stadium der Urgesellschaft an, sie lebten in einer Art Frühsozialismus mit Gemeinschaftseigentum und relativer Gleichstellung der Geschlechter. Die Weißen dagegen lebten bereits in der Ära des Kapitalismus. Sie sind in der DDR-Indianerliteratur entweder Vertreter von gewinnsüchtigen *Companies* oder sozial entwurzelte Angehörige des Lumpenproletariats und Werkzeuge des Kapitals oder kleine Farmer und Siedler, Angehörige einer unterdrückten Klasse wie die Indianer. So wird die Rassenfrage als Klassenfrage dargestellt. Die DDR benutzt ihr Gegenbild zum westlichen Indianerbild zum einen dazu, um ihr Eintreten auf Seiten der Unterdrückten in aller Welt (in diesem Fall in Nordamerika) zu betonen, zum anderen, um die von der Frühzeit an bestehende Unmenschlichkeit der amerikanischen Politik zu demonstrieren. Mit Ausnahme von F. Fabians Steuben-Biographie, in der Indianer in negativem Kontext auftauchen, G. Kunerts Ironisierung des herkömmlichen Indianerbildes und W. Durians entromantisierter Beschreibung nordamerikanischer Indianer sind diese Tendenzen in der gesamten ostdeutschen Indianerliteratur zu beobachten.

Das moderne Amerikabild in der Schönen Literatur der DDR ist überwiegend das negative Schreckensbild eines imperialistischen Landes, regiert von einer kleinen Schicht, dem militärisch-industriellen Komplex, der über die große Mehrheit, die Werktätigen, die Mittelschicht und die Intelligenz, herrsche. Um an der Macht zu bleiben und die Arbeiterschaft daran zu hindern, sich zu solidarisieren und gemeinsam die Revolution vorzubereiten, bedienten sich die Machthaber einer reaktionären, faschistoide Tendenzen fördernden Politik (z.B. McCarthyismus), einer gewalttätigen Polizei, der voreingenommenen und von den Monopolen abhängigen Justiz, eines KZ-ähnlichen Gefängnissystems und der ebenfalls von ihnen gesteuerten Medien, deren Hauptfunktion im Verschleiern der wahren Sachverhalte und der Ablenkung der Werktätigen vom Verfolgen ihrer eigenen Interessen bestehe. Die amerikanischen Ideale Freiheit, Demokratie und Pressefreiheit seien Schimären, sie existierten nicht, weshalb das Symbol der amerikanischen Freiheit, die Freiheitsstatue, den tatsächlichen Verhältnissen im Lande Hohn spreche. Ein weiteres Mittel zur Niederhaltung der Arbeiterklasse sei der Rassismus, der dazu eingeführt worden sei, um die Arbeiterklasse in Schwarze und Weiße aufzuspalten und die einzelnen Teile gegeneinander aufzuhetzen. Schließlich bedienten sich die herrschenden US-Monopole des Antikommunismus und der Förderung sektiererischer pseudosozialistischer Strömungen (die einen „dritten Weg" suchten und Verwirrung in der progressiven Bewegung stiften sollten), um die einzigen zu bekämpfen, die ihnen gefährlich werden könnten, weil sie das Volk über die wahren Zusammenhänge und Machtverhältnisse aufklärten: die Kommunisten.

Die amerikanische Wirtschaft, wie bei der freien Marktwirtschaft üblich, unterliege zyklischen Krisen, deren Folgen Inflation, steigende Preise, Arbeitslosigkeit und die Verelendung breiter Massen seien. Dies liege im Interesse der Unternehmer, die so stets auf ein Potential Arbeitswilliger zurückgreifen könnten, sei es im Fall eines Streikes als Streikbrecher, sei es zur Erpressung der Arbeiter, die ihren Arbeitsplatz behalten wollten und dafür Zugeständnisse machen müßten, falls sie sich nicht in das Heer der Arbeitslosen einreihen wollten. Ursache der Krisenhaftigkeit seien u.a. die hohen Rüstungsausgaben, die durch die permanente Aufrüstung der USA entstünden. Diese Aufrüstung, die den US-Monopolen Riesenprofite einbrächte, diene der Vorbereitung eines dritten, nuklearen Weltkrieges. Das amerikanische Volk solle von seinen Machthabern darauf vorbereitet und dafür konditioniert werden, indem diese durch gezielte Panikmache das Schreckgespenst der kommunistischen Unterwanderung und des atomaren Erstschlages der Sowjetunion an die Wand malten. Durch Bunkerbau und Werbung für allerlei Gegenstände, die das Überleben nach einem Atomschlag erleichtern sollten, werde das amerikanische Volk zusätzlich an den Gedanken an einen Nuklearkonflikt gewöhnt.

Da der Imperialismus im Niedergang begriffen sei, spitzten sich die Klassengegensätze immer weiter zu. Es herrsche eine allgemeine permanente Krise, die durch zyklisch auftretende Krisen noch verstärkt werde. Dies werde schließlich zu einer Revolution und zum Übergang vom Kapitalismus zum Sozialismus führen.

Zum Niedergang des Kapitalismus gehörten auch die Verfallserscheinungen in der Kultur: Kunstwerke und Literatur verzerrten das Menschenbild, würden zu bloßen Spielereien und/oder ließen sich in den Dienst der Monopole stellen. Die Form werde wichtiger als der Inhalt. Reklame, Massenkunst und -literatur dienten offen reaktionären Zielen, vor allem der Verdummung breiter Volksmassen. Zum verzerrten Menschenbild gehöre auch die Herabwürdigung der Frau zum bloßen Sexobjekt, d.h. die Pornographie. Das Stadtleben sei unmenschlich geworden, da weder bei Architektur noch beim Umweltschutz (d.h. Sauberhaltung der Straßen und der Luft) auf die Bedürfnisse der Menschen geachtet werde — z.B. in New York.

Das amerikanische Alltagsleben sei voller Hektik und Konkurrenzdruck, die zwischenmenschlichen Beziehungen und die Beziehungen zwischen den Geschlechtern seien von krassem Materialismus geprägt. Folge der Verelendung breiter Massen sei eine wachsende Kriminalitätsrate, zu der auch die Überbewertung des Geldes und die Unterbewertung des menschlichen Lebens beitrügen.

Der wichtigste Fehler des Kapitalismus bestehe darin, daß der Mensch nicht im Mittelpunkt aller gesellschaftlichen Bemühungen stehe, sondern das Geld, im Falle der USA der Dollar. Daher würden alle Tätigkeiten, Ideen und Strömungen nur nach ihrer Nützlichkeit und ihrem Ertrag bewertet.

Daneben existiere auch ein „anderes Amerika", das diese Zusammenhänge durchschaue und auf eine bessere Zukunft der Vereinigten Staaten hoffen lasse, das künftige revolutionäre Potential der amerikanischen Unterdrückten — Arbeiter, rassisch und/oder politisch Verfolgte, Frauen. Ihnen werden nur positive Eigenschaften zugeschrieben (mit Ausnahme einiger weniger Frauentypen, s.u.).

Musterbeispiele für diese sozialistische Kapitalismus- bzw. Imperialismus-Kritik bieten die Werke der DDR-Belletristik über McCarthyismus, Atomkriegshysterie und Arbeitskampf in den USA der fünfziger Jahre. Arbeitskämpfe gelten in den sozialistischen Staaten als obsolet (da die Produktionsmittel den Werktätigen gehörten), ebenso Arbeitslosigkeit, Ausbeutung, wirtschaftliche Not, Verelendung großer Teile der Bevölkerung und Krisenanfälligkeit der Wirtschaft, so daß die Darstellung solcher Mißstände in den Vereinigten Staaten zwangsläufig die Errungenschaften des Sozialismus betont. Gleichzeitig wird die westliche Darstellung der sozialistischen Planwirtschaft als einer Kette von Mißerfolgen konterkariert. Die Anprangerung der Gesinnungsschnüffelei, Bespitzelung, Polizeiwillkür, *frame ups* der McCarthy-Ära, der Unfreiheit und der undemokratischen Tendenzen in der US-Gesellschaft entspricht der westlichen Empörung über den Terror der Stalinzeit, über Schauprozesse, Willkür der Geheimpolizei, Lager in der Sowjetunion.

Zur Darstellung der Atomkriegshysterie in den USA findet sich kein entsprechendes westliches Bild. Aus der Schilderung der bedrohlichen atomaren Aufrüstung in den Vereinigten Staaten spricht die Furcht der auf diesem Gebiet zunächst unterlegenen sozialistischen Staaten vor einem amerikanischen Atomschlag. Als sie in dieser Beziehung aufholten, wurde es wichtig, die Friedfertigkeit der sozialistischen Staaten als Gegenbild zur westlichen Vorstellung vom aggressiven Ostblock hervorzuheben.

Das Bild der Afroamerikaner ist nur scheinbar kein Gegenbild zu einer westlichen Darstellungsweise, wie man annehmen könnte, da die DDR kaum ethnische Minderheiten besitzt und in bezug auf den Vielvölkerstaat Sowjetunion über die Diskriminierung anderer Rassen und/oder Ethnien zumindest wenig bekannt ist. Das DDR-Bild der Afroamerikaner antwortet jedoch auf den westlichen Vorwurf, in den sozialistischen Staaten würden andersdenkende Minderheiten (wie z.B. Angehörige von Religionsgemeinschaften, Trotzkisten, Mitglieder der Friedensbewegung etc.) in vielfältiger Form verfolgt, Repressalien unterworfen und unterdrückt. Die auf S. 105 der vorliegenden Arbeit zitierten Sätze Klaus Bollingers über die Rassenfrage in den USA:

Sie geht uns alle an, weil Diskriminierung, Unterdrückung und Terror in der Innenpolitik eines Landes zur Übertragung solcher Methoden auf andere Länder führen können und schon geführt haben (S.4f.),

könnte in anderem Kontext ebensogut im Westen gegen die sozialistischen Länder verwendet werden.

Über die schwarze Bürgerrechtsbewegung wurde in der DDR-Belletristik bevorzugt geschrieben, doch unterschieden die Schriftsteller/innen oft zwischen ,,falschen" und ,,richtigen" Strömungen, d.h. zwischen denjenigen, die einen umgekehrten Rassismus und Gewalt gegen Weiße forderten, und denen, die die Rassenfrage als Klassenfrage betrachteten und zum gemeinsamen Kampf mit weißen Werktätigen bereit waren. Hier zeigt sich die alte, auf Karl Marx zurückgehende Ablehnung von Anarchismus und Linksradikalismus und die moderne Ablehnung der Vertreter eines ,,dritten Weges" zwischen Kapitalismus und Sozialismus.

Die negative Darstellung der US-Massenmedien als Instrumente des Monopolkapitals widerspricht dem westlichen Bild der amerikanischen Meinungs- und Pressefreiheit. Staatliche Lenkung der Medien wird auch den sozialistischen Staaten vom Westen vorgeworfen.

Die Ablehnung der US-Filmkunst, die im Westen als qualitativ besonders hochstehend gilt, hängt mit der These von der amerikanischen Verfallskultur zusammen und wird in diesem Zusammenhang behandelt werden. Sie mag auch der Hervorhebung der sowjetischen und der ostdeutschen Filmkunst dienen.

Auf den Gebieten Wissenschaft und Technik hatten die sozialistischen Länder einige Zeit lang (in den fünfziger Jahren) die Hoffnung, die USA einholen, wenn nicht überholen zu können. In der Raumfahrttechnik errangen jedoch auch die Amerikaner bald erhebliche Erfolge, und die Versteifung der sowjetischen Biologie auf unhaltbare Theorien führte zu Mißerfolgen. Wenn die amerikanische Wissenschaft und Technik in manchen Werken der Schönen DDR-Literatur als veraltet und weniger leistungsfähig als die sowjetische geschildert werden, so ist dies wohl eher ein Wunsch- als ein Gegenbild. Realistischer wirkt die Darstellung der unmenschlich gewordenen Wissenschaft, die sich mit der Waffenherstellung oder der Genmanipulation befaßt (vgl. auch die *mad scientists* in der DDR-*Science fiction*). Allerdings handelt es sich hierbei um ein weltweit verbreitetes Mißtrauen gegenüber den Folgen naturwissenschaftlicher Experimente.

Das negative DDR-Bild New Yorks hat seine Wurzeln in den Reisebeschreibungen Gorkijs, Majakovskijs und Pilnjaks. Es ist eindeutig ein Gegenentwurf zur westlichen New York-Faszination. Außer Sarah Kirsch, die das negative New-York-Bild zu relativieren versucht, zeigt sich kein/keine DDR-Schriftsteller/in von der Stadt positiv beeindruckt oder begeistert.

Ähnliches gilt auch für die Freiheitsstatue und den *American way of life,* beides Symbole eines positiven Amerikabildes, die hinterfragt und ins Negative verkehrt werden. Darüberhinaus dient die Betonung der nur scheinbaren Freiheit in den USA als Antwort auf die den sozialistischen Staaten vorgeworfene Unfreiheit.

Eine interessante Ausnahme zu dem ansonsten stets ideologiebestimmten DDR-Amerikabild stellt das Bild der Amerikanerin vor, das auf allgemeinen europäischen Klischeevorstellungen beruht: Entweder taucht in der DDR-Belletristik der Typ der herrschsüchtigen, geldgierigen weißen Amerikanerin auf, die ihren Mann dominiert, ihn zur beruflichen Karriere treibt und ihre Sexualität zu Männerfang und -unterdrückung einsetzt, oder der Typ der älteren Weißen, die mit Gewalt jugendlich erscheinen will, oder aber (wenn auch nur selten) der Typ der sexuell anziehenden Schwarzen. Für diese drei Formen des Bildes von amerikanischen Frauen existiert keine ideologische Begründung.

Der Vergleich des herkömmlichen DDR-Amerikabildes mit dem Amerikabild derjenigen Schriftsteller/innen, die die Vereinigten Staaten besucht oder dort gelebt haben, ergibt kaum Differenzen. Mit Ausnahme von Wolf Durian haben alle DDR-Autor/inn/en, die vor Anfang der siebziger Jahren die USA aus eigener Anschauung beschrieben, ebenfalls ein stark ideologisch bestimmtes Amerikabild entworfen, das in den Werken von Karl Reiche und Edith Anderson noch etwas gemildert wird durch detaillierte Beschreibungen von Landschaft, Städten und Menschen, bei Scheer, Welk, Victor, Marchwitza, Greulich, Kaufmann jedoch eine stark antiamerikanische Tendenz offenbart. Generelle Aussagen über den amerikanischen Nationalcharakter (Scheer), den „Amerikanismus" (Welk) oder *social hypocrisy* als Wesenszug der amerikanischen Gesellschaft (Victor) beruhen auf einer ideologischen Basis. Andere, nichtideologische Bemerkungen der DDR-Schriftsteller/innen sind fast ausschließlich negative Werturteile, die dem Eurozentrismus der Verfasser entspringen (vor allem bei Victor).

Dieses Bild existiert imgrunde bis heute. Günter Kunerts Reisebilder haben in der Schönen DDR-Literatur nicht Schule gemacht, die Amerikareiseliteratur danach greift größtenteils wieder auf die alten Muster zurück (Wessel, Loeser 1980) oder äußert sich vage negativ ohne Begründung (Ch.Wolf). Grossmans USA-Erinnerungen schildern zwar anschaulich und teilweise positiv sein Leben in den Vereinigten Staaten, spielen jedoch in einer vom psychischen Klima her repressiven Phase der US-Geschichte. Nur diejenigen Schriftsteller/innen, die inzwischen die DDR verlassen haben, stellen das DDR-Amerikabild in Frage (Becker, Kirsch, Loeser 1986, Loest) und bekennen z.T. ihre Voreingenommenheit durch dieses Amerikabild (Becker, Kirsch).

Die Funktion eines solchen Bildes der inneramerikanischen Verhältnisse dürfte tatsächlich in der Selbstlegitimation der DDR bestehen, wie Jack Zipes festgestellt hat. Je schlechter die Arbeitsverhältnisse in den USA sind, je größer Armut und Arbeitslosigkeit, je heruntergekommener die Slums, je höher die Inflation, kurz je stärker die Nachteile der freien Marktwirtschaft, desto positiver erscheint die Planwirtschaft. Bei Rassendiskriminierung, voreingenommener Justiz, Polizeiwillkür, KZ-ähnlichen Gefängnissen etc. genügt die Erklärung der Selbstlegitimation jedoch nicht mehr. Es handelt sich bei den meisten geschilderten Mißständen (bis auf den der Rassendiskriminierung, dem, wie gesagt, die Behandlung Andersdenkender in sozialistischen Ländern entspricht) um solche, die der DDR und ihrer Führungsmacht, der Sowjetunion, im Westen auch vorgeworfen werden, ebenso wie Mängel im Wirtschaftssystem — ein bewußt gewähltes Gegenbild, eine Antwort auf die westlichen Vorstellungen, die einfach unter umgekehrtem Vorzeichen auf die USA angewandt werden. Dem McCarthyismus entspricht der Stalinismus in der Sowjetunion; atomare Aufrüstung, Unfreiheit, Scheindemokratie, Polizeiwillkür, eine ungerechte Justiz, unmenschliche Gefängnisse werden der Sowjetunion und teilweise der DDR im Westen ebenso vorgeworfen, wie dies die DDR den USA zum Vorwurf macht.

Die Funktion eines solchen Gegenbildes besteht in der Entschärfung der vom Gegner gemachten Vorwürfe, indem sie einfach umgedreht und auf den Gegner angewandt werden. Tatsächliche Ereignisse dienen nur zum Vorwand, mit der Realität hat dieses Gegenbild wenig zu tun.

Im übrigen ist das geschilderte Bild der inneramerikanischen Verhältnisse aus der Sicht der DDR-Belletristik nicht neu: Bereits bei Maksim Gorkij, Vladimir Majakovskij und Boris Pilnjak findet es sich. Diese sowjetischen Autoren, vor allem Gorkij, dürften das frühe Amerikabild der DDR maßgeblich beeinflußt haben, doch änderte sich das sowjetische Amerikabild in den sechziger Jahren drastisch, das ostdeutsche jedoch nicht.

Noch deutlicher als anhand der Darstellung inneramerikanischer Verhältnisse tritt die Gegenbildfunktion des DDR-Amerikabildes anhand der Schilderung der amerikanischen außenpolitischen Aktivitäten zutage: Die imperialistische Großmacht USA bedrohe mit ihren Weltherrschaftsplänen und ihrer Globalstrategie den Weltfrieden. Sie suche die anderen kapitalistischen Staaten durch Wirtschaftsmaßnahmen (z.B. den Marshallplan) zu beherrschen, die Länder der Dritten Welt, besonders aber Lateinamerika beute sie mit neokolonialistischen Mitteln aus, greife direkt in deren Politik ein oder interveniere mit Militärgewalt. Die Vereinigten Staaten versuchten die Ausbreitung des Sozialismus in der Welt zu verhindern, wenn nötig durch einen Krieg (z.B. in Korea oder Vietnam), oder schon sozialistisch gewordene Ländern durch Diversion, Sabotage und Spionage zu unterminieren und die Konterrevolution vorzubereiten (z.B. in der DDR am 17.Juni 1953).

Die Hauptmerkmale der US-Außenpolitik seien Antisowjetismus und Aggressivität. Sie hätten keine Skrupel, im Kriegsfalle die Zivilbevölkerung mit grausamen Waffen (ABC-Waffen) anzugreifen, ihre Strategie bestehe aus Materialschlachten und Flächenbombardements. Amerikanische Bodentruppen dagegen seien feige, sie könnten nur siegen, wenn die Luftwaffe ihnen den Weg geebnet habe. Dies habe seinen Grund darin, daß die GIs nicht für ein Anliegen kämpften, sondern Söldner seien, d.h. für Geld arbeiteten, während die andere Seite aus Idealismus kämpfe. So wären sie auch im zweiten Weltkrieg der deutschen Wehrmacht unterlegen gewesen, wenn deren Gros nicht an der Ostfront im Kampf mit der Roten Armee gelegen hätte.

Um den Sozialismus zurückzudrängen, wendeten die Vereinigten Staaten die grausamsten Waffen und Methoden — wie die Bombardierung Dresdens, den Atombombenabwurf auf Japan oder den Einsatz von Napalm und *Agent Orange* im Vietnamkrieg — ohne Rücksicht auf die Zivilbevölkerung und ohne Beachtung der Gebote der Menschlichkeit an.

In aller Welt förderten die USA die reaktionären Kräfte und arbeiteten mit faschistoiden oder faschistischen Bewegungen bevorzugt zusammen. So hätten sie nach dem ersten Weltkrieg den deutschen Imperialismus als Gegengewicht zur Sowjetunion gefördert, dann jedoch die Kontrolle über ihn verloren. Die Errichtung einer zweiten Front in Europa hätten sie absichtlich verzögert, um die deutsche Wehrmacht gegen die Rote Armee auszuspielen, und die zweite Front erst aufgebaut, als die Sowjettruppen siegreich vorzudringen begonnen hätten (einzige mir bekannte Ausnahme: Wolfgang Schreyers Roman *Unternehmen ‚Thunderstorm'*, in dem Churchill die Errichtung einer zweiten Front verzögert). Die amerikanische Kriegführung habe sich vor allem gegen die deutsche Zivilbevölkerung gerichtet, Industriebetriebe dagegen seien, soweit US-Investitionen drinsteckten, verschont worden. Gegen die Zivilbevölkerung aber sei die US-Army grausam vorgegangen mit Flächenbombardements und schwerem Geschützfeuer. Die amerikanischen Bodentruppen dagegen seien übervorsichtig bis feige gewesen, obwohl sich ihnen an der Westfront kein nennenswerter Widerstand geboten habe (Ausnahme: Hans von Oettingens *Abenteuer meines Lebens*). Als der Krieg imgrunde schon beendet gewesen sei, hätten angloamerikanische Flieger die Stadt Dresden als Vergeltungsmaßnahme gegen die Nazis und als Machtdemonstration gegen die Sowjetunion bombardiert, wobei Tausende von Menschenleben und wertvolle Kulturgüter bedenkenlos geopfert worden seien. Der einzige Autor, der bei der Schilderung dieser Ereignisse auch einen US-Bombenflieger nicht als Teufel in Menschengestalt, sondern als von den amerikanischen Herrschenden irregeleiteten Menschen zeigt, ist Egon Günther in *dem erdboden gleich*.

Als Eroberer, nicht als Befreier — wie die Sowjetsoldaten — seien die Amerikaner in Deutschland eingezogen (Ausnahme: Bruno Apitz' *Nackt unter Wölfen*), hätten sich bereichert, geplündert, vergewaltigt, die Deutschen gedemütigt, sie hungern und frieren lassen, für keinerlei Organisation oder Verwaltung gesorgt, ihre Kriegsgefangenen schlecht behandelt (Ausnahme: Hans von Oettingens *Abenteuer meines Lebens*), sich viehisch und unzivilisiert benommen. In den Teilen der sowjetischen Zone, die zunächst von Amerikanern besetzt waren, hätten sie ganze Fabrikanlagen konfisziert, demontiert und abtransportiert sowie ostdeutsche Wissenschaftler und Techniker z.T. mit Gewalt beim Abzug in ihre Zone verschleppt. Was sie hätten zurücklassen müssen, hätten sie meist willkürlich zerstört.

In Aussehen und Gebaren hätten die GIs fremdartig und abstoßend gewirkt, sie hätten sich „gelümmelt", Kaugummi gekaut, eine unschöne Sprache gesprochen und seien häßlich gewesen.

Positiv dargestellt werden neben wirklichen Antifaschisten in der *US-Army* die schwarzen GIs, die, ähnlich wie die deutsche Zivilbevölkerung, schlecht behandelt und diskriminiert worden seien. Sie erscheinen als gutmütig, naiv und kinderliebend.

Positiv bewerten nur Fritz Rudolf Fries in *Der Weg nach Oobliadooh,* Stefan Heym in *Schwarzenberg* und Günter Kunert in „Reminiszenz" das Erscheinen der amerikanischen Truppen (Fries und Kunert wegen des Jazz, Heym im Vergleich zu den Sowjets), doch alle drei Werke sind nur im Westen erschienen. Bruno Apitz' Roman *Nackt unter Wölfen,* der sich an die historischen Gegebenheiten hält und die KZ-Insassen in Buchenwald auf die Befreiung durch die Amerikaner hoffen läßt, ist die einzige Ausnahme, doch gerade dieses Detail des Werkes wird von der DDR-Literaturgeschichtsschreibung übersehen oder herabgespielt. Ab den siebziger Jahren entstand allmählich eine gemäßigtere Darstellungsweise (Christa Wolfs *Kindheitsmuster,* Hans von Oettingens *Abenteuer meines Lebens).*

Auch dieses Bild ist ein Gegenbild: Die Rote Armee erscheint in der DDR-Belletristik im Gegensatz zur *US-Army* als vorbildlich, sie ist tapfer, großzügig, hilfsbereit, freundlich zur deutschen Zivilbevölkerung, streng gegenüber Nationalsozialisten, und im Gegensatz zu den GIs, die nur ein sexuelles Interesse an deutschen Frauen haben, gehen die Sowjetsoldaten Liebesverhältnisse ein. Brutalität, Vergewaltigungen, Plünderungen, schlechte Behandlung von Kriegsgefangenen, schlechte Versorgung der Bevölkerung in der Besatzungszone, rücksichtslose Demontage, Abtransport von Wissenschaftlern und Fachleuten, unzivilisiertes Benehmen und Geringschätzung deutscher Kulturgüter werden im Westen der Roten Armee zugeschrieben. Man vergleiche z.B. die Aussagen in Kapitel 3.1.6. „Die amerikanische Besatzungsmacht" mit folgendem Zitat des Westdeutschen Wilhelm Fuchs in seinen Erinnerungen *Heimatferne,* 1980, über das Verhalten der Sowjets nach Kriegsende:

> Es setzte die Demontage der Fabriken ein, eine Demontage, wie sie sich die ärgsten Pessimisten nicht vorgestellt hatten. Wahllos wurden die noch brauchbaren Maschinen auf offene Eisenbahnwaggons verladen und irgendwo zwischen Rathenow und Berlin auf den Bahndamm gekippt, wo sie monatelang Regen und Schnee ausgesetzt waren. (...). Viele Techniker – durch die Demontage brotlos geworden – ließen sich mehr oder weniger freiwillig überreden, im fernen Rußland eine Tätigkeit aufzunehmen. Andere wurden unter massiven Druck gesetzt. (...) Die Menschen litten in diesem ersten Nachkriegswinter entsetzlichen Hunger. (S.166f.)

Die Grausamkeit der Bombardierung Dresdens und des Atombombenabwurfs auf Japan findet keine direkte Entsprechung in der westlichen antisozialistischen Propaganda, es sei denn in der allgemein den Kommunisten zugetrauten Brutalität. Es handelt sich um historische Fakten, die gut ins Bild des Gegners passen. Es soll wohl das westliche Bild von den humanen, ethisch höher als die Sowjetunion stehenden USA konterkariert werden. Die sonstige Darstellung des Krieges in Asien, soweit überhaupt erwähnt, und der amerikanischen Besetzung Japans ähnelt stark der Darstellung der europäischen Ereignisse.

Nach dem zweiten Weltkrieg hätten die Amerikaner in ihrer Besatzungszone die Nationalsozialisten wieder in Amt und Würden eingesetzt und die Macht der westdeutschen Industrie und des westdeutschen Großgrundbesitzes nicht gemindert. Um das Übergreifen sozialistischen Gedankengutes zu verhindern, hätten sie die Spaltung Deutschlands herbeigeführt und trachteten seither nach der Eroberung der DDR. Zu diesem Zweck hätten sie die Wiederaufrüstung der Bundesrepublik gefördert und die Bundeswehr mit atomaren Waffen ausgerüstet sowie in ihr aggressives Paktsystem, die NATO, einbezogen. Widerstand in der westdeutschen Bevölkerung hätten sie mit Hilfe ihrer Bonner Verbündeten unterdrückt.

Alle diese Vorwürfe weisen indirekt auf die Errungenschaften des sozialistischen Systems in der DDR hin, das friedliebend sei, die Entnazifizierung konsequent durchgeführt, Industrie und Großgrundbesitz enteignet und umverteilt sowie eine neue Gesellschaft im Interesse der Menschen aufgebaut habe. Die Schuld am kalten Krieg wird in der DDR den USA zugewiesen.

Im Westen dagegen wurde das Auseinanderfallen der Antihitlerkoalition und die Verschärfung der Gegensätze zwischen Ost und West auf den Stalinismus in der Sowjetunion zurückgeführt, über dessen Auswirkungen im Inneren des Landes immer neue Einzelheiten bekannt wurden. In der Bundesrepublik wurde die Entwicklung im anderen Teil Deutschlands unter stalinistischen Kommunisten kritisiert; die Wiedervereinigungspropaganda und die Hallstein-Doktrin wirkten auf die DDR bedrohlich, denn sie stellten die BRD als einzigen legitimen Vertreter des deutschen Volkes hin. Die DDR-Belletristik kehrte den Spieß um, verwies auf die Abhängigkeit der Bonner Regierung von den USA und schilderte das Leben in der Bundesrepublik als unfrei und fremdbestimmt. Statt der Bedrohung durch den Osten nannte man die Bedrohung durch die Kriegstreiberei im Westen. Den im Westen erscheinenden Berichten über sowjetische Gefangenenlager wurden Berichte über KZ-ähnliche amerikanische Lager (E.G. Greulich: *Amerikanische Odyssee,* R. Petershagen: *Gewissen in Aufruhr*) entgegengesetzt.

Da auch die Sowjetunion die Atombombenherstellung zu beherrschen begonnen habe und, von der Aggressivität der USA zur Rüstungsspirale gezwungen, einen amerikanischen Angriff auf sozialistische Staaten durch ihre Aufrüstung verhindert habe, hätten sich die Vereinigten Staaten auf Diversion, Spionage und Sabotage verlegt mit dem Ziel, die sozialistischen Staaten zu schädigen, zu unterwandern und die Konterrevolution herbeizuführen. Gegen die DDR habe neben Spionage und Sabotage vor allem die ideologische Diversion durch amerikanische Musik, Tanzweisen, Trivialliteratur und Mode wirksam werden sollen, die die ostdeutsche Jugend abwerben und ihrer menschlichen Wertmaßstäbe berauben sollten. So stellt die DDR-Belletristik in den fünfziger und frühen sechziger Jahren amerikanisierte Jugendliche, die der Kriminalität und dem Zynismus zu verfallen drohen oder schon verfallen sind, als abschreckende Beispiele vor. US-Musik, -Tanz, -Heftreihenliteratur, -Comics und -Mode sowie -Filme galten als Zeichen der amerikanischen Verfallskultur, die von einem verzerrten Menschenbild ausgehe, die Form dem Inhalt vorziehe und ihrem Wesen nach zynisch, menschenverachtend und kriegsvorbereitend sei.

Das Bild der amerikanischen Verfallskultur dürfte kein Gegenbild sein, denn der sowjetischen und der DDR-Kultur wird im Westen kein Verfall unterstellt. Die Verfallskultur soll wohl eher die dunkle Folie sein, vor der sich der Sozialistische Realismus umso strahlender abhebt. Zugleich diente der Vorwurf wohl der Abwehr aller schwer verständlichen modernen Kunst- und Moderichtungen. Schließlich wurde die US-Musik und -Mode wegen ihrer großen Wirkung auf die DDR-Jugend abgelehnt, was zu der Befürchtung Anlaß gab, die Obrigkeitsfeindlichkeit westlicher Jugendlicher könne gleichfalls übernommen werden.

Ab Mitte der sechziger Jahre wandelte sich dieses Bild der amerikanischen ideologischen Diversion grundlegend, vor allem die US-Musik wurde aufgewertet. Ab Anfang der siebziger Jahre stellten sich die DDR-Schriftsteller/innen im Gegensatz zu den SED-Kulturpolitikern in wachsendem Maße auf die Seite der „amerikanisierten Jugendlichen" und verteidigten deren Lebensweise und Auffassungen.

Dem Bild der sonstigen Diversion, Spionage und Sabotage des US-Geheimdienstes in sozialistischen Ländern entspricht die westliche Vorstellung vom gefährlichen, allgegenwärtigen und allmächtigen sowjetischen Geheimdienst, wie sie z.B. in den James-Bond-Romanen auftaucht. Ein extremes Beispiel für die Darstellung amerikanischer Geheimdiensttätigkeit ist Harry Thürks Roman *Der Gaukler,* in dem die CIA trotz aller Verkommenheit, Skrupellosigkeit und technischer wie psychologischer Mittel gegen die ethisch höherstehende Sowjetunion nichts ausrichten kann. Dieser Roman dürfte eine Antwort auf die westlichen Reaktionen auf die Ausbürgerung von Aleksandr Solschenizyn und Wolf Biermann sein.

Die Vorbereitung des „Tages X", der Konterrevolution, wird in der DDR-Belletristik ebenfalls oft dem US-Geheimdienst zugeschrieben, und amerikanisierte Jugendliche werden als seine Handlanger hingestellt. Dieses Thema bleibt, im Gegensatz zu den anderen Darstellungen von subversiver amerikanischer Tätigkeit, bis in die achtziger Jahre hinein in der Schönen DDR-Literatur aktuell (nicht alle Schriftsteller/innen nehmen allerdings eine Beteiligung des US-Geheimdienstes an, viele nennen westdeutsche Geheimdienste und reaktionäre Elemente in der DDR als Urheber), und mit Ausnahme von Eberhard Hilscher folgen alle anderen DDR-Autor/inn/en der offiziellen DDR-Version vom Juniaufstand. Dieses Bild wendet sich gegen die westliche Interpretation der Ereignisse des 17. Juni 1953 als Volksaufstand.

Die Auffassung, daß die Vereinigten Staaten, um ihre Weltherrschaftsbestrebungen durchzusetzen, einen dritten Weltkrieg planten, wobei sie zynisch die Vernichtung weiter Teile der Welt wie ihres eigenen Landes einkalkulierten, findet ihre Entsprechung im westlichen Bild von der militaristischen, aggressiven, expansiven, in der Wahl der Mittel bedenkenlosen Sowjetunion. Beide Seiten bezichtigten sich lange Zeit gegenseitig, alle Friedens- und Abrüstungsvorschläge abgewiesen zu haben.

In der DDR-Belletristik der fünfziger Jahre verband sich dieses Gegenbild mit der weltweiten Furcht vor den Folgen der Atom- und Wasserstoffbombenversuche für die Umwelt, wobei betont wurde, daß die Sowjetunion „saubere" Tests in der Stratosphäre oder in der Arktis-Region vornehme.

In den achtziger Jahren sind die Auswirkungen der weltweiten Furcht vor einem nuklearen Krieg und der Friedensbewegung auf die Schöne DDR-Literatur deutlich spürbar. Nunmehr wandten sich mehrere Schriftsteller/innen auch gegen die östliche Führungsmacht und erklärten sie für mitverantwortlich an der atomaren Rüstung (Christa Wolf, Eberhard Hilscher, Lutz Rathenow etc.).

Als Verursacher des Koreakrieges gelten in der DDR-Belletristik die USA im Bündnis mit Südkorea, während im Westen die Nordkoreaner im Bündnis mit den Chinesen als Aggressoren genannt werden. Der einzige DDR-Autor, der die offizielle DDR-Sichtweise in Frage stellt, ist Eberhard Hilscher in *Die Weltzeituhr*.

Das Verhältnis der Vereinigten Staaten zu Lateinamerika wird in der DDR unter dem Schlagwort „Neokolonialismus" zusammengefaßt (d.h. wirtschaftliche Ausbeutung, Eingriffe in innere Angelegenheiten, militärische Interventionen). Dies ist ein Gegenbild zum westlichen Bild vom Verhältnis zwischen der Sowjetunion und ihren „Satelliten", in deren innere Verhältnisse die UdSSR (in Polen, Ungarn, der Tschechoslowakei) immer wieder massiv eingegriffen hat.

Als Ursachen für den Vietnamkrieg werden neokolonialistische Bestrebungen und der Antikommunismus der USA genannt, ansonsten beschränkt sich das Bild der Vereinigten Staaten im Vietnamkrieg auf die Darstellung von Grausamkeiten. Zum erstenmal deckte sich der östliche Gegenentwurf zum positiven Amerikabild mit dem neuen westlichen Amerikabild, das durch die moralische Empörung über die amerikanische Skrupellosigkeit und Brutalität im Vietnamkrieg entstand. In der DDR war dieses Bild schon wesentlich älter, es ist imgrunde dasselbe, was schon in bezug auf die Beteiligung der USA am zweiten Weltkrieg Anwendung fand. Einige wenige DDR-Schriftsteller/innen kritisierten ihren Staat, mit dem ständigen Verweis auf das Unrecht in Vietnam die Mißstände im eigenen Land zu verschleiern (Wolf Biermann, Reiner Kunze) und erinnerten an die nationalsozialistische Vergangenheit (Inge Müller, Frank Fühmann).

Das Amerikabild der DDR-*Science fiction* erweist sich nicht als Gegen-, sondern als Wunschbild: Die USA sind im Wettbewerb der Systeme weit abgeschlagen, der Sozialismus setzt sich weltweit durch, ist technisch überlegen und stets siegreich über alle Versuche des letzten imperialistischen Staates, den Sozialismus noch zu bekämpfen. Auch die Anti-Utopien mit Warnfunktion, in denen es um einen von den USA initiierten oder kurz bevorstehenden Atomschlag geht, lassen die sozialistischen Staaten als Hoffnungsträger auf eine bessere, friedliche Zukunft erscheinen.

In der DDR-Belletristik wird ein Gegenbild zum westlichen Amerikabild vor allem in den fünfziger und sechziger Jahren entworfen. In der Honecker-Ära dagegen beginnt es zu verblassen, und vor allem in den achtziger Jahren sind wesentlich objektivere Darstellungsweisen möglich (Oettingen, Hilscher, Strittmatter 1980, Heym 1984). Hier muß man allerdings unterscheiden zwischen regimetreuen Schriftstellern wie Neutsch, Gotsche, Kaufmann, Thürk etc. einerseits und Unabhängigen wie Dissidenten andererseits, denn erstere halten an dem herkömmlichen Amerikabild fest, während letztere es in Frage stellen, modifizieren oder ganz ablehnen.

Das Gegenbild erreichte seinen Höhepunkt in der Stalinzeit und daran anschließend in der Ulbricht-Ära, die den Stalinismus in gemilderter Form bis zum Ende der sechziger Jahre in der DDR konservierte. Es scheint eine Antwort auf die im Westen kursierenden Gerüchte und Meldungen über die Grausamkeiten der Stalinzeit, über Schauprozesse, Straflager, Mißhandlungen von Gefangenen, Gesinnungsschnüffelei und Verfolgung Andersdenkender zu sein. In dem Maße, in dem der Stalinismus überwunden wurde, konnte sich auch das Amerikabild verändern, erweitern und — relativ — realistischer werden. Heute interessieren die Vereinigten Staaten die Schriftsteller/innen nicht mehr so, wie sie einst die Belletristik der fünfziger Jahre dominierten. Das Ende des kalten Krieges, das Nachlassen der antisowjetischen und antikommunistischen Propaganda auf westlicher Seite machten ein Gegenbild überflüssig. So erklärt sich, daß z.B. Eberhard Hilscher schreiben konnte, daß der Juniaufstand auf die Unzufriedenheit von DDR-Arbeitern und nicht auf die konterrevolutionäre Tätigkeit von amerikanischen und westdeutschen Geheimdiensten zurückgehe, oder daß Erwin Strittmatter in *Der Wundertäter* von vergewaltigenden Sowjets berichten konnte.

Zweck der vorliegenden Arbeit sollte nicht die einseitige Verurteilung des DDR-Amerikabildes sein. Es sollten vielmehr Strukturen der Propaganda sichtbar gemacht und die Beliebigkeit der im Wettstreit der Systeme vorgebrachten Argumente aufgezeigt werden, die sich gegenseitig den Schwarzen Peter zuschoben. Die Realität spielte in solchen Zweckbildern die geringste Rolle. In der DDR-Belletristik der fünfziger und sechziger Jahre interessierte eine detaillierte Analyse der Vereinigten Staaten nicht, andere als die herkömmlichen Themen wurden nicht behandelt, andere Interpretationen als die sozialistische Geschichtsauffassung nicht diskutiert, weil sie nicht wichtig waren. Wichtig war die Abwehr des Negativbildes von dem sozialistischen Staat DDR und seiner Führungsmacht Sowjetunion, sowohl nach außen, um dem Gegner die eigenen Argumente mit umgekehrtem Vorzeichen zurückzugeben, als auch vor allem nach innen, um das eigene Selbstwertgefühl zu erhöhen und die Argumentation des Gegners vor vornherein als fragwürdig erscheinen zu lassen. Das Bild eines der politischen Hauptgegner der DDR ist weitestgehend eine realitätsferne Reaktion auf das Bild, das dieser Gegner von den sozialistischen Staaten hat.

Literaturverzeichnis

Die Titel des Literaturverzeichnisses sind alphabetisch geordnet. Sind mehrere Werke eines Verfassers / einer Verfasserin aufgeführt, so sind diese chronologisch geordnet. Da bei vielen DDR-Werken das ursprüngliche Erscheinungsdatum wichtig ist, wird es in Klammern angefügt, wenn eine spätere Auflage oder eine BRD-Ausgabe verwendet wurde.

1. Nachschlagewerke

Buch, Günther. Namen und Daten wichtiger Personen der DDR. 3.Auflage. Berlin (West) und Bonn: Verlag J.H.W.Dietz Nachf., 1982.

DDR-Handbuch. Wissenschaftliche Leitung: Hartmut Zimmermann, Mitarbeiter: Horst Ulrich und Michael Fehlauer. Hg. Bundesministerium für innerdeutsche Beziehungen. 2 Bde. 3., überarbeitete und erweiterte Auflage. Köln: Verlag Wissenschaft und Politik, 1985.

Deutsches Schriftstellerlexikon von den Anfängen bis zur Gegenwart. Weimar: Volksverlag, 1961.

Dokumente zur Kunst-, Literatur- und Kulturpolitik der SED. Hg. Elimar Schubbe. Stuttgart: Seewald Verlag, 1972.

Dokumente zur Kunst-, Literatur- und Kulturpolitik der SED 1971-1974. Hg. Gisela Rüß. Stuttgart: Seewald Verlag 1976.

Dokumente zur Kunst-, Literatur- und Kulturpolitik der SED 1975-1980. Hg. Peter Lübbe. Stuttgart: Seewald Verlag, 1984.

Geschichte der deutschen Literatur von den Anfängen bis zur Gegenwart. Hg. Hans-Günther Thalheim u.a., 11.Bd.: Literatur der Deutschen Demokratischen Republik. Von einem Autorenkollektiv unter Leitung von Horst Haase u.a. Berlin (Ost): Volk und Wissen Volkseigener Verlag, 1977.

Handbuch literarischer Fachbegriffe: Definitionen und Beispiele. Von Otto F. Best. 8., verbesserte Auflage. Frankfurt am Main: Fischer Taschenbuch Verlag, 1980.

Kindlers Literaturgeschichte der Gegenwart: Autoren — Werke — Themen — Tendenzen seit 1945: Die Literatur der Deutschen Demokratischen Republik. Von Konrad Franke. 2., neubearbeitete Auflage. München und Zürich: Kindler Verlag, 1974.

Kinne, Michael und Birgit Strube-Edelmann. Kleines Wörterbuch des DDR-Wortschatzes. 2.Auflage. Düsseldorf: Pädagogischer Verlag Schwann, 1981.

Kleines politisches Wörterbuch. Hg. Mitarbeiterkollektiv unter Waltraud Böhme u.a. 3., überarbeitete Auflage. Berlin (Ost): Dietz Verlag, 1978.

Kritisches Lexikon zur deutschsprachigen Gegenwartsliteratur. (KGL). Hg. Heinz Ludwig Arnold. 6 Bde. (Lose Blatt-Sammlung). München: edition text + kritik, 1978.
Kulturpolitisches Wörterbuch. Hgg. Manfred Berger u.a. 2., erweiterte Auflage. Berlin (Ost): Dietz Verlag, 1978.
Kulturpolitisches Wörterbuch Bundesrepublik Deutschland / Deutsche Demokratische Republik im Vergleich. Hgg. Wolfgang R. Langenbucher, Ralf Rytlewski und Bernd Weyergraf. Stuttgart: J.B.Metzlersche Verlagsbuchhandlung, 1983.
Lehmann, Hans Georg. Chronik der DDR: 1945 / 49 bis heute. Beck'sche Reihe BsR 314. München: C.H.Beck, 1987.
Lexikon fremdsprachiger Schriftsteller von den Anfängen bis zur Gegenwart. Hgg. Gerhard Steiner, Herbert Greiner-Mai und Wolfgang Lehmann. 3 Bde. Leipzig: VEB Bibliographisches Institut, 1977.
Lexikon der Kinder- und Jugendliteratur: Personen-, Länder- und Sachartikel zur Geschichte und Gegenwart der Kinder- und Jugendliteratur. Hg. Klaus Doderer, Institut für Jugendbuchforschung der Johann Wolfgang Goethe-Universität in Frankfurt am Main. 4 Bde. Weinheim und Basel: Belk Verlag, 1978 / 79.
Philosophisches Wörterbuch. Von Georg Klaus und Manfred Buhr. 2 Bde. 11. Auflage. Leipzig: VEB Bibliographisches Institut, 1975.
Reclams Kriminalromanführer. Von Armin Arnold und Josef Schmidt. Stuttgart: Verlag Philipp Reclam, 1978.
Schriftsteller der DDR. Meyers Taschenlexikon. Hgg. Günter Albrecht u.a. Leipzig: VEB Bibliographisches Institut, 1974.
Wörterbuch der marxistisch-leninistischen Philosophie. Hg. Alfred Kosing. Berlin (Ost): Dietz Verlag, 1985.

2. Primärquellen

Amerika und der bakteriologische Krieg. Berlin (Ost): Deutsches Friedenskomitee, 1952.
Die Amerikaner staunen: Wer gewinnt den Wettbewerb? Frankfurt / Oder: Gesellschaft für Deutsch-sowjetische Freundschaft, 1958.
Anderson, Edith. Gelbes Licht: Roman. Übers. Otto Wilck und Max Schroeder. Berlin (Ost): Aufbau-Verlag, 1956.
dies. Nicht weit von Birmingham: Hörspiel. 1965.
dies. Der Beobachter sieht nichts: Ein Tagebuch zweier Welten. Übers. Eduard Zak. Berlin (Ost): Verlag Volk und Welt, 1972.
Anderson, Sascha. Jeder Satellit hat einen Killersatelliten: Gedichte. Rotbuch 253. Berlin (West): Rotbuch Verlag, 1982.
Angela Davis: Lieder, Texte, Noten. Berlin (Ost): VEB Lied der Zeit, 1973.
Atom im Kreuzverhör. Berlin (Ost): Gemeinsame Kommission „10 Jahre DDR", 1959.
Atomfragen. Hg. Deutscher Friedensrat. Stimme des Friedens 1954, 5. Mai. Sonderbeilage. Berlin (Ost): Kongreß-Verlag, 1954.
Autorenkollektiv, Leiter: Norbert Lehmann und Klaus Kannapin. USA, Westeuropa, Japan — imperialistische Zentren der Rivalität. Hg. Institut für Internationale Politik und Wirtschaft, Berlin. IPW-Forschungshefte 1, Jg.11 (1976). Berlin (Ost): Staatsverlag der Deutschen Demokratischen Republik, 1976.
Autorenkollektiv, Leiter: Karl-Heinz Röder. USA: Aufstieg und Verfall bürgerlicher Demokratie. Hg. Akademie der Wissenschaften der DDR, Institut für Theorie des Staates und des Rechts, Berlin. Berlin(Ost): Staatsverlag der Deutschen Demokratischen Republik, 1976.

Badstübner, Olaf. „Der Parteisekretär". DDR-Porträts: Eine Anthologie. Hg. Fritz Selbmann. Frankfurt am Main: Röderberg-Verlag, 1974, S.126-146.
Ball, Kurt Herwarth und Lothar Weise. atomfeuer über dem pazifik. Spannend erzählt Bd.31. Berlin (Ost): Verlag Neues Leben, 1959.
Bartsch, Kurt. Zugluft: Gedichte, Sprüche, Parodien. Berlin (Ost) und Weimar: Aufbau-Verlag, 1968.
Bartsch, Rudolf. Man kann nicht immer stumm sein: Roman. Halle (Saale): Mitteldeutscher Verlag, 1953.
ders. Aufruhr in Bangsville. Kompaß-Bücherei Bd.116. Berlin (Ost): Verlag Neues Leben, 1961.
Becher, Johannes R. Gesammelte Werke, Bd.6: Gedichte 1949-1958. Hg. Johannes-R.-Becher-Archiv der Akademie der Künste der Deutschen Demokratischen Republik. Berlin (Ost) und Weimar: Aufbau-Verlag, 1972.
Becker, Jurek. Nach der ersten Zukunft: Erzählungen. Frankfurt am Main: Suhrkamp Verlag, 1980.
Bekier, Erwin. Die Geschichte von Tran Song. Berlin (Ost): Der Kinderbuchverlag, 1971.
Bergner, Edith. Tosho und Tamiki. 3.Auflage. Berlin (Ost): Der Kinderbuchverlag, 1971 (1. Auflage 1969).
Bernhof, Reinhard. Die Kuckuckspfeife. Berlin (Ost): Der Kinderbuchverlag, 1973.
Beseler, Horst, Willi Meinck und Michael Deutsch. Die Moorbande und andere Erzählungen. Robinsons billige Bücher Bd.42. 2.Auflage. Berlin (Ost): Der Kinderbuchverlag, 1959 (1. Auflage 1952).
Biermann, Wolf. Die Drahtharfe. Berlin (West): Verlag Klaus Wagenbach, 1965.
ders. Mit Marx- und Engelszungen. Berlin (West): Verlag Klaus Wagenbach, 1968.
ders. „Gesang für meine Genossen". Tintenfisch 4: Jahrbuch für Literatur. Hgg. Michael Krüger und Klaus Wagenbach. Berlin (West): Verlag Klaus Wagenbach, 1971, S.13-15. Auch in Neuere DDR-Literatur: Texte und Materialien für den Deutschunterricht. Hg. Hedwig Walwei-Wiegelmann. Paderborn: Ferdinand Schöningh Verlag, 1973, S.63-65.
Billhardt, Thomas u.a. Chile — Gesang und Bericht. Halle (Saale): Mitteldeutscher Verlag, 1975.
Bollinger, Klaus, Hg. Weltgeschehen 1945-1966: Internationale Zeitgeschichte. Hg. Institut für Internationale Beziehungen der Deutschen Akademie für Staats- und Rechtswissenschaft „Walter Ulbricht", Babelsberg. Berlin (Ost): Dietz Verlag, 1967.
ders. Freedom now — Freiheit sofort! Die Negerbevölkerung der USA im Kampf um Demokratie. Blickpunkt Weltpolitik. Berlin (Ost): Staatsverlag der DDR, 1968.
Bonhoff, Otto. Geheimauftrag Ford-Theater. Tatsachen Bd.29. 2.Auflage. Berlin (Ost): Militärverlag der Deutschen Demokratischen Republik, 1979 (1.Auflage 1964).
ders. Besuch aus dem Nebel: Utopischer Roman. 4.Auflage. Halle und Leipzig: Mitteldeutscher Verlag, 1974 (1.Auflage 1972).
Bräunig, Werner. Waffenbrüder: Erzählung. Treffpunkt heute. Halle (Saale): Mitteldeutscher Verlag, 1959.
ders. u.a. Vietnam in dieser Stunde: Künstlerische Dokumentation. Halle (Saale): Mitteldeutscher Verlag, 1968.
ders. und Barbara Bräunig: „Franke aus Brünlos". DDR-Porträts: Eine Anthologie. Hg. Fritz Selbmann. Frankfurt am Main: Röderberg-Verlag, 1974, S.217-239.
Brandt, Heinz. Ein Traum der nicht entführbar ist: Mein Weg zwischen Ost und West. Berlin (West): Verlag europäische Ideen, 1977 (Erstausgabe 1967).
Branstner, Gerhard. Der falsche Mann im Mond: Utopischer Roman. Rostock: VEB

Hinstorff Verlag, 1970.
Braun, Volker. Provokation für mich: Gedichte. Halle (Saale): Mitteldeutscher Verlag, 1965.
ders. Kriegserklärung. Halle (Saale): Mitteldeutscher Verlag, 1967.
ders. Wir und nicht sie: Gedichte. edition suhrkamp Bd.397. Frankfurt am Main: Suhrkamp Verlag, 1970.
ders. Gedichte. Hg. Christel und Walfried Hartinger. Reclams Universal-Bibliothek Bd.51. Leipzig: Verlag Philipp Reclam jun., 1972.
ders. Gegen die symmetrische Welt: Gedichte. Halle (Saale): Mitteldeutscher Verlag, 1974.
ders. Es genügt nicht die einfache Wahrheit: Notate. edition suhrkamp Bd.799. Frankfurt am Main: Suhrkamp Verlag, 1976 (1. Auflage 1975).
ders. Gedichte. Hgg. Christel und Walfried Hartinger. Reclams Universal-Bibliothek Bd.51. 3., erweiterte Auflage. Leipzig: Verlag Philipp Reclam jun., 1979 (1. Auflage 1972).
ders. Stücke 2: Schmitten. Guevara oder Der Sonnenstaat. Großer Frieden. Simplex Deutsch. suhrkamp taschenbuch 680. Frankfurt am Main: Suhrkamp Verlag, 1981.
Bredel, Willi: Gesammelte Werke in Einzelausgaben, Bd.VI: Verwandte und Bekannte: Die Enkel: Roman. 7.Auflage. Berlin (Ost) und Weimar: Aufbau Verlag, 1979 (1.Auflage 1960).
Brězan, Jurij. Eine Liebesgeschichte. 7.Auflage. Berlin (Ost): Verlag Neues Leben, 1975 (1.Auflage 1962).
ders. Felix-Hanusch-Trilogie: Mannesjahre: Roman. 12.Auflage. Berlin (Ost): Verlag Neues Leben, 1979 (1.Auflage 1964).
Brüning, Eberhard, Hg. Anspruch und Wirklichkeit: Zweihundert Jahre Kampf um Demokratie in den USA: Dokumente und Aussagen. Berlin (Ost): Rütten & Loening, 1976.
Burchett, William. Partisanen contra Generale. Übers. von Special War — Special Defence. 3. Auflage. Berlin (Ost): Verlag Volk und Welt, 1967.
Burger, Hanuš und Stefan Heym. Tom Sawyers großes Abenteuer: Ein Stück in sechs Bildern nach Motiven von Mark Twain. Halle (Saale): Mitteldeutscher Verlag, 1953.
Charisius, Albrecht, Rainer Lambrecht und Klaus Dorst. Weltgendarm USA: Der militärische Interventionismus der USA seit der Jahrhundertwende: Kurzgefaßter Überblick. Schriften des Militärgeschichtlichen Instituts der DDR. Berlin (Ost): Militärverlag der Deutschen Demokratischen Republik, 1983.
Chile — Gesang und Bericht. Hg. Thomas Billhardt u.a. Halle (Saale): Mitteldeutscher Verlag, 1975.
Cibulka, Hanns. Arioso: Gedichte. Halle (Saale): Mitteldeutscher Verlag, 1962.
ders. Gedichte. Halle (Saale): Mitteldeutscher Verlag 1968.
Claudius, Eduard. Hochzeit in den Alawitenbergen: Erzählungen aus drei Jahrzehnten. München: Kürbiskern Damnitz Verlag, 1975.
Cwojdrak, Hilga und Günther (Hgg.). Die Rache des Häuptling: Indianer- und Abenteuergeschichten. Berlin (Ost): Der Kinderbuchverlag, 1975.
Czechowski, Heinz. Wasserfahrt: Gedichte. Halle (Saale): Mitteldeutscher Verlag, 1967.
Daumann, Rudolf. Tatanka Yotanka: Ein Roman um Sitting Bull, den großen Häuptling der Sioux. 2.Auflage. Berlin (Ost): Verlag Neues Leben, 1956 (1.Auflage 1955).
ders. Der Untergang der Dakota. Heyne-Jugend-Taschenbuch Nr.47. München: Wilhelm Heyne Verlag, 1974 (1.Ausgabe 1957).
ders. Die vier Pfeile der Cheyenne. Berlin-Schöneberg: Gebrüder Weiss Verlag, o.J. (1.Ausgabe 1957).

Deich, Ingrid. Zwischen Dallas und New York: Wie ich die USA erlebte: Notizen eines Aufenthalts. Leipzig, Jena, Berlin (Ost): Urania Verlag, 1986.
Deicke, Günther. Traum vom glücklichen Jahr: Gedichte. Die Reihe Bd.14. Berlin (Ost): Aufbau-Verlag, 1959.
ders. Die Wolken. Berlin (Ost): Verlag der Nation, 1965.
ders. Ortsbestimmung: Ausgewählte Gedichte. 2.Auflage Berlin (Ost): Verlag der Nation, 1978 (1.Auflage 1972).
del'Antonio, Eberhardt. Gigantum: Utopischer Roman. Berlin (Ost): Das Neue Berlin, 1957.
ders. Titanus: Zukunftsroman. Berlin (Ost): Das Neue Berlin, 1959.
ders. Projekt Sahara: Zukunftsroman. Berlin (Ost): Verlag Tribüne, 1962.
Djacenko, Boris. Und sie liebten sich doch. Halle (Saale): Mitteldeutscher Verlag, 1960.
Döderlin, Karl Reinhold. „Den Mördern der Rosenbergs". Neue Deutsche Literatur 8, 1.Jg. (August 1953), S.11.
Durian, Wolf. Lumberjack: Abenteuer in den Wäldern Nordamerikas. 2.Auflage. Berlin (Ost): Der Kinderbuchverlag, 1957.
ders. Der Mann im Biberbau: Die Abenteuer des Jägers John Colter. Aus dem Nachlaß des Verfasser. Hg. Sibylle Durian. Berlin (Ost): Der Kinderbuchverlag, 1973.
Dutombé, Lothar und Hannes Dahlberg. Mort pour la France. 1951.
Egel, Karl Georg. Dresden: Untergang und Auferstehung einer Stadt: Hörspiel. 1949.
ders. Hiroshima: Hörspiel. 1950.
Eisler, Gerhart. Auf der Hauptstraße der Weltgeschichte: Artikel, Reden und Kommentare 1956-1968. Berlin (Ost): Dietz Verlag, 1981.
Engelhardt, Klaus und Karl-Heinz Heise. Militär-Industrie-Komplex im staatsmonopolistischen Herrschaftssystem. Hg. Institut für Internationale Politik und Wirtschaft. Berlin (Ost): Staatsverlag der DDR, 1974.
Fabian, Franz. Die Schlacht von Monmouth: Friedrich Wilhelm von Steuben in Amerika. 2.Auflage. Berlin (Ost): Militärverlag der Deutschen Demokratischen Republik, 1975 (1.Auflage 1961).
Fahlberg, H.L. Ein Stern verät den Täter: Kriminalroman. Berlin (Ost): Das Neue Berlin, 1955.
ders. Erde ohne Nacht: Technischer Zukunftsroman. Berlin (Ost): Das Neue Berlin, 1956.
ders. Betatom: Kriminalroman. Berlin (Ost): Das Neue Berlin, 1957.
Frieden, Abrüstung, deutsche Frage: Studie. Berlin (Ost): Friedensrat der Deutschen Demokratischen Republik, 1962.
Friedrich, Herbert. Der Damm gegen das Eis: Zukunftsroman. Halle (Saale): Mitteldeutscher Verlag, 1964.
Fries, Fritz Rudolf. Der Weg nach Oobliadooh: Roman. suhrkamp taschenbuch 265. Frankfurt am Main: Suhrkamp Verlag, 1966.
ders. Der Fernsehkrieg und andere Erzählungen. Frankfurt am Main: Suhrkamp Verlag, 1970 (1.Ausgabe 1969).
Fuchs, Wilhelm. Heimatferne: Roman meines Lebens. Karlsruhe: Verlag Atelier Paysage, 1980.
Fühmann, Frank. Stürzende Schatten: Novellen. Berlin (Ost): Verlag der Nation, 1959.
ders. 22 Tage oder Die Hälfte des Lebens. Frankfurt am Main: Suhrkamp Verlag, 1973.
Fürnberg, Louis und Kuba. Weltliche Hymne: Ein Poem auf den großen Oktober. Berlin (Ost): Dietz Verlag, 1958.
Fuhrmann, Rainer: Homo Sapiens 10^{-2}: Utopischer Roman. Berlin (Ost): Das Neue Berlin, 1977.

Gatz, Udo. Der unheimliche Marsnebel. Das neue Abenteuer 230. Berlin (Ost): Verlag Neues Leben, 1964.
Gerlach, Jens. Jazz: Gedichte. 2.Auflage. Berlin und Weimar: Aufbau-Verlag, 1967 (1.Auflage 1966).
Gloger, Gotthold. Philomela Kleespieß trug die Fahne: Roman. Berlin (Ost): Aufbau-Verlag, 1953.
Gotsche, Otto. Zwischen Nacht und Morgen. Halle (Saale): Mitteldeutscher Verlag, 1959.
ders. Links und rechts vom Äquator: Reisenotizen aus Lateinamerika. Halle (Saale): Mitteldeutscher Verlag, 1970.
ders. Im Mittelmeer: Reisenotizen. Halle (Saale): Mitteldeutscher Verlag, 1972.
Grabner, Hasso. „Adam Weil". DDR-Porträts: Eine Anthologie. Hg. Fritz Selbmann. Frankfurt am Main: Röderberg-Verlag, 1974, S.254-268.
Greulich, Emil Rudolf. Amerikanische Odyssee: Roman. Berlin (Ost): Deutscher Militärverlag, 1965.
Groehler, Olaf. Die Haltung der herrschenden Kreise der USA und Großbritanniens zur politischen und militärischen Vorbereitung der zweiten Front (1942-1944). Berlin (Ost): Deutscher Militärverlag, 1968.
Groß, Richard. Der Mann aus dem andern Jahrtausend: Zukunftsroman. Spannend erzählt Bd.40. Berlin (Ost): Verlag Neues Leben, 1961.
Grossman, Victor. Von Manhattan bis Kalifornien: Aus der Geschichte der USA. Berlin (Ost): Der Kinderbuchverlag, 1975.
ders. Per Anhalter durch die USA. Berlin (Ost): Verlag Neues Leben, 1976.
ders. Der Weg über die Grenze. Berlin (Ost): Verlag Neues Leben, 1985.
Günther, Egon. dem erdboden gleich. tangenten. Halle (Saale): Mitteldeutscher Verlag, 1957.
ders. „Wie das Blut schmeckt". Die Tarnkappe: 35 Geschichten. Hgg. Sonja Schnitzler und Manfred Wolter. 2.Auflage. Berlin (Ost): Eulenspiegel Verlag 1979, S.177-205 (1. Auflage 1978).
Hacks, Peter. Stücke nach Stücken. 2.Auflage. Berlin (Ost) und Weimar: Aufbau-Verlag, 1969.
ders. Ausgewählte Dramen 1. Berlin (West): das europäische buch, 1985 (1. Auflage 1971).
Häuptling Büffelkind Langspeer erzählt sein Leben. München: List Verlag, 1958.
Hammel, Claus. Ein Yankee an König Artus' Hof: Spiel nach alten Quellen. Zeitgenössische Dramatik. Berlin (Ost): Henschel-Verlag, 1967.
Hass, Gerhart. Von München bis Pearl Harbor: Zur Geschichte der deutsch-amerikanischen Beziehungen. Hg. Deutsche Akademie der Wissenschaften zu Berlin. Schriften des Instituts für Geschichte. Reihe I: Allgemeine und deutsche Geschichte Bd.29. Berlin (Ost): Akademie-Verlag, 1965.
Hauser, Harald. Weißes Blut: Schauspiel in zwei Akten. Zeitgenössische Dramatik. 3.Auflage. Berlin (Ost): Henschel-Verlag, 1962 (1.Auflage 1959).
Havemann, Robert. Fragen, Antworten, Fragen: Aus der Biographie eines deutschen Marxisten. München: Piper Verlag, 1970.
Heidtmann, Horst, Hg. Im Jenseits: Unheimlich-phantastische Geschichten aus der DDR. dtv phantastica. München: Deutscher Taschenbuch Verlag, 1981.
ders. Von einem anderen Stern: Science-Fiction-Geschichten aus der DDR. dtv phantastica. München: Deutscher Taschenbuch Verlag, 1981.
Hein, Christoph. Die Geschäfte des Herrn John D.: Revue für Schauspieler. Unveröffentlichtes Bühnenmanuskript. Berlin (West): Gustav Kiepenheuer Bühnenvertriebs-GmbH, o.J.

Held, Wolfgang. Feuervögel über Gui. Berlin (Ost): Der Kinderbuchverlag, 1969.
Henry, Charles P. (= Günter Karl und Karl Heinz Berger). Spur des Falken: Abenteuerroman. Gelbe Reihe. Berlin (Ost): Das Neue Berlin, 1968.
ders. Weiße Wölfe. Das Taschenbuch 213. Berlin (Ost): Militärverlag der Deutschen Demokratischen Republik, 1984 (1.Auflage 1970).
ders. Tödlicher Irrtum: Abenteuerroman. Gelbe Reihe. Berlin (Ost): Das Neue Berlin, 1972.
Hermlin, Stephan. Dichtungen. Berlin (Ost): Aufbau-Verlag, 1956.
ders. Gedichte. Reclams Universal-Bibliothek 124. Leipzig: Verlag Philipp Reclam jun., 1963.
ders. Erzählungen. Berlin (Ost) und Weimar: Aufbau-Verlag, 1966.
ders. „Die Kommandeuse". Auskunft: Neue Prosa aus der DDR. Hg. Stefan Heym. Autoren Edition. München, Gütersloh, Wien: C. Bertelsmann Verlag, 1974, S.279-292.
ders. Lektüre 1960-1971. Berlin (Ost) und Weimar: Aufbau-Verlag, 1974.
Heym, Stefan. Die Kannibalen und andere Erzählungen. Düsseldorf: Progreß-Verlag, 1957.
ders. Offen gesagt: Neue Schriften zum Tage. Berlin (Ost): Verlag Volk und Welt, 1957.
ders. 5 Tage im Juni: Roman. München, Gütersloh, Wien: C. Bertelsmann Verlag, 1974.
ders. Wege und Umwege: Streitbare Schriften aus fünf Jahrzehnten. Hg. Peter Mallwitz. München: C. Bertelsmann Verlag, 1980.
ders. Werkausgabe: Goldsborough: Roman. München: Wilhelm Goldmann Verlag, 1981 (1. Auflage 1953).
ders. Werkausgabe: Gesammelte Erzählungen. München: Wilhelm Goldmann Verlag, 1984.
ders. Schwarzenberg: Roman. München: C. Bertelsmann, 1984.
Hilscher, Eberhard. Die Weltzeituhr: Roman einer Epoche. München und Hamburg: Albrecht Knaus Verlag, 1985 (1. Auflage 1983).
Hofé, Günter. Schlußakkord: Roman. Frankfurt am Main: Röderberg-Verlag, 1974.
Honigmann, Georg. Chef weist an... oder Der Fall des William Randolph Hearst. 2.Auflage. Berlin (Ost): Verlag der Nation, 1973 (1.Auflage 1972).
Hubert, Fred. Zeitsprung ins Ungewisse: Wissenschaftlich-phantastische Erzählung. Kompaß-Bücherei Bd.190. Berlin (Ost): Verlag Neues Leben, 1975.
Hüfner, Heiner und Ernst-Otto Luthardt. Utopische und phantastische Geschichten. Rudolstadt: Greifenverlag, 1981.
Ideologische Diversion — Psychologischer Krieg — Antikommunismus. Hg. Institut für Internationale Beziehungen. Aktuelle Beiträge der Staats- und Rechtswissenschaft H.31. Übers. aus dem Russischen von M. Hauck und W. Kubiczek. Potsdam-Babelsberg, 1968.
Ihde, Horst. Von der Plantage zum schwarzen Ghetto: Geschichte und Kultur der Afroamerikaner in den USA. Leipzig, Jena, Berlin (Ost): Urania-Verlag, 1975.
Jakobs, Karl-Heinz. Wilhelmsburg. Düsseldorf: Claasen-Verlag, 1979.
ders. Das endlose Jahr: Begegnungen mit Mäd. Ein Ullstein Buch Nr.20538. Frankfurt am Main, Berlin (West), Wien: Ullstein, 1985 (1.Auflage 1983).
Jendryschik, Manfred. Johanna oder Die Wege des Dr. Kanuga. Halle (Saale): Mitteldeutscher Verlag, 1972.
Joho, Wolfgang. Korea trocknet die Tränen: Ein Reisebericht. Berlin (Ost): Aufbau-Verlag, 1959.
Jürgen, Anna. Blauvogel, Wahlsohn der Irokesen. Ravensburg: Otto Maier Verlag, 1966 (1.Ausgabe 1950).

Kant, Hermann. Bronzezeit: Geschichten aus dem Leben des Buchhalters Farßmann. Darmstadt und Neuwied: Hermann Luchterhand Verlag, 1986.
Kantorowicz, Alfred. „Der Schubert-Chor: Schauspiel". Neue Deutsche Literatur 5, 1.Jg. (Mai 1953), S.68-108.
Kaufmann, Walter. Begegnung mit Amerika heute. Rostock: Historff-Verlag, 1966.
ders. Hoffnung unter Glas. Rostock: Historff-Verlag, 1967.
ders. Unterwegs zu Angela: Amerikanische Impressionen. Berlin (Ost): Verlag der Nation, 1973.
ders. Entführung in Manhattan. Berlin (Ost): Der Kinderbuchverlag, 1975.
ders. Flucht: Roman. Halle und Leipzig: Mitteldeutscher Verlag, 1984.
Kaul, Friedrich Karl. Watergate: Ein Menetekel für die USA. 2.Auflage. Berlin (Ost): Das Neue Berlin, 1977 (1. Auflage 1976).
Kirsch, Rainer. Auszug das Fürchten zu lernen: Prosa, Gedichte, Komödie. Reinbek bei Hamburg: Rowohlt Verlag, 1978.
Kirsch, Sarah. „Kleine Adresse". Nachrichten aus Deutschland: Lyrik — Prosa — Dramatik: Eine Anthologie der neueren DDR-Literatur. Hg. Hildegard Brenner. Reinbek bei Hamburg: Rowohlt Verlag, 1967, S.317.
dies. Zaubersprüche. Ebenhausen bei München: Langewiesche-Brandt, 1974.
dies. Erdreich: Gedichte. Stuttgart: Deutsche Verlags-Anstalt, 1982.
Kirsanow, A.W. Die USA und Westeuropa: Ihre ökonomischen Beziehungen nach dem zweiten Weltkrieg. Übers. und Hg. Heinz Petrak. Berlin (Ost): Akademie-Verlag, 1968.
Klatt, Edith. Ildini: Nach Indianermärchen erzählt. Berlin (Ost): Alberliner Verlag Lucie Groszer, 1961.
dies. Bunthaut und Hadako: Nach Indianermärchen erzählt. Berlin (Ost): Der Kinderbuchverlag, 1963.
dies. Adlers Dank: Nach Indianermärchen erzählt. Berlin (Ost): Der Kinderbuchverlag, 1965.
dies. Verzaubert ins Reich der Lachse. Berlin (Ost): Der Kinderbuchverlag, 1986.
Klaus, Georg und Peter Porst. atomkraft — atomkrieg? 3.Auflage. Berlin: Verlag Kultur und Fortschritt, 1949.
Klein, Eduard. Señor Contreras und die Gerechtigkeit: Roman. Berlin (Ost): Verlag Volk und Welt, 1954.
Klein, Fritz u.a., Hgg. Die USA und Europa 1917-1945: Studien zur Geschichte der Beziehungen zwischen den USA und Europa von der Großen Sozialistischen Oktoberrevolution bis zum Ende des zweiten Weltkrieges. Akademie der Wissenschaften der DDR: Schriften des Zentralinstituts für Geschichte Bd.45. Berlin (Ost): Akademie-Verlag, 1975.
Knobloch, Heinz. Der bakteriologische Krieg. Berlin (Ost): Dietz Verlag, 1955.
Köhler, Erich. Reise um die Erde in acht Tagen: Phantastische Erzählung. Rotbuch 204. Berlin (West): Rotbuch Verlag, 1979.
Körber, Fritz A. Juan und Sico: Ein Schicksal zwischen Brasiliens Urwald und Philadelphias Wolkenkratzern. Weimar: Gebr. Knabe Verlag, 1957.
Kollektiv junger Autoren. „Wie es kam, daß Kapitän Brown seine Wette verlor". Das Hörspiel unserer Zeit — Frieden 1. Berlin (Ost): Deutscher Funk-Verlag, 1950, S.9-36.
Korea — Ein Volk kämpft um nationale Einheit und Unabhängigkeit. Hg. Korea-Hilfsausschuß beim Nationalrat der Nationalen Front des Demokratischen Deutschland, Berlin. Berlin (Ost): Kongreß-Verlag, 1951.
Krack, Hans-Günter. Hein auf Indianerjagd. Berlin (Ost): Altberliner Verlag Lucie Groszer, 1951.

Kramer-Kaske, Liselotte. Präventivkrieg gegen das kämpfende Volk: Die Strategie der USA in Lateinamerika (1960-1970). Studien über Asien, Afrika und Lateinamerika 30. Berlin (Ost): Akademie-Verlag, 1977.

Kröger, Alexander. Sieben fielen vom Himmel: Wissenschaftlich-phantastischer Roman. Spannend erzählt Bd.86. Berlin (Ost): Verlag Neues Leben, 1969.

ders. Expedition Mikro: Wissenschaftlich-phantastischer Roman. Spannend erzählt Bd.128. Berlin (Ost): Verlag Neues Leben, 1976.

Krupkat, Günther: Die große Grenze: Zukunftsroman. Berlin (Ost): Das Neue Berlin, 1960.

Kuba (= Kurt Barthel). Gesammelte Werke in Einzelausgaben: Wort auf Wort wächst das Lied: Gedichte 1946-1967. Hg. Max Zimmering. Halle (Saale): Mitteldeutscher Verlag, 1970.

ders. Gesammelte Werke in Einzelausgaben: Kuba — Gedicht vom Menschen: Poem. Hg. Hans Joachim Bernhard. Halle (Saale): Mitteldeutscher Verlag, 1977.

Kuczynski, Jürgen. Die Kolonialisierung und Remilitarisierung Westdeutschlands. Zweite, ergänzte Auflage. Berlin (Ost): Verlag Tribüne, 1951 (1.Auflage unter dem Titel Kolonie Westdeutschland, 1950).

ders. Die Geschichte der Arbeiter unter dem Kapitalismus, Bd.29: Darstellung der Lage der Arbeiter in den Vereinigten Staaten von Amerika von 1775 bis 1897. Berlin (Ost): Akademie-Verlag, 1966.

ders. Die Geschichte der Lage der Arbeiter unter dem Kapitalismus, Bd.30: Darstellung der Lage der Arbeiter in den Vereinigten Staaten von Amerika seit 1898. Berlin (Ost): Akademie-Verlag, 1966.

ders. Abraham Lincoln: Eine Biographie. Kleine Bibliothek: Biographien / Memoiren 366 / Politik — Wissenschaft — Zukunft. Köln: Pahl-Rugenstein Verlag, 1985.

Kunert, Günter. Der Kaiser von Hondu: Ein Fernsehspiel. Die Reihe 9. Berlin (Ost): Aufbau-Verlag, 1959.

ders. Die Beerdigung findet in aller Stille statt: Erzählungen. Reihe Hanser 11. München: Carl Hanser Verlag, 1968.

ders. Warnung vor Spiegeln: Gedichte. Reihe Hanser 33. München: Carl Hanser Verlag, 1970.

ders. Offener Ausgang: Gedichte. Edition Neue Texte. Berlin (Ost): Aufbau-Verlag, 1972.

ders. Tagträume in Berlin und andernorts: Kleine Prosa, Erzählungen, Aufsätze. München: Carl Hanser Verlag, 1972.

ders. Im weiteren Fortgang: Gedichte. Reihe Hanser 183. München: Carl Hanser Verlag, 1974.

ders. Der andere Planet: Ansichten von Amerika. München und Wien: Carl Hanser Verlag, 1975.

ders.: Warum schreiben? Notizen zur Literatur. München und Wien: Carl Hanser Verlag, 1976.

ders. Camera obscura. München und Wien: Carl Hanser Verlag, 1978.

ders. Verlangen nach Bomarzo: Reisegedichte. München: Carl Hanser Verlag, 1978.

ders. Ziellose Umtriebe: Nachrichten vom Reisen und vom Daheimsein. Berlin und Weimar: Aufbau-Verlag, 1979.

ders. Erinnerung an einen Planeten: Gedichte aus 15 Jahren. München: Carl Hanser Verlag, 1980 (1.Auflage 1963).

ders. Verspätete Monologe. München: Deutscher Taschenbuch Verlag, 1984 (1.Auflage 1981).

ders. Die Schreie der Fledermäuse: Geschichten, Gedichte, Aufsätze. Hg. Dieter E. Zimmer. Gütersloh: Bertelsmann Reinhard Mohn OHG, Stuttgart: Europäische Bildungsgemeinschaft, und Wien: Buchgemeinschaft Donauland Kremyer / Scheriau, o.J.
Kunze, Reiner. Sensible Wege: 48 Gedichte und ein Zyklus. Das neue Buch 80. 2.Auflage. Reinbek bei Hamburg: Rowohlt Verlag, 1976 (1.Auflage 1969).
ders. Die wunderbaren Jahre: Prosa. Frankfurt am Main: S. Fischer Verlag, 1976.
Lazar, Auguste. Sally Bleistift in Amerika — Die Brücke von Weißensand. Berlin (Ost): Der Kinderbuchverlag, 1977.
Lehmann, Werner. Schwarze Rose aus Alabama. Wissenswertes für junge Leute. Berlin (Ost): Verlag Neues Leben, 1972.
Leonhard, Rudolf. Die Stimme gegen den Krieg: Das Hörspiel unserer Zeit 3. Berlin (Ost): Deutscher Funk-Verlag, 1951.
ders. Ausgewählte Werke in Einzelausgaben, Bd.II: Segel am Horizont: Dramen und Hörspiele. Hg. Deutsche Akademie der Künste in Berlin. Berlin (Ost): Verlag der Nation, 1963.
ders. Ausgewählte Werke in Einzelausgaben, Bd.III: Ein Leben im Gedicht. Hg. Deutsche Akademie der Künste in Berlin. Berlin (Ost): Verlag der Nation, 1964.
ders. Ausgewählte Werke in Einzelausgaben, Bd.IV: Der Weg und das Ziel: Prosaschriften. Hg. Deutsche Akademie der Künste in Berlin. Berlin (Ost): Verlag der Nation, 1970.
Letsche, Curt. Raumstation Anakonda: Utopischer Roman. Rudolstadt: Greifenverlag, 1974.
ders. Operation Managua: Krimi. Weltkreis Krimi. Dortmund: Weltkreis Verlag, 1986.
Lezom, K.H. und H. Schwabe, Hgg. USA-Militärstützpunkte bedrohen den Frieden: Stenogramm einer Vorlesung von Oberst M.P.Toltschenow. Berlin (Ost): Verlag des Ministeriums für nationale Verteidigung, 1956.
Lind, Hiltrud. Das blaublumige Büffelkind. Berlin (Ost): Der Kinderbuchverlag, 1968.
Lindemann, Werner. Der Tag sitzt vor dem Zelt. Berlin (Ost): Der Kinderbuchverlag, 1974.
Lips, Eva. Sie alle heißen Indianer. Berlin (Ost): Der Kinderbuchverlag, 1974.
Loesdau, Alfred. Globalstrategie und Geschichtsideologie: Zur Analyse der bürgerlichen Historiographie der USA in der Klassenauseinandersetzung zwischen Sozialismus und Imperialismus. Berlin (Ost): Akademie-Verlag, 1974.
Loeser, Franz. Die Abenteuer eines Emigranten: Erinnerungen. Berlin (Ost): Verlag Neues Leben, 1980.
ders. Sag nie, du gehst den letzten Weg: Ein deutsches Leben: Breslau, London, El Alamein, Hiroshima, Minneapolis, Ost-Berlin, New York, Köln. Köln: Bund-Verlag, 1986.
Loest, Erich. Die Westmark fällt weiter: Roman. Halle (Saale): Mitteldeutscher Verlag, 1953.
ders. Es geht seinen Gang oder Mühen in unserer Ebene. Stuttgart: Deutsche Verlags-Anstalt, 1978.
ders. Durch die Erde ein Riß: Ein Lebenslauf. Fischer Taschenbuch 5380. Frankfurt am Main: Fischer Taschenbuch Verlag, 1984 (1.Ausgabe 1981).
ders. „Dieser Gewittertag, damals: Der 17.Juni 1953 in der Erinnerung eines Augenzeugen". Süddeutsche Zeitung, Nr.132, Samstag / Sonntag, 11. / 12.Juni 1983, S.125.
ders. Geordnete Rückzüge: Reisefeuilletons. Hannover: Postskriptum Verlag, 1984.
ders. Der vierte Zensor: Vom Entstehen und Sterben eines Romans in der DDR. Köln: Edition Deutschland Archiv im Verlag Wissenschaft und Politik Berend von Nottbeck, 1984.
ders. Saison in Key West: Reisebilder. München und Hamburg: Albrecht Knaus Verlag, 1986.

Lorenz, Peter. Homunkuli: Wissenschaftlich-phantastischer Roman. 2. Auflage. Berlin (Ost): Verlag Neues Leben, 1981 (1. Auflage 1978).

Lucke, Hans. Kaution: Kriminalstück in drei Akten. Unverkäufliches Bühnenmanuskript. Berlin (Ost): Henschelverlag Kunst und Gesellschaft, 1953.

Mader, Julius. Gangster in Aktion: Aufbau und Verbrechen des amerikanischen Geheimdienstes. 2., stark erweiterte Auflage. Berlin (Ost): Kongreß-Verlag, 1961 (1. Auflage unter dem Titel Allens Gangster in Aktion, 1959).

ders. Die Killer lauern: Ein Dokumentarbericht über die Ausbildung und den Einsatz militärischer Diversions- und Sabotageeinheiten in den USA und in Westdeutschland. Berlin (Ost): Deutscher Militärverlag, 1961.

ders. Who's who in CIA: Ein biographisches Nachschlagewerk über 3000 Mitarbeiter der zivilen und militärischen Geheimdienstzweige der USA in 120 Staaten. Berlin (Ost): Eigenverlag Julius Mader, 1968.

ders. CIA in Europa: Wesen und verbrecherisches Wirken des Geheimdienstes der USA. Militärpolitik aktuell. Berlin (Ost): Militärverlag der Deutschen Demokratischen Republik, 1982.

Marchwitza, Hans. In Amerika. Berlin (Ost): Verlag Tribüne, 1961.

ders. Werke in Einzelausgaben: Die Kumiaks und ihre Kinder: Roman. 2. Auflage. Berlin (Ost): Verlag Tribüne, 1961 (1. Auflage 1959).

Maretzki, Hans. Was suchen die USA in Vietnam? Berlin (Ost): Staatsverlag der Deutschen Demokratischen Republik, 1967.

May, Ferdinand. Heinrich Crössmanns große Fahrt: Eine historische Erzählung. 3. Auflage. Berlin (Ost): Verlag Neues Leben, 1960 (1. Auflage 1958).

Mickel, Karl. Einstein / Nausikaa: Die Schrecken des Humanismus in zwei Stücken. Rotbuch 116. Berlin (West): Rotbuch Verlag, 1974.

Mieder, Eckhard. „Bilderbogen von Amerika". Temperamente: Blätter für junge Literatur 2 (1977), S. 53f.

Miethke, Helmuth. Es begann in Boston. 3. Auflage. Berlin (Ost): VEB Rütten & Loening, 1959 (1. Auflage 1959).

Morgner, Irmtraud. Leben und Abenteuer der Trobadora Beatriz nach Zeugnissen ihrer Spielfrau Laura: Roman in dreizehn Büchern und sieben Intermezzos. Sammlung Luchterhand Bd. 223. 12. Auflage. Darmstadt und Neuwied: Hermann Luchterhand Verlag, 1986 (1. Auflage 1974).

dies. Amanda: Ein Hexenroman. 2. Auflage. Darmstadt und Neuwied: Hermann Luchterhand Verlag, 1983 (1. Auflage 1983).

Mucke, Dieter. Poesiealbum 19. Berlin (Ost): Verlag Neues Leben, 1969.

Müller, Armin. In den Hütten der Hoffnung. Berlin (Ost): Verlag Neues Leben, 1955.

ders. Schwarze Asche — weiße Vögel. Weimar: Volksverlag Weimar, 1958.

Müller, Harald. Die Entstehung der USA. Hg. Zentralinstitut für Geschichte der Akademie der Wissenschaften der DDR. illustrierte historische hefte 10. Berlin (Ost): VEB Deutscher Verlag der Wissenschaften, 1978.

Müller, Heiner. „Germania Tod in Berlin". Spectaculum 31: Fünf moderne Theaterstücke: Herbert Achternbusch — Dario Fo — Barrie Keeffe — Bodo Kirschhoff — Heiner Müller. Frankfurt am Main: Suhrkamp Verlag, 1979, S. 205-242.

ders. und Hagen Müller-Stahl. „Zehn Tage, die die Welt erschütterten. Szenen aus der Oktoberrevolution nach Aufzeichnungen John Reeds". Junge Kunst: Monatsschrift für Literatur, Kritik, bildende Kunst, Musik und Theater 1 (1957), S. 35-47.

Müller, Horst. Signale vom Mond: Zukunftsroman. 2. Auflage. Bautzen: VEB Domowina-

Verlag, 1960.
Müller, Inge. Wenn ich schon sterben muß: Gedichte. Berlin (Ost) und Weimar: Aufbau-Verlag, 1985.
Nagel, Walli. Das darfst du nicht! Erinnerungen. Halle und Leipzig: Mitteldeutscher Verlag, 1981.
Neutsch, Erik. Auf der Suche nach Gatt: Roman. kürbiskern-Reihe Kleine Arbeiterbibliothek Bd.4. München: kürbiskern Damnitz Verlag, 1974 (1.Ausgabe 1973).
ders. Der Friede im Osten, erstes Buch: Am Fluß. München: kürbiskern Damnitz Verlag, 1974.
ders. Der Friede im Osten, zweites Buch: Frühling mit Gewalt. München: kürbiskern Damnitz Verlag, 1980 (1.Auflage 1978).
ders. Der Friede im Osten, drittes Buch: Wenn Feuer verlöschen. Halle und Leipzig: Mitteldeutscher Verlag, 1985.
Oettingen, Hans von. Abenteuer meines Lebens: Irrwege und Einsichten eines Unbedachten. Berlin (Ost): Verlag der Nation, 1981.
Otto, Herbert. Republik der Leidenschaft: Erlebnisse auf Kuba. 2.Auflage. Berlin (Ost): Verlag Volk und Welt 1963 (1.Auflage 1961).
Panfilow, A. Der USA-Rundfunk im psychologischen Krieg. Aus dem Russischen. Hg. Deutsche Akademie für Staats- und Rechtswissenschaft „Walter Ulbricht", Zentralstelle für staats- und rechtswissenschaftliche Dokumentation. Aktuelle Beiträge der Staats- und Rechtswissenschaft H.43, Probleme des internationalen ideologischen Klassenkampfes 5,6. Potsdam-Babelsberg 1969.
Panitz, Eberhard. Wenn Feuer sinken: Roman. 3.Auflage. Berlin (Ost): Deutscher Militärverlag, 1962 (1.Auflage 1960).
ders. Der Weg zum Rio Grande: Ein biographischer Bericht über Tamara Bunke. Dortmund: Weltkreis-Verlag, 1973.
ders. Eiszeit: Eine unwirkliche Geschichte. 2.Auflage. Halle und Leipzig: Mitteldeutscher Verlag, 1983 (1.Auflage 1982).
ders. und Thomas Billhardt. Gesichter Vietnams. Berlin (Ost): Militärverlag der Deutschen Demokratischen Republik, 1978.
Petershagen, Rudolf. Gewissen in Aufruhr. 12.Auflage. Berlin (Ost): Verlag der Nation, 1966 (1.Auflage 1957).
Pfeiffer, Hanns. Laternenfest: Schauspiel in 3 Akten. 2.Auflage. Berlin (Ost): Henschelverlag, 1961 (1.Auflage 1957).
ders. Dort unten in Alabama: Hörspiel. 1968.
Plenzdorf, Ulrich. Die neuen Leiden des jungen W. suhrkamp taschenbuch 300. 12.Auflage. Frankfurt am Main: Suhrkamp Verlag, 1980 (1.Auflage 1973).
ders. „Kein runter, kein fern". Geschichten aus der DDR. Hg. Hans-Jürgen Schmitt. Hamburg: Hoffmann und Campe Verlag, 1979, S.70-86.
Pludra, Benno. In Wiepersdorf krähn die Hähne. Robinsons Billige Bücher Bd.60. 2.Auflage Berlin (Ost): Der Kinderbuchverlag, 1960 (1.Auflage 1953).
ders. Haik und Paul. 6.Auflage. Berlin (Ost): Verlag Neues Leben, 1968 (1.Auflage 1956).
ders. Sheriff Teddy. Berlin (Ost): Der Kinderbuchverlag, 1957.
Pollatschek, Walther. Herren des Landes: Roman. Berlin (Ost): Dietz Verlag, 1951.
Preißler, Helmut. Stimmen der Toten — Stimmen der Lebenden — Stimmen der Nachgeborenen. Berlin (Ost): Verlag Neues Leben, 1962.
ders. Gedichte 1957/1972. Berlin (Ost): Verlag Neues Leben, 1973.
Prodöhl, Günter. Kriminalfälle ohne Beispiel. Berlin (Ost): Verlag Das Neue Leben, 1960.

Prokop, Gert. Wer stiehlt schon Unterschenkel? Kriminalgeschichten aus dem 21.Jahrhundert. 2.Auflage. Berlin (Ost): Verlag Das Neue Berlin, 1978 (1.Auflage 1977).
Protokoll des Symposiums „Paul Robeson und der Kampf der Arbeiterklasse und der schwarzen Amerikaner der USA gegen den Imperialismus", Berlin, am 13. und 14.April 1971. Hg. Akademie der Künste der Deutschen Demokratischen Republik. Arbeitshefte 10: Sektion Musik. Berlin (Ost): Henschel-Verlag, 1972.
Püschel, Walter. Robin und die Häuptlingstochter. 6.Auflage. Berlin (Ost): Der Kinderbuchverlag, 1976 (1.Auflage 1964).
ders. Crazy Horse. Berlin (Ost): Der Kinderbuchverlag, 1979.
Rasch, Carlos. Krakentang: Wissenschaftlich-phantastische Erzählungen. Kompaß-Bücherei Bd.161. Berlin (Ost): Verlag Neues Leben, 1972 (1.Auflage 1968).
ders. Magma am Himmel. Berlin: Verlag Neues Leben, 1975.
Rassenmord! Wir klagen an! Petition an die Vereinten Nationen zum Schutze der Negerbevölkerung in den Vereinigten Staaten von Amerika. Kongreß für Bürgerliche Rechte, New York 1951. Übers. Hermann Stürmer. Berlin (Ost): Rütten & Loening, 1953.
Rathenow, Lutz, Hg. einst war ich fänger im schnee: Neue Texte und Bilder aus der DDR. Berlin (West): Oberbaumverlag, 1984.
Rauchfuß, Hildegard Maria. Gewitter überm großen Fluß: 3 Erzählungen. Leipzig: Paul List Verlag, 1952.
Recknagel, Rolf. Jack London: Leben und Werk eines Rebellen: Biografie. Dortmund: Weltkreis-Verlag, 1975.
Reiche, Karl. Fackeln vor Lumber Point. Spannend erzählt Bd.24. Berlin (Ost): Verlag Neues Leben, 1958.
Reimann, Brigitte. Ankunft im Alltag: Erzählung. 2.Auflage. Berlin (Ost): Verlag Neues Leben, 1962 (1.Auflage 1961).
Reinowski, Werner. Die Versuchung: Roman. Halle (Saale): Mitteldeutscher Verlag, 1956.
Renn, Ludwig. Trini. Die Geschichte eines mexikanischen Landarbeiterjungen während der mexikanischen Revolution. München: Weismann Verlag, 1973 (1.Auflage 1954).
Rentmeister, Heinrich. Das Weltbild Jack Londons. Halle (Saale): VEB Niemeyer Verlag, 1960.
ders. Jack London: Ein Einzelgänger wider Willen. Wege zur Literatur. Monographie 14. Halle (Saale): Verlag Sprache und Literatur, 1962.
Rentzsch, Gerhard. Der Portier: Ein Stück für 6 Damen und 9 Herren nach dem gleichnamigen Hörspiel. Berlin (Ost): Henschel-Verlag, 1962.
Richter, Götz R. Najok, der Perlentaucher: Drei Erzählungen. 3., um eine Erzählung erweiterte Auflage. Leipzig: Paul List Verlag, 1960.
Robbe, Martin. Revolution und Revolutionäre heute. Wissenswertes für junge Leute. Berlin (Ost): Verlag Neues Leben, 1972.
Robeson, Paul. Mein Lied — meine Waffe. Übers. aus dem Amerikanischen: Georg Friedrich Alexan. Berlin (Ost): Kongreß-Verlag, 1958.
Paul Robeson, Korrespondierendes Mitglied der Akademie der Künste der Deutschen Demokratischen Republik, Gründungsmitglied des Weltfriedensrates, Lenin-Friedenspreisträger, begeht am 9.April 1973 seinen 75. Geburtstag. Hg. Akademie der Künste der Deutschen Demokratischen Republik, Paul-Robeson-Komitee. Berlin (Ost), 1973.
Röder, Karl-Heinz, Hg. Das politische System der USA. Geschichte und Gegenwart. Hg. Institut für Theorie des Staates und des Rechts der Akademie der Wissenschaften der

DDR, Berlin. Studien zum politischen System der Imperialismus. Bd.1. Berlin (Ost): Staatsverlag der Deutschen Demokratischen Republik, 1980.
Rücker, Günther. Drachen über den Zelten: Hörspiel. 1953.
Scheer, Maximilian. Begegnungen in Europa und Amerika. Ost-Buchreihe Bd.8. Berlin: Ost- und West-Buchreihe Alfred Kantorowicz, 1949.
ders. Mut zur Freiheit: Das Hörspiel unserer Zeit 2. Berlin (Ost): Deutscher-Funk Verlag, 1951.
ders. Die Rosenbergs. Hörspiel und Schauspiel. 1953.
ders. Schüsse vor der Wahl: Hörspiel. 1954.
ders. Ethel und Julius: Roman eines Prozesses. Berlin (Ost): Aufbau-Verlag, 1954.
ders. Der Weg nach Alcatraz. Hörspiel. 1956.
ders. Paris — New York. Berlin (Ost): Verlag der Nation, 1966.
ders. Liebste Angela, Erste unter Gleichen: Hörspiel. 1971.
ders. Der Weg nach San Rafael. Frankfurt am Main: Röderberg-Verlag, 1971.
ders. Ein unruhiges Leben: Erlebnisse auf vier Kontinenten. Berlin (Ost): Verlag der Nation, 1975.
ders. In meinen Augen: Auslese aus 50 Jahren. Berlin (Ost): Verlag der Nation, 1977.
ders. und Karl Georg Egel. „Und Berge werden versetzt". Das Hörspiel unserer Zeit — Frieden 1. Berlin (Ost): Deutscher Funk-Verlag, 1950, S.37-74.
Scheffel, Werner. „Zu einigen Aufgaben der Amerikanistik im Kampf gegen die ideologische Diversion des USA-Imperialismus". Zeitschrift für Anglistik und Amerikanistik 3, 20.Jg. (1972), S.370-391.
Schell, Walter (= Walter Püschel). Osceola oder Seminolenkrieg in Florida. Robinsons Billige Bücher Bd.62. Berlin (Ost): Der Kinderbuchverlag, 1961.
Schilfert, Gerhard. „Die nordamerikanische Unabhängigkeitsrevolution 1775-1783". Revolutionen der Neuzeit 1500-1917. Hg. Manfred Kossok. Studien zur Revolutionsgeschichte, Hg. Manfred Kossok u.a. Vaduz/Liechtenstein: Topos Verlag, 1982, S.85-100.
Schneider, Rolf. „Prozeß Richard Waverly". Hörspiele 2. Hg. Staatliches Rundfunkkomitee der Deutschen Demokratischen Republik. Berlin (Ost): Henschelverlag, 1962, S.111-145.
ders. Prozeß in Nürnberg. Fischer Bücherei 872. Frankfurt am Main und Hamburg: Fischer Taschenbuch Verlag, 1968.
ders. Stimmen danach: Hörspiele. Rostock: Hinstorff Verlag, 1970.
ders. Die Reise nach Jaroslaw: Roman. Sammlung Luchterhand 236. Darmstadt und Neuwied: Hermann Luchterhand Verlag, 1976 (1.Ausgabe 1974).
ders. Das Glück. Darmstadt und Neuwied: Hermann Luchterhand Verlag, 1976.
ders. Orphée oder Ich reise. Rostock: VEB Hinstorff Verlag, 1977.
Schnog, Karl. Charlie Chaplin: Filmgenie und Menschenfreund. Berlin (Ost): Henschelverlag, 1961.
Schönrock, Hans. Mein Freund Chinino. 2. Auflage. Schwerin: Petermänken Verlag, 1957.
Schollak, Sigmar. Joshua oder Der Mord in Detroit. Berlin (Ost): Der Kinderbuchverlag, 1969.
ders. Joshua oder Das Rattennest. Berlin (Ost): Der Kinderbuchverlag, 1971.
ders. Joshua oder Der heiße Sommer. Berlin (Ost): Der Kinderbuchverlag, 1972.
ders. Getötete Angst. Berlin (Ost): Der Kinderbuchverlag, 1973.
ders. Sturm auf Harpers Ferry. Berlin (Ost): Der Kinderbuchverlag, 1975.
Schreiter, Helfried. Poesiealbum 7. Berlin (Ost): Verlag Neues Leben, 1968.
Schreyer, Wolfgang. Unternehmen ‚Thunderstorm': Roman. Berlin (Ost): Das Neue Berlin, 1954.

ders. Großgarage Südwest: Kriminalroman. 4., neu durchgesehene und erweiterte Auflage. Berlin (Ost): Das Neue Berlin, 1956 (1. Auflage 1952).
ders. Der Traum des Hauptmann Loy. 3.Auflage. Berlin (Ost): Das Neue Berlin, 1957 (1.Auflage 1955).
ders. Die Banknote: Kriminalroman. Berlin (Ost): Das Neue Berlin, 1955.
ders. Der grüne Papst: Roman. 4. Auflage. Berlin (Ost): Deutscher Militärverlag, 1964 (1. Auflage unter dem Titel Das grüne Ungeheuer, 1959)
ders. Tempel des Satans: Roman. 3.Auflage. Berlin (Ost): Verlag des Ministeriums für Nationale Verteidigung, 1962 (1.Auflage 1960).
ders. Preludio 11: Roman. Berlin (Ost): Das Neue Berlin, 1964.
ders. „Dominikanische Tragödie". Ders. und Jürgen Hell: Aufstand des Sisyphos. Cuba, Revolution von Yara bis Santiago. Berlin (Ost): Deutscher Militärverlag, 1969, S.22-222.
ders. Der gelbe Hai: Abenteuerroman. München: Deutscher Taschenbuch Verlag, 1972 (1.Ausgabe 1969).
ders. Dominikanische Tragödie, 1.Bd.: Der Adjutant: Roman. Halle (Saale): Mitteldeutscher Verlag, 1971.
ders. Augen am Himmel: Eine Piratenchronik. 5., neubearbeitete und erweiterte Auflage. Berlin (Ost): Militärverlag der Deutschen Demokratischen Republik, 1972.
ders. Dominikanische Tragödie, 2.Bd.: Der Resident: Roman. Halle (Saale): Mitteldeutscher Verlag, 1973.
ders. Die Entführung: Erzählungen. Halle und Leipzig: Mitteldeutscher Verlag, 1979.
ders. Dominikanische Tragödie, 3.Bd. Der Reporter: Roman. Halle und Leipzig, 1980.
ders. und Günter Schumacher. Vampire, Tyrannen, Rebellen. Berlin (Ost): Deutscher Militärverlag, 1963.
Schröder, Siegfried. Das ist Kapitalismus: Tatsachenberichte über eine andere Welt. Regenbogenreihe. Berlin (Ost): Der Kinderbuchverlag, 1978.
Schubert, Helga. Das verbotene Zimmer. Darmstadt und Neuwied: Hermann Luchterhand Verlag, 1982.
Schütz, Helga. Festbeleuchtung: Erzählung. Zürich und Köln: Benziger Verlag, 1976 (1.Ausgabe 1973).
dies. Erziehung zum Chorgesang. Zürich und Köln: Benzinger Verlag. 1981 (1. Ausgabe 1980)
dies. „Treppenstory". Die Hälfte der Stadt: Ein Berliner Lesebuch. Hgg. Krista Maria Schädlich und Frank Werner. München und Königstein: Autoren-Edition, 1982, S.11-20.
Schulz, Max Walter. Wir sind nicht Staub im Wind: Roman einer unverlorenen Generation. Halle (Saale) MItteldeutscher Verlag, 1963.
Schwede, Alfred Otto. Glory glory hallelujah: Das Lied von Old John Brown. Berlin (Ost): Union Verlag, 1967.
ders. Die Abraham Lincoln Story. Berlin (Ost): Union Verlag, 1971.
Schweickert, Walter Karl. Der Ochse von Kulm: Roman. Halle (Saale): Mitteldeutscher Verlag, 1953.
Seghers, Anna. Frieden der Welt: Ansprachen und Aufsätze 1947-1953. Berlin (Ost): Aufbau-Verlag, 1953.
dies. Glauben an Irdisches: Essays aus vier Jahrzehnten. Hg. Christa Wolf. Reclams Universal-Bibliothek Sprache und Literatur, Essays Bd.469. Leipzig: Verlag Philipp Reclam jun., 1969.

dies. Willkommen, Zukunft: Reden, Essays und Aufsätze über Kunst und Wirklichkeit. Marxistische Ästhetik + Kulturpolitik. Hgg. Redaktionen kürbiskern und tendenzen. München: kürbiskern und tendenzen Damnitz Verlag, 1975.
dies. Werke in zehn Bänden, Bd. VII: Die Entscheidung: Roman. Berlin (Ost) und Weimar: Aufbau-Verlag, 1977.
dies. Werke in zehn Bänden, Bd. VIII: Das Vertrauen: Roman. Berlin (Ost) und Weimar: Aufbau-Verlag, 1977.
dies. Werke in zehn Bänden, Bd. XI: Erzählungen 1952-1962. Berlin (Ost) und Weimar: Aufbau-Verlag, 1977.
dies. Werke in zehn Bänden, Bd. XII: Erzählungen 1963-1977. Berlin (Ost) und Weimar: Aufbau-Verlag, 1977.
Selbmann, Fritz. „Anhang den Tag vorher betreffend". Auskunft: Neue Prosa aus der DDR. Hg. Stefan Heym. AutorenEdition München, Gütersloh, Wien: C. Bertelsmann Verlag, 1974, S.136-145.
ders. Alternative — Bilanz — Credo: Versuch einer Selbstdarstellung. München: kürbiskern Damnitz Verlag, 1975 (1. Auflage 1969).
Seydewitz, Max. Die unbesiegbare Stadt: Zerstörung und Wiederaufbau von Dresden. 3., verbesserte und erweiterte Auflage. Berlin (Ost): Kongreß-Verlag, 1956 (1. Auflage unter dem Titel „Zerstörung und Wiederaufbau von Dresden, 1955).
ders. Es hat sich gelohnt zu leben: Lebenserinnerungen eines alten Arbeiterfunktionärs. Berlin (Ost): Dietz Verlag, 1978.
Seyppel, Joachim. Ich bin ein kaputter Typ: Bericht über Autoren in der DDR. Wiesbaden und München: Limes Verlag, 1982.
Steinberg, Werner. Einzug der Gladiatoren: Roman. Halle (Saale): Mitteldeutscher Verlag, 1958.
Stern, Jeanne und Kurt. Reisfelder — Schlachtfelder: Augenzeugenbericht über Vietnam im Krieg. Halle (Saale): Mitteldeutscher Verlag, 1967.
dies. Bevor der Morgen graut: Vietnam zwischen Krieg und Sieg. Berlin (Ost): Verlag Neues Leben, 1969.
Stingl, Miloslaw. Indianer vor Kolumbus: Von den Prärie-Indianern zu den Inkas. Stuttgart: Union-Verlag, 1976.
ders. Indianer ohne Tomahawk. Leipzig, Berlin (Ost), Jena: Urania-Verlag, 1977.
Stitzer, Karl. Der Weltuntergang findet nicht statt. Berlin (Ost): Verlag Neues Leben, 1956.
Streubel, Manfred. Zeitansage: Gedichte aus 10 Jahren 1957-1967. Halle (Saale): Mitteldeutscher Verlag, 1968.
Strittmatter, Erwin. Ole Bienkopp. 2. Auflage. Berlin (Ost) und Weimar: Aufbau-Verlag, 1964 (1. Auflage 1963).
ders. Der Wundertäter. Dritter Band. Berlin (Ost) und Weimar: Aufbau-Verlag, 1980.
Stübe, Gerhard. Harakiri: Eine Funkerzählung. Die Reihe 13. Berlin (Ost): Aufbau-Verlag, 1959.
Tage mit Paul Robeson... Paul Robeson im Oktober 1960 in der Deutschen Demokratischen Republik. Berlin (Ost): Deutscher Friedensrat, 1961.
Thürk, Harry. In allen Sprachen: Eine Reportage von den III. Weltfestspielen der Jugend und Studenten Berlin 1951. Berlin (Ost): Verlag Neues Leben, 1953.
ders. Die weißen Feuer von Hongkong: Abenteuerroman. Berlin (Ost): Das Neue Berlin, 1964.
ders. Pearl Harbor: Die Geschichte eines Überfalls. Berlin (Ost): Deutscher Militärverlag, 1965.

ders. Der Tod und der Regen. 2.Auflage. Berlin (Ost): Das Neue Berlin, 1968 (1.Auflage 1967).

ders. Der Tiger von Shangri-La: Abenteuerroman. Berlin (Ost): Das Neue Berlin, 1970.

ders. Straße zur Hölle: Bericht über die Schlacht an der Straße Nr. 9 in Laos 1971. Berlin (Ost): Militärverlag der Deutschen Demokratischen Republik, 1974.

ders. Der Gaukler. 2 Bde. Berlin (Ost): Das Neue Berlin, 1978 und 1979.

ders., Erwin Borchers, Wilfried Lulei u.a. Stärker als die reißenden Flüsse: Vietnam in Geschichte und Gegenwart. Berlin (Ost): Deutscher Militärverlag, 1970.

Turek, Ludwig. Die goldene Kugel: Phantastischer Kurzroman um Atomkraft und Weltraumschiffe. Berlin: Dietz Verlag, 1949.

Tuschel, Karl-Heinz. Der unauffällige Mr. McHine. Meridian 17. Das Taschenbuch. Berlin (Ost): Deutscher Militärverlag, 1969.

ders. Die Insel der Roboter. Berlin (Ost): Militärverlag der Deutschen Demokratischen Republik, 1973.

Die USA-Aggressoren sind gewarnt! Berlin (Ost): Nationalrat der Nationalen Front des Demokratischen Deutschland, 1950.

USA torpedieren Gipfelkonferenz. Berlin (Ost): Dietz Verlag, 1960.

Uhse, Bodo. Bamberg-Erzählungen: Die heilige Kunigunde im Schnee — Die Brücke — Abschied von einer kleinen Stadt. Hg. Gerhard C. Krischker. Bamberg: Verlag Gerhard C. Krischker, 1979.

Veken, Karl. Der Kellerschlüssel: Geschichten aus stürmischen Tagen. 4.Auflage. Berlin (Ost): Verlag Neues Leben, 1958 (1.Auflage 1955).

Victor, Walther. Ein Paket aus Amerika. Weimar: Thüringer Volksverlag, 1950.

ders. Ausgewählte Schriften, Bd.2: Ich kam aus lauter Liebe in die Welt: Lebensgeschichten und Gedichte. Weimar: Volksverlag, 1961.

ders. Ausgewählte Schriften, Bd.3: ...Es kommt aber darauf an, sie zu verändern: Publizistik, Polemik, Porträts. Weimar: Volksverlag, 1962.

Vietnam in dieser Stunde: Künstlerische Dokumentation. Hgg. Werner Bräunig u.a. Halle (Saale): Mitteldeutscher Verlag, 1968.

Walther, Joachim. Ein Dorf auf dieser Erde — Randbewohner — Infarkt: Hörspiele. dialog. Berlin (Ost): Henschelverlag Kunst und Gesellschaft, 1979.

Wangenheim, Gustav von. Auch in Amerika... Schauspiel in 3 Akten. Unverkäufliches Bühnen-Manuskript. Berlin (Ost): Verlag Henschel & Sohn, 1950.

Wedding, Alex. Das große Abenteuer des Kaspar Schmeck: Ein Roman für die Jugend. 7.Auflage. Berlin (Ost): Verlag Neues Leben, 1958 (1.Auflage 1956).

Weil, Otto und Ursula. John F. Kennedy: Der 35. Präsident der USA. Berlin (Ost): Buchverlag der Morgen, 1965.

Weise, Lothar. Das Geheimnis des Transpluto: Wissenschaftlich-phantastischer Roman. Spannend erzählt Bd.44. Berlin (Ost): Verlag Neues Leben, 1962.

Weiß, Rudolf. Der Rote Jim: Das Ende der Dakota-Indianer. Knabes Jugendbücherei. Weimar: Gebr. Knabe Verlag, 1956.

Weißbuch über die amerikanisch-englische Interventionspolitik in Westdeutschland und das Wiedererstehen des deutschen Imperialismus. Hg. Nationalrat der Nationalen Front des demokratischen Deutschland. Leipzig 1951.

Welk, Ehm. Der Nachtmann: Geschichte einer Fahrt zwischen hüben und drüben: Kein Roman. Berlin (Ost): Aufbau-Verlag, 1950.

Welskopf-Henrich, Liselotte. Die Söhne der großen Bärin. Gekürzte Ausgabe. 12.Auflage. Berlin (Ost): Altberliner Verlag Lucie Groszer, 1966 (1.Auflage 1951).

dies. Die Söhne der großen Bärin, 1.Bd.: Harka. Ravensburg: Union-Programm im Otto Maier Verlag, 1979 (1.Ausgabe 1962).
dies. Die Söhne der großen Bärin, 2.Bd.: Der Weg in die Verbannung. Ravensburg: Union-Programm im Otto Maier Verlag, 1979 (1.Ausgabe 1962).
dies. Die Söhne der großen Bärin, 3.Bd.: Die Höhle in den schwarzen Bergen. Ravensburg: Union-Programm im Otto Maier Verlag, 1979 (1.Ausgabe 1966).
dies. Die Söhne der großen Bärin, 4.Bd.: Heimkehr zu den Dakota. Ravensburg: Union-Programm im Otto Maier Verlag, 1979 (1.Ausgabe 1966).
dies. Die Söhne der großen Bärin, 5.Bd.: Der junge Häuptling. Ravensburg: Union-Programm im Otto Maier Verlag, 1979 (1.Ausgabe 1966).
dies. Die Söhne der großen Bärin, 6.Bd.: Über den Missouri. Ravensburg: Union-Programm im Otto Maier Verlag, 1979 (1.Ausgabe 1966).
dies. Das Blut des Adlers, 1.Bd.: Nacht über der Prärie. Stuttgart: Union Verlag, 1980 (1.Ausgabe 1966).
dies. Das Blut des Adlers, 2.Bd.: Licht über weißen Felsen. Recklinghausen: Paulus-Verlag, 1968.
dies. Das Blut des Adlers, 3.Bd.: Stein mit Hörnern. Recklinghausen: Georg Bitter Verlag, 1969 (1.Ausgabe 1968)
dies. Das Blut des Adlers, 4.Bd.: Der siebenstufige Berg. Recklinghausen: Georg Bitter Verlag, 1972.
dies. Das Blut des Adlers, 5.Bd.: Das helle Gesicht. Stuttgart: Union Verlag, 1981 (1.Ausgabe 1980).
Weltgeschehen 1945-1966: Internationale Zeitgeschichte. Hg. Klaus Bollinger, Institut für Internationale Beziehungen der Deutschen Akademie für Staats- und Rechtswissenschaft „Walter Ulbricht", Babelsberg. Berlin (Ost): Dietz Verlag, 1967.
Wessel, Harald. John Reed, Roter Reporter aus dem Wilden Westen: Biographische Reisebriefe. Berlin (Ost): Verlag Neues Leben, 1979.
Würffel, Stefan Bodo, Hg. Hörspiele aus der DDR. Theater Film Funk Fernsehen. Fischer Taschenbuch 7031. Frankfurt am Main: Fischer Taschenbuch Verlag, 1982.
Wohlgemuth, Joachim. Egon und das achte Weltwunder. Kleine Arbeiterbibliothek. München: kürbiskern Damnitz Verlag, 1978 (1.Ausgabe 1962).
Wolf, Christa. Lesen und Schreiben: Aufsätze und Betrachtungen. Berlin (Ost) und Weimar: Aufbau-Verlag, 1973.
dies. Gesammelte Erzählungen. Darmstadt und Neuwied: Hermann Luchterhand-Verlag, 1974.
dies. Kindheitsmuster: Roman. Sammlung Luchterhand 277. Darmstadt und Neuwied: Hermann Luchterhand Verlag, 1979 (1.Ausgabe 1976).
dies. Kassandra. 4.Auflage. Darmstadt und Neuwied: Hermann Luchterhand Verlag, 1983.
dies. Voraussetzung einer Erzählung: Kassandra: Frankfurter Poetik-Vorlesungen. Sammlung Luchterhand 456. Darmstadt und Neuwied: Hermann Luchterhand Verlag, 1983.
Christa Wolf Materialienbuch. Hg. Klaus Sauer. Sammlung Luchterhand 265. Darmstadt und Neuwied: Hermann Luchterhand Verlag, 1979.
Christa Wolf Materialienbuch. Hg. Klaus Sauer. Neue, überarbeitete Ausgabe. Sammlung Luchterhand 265. Darmstadt und Neuwied: Hermann Luchterhand Verlag, 1983.
Wolf, Friedrich. Menetekel oder Die fliegenden Untertassen: Roman. Berlin (Ost): Aufbau-Verlag, 1953.
ders. Kunst ist Waffe. Reclams Universal-Bibliothek, Sprache und Literatur, Bd.436. Leipzig: Philipp Reclam jun., 1969.

ders. Der Tod und der Regen. 2. Auflage. Berlin (Ost): Das Neue Berlin, 1968 (1. Auflage 1967).
ders. Der Tiger von Shangri-La: Abenteuerroman. Berlin (Ost): Das Neue Berlin, 1970.
ders. Straße zur Hölle: Bericht über die Schlacht an der Straße Nr. 9 in Laos 1971. Berlin (Ost): Militärverlag der Deutschen Demokratischen Republik, 1974.
ders. Der Gaukler. 2 Bde. Berlin (Ost): Das Neue Berlin, 1978 und 1979.
ders., Erwin Borchers, Wilfried Lulei u.a. Stärker als die reißenden Flüsse: Vietnam in Geschichte und Gegenwart. Berlin (Ost): Deutscher Militärverlag, 1970.
Turek, Ludwig. Die goldene Kugel: Phantastischer Kurzroman um Atomkraft und Weltraumschiffe. Berlin: Dietz Verlag, 1949.
Tuschel, Karl-Heinz. Der unauffällige Mr. McHine. Meridian 17. Das Taschenbuch. Berlin (Ost): Deutscher Militärverlag, 1969.
ders. Die Insel der Roboter. Berlin (Ost): Militärverlag der Deutschen Demokratischen Republik, 1973.
Die USA-Aggressoren sind gewarnt! Berlin (Ost): Nationalrat der Nationalen Front des Demokratischen Deutschland, 1950.
USA torpedieren Gipfelkonferenz. Berlin (Ost): Dietz Verlag, 1960.
Uhse, Bodo. Bamberg-Erzählungen: Die heilige Kunigunde im Schnee — Die Brücke — Abschied von einer kleinen Stadt. Hg. Gerhard C. Krischker. Bamberg: Verlag Gerhard C. Krischker, 1979.
Veken, Karl. Der Kellerschlüssel: Geschichten aus stürmischen Tagen. 4. Auflage. Berlin (Ost): Verlag Neues Leben, 1958 (1. Auflage 1955).
Victor, Walther. Ein Paket aus Amerika. Weimar: Thüringer Volksverlag, 1950.
ders. Ausgewählte Schriften, Bd. 2: Ich kam aus lauter Liebe in die Welt: Lebensgeschichten und Gedichte. Weimar: Volksverlag, 1961.
ders. Ausgewählte Schriften, Bd. 3: ...Es kommt aber darauf an, sie zu verändern: Publizistik, Polemik, Porträts. Weimar: Volksverlag, 1962.
Vietnam in dieser Stunde: Künstlerische Dokumentation. Hgg. Werner Bräunig u.a. Halle (Saale): Mitteldeutscher Verlag, 1968.
Walther, Joachim. Ein Dorf auf dieser Erde — Randbewohner — Infarkt: Hörspiele. dialog. Berlin (Ost): Henschelverlag Kunst und Gesellschaft, 1979.
Wangenheim, Gustav von. Auch in Amerika... Schauspiel in 3 Akten. Unverkäufliches Bühnen-Manuskript. Berlin (Ost): Verlag Henschel & Sohn, 1950.
Wedding, Alex. Das große Abenteuer des Kaspar Schmeck: Ein Roman für die Jugend. 7. Auflage. Berlin (Ost): Verlag Neues Leben, 1958 (1. Auflage 1956).
Weil, Otto und Ursula. John F. Kennedy: Der 35. Präsident der USA. Berlin (Ost): Buchverlag der Morgen, 1965.
Weise, Lothar. Das Geheimnis des Transpluto: Wissenschaftlich-phantastischer Roman. Spannend erzählt Bd. 44. Berlin (Ost): Verlag Neues Leben, 1962.
Weiß, Rudolf. Der Rote Jim: Das Ende der Dakota-Indianer. Knabes Jugendbücherei. Weimar: Gebr. Knabe Verlag, 1956.
Weißbuch über die amerikanisch-englische Interventionspolitik in Westdeutschland und das Wiedererstehen des deutschen Imperialismus. Hg. Nationalrat der Nationalen Front des demokratischen Deutschland. Leipzig 1951.
Welk, Ehm. Der Nachtmann: Geschichte einer Fahrt zwischen hüben und drüben: Kein Roman. Berlin (Ost): Aufbau-Verlag, 1950.
Welskopf-Henrich, Liselotte. Die Söhne der großen Bärin. Gekürzte Ausgabe. 12. Auflage. Berlin (Ost): Altberliner Verlag Lucie Groszer, 1966 (1. Auflage 1951).

Zeuske, Max. ,,Bürgerkrieg und zweite bürgerliche Revolution in den USA". Revolutionen der Neuzeit 1500-1917. Hg. Manfred Kossok. Studien zur Revolutionsgeschichte, Hg. Manfred Kossok u.a. Vaduz / Liechtenstein: Topos Verlag, 1982, S.369-391.
Ziergiebel, Herbert und ein Kollektiv junger Autoren. ,,Wie es kam, daß Kapitän Brown seine Wette verlor". Das Hörspiel unserer Zeit — Frieden 1. Berlin (Ost): Deutscher Funk-Verlag, 1950, S.9-36.
ders.: ,,Die Experimente des Professors von Pulex". Der Mann vom Anti: Utopische Erzählungen. Hg. Ekkehard Redlin. 2. Auflage. Berlin (Ost): Das Neue Berlin, 1977, S.7-40. Auch in Im Jenseits: Unheimlich-phantastische Geschichten aus der DDR. Hg. Horst Heidtmann. München: Deutscher Taschenbuch Verlag, 1981, S.100-124.
Zimmering, Max. Im herben Morgenwind: Ausgewählte Gedichte aus zwei Jahrzehnten. Berlin (Ost): Dietz Verlag, 1953.
ders. Phosphor und Flieder: Vom Untergang und Wiederaufstieg der Stadt Dresden. 3. Auflage. Berlin (Ost): Dietz Verlag, 1956 (1. Auflage 1954).
ders. Im Land der Morgenfrische. Berlin (Ost): Kongreß-Verlag, 1956.
ders. Dresdner Tagebuch. 1960.
ders. Das Maß der Zeit: Gedichte. Reclams Universal-Bibliothek, Versdichtung, Bd.258. Leipzig: Verlag Philipp Reclam jun., 1969.

3. Sekundärliteratur

Adams, Willi P. und Knud Krakau, Hgg. Deutschland und Amerika: Perzeption und historische Realität. Berlin (West): Colloquium Verlag, 1985.
Anderle, Hans Peter. Mitteldeutsche Erzähler: Eine Studie mit Proben und Porträts. Köln: Verlag Wissenschaft und Politik, 1965.
ders. ,,DDR. Der Zensurapparat im Kopf." Die Grenzen literarischer Freiheit: 22 Beiträge über Zensur im In- und Ausland. Hg. Dieter E. Zimmer. DIE ZEIT BÜCHER. Hamburg: Nannen-Verlag, 1966, S.150-158.
Ansichten: Aufsätze zur DDR-Literatur. Essay-Reihe Sonderbd. Hg. Klaus Walther. Halle (Saale): Mitteldeutscher Verlag, 1976.
Asmus, Ronald D. ,,Bonn und Ost-Berlin aus Washingtoner Sicht". Deutschland Archiv 3, 18.Jg. (März 1985), S.256-263.
ders. ,,Eine Erwiderung an Anita Mallinckrodt". Deutschland Archiv 6, 18.Jg. (Juni 1985), S.606-608.
Autorenkollektiv, Leitung: Christian Emmrich. Literatur für Kinder und Jugendliche in der DDR. Hg. im Auftrage des Ministeriums für Volksbildung der Deutschen Demokratischen Republik. Berlin (Ost): Der Kinderbuchverlag, 1979.
Autorenkollektiv, Leitung: Friedel Wallesch. Sozialistische Kinder- und Jugendliteratur der DDR: Ein Abriß zur Entwicklung von 1945 bis 1975. Schriftsteller der Gegenwart. Berlin (Ost): Volk und Wissen Volkseigener Verlag, 1977.
Balluseck, Lothar von. Dichter im Dienst: Der sozialistische Realismus in der deutschen Literatur. 2., neu bearbeitete und ergänzte Auflage unter Mitwirkung von Peter Jokostra. Wiesbaden: Limes Verlag, 1963.
ders. Literatur und Ideologie 1963: Zu den literatur-politischen Auseinandersetzungen seit dem VI. Parteitag der SED. Bad Godesberg: Hohwacht Verlag, 1963.
ders. Die guten und die bösen Deutschen: Das Freund-Feind-Bild im Schrifttum der DDR. Bonn-Bad Godesberg: Hohwacht-Verlag, 1972.
Barghoorn, Frederick Charles. The Soviet Image of the U.S.: A Study in Distortion. Insti-

tute of International Studies, Yale University. New York: Harcourt, Brace, 1950.
Baring, Arnulf. Der 17. Juni 1953. Information 14. 2.Auflage. Köln und Berlin (West): Kiepenheuer / Witsch, 1965.
Baum, Hans-Werner (Manuskript). USA im Spiegel der Literatur. Hg. Zentralinstitut für Bibliothekswesen. Leipzig: VEB Verlag für Buch- und Bibliothekswesen, 1956.
Bauschinger, Sigrid, Horst Denkler und Wilfried Malsch. Amerika in der deutschen Literatur: Neue Welt — Nordamerika — USA. Stuttgart: Philipp Reclam jun., 1975.
Baylis, Thomas A. ,,Amerikanische Studien über die DDR: Eine kritische Einschätzung". Deutschland Archiv 8, 19.Jg. (August 1986), S.823-831.
Behn, Manfred. DDR-Literatur in der Bundesrepublik Deutschland: Die Rezeption der epischen DDR-Literatur in der BRD 1961-1975. Hochschulschriften Literaturwissenschaft 34. Meisenheim am Glan: Verlag Anton Hain, 1977.
Berg, Peter. Deutschland und Amerika: Über das Amerikabild der Zwanziger Jahre. Historische Studien 385. Lübeck und Hamburg: Matthiesen Verlag, 1963.
Beutin, Wolfgang u.a. Deutsche Literaturgeschichte: Von den Anfängen bis zur Gegenwart. Stuttgart: J.B. Metzlersche Verlagsbuchhandlung, 1979.
Bilke, Jörg Bernhard. ,,DDR-Literatur in den Vereinigten Staaten". Deutsche Studien, Vierteljahreshefte 46, XII.Jg. (Juni 1974), S.164-169.
Blumensath, Christel und Heinz. Einführung in die DDR-Literatur: Mit Unterrichtsvorschlägen für die Sekundarstufen I und II. 2., überarbeitete und erweiterte Auflage. Stuttgart: J.B. Metzlersche Verlagsbuchhandlung und Carl Ernst Poeschel Verlag, 1983.
Bock, Stephan. Literatur Gesellschaft Nation: Materielle und ideelle Rahmenbedingungen der frühen DDR-Literatur (1949-1956). Stuttgart: J.B. Metzlersche Verlagsbuchhandlung, 1980.
ders. ,,Der 17.Juni 1953 in der Literatur der DDR: eine Bibliographie (1953-1979)". Literatur im geteilten Deutschland. Hgg. Paul Gerhard Klussmann und Heinrich Mohr. Bonn: Bouvier Verlag Herbert Grundmann, 1980, S.141-159.
Boden, Dieter. Das Amerikabild im russischen Schrifttum bis zum Ende des 19.Jahrhunderts. Abhandlungen aus dem Gebiet der Auslandskunde Bd.71. Reihe B (Völkerkunde, Kulturgeschichte und Sprachen) Bd.41. Hamburg: Cram, de Gruyter & Co., 1968.
Boerner, Peter. ,,Das Bild vom anderen Land als Gegenstand literarischer Forschung". Sprache im technischen Zeitalter. Hgg. Walter Höllerer und Norbert Miller. H.56 (1975), S.313-321. Auch in Deutschlands literarisches Amerikabild: Neuere Forschungen zur Amerikarezeption der deutschen Literatur. Hg. Alexander Ritter. Germanistische Texte und Studien Bd.4. Hildesheim und New York: Georg Olms Verlag, 1977, S.28-36.
Bonk, Jürgen und Arthur Scharmenke. Hans Marchwitza — Otto Gotsche. Hg. Kollektiv für Literaturgeschichte im volkseigenen Verlag Volk und Wissen. Schriftsteller der Gegenwart. Berlin (Ost): VEB Verlag Volk und Wissen, 1960.
Brettschneider, Werner. Zwischen literarischer Autonomie und Staatsdienst: Die Literatur der DDR. 2., verbesserte und ergänzte Auflage. Berlin (West): Erich Schmidt Verlag, 1974.
Brüning, Eberhard. Humanistische Tradition und progressives Erbe der Leipziger Anglistik / Amerikanistik. Berlin (Ost): Akademie-Verlag, 1977.
ders. ,,US-amerikanische Literatur in der DDR seit 1965". Zeitschrift für Anglistik und Amerikanistik 4, 28.Jg. (1980), S.293-319.
ders. ,,American Drama in the German Democratic Republic — Some Facts and Pro-

blems". Zeitschrift für Anglistik und Amerikanistik 4, 31.Jg. (1983), S.305-313.

Buddecke, Wolfram und Helmut Fuhrmann. Das deutschsprachige Drama seit 1945: Schweiz — Bundesrepublik — Österreich — DDR: Kommentar zu einer Epoche. München: Winkler Verlag, 1981.

Bussiek, Hendrik. Die real existierende DDR: Neue Notizen aus der unbekannten deutsche Republik. Fischer Informationen zur Zeit. Frankfurt am Main: Fischer Taschenbuch Verlag, 1984.

Corino, Karl. „Gespräche mit DDR-Schriftstellern: Karl Corino interviewte Volker Braun, Ulrich Plenzdorf, Günter Kunert". Deutschland Archiv 2, 7.Jg. (Februar 1974), S.165-171.

ders. „'Privat würde ich als ein Schimpfwort empfinden'. Gespräch mit Sarah Kirsch". Deutschland Archiv 10, 8.Jg. (Oktober 1975), S.1085-1087.

Croan, Melvin. „Zur Lage der DDR-Forschung in den USA". Deutschland Archiv 2, 9.Jg. (Februar 1976), S.164-176.

Dibbern, Ursula und Horst Ihde. „Das Echo der Kultur und des Freiheitskampfes der nordamerikanischen Neger in der DDR, 1945-1969 — eine Bibliographie". Zeitschrift für Anglistik und Amerikanistik 3, 20.Jg. (1972), S.429-442.

Dickson, Paul. Das Amerikabild in der deutschen Emigrantenliteratur seit 1933. Inaugural-Dissertation vom 8. Mai 1951 (Masch.schr.). München 1951.

Dietz, Raimund. „Der Westhandel der DDR: Zwei Datensätze — zwei Perspektiven". Deutschland Archiv 3, 18.Jg. (März 1985), S.294-304.

Durzak, Manfred. „Perspektiven des Amerikabildes, historisch und gegenwärtig: Reisen in der Zeitmaschine". Sprache im technischen Zeitalter. Hgg. Walter Höllerer und Norbert Miller. H.56 (1975), S.297-310.

ders. Das Amerika-Bild in der deutschen Gegenwartsliteratur: Historische Voraussetzungen und aktuelle Beispiele. Sprache und Literatur 105. Stuttgart, Berlin (West), Köln, Main: Verlag W. Kohlhammer, 1979.

Dworak, Anselm. Der Kriminalroman der DDR. Aussagenanalysen. Hg. Hans-Friedrich Foltin. Marburg: Im Selbstverlag des Herausgebers Hans-Friedrich Foltin, 1974.

Ebert, Günter. Ansichten zur Entwicklung der epischen Kinder- und Jugendliteratur in der DDR von 1945 bis 1975. Studien zur Geschichte der deutschen Kinder- und Jugendliteratur 8, Hg. Horst Kunze. Berlin (Ost): Der Kinderbuchverlag, 1976.

Eifler, Margret. Dialektische Dynamik: Kulturpolitik und Ästhetik im Gegenwartsroman der DDR. Abhandlungen zur Kunst-, Musik- und Literaturwissenschaft Bd.192. Bonn: Bouvier Verlag Herbert Grundmann, 1976.

Einhorn, Barbara. Der Roman in der DDR 1949-1969: Die Gestaltung des Verhältnisses von Individuum und Gesellschaft: Eine Analyse der Erzählstruktur. Monographien Literaturwissenschaft Bd.40. Kronberg/Ts.: Scriptor Verlag, 1978.

Elliott, James, Jürgen Pelzer und Carol Poore, Hgg. Stereotyp und Vorurteil in der Literatur: Untersuchung zu Autoren des 20. Jahrhunderts. Zeitschrift für Literaturwissenschaft und Linguistik, Beiheft 9. Göttingen: Vandenhoeck & Ruprecht, 1978.

Emmerich, Wolfgang. „Die Literatur der DDR". Deutsche Literaturgeschichte: Von den Anfängen bis zur Gegenwart. Hgg. Wolfgang Beutin u.a. Stuttgart: J.B. Metzlersche Verlagsbuchhandlung, 1979, S.341-420.

ders. Kleine Literaturgeschichte der DDR. Sammlung Luchterhand 326. Darmstadt und Neuwied: Hermann Luchterhand Verlag, 1981.

Emmrich, Christian und Autorenkollektiv. Literatur für Kinder und Jugendliche in der DDR. Hg. im Auftrag des Ministeriums für Volksbildung der Deutschen Demokratischen Republik. Berlin (Ost): Der Kinderbuchverlag, 1979.

Engels, Friedrich. Der Ursprung der Familie, des Privateigentums und des Staats: Im Anschluß an Lewis H. Morgans Forschungen. Sozialistische Klassiker. 3.Auflage. Frankfurt am Main: Verlag Marxistische Blätter, 1973.

Eröffnungen: Schriftsteller über ihr Erstlingswerk. Berlin (Ost) und Weimar: Aufbau-Verlag, 1974.

Eßbach, Wolfgang. „Der schmutzige Kampf gegen Schmutz und Schund: Massenliteratur und Literaturpädagogik". Die heimlichen Erzieher: Kinderbücher und politisches Lernen. Hgg. Dieter Richter und Jochen Vogt. Erfahrungen, Analysen, Vorschläge. 4.Auflage. Reinbek bei Hamburg: Rowohlt Taschenbuch Verlag, 1976, S.108-128.

Feitknecht, Thomas. Die sozialistische Heimat: Zum Selbstverständnis neuerer DDR-Romane. Europäische Hochschulschriften Reihe I, 53. Bern, Frankfurt am Main: Verlag Lang, 1971.

Film in der DDR. Reihe Film 13. Hgg. in Zusammenarbeit mit der Stiftung Deutsche Kinemathek von Peter W. Jansen und Wolfram Schütte. Reihe Hanser 238. München und Wien: Carl Hanser Verlag, 1977.

Fink, Karl J. „Das semantische Differential zur Untersuchung nationaler Stereotypen". Sprache im technischen Zeitalter. Hgg. Walter Höllerer und Norbert Miller. H. 56 (1975), S.346-354.

Fischbeck, Helmut, Hg. Literaturpolitik und Literaturkritik in der DDR: Eine Dokumentation. Texte und Materialien zum Literaturunterricht. Hgg. Hubert Ivo, Valentin Merkelbach und Hans Thiel. Frankfurt am Main, Berlin (West), München: Verlag Moritz Diesterweg, 1976.

Flaker, Aleksandar. Modelle der Jeans Prosa: Zur literarischen Opposition bei Plenzdorf im osteuropäischen Romankontext. Skripten Literatur + Sprache + Didaktik 5. Hgg. Reinhard Dithmar, Barbara Kochan und Detlef C. Kochan. Kronberg/Ts.: Scriptor Verlag, 1975.

Flores, John. Poetry in East Germany: Adjustments, Visions, and Provocations, 1945-1970. New Haven und London: Yale University Press, 1971.

Förster, Werner. Realität und Entwurf: Zu einigen Aspekten des Genres Phantastik in der DDR-Literatur der siebziger Jahre. Dissertation zur Promotion. Karl-Marx-Universität Leipzig, Sektion Germanistik und Literaturwissenschaften, abgenommen am 19.12.1980 (Masch. schr.).

Foltin, Hans Friedrich. Die Unterhaltungsliteratur der DDR. Hg. Mitteldeutscher Kulturrat e.V. Bonn. MKR-Schriften. Troisdorf: Kammwegverlag, 1970.

Franz, Eckhart G. Das Amerikabild der deutschen Revolution von 1848/49: Zum Problem der Übertragung gewachsener Verfassungsformen. Beihefte zum Jahrbuch für Amerikastudien. Im Auftrag der Deutschen Gesellschaft für Amerikastudien. Hg. Walther Fischer. 2.Heft. Heidelberg: Universitätsverlag Carl Winter, 1958.

Friedenthal, Richard. Karl Marx: Sein Leben und seine Zeit. München: Deutscher Taschenbuch Verlag, 1983.

Frieß, Ursula. „Literatur als res publica: Kulturpolitik und Literaturbetrieb in der DDR". Propädeutik der Literaturwissenschaft. Hg. Dietrich Harth. Uni-Taschenbücher 205. München: Wilhelm Fink Verlag, 1973, S.238-256.

Galinsky, Hans. Amerika und Europa: Sprachliche und sprachkünstlerische Wechselbeziehungen in amerikanischer Sicht. Langenscheidt Bibliothek für Wissenschaft und Praxis Bd.6. Berlin (West), München, Zürich: Langenscheidt, 1968.

ders. Amerikanisch-deutsche Sprach- und Literaturbeziehungen: Systematische Übersicht

und Forschungsbericht 1945-1970. Frankfurt am Main: Athenäum Verlag, 1972.
ders. „Deutschlands literarisches Amerikabild: Ein kritischer Bericht zu Geschichte, Stand und Aufgaben der Forschung". Deutschlands literarisches Amerikabild: Neuere Forschungen zur Amerikarezeption der deutschen Literatur. Hg. Alexander Ritter. Germanistische Texte und Studien Bd.4. Hildesheim und New York: Georg Olms Verlag, 1977, S.4-27.
Geerdts, Hans Jürgen, Hg. Literatur der DDR in Einzeldarstellungen. Kröners Taschenausgabe Bd.416. Stuttgart: Alfred Kröner Verlag, 1972.
Gerber, Margy und Judith Pouget. Literature of the German Democratic Republic in English Translation: A Bibliography. Lanham, New York, London: University Press of America, 1984.
Gerlach, Ingeborg. Der schwierige Fortschritt: Gegenwartsdeutung und Zukunftserwartung im DDR-Roman. Monographien: Literaturwissenschaft Bd.46. Königstein/Ts.: Scriptor Verlag, 1979.
Glaeßner, Gert-Joachim. „Schwierigkeiten beim Schreiben der Geschichte der DDR: Anmerkungen zum Problem der Periodisierung". Deutschland Archiv 6, 17.Jg. (Juni 1984), S.638-650.
Gransow, Volker. Zur kulturpolitischen Entwicklung in der Deutschen Demokratischen Republik bis 1973. Phil. Diss. Freie Universität Berlin, Fachbereich II: Philosophie und Sozialwissenschaften, 1974.
ders. Kulturpolitik in der DDR. Berlin (West): Verlag Volker Spiess, 1975.
ders. „Wandlungen im amerikanischen DDR-Bild?" Deutschland Archiv 12, 11.Jg. (Dezember 1978), S.1313-1321.
ders. und Bettina Gransow. „Berliner Gespräche zu DDR und USA". Deutschland Archiv 7, 18.Jg. (Juli 1985), S.751-753.
Greiner, Bernhard. Von der Allegorie zur Idylle: Die Literatur der Arbeitswelt in der DDR. Uni-Taschenbücher 327. Heidelberg: Quelle & Meyer, 1974.
Grewe, Astrid. Das Amerikabild der französischen Schriftsteller zwischen den beiden Weltkriegen. Studia Romanica 58. Heidelberg: Verlag Carl Winter, 1985.
Gugisch, Peter. Hörspiel in der DDR. Hörspiele 6. Hg. Staatliches Rundfunkkomitee der Deutschen Demokratischen Republik. Berlin (Ost): Henschelverlag, 1966.
Gutmann, Gernot und Maria Haendcke-Hoppe, Hgg. Die Außenbeziehungen der DDR. Gesellschaft für Deutschlandforschung Jahrbuch 1980. Heidelberg: Edition Meyn, 1981.
Haendcke-Hoppe, Maria. „DDR-Außenhandel unter dem Zwang zum Erfolg". Deutschland Archiv 3, 15.Jg. (März 1982), S.262-269.
dies. „DDR-Außenwirtschaft unter neuen Vorzeichen". Deutschland Archiv 4, 16.Jg. (April 1983), S.378-385.
dies. „DDR-Außenhandel im Zeichen schrumpfender Westimporte: Erstmals wieder aktive Handelsbilanz". Deutschland Archiv 10, 16.Jg. (Oktober 1983), S.1066-1071.
dies. „Konsolidierung in der DDR-Außenwirtschaft: Die Entwicklung 1983/84". Deutschland Archiv 10, 17.Jg. (Oktober 1984), S.1060-1068.
Haese, Jürgen. Das Gegenwartshörspiel in der Sowjetischen Besatzungszone Deutschlands: Ein Beitrag zur Erforschung künstlerischer Formen in der sowjetisch-totalitären Publizistik. Abhandlungen und Materialien zur Publizistik. Hg. Fritz Eberhard, Institut für Publizistik der Freien Universität Berlin, Bd.3. Berlin (West): Colloquium Verlag, 1963.
Hannemann, Joachim und Lothar Zschuckelt. Schriftsteller in der Diskussion: Zur Litera-

turentwicklung der fünfziger Jahre. Berlin (Ost): Dietz Verlag, 1979.

Heidtmann, Horst. Utopisch-phantastische Literatur in der DDR: Untersuchungen zur Entwicklung eines unterhaltungsliterarischen Genres von 1945-1979. München: Wilhelm Fink Verlag, 1982.

Hembus, Joe. Western Lexikon: 1324 Filme von 1894-1978. Heyne-Buch Nr. 7048. 2.Auflage. München: Wilhelm Heyne Verlag, 1978.

Henningsen, Manfred. Der Fall Amerika: Zur Sozial- und Bewußtseinsgeschichte einer Verdrängung: Das Amerika der Europäer. München: List Verlag, 1974.

Herminghouse, Patricia. ,,Studien zur DDR-Literatur in den USA". Deutschland Archiv 8, 19.Jg. (August 1986), S.831-843.

Hofmann, Christa. ,,Die Anglistik-Amerikanistik in der Deutschen Demokratischen Republik". Zeitschrift für Anglistik und Amerikanistik 2, 8.Jg. (1960), S.171-185.

Hohendahl, Peter Uwe und Patricia Herminghouse, Hgg. Literatur und Literaturtheorie in der DDR. edition suhrkamp 779. Frankfurt am Main: Suhrkamp Verlag, 1976.

dies. Literatur der DDR in den siebziger Jahren. edition suhrkamp Neue Folge Bd.174. Frankfurt am Main: Suhrkamp Verlag, 1983.

Hoogeveen, Jos und Gerd Labroisse, Hgg. DDR-Roman und Literaturgesellschaft. Amsterdamer Beiträge zur neueren Germanistik 11 / 12 — 1981. Hg. Gerd Labroisse. Amsterdam: Rodopi, 1981.

Hüttich, Gunner. ,,Stereotypie in der Aufbauliteratur der DDR". Stereotyp und Vorurteil in der Literatur. Hgg. James Elliott, Jürgen Pelzer und Carol Poore. Zeitschrift für Literaturwissenschaft und Linguistik. Hgg. Helmut Kreuzer u.a. Göttingen: Vandenhoeck & Ruprecht, 1978, S.203-222.

Huie, William B. Der Hiroshima-Pilot. Orig.: The Hiroshima Pilot. Übers. Willy Thaler. Wien und Hamburg: Paul Zsolnay Verlag, 1964.

Humbert, Geneviève. Jeunesse et Littérature: Les livres d'adolescents en RFA et RDA de 1964 à 1977. Publications Universitaires Européennes / Europäische Hochschulschriften / European University Studies. Sérié I Langue et littérature allemandes / Reihe I Deutsche Sprache und Literatur / Series I German Language and Literature. Bd. / Vol. 379. Frankfurt am Main, Bern, Cirencester U.K.: Peter D. Lang, 1981.

100-Titel-Liste für den Grundbestand der kleinsten Büchereien. Handzettel zum Vortrag von Lutz Winckler: ,,Bibliotheken für neue Leser? Zur Literatur der Nachkriegszeit". Tagung in Zusammenarbeit mit dem Arbeitskreis für Literatur und Germanistik in der DDR: 1945 / 1985: Literatur des Anfangs — der Anfang in der Literatur der DDR. Vom 29.November bis 1.Dezember 1985 in der Karl-Arnold-Bildungsstätte Bonn-Bad Godesberg.

Iwand, Wolf Michael. Politische Aspekte des Amerikabildes in der überregionalen westdeutschen Presse: Deutsch-amerikanische Beziehungen zu Beginn der siebziger Jahre. Studienreihe Humanitas. Studien zur Politikwissenschaft. Frankfurt am Main: Akademische Verlagsgesellschaft, 1974.

Jacobsen, Hans-Adolf u.a., Hgg. Drei Jahrzehnte Außenpolitik der DDR: Bestimmungsfaktoren, Instrumente, Aktionsfelder. Schriften des Forschungsinstituts der Deutschen Gesellschaft für Auswärtige Politik e.V., Bonn. Internationale Politik und Wirtschaft Bd.44. München und Wien: Oldenbourg Verlag, 1979.

Jäckel, Günter und Ursula Roisch. Große Form in kleiner Form: Zur sozialistischen Kurzgeschichte. Halle (Saale): Mitteldeutscher Verlag, 1974.

Jaeger, Joachim W. Humor und Satire in der DDR: Ein Versuch zur Theorie. Frankfurt am Main: R.G. Fischer Verlag, 1984.

Jäger, Manfred. Sozialliteraten: Funktion und Selbstverständnis der Schriftsteller in der DDR. Literatur in der Gesellschaft Bd.14. Hg. Klaus Günter Just. Düsseldorf: Bertelsmann Verlag, 1973.

ders. „Zeitlassen beim Absterben: Die Metamorphosen des DDR-Krimi". Zur Aktualität des Kriminalromans: Berichte, Analysen, Reflexionen zur neueren Kriminalliteratur. Hg. Erhard Schütz. München: Wilhelm Fink Verlag, 1978, S.86-112.

ders. Kultur und Politik in der DDR: Ein historischer Abriß. Köln: Edition Deutschland Archiv im Verlag Wissenschaft und Politik Berend von Nottbeck, 1982.

ders. „Sachlichkeit gegen Klischees: Positionen der Amerikanistik". Deutschland Archiv 6, 18.Jg. (1985), S.593f.

ders. „Literatur und Kulturpolitik in der Entstehungsphase der DDR (1945-1952)". aus politik und zeitgeschichte. beilage zur wochenzeitung das parlament B 40-41 / 85 (5.Oktober 1985). 1985, S.32-47.

Jegensdorf, Lothar. „Jugend als Thema in der politischen Dichtung der DDR". Deutsche Studien, Vierteljahreshefte 18, H.76 (1981), S.383-403.

Jeier, Thomas. Die letzten Söhne Manitous: Das Schicksal der Indianer Nordamerikas. Düsseldorf und Wien: Econ Verlag, 1976.

Karsch, Erika. „Abenteuerromane der DDR". Weimarer Beiträge: Zeitschrift für Literaturwissenschaft, Ästhetik und Kulturtheorie 5, XIX.Jg. (1973), S.113-125.

Kaufmann, Eva und Hans. Erwartung und Angebot: Studien zum gegenwärtigen Verhältnis von Literatur und Gesellschaft in der DDR. Literatur und Gesellschaft. Hg. Akademie der Wissenschaften, Zentralinstitut für Literaturgeschichte. Berlin (Ost): Akademie Verlag, 1976.

Klunker, Heinz. Zeitstücke und Zeitgenossen: Gegenwartstheater in der DDR. Hannover: Fackelträger-Verlag, 1972.

Koch, Hans. Grundlagen sozialistischer Kulturpolitik in der Deutschen Demokratischen Republik. Berlin (Ost): Dietz Verlag, 1983.

Krätzer, Anita. Studien zum Amerikabild in der neuen deutschen Literatur: Max Frisch, Uwe Johnson, Hans Magnus Enzensberger und das „Kursbuch". Europäische Hochschulschriften. Bern u.a.: Peter Lang, 1982.

Kritik: Rezensionen zur DDR-Literatur. Hgg. Eberhard Günther, Werner Liersch und Klaus Walter. Halle (Saale): Mitteldeutscher Verlag, 1975ff.

Krüger, Michael, Hg. Kunert lesen. München und Wien: C. Hanser Verlag, 1979.

Kunisch, Hermann, Hg. Handbuch der deutschen Gegenwartsliteratur. München: Nymphenburger Verlagshandlung, 1965.

Kuppe, Johannes. „Die DDR im Westen (III): Die Beziehungen zu den drei Westmächten". Deutschland Archiv 12, 12.Jg. (Dezember 1979), S.1299-1311.

Lamers, Karl, Hg. Die deutsche Teilung im Spiegel der Literatur: Beiträge zur Literatur und Germanistik der DDR. Reihe Bonn aktuell. Hg. Alois Rummel. Stuttgart: Verlag Bonn Aktuell, 1978.

Lauckner, Nancy A. „Günter Kunert's Image of the USA: Another Look at Der andere Planet". Studies in GDR Culture and Society 3: Selected Papers from the Eighth International Symposium on the German Democratic Republic. Hgg. Margy Gerber u.a. Lanham, New York, London: University Press of America, 1983, S.125-135.

Leitner, Olaf. Rockszene DDR: Aspekte einer Massenkultur im Sozialismus. Reinbek bei Hamburg: Rowohlt Taschenbuch Verlag, 1983.

Lenin, Wladimir Iljitsch. „Brief an die amerikanischen Arbeiter". Ausgewählte Werke in sechs Bänden. Hgg. Renate Leuschner und Hans-Joachim Neumann. Bd.IV. 8.Auflage.

Berlin (Ost): Dietz Verlag, 1980, S.474-494.
Lindemann, Hans. „Nordamerika (USA und Kanada) und Kuba". Drei Jahrzehnte Außenpolitik der DDR: Bestimmungsfaktoren, Instrumente, Aktionsfelder. Hgg. Hans-Adolf Jacobsen u.a. Schriften des Forschungsinstituts der Deutschen Gesellschaft für Auswärtige Politik e.V., Bonn. Reihe Internationale Politik und Wirtschaft Bd.44. München und Wien: Oldenbourg Verlag, 1979, S.623-634.
ders. „Olle Kamellen statt neuer Erkenntnisse: Zur auswärtigen Kulturpolitik der DDR". Deutschland Archiv 3, 14.Jg. (März 1981), S.264-267.
ders. und Kurt Müller. Auswärtige Kulturpolitik der DDR: Die kulturelle Abgrenzung der DDR von der Bundesrepublik. Mit einem Vorwort von Hans Arnold. Bonn-Bad Godesberg: Verlag Neue Gesellschaft, 1974.
Löffler, Anneliese, Hg. Auskünfte: Werkstattgespräche mit DDR-Autoren. 2.Auflage. Berlin (Ost) und Weimar: Aufbau-Verlag, 1976.
Ludz, Peter Christian. „DDR-Forschung und vergleichende Deutschland-Forschung in den USA". Deutschland Archiv 2, 3.Jg. (Februar 1970), S.113-127.
ders. Mechanismen der Herrschaftssicherung: Eine sprachpolitische Analyse gesellschaftlichen Wandels in der DDR. Wien und München: Carl Hanser Verlag, 1980.
Maaß, Kurt-Jürgen. „Ein zweites deutsches Gesicht? Zur auswärtigen Kulturpolitik der DDR". Deutschland Archiv 12, 13.Jg. (Dezember 1980), S.1282-1287.
Mager, Hasso. „Krimi und crimen". Zur Moral der Unmoral? Halle (Saale): Mitteldeutscher Verlag, 1969.
Mallinckrodt, Anita M. Die Selbstdarstellung der beiden deutschen Staaten im Ausland: „Image-Bildung" als Instrument der Außenpolitik. Bibliothek Wissenschaft und Politik Bd.22. Köln: Verlag Wissenschaft und Politik Berend von Nottbeck, 1980.
dies. Das kleine Massenmedium: Soziale Funktion und politische Rolle der Heftreihenliteratur in der DDR. Köln: Verlag Wissenschaft und Politik Berend von Nottbeck, 1984.
dies. „Bonn und Ost-Berlin: Andere Sichten aus Washington". Deutschland Archiv 4, 18.Jg. (April 1985), S.385-389.
dies. „DDR-Forscher in englischsprachigen Ländern". Deutschland Archiv 7, 18.Jg. (Juli 1985), S.740-749.
Mannack, Eberhard. Zwei deutsche Literaturen? Zu G. Grass, U. Johnson, H. Kant, U. Plenzdorf und C. Wolf. Mit einer Bibliographie der Schönen Literatur in der DDR (1968-1974). Athenäum Taschenbücher 2123 Literaturwissenschaft. Kronberg/Ts.: Athenäum Verlag, 1977.
Markham, Sarah. Workers, Women, and Afro-Americans: Images of the United States in German Travel Literature, from 1923 to 1933. American University Studies Series I Germanic Languages and Literature Vol.45. New York, Bern, Frankfurt am Main: Peter Lang, 1986.
Marx, Karl und Friedrich Engels. Studienausgabe in 4 Bänden. Hg. Iring Fetscher, Bd.IV: Geschichte und Politik 2: Abhandlungen und Zeitungsaufsätze zur Zeitgeschichte. Frankfurt am Main und Hamburg: Fischer Bücherei, 1966.
dies. Manifest der Kommunistischen Partei. Bücherei des Marxismus-Leninismus. 31.Auflage. Berlin (Ost): Dietz Verlag, 1969.
dies. Der Bürgerkrieg in den Vereinigten Staaten. Hgg. Gunter Wisotzki und Manfred Tetzel. Berlin (Ost): Dietz Verlag, 1976.
Mayer, Hans. Zur deutschen Literatur der Zeit: Zusammenhänge, Schriftsteller, Bücher. Reinbek bei Hamburg: Rowohlt Verlag, 1967.
Mayer-Burger, Bernhard. Entwicklung und Funktion der Literaturpolitik der DDR

(1945-1978). tuduv-Studie, Reihe Sprach- und Literaturwissenschaft Bd.17. München: tuduv-Verlagsgesellschaft, 1984.

Mayer-Hammond, Therese. American Paradise: German Travel Literature from Duden to Kisch. Reihe Siegen. Beiträge zur Literatur- und Sprachwissenschaft 18. Eine Schriftenreihe der Universität-Gesamthochschule Siegen. Hg. Helmut Kreuzer. Heidelberg: Carl Winter Universitätsverlag, 1980.

Mechtenberg, Theo. „Vom poetischen Gewinn der Zensur". Deutschland Archiv 9, 18.Jg. (September 1985), S.977-984.

Mendelson, Maurice O. „Einige Bemerkungen zur Amerikanistik in der DDR". Zeitschrift für Anglistik und Amerikanistik 3, 23.Jg. (1975), S.189-204.

Mentzel, Jörg Peter und Wolfgang Pfeiler. Deutschlandbilder: Die Bundesrepublik aus der Sicht der DDR und der Sowjetunion. Bonner Schriften zur Politik und Zeitgeschichte 6/7. Hgg. Karl Dietrich Bracher und Hans-Adolf Jacobsen. Seminar für politische Wissenschaft an der Universität Bonn. Düsseldorf: Droste Verlag, 1972.

Mews, Siegfried. Ulrich Plenzdorf. Autorenbücher 41. München: Verlag C.H.Beck, verlag edition text + kritik, 1984.

Mittenzwei, Werner u.a., Hgg. Theater in der Zeitenwende: Zur Geschichte des Dramas und des Schauspieltheaters in der Deutschen Demokratischen Republik 1945-1968. Hg. Institut für Gesellschaftswissenschaften beim ZK der SED Berlin, Lehrstuhl Kunst- und Kulturwissenschaften. 2 Bde. Berlin (Ost): Henschelverlag Kunst und Gesellschaft, 1972.

Mohr, Heinrich. „Der 17.Juni als Thema der Literatur in der DDR". Die deutsche Teilung im Spiegel der Literatur: Beiträge zur Literatur und Germanistik der DDR. Reihe Bonn aktuell. Hg. Alois Rummel. Stuttgart: Verlag Bonn Aktuell, 1978, S.43-84.

ders. „Der Aufstand vom 17.Juni 1953 als Thema belletristischer Literatur aus dem letzten Jahrzehnt". Deutschland Archiv 5, 16.Jg. (Mai 1983), S.478-497.

ders. „Der 17.Juni in der autobiographischen Literatur". Deutschland Archiv 6, 16.Jg. (Juni 1983), S.602-621.

Motzkau-Valeton, Wolfgang. Literaturunterricht in der DDR: Theoretische Grundlagen und didaktische Prinzipien. ISL Informationen zur Sprach- und Literaturdidaktik 24. Hgg. Dietrich Boueke u.a. Paderborn, München, Wien, Zürich: Ferdinand Schöningh, 1979.

Nalewski, Horst und Klaus Schuhmann, Hgg. Selbsterfahrung als Welterfahrung: DDR-Literatur in den siebziger Jahren. Karl-Marx-Universität, Leipzig, Sektion Germanistik und Literaturwissenschaft, Lehrstuhl DDR-Literatur. Berlin (Ost) und Weimar: Aufbau-Verlag, 1981.

Neubert, Werner. Die Wandlung des Juvenal: Satire zwischen gestern und morgen. Berlin (Ost): Dietz Verlag, 1966.

Noglik, Bert. Jazz-Werkstatt International. Reinbek bei Hamburg: Rowohlt Taschenbuch Verlag, 1983.

Osterle, Heinz D. „Denkbilder über die USA: Günter Kunerts Der andere Planet". Basis: Jahrbuch für deutsche Gegenwartsliteratur. Hgg. Reinhold Grimm und Jost Hermand. Bd.7. Frankfurt am Main: Athenäum Verlag, 1977, S.137-155.

ders., Hg. Bilder von Amerika: Gespräche mit deutschen Schriftstellern. Münster: Englisch Amerikanische Studien, 1987.

Pareigis, Gottfried. Analyse der Realitätsdarstellung in ausgewählten Werken des „Bitterfelder Weges". Scriptor Hochschulschriften Literaturwissenschaft 2. Kronberg/Ts.: Scriptor Verlag, 1974.

Paulsen, Wolfgang, Hg. Die USA und Deutschland: Wechselseitige Spiegelungen in der Literatur der Gegenwart: Zum zweihundertjährigen Bestehen der Vereinigten Staaten am 4.Juli 1976. Achtes Amherster Kolloquium zur modernen deutschen Literatur. Bern und München: Francke Verlag, 1976.

Peddersen, Jan. „Die literarische Situation in der DDR". Handbuch der deutschen Gegenwartsliteratur. Hg. Hermann Kunisch. München: Nymphenburger Verlagshandlung, 1965, S.746-758.

Pelzer, Jürgen. „Der Gegner muß nicht immer ein Schurke sein: Zum ‚Feindbild' in den Abenteuer- und Tatsachenromanen Wolfgang Schreyers und Harry Thürks". Stereotyp und Vorurteil in der Literatur. Hgg. James Elliott, Jürgen Pelzer und Carol Poore. Zeitschrift für Literaturwissenschaft und Linguistik Beiheft 9. Hgg. Helmut Kreuzer u.a. Göttingen: Vandenhoeck & Ruprecht, 1978, S.223-247.

Pernkopf, Johannes. Der 17.Juni 1953 in der Literatur der beiden deutschen Staaten. Stuttgarter Arbeiten zur Germanistik. Hgg. Ulrich Müller, Franz Hundsnurscher und Cornelius Sommer. Nr.123. Unterreihe: Salzburger Beiträge. Hgg. Walter Weiss und Adolf Haslinger. Nr.6. Stuttgart: Akademischer Verlag Hans-Dieter Heinz, 1982.

Pleticha, Heinrich. „Winnetou auf der Briefmarke: 75 Jahre nach Karl Mays Tod: Neue Ehren für den Umstrittenen". Süddeutsche Zeitung Nr.37, Samstag / Sonntag 14. / 15.Februar 1987, S.149.

Pongs, Hermann. Dichtung im gespaltenen Deutschland. Stuttgart: Union Verlag, 1966.

Poore, Carol J. German-American Socialist Literature 1865-1900. New York University Offendorfer Series Neue Folge Bd.16, Hg. Volkmar Sander. Bern und Frankfurt am Main: Peter Lang, 1982.

Probst, Peter. „Stichwort: Die alliierten Militärmissionen in Deutschland". Deutschland Archiv 5, 18.Jg. (Mai 1985), S.470f.

Raddatz, Fritz J. Traditionen und Tendenzen: Materialien zur Literatur der DDR. Frankfurt am Main: Suhrkamp Verlag, 1972.

Radlach, Siegfried, Hg. Aufbruch — Ankunft — Ausbruch: 30 Jahre DDR-Kunst und -Literatur. Schriftenreihe DDR-Kultur 1. Berlin (West): Paul-Löbe-Institut, 1981.

Raeithel, Gert, Constantino von Barloewen und Anita Eichholz. „Projektvorschlag: Europäische Amerika-Urteile im 20.Jahrhundert". Sprache im technischen Zeitalter. Hgg. Walter Höllerer und Norbert Miller. H.56 (1975), S.333-341.

Reich-Ranicki, Marcel. Deutsche Literatur in West und Ost: Prosa seit 1945. München: R. Piper & Co. Verlag, 1963.

ders. Zur Literatur der DDR. Serie Piper Bd.94. München: R. Piper / Co. Verlag, 1974.

Reilly, Alayne P. The Image of America in Soviet Literature of the Sixties. A dissertation in the Department of Slavic Languages and Literatures. Diss. Phil. an der New York University, June 1969. Xerokopie.

Reinhard, Andreas M. Erläuterungen zu Wolf Biermann Loblieder und Haßgesänge. Königs Erläuterungen und Materialien Bd.260/61. Hgg. Peter Beyertsdorf, Gerd Eversberg und Reiner Poppe. Hollfeld/Obfr.: C. Bange Verlag, 1977.

Reiske, Heinz. Die USA in den Berichten italienischer Reisender. Untersuchungen zur romanischen Philologie. Hgg. W. Theodor Elwert und Edmund Schramm. Bd.5. Meisenheim am Glan: Verlag Anton Hain, 1971.

Richert, Ernst. „Der Autor vom anderen Planeten: Günter Kunerts Welt und Amerika". Deutschland Archiv 10, 8.Jg. (Oktober 1975), S.1090-1094.

Richter, Bernt. „Sozialistische Gesellschaft in Groschenheften: Trivialliteratur in der DDR". Frankfurter Hefte: Zeitschrift für Kultur und Politik 7, 29.Jg. (Juli 1974),

S.512-520.

Rischbieter, Henning und Ernst Wendt. Deutsche Dramatik in West und Ost. Theater heute 16. Velber bei Hannover: Friedrich Verlag, 1965.

Ritter, Alexander, Hg. Deutschlands literarisches Amerikabild: Neuere Forschungen zur Amerikarezeption der deutschen Literatur. Germanistische Texte und Studien Bd.4. Hildesheim und New York: Georg Olms Verlag, 1977.

Rohrwasser, Michael. Saubere Mädel, starke Genossen: proletarische Massenliteratur? Untersuchungen und Materialien 9. Frankfurt am Main: Verlag Roter Stern, 1975.

Rossade, Werner. Literatur im Systemwandel: Zur ideologiekritischen Analyse künstlerischer Literatur aus der DDR. Europäische Hochschulschriften, Reihe I Deutsche Sprache und Literatur, Band/Vol.580. 2 Bde. Bern und Frankfurt am Main: Peter Lang, 1982.

Rudorf, Reginald. Jazz in der Zone. Information 8. Köln und Berlin (West): Kiepenheuer und Witsch, 1964.

Rühle, Jürgen. Literatur und Revolution: Die Schriftsteller und der Kommunismus. Knaur Taschenbücher 10. München und Zürich: Knaur, 1963.

Ruland, Richard. America in Modern European Literature: From Image to Metaphor. New York: University Press, 1976.

Sander, Hans-Dietrich. Geschichte der Schönen Literatur in der DDR. Freiburg i. Br.: Verlag Rombach, 1972.

Schade, Dieter. „Die Romane Harry Thürks: Einiges zur sozialistischen Abenteuerliteratur". Weimarer Beiträge: Zeitschrift für Literaturwissenschaft, Ästhetik und Kulturtheorie 5, XIX.Jg. (1973), S.98-113.

Scharfschwerdt, Jürgen. Literatur und Literaturwissenschaft in der DDR: Eine historisch-kritische Einführung. Sprache und Literatur 116. Stuttgart, Berlin (West), Köln, Mainz: Verlag W. Kohlhammer, 1982.

Scheibe, Hermine. Alex Weddings Beitrag zur sozialistischen deutschen Kinderliteratur. Schriftenreihe zur Kinderliteratur 2. Berlin (Ost): DDR-Zentrum für Kinderliteratur, 1976.

Schlenker, Wolfram. Das „Kulturelle Erbe" in der DDR: Gesellschaftliche Entwicklung und Kulturpolitik 1945-1965. Metzler-Studienausgabe. Stuttgart: J.B. Metzlersche Verlagsbuchhandlung, 1977.

Schlenstedt, Dieter. Wirkungsästhetische Analysen: Poetologie und Prosa in der neueren DDR-Literatur. Literatur und Gesellschaft. Hg. Akademie der Wissenschaften der DDR, Zentralinstitut für Literaturgeschichte. Berlin (Ost): Akademie-Verlag, 1979.

ders. Die neuere DDR-Literatur und ihr Leser: Wirkungsästhetische Analysen. Kultur, Theorie und Politik 3. München: Damnitz Verlag, 1980. (identisch mit dem vorhergehenden Werk).

Schmitt, Hans-Jürgen, Hg. Einführung in Theorie, Geschichte und Funktion der DDR-Literatur. Literaturwissenschaft und Sozialwissenschaften 6. Stuttgart: J.B. Metzlersche Verlagsbuchhandlung und Carl Ernst Poeschel Verlag, 1975.

ders., Hg. Die Literatur der DDR. Hansers Sozialgeschichte der deutschen Literatur vom 16.Jahrhundert bis zur Gegenwart. München: Carl Hanser Verlag, 1983.

Schneider, Gerhard, Hg. Eröffnungen: Schriftsteller über ihr Erstlingswerk. Berlin (Ost) und Weimar: Aufbau-Verlag, 1974.

Schöne Kinderbücher aus der DDR. Einführung von Bruno Kaiser. Berlin (Ost): Der Kinderbuchverlag, 1965.

Sckerl, Adolf. Wissenschaftlich-phantastische Literatur: Überlegungen zu einem literarischen Genre und Anmerkungen zu seiner Entwicklung in der DDR. Phil. Diss. an der Humboldt-Universität Berlin (Ost) 1977. (Masch.schr.).

Seliger, Helfried W. Das Amerikabild Bertolt Brechts. Studien zur Germanistik, Anglistik und Komparatistik 21. Bonn: Bouvier, 1974.

Silberman, Marc, Hg. Zum Roman in der DDR. LGW-Interpretation. Hgg. Theo Buch, Manfred Durzak und Dietrich Steinbach. In der Reihe Literaturwissenschaft — Gesellschaftswissenschaft. Hgg. Theo Buch und Dietrich Steinbach. 46. Stuttgart: Ernst Klett Verlag, 1980.

Simon, Erik und Olaf R. Spittel. Science fiction: Personalia zu einem Genre in der DDR. Berlin (Ost): Das Neue Berlin, 1982.

Sontheimer, Kurt und Wilhelm Bleek. Die DDR: Politik, Gesellschaft, Wirtschaft. Hoffmann und Campe Kritische Wissenschaft. Hamburg: Hoffmann und Campe Verlag, 1972.

Spittmann, Ilse. „Der 17.Juni im Wandel der Legenden". Deutschland Archiv 6, 17.Jg. (Juni 1984), S.594-605.

Staadt, Jochen. Konfliktbewußtsein und sozialistischer Anspruch in der DDR-Literatur: Zur Darstellung gesellschaftlicher Widersprüche in Romanen nach dem VIII. Parteitag der SED 1971. Hochschul-Skripten Literaturwissenschaft 1. Berlin (West): Verlag Volker Spiess, 1977.

Strack-Zimmermann, Marie-Agnes. Bilder aus Amerika: Eine zeitungswissenschaftliche Studie über die USA-Berichterstattung im Zweiten Deutschen Fernsehen (ZDF). Europäische Hochschulschriften Reihe 40, Kommunikationswissenschaft und Publizistik Bd.9. Frankfurt am Main, Bern, New York, Paris: Peter Lang, 1987.

Tate, Dennis. The East German Novel: Identity, Community, Continuity. New York: St. Martin's Press, 1984.

Theater hinter dem „Eisernen Vorhang". Mit Beiträgen von Jacek Frühling u.a. Theater unserer Zeit 6. Basel und Hamburg: Basilius Presse, 1964.

Trommler, Frank. „Von Stalin zu Hölderlin: Über den Entwicklungsroman in der DDR". Basis: Jahrbuch für deutsche Gegenwartsliteratur. Hgg. Reinhold Grimm und Jost Hermand. Bd.II. Frankfurt am Main: Athenäum Verlag, 1971, S.141-190. Auch in Zum Roman der DDR. Hg. Marc Silbermann. LGW-Interpretation. Hgg. Theo Buch, Manfred Durzak und Dietrich Steinbach. In der Reihe Literaturwissenschaft — Gesellschaftswissenschaft. Hgg. Theo Buch und Dietrich Steinbach. 46. Stuttgart: Ernst Klett Verlag, 1980, S.23-39.

ders. „DDR-Erzählung und Bitterfelder Weg". Basis: Jahrbuch für deutsche Gegenwartsliteratur. Hgg. Reinhold Grimm und Jost Hermand. Bd.3. Frankfurt am Main: Athenäum Verlag, 1972, S.61-97.

ders. Sozialistische Literatur in Deutschland: Ein historischer Überblick. Kröners Taschenausgabe 434. Stuttgart: Kröner, 1976.

UNIDOC film / fideo: Filme Verleihkatalog. Dortmund, 1984.

UNIDOC film / fideo und die Kinderfilme. Dortmund, 1984.

USA im Spiegel der Literatur. Manuskript: Hans-Werner Baum. Hg. Zentralinstitut für Bibliothekswesen. Leipzig: VEB Verlag für Buch- und Bibliothekswesen, 1956.

Vaganten Bühne Berlin. Die Geschäfte des Herrn John D. — eine Rockefeller Revue — von Christoph Hein. Programmheft der Vaganten Bühne Berlin (West), 1983.

Verfassung der DDR: Text — Einführung — Kommentar — Hinweise auf das Grundgesetz. Hg. Gerd Joachim Sieger. 3., überarbeitete Auflage. München: Bayerische Landeszentrale für politische Bildungsarbeit, 1978.

Wallmann, Jürgen P. „44 Kapitel über Amerika". Deutschland Archiv 10, 8.Jg. (Oktober 1975), S.1089f.

Wallesch, Friedel und Autorenkollektiv. Sozialistische Kinder- und Jugendliteratur der DDR: Ein Abriß zur Entwicklung von 1945 bis 1975. Hg. Kollektiv für Literaturgeschichte im Volkseigenen Verlag Volk und Wissen. Schriftsteller der Gegenwart 25. Berlin (Ost): Volk und Wissen Volkseigener Verlag, 1977.

Walther, Klaus, Hg. Ansichten: Aufsätze zur DDR-Literatur. Essay-Reihe Sonderbd. Halle (Saale): Mitteldeutscher Verlag, 1976.

Walwei-Wiegelmann, Hedwig, Hg. Neuere DDR-Literatur: Texte und Materialien für den Deutschunterricht. Paderborn: Ferdinand Schöningh, 1973.

Warm, Günter. Urteile und Entdeckungen: DDR-Literatur in der sowjetischen Kritik: Eine Dokumentation. Halle und Leipzig: Mitteldeutscher Verlag, 1978.

Was zählt, ist die Wahrheit: Briefe von Schriftstellern der DDR. Hg. Werner Liersch. Halle (Saale): Mitteldeutscher Verlag, 1975.

Weigelt, Klaus, Hg. Das Deutschland- und Amerikabild: Beiträge zum gegenseitigen Verständnis beider Völker. Forschungsberichte 50. Melle: Verlag Ernst Knotz, 1986.

Weiner, Robert. Das Amerikabild von Karl Marx. Abhandlungen zur Philosophie, Psychologie und Pädagogik, Bd.175. Bonn: Bouvier Verlag Herbert Grundmann, 1982.

Weisbrod, Peter. Literarischer Wandel in der DDR: Untersuchungen zur Entwicklung der Erzählliteratur in den siebziger Jahren. Sammlung Groos 6. Heidelberg: Julius Groos Verlag, 1980.

White, Vernessa C. Afro-American and East German Fiction: A Comparative Study of Alienation, Identity and the Development of Self. American University Studies. Series III. Comparative Literature Vol.4. New York, Bern, Frankfurt am Main: Peter Lang, 1983.

Wichard, Rudolf. „Der 17.Juni im Spiegel der DDR-Literatur". aus politik und zeitgeschichte. beilage zur wochenzeitung das parlament B 20-21 / 83. 21.Mai 1983, S.3-16.

Wicke, Peter und Wieland Ziegenrücker. Rock, Pop, Folk: Handbuch der populären Musik. Leipzig: Deutscher Verlag für Musik, 1985.

Wirth, Margaret. Kapitalismustheorie in der DDR: Entstehung und Entwicklung der Theorie des staatsmonopolistischen Kapitalismus. edition suhrkamp. 2.Auflage. Frankfurt am Main: Suhrkamp Verlag, 1973.

Wüstenhagen, Heinz. „Die Dekadenz Henry Millers". Zeitschrift für Anglistik und Amerikanistik 1, 22.Jg. (1974), S.41-65.

Zipes, Jack. „Die Freiheit trägt Handschellen im Land der Freiheit: Das Bild der Vereinigten Staaten von Amerika in der Literatur der DDR". Amerika in der deutschen Literatur: Neue Welt — Nordamerika — USA. Hgg. Sigrid Bauschinger, Horst Denkler und Wilfried Malsch. Stuttgart: Philipp Reclam jun., 1975, S.329-352.

4. Häufig verwendete Zeitschriften

Deutschland Archiv: Zeitschrift für Fragen der DDR und der Deutschlandpolitik. Hgg. Reinhold Neven DuMont und Ilse Spittmann. Köln: Verlag Kiepenheuer & Witsch, 1968ff.

Neue Deutsche Literatur. Hg. Deutscher Schriftstellerverband. Berlin (Ost): Verlag Volk und Welt, später Aufbau-Verlag, 1953ff.

Sinn und Form: Beiträge zur Literatur. Hg. Deutsche Akademie der Künste. Potsdam, später Berlin (Ost): Rütten & Loening, 1949ff.

Zeitschrift für Anglistik und Amerikanistik. Berlin (Ost): Deutscher Verlag der Wissenschaften, 1953ff.

Literatur, die erst nach Abschluß der Arbeit bekannt wurde:

Jendryschik, Manfred. Zwischen New York und Honolulu. Halle, Leipzig: Mitteldeutscher Verlag, 1988.
Runge, Irene. Himmelhölle Manhattan. Berlin: Buchverlag Der Morgen, 1986.
Walther, Klaus. Noch zehn Minuten bis Buffalo: Amerikanische Augenblicke. Rudolstadt: Greifenverlag, 1988.

Register

Anderson, Edith 50, 55, 95f., 98, 99, 104, 111, 123, 298-300, 307, 308, 322, 324, 330
Anderson, Sascha 214, 219
Apitz, Bruno 52, 141f., 332, 333
Autorenkollektiv 96f., 99, 237

Badstübner, Olaf 197
Bagemühl, Arthur 162
Ball, Kurt Herwarth 213, 261, 264, 276
Barthel, Kurt: siehe Kuba
Bartsch, Kurt 22, 38, 123f., 242
Bartsch, Rudolf 72, 114-116, 120, 127
Becher, Johannes R. 22, 31, 52, 161, 162
Becker, Jurek 38, 50, 127, 316f., 324, 330
Berger, Karl-Heinz: siehe Henry, Charles P.
Bergner, Edith 155, 157, 158f.
Bernhof, Reinhard 116, 241
Beseler, Horst 164, 168
Biermann, Wolf 18, 21, 26, 29, 35, 36, 50, 108, 116, 145, 182f., 207, 254, 255, 335, 336
Bobrowski, Johannes 51, 52 298
Bonhoff, Otto 78, 79, 265, 277
Bräunig, Barbara 197, 199
Bräunig, Werner 133, 134, 135, 137, 149, 152, 166, 181, 197, 199, 222, 224, 225
Brandt, Heinz 168, 193, 202f.
Branstner, Gerhard 262
Brasch, Thomas 38, 186
Braun, Johanna und Günter 266
Braun, Volker 35, 36, 38, 39, 51, 108f., 121, 138f., 183, 186, 241, 242
Brecht, Bert 18, 47, 49, 172, 200, 201, 213, 215, 281, 311

Bredel, Willi 52, 133, 134, 137, 153
Brězan, Jurij 52, 132, 167, 265
Bruyn, Günter de 52, 266
Burger, Hanuš 54, 112
Busch, Ernst 240, 244

Chile — Gesang und Bericht 234
Cibulka, Hanns 155, 156, 240
Claudius, Eduard 55, 161, 238, 244
Czechowski, Heinz 36, 138, 156
Daumann, Rudolf 88
Deich, Ingrid 323
Deicke, Günther 107, 138, 154, 155, 156, 212f., 240, 245
del'Antonio, Eberhardt 261, 263
Deutsch, Michael 164
Djacenko, Boris 103, 119, 155, 156
Döderlin, Karl Reinhold 101
Durian, Wolf 89, 289f., 324, 326
Dutombé, Lothar und Dahlberg, Hannes 237

Eckart, Gabriele 39
Egel, Karl Georg 96, 97, 99, 137, 138, 155, 157, 210
Eisler, Gerhart 174, 281, 286, 290
Endler, Adolf 22, 38, 244
Erwin, Thomas 38

Fabian, Franz 76, 77, 91, 92, 94, 326
Fahlberg, H.L. 261, 262, 267
Faust, Sigmar 38
Flügge, Reiner 219
Friedrich, Herbert 263
Fries, Fritz Rudolf 147, 152, 183f., 185, 250

Fühmann, Franz 24, 35, 38, 52, 55, 132, 155, 255, 256, 266, 336
Fürnberg, Louis 52, 134, 156, 212
Fuchs, Jürgen 38
Fuchs, Wilhelm 333
Fuhrmann, Rainer 269, 277

Gatz, Udo 265
Gerlach, Jens 107f., 183
Gloger, Gotthold 135, 136, 137, 142, 144, 147, 149, 152, 161
Gotsche, Otto 39, 133, 134, 135f., 137, 142, 144, 145, 146, 147, 149, 150f., 152, 229 234, 337
Grabner, Hasso 133, 137, 143
Greulich, Emil Rudolf 146, 149, 152, 294-297, 324, 330, 334
Groß, Richard 263f.
Grossman, Victor 55, 95, 107, 321f., 324
Günther, Egon 127, 138, 140f., 332

Hacks, Peter 39, 51, 91f., 126
Hammel, Claus 245
Hauser, Harald 166f.
Havemann, Rudolf 29, 203
Hegewald, Wolfgang 18
Hein, Christoph 72, 91
Heinemann, Margot 52
Held, Wolfgang 246f., 249
Henry, Charles P. (= Karl Heinz Berger und Günter Paul Karl) 89, 90, 91, 126
Hermlin, Stephan 33, 35, 38, 52, 54, 55, 107, 161, 162f., 197, 212, 222, 224, 237
Heym, Stefan 29, 38, 39, 50, 51, 52, 54, 55, 95, 97f., 99, 104, 107, 119f., 143, 144, 149, 152, 174, 175, 181, 191f., 198, 203, 208, 222, 224, 226, 311, 333, 337
Hilbig, Wolfgang 39
Hilscher, Eberhard 121, 125, 145, 168, 200f., 214-217, 228, 229, 335, 336, 337
Hofé, Günter 134, 135, 136, 137
Holtz-Baumert, Günter 26
Hubert, Fred 265, 267
Huchel, Peter 31, 35, 51

Jakobs, Karl-Heinz 21, 22, 38, 55, 117f., 131, 143, 145, 193
Jentzsch, Bernd 38

Johnson, Uwe 18
Joho, Wolfgang 186, 220, 222, 223f., 225
Jürgen, Anna 83, 84, 85, 86

Kant, Hermann 26, 50 51, 323
Kantorowicz, Alfred 31, 191
Karl, Günter Paul: siehe Henry, Charles P.
Kaufmann, Walter 50, 52, 109, 119, 124, 127, 297f., 308, 324, 330, 337
Kerndl, Rainer 197, 202
Kirsch, Rainer 22, 36, 131, 240f.
Kirsch, Sarah 22, 24, 35, 38, 50, 125, 218, 244, 266, 319, 320, 324, 329, 330
Klatt, Edith 82
Klein, Eduard 230f.
Knappe, Johannes 127
Köhler, Erich 265, 269-272, 277, 285
Körber, Fritz A. 116, 231
Kohlhaase, Wolfgang 50
Kolbe, Uwe 219
Krack, Hans-Günter 92f.
Kröger, Alexander 265, 269, 277
Krupkat, Günther 262
Kuba (= Kurt Barthel) 134, 154, 155, 156, 161, 163, 210, 212
Kuczynski, Jürgen 62, 79
Kunert, Günter 36, 50, 51, 55, 64, 94, 126, 137, 144, 149, 155, 156, 167, 183, 213, 240, 244, 245, 253, 265, 300-311, 324, 326, 330, 333
Kunkel, Klaus 261
Kunze, Reiner 186, 254f., 336

Lazar, Auguste 111f., 127
Lehmann, Werner 109, 120, 121
Leonhard, Rudolf 138, 139, 161, 163, 164, 222, 224, 226
Letsche, Curt 234f., 264, 277
Lind, Hiltrud 246
Lindemann, Werner 241
Linke, Wilfried 219
Lips, Eva 82
Loeser, Franz 28, 55, 107, 279, 317-319, 324, 330
Loest, Erich 22, 27, 28, 35, 50, 175, 176, 177, 181, 186f., 193, 201, 322, 323, 324, 330

Lorenz, Peter 269, 277
Lucke, Hans 102f.
Luthardt, Ernst-Otto 267

Marchwitza, Hans 142, 143, 149, 292-294, 311, 324, 330
Maron, Monika 39, 50
Maurer, Georg 244
May, Ferdinand 73, 74, 75, 76, 77, 91
Meinck, Willi 237
Mickel, Karl 36, 213, 215, 240, 244
Mieder, Eckhard 124
Miethke, Helmut 75, 76, 77
Morgner, Irmtraud 50, 127, 178, 214, 217, 252, 265, 266
Mucke, Dieter 240, 244f.
Müller, Armin 212, 220, 222
Müller, Heiner 39, 49, 50, 54, 197, 198f.
Müller, Horst 262
Müller, Inge 155, 213, 238, 255, 256, 336
Müller-Stahl, Hagen 54

Nagel, Walli 144f.
Neutsch, Erik 39, 122, 135, 143, 144, 145, 147, 149, 161, 197, 198, 200, 201f., 237

Oettingen, Hans von 136, 146, 168, 332, 333, 337
Opitz, Detlef 219
Otto, Herbert 52, 231

Panitz, Eberhard 50, 138, 234, 269, 274f., 276, 277
Petershagen, Rudolf 165f., 334
Pfeiffer, Hans 111, 155, 156f.
Plenzdorf, Ulrich 38, 49, 50, 184, 186
Plivier, Theodor 132
Pludra, Benno 176, 177, 178, 181, 182
Poche, Klaus 38
Pollatschek, Walther 134, 142, 144, 149, 150, 161
Preißler, Helmut 72, 101, 110f., 154, 156, 167, 212, 231, 241
Prodöhl, Günter 103, 119, 174
Prokop, Gert 269, 272-274, 277
Püschel, Walter 83, 88, 89

Rasch, Carlos 267, 268, 277

Rathenow, Lutz 38, 39, 219, 336
Rauchfuß, Hildegard Maria 113, 126
Reiche, Karl 291f., 324, 330
Reimann, Brigitte 35, 182
Reinowski, Werner 191, 197, 198, 199
Renn, Ludwig 230
Rentzsch, Gerhard 167, 238
Richter, Götz R. 222, 226, 228
Rosenthal, Rüdiger 219
Rottschalk, Gerda 82
Rücker, Günther 222, 238

Sakowski, Heinz 39
Schädlich, Hans Joachim 186
Scheer, Maximilian 54, 96, 97, 99, 101, 102, 109, 126, 137, 149, 154, 155, 156, 157, 210, 237, 238, 279, 280-282, 283, 284, 285, 287, 288, 290, 308, 324, 330
Schell, Walter: siehe Püschel, Walter
Schneider, Rolf 21, 38, 52, 103f., 122f., 124, 139, 147, 152, 155, 157f., 186, 266
Schönrock, Hans 88
Schollak, Sigmar 81, 104, 111, 116, 117, 119
Schreiter, Helfried 243
Schreyer, Wolfgang 103, 119, 120, 121, 126, 127, 151, 181, 188, 189, 190, 191, 204, 205, 206, 232, 234, 235, 332
Schubert, Dieter 38
Schubert, Helga 50, 187, 193
Schulz, Max Walter 22, 143, 144, 147, 149, 150, 152
Schwede, Alfred Otto 79, 80, 81, 91
Schweickert, Walter Karl 164f., 168, 183, 222, 224
Seghers, Anna 26, 52 103, 104f., 107, 113f., 126, 134, 161, 192f., 196f., 199, 210, 222, 224, 226, 228, 230, 237, 253, 266, 296
Selbmann, Fritz 143f., 149, 152, 184, 198, 200
Seydewitz, Max 134, 135, 136, 138, 140, 143, 149, 156, 168
Seyppel, Joachim 24, 26, 28, 38, 279
Stade, Martin 38
Steinberg, Werner 126, 137, 141, 142, 143, 144, 147, 148f., 150f., 152, 161, 229, 266
Stern, Jeanne und Kurt 52

Stingl, Miloslav 82
Stitzer, Karl 211f., 224, 225
Streubel, Manfred 156, 213, 240
Strittmatter, Erwin 30, 33, 52, 144, 145, 152, 183, 224, 337
Stübe, Gerhard 155, 156, 213

Thürk, Harry 55, 104, 107, 124, 126, 144, 154, 204, 206f., 208, 222, 226, 228, 250, 251f., 335, 337
Turek, Ludwig 210, 260f., 262, 276, 277
Tuschel, Karl-Heinz 262, 267f., 277

Uhse, Bodo 52, 132, 161, 164
Ullmann, Günther 219

Veken, Karl, 197, 198
Victor, Walther 279, 285-289, 324, 330

Walther, Joachim 245f.
Wander, Fred 52
Wangenheim, Gustav von 96, 97, 99, 211
Wangenheim, Inge von 198
Wedding, Alex 73, 76, 311

Weise, Lothar 213, 261, 262, 264, 276
Weiskopf, F.C. 52, 225, 311
Weiß, Rudolf 89, 90, 91
Welk, Ehm 283-285, 290, 324, 330
Welskopf-Henrich, Liselotte 50, 64, 82, 83, 84-88, 92, 93, 94, 126
Wessel, Harald 312-316, 324, 330
Wieland, Günter 238
Wohlgemuth, Joachim 182
Wolf, Christa 27, 30, 38, 50, 51, 52, 142, 145, 147, 149, 214, 217-219, 247, 248, 266, 311, 312, 324, 330, 333, 336
Wolf, Friedrich 99f., 104, 119, 126, 222, 225, 226
Wolf Gerhard 50, 311
Worgitzky, Charlotte 186

Ziergiebel, Herbert 96f., 99, 237, 268, 277
Zimmering, Max 22, 107, 113, 116, 123, 137, 138, 139, 140, 144, 145, 154, 156, 161, 220, 222f., 239
Zweig, Arnold 52